[親族法]

民法論攷 Ⅳ

尹眞秀

博 英 社

머 리 말

필자가 대학에서 친족법을 강의하게 된 데에는 다소 우연이 작용하였다. 대학에 오기 전에도 가정법원과 대법원 등에서 근무하면서 가사사건을 다루어 보았고, 또 친족법에 대한 논문을 쓴 일도 있어서 친족법에 대한 관심은 계속 가지고 있었다. 그러나 친족법을 강의하게 된 것은 은사이신 박병호 선생님이 은퇴하신 서울대학교의 민법 교수 자리에 필자가 채용되게 되었는데, 그 조건이 친족법과 상속법을 강의하여야 한다는 것이었기 때문이다. 이처럼 절반은 타의에 의하여 친족법을 강의하게 되었지만, 그동안 친족법을 연구하고 강의하면서 느낀 것은 친족법이야말로 중요하고 또 흥미 있는 분야임에도 불구하고, 법률가들 사이에서는 상대적으로 소홀히 취급되고 있다는 것이다. 사실 모든 사람이 친족법과 관계없이 살 수는 없다. 그리하여 가족법 개정이 논의될 때마다 국민적 관심사가 되는 것이다.

이 책에 실린 글들은 필자가 2007년 4월까지 쓴 글들을 모은 것이다. 이 글들 가운데에는 공통된 주제로 묶을 수 있는 것들이 있다. 그 하나는 헌법과 가족법의 관계에 관한 것이다. 그동안 헌법재판소의 가족법에 대한 위헌 내지 헌법불합치결정이 거듭되면서 이 문제의 중요성에 대한 인식도 커졌으나, 아직 구체적인 연구가 많지는 않다. 필자는 이 점에 대한 나름대로의 문제의식을 가지고 몇 차례에 걸쳐 이 문제를 다룬 바 있다. 앞으로도 이 문제의 중요성은 더욱 커지리라 생각된다.

다른 하나는 아동의 보호에 관한 것이다. 우리나라에서는 이혼 문제에 관하여는 비교적 연구가 많았지만, 아동의 보호는 그다지 관심의 대상이 되지 못하였다. 그러나 외국의 예를 본다면 친족법의 중심이 자녀의 보호에로 옮겨가는 경향을 보이고 있다. 필자는 이와 관련된 국제적 동향을 단편적으로나마 소개하였고, 해석론상으로도 아동의 지위를 강화하려고 노력하였다.

이 책을 내는 데에는 종전과 마찬가지로 박영사 김선민 부장님의 도움이

켰다. 특히 필자가 교정에 게으름을 부리고 있을 때 김부장의 독촉이 없었더라면 아직까지도 이 책이 나올 수 없었을 것이다.

마지막으로 이 책은 필자에게 가족법을 처음 가르쳐 주신 은사 박병호 선생님께 바치고자 한다.

2009. 10.

윤 진 수

차 례

憲法이 家族法의 변화에 미친 영향

Ⅰ. 序　論

한국의 민법전은 1958. 2. 22. 공포되어 1960. 1. 1.부터 시행되었다. 그 후 40여 년이 경과하는 동안 가족법은 형식적으로나 실질적으로 많은 변화를 겪었다. 우선 법 자체도 사소한 개정을 제외하더라도 1962년, 1977년 및 1990년의 3차례에 걸쳐서 개정되었고,[1] 현재에도 상당한 변화를 담고 있는 개정안이 국회에 계류중이다. 이는 재산법의 중요한 개정이 1984년 한 차례에 그친 것과는 대조가 된다. 또 아래에서 살펴볼 헌법재판소의 몇 가지 違憲決定 내지 不合致決定(Unvereinbarerklärung)도 재산법보다는 가족법에 집중되어서, 실질적으로 가족법이 개정되는 결과를 가져오게 되었다. 이 외에 판례나 학설의 변화 등도 가족법 분야에서는 매우 많았다.

그러면 이처럼 가족법이 큰 변화를 겪은 까닭은 무엇인가? 이에 대하여는 여러 가지의 설명이 가능할 것이다. 우선 한국의 사회와 가족 그 자체가 큰 변화를 겪은 점이 주요한 원인이라고 할 수 있다.[2] 그러나 다른 관점에서 본다면 이는 전근대적이었던 가족법이 근대화되는 과정이라고 말할 수 있다. 민법 제정 당시에 재산법은 서구의 법을 계수하여, 전체적으로는 근대법의 외관을 갖추었다. 그러나 가족법은 ― 비록 그 제정 당시에 헌법을 고려하여야 한다는

1) 가족법 개정의 간단한 역사에 대하여는 韓琫熙, "韓國 家族法 改正史", 琴浪金哲洙教授華甲紀念 現代法의 理論과 實際, 1993, 731면 이하 참조.

2) 이에 대하여는 李和淑, "韓國家族의 變化와 家族法", 朴秉濠華甲紀念 家族法學論叢, 1991, 1면 이하; 梁彰洙, "家族關係의 變化와 親族法", 民事判例研究 XVIII, 1996, 496면 이하 등 참조.

주장이 없었던 것은 아니었지만 — 전통적인 家父長制的 原理가 많이 반영되어 근대법과는 상당한 거리가 있었다. 그러한 제정 당시의 가족법이 여러 차례의 개정과 헌법재판소 결정 등에 의하여 근대법에 접근하고 있다고 말할 수 있다. 그리고 이러한 가족법의 변화에 가장 큰 영향을 준 것은 헌법이었다. 단순화하여 말한다면 가족법의 변화는 근대법의 원리를 구현하고 있는 헌법에 적응하는 과정이라고 말할 수 있다.

그러나 이러한 헌법과 가족법의 관계를 체계적으로 탐구한 연구는 그다지 많지 않다.[3] 다만 부분적으로 예컨대 호주제도의 위헌성 등에 관하여 다룬 연구 등이 있을 뿐이다.

이하에서는 우선 가족법 제정 당시에 헌법이 어느 정도 고려되었는가 하는 문제를 언급하고(아래 Ⅱ.), 가족법의 개정과정에서 헌법이 어느 정도 영향을 미쳤는지를 다룬다(아래 Ⅲ.). 이어서 가족법에 관한 헌법재판소의 결정례를 살펴본 다음(아래 Ⅳ.), 헌법적 관점에서의 장래의 과제가 무엇인지를 따져 보고자 한다(아래 Ⅴ.).

본론에 들어가기에 앞서 이 글이 다루는 범위와 관련하여 이 글에서 사용하고 있는 "家族法"이라는 용어의 의미를 명확히 해 두고자 한다. 일반적으로 서구에서 가족법에 대응하는 용어인 Family Law(영어); Familienrecht(독일어); Droit Famille(프랑스어) 등은 우리 법상의 親族法만을 의미할 뿐 相續法을 의미하지는 않는다. 그러나 전통적으로 우리나라에서는 가족법에 친족법뿐만 아니라 상속법을 포함시켜 왔고, 이를 다른 재산법과 구별되는 것으로 이해하고 있다. 과연 상속법을 친족법과 함께 가족법에 포함시킬 것인가에 관하여 의문이 없는 것은 아니지만,[4] 이 글에서는 상속법을 가족법의 일부로서 다루려고 한다. 원래 우리나라에서 상속법을 가족법의 일부로 다루었던 이유는, 역사적으로 볼 때 상속법은 친족법과 마찬가지로 고유의 법전통이 많이 반영되어 있을 뿐만 아니라 친족법으로부터 많은 영향을 받고 있기 때문으로 생각된다. 이 글에서 상속법을 가족법에 포함시켜서 다루고자 하는 이유는 위와 같은 점뿐만

3) 다소 오래 된 것으로서 許營, "憲法과 家族法", 延世大學校 法學硏究 제3집, 1983, 415면 이하가 있고, 그 후의 것으로서 崔柄煜, "憲法에 비추어 본 家族法", 民事判例硏究 XIII, 1991, 419면 이하가 있는 정도이다. 그리고 婚姻의 자유에 관하여는 尹眞秀, "婚姻의 自由", 韓國法學 50年 — 過去·現在·未來(Ⅱ), 大韓民國 建國 50周年 紀念 第1回 韓國法學者大會 論文集, 1998, 60면 이하; 相續法과 憲法의 관계에 관하여는 尹眞秀, "相續制度의 憲法的 根據", 憲法論叢 제10집, 1999, 173면 이하 참조.

4) 郭潤直, 相續法, 1998, 51면 이하는 상속법은 재산법이라고 강조하고 있다.

아니라 상속법도 친족법과 마찬가지로 헌법으로부터 많은 영향을 받았기 때문이다.

Ⅱ. 民法 制定 당시의 憲法 論議

1. 민법 제정 전의 법적 상황

1910년 한국이 일본에 합병된 후 1912년에 공포 실시된 朝鮮民事令은 일본민법을 한국(당시의 朝鮮)에 의용하도록 하면서도, 제11조에서 친족 및 상속에 관한 일본법의 규정은 조선인에게 적용하지 않고, 이에 관하여는 관습에 의하도록 하였다. 따라서 친족상속에 관한 제1차적 法源은 관습법이라고 할 수 있었다.[5] 이에 따라 당시의 일본 法院은 한국의 친족상속에 관한 관습을 조사하여 이를 재판규범으로 활용하였다.[6] 그런데 그 과정에서 종래의 관습법이 왜곡되어 일본의 민법 규정과 같은 것이 한국의 관습이라는 이름으로 적용되기도 하였다.[7] 뒤에서 살펴볼 호주제와 같은 것이 대표적인 예이다.

어쨌든 이러한 전통관습법은 男系를 優先시킨다는 주요한 특징을 가지고 있었다.[8] 우선 남계혈족은 넓은 범위에서 친족으로 되는 반면, 모계혈족은 제한된 범위 내에서만 친족이며, 夫와 妻의 혈족 사이는 친족이 아닌 반면 妻는 夫의 혈족과 친족관계에 있었다. 또 혼인하면 妻가 夫家에 입적하게 되었고, 子女의 姓은 父의 성을 따라야 했다. 그리고 入養에 있어서는 養子는 養父와 同姓同本이라야 하였고, 남자 1인만을 養子로 할 수 있었으며, 養女는 허용되지 않았다. 다른 한편 繼母와 繼子 사이에는 親子關係를 인정한 반면, 繼父와 繼子 사이에는 이를 인정하지 않았다. 또 父와 이혼한 母(出母)나 父 사망 후 재혼한 母(嫁母)와 實子 사이에는 친족관계가 존재하지 않는 것으로 보았다.

---

5) 다만 조선민사령의 개정에 의하여 점차적으로 친족상속에 관한 일본민법의 규정이 적용되는 범위가 늘어났다. 당시의 法源에 관하여는 鄭光鉉, 韓國家族法研究, 1967, 21면 이하; 李熙鳳, "現行韓國身分法 概觀", 韓國家族法上의 諸問題, 1976, 140면 이하(원 발표는 1955) 참조.

6) 이에 관하여는 法院行政處, "親族相續에 관한 舊慣習", 裁判資料 제29집, 1985 참조.

7) 이 점에 대하여는 李相旭, "日帝下 傳統家族法의 歪曲", 朴秉濠敎授還甲紀念 韓國法史學論叢, 1991, 371면 이하 참조.

8) 李熙鳳(註 5), 149면은 宗法制에서 유래하는 男系血統繼續主義와 族外婚制의 두 가지를 관습법의 원칙이라고 설명하고 있다.

그리고 한국 가족법의 특유한 제도가 이른바 同姓同本 禁婚의 제도이다. 姓이 같고(同姓), 男系 조상이 동일한(同本)[9] 남자와 여자 사이에서는, 그들 사이의 촌수가 아무리 멀다 하여도 혼인할 수 없다는 의미로서 인류학적으로는 族內禁婚의 일종이라고 할 수 있으나, 그 금혼의 범위가 매우 넓다는 점이 특징적이다. 이러한 동성동본 금혼제도의 유래에 관하여는 이견이 없는 것은 아니지만 일반적으로는 중국의 宗法制의 영향을 받아 고려시대 때부터 우리나라에서 인정되었다고 이해되고 있다.[10]

또한 매우 중요한 것이 戶主制度이다. 원래 戶主制度는 우리 고유의 관습은 아니었고, 1898년에 공포된 일본민법상의 제도였는데, 일제 당시에 우리 관습상으로도 호주제도가 존재하였다고 하여 이를 강요하였다.[11] 그리하여 호주는 가족이 혼인하는 경우, 가족이 입양을 하려고 하는 경우 등에 관하여 모두 동의권을 가졌다. 뿐만 아니라 호주는 원칙적으로 남자만이 될 수 있었고, 장남이 호주의 지위를 상속하는 것이 원칙이었다.

그리고 상속에 있어서도 일제 시대에 인정된 관습법에 따르면 장남이 호주상속을 함과 동시에 단독으로 전 재산을 상속하고, 차남 이하의 형제들은 분가할 때 분재를 청구할 수 있음에 불과하였다.[12]

그런데 이러한 가족법은 당시의 헌법 규정[13]에 비추어 보면 문제가 많았다. 즉 제 8 조 제 1 항은 "모든 國民은 法律 앞에 平等이며 性別, 信仰 또는 社會的 身分에 依하여 政治的, 經濟的, 社會的 生活의 모든 領域에 있어서 差別을 받지 아니한다"고 규정하고 있었고, 제20조는 "婚姻은 男女同權을 基本으로 하며 婚姻의 純潔과 家族의 健康은 國家의 特別한 保護를 받는다"고 규정하고

9) 한국에서는 자녀는 원칙적으로 父의 姓을 따르도록 되어 있으므로, 동일한 남자의 후손은 원칙적으로 姓이 같다. 그러나 다른 한편 그 남계 선조가 다르더라도 姓이 같은 경우가 있으므로 이를 구별하기 위하여 그 남계 조상의 고향 내지 살던 곳을 따라서 本(origin)을 정한다. 예컨대 필자의 姓은 尹이고, 그 本은 坡平인데, 尹씨 가운데에는 坡平 尹씨 뿐만 아니라 海平 尹씨, 海南 尹씨 등 여러 가지의 본이 있다.

10) 金疇洙, 親族 · 相續法, 제 5 全訂版, 1998, 98면 참조. 宗法이란 '大宗 · 小宗之法' 혹은 宗子法을 약칭하는 말로서, 大宗 · 小宗之法이란 하나의 宗家(大宗)를 중심으로 여러 방계 친족(小宗)들을 결속시키는 독특한 친족 편제의 원리를 말하고, 宗子法이란 대종이나 소종의 가계를 嫡長子가 계승하도록 하는 일종의 長子相續法을 말한다. 李迎春, "宗法의 원리와 한국 사회에서의 전통", 家族과 法制의 社會史, 1995, 11면 참조.

11) 李相旭(註 7), 371면 이하 참조.

12) 그러나 전통적인 상속법은 남녀 공동 상속이 원칙이었는데, 일본이 호주제를 한국에 강제로 이식하면서 그에 따라 상속관습법도 왜곡한 것이었다. 李相旭(註 7) 참조.

13) 이 헌법은 1948. 7. 17. 제정, 공포되었다.

있었다.

2. 妻의 行爲能力 制限에 관한 1947년의 대법원 판결

여기서 잠시 헌법 제정 전인 1947년에 나온 대법원 판결을 살펴본다. 당시 우리나라에 적용되고 있던 依用民法 제14조 제 1 호에 의하면 처가 소송을 제기하는 등과 같이 동법 제12조가 규정하고 있는 일정한 행위[14]를 함에 있어서는 夫의 허가를 받아야 한다고 되어 있었다. 그런데 대법원 1947. 9. 2. 선고 1947년 민상 제88호 판결[15]은 처의 행위능력을 제한하고 있었던 당시의 일본 민법 제14조 제 1 항의 적용을 거부하였다. 이 판결에서 대법원은 대체로 다음과 같이 판시하였다.

즉 민법 제14조 제 1 항은 주로 夫에 대하여 우월적 지배권을 부여한 것인데, 우리나라가 1945. 8. 15. 일본으로부터 해방되어 법률, 정치, 경제문화 등 모든 제도를 민주주의 이념으로써 건설할 것은 현하의 國是라고 한다. 그러므로 만민은 모름지기 평등할 것이고, 性의 구별로 인하여 생긴 차별적 제도는 민주주의 추세에 적응한 변화를 본 바로서, 여성이 남자와 동등한 公權을 향유하고 있으므로 여성의 私權에 있어서도 마찬가지여야 한다고 한다. 그리하여 남녀 평등을 부인하던 舊制度로서 그 차별을 가장 현저히 한 민법 제14조는 우리 사회상태에 적합하지 않으므로 대법원은 사회의 진전과 법률의 해석을 조정함에 의하여 비로소 심판의 타당을 기할 수 있음에 鑑하여 同條에 의한 처의 능력제한을 인정하지 않겠다고 한다.

이 판결이 어떠한 근거에서 위와 같이 판결한 것인지, 당시 헌법이 존재하지 않는 상황에서 일종의 헌법재판을 한 것인지에 관하여는 당시 상당한 논란의 대상이 되었다.[16]

3. 민법 제정 당시의 논쟁

이처럼 당시의 헌법과 가족법이 괴리를 보이고 있는 상황에서 민법의 제

14) 이는 準禁治産者에 적용되는 규정이다.

15) 鄭光鉉(註 5), 272-274면. 원래는 法政 2권 10호(통권 13호, 1947. 10), 49면에 수록되어 있다고 한다.

16) 梁彰洙, "우리나라 最初의 憲法裁判論議", 民法硏究 제 6 권, 2001, 37면 이하 참조.

정이 논의되자, 헌법과 가족법을 어떻게 조화시킬 것인가에 관하여 논쟁이 벌어지게 되었다. 논쟁의 초점은 가족법을 제정함에 있어서 전통적인 관습을 우선시킬 것인가, 아니면 헌법을 우선시킬 것인가 하는 것이었다.

이에 관한 당시의 주된 입장은 3가지로 분류할 수 있다. 즉 慣習尊重論과 憲法精神尊重論 및 漸進的 改革論이다.[17)]

관습존중론은 당시의 대법원장이자 法典編纂委員會 위원장으로서 국회에 제출된 민법안의 작성 책임자였던 金炳魯에 의하여 대표될 수 있다. 그는 국회의 민법안 심의 과정에서 민법안의 기초 취지를 설명하면서, 대체로 다음과 같이 발언하였다.[18)] 즉 우리나라는 온 세계에 類가 없는 선진민족이고 문화민족이라고 우리나라의 문화에 대한 자부심을 표명하면서, 자신은 우리나라의 淳風良俗을 조장하고 완성시킬 의도하에서 친족상속법을 기초하였다는 것이다. 그리하여 동성동본 금혼은 인류문화의 발달의 가장 최고문화의 소산이고, 장차 서양 각국도 이를 모방하게 될 것이라고까지 주장하고 있다. 그리고 父系主義가 합리적인 제도이고, 父系系統을 계승하는 것이 우리나라 가족제도이며, 男女平等이란 정치 사회 문화 방면에서 문제되는 것이지 家庭의 倫理에 있어서는 男女同等이 적용될 수 없다고 한다.

반면 헌법정신존중론을 반영하고 있는 사람은 당시 서울대학교 법과대학의 교수이던 鄭光鉉이다. 그는 당시 논문[19)]과 1957. 3. 16. 개최된 친족상속법에 대한 국회 公聽會에서의 발언[20)]에서 대체로 다음과 같은 의견을 개진하였다. 즉 친족상속법을 제정하는 목적은 민주주의 독립국가로서 국민생활의 민주화를 도모하기 위하여 대한민국 헌법이 요청하는 바에 의하여 종래의 친족상속법을 근본적으로 개편하려는 데 있는 것이고, 따라서 친족상속법의 입법방침은 헌법존중론에 입각하여야 한다고 한다. 구체적으로는 헌법 제 8 조 제 1 항, 제20조 등에 근거하여 다음과 같이 제안하고 있다. 즉 친족의 범위에 관하여는 父系와 母系간의 차별, 夫族과 妻族간의 차별을 철폐하여야 하고, 동성동본금혼의 원칙을 없애야 하며, 친권에 관하여도 부모가 공동으로 행사하여야 하고, 상속에 관하여도 남자와 여자를 동등하게 대우하여야 한다는 것이다.

---

17) 李相旭, "家族法 制定의 經緯와 주된 爭點", 家族法硏究 제14호, 2000, 290면 이하 참조.

18) 1957. 11. 6.의 국회 발언. 鄭光鉉(註 5), 附錄編 270면 이하.

19) "親族相續編의 要綱과 草案에 대한 分析과 管見", 法政 1957. 3, 6, 11월호 게재. 이후 보완된 글이 鄭光鉉(註 5), 330면 이하에 게재되어 있다.

20) 鄭光鉉(註 5), 附錄編 168면 이하.

그리고 漸進的 改革論을 주장한 사람은 法典編纂委員會에서 民法起草委員으로서 親族相續法 起草를 담당하였고, 뒷날의 국회 심의에서도 국회 법제사법위원회 위원으로서 주도적인 역할을 담당하였던 張暻根의 견해가 대표적이다. 그는 친족상속법의 기초를 담당할 당시에 발표하였던 논문[21]과 1957. 3. 16. 개최된 친족상속법에 대한 국회 公聽會에서의 발언[22]에서 대체로 다음과 같이 주장하였다. 즉 法의 기초는 사회의 도덕, 풍속, 습관, 문화 등에 두어야 하고, 법이 사회의 地盤으로부터 너무 괴리하면 사회생활의 규범으로서의 법의 지도력을 발휘하지 못하고 도리어 그 규범성을 상실하고 무력화하여지며, 특히 친족공동생활을 규율하는 친족상속법은 그 민족의 전통적 윤리관에서 유래하는 고유의 풍속, 습관, 문화 등과 그 사회의 현실적 경제생활로부터 과도히 괴리하면 법의 시행력은 무력화하여지지만, 다른 한편 법은 당위를 의미하는 것이므로 그것이 어느 정도 일보 사회에 앞서야 하고, 특히 우리 현행 친족상속관습법은 봉건사회적 유교윤리사상이 강대하기 때문에 일면 선조 숭배라는 유교의 禮教思想에 충실한 점에 있어서 고래의 醇風良俗인 동시에 친족공동생활체가 생산 등의 주체인 대단체로부터 소비의 주체인 소단체로, 개인의 예속으로부터 개인의 각성에 변천한 현실에 뒤떨어진 사실을 부정할 수 없으며, 따라서 강력한 가족제도적 통제와 制肘는 개인의 신장에 대한 지장이 되는 인습으로 화한 것도 부정할 수 없는 사실로 되었다고 한다.

그리하여 고래의 醇風良俗은 弊風이 되지 않는 한도에서 유지 조장하는 동시에 시세에 맞지 않는 인습은 揚棄할 수 있도록 현행 친족상속법을 수정 성문화하여야 하며, 이것이 국가 민족의 발전을 친족공동생활체인 「家」에만 의존하지 않고 동시에 개인의 伸張에 의존하고자 하는 현금의 개인주의 자유주의 민주주의의 이념에도 적응하는 것이라고 한다.

그러나 이러한 점진적 개혁론은 기본적으로 종래의 관습을 우위에 놓고, 부분적으로만 이를 수정하려고 하려는 것으로서, 관습 존중론과 큰 차이가 없다고 할 수 있다. 구체적으로 남녀평등에 관하여 입법방침으로서는 "家族制度의 美風을 근본적으로 파괴치 않는 한도 내에서 남녀를 원칙적으로 평등으로 할 것"이라고 하면서, 그 註에서는 現行慣習法은 夫權, 女子의 能力, 相續 其他

21) 張暻根, "親族相續法의 立法方針 及 親族相續法起草要綱私案", 鄭光鉉(註 5), 附錄編 2면(원래는 法政 통권 23호, 1948. 9.에 발표되었던 것이다).

22) 鄭光鉉(註 5), 附錄編 162면 이하.

여러 部門에 있어서 가장 많이 修正을 받아야 할 것지만, 婚姻으로 因하여 妻가 夫의 家에 들어가서 살게 되고 婚姻共同生活은 極少數의 例外를 除外하고는 夫의 財産으로써 營爲하게 되고 夫婦間에 出生한 子女는 妻의 姓을 따르지 않고 夫의 姓을 따르며 戶主相續은 男系血統의 男子에 의하여 하는 것 등의 家族制度를 根本的으로 破壞치 않는 限 男女平等을 實現함에 있어서 어느 程度의 例外는 認定하지 아니할 수 없다고 한다.[23] 그리고 논란이 되고 있는 家制度에 관하여도 2차대전 후의 일본처럼 이를 민법에서 전연 삭제하고 관행에 맡긴 것은 극단의 개인주의, 민주주의에 치우친 것으로서 現實과 너무 乖離되는 過激한 立法措置인 동시에 東洋固有의 美風인 家族制度를 抛棄하는 것이므로, 우리 家族制度에 관한 現行慣習法 중 現世에 맞지 않는 部分, 좋지 못한 部分만 修正하여 法律로써 規定함이 家族制度의 美風을 維持하는 情神에 適合한 것이라고 주장하여,[24] 기본적으로 종래의 家制度 내지 戶主制度를 동양 고유의 미풍이라고 보면서, 좋지 못한 부분만 수정하여야 한다고 보고 있었다.

4. 제정된 家族法의 내용

이처럼 민법 중 가족법의 제정을 놓고 여러 가지의 논란이 있었다. 1957. 3. 16. 개최된 국회의 공청회 석상에서는 헌법존중론을 주장하는 의견이 다수였고,[25] 또 鄭一亨의원[26]은 1957. 11. 28. 정광현 교수 등의 협력을 받아 남녀평등을 강조하는 수정안을 제출하기도 하였다.[27] 그러나 결과적으로는 관습존중론 또는 점진적 개혁론에 입각한 정부안을 토대로 하여 이를 약간 수정한 법제사법위원회 수정안이 채택되었고, 정일형 의원의 수정안은 거의 반영되지 않았다.

대표적으로 동성동본 금혼 규정을 들 수 있다. 원래 정부가 제안한 원안에서는 이러한 동성동본 사이의 혼인을 금지하도록 하고 있었는데, 이에 대하여 국회 법제사법위원회는 이러한 동성동본 사이의 혼인도 허용되어야 한다고 보

23) 張暻根(註 21), 3면 註 2).

24) 張暻根(註 21), 3면 註 1).

25) 鄭光鉉(註 5), 附錄編 162면 이하에 공청회 기록이 실려 있다. 이 외에 당시의 상황은 이태영, 가족법 개정운동 37년사, 1992, 5면 이하 참조.

26) 鄭一亨 의원은 우리나라 최초의 여성 변호사로서 여성 운동과 가족법 개정에 많은 업적을 남긴 이태영 여사(註 25의 책의 저자)의 남편이다.

27) 鄭光鉉(註 5), 115면 이하에 그 전문이 실려 있다.

아 이 규정을 삭제하였다. 그런데 이 문제는 가족법의 국회 심의 과정에서 가장 큰 논란의 대상이 되었고, 결국 국회 본회의에서 동성동본 사이의 혼인은 금지하도록 하는 규정이 채택되어 현행 민법 제809조 제1항이 성립하게 된 것이다.[28)]

이 외에도 채택된 가족법 가운데에는 헌법적인 관점에서 문제가 되는 조항이 매우 많았다. 우선 논란의 대상이 되었던 호주제도가 채택되었다.[29)] 뿐만 아니라 가족법은 여러 가지 면에서 남자에 비하여 여자, 夫에 비하여 妻를 매우 불리하게 대우하고 있었다.

첫째, 친족의 범위에 관하여는 父系 내지 夫系 친족의 범위는 넓은 반면, 母系 내지 妻系 친족의 범위는 좁게 규정되어 있었다(제777조).[30)] 그리고 형제의 직계비속과 직계존속의 형제의 직계비속은 혈족으로 인정하면서, 자매의 직계비속과 직계존속의 자매의 직계비속은 혈족으로 인정하지 않고 있었다(제768조).

둘째, 繼母子와 嫡母庶子 관계를 인정하여 妻의 의사에 관계없이 법정혈족 관계가 인정되게 하였으나(제773조, 제774조), 계부자 사이에는 법정혈족 관계를 인정하지 않았다.

셋째, 夫가 혼인 외의 子를 자신의 호적에 입적시킴에 있어서는 처의 동의를 요하지 않는 반면(제782조 제1항), 처가 전남편 소생의 자녀를 자신의 호적에 입적시키려면 호주와 夫의 동의를 받아야 하였다.

넷째, 재산관계에 있어서 호주와 가족 중 누구에게 속한 것인지 분명하지

---

28) 이 점에 대하여는 이태영(註 25), 91면 이하 참조.

29) 우선 민법전의 제4편 제2장에 「戶主와 家族」이라는 章을 두어 家制度를 규정하고, 이러한 家는 戶主와 家族으로 구성되도록 하였다. 특히 제778조는 一家의 系統을 繼承한 者, 一家를 創立하거나 復興한 者를 戶主로 정의하고, 家의 繼承을 위하여 호주의 지위는 상속되는 것으로 하였다(제980조 이하). 그리고 호주상속인은 원칙적으로 直系卑屬長男子가 되는 것으로 하여(제984조, 제985조), 이러한 家의 承繼 내지 直系卑屬長男子에 의한 戶主相續을 확보하기 위한 여러 규정을 두고 있다. 나아가 호주는 다음과 같은 권리를 가진다. 家族의 入籍, 去家에 대한 同意權(제784조 제1항), 가족의 分家强制權(제789조), 家族의 居所指定權(제798조 제1항), 家族의 限定治産·禁治産宣告에 대한 請求權과 그 取消請求權(제9조, 제11조, 제12조, 제14조), 家族의 後見人이 될 권리(제932조, 제933조, 제934조), 親族會 召集 請求權 등 親族會에 관한 권리(제966조, 제969조, 제972조).

30) 민법 제777조에 의한 친족의 범위는 다음과 같았다.

1. 8寸 以內의 父系血族
2. 4寸 以內의 母系血族
3. 夫의 8寸 以內의 父系血族
4. 夫의 4寸 以內의 母系血族
5. 妻의 父母
6. 配偶者

아니한 재산은 호주의 소유로 추정하였고(제795조 제 2 항), 부부 사이에서는 부부의 누구에게 속한 것인지 분명하지 아니한 재산은 夫의 소유로 추정하였다(제830조 제 2 항).[31)]

다섯째, 자녀의 친권은 제 1 차적으로 父가 행사하고, 父가 없거나 親權을 행사할 수 없는 때에 한하여 母가 친권자가 되었으며, 이때에도 이혼한 母는 전 혼인 중에 출생한 子의 친권자가 될 수 없었다(제905조). 그리고 이혼시에 자녀의 양육책임은 제 1 차적으로 父에게 있었다(제837조 제 1 항).

여섯째, 상속에 관하여도 남녀의 차이가 컸다. 우선 동순위의 상속인이 공동상속을 할 때에는 균분을 원칙으로 하면서도 호주상속인인 재산상속인에 대하여는 5할을 가산하고, 여자의 상속분은 남자의 상속분의 1/2밖에 인정하지 않았으며, 예컨대 혼인으로 아버지의 호적을 떠난 경우와 같이 동일가적 내에 있지 않은 女子의 상속분은 남자의 상속분의 1/4밖에 인정하지 않았다(제1009조). 그리고 배우자 상속의 경우에도 피상속인이 처인가 부인가에 따라 차이가 있었다. 즉 처가 피상속인인 경우에는 부는 제 1 순위의 상속인인 직계비속이 있으면 직계비속과 공동상속인이 되고, 직계비속이 없으면 부가 단독상속인이 되며, 직계비속과 공동상속하는 경우에도 상속분은 균등하였다(제1002조). 반면 피상속인이 부인 경우에 처는 제 1 순위의 상속인인 직계비속 또는 제 2 순위의 상속인인 직계존속과 공동상속인이 되고, 직계존속도 없는 경우라야 단독상속인이 되었다(제1003조). 또 처의 상속분은 직계비속과 공동으로 상속하는 때에는 남자의 상속분의 1/2밖에 인정되지 않았다(제1009조).[32)]

이처럼 제정된 가족법만을 놓고 본다면 헌법은 별달리 영향을 미치지 못하였다. 이 점을 호주제와 관련하여 일본과 비교하여 본다.[33)] 일본은 2차대전이 끝난 후 1946. 11. 3. 새 헌법이 제정 공포되면서 그 제24조에서 가족제도에 관하여 개인의 존엄과 양성의 평등에 입각하여 법률을 제정할 것을 규정하였다. 그에 따라 1947. 4. 19. 우선 헌법에 부합하지 않는 민법 규정의 적용을

31) 그리고 부부의 공동생활에 필요한 비용은 당사자간에 특별한 약정이 없으면 夫가 부담한다고 규정하였다(제832조).

32) 한 가지 흥미있는 것은 배우자의 대습상속에 관한 것이다. 한국 민법은 다른 많은 나라의 입법례와는 달리 배우자가 대습상속인이 되는 것을 인정하고 있는데, 제정 당시의 민법은 상속개시 전에 사망 또는 결격된 자의 처의 대습상속만을 인정하였고, 상속개시 전에 사망 또는 결격된 자의 부의 대습상속은 인정하지 않고 있었다(제1003조 제 2 항).

33) 이에 대하여는 여성부, 호주제 개선방안에 관한 조사연구(연구책임자 최대권), 2001, 147면 이하 참조(이 부분은 공동연구원으로 참여한 필자가 집필하였다).

배제하는 것을 목적으로 하는 전문 10개조로 된 應急措置法[34]을 공포하였는데, 이 법 제3조는 "戸主, 家族 기타 家에 관한 규정은 이를 적용하지 아니한다" 고 규정하였다. 그리고 1947. 12. 22. 일본 민법이 개정되어 다음 해 1. 1.부터 시행됨으로써 결국 일본 민법에서 家制度와 戸主制度 및 家督相續의 制度는 사라지게 되었다.

그런데 호주제도의 원산지인 일본이 호주제도를 폐지한 지 10년 만에 우리나라에서 민법을 만들면서 왜 호주제도를 규정하였을까? 이는 별도의 설명을 요하는 또 다른 문제이다. 그러나 우선 생각할 수 있는 이유는 그 당시에는 종래의 유교적·가부장적인 의식이 지배적이었고, 정치적으로도 민주화가 제대로 이루어지지 않은 상황에서 사회적인 민주화는 더욱 어려웠다고 하는 것이다. 또 한 가지 지적할 것은 민법 제정 당시에 관철된 慣習尊重論은 실제로는 일제하에서 왜곡된 관습을 우리의 전통적인 순풍양속으로 오해한 것이라는 점이다.[35] 이는 호주제도뿐만 아니라 남녀의 상속분에 대한 현저한 差等 등 여러 가지 점에 적용될 수 있다.

Ⅲ. 家族法 改正에 미친 憲法의 影響

위와 같이 가족법이 제정되어 1960년 1월 1일부터 시행된 후, 얼마 되지 않아서부터 가족법 개정운동이 벌어지게 되었다. 즉 1962년 7월에 대한여학사협회 등 6개의 여성 단체가 가족법 개정을 주장하는 성명을 발표한 것을 효시로 하여, 가족법상의 남녀평등에 어긋나는 조항을 개정하여야 한다는 주장이 계속 이어지게 되었다.[36]

1. 1977년의 가족법 개정

이러한 가족법 개정 운동이 본격적으로 추진된 것은 1973년에 들어서였다. 즉 1973년 6월 28일 "범여성가족법개정촉진회"가 결성되어 10개 항의 개정 요

34) 정확한 명칭은 "日本國憲法の施行に伴う民法の應急的措置に關する法律"이다.
35) 李相旭(註 7), 302-303면 참조.
36) 이태영(註 25), 133면 이하 참조.

강을 채택하였다.[37] 이 개정 요강은 다음과 같다.

(1) 호주제도의 폐지

(2) 친족범위 결정에 있어서의 남녀평등

(3) 동성동본 불혼제도 폐지

(4) 소유불명의 부부재산에 대한 부부의 공유 추정

(5) 이혼배우자의 재산분할청구권

(6) 협의이혼제도의 합리화

(7) 부모의 친권 공동행사

(8) 적모서자관계와 계모자관계의 개정

(9) 상속제도의 합리화

(10) 유류분제도의 신설

그리하여 위 촉진회에서는 김주수・김용한・박병호・이태영・한봉희 등의 학자들에게 의뢰하여 1974년에 가족법 개정안을 작성하였다.[38] 이 개정안은 우여곡절 끝에 국회에 제출되었는데, 이 개정안에 대하여 유림 등 보수적인 계층에서는 강력하게 반대하였다. 그리하여 국회에서의 심의 끝에 개정안의 중요한 부분, 즉 호주제도의 폐지나 동성동본금혼 규정의 폐지 등은 채택하지 않고, 일부만을 수정하기로 하는 정치적인 절충이 이루어졌다. 이에 따라 1977. 12. 17. 국회에서 가족법 개정안이 통과되었고, 이 개정안은 같은 해 12. 31. 공포되었다.

개정된 가족법 중 이 글의 주제와 관련하여 중요한 부분은 다음과 같다.

첫째, 종래 夫婦의 누구에게 속한 것인지 분명하지 아니한 재산은 夫의 소유로 추정하던 것이 바뀌어 夫婦의 共有로 추정하게 되었다(제830조 제 2 항).

둘째, 종래 미성년자인 자에 대한 친권을 원칙적으로 父가 행사하던 것이 바뀌어 부모가 공동으로 행사하도록 하였다. 그러나 부모의 의견이 일치하지 아니하는 경우에는 부가 행사하도록 하였다(제909조).

셋째, 상속분에 관하여 처 및 딸의 지위를 개선하였다. 즉 종래 처가 직계비속과 공동으로 상속하는 때에는 상속분이 남자의 상속분의 1/2에 불과하던 것이, 직계비속과 공동으로 상속하든 직계존속과 공동으로 상속하든 다른 상속인보다 5할을 더 받게 되었다(제1009조 제 1 항). 그리고 종래 여자의 상속분은

37) 이태영(註 25), 143면 이하 참조.

38) 이태영(註 25), 160면 이하 참조.

남자의 상속분의 1/2이었던 것을 폐지하여 남자와 동일하게 하였다. 그러나 동일 가적 내에 없는 여자의 상속분이 남자의 1/4인 것은 여전히 유지되었다.

이 외에 이때의 개정에서는 婚姻으로 인한 成年擬制規定(제826조의2)이라든지 유류분제도의 신설(제1112조 이하) 등 중요한 변화가 있었다.

2. 1990년의 가족법 개정

위와 같이 1977년의 개정이 불충분한 것으로 끝남에 따라 또다시 가족법 개정운동이 벌어지게 되었다.[39] 그리하여 1981년에는 법무부 산하에 설치된 민상법개정심의분과위원회에서 가족법을 개정하고자 하였으나, 실패로 끝났다.

그리고 1984년 7월에는 “가족법 개정을 위한 여성 연합회”가 결성되어 가족법 개정 운동이 본격적으로 추진되게 되었다. 그리하여 1984년에 가족법 개정안을 마련하여 국회에 제출하려고 하였으나, 20명 이상의 국회의원의 지지를 받지 못하여 좌절되었다. 다시 1986년에는 김영정 의원 외 58명의 국회의원이 가족법개정안을 제12대 국회에 제출하였으나 이 개정안은 1988. 5. 29. 제12대 국회의 임기 만료로 인하여 폐기되고 말았다.

그리하여 1988. 11. 7. 김장숙 의원 외 147인이 가족법 개정안을 국회에 제출하였다. 이 개정안은 종래의 개정안을 토대로 하여 김주수 교수가 주로 작성한 것이다. 이 개정안에도 호주제도 폐지와 동성동본금혼 폐지 등의 내용이 담겨져 있었는데, 보수적인 유림 계층의 강력한 반대가 있었다. 그리하여 국회에서 타협의 결과, 호주제도는 존치하되 종래의 호주상속제도는 호주승계제도로 바꾸고, 동성동본금혼제도는 그대로 유지하는 등을 내용으로 하는 법제사법위원회의 대안을 마련하여 이를 1989. 12. 19. 의결하였고, 이 법안은 1990. 1. 13. 공포되어 1991. 1. 1.부터 시행되게 되었다.

이 개정법률은 호주제도의 완전폐지에는 실패하였고, 동성동본금혼제도도 여전히 남겨 두는 등 여전히 문제의 소지가 없는 것은 아니지만, 종래 헌법적인 관점에서 문제가 되었던 규정들을 대부분 개정하여, 상당한 진보로 평가될 수 있다.

39) 상세한 것은 이태영(註 25), 219면 이하; 裵慶淑, “家族法 改正 30년과 그 經過過程”, 民法學의 回顧와 展望(民法典施行 三十周年 紀念論文集), 1993, 820면 이하; 金疇洙 · 李凞培, “家族法의 立法 · 改正經過”, 金疇洙, 韓國家族法과 課題, 1993, 918면 이하 참조.

개정안의 중요한 내용은 다음과 같다.

첫째, 친족의 범위에서 性에 따른 차이를 없앴다. 종전에는 부계혈족은 8촌까지, 모계혈족은 4촌까지로 하였던 것을 부계·모계의 구분 없이 일률적으로 8촌으로 하고, 인척은 남녀 구별 없이 4촌 이내로 통일하였다(제777조).[40] 또 종전에 혈족에 포함되지 않았던 자매의 직계비속과 직계존속의 자매의 직계비속도 혈족에 포함되었다(제768조). 그리고 종전에는 처가 사망한 경우에는 부가 재혼하더라도 처족과 인척관계가 소멸하지 않는 반면 부가 사망한 경우에는 처가 친가에 복적하거나 재혼하면 夫族과 인척관계가 소멸하도록 규정하고 있던 것을 개정하여, 부부의 일방이 사망한 경우에 생존배우자가 재혼하면 인척관계가 소멸하도록 하였다. 다른 한편 종전의 계모자관계, 적모서자관계를 법정혈족관계에서 제외하였다(제773조, 제774조의 폐지).

둘째, 호주제도는 폐지되지는 않았지만 종래에 비하여 매우 약화되었다. 우선 호주의 가족에 대한 居所指定權(제798조)과 성년남자에 대한 강제분가권(제789조), 미성년자의 후견인이 될 권리(제933조) 등은 삭제되었고, 호주와 가족 중 누구의 소유인지 분명하지 않은 재산은 종전과 같이 호주의 단독소유로 추정하는 것이 아니라 가족의 공동소유로 추정되게 되었다(제796조 제2항). 또 종래에는 호주의 지위가 상속에 의하여 승계되었고, 이러한 호주상속의 포기는 인정되지 않았으나, 개정법은 이를 호주의 승계로 바꾸고, 호주를 승계할 자가 승계를 원하지 않으면 이를 포기할 수 있도록 하였다(제991조). 그리고 종래에는 분묘에 속하는 1정보 이내의 금양임야 등을 호주상속인이 승계하도록 하였으나, 개정법에 따르면 이를 제사를 주재하는 자가 승계하도록 하였다(제1008조).

셋째, 혼인관계에 관하여는 종전에는 부부의 동거의 장소를 원칙적으로 夫의 주소나 거소로 하였던 것을 개정법은 제1차적으로 부부의 협의에 의하도록 하였다(제826조 제1항). 또한 부부의 공동생활에 필요한 비용도 종전에는 특별한 약정이 없으면 夫가 부담하던 것을 부부가 공동으로 부담하는 것으로 바꾸었다(제833조). 그리고 이혼시에 자녀의 양육에 관한 사항의 협정이 없으면 양육책임이 부에게 있던 것으로 고쳐 부부가 협의하되, 협의가 되지 않으면 가정법원이 결정하도록 하였다(제837조).

넷째, 친권에 관하여는 종전에는 친권은 부모가 공동으로 행사하되, 부모

40) 종래에는 처의 입장에서는 夫의 8촌 이내의 부계혈족과 4촌 이내의 모계혈족은 친족에 포함되었던 반면, 부의 입장에서는 처의 부모만이 친족에 포함되었다.

의 의견이 일치하지 아니하는 경우에는 부가 행사하도록 하던 것을 고쳐서, 부모의 의견이 일치하지 않는 경우에는 가정법원이 정하도록 하였다(제909조 제2항). 그리고 이혼한 모 등이 전 혼인 중에 출생한 子의 친권자가 될 수 없도록 하였던 규정도 폐지되었다.

다섯째, 상속법의 분야에서도 많은 변화가 있었다. 우선 종래에는 부가 처를 상속하는 경우와 처가 부를 상속하는 경우에 차이가 있던 것을 없애서 부가 처를 상속하는 경우에도 직계비속의 상속분의 5할을 가산하게 하였고(제1009조 제2항), 처가 자녀 없이 상속하는 경우에 부는 처가 상속하는 경우와 마찬가지로 처의 직계비속과 공동으로 상속하게 되었다(제1003호). 또 처가 사망하고 이어서 처의 부모가 사망한 경우에 부가 대습상속을 받을 수 있게 되었다(제1003조 제2항).[41] 그리고 배우자의 경우를 제외하고는 상속분의 차이도 없애서, 남자와 여자, 혼인 여부에 관계 없이 상속분은 均分으로 하였으며, 호주상속인에게 5할을 가산해 주던 제도도 없앴다.

이 외에 이 개정에서는 재산분할청구권 제도의 창설(제839조의2), 면접교섭권의 명문화(제837조의2) 등 여러 가지 면에서 중요한 사항이 많이 포함되어 있었다.

3. 2001년의 國際私法 改正

이와 함께 언급할 필요가 있는 것이 2001년의 국제사법 개정이다. 대한민국의 국제사법은 1962. 1. 15. 섭외사법이라는 이름으로 제정된 이래 1999년 한 차례의 사소한 개정을 제외하고는 개정되지 않다가, 2001. 4. 7. 전문개정되면서 법률명도 국제사법으로 바뀌었다. 이와 같이 법을 개정하게 된 데에는 위 법이 제정된 지 40년이 가깝도록 사회의 변화에도 불구하고 바뀌지 않았다는 것이 주된 원인이지만, 특히 친족법 분야에서 대부분 夫 또는 父의 본국법을 준거법으로 규정하고 있는 것이 헌법상 보장된 남녀평등의 원칙에 위배되어 위헌의 소지가 있다는 것도 크게 작용하였다.[42] 다시 말하여 국제사법 중 친족편의 개정에 관하여는 헌법이 큰 영향을 미친 것이다.

---

41) 근래에 夫가 妻를 대습상속하는 것이 타당한가 하는 점이 논란이 되었던 사건으로 대법원 2001. 3. 9. 선고 99다13157 판결(公 2001상, 831)이 있다.

42) 법무부, 국제사법 해설, 2001, 3면 참조.

이하에서는 개정 국제사법 중 친족편에 미친 헌법의 영향을 살펴본다.[43)]

첫째, 혼인의 효력에 관하여 개정 전 법 제16조는 夫의 본국법에 의한다고 규정하고 있었는데, 이에 대하여는 헌법상 남녀평등의 원칙에 위배된다는 비난이 있었다. 그리하여 개정된 법 제37조는 혼인의 일반적 효력에 관하여 ① 부부의 동일한 본국법, ② 부부의 동일한 상거소지법, ③ 부부와 가장 밀접한 관련이 있는 곳의 법의 순서로 준거법을 규정함으로써 부부를 동등하게 취급하고 있다.

둘째, 부부재산제에 관하여 개정 전 법 제17조 제 1 항은 혼인 당시의 夫의 본국법을 준거법으로 하고 있었으나, 개정된 법 제38조 제 1 항은 제37조를 준용하도록 함으로써 위헌의 시비를 제거하였다.

셋째, 이혼의 준거법에 관하여는 개정전 법 제17조는 이혼의 원인된 사실이 발생한 당시의 夫의 본국법에 의하도록 하고 있었으나, 개정된 법 제39조는 이에 관하여도 제37조를 준용함으로써 위헌의 소지를 제거하였다.[44)]

넷째, 친자관계 성립의 준거법에 관하여도 변경이 있었다. 개정 전 법 제19조는 친생자의 추정, 승인 또는 부인의 준거법을 그 출생 당시의 母의 夫의 본국법(夫가 子의 출생 전에 사망한 때에는 그 사망 당시의 본국법)으로 규정하고 있었다. 그런데 개정법은 혼인 중의 친자관계의 성립은 자의 출생 당시 부 또는 처 중 어느 일방의 본국법[45)]에 의할 수 있도록 하였다.[46)][47)]

다섯째, 그 외의 친자간의 법률관계에 관하여 개정전 법 제22조는 父의 본국법에 의하고, 父가 없을 때에 한하여 母의 본국법에 의하도록 하였다. 그러나 개정 법 제45조는 이처럼 父의 본국법을 우선적용하지 아니하고, 제 1 차적으로는 부모와 子의 공통의 본국법에 의하고, 그러한 공통의 본국법이 없을 때에는 子의 상거소지법에 의하도록 함으로써 부모를 불평등하게 처우한다는 문제를 해소하였다.

---

43) 崔興燮, "改正法律과 國際親族·相續法의 諸問題", 法曹 2001. 5, 150면 이하, 154면 이하도 참조할 것.

44) 다만 부부 중 일방이 대한민국에 상거소가 있는 대한민국 국민인 경우에는 이혼은 대한민국 법에 의하도록 하였다.

45) 夫가 子의 출생 당시에 사망한 때에는 사망 당시의 본국법이 부의 본국법이 된다.

46) 이 경우 친자관계의 성립에는 친자관계의 否認도 포함된다고 한다. 법무부(註 42), 145면.

47) 이외에 개정법 제41조 제 1 항은 혼인 외의 친자관계의 성립에 관하여는 원칙적으로 子의 출생 당시 母의 본국법에 의하고, 예외적으로 부자간의 친자관계의 성립은 子의 출생 당시 父의 본국법 또는 현재 자의 常居所地法에 의하도록 하였으며, 제 2 항은 인지는 인지 당시 인지자의 본국법에 의할 수 있도록 하였다.

Ⅳ. 憲法裁判所의 家族法에 관한 判例

여기서는 그 동안 헌법재판소가 가족법 규정에 관하여 선고한 중요한 결정례를 시기 순으로 소개하고자 한다. 헌법재판소는 그 동안 친족법 규정에 대하여 두 개, 상속법 규정에 대하여 두 개의 위헌 내지 헌법불합치 결정을 선고하였다.[48)]

1. 친생부인의 소의 제소기간에 대한 헌법재판소 1997. 3. 27. 선고 95헌가14, 96헌가7(병합) 결정[49)]

가. 결정의 배경

민법 제844조 제1, 2항은 처가 출산한 자녀는 일정한 요건을 갖춘 때에는 그 夫의 자녀로 추정하고, 제846조는 夫가 친생부인의 소를 제기하여 승소판결을 받아야만 이러한 추정이 깨어지도록 하고 있다. 그런데 여기서 말하는 추정은 다른 경우의 추정과는 달리 매우 강력한 효과가 인정된다. 다른 경우의 추정은 반대의 증거를 제출함으로써 깨어지는데 반하여, 민법 제844조에 의한 夫의 子女의 추정은, 그러한 반대의 증거를 제출하는 것만으로 깨어지는 것이 아니다. 민법은 이러한 추정을 깨뜨리기 위한 특별한 절차를 마련하고 있는데, 그것이 제846조가 규정하고 있는 親生否認의 訴이다. 그런데 문제는 그 소를 제기할 수 있는 기간이 매우 짧다는 것이다. 민법 제847조 제1항은, "부인의 소는 子 또는 그 친권자인 모를 상대로 하여 그 출생을 안 날로부터 1년 내에 제기하여야 한다"고 규정하고 있는 것이다.

여기서 우선 그 제소기간의 기산점인 "그 출생을 안 날"의 의미가 문제된

48) 다른 한편 헌법재판소 1997. 10. 30. 선고 96헌바14 결정(헌법재판소판례집 9권 2집 454면 이하)은 이혼시의 재산분할청구로 취득한 재산에 대하여 증여세를 부과하도록 한 상속세법의 규정이 위헌이라고 하였으나, 이는 재산분할청구권의 성질에 관한 가족법상의 논의를 확인한 것일 뿐 헌법과 가족법의 관계에 관하여는 특별히 새로운 시사점이 없으므로 제외한다. 이 결정에 대하여는 李和淑, "離婚時 財産分割 및 配偶者 相續分에 관한 民法과 稅法의 評價", 家族法硏究 제12호, 1998, 297면 이하; Mi-Kyung Cho, "Violation of the Constitution in Korean Family Law", The International Survey of Family Law, 2002 Edition, Family Law, London, 2002, pp. 252 ff. 등 참조.

49) 헌법재판소판례집 9권 1집 193-218면.

다. 이 점에 관하여는 “그 출생을 안 날”이란 夫가 그의 子가 자신의 親生子가 아니라는 사실을 안 날을 의미한다는 견해도 있으나,[50] 대법원의 판례는 夫가 그 子가 자기의 子가 아님을 안 여부와는 관계없이 子의 출생 그 자체를 안 날을 의미한다고 보고 있다.[51] 따라서 많은 경우에는 妻의 夫는 妻가 출산한 자녀가 자신의 자녀인 줄로 믿고 있다가 위 1년의 기간이 경과한 후에야 자신의 자녀가 아닌 사실을 깨닫게 되지만, 그때에는 이미 제소기간의 경과로 말미암아 더 이상 친생부인의 소를 제기할 수 없게 된다.

이러한 불합리에 대하여 많은 비판이 있어 왔고, 대법원의 판례도 1983년에 이르러서는 이러한 불합리를 시정하기 위하여 위 제844조의 문언과는 달리 친생추정의 범위를 제한하였다. 즉 대법원 1983. 7. 12. 선고 82므59 전원합의체 판결[52]은, “제844조는 부부가 동거하여 처가 부(夫 이하 같다)의 자를 포태할 수 있는 상태에서 자를 포태한 경우에 적용되는 것이고 부부의 한쪽이 장기간에 걸쳐 해외에 나가 있거나 사실상의 이혼으로 부부가 별거하고 있는 경우 등 동서의 결여로 처가 부의 자를 포태할 수 없는 것이 외관상 명백한 사정이 있는 경우에는 그 추정이 미치지 않는다고 할 것이다”라고 판시하여 친생추정이 미치는 범위를 제한하지 않았던 종전의 판례를 변경하였다.

그러나 이것만으로는 제소기간 때문에 생기는 문제점을 완전히 해결할 수는 없었고, 이 때문에 이 사건 결정이 나오게 되었다.

나. 결정의 내용

위 사건에서는 민법 제844조에 의하여 친생추정을 받는 자녀 내지 그 모를 상대로 그 부로 추정되는 母의 夫가 자녀의 출생을 알게 된 날로부터 1년이 경과한 후에 친생부인의 소를 제기하고서, 위 민법 제847조 제1항이 위헌이라는 이유로 위헌제청의 신청을 하였고, 법원이 그 위헌제청신청을 받아들여 헌법재판소에 위헌제청을 한 것이다. 이에 대하여 헌법재판소는 위 민법 제847조 제1항이 친생부인의 소의 제소기간을 출생을 안 날로부터 1년으로 제한한 것은 위헌이라고 하였다.

위 결정의 다수의견은 친생부인의 소에 관하여 어느 정도의 제척기간을

50) 李和淑, “親生子推定과 親生否認의 訴”, 사법행정 제376호(1992. 4), 81면; 姜海龍, “그 출생을 안 날로부터”, 法律新聞 1995. 3. 13, 4면 등.

51) 대법원 1988. 4. 25. 선고 87므73 판결(公 1988, 911) 등.

52) 公 1983, 1259.

둘 것인가의 문제는 원칙적으로 입법권자의 재량에 맡겨져 있다고 하면서도, 민법 제847조 제1항은 친생부인의 소의 제척기간을 정함에 있어 夫가 자와의 사이에 친생자관계가 존재하지 아니함을 알았는지의 여부를 전혀 고려하지 아니하고 오직 '출생을 안 날로부터'라고만 규정한 것은 부에게 매우 불리한 규정이고, 나아가 친생자관계의 존부는 특별한 경우가 아니면 쉽게 알기 어려운 속성에 비추어 보통의 경우 자의 출생을 안 날로부터 1년이란 단기간의 숙려기간은 너무 짧아서 실질적으로 제소의 기회마저 주지 아니하는 것이나 다름없어서 입법재량의 한계를 벗어난 것이며 따라서 이는 인간의 존엄과 가치, 행복추구권을 보장한 헌법 제10조[53]에 위반되고, 또 개인의 존엄과 양성의 평등에 기초한 혼인과 가족생활의 권리침해금지를 보장한 헌법 제36조 제1항[54]에도 위반된다고 한다. 다만 다수의견은 위 조항에 대하여 단순위헌선언을 하지 않고 헌법불합치선언을 하는데 그쳤다.

나아가 다수의견은, 국회가 위 조항을 어떻게 개정하여야 하는가에 대하여 일응의 준거가 될 만한 사례를 제시한다고 하면서, 친생부인의 소는 부가 자와의 사이에 친생자관계가 존재하지 아니함을 알게 된 때로부터 1년 내에 이를 제기할 수 있으나 다만 그 경우에도 자의 출생 후 5년이 경과하면 특별한 사정이 없는 한 이를 제기할 수 없다고 규정하고 있는 스위스민법의 예를 들고 있다.

이에 대하여 김진우 재판관은 위와 같은 다수의견의 결론에는 찬성하면서도, 다수의견이 스위스의 가족법과 같이 자의 출생 후 일정 기간이 경과하면 친생부인의 소를 제기할 수 없도록 하자는 데 대하여는 반대하고 있다. 즉 자의 출생 후 일정 기간이 지나면 자가 친생자가 아닌 사실을 그 동안 몰랐어도 친생부인의 소를 제기할 수 없도록 규정한다면 이는 위헌이라고 한다.

그리고 조승형 재판관의 반대의견은 위 규정의 위헌성에 대하여는 다수의견이나 별개의견과 동의하였지만, 헌법불합치결정이 아니라 단순위헌을 선고하여야 한다고 주장하였다.

다. 결정에 대한 반응

이 결정에 대하여는 많은 논의가 있었는데, 대체로 헌법재판소가 민법 제

53) 헌법 제10조: "모든 國民은 人間으로서의 尊嚴과 價値를 가지며, 幸福을 追求할 權利를 가진다. 國家는 개인이 가지는 不可侵의 基本的 人權을 확인하고 이를 보장할 義務를 진다."

54) 헌법 제36조 제1항: "婚姻과 家族生活은 개인의 尊嚴과 兩性의 平等을 기초로 成立되고 유지되어야 하며, 國家는 이를 보장한다."

847조 제 1 항은 위헌이라고 한 것은 긍정적으로 받아들여지고 있다.[55] 그러나 이러한 논의들은 헌법재판소의 결론이 타당하다는 일반적인 논의에 그치고 있을 뿐 헌법적인 관점에서의 논의는 별로 없다. 다만 이 문제를 실체적인 기본권의 보호를 위한 절차적인 기본권인 裁判請求權이라는 관점에서 논의하는 것 정도를 찾아볼 수 있다.[56]

다른 한편 위 결정의 다수의견이 스위스민법과 같이 절대적인 제소기간의 제한을 둘 수 있다고 판시한 점에 대하여는, 김진우 재판관의 별개의견을 지지하여 당사자가 친생자가 아니라는 사실을 모르는 사이에 제소기간이 경과하는 것은 받아들일 수 없다는 비판이 있다.[57]

라. 결정의 의의

이 결정은 종래 헌법과는 거리가 멀다고 여겨졌던 가족법의 규정에 대하여 헌법의 잣대를 들이대어 위헌이라고 판시한 최초의 사례이다. 따라서 가족법도 헌법과 무관하지 않음을 보여 준 큰 의미를 가진다. 다만 이 사건 결정은 그 위헌이라고 한 근거를 자세하게 설명하지 못하고 있고, 또 전형적인 勸告的 意見(advisory opinion)을 부가함으로써 입법에 불필요한 부담을 주었다고 생각된다.

2. 동성동본 금혼규정에 대한 헌법재판소 1997. 7. 16. 선고 95헌가6 내지 13 결정[58]

가. 결정의 내용

앞에서도 언급한 것처럼 동성동본인 남녀 사이의 혼인을 금지하는 민법 제809조 제 1 항의 규정은 민법 제정 당시부터 열띤 논란의 대상이 되었고, 그

55) 예컨대 金容徹, "親生否認의 訴에서 提訴期間과 그 起算點", 家族法硏究 제11호, 韓國家族法學會, 1997, 133면 이하; 曺美卿, "親生否認의 訴에 관한 比較法的 考察", 같은 책 155면 이하; 李完植, "民法 제847조 제 1 항 親生否認의 訴에 관한 規定 중 提訴期間 制限에 관한 부분의 違憲 與否(下)", 판례월보 2000. 2, 14면 이하; Mi-Kyung Cho(註 48), pp. 250 ff.; Jin-Su Yune, "Recent Decisions of the Korean Constitutional Court on Family Law", Journal of Korean Law, Vol. 1, No. 1, 2001, pp. 138 ff.

56) 韓秀雄, "基本權과 效率的인 權利保護", 판례월보 1999. 9, 8면 이하 참조.

57) 曺美卿, "血緣眞實主義", 가족법연구 제12호, 한국가족법학회, 1998, 385면 이하 등.

58) 헌법재판소판례집 9권 2집, 1-31면.

에 대한 개정 제안도 여러 차례 있었으나 성공하지 못하였다. 다만 타협책으로서 세 차례에 걸쳐서 "혼인에 관한 특례법"이라는 명칭으로 예외적인 특례법을 만들어[59] 그 법이 시행되는 기간 동안만 한시적으로 동성동본 사이의 혼인을 허용하는데 그쳤다. 그러한 가운데 이 사건 결정이 선고된 것이다.

이 사건의 제청신청인들은 모두 동성동본(同姓同本)인 자와 혼인하려 하였으나 호적공무원이 그 혼인신고를 수리하지 아니하자 그에 대하여 불복을 신청하였고, 그 신청을 받은 서울가정법원이 1995. 5. 17. 위 민법 제809조 제1항에 대하여 위헌법률심판제청을 하였으며, 그에 따라 이 사건 결정이 선고되게 되었다. 그런데 이 사건 결정에서는 재판관 5인이 위 민법 제809조 제1항은 헌법에 위반된다는 이유로 단순위헌을 하여야 한다고 주장하였고, 재판관 2인은 위 조항이 헌법에 위반된다고 하면서도 헌법불합치결정을 하여야 한다고 주장하였다. 반면 나머지 재판관 2인은 위 조항이 합헌이라고 주장하였다. 그 결과 단순위헌의견이 헌법 제113조 제1항에 규정된 위헌결정의 정족수 6인에 미달하여, 결국 헌법불합치결정을 하게 된 것이다.

위 결정의 다수의견과 소수의견은 기본적으로 혼인의 자유 내지 혼인 상대방을 선택할 수 있는 자유가 우리 헌법 제10조 또는 제36조 제1항에서 이끌어낼 수 있는 기본권이라는 점에 대하여는 의견을 같이하고 있다. 그러나 이 이외의 점에 대하여는 전혀 의견을 달리하고 있다.

우선 다수의견은 위 동성동본금혼의 제도가 우리 고유의 제도가 아니라 중국의 宗法制의 영향을 받은 것이라고 본 반면,[60] 소수의견은 이는 중국의 영향을 받은 것이 아니라 우리 고유의 제도라고 보았다.[61]

그리고 다수의견은 혼인에 있어서의 개인의 자유를 강조하는 반면,[62] 소수의견은 혼인이 관습·도덕·종교 등 사회규범에 의하여 정당한 것으로 사회적으로 공인될 수 있어야 한다는 점을 강조하면서, 상대적으로 개인의 자유의 측면은 중요한 것이 아니라고 보고 있다. 소수의견은 이러한 맥락에서 헌법 제9조에 규정된 전통문화의 계승을 강조하고 있다.[63]

그리고 다수의견은 동성동본 금혼제가 생성하여 정착할 수 있었던 시대는

59) 1977. 12. 31. 법률 제3052호; 1987. 11. 28. 법률 제3971호; 1995. 12. 6. 법률 제5013호.
60) 헌법재판소판례집 9권 2집, 11면.
61) 헌법재판소판례집 9권 2집, 23면.
62) 헌법재판소판례집 9권 2집, 17면.
63) 헌법재판소판례집 9권 2집, 29면.

신분적 계급제도 및 남존여비사상에 기초한 족벌적, 가부장적 사회였으나 현재에는 현재의 우리 사회는 헌법에 명시되어 있듯이 “자유와 평등”을 근본이념으로 하며 신분적 계급제도와 남존여비사상을 배척한 자유민주주의사회로 탈바꿈하였고, 혼인 및 가족관념도 그에 따라 변화하였다고 본 반면,[64] 소수의견은 사회환경의 변화가 있었다고 하여 우리 국민의 의식까지 그와 같이 변화하였다고 볼 근거는 없다고 한다.[65]

이러한 견해의 차이는 동성동본금혼규정에 대한 위헌심사의 기준에 관하여도 차이를 가져오고 있다. 소수의견은, 이 사건 법률조항의 위헌성도 혼인관계를 규율하는 법의 이러한 특수성을 전제로 그 유래나 관습화의 정도, 입법화의 타당성, 현재의 여건 변화 등을 검토함으로써 그 위헌성을 가려야지 합리성이나 논리만을 잣대로 위헌성을 논할 수는 없다고 할 것이라고 하면서,[66] 가족관계에 관한 관습 중 어느 범위에서 이를 입법화하여 강제할 것인가는 입법정책의 영역에 속하는 것으로 입법자의 판단이 명백히 비합리적이라고 판단되지 않는 이상 이를 위헌이라고 할 수는 없다고 하고 있는데,[67] 이는 대체로 最小限의 合理性(minimal rationality) 내지 최소한의 심사(minimal scrutiny)의 基準을 택한 것으로 이해된다. 그리하여 결과에 있어서도 전통적인 혼인관습을 법제화·강제화함으로써 사회질서를 유지하고자 하는 것이 동성동본금혼 조항의 입법목적이므로 그 입법목적은 정당하고, 그 입법의 수단이나 방법의 적절성 그리고 법익침해의 균형성에도 문제가 되지 아니하므로 과잉금지의 원칙에도 위배되지 않는다고 한다.[68] 또한 여성의 평등권 침해 주장에 대하여도, 위 조항은 가족법상 전통관습의 법제화라는 입장에 근거한 것이므로 합리성이 없는 자의적 남녀차별이라고 할 수는 없으며, 우리의 친족체계가 남계혈족을 중심으로 이루어진 것을 단순한 논리만으로 하루 아침에 변혁시킬 수는 없다고 한다.[69]

반면 다수의견은 동성동본금혼제를 법제도로서 더 이상 존치할 이유가 있는지의 여부는 헌법이념 및 규정에 의한 새로운 조명과 가치판단이 있어야 한

64) 헌법재판소판례집 9권 2집, 13면 이하.
65) 헌법재판소판례집 9권 2집, 24면 이하.
66) 헌법재판소판례집 9권 2집, 23면.
67) 헌법재판소판례집 9권 2집, 26면 이하.
68) 헌법재판소판례집 9권 2집, 28면.
69) 헌법재판소판례집 9권 2집, 30면 이하.

다고 하여,[70] 반드시 명백하지는 않으나 대체로 嚴格審査(strict scrutiny)에 가까운 태도인 것으로 보인다. 그리고 그 결론에 있어서도 동성동본 금혼 조항은 혼인에 있어 상대방을 결정할 수 있는 자유를 제한하고 있는 동시에, 그 제한의 범위를 동성동본인 혈족, 즉 남계혈족에만 한정함으로써 성별에 의한 차별을 하고 있으나, 위 조항은 앞에서 본 것처럼 사회적 타당성 내지 합리성을 상실하고 있음과 아울러 "인간으로서의 존엄과 가치 및 행복추구권"을 규정한 헌법이념 및 규정과 "개인의 존엄과 양성의 평등"에 기초한 혼인과 가족생활의 성립·유지라는 헌법규정에 정면으로 배치된다 할 것이고, 또 그 금혼의 범위를 동성동본인 혈족, 즉 남계혈족에만 한정하여 성별에 의한 차별을 하고 있는데 이를 시인할만한 합리적인 이유를 찾아볼 수 없으므로 헌법상의 평등의 원칙에도 위반되는 것으로서 위헌이라고 하였다.[71]

다른 한편 재판관 2인[72]의 헌법불합치의견은, 동성동본 금혼 조항이 헌법에 위반된다고 보면서도 적극적으로 그 근거를 제시하지는 않고, 다만 그에 대하여 곧바로 위헌결정을 하여서는 안 된다는 근거로서, 동성동본제도는 수백년간 이어져 내려오면서 우리 민족의 혼인풍속이 되었을 뿐만 아니라 윤리규범으로 터잡게 되었다는 점, 가족법 특히 혼인제도는 입법부인 국회가 우리민족의 전통, 관습, 윤리의식, 친족관념, 우생학적 문제 등 여러 가지 사정을 고려하여 입법정책적으로 결정하여야 할 입법재량사항이라는 점 등을 근거로 내세우고 있다.

그리하여 비록 위 조항에 위헌성이 있다고 하여도 헌법재판소가 곧바로 위헌결정을 할 것이 아니라 입법형성권을 가지고 있는 국회가 동성동본금혼제도가 과연 사회적 타당성이나 합리성을 완전히 상실하였는지, 동성동본금혼제도의 친족범위를 제한하여 합헌적으로 개선할 방법은 없는지, 그리고 동성동본금혼제도를 폐지함에 있어 우리민족의 혼인풍속이나 친족관념에 비추어 현행 근친혼금지규정이나 혼인무효 및 취소에 관한 규정을 새로 정비할 필요는 없는지 등을 충분히 고려하여 새로이 혼인제도를 결정할 수 있도록 헌법불합치결정을 하여야 한다고 주장한다.[73]

이러한 헌법불합치의견은 다수의견과 소수의견의 절충적 태도로 이해할

70) 헌법재판소판례집 9권 2집, 16면.
71) 헌법재판소판례집 9권 2집, 16면 이하.
72) 재판관 정경식, 고중석.
73) 헌법재판소판례집 9권 2집, 21면 이하.

수 있다.

나. 이 결정에 대한 반응

이 결정에 대하여는 많은 평석이 발표되었는데, 그 대부분은 위 결정의 다수의견을 지지한다.[74] 특히 헌법적으로 상세한 논의를 하고 있는 한 논문[75]은, 동성동본혼인이 유전학적으로 유해하다는 근거가 없고, 미풍양속이라는 개념은 헌법상 기본권 제한의 사유인 질서유지에 포섭된다고 볼 수는 없으므로, 동성동본 금혼제도를 통해서 이루려는 목적 자체가 헌법적인 정당성을 갖지 못하고, 또 민법상의 제재조차도 방법의 적절성이나 최소침해의 원칙을 충족시키지 못하기 때문에, 형법상의 제재가 예정되어 있지 않다고 해서 과잉금지의 원칙이 존중되고 있다고 할 수는 없다고 한다. 그리고 동성동본금혼제도는 男系를 중심으로 금혼의 범위를 획정하고 있다는 의미에서 남녀를 차별취급하고 있는데, 이러한 차별취급의 합리적인 근거도 없다고 한다.

다른 한편 위 결정이 단순위헌 아닌 헌법불합치를 선언한 데 대하여는, 이 사건은 헌법불합치를 선언할 수 있는 예외적인 경우, 즉 위헌적 법률을 잠정적으로 존속시킬 때보다도 위헌결정으로 인해서 더욱 헌법적 질서와 멀어지는 법적 상태가 초래될 우려가 있는 경우나, 위헌결정이 위헌상태의 제거방식에 관한 입법자의 형성권을 침해할 우려가 있는 경우에 해당하지 않는다는 비판이 있다.[76]

다. 이 결정의 의의

한국 사회에서 동성동본금혼 논쟁은 단순히 법률가 사이에서만 벌어지는 것이 아니고, 전 국민의 논쟁이라고 할 수 있다. 이는 이 문제가 일종의 이데올로기적 투쟁의 성격을 가지고 있기 때문이다. 다시 말하여 동성동본 금혼제도는 전통적인 儒敎的, 家父長制的 이데올로기의 상징이라고 할 수 있다. 그리하여 동성동본금혼제도를 고수하여야 한다고 주장하는 사람들은 만일 동성동본 사이에서도 혼인이 허용되게 되면 유교적, 가부장제적 이데올로기는 완전히

---

74) 尹眞秀, "婚姻의 自由"(註 3), 75-76면 및 76면 註 63)에서 소개하고 있는 문헌 참조.

75) 全光錫, "同姓同本禁婚制度의 憲法問題: 憲法裁判所의 決定을 中心으로", 경원대 法學論叢 5號, 1998, 211면 이하, 특히 224면 이하.

76) 尹容燮, "同姓同本禁婚制度의 違憲 與否", 金容俊 憲法裁判所長 華甲紀念 裁判의 한 길, 박영사, 1998, 219면 이하.

부정되게 될 것이라는 위기감을 느끼고 있는 것으로 여겨진다.

이 사건 결정의 소수의견이나 헌법불합치의견은 이러한 배경을 고려할 때 보다 쉽게 이해될 수 있다. 위 의견들이 강조하고 있는 "우리 민족의 전통, 관습" 내지 "전통문화"라는 것은, 결국 위와 같은 전통적인 儒敎的, 家父長制的 이데올로기를 말하는 것이고, 동성동본 금혼제도는 이와 같은 이데올로기의 상징인 것이다. 다른 한편 위 헌법불합치의견은 법률적인 논증을 전개한 것이라기보다는, 단순위헌결정을 함으로써 쏟아지게 될 보수층으로부터의 비난을 조금이라도 덜어 보고자 하는 생각에서 나온 것으로밖에 여겨지지 않는다.

이처럼 이 사건 결정은 법률외적인 고려가 작용한 결과로서 헌법불합치결정이라고 하는 어정쩡한 주문을 선고한 점에서는 문제가 있다고 하겠지만, 그럼에도 불구하고 이 사건 결정이 가지는 의의는 결코 작지 않다.

우선 이 결정은 혼인의 자유가 헌법상 보장되는 기본권임을 명백히 하였다.[77] 이 점에서 이 결정은 서로 다른 人種 간의 혼인을 금지하는 것은 위헌이라고 한 미국 연방대법원의 Loving v. Virginia 판결[78]에 비견될 수 있을 것이다. 또한 이 결정은 동성동본금혼이 위헌임을 분명히 밝힘으로써, 수십 년간 계속되어 왔던 동성동본금혼제도의 존폐 논의에 일단락을 지은 것이다. 이 또한 중대한 정치적인 함의를 가진다고 하겠다.

3. 상속의 단순승인 의제에 관한 헌법재판소 1998. 8. 27. 선고 96헌가22, 97헌가2·3·9, 96헌바81, 98헌바24·25 결정[79]

가. 결정의 배경

민법 제1019조는 상속인이 상속개시 있음을 안 날로부터 3월 내에 단순승인이나 한정승인 또는 포기를 할 수 있고(제 1 항), 가정법원은 이해관계인이나 검사의 신청에 의하여 그 기간을 연장할 수 있도록 하고 있다(제 2 항). 그리고 제1026조 제 2 호는 위 기간 내에 한정승인이나 포기를 하지 않으면 상속을 단순승인한 것으로 의제하고 있다. 그런데 위 3월의 考慮期間 내지 熟慮期間의 기산점인, 상속개시 있음을 안 날의 의미에 관하여, 종래의 대법원 판례는 일

77) 이 점에 대하여는 尹眞秀(註 3) 참조.

78) 388 U.S. 1(1967).

79) 헌법재판소판례집 10권 2집, 339-363면. 이 결정에 대하여는 尹眞秀, "相續의 單純承認 擬制規定에 대한 憲法不合致 決定의 문제점", 憲法論叢 제11집, 2000, 175면 이하 참조.

관하여, 이는 상속개시의 원인되는 사실의 발생을 알고 또 이로써 자기가 상속인이 되었음을 안 날을 말하고, 상속재산 또는 상속채무 있음을 안 날 또는 상속포기제도를 안 날을 의미하는 것은 아니라고 하고 있었다.[80] 따라서 자신이 상속인이 되었음은 알았으나 피상속인에게 적극재산을 초과하는 채무가 있음은 알지 못하여 상속의 한정승인이나 포기 등의 조치를 취하지 않고서 위 고려기간을 경과하여 버린 사람은, 나중에 상속채무가 있음을 알게 된 때에도 상속채권자에 대하여 그 채무의 이행을 거부할 수 없게 된다. 그리하여 극단적인 경우에는 상속인이 자신의 재산 전부를 가지고서도 상속채무를 이행하기에 부족하게 되는 사례도 생길 수 있다.

그리하여 해석론으로서 이러한 문제점을 해결하기 위한 주장이 여러 가지로 제기되었다. 그 하나는 상속승인 또는 포기를 위한 고려기간은 상속인이 상속개시사실과 자기가 상속인인 사실을 아는 외에 적극재산 또는 소극재산의 존재를 안 때로부터 기산한다고 해석하여야 한다는 견해이다.[81]

다른 또 하나의 견해는 상속인이 상속재산 중 적극재산을 초과하는 상속채무가 있음을 알지 못하여 고려기간 내에 상속의 포기 등을 하지 못하였고, 그로 인하여 민법 제1026조 제2호에 의하여 법정단순승인의 효과가 발생한 후에 뒤늦게 상속채무가 있음을 알게 된 때에는, 錯誤를 이유로 위 법정단순승인을 취소하고, 상속의 한정승인이나 포기를 할 수 있고, 그렇게 함으로써 자기의 고유재산으로 상속채무를 변제하는 부담을 벗어날 수 있다고 보아야 한다는 것이었다.[82]

나. 결정의 내용

이러한 상황에서 상속채권자가 상속인에 대하여 상속채무의 이행을 청구한 사건에서 각급 법원이 위 민법 제1026조 제2호가 헌법에 위반된다고 하여 헌법재판소에 위헌제청 신청을 하였거나, 또는 당사자가 법원에 위헌제청신청을 하였다가 기각되자 헌법재판소에 헌법소원을 제기하였고, 그에 대하여 헌법

80) 대법원 1969. 4. 22. 선고 69다232 판결(集 17권 2집 民54면); 1984. 8. 23.자 84스17-25 결정(公 1984, 1723); 1986. 4. 22.자 86스10 결정(公 1986, 872); 1988. 8. 25.자 86스10, 11, 12, 13 결정(公 1988, 1240); 1991. 6. 11.자 91스1 결정(公 1991, 1925) 등.

81) 孫智烈, "民法 第1019條 1項의 考慮期間의 起算點", 民事判例硏究 X, 1988, 237면. 이를 지지하는 것으로는 郭潤直, 相續法, 1997, 298면 등이 있다.

82) 尹眞秀, "相續債務를 뒤늦게 발견한 相續人의 保護", 서울대학교 法學 제38권 3·4호, 1997, 210면 이하 참조.

재판소가 제1026조 제2호에 대하여 헌법불합치결정을 한 것이다.

그 이유의 요지는 다음과 같다. 즉 상속권은 재산권의 일종이므로 상속제도나 상속권의 내용은 입법자가 입법정책적으로 결정하여야 할 사항으로서 원칙적으로 입법자의 입법형성의 자유에 속한다고 할 것이지만, 입법자가 상속제도와 상속권의 내용을 정함에 있어서 입법형성권을 자의적으로 행사하여 헌법 제37조 제2항이 규정하는 기본권제한의 입법한계를 일탈하는 경우에는 그 법률조항은 헌법에 위반된다. 그런데 상속인이 피상속인의 사망 당시 상속채무가 적극재산을 초과하는 사실을 알지 못하여 아무런 귀책사유 없이 고려기간 내에 한정승인이나 포기를 하지 못한 경우도 얼마든지 있을 수 있는데, 위 조항이 상속인이 아무런 귀책사유 없이 고려기간 내에 한정승인이나 포기를 하지 못한 경우에 구제받을 수 있는 아무런 수단도 마련하지 아니한 채, 고려기간 내에 한정승인이나 포기를 하지 아니하면 그 이유여하를 묻지 않고 일률적으로 단순승인을 한 것으로 보아 그 의사와 관계없이 상속채무를 전부 부담하게 한 것은 적정한 기본권제한의 방법이라고 볼 수 없다. 그리고 상속채권자는 일반적으로 피상속인을 신뢰하여 그의 일반재산을 담보로 보고서 거래한 것이지, 그의 사망 후 상속인이 채무를 승계할 것까지를 기대하고서 거래한 것으로 볼 수는 없으므로, 상속인이 귀책사유 없이 상속채무가 적극재산을 초과하는 사실을 알지 못하여 고려기간 내에 한정승인이나 포기를 하지 못한 경우에도 이 사건 법률조항이 상속인으로 하여금 피상속인의 채무를 전부 부담하게 하여 상속채권자만을 보호한 것은 입법목적달성에 필요한 정도 이상으로 상속인의 기본권을 제한한 것으로서, 기본권제한의 입법한계인 피해의 최소성, 공공필요와 침해되는 상속인의 기본권 사이의 균형성을 갖추었다고 볼 수 없다. 따라서 상속인이 귀책사유 없이 상속채무가 적극재산을 초과하는 사실을 알지 못하여 고려기간 내에 한정승인 또는 포기를 하지 못한 경우에도 위 조항이 단순승인을 한 것으로 본 것은 재산권을 보장한 헌법 제23조 제1항, 사적자치권을 보장한 헌법 제10조에 위반된다.

다만 헌법재판소는 위 조항에 대하여 즉시 그 효력을 상실시키는 단순위헌을 선고하지 않고, 법적 공백상태의 방지, 법적 혼란의 회피 등을 이유로 하여 헌법불합치결정을 선고하면서, 입법자가 이 사건 법률조항을 1999. 12. 31.까지 개정하지 아니하면 2000. 1. 1.부터 그 효력을 상실한다고 하였다.

다. 위 결정의 문제점

그런데 위 결정에는 여러 가지의 문제점이 있다. 위 결정이 현행 상속포기 내지 한정승인 기간에 문제점이 있다는 것을 인식한 것은 그런대로 수긍할 수 있지만, 그 근거를 재산권의 침해에서 찾은 데에는 의문이 있다. 상속권 자체는 헌법상 보장되는 재산권이라고 할 수 있지만, 상속인이 피상속인의 채무를 승계하게 되는 것이 상속인이 가지고 있던 기존의 재산권 자체를 침해하는 것이라고는 보기 어렵기 때문이다.[83] 또한 위 결정의 가장 큰 문제는 제1026조 제 2 호에 대하여만 헌법불합치결정을 하고, 제1019조 제 1 항에 대하여는 침묵을 지킨 점이다. 그 결과 헌법재판소에서 정한 2000. 12. 31.까지 제1026조 제 2 호가 개정되지 않아서 이 규정이 실효되게 되자, 법원은 어떻게 재판을 진행하여야 할지 혼란에 빠지게 되었다.

어쨌든 위 결정의 내용은 아래에서 보는 바와 같이 2002. 1. 14.의 민법 개정에 반영되게 되었다.

4. 상속회복청구권의 제척기간에 관한 헌법재판소 2001. 7. 19. 선고 99헌바9 등 결정[84]

가. 결정의 배경

이 사건에서는 상속회복청구권의 행사기간을 상속개시일로부터 10년으로 제한한 민법 제999조 제 2 항[85] 내지 1990. 1. 13. 개정 전 민법 제999조에 의하여 준용되는 제982조 제 2 항[86]의 위헌성이 문제되었다. 우리 민법은 로마법

---

83) 尹眞秀(註 79), 185면 이하; 丁泰鎬, "民法 제1026조 제 2 호에 대한 憲法不合致決定에 대한 評釋 및 위 法律規定의 改正方向", 人權과 正義 1998. 11, 107면 이하 참조.

84) 헌법재판소판례집 13권 2집 1-17면.

85) 위 헌재결정 당시의 민법 제999조(2002. 1. 14. 개정되기 전의 것)는 다음과 같다.

① 상속권이 참칭상속권자로 인하여 침해된 때에는 상속권자 또는 그 법정대리인은 상속회복의 소를 제기할 수 있다.

② 제 1 항의 상속회복청구권은 그 침해를 안 날부터 3년, 상속이 개시된 날부터 10년을 경과하면 소멸된다.

86) 구 민법 제999조(1990. 1. 13. 법률 제4199호로 개정되기 전의 것): 제982조의 규정은 재산상속권 침해에 관하여 이를 준용한다.

제982조:

① 호주상속권이 참칭호주로 인하여 침해된 때에는 상속권자 또는 그 법정대리인은 호주상속회복의 소를 제기할 수 있다.

상의 hereditatis petitio에서 유래하는, 진정상속인이 참칭상속인에 대하여 상속재산의 반환을 청구할 수 있는 상속회복청구권제도를 규정하고 있으나, 그 규정 내용이 실제로는 상속회복청구권의 제척기간에 관한 것밖에 없어서 많은 논의를 불러일으켰다.[87] 주로 문제된 것은 상속회복청구권이 상속재산을 이루는 개개의 재산에 관한 반환청구권과 어떻게 구별되는가 하는 점이었는데, 대법원의 판례[88]는 재산상속에 관하여 진정한 상속인임을 전제로 그 상속으로 인한 소유권 또는 지분권 등 재산권의 귀속을 주장하고, 참칭상속인 등을 상대로 하여 재산의 반환을 청구하는 것은 그 청구원인 여하에 불구하고 이는 민법 제999조 소정의 상속회복청구의 소라고 보아 제척기간의 적용을 받는다고 하고 있었다. 그리고 상속 개시 후 10년이 경과하였으면 상속권의 침해 자체는 그 후에 있었어도 상속회복청구권은 제척기간의 경과로 소멸한다고 하는 것이 대법원 판례의 태도이다.[89]

나. 결정의 내용

이러한 상황에서 헌법재판소의 결정이 나왔다. 이 결정의 관련 민사사건은 여러 건이었는데 모두 상속회복청구의 소 제기가 상속 개시 후 10년이 지난 뒤의 일이어서 종전의 판례대로라면 소가 각하될 수밖에 없는 형편이었다.

헌법재판소는 대체로 다음과 같은 두 가지 이유로 위 각 규정 중 "상속이 개시된 날부터 10년" 내지 "상속이 개시된 날로부터 10년"이라는 부분이 헌법에 위반된다고 하는 결정을 선고하였다.

첫째, 위 조항들의 목적이 상속에 관한 법률관계의 조속한 확정을 위한 것이라 하더라도, 상속회복청구권의 제척기간을 진정상속인의 귀책사유의 유무나 참칭상속인의 침해행위가 언제 있었는지를 묻지 않고 일률적으로 상속개시일부터 10년의 제척기간으로 규정하고 있는 것은 적정한 기본권 제한의 방법이라고 볼 수 없고, 위 조항들이 참칭상속인의 외관을 신뢰한 제 3 자를 보호하기

---

② 전항의 호주상속회복청구권은 그 침해를 안 날로부터 3년, 상속이 개시된 날로부터 10년을 경과하면 소멸된다.

87) 이에 대하여 상세한 것은 尹眞秀, "相續回復請求權의 性質과 그 除斥期間의 起算點", 金容俊 華甲紀念 재판의 한 길, 1998, 478면 이하; 同, "相續回復請求權의 研究", 서울대학교 법학 제40권 1호, 2000, 172면 이하 참조.

88) 대법원 1981. 1. 27. 선고 79다854 전원합의체 판결(集 29권 1집 民20면); 1991. 12. 24. 선고 90다5740 전원합의체 판결(公 1992, 635) 등.

89) 위 대법원 1991. 12. 24. 판결(註 88). 이 판결에는 10년의 제척기간은 상속권의 침해가 있었을 때부터 기산하는 것으로 해석하여야 한다는 반대의견이 있었다.

위한 규정임을 감안하더라도, 제 3 자는 선의취득, 취득시효의 규정을 원용하거나 참칭상속인을 상대로 부당이득의 반환을 구하여 원상회복을 할 수 있는 여지가 있는 반면, 진정상속인은 제척기간이 지나면 아무런 구제수단도 갖지 못한 채 권리를 상실하게 되므로 거래의 안전이라는 입법목적달성에 필요한 정도 이상으로 진정상속인의 재산권을 제한하고 따라서 보호하고자 하는 공익에 비하여 진정상속인의 불이익이 보다 크다. 따라서 위 조항들은 재산권을 보장한 헌법 제23조 제 1 항, 사적자치권을 보장한 헌법 제10조 제 1 항, 재판청구권을 보장한 헌법 제27조 제 1 항, 기본권의 본질적 내용의 침해를 금지한 헌법 제37조 제 2 항에 위반된다.

둘째, 소유권이나 소유권에 기한 물권적 청구권은 소멸시효에 걸리지 않고 기간의 제한 없이 이를 행사할 수 있으며 채권은 원칙적으로 소멸시효기간이 10년이고, 채권 이외의 재산권은 소멸시효기간이 20년인데, 소유권에 기한 물권적 청구권의 일종인 상속인의 상속회복청구권에 대하여는 상속개시일부터 10년이 경과하면 소유권에 기한 모든 권리청구의 기회를 박탈하고 더 나아가 소유권 자체를 상실하는 결과를 생기게 한다. 상속에 의하여 재산권을 취득한 자와 그 밖의 원인에 의하여 재산권을 취득한 자를 그런 정도에 이르게까지 다르게 취급하여야 할 이유는 없으므로 위 조항들은 헌법 제11조 제 1 항의 평등의 원칙에 위배된다.

다. 위 결정에 대한 반응

위 결정에 대하여는 아직까지 본격적인 논의가 없다.[90] 그러나 이 결정의 내용 또한 위 2002. 1. 14.의 민법 개정에 반영되었다.

V. 가족법 개정안과 상속법의 일부 개정

1. 가족법 개정안의 제출 배경

정부는 1998. 11. 13. 국회에 가족법 개정안을 제출하였다. 이 가족법 개정

90) 文興安, "相續回復請求權의 行使期間", 家族法硏究 제15권 2호, 2001, 461면이 이 판결에 대한 평석이다.

안은 1993년부터 준비되었던 것이지만, 특히 헌법재판소가 1997년과 1998년에 가족법 규정에 대한 일련의 불합치결정을 한 것도 개정안에 상당한 영향을 준 것으로 보인다.[91] 즉 헌법재판소의 일련의 불합치결정은 이 개정안에 대체로 반영되었다. 그리고 상속회복청구권에 관한 헌법재판소의 위헌결정(위 Ⅳ. 4. 참조)은 위 개정안 제출 후에 내려진 것이지만, 이 개정안은 이 문제도 이미 다루고 있었다.

그런데 이 개정안 중 특히 동성동본금혼 폐지 부분에 대하여 유림 등 보수층으로부터 많은 반발이 있어서, 국회는 이를 2000. 5. 29. 제15대 국회의원의 임기가 만료될 때까지 처리하지 않았고, 따라서 위 개정안은 폐기되고 말았다.[92] 그리하여 정부는 다시 2000. 10. 16. 제16대 국회에 제15대 국회에 제출하였던 것과 거의 같은 내용의 가족법 개정안을 제출하여, 아래에서 보는 것처럼 상속법 중 일부 규정이 개정된 것을 제외하고는 나머지는 현재 국회에 계류중이다.[93] 다른 한편 2000. 11. 27. 최영희 의원 외 19인의 국회의원이 국회에 제출한 민법개정안(의원안)[94]은 큰 골격에 있어서는 정부의 개정안과 같으나, 세부적으로는 차이가 있다.

2. 家族法 改正案과 憲法

이 가족법 개정안들은 헌법적인 관점에서 흥미있는 내용을 많이 담고 있다.

가. 혼인에 관하여

우선 政府案과 議員案은 모두 동성동본금혼 규정을 폐지하였다. 그 대신 혼인할 수 없는 친족의 범위를 8寸 이내의 血族(親養子의 入養전의 血族을 포함한다), 6寸 이내의 血族의 配偶者, 配偶者의 6寸 이내의 血族, 配偶者의 4寸 이내의 血族의 配偶者인 姻戚이거나 이러한 姻戚이었던 자 및 6寸 이내의 養父母系의 血族이었던 자와 4寸 이내의 養父母系의 姻戚으로 제한하고 있다.[95] 동성

91) 개정안의 제출 경과에 대하여는 李凞培, "第 4 次 家族法改正의 方向과 課題(1)", 驪松李凞培教授停年紀念 家族法學論叢, 2001, 223면 이하; 同, "第 4 次 家族法改正의 方向과 課題(2)", 위 책 249면 이하 참조.

92) 이에 대하여는 Jin-Su Yune(註 55), pp. 154 f. 참조.

93) 이 개정안은 인터넷상의 국회 홈페이지(http://na6500.assembly.go.kr/cgi-bin/detail?BILLNO=160214)에서 검색할 수 있다.

94) 이 개정안도 http://na6500.assembly.go.kr/cgi-bin/sublist?BILLNO=160419에서 검색할 수 있다.

95) 각 개정안 제809조 참조.

동본 금혼 규정을 폐지한 것은 당연한 것이지만, 방계인척 사이의 혼인을 제한하는 것이나, 입양으로 인하여 친족이 되었던 자 사이의 혼인을 제한하는 것은 혼인의 자유를 침해하는 것이 아닌가 하는 의문이 있다.[96)]

다른 한편 위 개정안들은 종래 논란이 많았던 여자의 혼인 해소 후 6월의 待婚期間(Wartezeit)(현행 민법 제811조)도 폐지하는 것으로 하였다. 이 규정에 대하여도 위헌이라는 논란이 있던 점에서,[97)] 헌법적으로 의미가 있다.

나. 親生否認制度

政府案은 친생부인의 소 제소기간에 관하여 위 1997. 3. 21.의 헌법재판소 결정(위 Ⅳ. 1. 참조)의 다수의견에 따라서, 親生否認의 訴는 그 사유가 있음을 안 날[98)]부터 1년 내, 그 子가 出生한 날부터 5년 내에 이를 제기하도록 규정하고, 제소권자에 夫 외에 妻까지 포함시켰으나, 자녀의 친생부인권은 인정하지 않고 있다(개정안 제847조). 반면 議員案은 제소권자를 夫, 妻뿐만 아니라 子까지로 확대하였고, 제소기간도 그 사유가 있음을 안 날부터 2년 내로만 하고 있을 뿐 子가 출생한 날은 따로 제소기간의 기산점으로 삼지 않고 있다. 이 점에서 議員案은 김진우 재판관의 별개의견을 따른 것이라고 할 수 있다.

특히 子女의 친생부인권을 인정할 것인가 하는 점은, 자녀가 자신의 유전적인 근원을 알 권리가 헌법상 권리로 승인되어야 한다는 점[99)]에서 볼 때 중요한 의미가 있다고 할 수 있다.

다. 親養子制度

한편 政府案과 議員案은 다같이 親養子라는 명칭으로 完全養子制度를 도입하려고 하고 있으나, 세부적인 내용에 있어서는 차이가 있다. 두 안은 모두 친양자가 될 수 있는 자의 연령을 원칙적으로 7세 미만으로 하고, 친양자관계가 성립하면 종전의 친부모와의 친족관계는 완전히 단절되는 것으로 하고 있

96) 尹眞秀(註 3), 78면 이하; 同, "婚姻 成立에 관한 民法의 改正方向", 家族法研究 제15권 1호, 2001, 88-92면 참조.

97) 尹眞秀(註 3), 70면 이하 참조.

98) 즉 자가 자신의 친생자가 아님을 안 날.

99) 이 점에 대하여는 독일에서의 논의가 참고가 된다. 특히 BVerfGE 79, 256; 90, 253 등 참조. 이를 국내에 소개한 문헌으로는 R. Frank(曺美卿 譯), "獨逸 親子法 改正의 最近의 展開", 家族法研究 제11호, 1997, 580-583면 참조.

다.[100)]

종전까지는 친양자 제도를 도입하여야 한다는 논의는 있었으나, 이를 헌법적 관점에서 다루지는 않았다. 그러나 친양자 제도가 도입되게 되면 여러 가지 헌법적 문제점이 생기게 된다. 우선 문제가 되는 것은 친양자 성립에 있어서 친생부모의 동의 문제이다. 두 안은 모두 친양자 관계의 성립에 있어서 원칙적으로 親生父母의 동의를 요구하면서도 예외를 인정하고 있다. 정부안에 따르면 父母의 親權이 상실되거나 死亡 기타 사유로 동의할 수 없는 경우에는 동의를 요하지 아니하는 것으로 되어 있고, 의원안에 따르면 그 외에도 자녀학대나 유기 등 친양자가 될 자의 이익을 현저히 해할 경우에는 동의가 필요없는 것으로 되어 있다.[101)] 그러나 이것이 부모의 헌법상 권리를 침해하는 것은 아닌가 하는 점이 문제로 될 수 있다. 뿐만 아니라 부모의 동의 절차에 대한 보장도 필요하다.[102)]

그리고 개정안에는 친양자로 될 자의 의사를 확인하도록 하는 규정도 없는데, 이 또한 우리나라도 가입한 아동의 권리에 관한 협약(Convention on the Rights of the Child) 제12조 제1항과의 관계에 있어서 문제로 될 소지가 크다.[103)]

나아가 친양자관계가 성립하여 친생부모와의 관계가 단절된다고 하더라도, 친양자로 하여금 친생부모가 누구인가를 확인할 수 있는 길은 남겨 두어야 할 것이다.[104)]

3. 상속법의 개정

이 외에 개정안에는 상속의 단순승인 의제, 상속회복청구권의 행사기간 등에 관한 부분이 포함되어 있었다. 그런데 국회에서는 2001. 12. 20. 가족법 개

100) 제908조의3 제2항.

101) 각 개정안 제908조의2 제1항 제2호.

102) 국회법제사법위원회가 2002. 3. 7. 개최한 민법중개정법률안에 관한 공청회에서 헌법재판소의 김시철 판사가 이 점을 지적하였다. 위 공청회 자료집 173-174면 참조. 유럽인권법원(European Court of Human Rights)의 Keegan v. Ireland 판결, (1994) 18 E.H.R.R. 342는, 혼인 외의 자녀의 경우에 친부의 동의 없이 입양을 허용하고 있는 아일란드 법이 가족생활의 권리를 보장하고 있는 유럽인권협약 제8조와, 공정한 재판을 받을 권리를 보장하고 있는 위 협약 제6조 제1항에 위반된다고 판시하였다.

103) 김시철, 위 자료집(註 102), 176-177면; 윤진수, 위 자료집(註 102), 122면 등 참조.

104) 김시철, 위 자료집(註 102), 174-176면 참조.

정안 중 다른 부분은 보류한 채 상속법에 관한 부분만을 별도로 의결하였고, 그에 따라 이 부분은 2002. 1. 14. 공포되어 시행되게 되었다. 이는 헌법재판소의 헌법불합치 내지 위헌결정(위 Ⅳ. 3., 4. 참조)을 고려한 때문이다.

그에 따라 개정된 것은 두 부분이다. 우선 상속회복청구권의 행사기간에 관한 제999조 제 2 항을 개정하여, 종래 상속회복청구권이 상속이 있은 날부터 10년을 경과하면 소멸하도록 되어 있던 것을 상속권의 침해행위가 있은 날부터 10년을 경과하면 소멸되도록 하였다. 그리고 상속의 승인, 포기의 기간에 관하여 제1019조 제 3 항을 신설하여, 상속채무가 상속재산을 초과하는 사실을 중대한 과실 없이 상속개시 있음을 안 날부터 3월 내에 알지 못한 때에는 그 사실을 안 날부터 3월 내에 한정승인을 할 수 있도록 하였다.

위 개정 내용이 소급적용될 수 있는가 하는 점에 관하여 위 개정법은 부칙에 규정을 두었다. 즉 원칙적으로 불소급의 원칙을 취하면서(제 2 항), 제1019조 제 3 항의 한정승인에 관하여는 1998년 5월 27일, 즉 민법 제1026조 제 2 호에 관한 1998년 8월 27일의 헌법재판소의 위헌결정이 있기 3월 전부터 개정법 시행 전까지 상속 개시가 있음을 안 자에 대하여는 개정법 시행일부터 3월 내에 제1019조 제 3 항의 규정에 의한 한정승인을 할 수 있도록 하였다(제 3 항).

그러나 대법원의 판례는 개정 내용이 소급적용되는 범위를 더 넓히고 있다. 우선 상속회복청구권의 행사기간에 관하여 대법원 2001. 10. 9. 선고 99다17180 판결[105]은, 헌법재판소의 위헌결정의 효력은 위헌제청을 한 당해 사건, 위헌결정이 있기 전에 이와 동종의 위헌 여부에 관하여 헌법재판소에 위헌여부심판제청을 하였거나 법원에 위헌여부심판제청신청을 한 경우만이 아니라 당해 사건과 따로 위헌제청신청은 하지 아니하였지만 당해 법률 또는 법률의 조항이 재판의 전제가 되어 법원에 계속중인 사건과 위헌결정 이후에 위와 같은 이유로 제소된 일반 사건에도 미친다는 이유로, 1975. 12. 10. 개시된 상속에 관하여 1996. 12. 27. 제소된 상속회복청구의 소를 각하한 원심판결[106]을 파기하였다.

그리고 제1019조 제 3 항에 의한 한정승인에 관하여는 대법원 2002. 4. 2. 선고 99다3358 판결[107]은, 개정 전 민법 제1026조 제 2 호에 대한 위 헌법불합

105) 公 2001하, 2422.
106) 위 위헌결정 선고 전인 1999. 2. 25. 선고된 것이다.
107) 公 2002상, 1059.

치결정의 취지나 위헌심판에서의 구체적 규범통제의 실효성 보장이라는 측면을 고려할 때 적어도 위 헌법불합치결정을 하게 된 당해사건 및 위 헌법불합치결정 당시에 개정 전 민법 제1026조 제2호의 위헌 여부가 쟁점이 되어 법원에 계속 중인 사건에 대하여는 위 헌법불합치결정의 소급효가 미친다고 하여야 할 것이므로, 비록 개정 민법 부칙 제3항의 경과조치의 적용범위에 이들 사건이 포함되어 있지 않더라도 이들 사건에 관하여는 종전의 법률조항을 그대로 적용할 수는 없고, 위헌성이 제거된 개정 민법의 규정이 적용되는 것으로 보아야 할 것이라고 판시하였다.

Ⅵ. 向後의 課題

종래 가족법 가운데 헌법에 위반된다고 주장되었던 것 중 상당 부분은 이제 개정되어 문제가 해소되었다고 할 수 있다. 그러나 헌법과 가족법 사이의 긴장관계가 완전히 해소되었다고 말할 수는 없다. 앞으로 사회의 상황이 바뀌면 이제까지 제기되지 않았던 새로운 문제가 계속 발생할 것임은 두말할 필요도 없다. 그 것뿐만 아니라 종래 논의되었던 것 가운데에도 아직 해결되지 않은 문제들도 있다.

여기서는 앞으로 문제될 수 있는 것 가운데, 호주제와 자녀의 姓 문제 두 가지에 관하여 살펴보고자 한다.

1. 戶主制의 위헌성 여부[108)]

호주제도의 위헌 여부에 관한 논쟁도 어제 오늘의 일이 아니다.

호주제도가 위헌이라는 주장의 논거는 대체로 다음과 같다. 우선 우리 헌법은 제10조에서 "인간으로서의 존엄과 가치"를 규정하고, 제11조는 모든 국민의 평등 원칙을 선언하고 있으며, 제36조 제1항은 혼인과 가족생활은 개인의 존엄과 양성의 평등을 기초로 성립되고 유지되어야 한다고 규정하고 있다. 그런데 현행 호주제도는 이러한 헌법의 규정과는 부합하지 않는다.[109)] 즉 현행법

108) 이하의 서술은 상당 부분 필자가 공동연구원으로 참여한 여성부(註 33)에 의거하였다.

109) 田鳳德, "戶主制度의 歷史와 展望", 大韓辯護士協會誌 1982. 10, 32-33면; 李凞培, "民法上

은 모든 家는 예외 없이 家를 통솔하는 호주와, 그 호주에게 복종하는 가족으로 구성되도록 규정하고 있는데, 이는 당사자의 의사에 관계없이 가족의 구성원을 평등하지 아니한 호주와 가족으로 구분하는 것으로서 가족 구성원의 존엄과 가치를 침해하는 것이라고 할 수 있다. 또 이는 가족 구성원 사이의 평등의 원칙을 침해하는 것이기도 하다.

더 나아가 현행법상으로는 호주승계의 순위에 있어서 나이가 많은 남자를 우위에 놓고 있어서(민법 제984조), 원칙적으로 장남이 호주가 되는 것으로 되어 있다. 이는 性別과 年齡에 의한 차별이라고 하지 않을 수 없다. 또 혼인 중의 출생자는 혼인 외의 출생자에 비하여 우선한다(민법 제989조). 이 또한 혼인 중의 출생자인가 아닌가에 따른 차별대우라고 아니할 수 없다.

다만 이에 대하여 호주제도가 위헌이 아니라는 주장이 없는 것은 아니다. 즉 호주상속순위에 관해서 입법자가 내린 차별대우의 기준으로서의 最近親, 혼인 중의 출생자, 연장자 등은 적어도 우리의 전통적인 家族觀念에 비추어 볼 때 正義觀念을 해치는 정도의 불합리하고 恣意的인 규정이라고 볼 수는 없고, 남자와 여자를 호주상속순위에서 차별하는 것은 男系血統繼承을 실현시키기 위한 입법권자의 결단이라고 파악할 수 있는데, 이 경우에도 남녀를 차별하는 입법권자의 동기가 아직은 평등권을 침해할 정도로 불합리하고 恣意的인 것이라고는 평가할 수는 없다는 것이다.[110)]

그런데 근래에 이르러 서울지방법원 북부지원은 2001. 3. 29. 헌법재판소에, "一家의 系統을 繼承한 者, 分家한 者 또는 기타 事由로 인하여 一家를 創立하거나 復興한 者는 戶主가 된다"고 규정하고 있는 민법 제778조에 대하여 위헌제청을 하였다.[111)][112)] 그러므로 호주제도의 존폐 문제는 이제 헌법재판소의 판단을 받게 되었다.

戶主制度의 違憲性·非歷史性 考察", 松也 金疇洙敎授 華甲紀念 現代家族法과 家族政策, 三英社, 1988, 526면 이하; 方勝柱, "호주제의 위헌성 여부", 考試硏究 2001. 1, 59면 이하 참조.

110) 許營, "憲法과 家族法", 延世大 法律硏究 제 3 집, 1983, 434-435면.

111) 서울지방법원 북부지원 2001. 3. 29.자 2000호파1887 결정. 위 위헌제청사건의 본안 신청인들은 夫婦인데, 호적상 남편이 호주로 되어 있는 것을 無戶主家, 즉 호주가 없는 家로 바꾸기 위하여 관할 호적관청인 서울 동대문구청장에게 호주변경신고를 하였으나 동대문구청장은 현행법상 무호주 제도는 인정되지 않는다는 이유로 그 수리를 거부하였고, 이에 신청인들이 법원에 위 수리거부처분에 대한 불복을 신청하였다.

112) 다른 한편 서울지방법원 서부지원 2001. 3. 27.자 2000호파1095 결정 및 서울지방법원 북부지원 2001. 3. 29.자 2000호파1886 결정은, 남편과 이혼하고 미성년인 子의 친권행사자로 지정된 母가 그 子를 자신의 호적에 입적하려고 한 사건에 관하여, "子는 …父家에 입적한다"고 규정하고 있는 민법 제781조 제 1 항 본문에 대하여 위헌제청을 하였다.

헌법재판소가 이 문제에 대하여 어떠한 결론을 내릴 것인가? 이에 대한 예측은 쉽지 않다. 그러나 이 문제는 과거에 호주제가 동성동본 금혼 규정과 함께 또는 그 이상으로 가족문제에 관한 한 진보와 보수 계층 사이의 뜨거운 논란 대상이었고, 동성동본 금혼 규정이 위헌으로 결정된 지금에 있어서는 호주제도가 가족법상 남성의 우위를 나타내는 상징적인 존재로 남아 있어서 유림 등의 보수층은 이 제도의 고수를 부르짖고 있다.[113] 그러므로 동성동본 금혼 규정에 대한 헌법재판소의 결정례에 비추어 볼 때, 헌법재판소는 현행 호주제도에 위헌성이 있다고 판단하더라도 단순위헌선언보다는 불합치선언을 하지 않을까 추측된다.

2. 자녀의 姓 選擇 문제

우리나라는 서구나 일본과는 달리 혼인으로 인하여 혼인 당사자의 姓이 달라지지는 않는다. 그러나 민법 제781조 제1항 본문에 의하면 자는 부의 성과 본을 따르도록 규정하고 있다.[114] 이 규정이 헌법에 위반되지 않는가가 문제된다. 실제로 우리나라에서는 위 조항에 대하여 이의를 제기하는 의미에서 법적으로 인정되고 있지는 않지만, 부모의 성을 같이 쓰는 운동이 벌어지고 있다.

한편 여성에 대한 모든 형태의 차별철폐에 관한 협약(Convention on the Elimination of All Forms of Discrimination against Women)은 제16조 제1항 (g)에서, 家族姓을 선택할 권리를 포함하여 부부로서의 동일한 개인적 권리를 보장하도록 규정하고 있다. 그러나 우리나라는 1985. 1. 26. 이 조약에 가입하면서 위 조항에 대하여는 유보를 하였다.

과연 이 문제가 헌법재판소의 판단 대상이 된다면 헌법재판소가 어떠한 판단을 내릴지도 매우 흥미 있는 문제이다. 그런데 참고가 될 만한 헌법재판소의 결정례가 있다. 즉 헌법재판소 2000. 8. 31. 선고 97헌가12 결정[115]은, 父系血統主義에 입각하여 출생한 당시에 父가 대한민국의 국민인 자를 대한민국의

---

113) 호주제도, 무엇이 문제인가, 법무부, 2000(2000. 7. 7. 개최된 호주제도관련토론회자료집) 참조.

114) 그러나 1997. 12. 13. 국적법이 개정되어 부가 외국인이고 모가 한국인인 경우에도 자가 한국 국적을 취득할 수 있게 되면서, 부가 외국인인 때에는 모의 성과 본을 따를 수 있다는 제781조 제1항 단서 규정이 신설되었다.

115) 헌법재판소판례집 12권 2집, 167면 이하.

국민으로 하면서도 출생한 당시에 父가 아니라 母만이 대한민국의 국민인 자는 대한민국의 국민으로 하지 않고 있었던 구 국적법[116]의 조항에 대하여, 한국인 부와 외국인 모 사이의 자녀와 한국인 모와 외국인 부 사이의 자녀를 차별취급하는 것은, 모가 한국인인 자녀와 그 모에게 불리한 영향을 끼치므로 헌법 제11조 제1항의 남녀평등원칙에 어긋남이 분명하고 이러한 차별취급은 헌법상 허용되지 않고, 가족의 장(長) 또는 중심을 부로 정하는 것은 가족생활에서 양성평등의 원칙을 선언하고 있는 헌법 제36조 제1항에도 어긋난다고 판시하였다. 이러한 판시내용은 마찬가지로 부계혈통주의에 입각하고 있는 위 민법 규정에도 적용될 수 있지 않을까?

Ⅶ. 결　　론

이제까지 살펴본 결과 헌법이 가족법의 변화에 미친 영향은 매우 컸음을 알 수 있었다. 그럼에도 그 동안 이 점에 대한 관심은 상대적으로 미약하였다고 여겨진다. 앞으로도 헌법과 가족법 사이의 관계에서는 매우 흥미 있는 논점이 많이 생겨날 것으로 여겨진다. 예컨대 근래 문제되고 있는 성전환자의 호적 변경 허용 여부도 헌법적인 문제라고 할 수 있다.[117] 나아가 외국에서는 同性婚姻(Same-Sex Marriage)의 허용 여부도 헌법적인 관점에서 논의되고 있다.[118] 따라서 이 분야에 대한 좀더 심층적인 연구가 기대된다.

〈追記〉

2002. 10. 12.의 심포지엄 당시에는 여러 가지 제약으로 인하여 요약된 내용을 발표하였고, 이 글이 그 전문이다. 요약된 내용은 일본어로 번역되어 일본에서 출간되었다. 尹眞秀, "憲法が家族法の變化に及ぼした影響", 尹龍澤・姜

116) 1997. 12. 13. 법률 제5431호로 개정되기 전의 것.

117) 이 점에 대하여는 尹眞秀(註 96), 81-83면 참조. 최근 부산지방법원 가정지원 2002. 7. 3. 자 2001호파997, 998 결정은 헌법상 인간으로서의 존엄과 가치, 행복추구권 등을 근거로 하여 여성에서 남성으로 성전환 수술을 받은 자의 호적상 성을 남성으로 변경하는 것을 허가하였다.

118) 尹眞秀(註 96), 75-81면 참조. 최근 독일연방헌법재판소 제1재판부 2002. 7. 17. 판결 {BVerfG, 1 BvF 1/01 vom 17.7.2002, Absatz-Nr.(1-147), http://www.bverfg.de/}은 同性間의 결합에 대하여 혼인에 준하는 보호를 하도록 하는 "등록된 생활공동체에 관한 법률(Lebenspartnerschaftsgesetz)"이 헌법에 위반되지 않는다고 판결하였다.

京根 編, 現代の韓國法, 有信堂, 2004, 177면 이하.

발표 후의 몇 가지 변화에 관하여 보완하고자 한다.

1. 상속법의 개정(위 Ⅴ. 3.)에 관하여: 헌법재판소는 2003. 12. 18. 신설된 제1019조 제 3 항에 대하여는 합헌이라고 선고하였으나(2002헌바91 사건 등), 개정 민법부칙 제 3 항에 대하여는 2004. 1. 29. 헌법불합치 결정을 선고하였다(2002헌가22 등 사건).

2. 호주제의 위헌성 여부(위 Ⅵ. 1.) 및 자녀의 姓 選擇(위 Ⅵ. 2.)에 관하여: 노무현 대통령 취임 후인 2003. 11. 6. 정부는 호주제 폐지 및 자녀의 姓을 반드시 父의 성을 따르지 않을 수도 있도록 하는 것을 주요 골자로 하는 민법개정안을 국회에 제출하여 현재 국회에 계류중이다. 다른 한편 서울지방법원 북부지원은 2003. 2. 16. "子는 父의 姓과 本을 따르고 父家에 입적한다"라고 규정하고 있는 민법 제781조 제 1 항 본문에 관하여 헌법재판소에 위헌제청을 하여 사건이 헌법재판소에 계속중이다.

〈서울대학교 법학 제45권 제 1 호, 2004〉

〈追記〉

1. 앞의 追記에서 말한 2002. 10. 12.의 심포지엄이란 2002. 10. 11, 12.의 양일에 걸쳐 서울대학교에서 개최되었던 서울대학교 법과대학 · 독일 프라이부르크 법과대학 공동주최 심포지엄을 말한다. 당시 위 심포지엄에서는 필자와 함께 프라이부르크 법과대학의 라이너 프랑크 교수가 "독일친족법에 미친 헌법의 영향"이라는 발표를 하였다. 프랑크 교수의 이 논문은 독일어 요약본과 함께 서울대학교 법학 제45권 제 1 호에 실려 있다.

2. 이 글에서 헌법적으로 문제가 있다고 지적되었던 많은 민법조항들은 2005. 3. 31. 법률 제7428호에 의하여 대부분 합헌적인 방향으로 개정되었다. 그리고 호주제와 子女의 姓 문제에 관하여는 각각 헌법재판소 2005. 2. 3. 선고 2001헌가9 내지 15, 2004헌가5 결정(헌법재판소판례집 17권 1집 1면 이하) 및 헌법재판소 2005. 12. 22. 선고 2003헌가5·6 결정(헌법재판소판례집 17권 2집 544면 이하)에 의하여 일단 결말이 지어졌다. 위 헌법재판소의 결정에 대하여는 "傳統的 家族制度와 憲法", 이 책 89면 이하 참조.

憲法 · 家族法 · 傳統

Ⅰ. 序　論

최근에 우리나라에서는 전통적인 가족제도의 개혁이 중요한 사회적인 쟁점이 되고 있다. 현재 국회에는 2004. 6. 3. 정부가 제출한, 호주제도의 폐지 및 자녀의 성은 아버지의 성을 따른다는 父姓主義의 원칙을 변경하는 것 등을 내용으로 하는 민법개정안과, 국회의원들이 제출한 정부안과는 다소 차이가 있는 내용의 민법개정안 두 건이 계류되어 있다.[1] 이러한 입법적인 개선 움직임 외에 헌법재판에 의하여 가족제도의 개혁을 이루려고 하는 움직임도 있다. 이미 헌법재판소에서는 지난 1997. 7. 16.에 同姓同本 禁婚을 규정한 민법 제809조 제1항에 대하여 헌법불합치결정을 한 바 있고,[2] 현재에도 戶主制度를 규정하고 있는 민법 제778조, "子는 父의 姓과 本을 따르고 父家에 入籍한다"라고 규정하고 있는 민법 제781조 제1항 본문에 관하여 법원이 각 위헌제청을 하여 사건이 헌법재판소에 계속 중이다.

이러한 가족제도에 대한 헌법적 판단에 있어서 중요한 논점의 하나가 傳統을 어느 정도로 고려할 것인가, 어떻게 고려할 것인가 하는 점이다. 종래의 가족제도를 유지하려고 하는 사람들은 그 중요한 근거의 하나로서 이러한 가족제도가 전통에 입각한 것이므로 이를 바꾸는 것은 전통을 파괴하는 것이어

1) 국회의 홈페이지에서 검색할 수 있다(http://search.assembly.go.kr:8080/bill/billview.jsp?billid=028001&billname=민법중개정법률안). 최근 방문 2004. 9. 22. 정부의 이 개정안은 16대 국회 때에도 제출되었으나 회기 만료로 인하여 폐기되었던 것이다.

2) 헌법재판소 1997. 7. 16. 선고 95헌가6 등 결정(헌법재판소판례집 9권 2호, 1, 16-17면).

서 허용되어서는 안 된다고 주장한다. 나아가 헌법적으로는 이러한 전통의 유지는 기본권을 제한할 수 있는 사유에 해당한다고 한다.

이러한 傳統 談論은 반드시 가족제도에 국한될 문제는 아니고 다른 법제도에 관하여도 문제될 수 있겠지만, 이제까지는 주로 가족법 내지 가족제도에 관련하여 주로 문제되어 왔다.

이 글에서는 과연 전통이라는 것이 가족제도, 나아가 법규범이 헌법에 합치하는가 여부의 판단에서 어느 정도나 고려되어야 하는 것인가 하는 점을 살펴보고자 한다. 논의의 순서로서는 Ⅱ.에서 이제까지의 논의 상황을 정리하여 본다. 이어서 Ⅲ.에서는 동성동본금혼, 호주제도, 父姓主義의 원칙과 같은 제도가 과연 전통적인 제도인가 하는 문제를 다룬다. 그리고 Ⅳ.에서는 외국에서는 이러한 문제가 어떻게 다루어지고 있는가를 살펴본다. 나아가 Ⅴ.에서는 헌법상 전통을 어떻게 고려하여야 하는가에 관한 사견을 밝히고, 이어서 Ⅵ.에서는 이제까지의 논의를 토대로 하여 이제까지 문제되었던 여러 가족제도의 위헌성 여부에 관하여 간단히 살펴본 다음 결론을 맺기로 한다.

Ⅱ. 종래의 論議

1. 憲法裁判所의 同姓同本禁婚 결정

종래 가장 논의가 많았던 것은 동성동본금혼의 규정이다. 이 제도가 전통에 의하여 뒷받침되는 미풍양속이라고 하는 주장은 이미 1957년의 민법 제정 당시부터 제기되었던 것이지만,[3] 헌법적인 관점에서 문제되었던 것은 위 헌법

3) 민법 제정 당시의 慣習尊重論과 憲法精神尊重論 및 漸進的 改革論에 대하여는 崔柄煜, "憲法에 비추어 본 家族法", 민사판례연구 XIII, 1991, 433면 이하; 李相旭, "家族法 制定의 經緯와 주된 爭點", 家族法研究 제14호, 2000, 290면 이하; 尹眞秀, "憲法이 家族法의 변화에 미친 영향", 서울대학교 법학 제45권 1호, 2004, 237면 이하 등 참조. 관습존중론을 대표한 論者는 당시의 대법원장이자 法典編纂委員會 위원장으로서 국회에 제출된 민법안의 작성 책임자였던 金炳魯이다. 그는 민법안의 심의 과정에서 국회에서 민법안의 기초 취지를 설명하면서, 대체로 다음과 같이 발언하였다. 즉 우리나라는 온 세계에 類가 없는 선진민족이고 문화민족이라고 우리나라의 문화에 대한 자부심을 표명하면서, 자신은 우리나라의 淳風良俗을 조장하고 완성시킬 의도하에서 친족상속법을 기초하였다는 것이다. 그리하여 동성동본금혼은 인류문화 발달의 가장 최고문화의 소산이고, 장차 서양 각국도 이를 모방하게 될 것이라고까지 주장하고 있다. 그리고 父系主義가 합리적인 제도이고, 父系系統을 계승하는 것이 우리나라 가족제도이며, 男女平等이란 정치 사회 문화 방면에서 문제되는 것이지 家庭의 倫理에 있어서는 男

재판소 1997. 7. 16. 결정[4]에서였다. 이 사건에서 다수의견(단순위헌의견)과 2개의 소수의견(헌법불합치의견 및 합헌의견)은 모두 위 동성동본금혼 규정의 유래 내지 전통에 대하여 언급하고 있다.

다수의견은, 동성동본금혼제의 존치론이 동성동본 사이의 혼인을 허용하는 것은 사회의 미풍양속과 전통문화에 어긋나는 것이어서 사회질서의 혼란과 가족제도의 파괴를 초래한다고 주장하는 데 대하여, 동성금혼제가 만고불변의 진리로서 우리의 혼인제도에 정착된 것이 아니라 시대의 윤리나 도덕관념의 변화에 따라 나타나서 그 시대의 제반 사회·경제적 환경을 반영한 것에 지나지 않는다는 점을 감안할 때, 이 제도는 이제 더 이상 법적으로 규제되어야 할 이 시대의 보편타당한 윤리 내지 도덕관념으로서의 기준성을 상실하였다고 볼 수밖에 없고, 헌법 제9조의 정신에 따라 우리가 진정으로 계승·발전시켜야 할 전통문화는 이 시대의 제반 사회·경제적 환경에 맞고 또 오늘날에 있어서도 보편타당한 전통윤리 내지 도덕관념이라고 하였다.

반면 헌법불합치의견은 위헌결정이 아니라 헌법불합치결정을 하여야 한다는 이유로서 동성동본금혼제도의 전통성을 강조하여, 동성동본제도는 수백 년간 이어져 내려오면서 우리민족의 혼인풍속이 되었을 뿐만 아니라 윤리규범으로 터잡게 되었고, 가족법 특히 혼인제도는 입법부인 국회가 우리민족의 전통, 관습, 윤리의식, 친족관념, 우생학적 문제 등 여러 가지 사정을 고려하여 입법정책적으로 결정하여야 할 입법재량사항이라고 한다.

그리고 합헌의견은 동성동본금혼 규정이 합헌이라는 이유로서 다음과 같이 주장하고 있다. 즉 혼인관계를 포함한 가족관계를 규율하는 법은 합리적으로만 형성되어 가는 것이 아니라 전통·풍속에 강하게 지배되는 보수적·역사적 성격을 띨 수밖에 없으므로, 동성동본금혼 규정의 위헌성도 혼인관계를 규율하는 법의 이러한 특수성을 전제로 그 유래나 관습화의 정도, 입법화의 타당성, 현재의 여건 변화 등을 검토함으로써 그 위헌성을 가려야지 합리성이나 논리만을 잣대로 위헌성을 논할 수는 없고, 행복추구권은 전통문화의 계승이라는 한계 내에서만 보장되고 있으며, 행복추구권이라 할지라도 반사회적 내지 반자연적 행위를 금지하는 규범이나 전통문화로 인식되어 온 국민의 법감정에 반

女同等이 적용될 수 없다고 한다. 1957. 11. 6.의 국회 발언. 鄭光鉉, 韓國家族法研究, 1967, 附錄編 270면 이하.

4) 註 2).

하여 이를 남용할 수 없음은 물론 타인의 행복추구권을 침해하거나 방해할 수 없음은 너무나 당연하고, 적어도 국민의 의사에 정면으로 반하지 아니하는 한 전통 · 관습에 반한 행복추구권을 추구할 수는 없다고 한다.

요컨대 위 결정의 다수의견이나 2개의 반대의견은 모두 동성동본금혼 규정이 우리나라의 전통적인 제도이고, 또 행복추구권과 같은 국민의 기본권도 전통문화의 계승 · 발전과 민족문화의 창달을 위한 국가의 의무를 규정하고 있는 헌법 제 9 조에 의하여 제한될 수 있다고 보면서, 다만 동성동본금혼의 전통이 오늘날도 타당한 전통인가, 헌법 제 9 조에서 말하는 전통문화에 해당하는가에 관하여는 견해를 달리하고 있는 것이다.

2. 傳統을 이유로 종래의 家族制度가 合憲이라고 하는 견해

한 論者는, 혼인과 가족생활은 그 유래와 존재형식면에서 볼 때는 하나의 전통적이고 관습적인 것이지 헌법적인 현상은 아니며, 혼인과 가족생활을 그 규율대상으로 하는 가족법이 '傳統性', '保守性', '倫理性'을 가질 수밖에 없는 것도 혼인과 가족관계의 이같은 憲法外的인 존재형식과 불가분의 관계가 있으므로, 혼인가족관계처럼 憲法外的 現象을 헌법이 그 인식의 영역으로 끌어들이려는 데 있어서는 반드시 혼인과 가족관계가 지녀온 전통적인 의미와 존재형식을 존중하지 않으면 안된다고 한다.5) 그리하여 호주제도에 관하여는 호주상속순위에 관해서 입법자가 내린 차별대우의 기준으로서의 最近親, 혼인 중의 출생자, 연장자 등은 적어도 우리의 전통적인 家族觀念에 비추어 볼 때 正義觀念을 해치는 정도의 불합리하고 恣意的인 규정이라고 볼 수는 없고, 남자와 여

5) 許營, "憲法과 家族法", 延世大 法律硏究 제 3 집, 1983, 419면. 그런데 許營, 韓國憲法論, 新 4 版, 博英社, 2004, 164면은 유교사상에 의해서 지배되던 우리 사회의 전형적이고 전통적인 고래의 혼인·가족제도는 인간의 존엄과 남녀평등을 기초로 하는 혼인 · 가족제도였다고 보기는 어려우며, 우리 헌법상의 혼인 · 가족제도는 그것이 지난날에는 어떠했던 간에 우리 헌법이 추구하는 문화민족의 이념에 알맞게 이제는 남녀의 존엄과 남녀평등을 기초로 문명적인 가족관계로 성립되고 유지되어야겠다는 헌법적 결단의 표현이라고 이해해야지, 칼 슈미트와 같이 우리 사회에 확립된 전형적이고 전통적인 사법상의 혼인 · 가족제도를 제도적으로 보장하기 위한 것이라고 이해하는 것은 문제가 있다고 서술하고 있어 견해의 변화가 있었던 것으로 보인다. 또한 구상진, "민법중개정법률안 입법예고에 대한 의견", 민법(친족편)개정안 공청회, 법무부, 2003. 9. 25, 57면은 헌법 제36조는 대한민국 수립 전부터 자생적인 기초로 형성되어 있는 가족제도의 기본구조를 국가는 보호하고 이에 간섭하지 않는다는 것을 의미한다고 해석하여야 하며, 가족제도는 국가적 간섭이 최소화되어야 할 영역이고, 전통적 가족제도를 보호하는 것이 헌법의 기본원칙이라고 한다.

자를 호주상속순위에서 차별하는 것은 男系血統繼承을 실현시키기 위한 입법권자의 결단이라고 파악할 수 있는데, 이 경우에도 남녀를 차별하는 입법권자의 동기가 아직은 평등권을 침해할 정도로 불합리하고 恣意的인 것이라고는 평가할 수는 없다고 한다.[6)]

다른 論者는 헌법재판소의 동성동본금혼 규정에 대한 위헌결정을 비판하면서, 이러한 동성동본금혼의 제도는 과거 조상들의 나름대로 과학적 합리성과 철학사상적 정당성을 바탕으로 이루어진 고상한 전통문화이자 도덕정신이고, 우리만의 독특한 고유문화라고 하여 합리성과 정당성이 부정될 수는 없다고 하면서, 헌재가 수백년 동안 미풍양속으로 계승되어 온 전통문화의 合情性과 합도덕성을 거의 고려하지 않고 단지 합리성만을 이유로 내린 결정은 참으로 안타까운 일이라고 한다.[7)]

또한 상당수의 논자들은 "悠久한 歷史와 傳統에 빛나는 우리 大韓民國"이라는 헌법 前文의 표현과, "국가는 전통문화의 계승・발전과 민족문화의 창달에 노력하여야 한다"라는 헌법 제 9 조의 규정을 근거로 하여, 동성동본금혼, 호주제 및 父姓主義의 원칙은 헌법상 보호되어야 하는 전통문화라고 주장한다.[8)]

이 외에도 호주제도가 전통에 근거한 미풍양속이므로 유지되어야 한다는 주장은 여러 사람에 의하여 주장되고 있다.[9)]

3. 傳統 否定論

이와는 달리 동성동본금혼제도나 호주제도가 위헌이라고 하는 입장에서는 이러한 전통 논거에 대하여 몇 가지의 반론을 펴고 있는데, 그 중 중요한 것으

6) 許營, "憲法과 家族法"(註 5), 434면 이하. 여기서는 '傳統性', '保守性', '倫理性'이 강조되는 家族法分野에서는 다른 法律分野와 달리 外國의 法制를 우리의 現實에 끌어들이는 데 있어서 특별히 세심한 주의가 필요하다고 한다.

7) 金池洙, "同姓同本不婚禮法의 역사철학적 배경과 현대적 해석", 사법행정 2001. 6, 19면 이하. 같은 취지, 金池洙, "헌법재판소의 동성동본금혼 규정에 대한 헌법불합치결정의 논거에 커다란 의문이 있다", 사법행정 1998. 6, 48면 이하.

8) 호주제도, 무엇이 문제인가, 호주제도관련토론회자료집, 법무부, 2000. 7, 144면(정환담 발언); 정환담, "『호주와 가족』의 전면적 폐지안의 불합당성 법무부의 민법중개정법률안(호주와 가족의 전면 폐지안)의 입법예고에 대한 의견서", 법무부(註 5), 117면; 구상진(註 5), 56-57면.

9) 예컨대 김준원, "현행 민법상의 호주제에 관한 연구(下)", 司法行政 2002. 9, 12면; 李德勝・金鎭, "戸主制度 存廢에 관한 研究", 比較私法 제 9 권 1호, 2002, 269면 이하 등. 좀더 상세한 문헌의 소개는 申榮鎬, "「戸主와 家族」 規定의 整備를 위한 檢討", 家族法研究 제17권 1호, 2003, 37면 註 15) 참조.

로는 이러한 여러 제도가 전통에 부합하지 않는다는 것이다. 우선 호주제도가 전통제도가 아니고 일본이 우리나라의 관습을 왜곡하여 강제로 이식한 제도라는 것은 많은 사람들이 지적하고 있다.[10)]

나아가 일부 학자는 父姓主義 원칙 내지 그 근거가 되는 父系血統主義도 우리의 전통이 아니라고 한다. 즉 우리 민족의 친족제도는 중국과는 달리 부계혈통만을 일방적으로 중시하는 것이 아니라 부계와 모계를 동등하게 존중하는 고유의 특성을 지니고 있어서, 고려시대는 물론 조선전기까지만 해도 부계와 모계의 양계를 다같이 존중하고, 딸과 아들, 친손과 외손을 차별하지 않는 친족체계를 유지하고 있었는데, 17세기 무렵부터 중국식 宗法制度의 영향을 받아 부계혈통주의가 강화되기 시작했다고 하면서, "약 300년의 역사를 가진 중국식 종법제에 물든 가족제도와 1000년 이상의 전통을 지닌 민족 고유의 가족제도, 이 중 어느 것이 전통가족제도인가?"라고 하여 부계혈통주의가 우리의 전통제도가 아니라고 한다.[11)]

또한 同姓同本 禁婚의 제도도 우리 고유의 제도가 아니라 중국의 영향을 받은 것이라고 한다.[12)]

4. 基本權의 制限事由로서의 傳統

위에서의 논의는 동성동본금혼이나 호주제 등 구체적인 가족법상의 제도가 전통에 근거를 둔 것인가, 아닌가 또는 이러한 제도들이 미풍양속인가 아닌가 하는 것에 관한 것이라고 할 수 있다. 그런데 보다 일반적으로는 전통이 기본권 제한의 사유가 될 수 있는가 하는 점이 문제로 된다. 이 점에 관하여도 견해의 대립이 있다.

---

10) 최대권・윤진수・김양희・오정진, 호주제 개선방안에 관한 조사연구, 여성부, 2001, 12면 이하; 李相旭, "日帝下 傳統家族法의 歪曲", 朴秉濠敎授還甲紀念 韓國法史學論叢, 1991, 382면 이하; 양현아, "한국의 호주제도", 여성과 사회 제10호, 1999, 224면 이하; 박병호, "일제하의 가족정책과 관습법형성과정", 법학 제33권 2호, 서울대학교 법학연구소, 1992, 7면 이하; 김상용, "다시 호주제 폐지를 말한다", 법무부(註 5), 23면 이하; 金相瑢, "호주제는 전통적 가족제도가 아니다", 법률신문 제3215호(2003. 11. 3), 14면 등.

11) 金相瑢, "가족법상의 몇가지 헌법적 문제 — 호주제의 전통성, 자녀의 성, 이혼숙려기간 —", 헌법실무연구회 제47회 발표문(2004. 7. 2.), 12면 이하.

12) 金柄大, "同姓同本不婚制에 관한 小考", 現代民法의 課題와 展望: 南松韓琫熙敎授華甲紀念, 1994, 106면 이하.

가. 긍정하는 견해

먼저 헌법 제9조를 근거로 하여, 전통이 기본권 제한의 사유가 될 수 있다는 주장이 있다. 즉 헌법 제9조는 전문의 사회적 폐습 조항과 함께 전통문화의 계승·발전과 민족문화의 창달에 노력하여야 할 의무를 국가에 지우는 조항이고, 그 법적 효력은 사법부(헌법재판소)를 구속하는 원칙으로서의 효력을 가지므로, 혼례 때의 음식접대 금지[13]나 동성동본금혼의 위헌 여부를 헌법재판소가 판단할 때 그 금지조치가 전통문화의 계승·발전과 민족문화의 창달에 노력하여야 할 국가의무의 정당한 실현조치였는지 사회적 폐습의 타파를 위한 정당한 조치였는지 아니면 사회적 폐습의 존치에 지나지 아니한지의 판단을 헌법 제37조 제2항상의 이익 형량시 고려하여야 할 요소(公共福利) 가운데 하나로 행하였어야 한다고 한다. 그리하여 헌법재판소의 결정에는 동성동본금혼의 경우에 헌법 제9조의 전통문화 내지 민족문화가 아니라는 결론은 있으나 왜 그러한지의 판단의 합리적 근거를 결하고 있다고 하면서, 문제의 관례나 관행이 과연 전통문화 내지 민족문화[14]의 하나인지, 아니면 사회적 폐습인지의 판단은 누구도 할 수 있는 주먹구구에 의할 것이 아니고, 이 문제를 학자 등 전문가의 시각에서 판단하는 일종의 감정증거나 학자의 연구 결과에 의거하여야 하며, 그렇게 하여야 그 판단의 합리성을 담보할 수 있다고 한다.[15]

이와 맥락을 같이하는 주장으로서는 다음과 같은 것이 있다. 즉 전통이란 관습 중에서 수 세대를 통해 살아남은 관습을 의미하며, 관습이 전통이 되기 위해서는 "일정기간 동안" "일정 수 이상의 사람이나 사람들의 집단"에 의해

---

13) 헌법재판소 1998. 10. 15. 선고 98헌마168 결정에서 문제된 사안.

14) 여기서는 전통문화 내지 민족문화를 한국민족의 正體性(identity)과 관련시켜서, 한국민족을 한국민족으로 만들고 그렇게 판가름할 수 있게 하는 기준 내지 요소가 전통문화 내지 민족문화라고 한다. 달리는 한국민족(국민)의 정체성을 규정하는 사고나 행동의 패턴을 의미한다고 정의하고 있다. 崔大權, "憲法의 變化와 連續性에 관한 談論", 서울대학교 法學 제44권 1호, 2003, 92면, 103면 참조.

15) 崔大權(註14), 97면 이하. 이 논자는 다른 글에서도 동성동본금혼 원칙의 경우에 그것을 법원칙으로까지 강제하여야 한다는 강한 법적 확신이 우리 사회에 아직 존재하고 있는가가 중요하고, 이렇게 강한 법적 확신이 우리나라 사회에 존재하느냐의 문제는 사회과학적 접근방법에 따라 확인하고 판단하여야 하며, 동성동본금혼 원칙이 사실상 효력이 없는 원칙임을 보여주는 사회과학적 연구결과를 구하였다고 한다면 동성동본금혼 원칙이 평등조항 등에 반한다는 결정의 논거의 하나로 그러한 연구결과를 이용할 수 있었을 것이라고 한다. 崔大權, "法的決定과 社會科學: 課外禁止措置違憲決定을 중심으로", 서울대학교 法學 제41권 3호, 2000, 54면 註 20); 同, "憲法學方法論의 問題", 서울대학교 法學 제43권 1호, 2002, 62면 등.

행동의 방식으로서 일반적이고 보편적으로 받아들여져야 하는데, 우리나라에서는 憲法 前文이 "유구한 역사와 전통에 빛나는 우리 대한민국은"이라고 시작함으로써, 대한민국은 전통과 역사에 뿌리박은 문화적 사회를 전제로 하고 있음을 천명하고 있고, 헌법 제9조도 "국가는 전통문화의 계승발전과 민족문화의 창달에 노력하여야 한다"고 규정하여 "전통"의 계승발전과 민족문화의 창달에 힘쓸 것을 국가의 의무로 규정하고 있다는 것이다. 그리하여 동성동본금혼 규정이 "현재의 시점에서" 절대다수의 한국국민에 의해 보편적으로 받아들여지는 "전통"인가에 관하여는 인류학자인 Leopold Pospisil의 주장에 따라 법을 그 필요성에 관한 믿음이 다수의 지지를 받고 있는 "관습적인 법(customary law)"과 거의 지지를 받지 못하는 "권위주의적인 법(authoritarian law)"으로 二分하고, 만약 동성동본금혼제도를 구체화한 민법 제809조 제1항이 Pospisil이 말하는 "관습적인 법"의 특성을 갖춘 것이라면, 동성동본금혼제도는 이 두 번째 요건도 만족시키게 되어 헌법적 보호를 받는 "전통"이 되는 것이고 따라서 민법 제809조 제1항도 사회변동과 관련해서는 합헌이 되는데, 이 규정은 과거에는 관습적인 법이었지만 현재에는 권위주의적인 법으로 변하였으므로, 이는 더 이상 한국사회에 적합성을 갖는 법이 아니며 따라서 동성동본금혼도 헌법 제9조에 의해 보호되는 "전통"으로서의 위치를 잃어버렸다고 한다.[16)]

나. 부정하는 견해

반면 이러한 전통이나 미풍양속이라는 개념은 기본권의 제한을 정당화할 사유가 되지 못한다는 주장도 있다. 우선 동성동본금혼 규정에 대한 헌법재판소 결정의 소수의견이 우리 헌법 제9조를 근거로 동성동본금혼제도의 합헌성을 논증하는 데 대하여, 헌법 제9조는 오늘날 문화현상이 대중화되고, 보편화되는 상황에 처하여 문화의 편향된 발전을 저지하여 문화적 다양성을 조성하고, 이를 위하여 문화활동을 촉진하며, 또 모든 국민에게 최소한 문화적인 가치를 공유하게 하려는 데에 목적이 있는 것으로서, 헌법 제9조가 특정한 제도

16) 林智奉, "憲法裁判과 社會變動", 考試界 2001. 12, 4면 이하. 林智奉, "민주주의의 실패와 사법적극주의", 헌법실무연구 제2권, 2001, 133면 이하는 사법부가 親多數決主義 機關이기도 하고 反多數決主義 機關이기도 하다고 하면서, 동성동본금혼 규정에 대한 헌법재판소의 결정은 의회에서 minority block의 형성을 통해 야기된 민주주의 실패를 의회 스스로 교정할 수 없게 되자 이에 적극적으로 개입하여 헌법불합치결정을 통해 이 문제를 해결하고 한국의 "민주주의 촉진"에 이바지하였다고 주장한다.

의 내용을 보장하고, 이러한 제도보장으로 인하여 발생할 수도 있는 기본권의 제한을 정당화하는 기능을 수행하는 것은 아니라고 한다. 그리고 동성동본금혼제도가 우리 사회의 전통적인 미풍양속을 보호하기 위하여 필요하다고 하는 헌법재판소 결정의 소수의견에 대하여는, 동성동본금혼제도가 개인의 기본권을 제한하는 효과를 가진다는 점에 대해서는 異論이 없고, 그렇다면 미풍양속의 보호라는 법익은 개념적으로 기본권 제한을 정당화시키기 위해서 필요한 질서유지 및 공공복리에 포섭될 수 있어야 하는데, 미풍양속을 이유로 국가의 행위가 정당성을 갖는다면 국가는 다시 가치가 세분화되지 않는 과거로 회귀하여 價値의 獨裁(Tyrannei der Werte)를 통한 전체주의적 질서형성의 주체로 될 것이라고 한다. 기본권 제한의 논거로서 제시된 미풍양속은 헌법적으로 보면 전통적인 가족질서의 유지라고 표현될 수 있을 것이지만, 이러한 개념 역시 헌법상 기본권 제한의 사유인 질서유지에 포섭된다고 볼 수는 없으며, 이러한 입법목적을 위하여 동성동본간의 혼인을 전체적으로 부인하는 것은 오늘날 가족의 혈연공동체로서의 성격을 지극히 과대평가한 결과이고, 이러한 가족에 대한 이해는 오늘날 가족개념의 변화, 성씨 취득의 다양성, 인구의 과대화 및 이동성의 증가 등이라는 사실에 비추어 볼 때 설득력이 없는 정형화(Typisierung)라고 한다.[17)]

동성동본금혼에 관한 다음과 같은 주장도 맥을 같이한다고 보인다. 즉 단순히 옛날부터의 그 사회의 祭禮的 儀式, 종교적 이유나 과거의 관습, 형이상학적 이유, 합리적으로는 설명될 수 없는 관념만을 이유로 하는 혼인 금지는 이러한 헌법적 요건을 갖추지 못하여 위헌이고, 특정 종교적 교리나 과거의 유교적·가부장적 윤리나 관습에 기초한 혼인 금지는 인용되기 어려우며, 특히 헌법은 전래의 가부장적 가족제도와 혼인제도를 수용하고 있는 것이 아니라 인간의 존엄과 양성의 평등에 기한 혼인제도를 규정하고 있는 점에서 과거의 혼인제도의 전통을 그대로 수용하기는 곤란하다고 한다. 따라서 민법 제809조 제1항은 혼인의 자유의 한 본질적 요소로서 자기가 선택한 배우자와 혼인할 수 있는 자유를 침해하여 위헌인데, 民法 제809조는 과거의 가부장적 대가족제도에서 행해진 관습을 수용한 것이지만, 단순히 과거의 윤리나 관습, 합리적으

17) 全光錫, "同姓同本禁婚制度의 憲法問題 — 憲法裁判所의 決定을 中心으로 —", 曉園大 法學論叢 제5호, 1998, 221면 이하. 李和淑, "동성동본 불혼제에 대한 헌법불합치 결정을 환영하며", 법과 사회 제15호, 1997, 87면 이하는 동성동본 불혼제는 미풍양속이라고 할 수도 없을 뿐만 아니라, 설사 동성동본 불혼제를 미풍양속이라 가정한다 해도, 이는 법이 규율할 문제가 아니라고 한다.

로 설명할 수 없는 관념을 이유로 혼인의 자유를 제한할 수는 없다고 한다. 민법 제809조 제1항의 문제는 과거의 윤리, 관습과 현재의 헌법적 가치질서와의 충돌의 문제를 함유하는데, 우리 헌법은 혼인제도에 있어 전통적 유교 윤리에 기초한 가부장적 혼인제도를 수용하고 있다고 할 수는 없으며, 부계혈통 중심의 대가족 사회에서의 성적 질서를 유지하기 위한 광범위한 금혼규정은 우리 헌법이 기초하고 있는 인간의 존엄과 양성의 평등에 기초한 혼인제도와 상용할 수 없고 또한 혼인의 자유의 보장과도 조화되기 어렵다는 것이다.[18]

또한 헌법 제9조가 국가의 전통문화계승의무를 규정하고 있지만, 이것이 기본권 보장의 한계로 작용한다고 보는 것은 납득하기 어렵다는 견해도 있다. 즉 전통문화 중에는 국민의 기본권과 별 관계가 없거나 이를 증진시키는 것이 있는 반면 이를 제약하는 것도 있을 수 있는데, 후자에 속하는 전통문화를 다른 이유 없이 단지 그것이 전통문화라는 이유만으로 국가가 이를 강제하는 것은 헌법상 결코 허용될 수 없다는 것이다.[19]

Ⅲ. 從來의 家族制度의 傳統性

여기서 좀더 논의를 진행하기에 앞서서, 과연 동성동본금혼제도나 호주제도와 같은 것이 전통적인 제도인가 하는 점부터 확인하고 넘어갈 필요가 있다. 논자에 따라서는 이 문제에 대한 인식 자체에 차이가 있기 때문에 혼란이 가중되고 있는 것처럼 보이기 때문이다. 그런데 이 문제는 반드시 간단하지 않다. 이 문제 자체가 법학보다는 사회과학이나 역사학의 영역에 속하는 것일 뿐만 아니라, 사회과학과 역사학에서도 과연 전통을 어떻게 파악할 것인가에 관하여 복잡한 논의가 있기 때문이다.[20] 그러나 이하에서는 이러한 점을 감안하

---

18) 金文顯, "위헌성 여부가 문제되는 몇가지 법률조항에 대한 고찰", 憲法裁判研究 제5권 憲法解釋에 관한 研究, 서울, 헌법재판소, 1994, 260면 이하; 同, "동성동본불혼제의 위헌 여부", 考試界 1994. 12, 174면 이하.

19) 尹容燮, "同姓同本禁婚制度의 違憲 與否", 金容俊 憲法裁判所長 華甲紀念 재판의 한 길, 1998, 217면. 다만 이 글은 동성동본금혼제도의 도덕적 · 윤리적 당위성에 대하여 국민들의 보편적 승인이 있음이 증명된다면 그 합헌성은 긍인될 수 있다고 한다.

20) 예컨대 양현아, "'전통'과 '여성'의 만남: 호주제도 위헌소송에 관한 문화 연구", 법사학연구 제25호, 2002, 110면 이하는 호주제도의 전통성 여부와 관련하여 호주제 폐지론자들이 호주제도가 한국의 진정한 전통이 아니라는 논증에 있어서 실증주의적 관점에 입각하고 있으나, 이는 '전통'이라는 문화적 구성물이 마치 사물인 것처럼 '실체화'하게 된다고 비판하면서,

면서 필요한 최소한도 내에서 과연 이러한 가족제도가 전통에 부합하는 것인가를 살펴본다.

1. 同姓同本禁婚制度

동성동본금혼제도가 우리나라 고유의 제도인지, 아니면 중국의 宗法制度[21]에 영향을 받은 것인지에 관하여는 위 헌법재판소 1997. 7. 16. 결정(註 2)에서도 다투어졌으나, 일반적으로는 이는 중국의 종법제도의 영향을 받아 고려 중엽 무렵에 우리나라에 들어왔고, 조선시대, 특히 조선시대 후기에 이르러 더 강화되었다고 이해되고 있다.[22] 이 제도가 어디에서 유래한 것이건 간에 적어도 조선시대 후기 이후에는 이 제도는 완전히 정착되어서 우리 전통 문화의 일부로 받아들여졌다고 할 수 있다. 동성동본금혼제도가 중국의 영향을 받은 것임을 지적하고 있는 위 헌법재판소 1997. 7. 16. 결정(註 2)의 다수의견도 이 점을 부정하는 것은 아니다.

2. 戶主制度

호주제도가 우리나라의 전통적인 제도인가 하는 점에 관하여는 논의가 복잡한 양상을 보인다. 일반적으로 현행 민법상의 호주제도가 일제 치하에서 일본이 호주제도가 우리나라의 관습상 존재한다고 하는 명분하에 일본의 호주제도를 강제로 이식한 데 기원하였다는 것은 쉽게 확인할 수 있는 일이다.[23]

어떤 실천이 정말로 한국의 전통이냐 아니냐, 혹은 유교적 전통에서 현재 사회에 유산으로 삼을 만한 것이냐 아니냐와 같은 질문은 매우 단순하고 위험하다고 한다. 또한 근래의 社會史는 전통이라는 것이 실제로는 만들어진다는 측면을 강조하고 있다. 에릭 홉스봄, "전통들을 발명해내기", 에릭 홉스봄 외 지음, 박지향・장문석 옮김, 만들어진 전통, 2004, 19면 이하 참조.

21) 宗法이란 '大宗·小宗之法' 혹은 '宗子法'의 약칭으로서 하나의 宗家(大宗)를 중심으로 여러 방계친족(小宗)들을 결속시키는 독특한 친족 편제의 원리이다. 중국의 宗法制度 및 그것이 한국에 받아들여진 과정에 대한 비교적 상세한 설명으로는 李迎春, "宗法의 원리와 한국 사회에서의 전통", 가족과 법제의 사회사(한국사회사학회논문집 제46집), 1995, 11면 이하 참조.

22) 同姓同本禁婚制度의 역사에 관하여는 金斗憲, 韓國家族制度研究, 서울대학교출판부, 1969, 430면 이하가 많이 인용되는 문헌이다. 또한 헌법재판소 결정을 비판하는 金池洙(註 7), 사법행정 2001. 6, 19면도 현재의 이 예법(동성동본금혼제도)은 직접 고려 중기 이후 唐律의 영향과 조선 초기 明律의 依用에 의해 재정립된 제도임은 역사 기록에 비추어 의심할 나위가 없는 사실이라고 한다.

23) 최대권 외 3인(註 10), 12면 이하 참조. 이와 유사한 사례로서 19세기에 백인들이 아프리

그럼에도 불구하고 호주제도 옹호론자들이 호주제도가 우리의 전통에 입각한 제도라고 주장하는 것은 무엇 때문인가? 여기에는 몇 가지 이유가 있다. 그 하나는 역사적으로 우리나라의 전통적인 가족제도하에서도 家長이 있었는데, 이 家長을 戶主와 동일한 것으로 이해하는 것이다.[24)]

이와 연관이 있는 또 다른 주장으로는 戶主制가 전통적인 가계계승 내지 조상숭배의 관념에 이바지하기 때문에 이는 전통에 부합한다고 하는 견해가 있다. 즉 헌법 전문 및 헌법 제 9 조에 의하면 가족공동체 계승의 문화는 전통문화로 보호하는 것이 헌법의 기본원리이고, 호주제의 본질은 가계계승제도를 호주 개인의 권리 의무의 형태로 표현한 법률형식일 뿐이며, 이것이 우리 가족제도의 기초라고 한다.[25)][26)]

이러한 논란이 생기는 원인은 기본적으로 전통을 어떻게 파악할 것인가 하는 점이 분명하지 않기 때문이다. 실제로 전통적인 가족제도에서의 家長이라는 개념과 현행법상의 戶主의 개념을 동일한 것으로 볼 수 없는 것은 분명하다. 전통적인 家長의 개념은 법률상으로나 실제에 있어서 큰 의미가 없으며 대

카를 지배하면서 아프리카의 '전통'을 오해하고 왜곡한 예를 들 수 있다. 테렌스 레인저, "식민지 아프리카에서의 전통의 발명", 홉스봄 외(註 20), 399면 이하, 특히 459면 이하 참조.

24) 김준원(註 9), 10-11면. 鄭淇雄, "家의 繼承과 戶主制의 役割", 家族法의 變動要因과 現狀(衿山法學 창간호), 1998, 88면은 호주가 가장으로서 집안에서 여러 가지 권한을 갖고 가족에 대하여 의무를 부담하는 것은 일본으로부터 영향받았다기보다는 유교국가인 중국, 한국 일본의 공통현상이라고 한다. 구상진, 指定討論, 호주제도, 무엇이 문제인가(註 8), 129-130면도 같은 취지이다.

25) 구상진(註 5), 57면, 62면. 정환담(註 8), 2003, 115면 이하도 家의 繼承의 원리가 韓民族的 家族制度의 三原則 중의 하나라고 하면서 호주제도의 폐지에 반대하고 있다.

26) 근래 한 일본인 학자는 다음과 같이 우리나라의 호주제도를 설명하려고 시도하고 있다. 즉 호주제도가 일제가 창조한 것이라는 연혁적 설명은 시인하면서도, 1970년대부터의 가족법개정운동과 개정경위에서 보수파를 중심으로 하여 한국 사회가 보여 준 戶主制度에의 '집착', 즉 한국의 전통 내지 문화를 戶主制度 중에서 찾으려는 자세는 이와 같은 제도사적 분석만으로는 충분히 설명될 수 없고, 한국 사회에는 일본의 제도가 알지 못하던 호주의 역할 내지 기능이 존재하였을 것이라고 한다. 그리고 이러한 한국호주제도의 특징적인 역할・기능이란 祖上祭祀를 중심으로 하는 一族統率 시스템이라고 할 수 있는 '宗法制度'라고 한다. 다시 말하여 한국의 호적제도와 호주제도는 일본법으로부터 도입된 것이지만, 그 도입 이전부터 한국 사회에 존재하였던 조상숭배의 관념이 이에 깊게 결부되어 한국에서는 일본법상의 호주와는 다른 의미의 호주로서 인식되었다는 것이다. 青木 清, "韓國의 戶主制度", 家族法의 變動要因과 現狀(衿山法學 창간호), 1998, 239-242면; 同, "韓國家族法と日本家族法", ジュリスト No. 1007, 1992, 45면 이하. 또한 양현아, "한국의 호주제도", 여성과 사회 제10호, 1999, 224면 이하는 일제는 이에(家)제도의 틀을 한국에 이식하면서 조선의 관습에서 이것과 대응하는 어떤 것을 찾아내려 했고 그렇게 해서 호주의 대응물로 찾아낸 것이 조선의 가계계승자였으며, 그리하여 한국에서 호주제도는 부계계승 제도를 유지하기 위한 제도적 장치로 사용되었고, 부계계승 제도는 호주제도의 관점에서 더욱 철저한 것으로 자리매김되었다고 한다.

내적으로는 오직 자녀에 대한 관계에 있어서 父權, 처첩에 대한 관계에 있어서 夫權이 있을 뿐이고, 대외적으로도 家의 최존장으로서의 의미밖에 부여되지 않았으며,[27] 이 점에서 현실적인 생활공동체가 아닌, 추상적인 家[28]를 전제로 하여, 이 家를 통솔하는 지위를 가지는 현행의 戶主와는 다른 것이다.[29] 그렇지만 다른 한편으로 이러한 호주제도가 우리나라에 받아들여지게 된 것은 역시 종래의 부계혈통주의 내지 가부장적 의식을 바탕으로 한 家系繼承의 관념에 부합하는 측면이 있었고,[30] 그것이 일제하에 들어왔어도 수십년 동안 제도로서 정착되어 온 이상 이를 전통이라고 볼 여지가 없는 것은 아니다.[31]

3. 父姓主義

한국에서 姓의 기원에 관하여는 반드시 견해가 일치되어 있는 것은 아니지만,[32] 초기에는 姓이 귀족이나 양반 등 상류계층만이 사용하다가 후대에 이르러 점차 일반 서민도 姓을 사용하여 일반화되었다. 그리고 姓을 사용하는 경우에는 삼국시대 이래 父系血統主義에 따라 父子가 同姓을 사용하였다.[33] 따라서 우리나라에 있어서 父子同姓 내지 父姓主義의 원칙은 매우 오래 된 역사를

27) 朴秉濠, "한국의 傳統家族과 家長權, 近世의 法과 法思想", 가족법논집, 1996, 279면 참조.

28) 일본의 いえ.

29) 양자의 비교에 관하여는 최대권 외 3인(註 10), 16-17면 참조. 朴秉濠, "日帝下의 家族政策과 慣習法形成過程", 서울대학교 法學 제33권 2호, 1992, 10면은 "父權·夫權 외에 이들을 포괄하는 통일적인 지배권으로서의 家長·家長權制度는 日帝에 의하여 비로소 강제된 것이며 그것이 지배권의 내용에 있어서 理念型에 비하여 빈약한 것이라 할지라도 상징적 의미 이상의 家族國家理念, 즉 家父長制 家族制度에 있어서의 가족원의 가부장에 대한 絕對的 恭順의 윤리인 孝를 君主에 대한 絕對的 恭順의 倫理인 忠에까지 媒介하는 정신적 지주로서의 의미가 있다"라고 서술하고 있다.

30) 위 註 26) 참조. 그러나 金相瑢(註 11), 21면 註 84)는 "호주와 제사봉사자 관념의 결합"은 처음부터 일제의 계획적인 의도에 따라 이루어진 것이며, 우리민족 내부에서 자생적으로 형성된 것이 아니라고 주장한다.

31) 양현아, "한국 가족법에서 읽은 세 가지 문제", 가족과 법제의 사회사(註 21), 117면은 전통의 고안, 문화의 비토착성이라는 아이디어를 계속 밀고 가면 호주 제도도 우리에게 들어온 전통이라고 부를 수도 있다고 한다.

32) 姓氏에 관한 고전적인 연구로는 金斗憲(註 22), 49면 이하 참조.

33) 孫鉉暻, 韓國家族法上의 姓氏에 관한 研究, 부산대학교 대학원 박사학위논문, 1996, 33면 이하는 삼국시대와 통일신라시대에는 父系血統主義에 의한 姓氏繼承을 원칙으로 하였고 母系를 통하여 출계를 나타내는 것은 예외적인 것이었다고 한다. 그러나 金容旭, "韓國姓氏에 관한 法制史的 研究", 家族法研究 제9호, 1995, 53-54면은 姓不變의 원리는 조선 초기에 들어와서 대략 확립되었으며 그 이전에는 子·女·同壻·親孫·外孫간에는 同姓·同氏族인 것으로 보고 可變性의 원리가 있었으며 雙系的인 성씨의 변동을 하였다고 한다. 아래 註 37)과 비교할 것.

가진 것이라고 할 수 있다.

그런데 이와는 달리 과거에는 노비를 비롯한 賤人層에게는 姓이 없었고, 또 조선 중기까지 남자가 여자의 집에 장가드는 男歸女家의 풍습이 있었음을 들어 父系(男系)血統主義는 민족 고유의 전통이 아니고, 조선후기의 부계혈통주의는 양반지배층의 전유물이라고 하는 주장이 있다.[34] 그러나 이는 다소 무리한 주장이다. 우선 父系血統主義인가 母系血統主義인가 하는 문제는 친족관계를 어떤 범위에서 정할 것인가 하는 出系律(descent rule)의 문제로서,[35] 혼인 후의 자녀가 남편의 아버지 집에서 사는가(父居制) 아니면 아내의 모 집에서 사는가(母居制) 하는 이른바 居住律(rule of residence)[36]과는 구별되는 개념이다. 물론 양자 사이에 관련이 없는 것은 아니지만, 후자의 거주율을 근거로 하여 전자의 출계율을 결정할 수는 없다. 적어도 姓의 결정에 관한 한 전통적으로는 父系血統主義를 따랐다고 보아야 할 것이다.[37] 나아가 노비 등 천민층에게는 성이 없었다는 것을 부계혈통주의에 대한 반대자료로 제시하는 것도 적절하지 않다. 이는 마치 미국의 남북전쟁 전에 흑인 노예에게는 기본권이 보장되지 않았으므로 당시 미국에는 기본권의 보장이 없었다고 말하는 것과 마찬가지이다.

Ⅳ. 외국에서의 傳統 談論

1. 美國의 實體的 適法節次 논쟁에 있어서의 傳統 談論

가. 실체적 적법절차 일반론

미국에서 헌법과 관련하여 전통이 문제되는 것은 주로 實體的 適法節次(substantive due process)에 관하여서이다. 미국 헌법수정(Amendment) 제5조는 연방에 관하여 어떤 사람도 적법절차 없이는 생명, 자유 또는 재산을 박탈당하

34) 金相瑢(註 11) 참조.

35) 李光奎, 文化人類學槪論, 1980, 241면 이하; 韓相福, 李文雄, 金光億, 文化人類學槪論, 1985, 142면 이하; 노길명 외 4인, 문화인류학의 이해, 1998, 170면 이하 참조.

36) 李光奎(註 35), 239면 이하; 韓相福 외 2인(註 35), 132면 이하; 노길명 외 4인(註 35), 152면 이하 참조.

37) 李光奎, 한국의 家族과 宗族, 민음사, 1990, 311면 이하는 신라시대 이래의 한국의 친족제도를 집단에의 귀속을 선택할 수 있는 選系的(ambilineal)인 특징을 가진 同屬(ramage)的 친족집단으로 이해하면서, 귀속이 자유롭기 때문에 출계를 표시하는 姓이 필요하다고 한다.

지 않는다고 규정하고 있고, 헌법수정 제14조 제 1 항은 어느 州도 적법절차 없이는 어느 사람의 생명, 자유나 재산을 박탈할 수 없다고 규정하고 있다.

여기서 適法節次(due procedure)란 원래는 그 말 자체가 나타내는 것처럼 연방이나 州가 사람의 생명, 자유나 재산을 박탈하기 위하여 일정한 절차를 밟아야 하는 것을 말한다. 예컨대 告知(notice) 및 聽聞(hearing)과 같은 것이 대표적이다. 그런데 미국 연방대법원의 판례는 이러한 節次的 適法節次(procedural due process) 외에도 實體的 適法節次(substantive due procedure)라는 이론에 의하여, 미국 헌법에 규정되어 있지 않은 권리를 이 적법절차 조항이 기본권으로서 보장한다고 판시하고 있다.[38] 이러한 실체적 적법절차 이론이 적용되었던 대표적인 예는 계약의 자유 내지 경제적 자유에 관한 것으로서, 한때 연방대법원은 근로자의 최장근로시간을 제한하는 州 법률이나, 근로자의 최저임금을 규정하는 州 법률이 이러한 실체적 적법절차 위반으로서 위헌이라고 판시한 바 있다.[39] 그러나 이러한 판례는 많은 비판을 받았고, 결국 뉴딜 정책이 시행되던 중인 1937년의 West Coast Hotel v. Parrish 판결[40]은, 최저임금 규정의 위헌성이 다투어진 사건에서 계약의 자유는 헌법이 규정하지 않고 있고, 적법절차 조항은 이러한 권리를 보장하지 않는다고 하여 종전의 판례를 변경하고 이를 합헌이라고 하였다. 이 판결에 의하여 한때는 실체적 적법절차의 이론은 숨이 끊어진 것처럼 보였다. 그러나 1965년의 Griswold v. Conneticut 판결[41]에서는 프라이버시의 권리가 헌법적으로 보장되는 권리라고 하였고,[42] 1973년의 Roe v. Wade 판결[43]에서는 여성이 임신 중절을 할 권리가 프라이버시의 권리에 포함되며 이 권리는 적법절차에서 나온다고 하였고, 1992년의 Planned Parenthood v. Casey 판결[44]은 이러한 임신 중절의 권리를 다시 한번 재확인하였다. 가장 최근에 실체적 적법절차 이론을 재확인한 판결로는 2003년 6월에 선고된

38) 예컨대 Erwin Chemerinsky, Constitutional Law, Principles and Policies, New York, Gaithersburg, Aspen Law & Business, 2nd ed., 2002, 523 ff. 참조.

39) 전자의 예로서는 Lochner v. New York, 198 U.S. 45(1905); 후자의 예로서는 Adkins v. Children's Hospital, 243 U.S. 426(1917)을 들 수 있다.

40) 300 U.S. 587.

41) 381 U.S. 479.

42) 이 판결에서는 피임약의 사용과 판매를 금지한 코네티컷 주법이 위헌이라고 하였다. 다만 이 판결의 복수의견(plurality opinion)은 프라이버시의 권리의 근거를 실체적 적법절차에서 찾지 않았으나 할란(Harlan) 대법관의 동조의견은 프라이버시의 권리의 근거를 실체적 적법절차에서 찾았다.

43) 410 U.S. 113.

44) 505 U.S. 833.

Lawrence v. Texas 판결[45]을 들 수 있다. 이 판결에서 연방대법원은 남성간의 鷄姦(sodomy)을 처벌하는 텍사스 주 법이 프라이버시를 침해한다는 이유로 위헌이라고 선고하면서, 같은 내용의 조지아 주 법이 위헌이 아니라고 한 1986년의 Bowers v. Hardwick 판결[46]을 변경하였다.

나. Poe v. Ullman 판결[47]

그런데 이러한 실체적 적법절차의 이론은 헌법상 명문의 규정이 없기 때문에 어떠한 권리를 실체적 적법절차에 의하여 보호되는 것으로 보아야 할지에 관하여 논란이 많다. 이 점과 관련하여 미국의 판례가 제시한 기준이 傳統(tradition)이다.

실체적 적법절차를 전통과 관련시켜 처음 언급한 것은 1961년의 Poe v. Ullman 판결(註 47)에서의 할란 대법관의 반대의견이다. 이 사건에서는 4년 뒤의 Griswold v. Conneticut 판결(註 41)과 마찬가지로 피임도구의 사용을 금지한 코네티컷 주의 법률이 합헌인가가 다투어졌는데, 다수의견은 위 법률의 무효확인을 구하는 청구를 받아들이지 않은 코네티컷 주 법원의 판결에 대한 상고사건에서, 위 법률이 원고들에게 적용될 것이라는 입증이 없으므로 재판의 대상이 되는 헌법상의 문제를 제기하지 않는다고 하여 상고를 받아들이지 않았다. 그러나 할란(Harlan) 대법관은 반대의견에서, 이 사건은 대법원이 다루어야 하고, 위 법률은 헌법 수정 제14조에 의하여 보호되는 프라이버시(privacy)를 침해하기 때문에 위헌이라고 하였다. 할란 대법관은, 적법절차를 규정하고 있는 헌법 수정 제5조 및 제14조는 스스로를 설명하지 않고 있고, 적법절차는 특정한 공식으로 환원될 수 없으며, 그 내용은 특정한 법전을 참조함으로써 결정될 수도 없다고 하면서, 말할 수 있는 최선의 것은 이 법원의 판례를 통하여 이 법원은 이 나라가 개인의 자유의 존중이라는 公理에 입각하여 개인의 자유와 조직된 사회의 필요 사이에서 취한 균형을 나타내 왔다는 것이라고 한다. 여기서 말한 균형이란 역사가 가르쳐 주는 전통, 때로는 역사가 그로부터 발전되기도 하고, 때로는 깨뜨려 버리기도 하는 전통을 고려하는 것인데, 전통이란 살아있는 것으로서, 이 전통으로부터 급격히 벗어나는 이 법원의 판례는 오래

45) 123 S.Ct. 2472.
46) 478 U.S. 186.
47) 367 U.S. 497, 81 S.Ct. 1752, 6 L.Ed.2d 989.

유지되지 못할 것인 반면, 이 전통에 입각한 판례는 건전할 것이라고 한다.[48)]

다른 말로 한다면 전통적으로 피임도구를 사용할 자유가 보호되어 왔다면 이는 적법절차에 의하여 보호받아야 할 기본적 권리인 반면, 그러한 자유가 역사적으로 인정되지 않았다면 기본적 권리가 될 수 없다는 것이다.[49)]

다. Moore v. City of East Cleveland 판결[50)]

이 사건의 피고인은 서로 사촌간인 두 손자를 데리고 살고 있었는데, 이스트 클리블랜드 시의 조례는 한 가구의 거주를 단일 가족(single family)으로 제한하고 있으며, 피고인의 가족 형태는 위 조례상의 단일 가족의 정의에는 해당하지 않았다. 그리하여 피고인은 위 조례 위반으로 기소되어 1심과 2심에서 유죄 판결을 받았다. 그러자 피고인은 위 조례가 헌법에 어긋난다고 하여 연방대법원에 상고를 하였고, 이 상고는 받아들여졌다.

법정의견을 집필한 파월(Powell) 대법관은 종전의 선례를 인용하여 연방대법원은 오랫동안 혼인과 가족생활에 관한 개인적 선택의 자유를 헌법수정 제14조에 의하여 보호되는 자유로 인정하여 왔다고 하면서,[51)] 위 Poe v. Ullman 판결(註 47)과 Griswold v. Conneticut 판결(註 41)에서의 할란 대법관의 의견을 인용하여, 연방대법원의 선례는 가족 제도가 이 나라의 역사와 전통에 깊이 뿌리박고 있다는 바로 그 이유 때문에 헌법이 가족의 신성함을 보호한다는 것을 확립하였다고 하였다.[52)] 그리고 미국의 전통은 핵가족의 구성원들을 결합시키는 유대만을 존중하는 데 국한된 것이 아니고, 숙부, 고모, 사촌, 특히 조부모가 부모 및 자녀들과 공동으로 가구를 이루는 전통은 마찬가지로 유서깊고 헌법적으로 인정될 가치가 있는 뿌리를 가지고 있다고 하여[53)] 위 조례는 위헌이

48) 367 U.S. 497, 542. 그러나 할란 대법관이 법원이 과거의 전통에 완전히 구속된다고 본 것은 아니다. 그는 역사가 전통을 깨뜨리기도 한다는 점을 지적하고 있고, 또 전통이 살아있다고도 하여, 전통이 진화한다는 것을 인정하고 있다. Anthony C. Cicia, "A Wolf In Sheep's Clothing?: a Critical Analysis of Justice Harlan's Substantive Due Process Formulation", Fordham Law Review, 1996, 2248 f. 참조.

49) 그 후 Griswold v. Conneticut 판결(註 41)은 문제의 코네티컷 주법이 위헌이라고 하였다. 그런데 이 판결의 복수의견(plurality opinion)은 프라이버시의 권리를 인정하면서도 그 근거를 실체적 적법절차에서 찾지 않았으나 할란 대법관의 동조의견은 프라이버시의 권리의 근거를 실체적 적법절차에서 찾으면서, 위 Poe v. Ullman 판결에서의 자신의 반대의견을 인용하고 있다.

50) 431 U.S. 494, 97 S.Ct. 1932, 52 L.Ed.2d 53(1977).

51) 431 U.S. 499.

52) 431 U.S. 501 ff.

53) 431 U.S. 504.

라고 하였다.[54)]

라. Michael H. v. Gerald D. 판결[55)]

이 사건에서는 원고가 다른 남자와 혼인 중인 여자가 낳은 딸이 자신의 딸이라고 하여 認知(filiation) 및 면접교섭권의 신청을 한 것이다. 그런데 준거법인 캘리포니아 법은 혼인하여 그 남편과 같이 살고 있는 여자가 출산한 자녀는 그 남편이 성적 불능이거나 생식불능이 아닌 한 그 남편의 자녀로 추정되고, 이 추정은 제한된 기간 내에 그 남편이나 처에 의하여서만 혈액 검사에 의하여 번복될 수 있다고 규정하고 있었다. 하급심은 원고의 청구를 받아들이지 않았고, 연방대법원도 이를 유지하였다.

스칼리아(Scalia) 대법관이 작성한 法廷意見[56)]은 위 캘리포니아 주 법이 원고의 실체적 적법절차에 의하여 보장되는 자유를 침해한다는 주장에 대하여 다음과 같이 판단하여 이를 배척하였다. 즉 종전의 선례에 의하면 헌법수정 제14조에 의하여 어떤 이익이 자유로서 보호되기 위하여는 그 자유가 단지 '근본적(fundamental)'이어야 할 뿐만 아니라,[57)] 전통적으로 사회에 의하여 보호되어 온 이익이어야 하는데,[58)] 주장된 이익이 역사와 전통에 뿌리박은 것이어야 한다는 것은 부모의 권리의 헌법적 보호에 관한 종래의 판례에서도 명백하다고 한다. 그런데 우리 사회의 역사적 관행은 원고와 딸의 관계를 보호받는 가족으로 취급하지 않았고, 오히려 그와는 반대로 우리의 전통은 혼인에 의한 가족관계(marital family)를 원고의 청구와 같은 것으로부터 보호하는 것이었다고 한다. 즉 친생추정(presumption of legitimacy)의 법리는 보통법상의 근본적인 원리였고, 종래의 法源이나 판례상 生父가 다른 남자와 혼인 중인 여자가 낳은 자녀에 대하여 친권을 주장할 권리가 있다는 것은 찾아볼 수 없으며, 오히려 그러한 권리는 인정되지 않고 있었다는 것이다. 문제되는 것은 각

54) 브레넌(Brennan) 대법관도 동조의견에서, 자신이 동조의견을 쓰는 것은 미국이 독립국이 된 때부터 미국 사회의 한 특징을 이룬 미국 가정의 전통에 비추어 본, 이스트 클리블랜드 조례가 설정한 恣意的인 경계의 문화적인 近視眼을 강조하기 위한 것이라고 하였다. 431 U. S. 507.

55) 491 U.S. 110, 109 S.Ct. 2333, 105 L.Ed.2d 91, 57 USLW 469(1989).

56) 렌퀴스트(Rhenquist) 대법원장만이 동의하는 複數意見(plurality opinion)이었으나 오코너(O'Connor), 케네디(Kennedy) 및 스티븐스(Stevens) 대법관의 동조의견(concurring opinion)에 의하여 법정의견이 되었다.

57) 스칼리아 대법관은 이는 따로 떼어 놓으면 객관하기 어려운 개념이라고 하였다.

58) 여기서 Griswold v. Conneticut(註 41) 판결에서의 할란 대법관의 의견을 인용하고 있다.

州가 어떤 자녀가 현존하는 혼인관계 안에서 태어났고 또 그 혼인관계가 그 자녀를 받아들이려고 할 때 그 자녀의 生父에게 실체적인 親權을 실제로 부여하고 있는가 하는 점인데, 우리는 그러한 사례를 단 하나도 알지 못한다고 한다.59)

반면 브레넌 대법관은 반대의견에서 이러한 스칼리아 대법관의 복수의견을 신랄하게 비판하였다. 즉 복수의견은 적법절차 조항에 의하여 법관이 자신의 選好로 선거에 의하여 뽑힌 공복들의 선호를 대치하는 것을 막기 위하여 헌법수정 제14조의 자유의 개념에 관하여 '傳統'이라는 제한을 두려고 하지만, 이러한 전통이라는 개념은 자유의 개념과 마찬가지로 신축적이고 파악하기 어려운 것이라고 하면서, 자기는 "나라의 전통에 깊게 뿌리박은" 이익을 찾음에 있어서 브렉턴(Bracton)이나 블랙스톤(Blackstone) 또는 켄트(Kent)나 미국의 판례집에만 머무르지는 않는다고 한다. 복수의견은 영국의 주석서나 미국의 판례집이 언제나 우리의 헌법원칙에 대하여 유일한 원천이 되었던 것처럼 행동하지만 실제로는 그렇지 않았다고 한다. 그렇다고 하여 전통이 종전의 선례와 무관계하였다는 것은 아니며, 종래의 이 중요한 분야에 관한 판례 결정 과정에서 육체적 제한으로부터의 자유, 혼인, 자녀 출산, 자녀 양육 기타의 특정한 이익과 관행 등이 "자유"의 정의의 핵을 이루고 있는데, 이러한 이익을 위한 배려는 일면으로는 적법절차 조항이 이들을 보호하지 않으면 공허한 약속처럼 보이기 때문이기도 하지만, 다른 한편으로는 이러한 이익들이 우리 사회에서 가지는 역사적이고 전통적인 중요성의 결과 때문이기도 하다고 한다. 그러므로 적법절차 조항의 사건을 다룸에 있어서 구체적인 제한이 이러한 좀더 일반화된 이익을 허용될 수 없게 침해하는가를 고려하여 왔는데, 복수의견은 부모의

59) 491 U.S. 121 ff. 스칼리아 대법관은 각주 6)에서 브레넌 대법관의 반대의견에 대하여 다음과 같이 서술하였다. "우리는 브레넌 대법관이 우리처럼 그 어머니가 다른 남자와 혼인한 자녀에 대한 생부의 권리에 대한 사회적 전통에 초점을 맞추는 것을 거부하고 그 대신 "부모의 지위(parenthood)"에 초점을 맞추는 것을 선택하는 것을 이해할 수 없다. 그렇다면 관련된 범주가 예컨대 가족관계, 인간관계 또는 일반적인 감정적 애착관계 등과 같이 좀더 일반적이어서는 안 되는가? 반대의견은 반대의견이 선택하려고 하는 일반성의 수준에 관하여 아무런 근거를 가지지 않는 반면, 우리는 그러한 근거를 가진다: 우리는 주장된 권리를 보호하거나 보호를 거부하는 관련된 전통이 확인될 수 있는 가장 구체적인 수준을 참조한다. 예컨대 간통에 의하여 임신된 자녀의 생부의 권리에 관하여 어느 쪽이든 아무런 사회적 전통이 없다면, 우리는 생부 일반에 관한 전통을 참조하고 그로부터 추론하여야 할 것이다. 그러나 좀더 구체적인 전통이 있고, 이는 제한 없이 그러한 아버지의 보호를 거부한다." 491 U.S. 127 fn. 6. 오코너 대법관과 케네디 대법관은 이 사건에서 스칼리아 대법관의 결론에는 동의하였지만, 이 각주 6)에 대하여는 동의하지 않았다. 491 U.S. 132.

지위가 역사적으로 우리의 주의를 끌고 보호를 받아온 이익인가를 묻지 않고 있으나, 이 문제에 대한 답변은 다투기에는 너무 명백하다고 한다. 그 대신 복수의견은 문제되는 부모의 지위의 특정한 변형이 그러한 보호를 받는지를 묻고 있으나, 우리가 종래의 사례에서 그렇게 구체적으로 전통을 탐구하였다면 많은 선례가 다른 결론에 도달하였을 것이라고 한다.[60] 그러므로 복수의견의 해석 방법은 단순히 새로운 것일 뿐만 아니라 방향이 잘못된 것이라고 한다. 나아가 다수의견에 따르면 적법절차 조항의 유일한 목적은 대다수의 주에 의하여 이미 보호되고 있는 이익의 중요성을 확인하는 것일 뿐인데, 이처럼 적법절차 조항에 의한 보호를 불필요한 여분으로 만드는 것은 주의와 목적을 가지고 헌법수정 제14조를 만든 사람들을 조롱하는 것이라고 한다. 그리고 복수의견과는 달리 우리는 동화적이고 동질적인 사회가 아니라 촉진적이고 다원적인 사회에 살고 있으므로 다른 사람의 익숙하지 않거나 심지어 혐오감을 주는 행동도 용인해야 하는데, 왜냐하면 똑같은 관용적인 충동이 우리 자신의 시대착오적인 행동을 보호하기 때문이라고 한다. 우리와 같은 사회에서는 "자유"란 순응하지 않을 자유를 말한다고 한다. 복수의견이 묘사하는 문서는 내가 헌법으로 받아들이는 것이 아니며, 이는 停滯되고, 낡았으며 오래 전의 편견과 미신에 사로잡힌 편협한 문서로서, 이러한 헌법은 시간이 변한다는 것을 인정하지 않고, 어떤 관행이나 규칙이 그 기초보다 더 오래 존속한다는 것을 알지 못하는 것이라고 한다.[61][62]

마. Washington v. Glucksberg 판결[63]

이 사건에서는 치명적인 중병이 걸린 환자와 의사 및 비영리기관 등이 워싱턴 주를 상대로 하여, 自殺幇助(assisted suicide)를 금지하는 워싱턴 주의 법률이 적법절차 위반임의 확인을 구하였다. 제 1 심인 연방지방법원에서는 원고들이 승소하였는데, 항소심인 연방 제 9 순회법원의 지정재판부는 제 1 심 판결을 번복하고 원고들의 청구를 배척하였다. 그러나 제 9 순회법원의 전원합의체는

60) 예컨대 피임도구의 사용에 관한 권리, 자신의 혼외자를 양육할 권리 등. 491 U.S. 139 참조.
61) 491 U.S. 136 ff.
62) 이 판결에 대한 상세한 분석으로는 Lawrence H. Tribe & Michael C. Dorf, On Reading the Constitution, Harvard University Press, Cambridge, Massachusetts, 1991, Ch. 5 참조. 여기서 필자들은 특히 스칼리아 대법관의 가장 구체적인 전통에 초점을 맞추어야 한다는 주장을 司法的 虛無主義(judicial nihilism)이라고 비판하고 있다.
63) 521 U.S. 702, 117 S.Ct. 2258, 138 L.Ed.2d 77(1997).

다시 이러한 지정재판부의 판결을 번복하고 제 1 심 판결을 유지하였다. 워싱턴 주와 주 법무장관이 연방대법원에 상고를 하자 연방대법원은 이 상고를 받아 들였다. 이 판결의 결론에는 모든 대법관의 의견이 일치하였지만, 몇 개의 별개의견이 있었다.

렌퀴스트 대법원장이 집필한 법정의견은, 역사적으로 거의 모든 주 내지 영미의 보통법의 전통은 자살이나 자살 방조를 처벌하거나 기타 승인하지 않아 왔고, 근래에 많은 주에서 이것이 재검토되었으나 대부분 재확인되었다고 하면서, 연방대법원은 Cruzan v. Director, Mo. Dept. of Health 판결[64]에서 적법절차 조항은 원하지 않는 생명 유지를 위한 의료적 치료를 거부할 수 있는 전통적인 권리를 보호하는 것으로 상정(assume)하였지만,[65] 연방대법원의 실체적 적법절차 분석에 관한 확립된 방법은 적법절차 조항이 객관적으로 "미국의 역사와 전통에 깊게 뿌리박은" 근본적인 권리와 자유를 특별히 보호하는가 하는 점 및 그러한 권리와 자유가 질서 있는 자유의 개념에 함축되어 있는 것이어서 이것들이 희생되면 자유와 정의가 존재할 수 없는가를 따지는 것이고, 다른 하나는 주장된 근본적인 자유의 이익을 주의 깊게 서술할 것을 요구하였다고 한다. 그리하여 미국의 역사, 법적 전통 및 관행은 적법절차 조항의 상세한 설명에 있어서 이를 지시하고 제한할 수 있는 책임 있는 결정을 위한 결정적인 이정표를 제공하였다고 한다. 그리고 이 사건에서 문제되는 것은 원심법원이나 원고들의 주장처럼 죽음의 시기와 방법을 결정할 수 있는 권리가 적법절차 조항에 의하여 보호되는 것인가라는 점이 아니라, 적법절차 조항에 의하여 특별히 보호되는 자유가 자살을 도울 수 있는 권리를 포함하는 자살할 수 있는 권리인가 하는 점이라고 하면서, 이러한 권리는 미국의 전통에 있어서 인정되지 않았을 뿐만 아니라 계속적이고 거의 보편적으로 거부되었다고 한다. 원고들은 자신들이 주장하는 권리가 미국의 역사와 관행에는 부합하지 않을지 몰라도 연방대법원의 실체적 적법절차에 관한 판례의 경향, 즉 자신에 대한 主權(self-sovereignty)과 개인적 자치의 기본적이고 내밀한 행사의 권리를 보호하는 것과는 부합한다고 주장하지만, 모든 중요하고 내밀하며 개인적인 결정이 적법절차에 의하여 보호되는 것은 아니며 종전의 선례도 그렇게 해석될 수는

64) 497 U.S. 261, 278-279(1990).

65) 이 판결에서 연방대법원은 의식불명상태에 빠진 환자의 대리인이 그 치료의 중단을 요청하기 위하여는 그 환자가 의식이 있을 때에 그러한 치료의 중단을 원한다는 점에 대하여 명확하고 확신을 줄 수 있는 증거가 있어야 한다는 미주리 주 대법원의 판결을 승인하였다.

없다고 한다. 따라서 자살을 도울 권리라는 것은 적법절차 조항에 의하여 보호되는 근본적인 자유가 아니라고 한다.[66)]

바. Bowers v. Hardwick 판결[67)]과 Lawrence v. Texas 판결[68)]

이 두 판결은 鷄姦(sodomy)을 형사처벌하는 것이 위헌인가에 관한 것으로서, 앞의 판결은 계간을 형사처벌하는 조지아 주의 법률이 위헌이 아니라고 하였으나, 뒤의 판결은 계간을 형사처벌하는 텍사스 주의 법률이 위헌이라고 하면서 앞의 판결을 변경하였다.

(1) Bowers v. Hardwick 판결

먼저 Bowers 판결에서 원고는 합의에 의한 계간도 처벌하는 조지아 주의 법률이 위헌이라고 주장하여 연방법원에 소송을 제기하였다. 연방지방법원은 이 주장을 받아들이지 않았으나, 연방 제11 순회법원은 이 주장을 받아들였다. 그러나 연방대법원은 이러한 원심의 판결을 파기하였다.

화이트(White) 대법관이 집필한 법정의견[69)]은, 종래의 판례는 실체적 적법절차에 의하여 보호되는 기본적인 권리는 질서 있는 자유의 개념에 함축되어 있는 것이거나 또는 미국의 역사와 전통에 깊이 뿌리박은 것이어야 한다고 하는데, 합의에 의한 계간을 할 동성애자의 권리는 이러한 두 가지 공식의 어느 것에도 들어맞지 않는다고 한다. 계간 행위를 처벌하는 것은 오랜 뿌리를 가지고 있고, 헌법수정 제14조가 비준된 1868년에는 37개주 중 5개주만을 제외하고는 계간을 처벌하였으며, 1960년에는 50개주 전부가 계간을 처벌하였고, 오늘날도 24개 주와 컬럼비아 특별구는 이를 처벌하고 있는데, 이러한 배경하에서 그러한 행위를 할 권리가 "미국의 역사와 전통에 깊이 뿌리박혀 있다"거나 "질서 있는 자유의 개념에 함축되어 있다"고 하는 것은 기껏해야 농담밖에 되지 않는다고 하였다.

나아가 피상고인들은 합의에 의한 계간이 부도덕하고 받아들일 수 없다는 조지아 주 유권자들의 추정적인 신념은 법률의 합리적인 근거가 될 수 없다고 주장하지만, 법률은 계속 도덕 관념에 기초하고 있으며, 본질적으로 도덕적 선

66) 521 U.S. 705 ff.
67) 위 註 46).
68) 위 註 45).
69) 버지(Burger) 대법원장과 파월, 렌퀴스트, 오코너 대법관이 동조하였다.

택을 반영하는 모든 법률들이 적법절차 조항에 의하여 무효로 되어야 한다면 법원은 매우 분주하게 될 것이고, 동성애의 도덕성에 관한 다수의 감정은 법률의 근거로서 불충분하다고 선언되어야 한다는 주장에는 동의할 수 없다고 하였다.

반면 블랙먼(Blackmun) 대법관은 반대의견70)에서, 이 사건에서 문제되는 것은 동성애적 계간을 할 권리가 아니라 "혼자 있을 권리"에 관한 것이라고 하면서, 법률에 의하여 표현되는 도덕적 판단이 자연스럽고 친숙하다는 것이 이러한 판단을 구현하고 있는 법률이 헌법과 충돌하는가 하는 문제에 관하여 결론을 내릴 수는 없고, 홈즈(Holmes) 대법관과 마찬가지로 어떤 법의 규칙을 지지하는 근거로서 이 규칙이 헨리 5세 시대에 만들어졌다는 것 외에 더 나은 이유가 없다는 것은 혐오감을 불러일으키는 일이며, 이 법이 만들어진 기초가 오래 전에 사라졌고, 이 규칙은 단지 과거를 맹목적으로 모방하기 때문에 존속한다는 것은 더 혐오감을 불러일으키는 일이라고 한다.71) 이 반대의견은 또한 다수가 어떤 확신을 보유하고 있던 기간의 길이나, 다수가 이를 방어하는 열정이 입법을 법원의 심사로부터 배제할 수는 없다고 하면서, 연방대법원은 지적으로나 정신적으로 다양하거나 반대되는 자유가 사회 조직을 해체시킬 것이라는 두려움 없이 헌법을 적용하며, 다를 수 있는 자유의 실체의 기준은 현존하는 질서의 핵심을 건드리는 사물에 관하여 다를 수 있는 자유라고 하는 West Virginia Board of Education v. Barnette 판결72)에서의 잭슨(Jackson) 대법관의 의견을 인용하고, 우리가 그들의 선택이 다수를 당혹하게 하는 사람들의 권리에 특별히 민감해야 하는 이유는 이 사건에서 제기되는 이슈가 개인들이 자신을 규정하는 요소의 핵심에 관계되기 때문이라고 한다.73)

스티븐스 대법관도 반대의견에서, 연방대법원의 과거의 선례는 어느 주의 지배적인 다수가 전통적으로 특정한 행위를 부도덕한 것으로 여겨 왔다는 것은 그러한 행위를 금지하는 법을 유지하기 위한 충분한 이유가 될 수 없다는 것을 명백히 하였고, 혼인한 부부의 육체적 관계의 내밀성에 관한 개인적인 결

---

70) 브레넌, 마샬(Marshall), 스티븐스 대법관이 동조하였다.

71) 478 U.S. 199. 여기서는 Holmes, The Path of the Law, 10 Harv. L. Rev. 457, 469(1897)를 인용하고 있다.

72) 319 U.S. 624, 641-642, 63 S.Ct. 1178, 1187, 87 L.Ed. 1628(1943). 이에 대하여는 아래 註 77)의 본문 참조.

73) 478 U.S. 210.

정은 비록 후손을 생산할 목적이 아니라고 하더라도 헌법수정 제14조의 적법절차 조항에 의하여 보호받는 자유의 한 형태라고 하면서,[74] 위 법률이 혼인한 부부 사이에 적용될 수 없다면 다른 사람들에 대하여도 적용될 수 없다고 하였다.

(2) Lawrence v. Texas 판결[75]

블랙먼 대법관은 위 Bowers 판결에서 여호와의 증인 신도인 학생이 국기에 대한 경례를 거부하는 것을 이유로 학생을 징계하는 것이 적법하다고 하였던 Minersville School District v. Gobitis 판결[76]의 오류를 바로잡는데 3년밖에 걸리지 않았음[77]을 상기시키면서 연방대법원이 곧 이 판결을 변경할 것을 희망하였다.[78] 그러나 이 판결이 변경되는 데는 17년이나 걸렸다.

Lawrence v. Texas 판결은 형사사건으로서, 이 사건의 피고인들은 동성간의 특정한 성행위[79]를 금지하는 텍사스 주 법률을 위반하였다고 기소되었다.

케네디 대법관이 집필한 법정의견[80]은 먼저 Bowers 판결에 대하여, 이 판결이 특정한 성적인 행위를 할 권리가 있는가를 쟁점으로 잡은 것은 잘못이고, 여기서 문제된 것은 개인적 관계(personal relationship)를 선택할 수 있는 자유라고 한다. 그리고 Bowers 판결이 의존하고 있는 역사적 근거는 실제로는 더 복잡하고 의문의 여지가 있으며 최소한 과장되었다고 하면서, 물론 Bowers 판결과 마찬가지로 여러 세기 동안 동성애는 부도덕하다고 비난되어 왔고, 많은 사람들이 그와 같이 생각하지만, 문제는 다수가 이러한 견해를 형사법을 통하여 사회 전체에 적용하기 위하여 국가 권력을 사용할 수 있는가 하는 점이라고 한다. 가장 관련성이 높은 것은 지난 50년간의 법률과 전통인데, 이는 자유가

74) 478 U.S. 216. 구체적으로는 역사나 전통도 다른 인종간의 혼인(miscegenation)을 금지하는 법을 헌법적 공격으로부터 구제하지 못하였다고 하면서, 다른 인종간의 혼인을 금지한 버지니아 주 법률이 위헌이라고 한 Loving v. Virginia 판결, 388 U.S. 1, 87 S.Ct. 1817, 18 L.Ed. 2d 1010(1967)과, 부부 사이의 피임기구 사용을 금지한 코네티컷 주 법률이 위헌이라고 한 Griswold v. Connecticut 판결(註 41)을 예로 들고 있다.

75) 이 판결에 대한 간단한 소개로는 李和淑, "美國 家族法의 最近 動向", 比較私法 제11권 1호, 2004, 91-92면 이하 참조.

76) 310 U.S. 586, 60 S.Ct. 1010, 84 L.Ed. 1375(1940).

77) West Virginia Board of Education v. Barnette(註 72).

78) 478 U.S. 213 f.

79) 구강성교, 항문성교 등. 다만 Bowers 판결에서 문제되었던 조지아 주 법률은 행위자들이 동성인지 이성인지를 묻지 않았던 반면 이 사건에서 문제된 텍사스 주 법률은 동성간의 행위만을 처벌하였다.

80) 스티븐스, 수터(Souter), 긴즈버그(Ginsburg), 브라이어(Breyer) 대법관이 동조하였다.

성인에게 성적인 문제에 관한 사생활을 어떻게 영위할 것인가를 결정함에 있어서 실질적인 보호를 부여한다는 점을 점차적으로 의식하고 있음을 보여준다고 한다. 그러면서 역사와 전통은 실체적 적법절차의 탐구에 있어서 출발점이기는 하지만 모든 사건에 있어서 도달점은 아니라고 한다. 구체적으로는 다른 나라의 예들, 특히 동성애자의 처벌이 유럽인권협약 위반이라고 한 유럽인권재판소의 Dudgeon v. United Kingdom 판결[81]과, Bowers 판결 이후에 미국 내에서도 각 주가 계간에 대한 처벌을 하지 않는 방향으로 나가고 있다는 것 등을 지적하고 있다. 결론적으로는 위 Bowers 판결에서의 스티븐스 대법관의 반대의견[82]을 인용하면서, 이 분석이 Bowers 판결에서 결론이 되어야 했고, 이 사건에서도 그러하다고 하면서, Bowers 판결은 선고 당시에도 타당하지 않았고, 현재도 타당하지 않으며, 텍사스 주의 법률은 개개인의 개인적이고 私的인 생활에의 침입을 정당화할 수 있는 아무런 정당한 목적을 촉진시키지 않는다고 하여 Bowers 판결을 변경하였다.[83][84]

사. 小　結

이제까지 살펴본 것처럼 미국에서의 실체적 적법절차에 관한 판례에서는 傳統이 중요한 話頭가 되었다. 때로는 실체적 적법절차에 의하여 보호되는 권리를 인정하는 논거로서 전통이 원용되기도 했고, 때로는 이를 부정하는 근거로서 전통을 들기도 했다. 그러나 최근에 이르러서는 위 Lawrence 판결(註 68)이 보여주는 것처럼 傳統의 영향력은 감소되어 가는 것으로 여겨진다. 물론 위 Lawrence 판결이 실체적 적법절차 논의에서 전통의 가치를 완전히 배제한 것이라고 단정할 수는 없다.

그러나 이러한 전통 논의는 여러 가지 문제점을 가지고 있다. 우선 이전의

81) 45 Eur.Ct. H.R.(1981).

82) 위 註 74)의 본문 참조.

83) 123 S.Ct. 2475 ff.

84) 오코너 대법관은 평등원칙 위반을 이유로 위 법률이 위헌이라고 하면서, Bowers 판결의 변경에는 동조하지 않았다. 123 S.Ct. 2484 ff. 반면 스칼리아 대법관의 반대의견{렌퀴스트 대법원장과 토마스(Thomas) 대법관이 동조하였다}은 주로 선례구속의 원칙(the principle of stare decisis)과 위 Glucksberg 판결(註 63)을 근거로 하여 Bowers 판결을 유지하여야 한다고 주장하였다. 특히 다수의견이 텍사스 주의 법률은 개인적이고 私的인 생활에의 침입을 정당화할 수 있는 아무런 정당한 목적을 촉진시키지 않는다고 한 데 대하여(123 S.Ct. 2484), 다수의견대로라면 간음, 重婚, 간통, 성인의 근친상간, 獸姦, 음란의 규제와 같이 다수가 신봉하는 性的 도덕의 촉진은 합리적 근거에 의한 심사(rational-basis review)를 통과할 수 없을 것이라고 한다. 123 S.Ct. 2488 ff.

실체적 적법절차에 관한 판례들이 모두 전통에 의존했다고 말할 수도 없다. 예컨대 임신한 여자의 낙태할 권리를 실체적 적법절차에 의하여 보호되는 권리라고 선언한 Roe v. Wade 판결(註 43)은 전통에 의하여 뒷받침되는 것은 아니었고,[85] Bowers 판결(註 46)에서 스티븐스 대법관이 지적하고 있듯이 다른 인종 사이에 혼인할 권리는 전통과는 배치되는 것이었다.[86]

뿐만 아니라 연방대법원의 판례가 전통을 인용하고 있는 것은 매우 편의적이고 부정확하다는 비판도 있다.[87] 이는 어떠한 전통이 존재하는가를 파악하는 것 자체가 어렵기 때문이기도 하다. 보다 근본적인 문제는 이처럼 전통에 의존하는 것이 과거에 존재하였던 다수의 편견을 소수에게 강요하는 것이 될 뿐만 아니라,[88] 존재로부터 당위를 도출하는 오류를 범하는 데 있다.[89]

이러한 미국에서의 전통 논의는 어떠한 권리가 실체적 적법절차에 의하여 보호되는 권리인가 하는 판단에 있어서 전통을 고려한다는 점에서, 전통이 기본권을 제약하는 요소로 될 수 있는가 하는 한국에서의 논의와는 다소 차이가 있다. 그러나 이러한 미국에서의 논의도 한국에서의 논의에 참고가 될 수 있다고 여겨진다.

2. 독일에서의 傳統 論議

가. 혼인과 가족제도의 보장에 있어서 전통 論議

독일에서의 전통 담론은 "婚姻과 家族은 國家 秩序의 특별한 보호를 받는다(Ehe und Familie stehen unter dem besonderen Schutz der staatlichen Ordnung)"

85) 실제로 위 판결에서 렌퀴스트 대법관은 임신 중절의 권리가 실체적 적법절차에 의하여 보장되는 것이 아니라는 근거로서 이러한 권리가 전통에 의하여 근본적인 것으로 인정되고 있지 않다는 점을 들었다. 410 U.S. 174.

86) 위 註 74) 참조.

87) Adam B. Wolf, "Fundamentally Flawed: Tradition And Fundamental Rights", 57 Miami L. Rev. 101, 114 ff.(2002).

88) John Hart Ely, Democracy and Distrust, Cambridge, Harvard Univ. Press, 1980, pp. 60 ff.는 전통에 의존하는 담론의 문제점으로서 그것이 불확정하다는 점 외에도, 과거의 다수가 왜 현재의 다수를 지배해야 하는가 하는 점과, 헌법이 전통에 부합하는 이익만을 보호한다면 그들의 생활방식 때문에 가장 불이익을 받는 사람들은 가장 司法的 보호를 받지 못하는 사람들이 될 것이라는 점을 지적한다. 金相瑢, "다시 호주제 폐지를 말한다", 호주제도, 무엇이 문제인가(註 8), 60면 註 60)도 이러한 Ely의 주장을 인용하고 있다.

89) Erwin Chemerinsky, "History, Tradition, The Supreme Court, And The First Amendment", 44 Hastings L.J. 901, 918 ff.(1993) 등 참조.

고 규정하고 있는 독일 기본법 제 6 조 제 1 항을 둘러싸고 주로 이루어지고 있다.

이 규정은 일반적으로 혼인과 가족에 대한 制度保障(Institutionsgarantie)으로 이해되고 있는데, 이는 칼 쉬미트(Carl Schmitt)에 따라 “전통적인 규범체계와 법률관계를 보장하는 것(Verbürgungen traditioneller Normenkomplexe und Rechtsbeziehungen)”이라고 이해할 수 있고, 따라서 이 규정은 독일 기본법이 제정될 당시의 법률에 따라 존재하던 형태로 혼인과 가족제도의 근본제도를 보장하고 있는 것이라고 이해된다.90)

독일연방헌법재판소의 판례는 이에 관하여 다음과 같이 판시하고 있다.91)

“어떤 구조원리가 혼인과 가족제도를 규정하는가는 제 1 차적으로는 法外的인 생활질서로부터 도출된다. 두 제도는 모두 오래 전부터 계승되어 온 것이고 그 핵심에 있어서는 변화 없이 존속되어 왔다; 이 한도에서는 기본법 제 6 조 제 1 항에 의한 제도보장의 실질적인 내용은 전통적인 법과 일치한다. 혼인은 기본법상으로도 한 남자와 한 여자가 원칙적으로 해소될 수 없는 생활공동체로 결합되는 것이고, 가족은 부모에게 무엇보다도 자녀를 돌보고 양육하는 권리와 의무가 귀속하는 부모와 자녀의 포괄적인 공동체이다. 이러한 제도의 규율의 핵은 일반적인 법감정과 법의식에 있어서 침해할 수 없는 것이다.”92)

이 판례는 이어서 다음과 같이 서술하고 있다.

“그렇지만 제 6 조 제 1 항의 제도적인 내용은 이에 그치는 것은 아니다. 그 외의 본질적인 요소가 기본법의 특별한 가치결정에서 도출된다. 여기서는 우선 기본법 제 3 조 제 2 항과 제 3 항의 포괄적인 同權命令(Gleichberechtigungsgebot)이 문제된다. 기본법의 제정자는 기본법 제 6 조가 제 3 조 제 2 항과 모순되지 않는다는 전제에서 출발하였다.”

---

90) Gernhuber/Coester-Waltjen, Lehrbuch des Familienrechts, 4. Aufl., 1994, §5 Ⅰ. 1.(S. 37). Carl Schmitt의 제도보장이론에 관하여는 鄭宗燮, “基本權條項 이외의 憲法規定으로부터의 基本權 導出에 관한 硏究”, 憲法論叢 제 5 집, 1994, 269면 이하; 許營, 憲法理論과 憲法, 新訂 9 版, 2004, 331면 이하 등 참조.

91) 독일연방헌법재판소 1959. 7. 29. 결정, BVerfGE 10, 59, 66.

92) 독일 헌법이 보장하는 전통적인 혼인제도의 핵심이 혼인은 당사자의 합의에 의하여 성립하여야 하고(Konsensprinzip), 그 당사자는 서로 다른 性의 남자와 여자이어야 하며(Geschlechtsverschiedenheit), 一夫一妻制(Monogamie)이어야 하고, 또 혼인은 원칙적으로 解消될 수 없다(Unauflösbarkeit)는 것의 4가지라는 점에 대하여는 尹眞秀, “婚姻의 自由”, 韓國 法學 50年 — 過去·現在·未來: 大韓民國 建國 50周年 紀念 第 1 回 韓國法學者大會 論文集 Ⅱ, 1998, 66면; 崔甲先, “憲法 第36條 第 1 項에 의한 婚姻과 家族生活의 保護”, 憲法論叢 제14집, 2003, 503면 이하 참조.

그리하여 이 결정은 부모가 친권의 행사에 있어서 합의할 수 없었을 때에는 父가 단독으로 결정한다고 하는 당시의 독일민법 제1628조 제1항과, 대외적인 자녀의 대리는 父만 할 수 있다고 하는 당시의 독일민법 제1629조 제1항은 위헌이라고 하였다.[93)]

이와 관련하여 소개할 필요가 있는 것은 獨逸聯邦憲法裁判所 1973. 11. 14. 결정[94)]이다. 이 사건에서는 舊 독일 혼인법 제4조 제2항의 이른바 性的共同體(Geschlechtsgemeinschaft)에 대한 혼인금지, 즉 자기의 直系尊屬 또는 직계비속과 성관계를 가졌던 자와의 혼인을 금지하는 규정이 위헌인가가 문제로 되었다.

연방헌법재판소는 이 규정이 위헌이라고 하면서 다음과 같이 설시하였다. 즉 혼인의 금지가 아주 오래된 祭式的인 관념이나 이성적으로는 밝힐 수 없는 견해 기타의 형이상학적인 사유나 특정한 종교적 규칙에 의하여 도출되는 것인 한, 세속화된 민사법적 혼인이라는 형상이 기본법의 근저에 깔려 있다는 것을 언급하지 않을 수 없다고 한다. 이는 국가가 혼인 체결의 자유를 단지 아주 오래된 제식적인 규율에 근거하여 제한할 수는 없고, 그 제한은 오늘날의 세속화된 혼인의 형상으로부터 도출되거나 아니면 이것과 합치되어야 한다는 것을 의미하며, 이는 원칙적으로 실질적이고 이성적으로 파악할 수 있는 사유에 의하여 혼인 금지가 정당화될 수 있어야 한다는 것을 요청한다고 한다. 물론 종래의 판례에 따르면 기본법 제6조 제1항이 이미 존재하는, 전승되어 온 생활형태와 결부되어 있음을 염두에 두어야 한다고 한다. 따라서 혼인 체결의 자유를 제한하는 헌법보다 하위의 법률의 규율이 전승되어 온 생활형태, 특히 기독교적이고 서구적인 혼인 형상과 일치할 때에는 오늘날의 혼인의 형상에 합치하는지, 아니면 전승되어 온 관념의 형상이 현재 지배적인 세속화된 혼인의 본질에 의하여 뒷받침될 수 있는지하는 문제가 제기될 수 있는데, 이 사건에서는 이 문제에 관하여 결론을 내릴 필요가 없는 것이 성적 공동체에 대한 혼인금지는 기독교적-서구적 혼인 관념에 부합하지도 않고, 전통적인 생활형태에 속하는 것도 아니기 때문이라고 한다.

93) 독일 기본법 제6조 제1항에 대한 위 판례의 태도는 현재까지도 유지되고 있는 확립된 견해라고 할 수 있다. 최근의 판례로는 동성애자들의 혼인 유사의 결합관계(生活同伴者關契)를 법적으로 승인한 生活同伴者法(Lebenspartnerschaftsgesetz)이 위헌이 아니라고 한 독일연방헌법재판소 2002. 7. 17. 판결(BVerfGE 105, 315 ff.) 참조. 이 판결에 대한 간략한 소개로는 李憲衍, "婚姻과 同性間의 生活共同體", 憲法判例研究 5, 2003, 139면 이하 참조.

94) BVerfGE 36, 146 ff.

따라서 만일 성적 공동체에 대한 혼인금지가 기독교적-서구적 혼인 관념에 부합하는 것으로서, 전통적인 생활형태에 속한 것이었다면 연방헌법재판소는 이것이 합헌이라고 할 여지를 남겨 두었다.

나. 부부의 婚姻姓(Ehename)에 관한 연방헌법재판소의 판례

전통 논의와 관련하여 또 한 가지 언급할 것은 혼인한 부부의 혼인성(Ehename)에 관한 독일연방헌법재판소 1991. 3. 5. 결정[95]이다.

원래 1898년 제정되었던 독일민법 제1355조에서는 여자는 혼인하면 남편의 성을 따르도록 되었다가, 1957년의 민법 개정에 의하여 여자가 혼인 전의 성을 혼인성에 덧붙여 쓸 권리를 가지는 것으로 개정되었고, 다시 1976년에는 부부는 동일한 혼인성을 가져야 하는데, 부부는 혼인 당시에 신분공무원에게 남편의 성을 쓸 것인지, 아내의 성을 쓸 것인지를 밝혀야 하며, 그들이 이를 밝히지 않으면 남편의 성이 혼인성으로 되고, 자신의 성이 혼인성으로 되지 않는 부부 일방은 신분공무원에게 의사표시를 함으로써 자신의 성을 혼인성 앞에 쓸 수 있는 것으로 개정되었다. 위 사건의 당사자 부부는 각자가 자신의 원래 성을 쓰고자 하였으나, 신분공무원은 위 법규정에 따라 혼인등록부에 남편의 성을 혼인성으로 기재하였다. 당사자들은 이에 대하여 법원에 이의를 제기하였고, 법원은 위 독일민법의 규정에 대하여 연방헌법재판소에 위헌제청을 하였다.

연방헌법재판소는 이처럼 당사자들이 혼인 당시에 의사를 밝히지 않으면 남편의 성이 혼인성으로 되도록 한 위 규정이 남녀의 평등을 규정한 독일 기본법 제3조 제2항에 위반되어 위헌이라고 하면서, 위 독일 기본법의 규정이 당해 생활관계에 있어서 남자와 여자의 객관적인 생물학적인 또는 기능적(노동분업적)인 차이에 따른 차별을 배제하는 것은 아니지만, 어떤 생활관계의 전통적인 특징만으로는 동등하지 않은 대우를 정당화시키기에 불충분하고, 이미 존재하는 사회적인 현실을 감수할 수밖에 없다면 헌법상의 명령은 장래에 향하여 性의 同權을 관철시켜야 한다는 그 기능을 상실하게 될 것이라고 하였다. 가령 여자가 직업 활동을 덜 한다는 것은 性에 따른 객관적·기능적인 차이에 기인하는 것이 아니라 기본법 제3조 제2항이 시정하려고 하는 전통적인 정형적 노동 분업에 기인하는 것이고, 높은 직업적인 지위에 여자가 적은 것도

95) BVerfGE 84, 9 ff. 이 결정의 우리말 번역으로는 方勝柱, "호주제의 위헌성 여부", 憲法訴訟事例研究, 2002, 392면 이하가 있다.

부분적으로는 부당한 불이익 취급의 결과라고 한다.[96)]

V. 우리 헌법상 傳統 談論의 위치

1. 傳統的 家族制度의 正當化 事由로서의 傳統?

이제 우리 헌법상 과연 전통이 전통적 가족제도를 정당화할 수 있는 사유가 될 수 있는가에 대하여 생각해 본다.

먼저 명확히 해 둘 것은 일반적으로 전통이 헌법상 의미를 가질 수 있는 경우가 있다는 점이다. 뒤에서 언급하는 것처럼 헌법 자체가 전통을 헌법 속에 받아들인 경우는 더 말할 필요도 없지만, 그렇지 않다 하더라도 전통의 보호가 헌법상 중요한 가치가 될 수 있을 것이다. 가령 한국의 전통을 잘 나타내는 유물이 있는 경우에는 이를 보존하기 위하여 국가는 이를 문화재로 지정할 수 있고, 그 문화재를 보호하기 위하여는 필요에 따라서는 개인의 권리가 제약될 수도 있을 것이며, 헌법 제 9 조는 이를 위한 근거 조항이 될 수 있을 것이다.[97)] 다른 말로 바꾸어 말한다면 이 경우에는 전통 문화의 보호가 헌법 제 9 조에 근거한 것으로서, 헌법 제37조 제 2 항이 규정하고 있는 기본권을 제한할 수 있는 사유인 공공복리에 해당한다고 할 수 있을 것이다.

앞에서 살펴본, 전통이 가족제도에 관하여 기본권을 제한할 수 있는 사유가 된다고 하는 주장[98)]은 전통적인 가족제도도 문화재와 마찬가지로 보아, 문화재에 관하여 전통 문화의 보호가 기본권의 제한사유가 된다면 가족제도 내지 법제도 일반에 관하여도 전통 문화의 보호가 기본권의 제한 사유가 될 수

96) Otto Kimminich, Anmerkung, JZ 1991, 771, 772는 이 결정에 대하여, 기본법 제 3 조 제 2 항에 관한 恣意禁止의 사고는 실질적인 정당성을 성별에 따른 차이의 관점에서 찾아야 하는데, 그렇게 되면 전통은 처음부터 입법자의 결정의 실질적 정당성을 근거지우는 요소로서는 배제된다고 논평한다. 그렇지만 그는 더 나아가 전통이 기본법 제 3 조 위반을 전혀 정당화할 수 없는지에 관하여는 판단을 유보하고 있다.

97) 비지정문화재의 해외 반출 등을 금지하는 문화재보호법 제76조 제 1 항, 제80조 제 2 항에 관한 헌법재판소 2000. 6. 29. 선고 98헌바676 결정(헌법재판소판례집 12권 1집 801, 807면); 전통사찰의 주지의 권리행사를 제한하는 전통사찰보호법 제 6 조, 제15조에 관한 헌법재판소 2003. 1. 30. 선고 2001헌바64 결정(헌법재판소판례집 15권 1집 48, 61면) 등 참조. 鄭宗燮, "國家의 文化遺産保護義務와 古都의 保存", 서울대학교 법학 제44권 3호, 2003, 48면은 문화재 보호를 위한 국민의 協力義務가 있음을 주장한다.

98) 위 Ⅱ. 4. 가. 참조.

있다고 하는 것으로 이해될 수 있다.

그러나 과연 그러한가? 과연 가족제도 내지 법제도가 헌법 제9조에서 규정하고 있는 전통문화에 속하는 것이고, 따라서 국가는 이를 보호할 의무가 있다고 할 수 있을까? 필자는 아니라고 생각한다. 우선 이해를 돕기 위하여 이 문제에 관한 상황을 명백히 할 필요가 있다.

특정의 가족제도 내지 법제도가 헌법에 위반되지 않는다고 하는 근거로서 전통이 거론되는 것은 다른 근거를 가지고는 그 합헌성을 논증할 수 없기 때문이다. 예컨대 近親婚 금지가 정당화되는 것은 近親의 경우에는 혼인 당사자가 모두 유전적인 질병의 劣性 유전인자를 보유하고 있을 확률이 높아서, 그 혼인에서 출생하는 자녀가 유전적인 질병을 가지고 태어날 확률이 높기 때문이라고 할 수 있다.[99] 그러므로 이러한 경우에 근친혼의 금지를 정당화하기 위하여 전통을 끌어들일 필요는 없다. 따라서 전통이 문제가 되는 것은 다른 사유로는 당해 법제도를 정당화할 수 없을 경우이다. 다른 말로 한다면 전통을 고려하지 않는다면 그 법제도가 기본권을 침해하여 위헌일 수밖에 없는데, 전통 때문에 합헌으로 되는가 하는 점이다.

문제를 이렇게 바꾼다면 결론을 내리는 것은 그다지 어렵지 않다. 즉 전통 그 자체가 기본권 침해를 정당화할 수 있는 사유는 되지 못한다. 다른 말로 표현한다면 법제도 그 자체는 목적이 될 수 없고, 이는 인간의 사회생활을 돕는 수단일 뿐이다. 그런데 어떠한 법제도가 그 자체로서는 합리성이 인정되지 않을 뿐만 아니라 기본권을 침해하는 것임에도 불구하고 그것이 전통적인 제도라는 이유만으로 합헌으로 보아야 된다고 한다면, 법이 사람을 위해 존재하는 것이 아니라 사람이 법을 위해 존재하는 것이 되어 버린다.[100] 말하자면 개가 꼬리를 흔드는 것이 아니고, 꼬리가 개를 흔드는 것이 되는 것이다.

이 문제를 문화재 보호의 경우와 비교하여 본다. 문화재보호법은 이 법에 의한 보호의 대상이 되는 문화재를 歷史的·藝術的·學術的·景觀的 가치가 큰 것으로 정의하고 있다(문화재보호법 제2조 제1항). 다시 말하여 어떤 것이 문화재로 인정되기 위하여서는 단순히 오래 되었다는 이유만으로는 부족하고 그것이 적극적인 가치를 가지고 있어야 한다. 문화재로서 보호의 대상이 되는 것은 그러한 적극적인 가치를 보호하기 위한 것이지, 문화재 그 자체의 보호가 목적이라고는

99) 尹眞秀(註 92), 78면 참조.

100) 위 Ⅱ. 4. 나.에 소개된 각 논자들의 주장 참조.

할 수 없는 것이다. 이러한 사정은 법제도에 관하여도 마찬가지이다. 어떠한 법제도가 기본권을 제한하고 있음에도 불구하고 합헌이라고 할 수 있으려면 제1차적으로는 그것이 어떤 적극적인 가치를 가지고 있고, 그 법의 목적이 이러한 가치를 실현하는 데 있어야 한다. 그런데 어떤 법제도가 이러한 적극적인 가치를 실현하는 것이 아니라 단지 전통에 부합한다는 점만으로는 비례의 원칙의 첫 번째 요건인 기본권 제한의 목적의 정당성을 충족하지 못하는 것이다.[101)]

2. 國民 多數의 支持를 받는 傳統은 기본권의 제한 사유가 되는가?

기본권을 제한하는 법제도라도 그것이 전통에 부합하면 그 이유로 합헌일 수 있다고 주장하는 논자는, 어떠한 전통이 헌법 제9조가 규정하는 전통인가의 판단 기준으로서 그 전통에 대한 국민의 법적 확신 내지 그 전통이 국민 다수의 지지를 받는 것인가 하는 점을 들고 있다.[102)]

엄밀히 말하자면 어떤 법제도가 국민 다수의 지지를 받기 때문에 합헌이라는 주장은 그러한 법제도가 전통에 부합하기 때문에 합헌이라는 점과는 논리적으로는 별개의 것이다.[103)] 그러나 전통을 합헌 판단의 근거로 주장하는 논자들은 어떤 전통이 보호되어야 할 전통문화인가, 사회적 폐습인가의 판단 기준으로서 그러한 전통이 국민 대다수의 지지를 받고 있는 것인가 하는 점을 들고 있다. 과연 이러한 주장은 타당한 것인가? 이 또한 부정되어야 할 것이다. 이 점은 위헌법률심사제도의 존재이유와 관련하여 살펴볼 필요가 있다.

원론적으로 볼 때 의회에서 제정한 법률은 국민 다수의 지지를 받고 있는

101) 동성동본금혼 규정의 입법목적이 혼인에 관한 국민의 자유와 권리를 제한할 "사회질서"나 "공공복리"에 해당될 수 없다는 헌법재판소 1997. 7. 16. 결정(註 2)의 다수의견(헌법재판소판례집 9권 2호, 18면) 및 이를 지지하는 全光錫(註 17), 229면; 尹容燮(註 19), 216면 등 참조. 鄭宗燮, "同姓同本禁婚規定에 대한 憲法不合致決定", 憲法判例研究 I, 44면은 위 결정에 대하여, 기본권을 제한하는 법률이 헌법 제37조 제2항이 정하는 과잉금지원칙에 위반되느냐를 판단하는 경우 제한의 목적이 인정되지 않는 것이라고 하는 것은 극히 예외적이고 극단적인 경우에만 있을 수 있는 것인데, 위 다수의견은 이러한 과감한 판단을 충분한 논거도 없이 해버렸다고 비판하고 있으나, 어떤 점에서 적극적으로 제한의 목적이 인정될 수 있다는 논증은 하지 않고 있다. 또한 미국연방대법원의 Lawrence v. Texas 판결(註 68)이 텍사스의 법률은 개개인의 개인적이고 사적인 생활에 대한 침입을 정당화할 아무런 정당한 목적을 촉진시키지 않는다고 한 것(위 註 83의 본문) 참조.

102) 위 Ⅱ. 4. 가. 참조.

103) 尹容燮(註 19), 216-217면은 동성동본금혼 규정이 전통문화라는 이유만으로 합헌이라고는 할 수 없지만 그 제도의 도덕적·윤리적 당위성에 대하여 국민들의 보편적 승인이 있음이 증명된다면 합헌성이 긍인될 수 있다고 서술한다.

것으로 추정되고, 따라서 국민주권주의의 입장에서 볼 때는 모든 국가기관에 의하여 준수되어야 할 것이다. 그런데 왜 헌법은 헌법재판소에게 이러한 법률을 심사하여 위헌이라고 선언할 수 있는 권한을 준 것인가? 그 해답은 多數者로부터 少數者를 보호하여야 한다는 데 있다. 만일 다수결의 원칙을 전면적으로 관철한다면, 다수결에 따른 결정이 그 결정에 반대하는 소수자에게 주는 피해가 그 결정에 찬성하는 다수자에게 주는 이익보다 큰 경우에도 그 결정은 유지되고 집행될 것이다. 이러한 사태를 막기 위하여 헌법은 중요한 권리를 헌법에 포함시키고, 이러한 권리가 다수자의 동의에 의하여 성립하는 법률에 의하여 침해되는 것을 위헌법률심사의 방법에 의하여 막고 있는 것이다.[104)][105)]

이러한 관점에서 본다면 국민 다수의 지지 여부를 어느 법제도의 위헌 여부 판단의 기준으로 고려하는 것은 소수자 보호라는 관점에 정면으로 배치되는 것이다.[106)] 소수자의 생각이 국민 다수의 생각과는 어긋난다고 하더라도 그것만으로 소수자의 행동을 제한할 수 있는 사유는 되지 못한다.[107)] 가령 계간의 처벌 여부에 관한 Lawrence v. Texas 판결(註 75)의 경우에, 위 판결 직후에 실시된 여론 조사에 의하면 텍사스 주 주민의 70%는 동성애는 도덕적으로 잘못된 것이라고 생각한다고 하였다.[108)] 국민 다수의 지지를 받는가 여부를 위헌

104) 소수자 보호를 헌법 내지 위헌법률심사의 주된 기능으로 강조하는 것으로는 Chemerinsky(註 38), p. 7 참조. 헌법의 이러한 기능을 사이렌(Sirens)의 유혹으로부터 자기를 보호하기 위하여 스스로를 묶는 율리시즈에 비유하기도 한다. Jon Elster, Ulysses and the Sirens, Cambridge, Cambridge Univ. Press, 1979, pp. 94 ff.; Lawrence H. Tribe, American Constitutional Law, 2nd ed. Mineola, N.Y., Foundation Press, 1988, p. 11 fn. 5; Chemerinsky(註 38), p. 7 등 참조. 이른바 양심적 병역거부에 관한 헌법재판소 2004. 8. 26. 선고 2002헌가1 결정(헌법재판소공보 96, 799, 804 이하)도 양심의 자유와 관련하여 소수자의 양심의 보호 문제를 강조하고 있다.

105) 公共選擇理論(public choice theory)의 주창자인 뷰캐넌과 털록은 滿場一致(Unanimity)가 이론적으로는 외부비용(externalities)을 零으로 하는 가장 좋은 방법이지만, 그 실제적인 비용 때문에 결정을 내리는 권한을 한 개인에게 맡기고 그 개인이 전체 집단을 위해 내리는 결정을 따르기로 합의하는 것이 비용을 줄이는 방법이 될 수 있다고 설명한다. James M. Buchanan and Gordon Tullock, The Calculus of Consent, Ann Arbor, University of Michigan Press, 1962, p. 99. 이를 여기에 적용한다면 위헌법률심사는 만장일치 대신에 사법부(헌법재판소)가 결정을 내리는 것이라고 할 수 있다. 물론 사법부(헌법재판소)가 내리는 결정이 어떻게 정당화될 수 있는가 하는 것은 또 다른 문제이다.

106) Ely(註 88), pp. 63-69는 법원이 근본적 가치(fundamental value)를 탐구함에 있어서 合意(consensus)에 근거하여야 한다는 주장에 대하여, 합의란 많은 경우에 존재하지도 않고, 존재한다고 하더라도 쉽게 발견될 수 없을 뿐만 아니라, 다수의 가치판단에 따르는 것은 소수자를 다수의 가치판단으로부터 보호하는 역할을 할 수 없다고 지적한다.

107) 위 Michael H. v. Gerald D. 판결(註 55)에서의 브레넌 대법관의 반대의견 및 Bowers v. Hardwick 판결(註 67)에서의 블랙먼 대법관의 반대의견 참조.

108) Bernard E. Harcourt, Foreword: "You Are Entering a Gay and Lesbian Free Zone: On the Radical Dissents of Justice Scalia And other(Post-) Queers. [Raising Questions about Lawrence,

여부의 기준으로 한다면 미국연방대법원은 문제의 텍사스 주 법률이 위헌이라고 할 수는 없었을 것이다.

결국 국민 대다수의 지지를 받는지 여부를 전통과 결부시키는 논의는 이처럼 소수자의 보호라는 헌법 내지 위헌법률심사제도의 기본 전제와 모순되기 때문에 받아들일 수 없는 것이다.[109] 헌법재판에 있어서 위헌 여부의 판단의 기준으로서는 어떤 법률이 헌법에 부합하는가 아닌가가 기준이 되어야 하고, 그것이 국민 다수의 지지를 받는가 아닌가는 기준이 될 수 없다. 경우에 따라서는 국민 다수의 지지를 받을 수도 있고 아닐 수도 있으나, 그것이 반드시 중요한 것은 아니다. 오히려 국민 다수의 지지를 받는 법률에 대하여 위헌이라고 판단하는 것이 소수자 보호의 관점에서는 의미를 가지는 것이다.[110]

전통문화 내지 민족문화를 한국민족의 正體性(identity)과 관련시키는 논의[111]도 마찬가지의 문제점을 지니고 있다. 무엇이 한국민족의 正體性을 결정하는 요소인가는 법에 규정되어 있는 것이 아니며, 굳이 찾자면 국민 다수가 한국민족의 정체성을 결정하는 요소가 무엇이라고 생각하는가 하는 방법으로 정할 수밖에 없다. 이러한 논의가 사회과학적으로는 흥미있을지 몰라도, 법학에 이러한 개념을 끌어들여서 한국민족의 정체성에 어긋나는 것은 헌법상의 권리로 보호하지 않겠다고 하는 것은 결국 다수의 횡포를 용인하는 것밖에 되지 않는다.

3. 憲法理論上 傳統 談論의 價値

그러면 전통 담론은 헌법 이론상 아무런 가치를 가지지 않는가? 그렇게 말할 수는 없다. 우선 헌법의 규정 자체가 전통에 입각하여 제정된 경우에는 전통이 중요한 의미를 가진다. 물론 헌법을 포함한 법규정의 해석에 있어서 제정자의 의사가 어느 정도 고려되어야 하는가 하는 점은 법학방법론에 있어서

Sex Wars, and The Criminal Law]", 94 J. Crim. L. & Criminology 503, fn. 3 참조.

109) 全光錫(註 17), 220면 이하는 관습 혹은 여론을 충실히 반영하는 경우에 한하여 해당 제도가 사회적 수용성을 갖는다는 주장도 입법론적인 논거로서는 타당할 수 있지만, 입법론의 영역에서도 위와 같은 명제가 절대적으로 타당한 것은 아닌데, 왜냐하면 입법자는 사실관계를 존중하여야 할 정치적인 의무가 있는 것은 사실이지만 이에 대한 헌법적인 의무가 있는 것은 아니고 오히려 입법자에게는 관습과 여론을 초월하여 헌법적 요청에 충실하여야 할 과제가 있기 때문이라고 주장한다.

110) 헌법실무연구회에서의 林智奉, "민주주의의 실패와 사법적극주의"(註 16)의 발표에 대한 윤진수, 김영일의 토론 요지(憲法實務硏究 제 2 권, 2001, 183면, 185-186면) 참조.

111) 위 註 14) 참조.

어려운 문제이지만, 제정자의 의사 내지 제정 당시의 상황이 고려되어야 한다는 점은 부정할 수 없다.[112] 문제는 과연 어떠한 헌법의 규정이 전통에 입각하여 제정된 것인가 하는 점이다.

독일의 예를 본다면 주로 제도보장의 관점에서 이러한 전통이 논의되고 있다. 앞에서 살펴본 것처럼 독일연방헌법재판소의 판례나 대다수의 학설은 독일 기본법 제6조 제1항의 혼인과 가족제도의 보장은 전통적인 혼인과 가족제도를 보장하는 것이라고 보고 있다.[113] 또한 독일 기본법 제14조 제1항에 의한 소유권의 보장은 전통에 관련된 것이어서, 헌법상 의미의 소유권의 전통적인 정형적 기본 형태와 기본 구조의 제도보장을 의미한다고 해석되고 있다.[114] 나아가 독일 기본법 제33조 제5항은 명문으로 공공 근무의 법은 직업공무원제도의 전통적인 원칙을 고려하여 규율되어야 한다고 규정하고 있다.[115] 이러한 논의는 특히 제도보장이라는 측면에서는 우리나라 헌법에도 대체로 적용될 수 있을 것이다.

문제는 과연 구체적으로 헌법의 어느 조항이 어떤 전통을 바탕으로 하여 제정되었는가 하는 점을 확정하는 것이다. 이를 여기서 주로 다루고 있는 가족제도와 관련하여 살펴본다.

논자 가운데에는 헌법 제36조를 근거로 하여 헌법 제36조는 대한민국 수립 전부터 자생적인 기초로 형성되어 있는 가족제도의 기본구조를 국가는 보호하고 이에 간섭하지 않는다는 것을 의미한다고 해석하여야 하며, 가족제도는 국가적 간섭이 최소화되어야 할 영역이고, 전통적 가족제도를 보호하는 것이 헌법의 기본원칙이라고 주장한다.[116] 또 한 論者는, 혼인과 가족생활은 그 유래와 존재형식면에서 볼 때는 하나의 전통적이고 관습적인 것이지 헌법적인

112) 과거에 법률을 해석함에 있어서 입법과정에서의 의회의 자료를 참조할 수 없다고 하던 영국 貴族院(House of Lords)도 1992년의 Pepper v. Hart 판결, [1993] A.C. 593에서 종래의 판례를 변경하여, 입법이 애매하거나 불명확하거나 그 문자적 의미가 모순을 가져올 때에는, 의회의 자료가 법안을 제안한 장관이나 그 밖의 제안자의 진술이고, 그것이 명확한 한 이를 참조할 수 있다고 판시하였다.

113) 위 Ⅳ. 2. 가. 참조.

114) Wendt, in: Sachs, Grundgesetz, 2. Aufl., 1999, Art. 14 Rdnr. 11.

115) Grundgesetz Art. 33. Abs. 5: Das Recht des öffentlichen Dienstes ist unter Berücksichtigung der hergebrachten Grundsätze des Berufsbeamtentums zu regeln.

116) 위 註 5) 참조. 이 논자는 더 나아가, 헌법 규범의 본질은 국가의 근본질서에 관한 국민적 합의인데, 우리 헌법 제정시를 비롯하여 현행 헌법으로의 개정에 이르기까지 한 번도 가족법제에 관하여 헌법적 논쟁을 공식적으로 진행하여 이를 헌법규범 차원으로 도입하기로 국민적 합의를 한 일이 없다고 한다. 구상진(註 5), 58면 참조.

현상은 아니며, 혼인과 가족생활을 그 규율대상으로 하는 가족법이 '傳統性', '保守性', '倫理性'을 가질 수밖에 없는 것도 혼인과 가족관계의 이같은 憲法外的인 존재형식과 불가분의 관계가 있으므로, 혼인가족관계처럼 憲法外的 現象을 헌법이 그 인식의 영역으로 끌어들이려는 데 있어서는 반드시 혼인과 가족관계가 지녀온 전통적인 의미와 존재형식을 존중하지 않으면 안 된다고 하는 주장도 있다.[117)]

원래 혼인제도나 가족제도는 다같이 국가의 승인에 의하여 비로소 성립하였다기보다는, 인류의 발달에 따라 사회에서 자연히 형성된 일종의 前國家的이고, 논자에 따라서는 自然法的이라고도 부를 수 있는 성질의 것이며,[118)] 헌법도 종래의 전통적인 제도와는 전혀 다른 새로운 혼인·가족제도를 창설한 것이라고 하기보다는, 종래의 혼인·가족제도를 전제로 하여 그 중 핵심적인 요소를 보장하려는 것으로 이해하여야 할 것이다.[119)] 예컨대 혼인이 남녀간의 결합이어야 한다는 것은 전통적인 혼인 제도의 핵심적인 내용이었고, 따라서 헌법 제36조가 규정하는 혼인이란 이러한 남녀간의 결합을 의미하는 것으로 이해되어야 할 것이다.[120)]

그렇지만 이처럼 헌법이 보장하고 있는 혼인과 가족제도가 전통적인 혼인과 가족제도를 바탕으로 하고 있다고 하더라도, 그것이 유교의 이념을 바탕으로 한, 남성중심적이고 가부장제적인 요소가 많았던 전통적인 가족제도 그 자체를 보장하는 것일 수는 없다. 헌법 제36조 제1항이 個人의 尊嚴과 兩性의 平等을 규정하고 있는 것은 이와 같은 전통적인 혼인·가족제도를 개혁하여야 한다는데 그 기본적인 의미가 있다고 할 수 있다. 그러므로 위 조항에 의한 혼인과 가족제도의 보장은 위와 같은 개인의 존엄과 양성의 평등이라는 틀 내에서 혼인과 가족제도의 핵심을 보장한다는 취지라고 할 것이다.[121)]

---

117) 註 5)의 본문 참조.

118) H. Lecheler, Schutz von Ehe und Familie, in: Handbuch des Staatsrechts, Bd. VI, Hrsg. von Josef Isensee/Paul Kirchhof, 1989, S. 214(Rn. 6) 참조.

119) 그러나 許營, 韓國憲法論(註 5), 164면은 이에 반대하는 것으로 보인다. 위 註 5) 참조.

120) 尹眞秀, "婚姻 成立에 관한 民法의 改正方向", 家族法硏究 제15권 1호, 2001, 79면 이하 참조. 그러나 이성 아닌 동성간의 결합 자체는 헌법상의 행복추구권의 일부로서 인정될 수 있을 것이므로, 이를 어느 정도로 보호할 것인가 하는 점은 별개의 문제이다.

121) 尹眞秀(註 92), 65-67면 참조. 金光錫(註 17), 220면 이하는 가족법이 전통성과 보수성, 윤리성이 강한 법영역이라는 사실을 부인할 수는 없고, 따라서 가족법에 대한 헌법적 판단에서 헌법적 논리를 뒷받침하는 논거로 관습 등 사실적인 관계가 주요한 기능을 수행할 수 있을 것이지만, 가족법상의 제도가 관습의 반영이라고 해도 이는 헌법적으로 보면 존중되어야 하는 하나의 사실관계일 뿐 이것이 곧 합헌성을 징표하는 것은 아니며, 가족법의 영역에서는

이러한 관점에서 본다면 동성동본금혼이나 호주제도와 같은 것이 헌법 제36조가 보장하는 혼인제도나 가족제도 안에 포함되어 있다고 볼 수는 없다.[122] 오히려 이러한 것들은 개인의 존엄과 양성의 평등을 규정하는 헌법 제36조에 어긋나서 위헌이라고 할 수밖에 없고, 이들은 憲法 前文에서 타파의 대상으로 들고 있는 사회적 폐습이라고 할 것이다.

다른 한편으로 이처럼 헌법의 규정 자체가 전통에 입각한 것은 아닌 경우에도, 전통을 탐구하는 것은 헌법상의 논의에 도움이 될 수 있을 것이다. 가령 우리나라의 판례나 학설은 행복추구권 내지 일반적 행동자유권을 헌법상의 기본권으로 인정하고 있으나, 구체적으로 어떠한 것이 이러한 행복추구권이나 일반적 행동자유권에 포함될 수 있는지는 명확하지 않다. 이러한 경우에 전통적으로 인정되어 온 권리라면 행복추구권의 범주에 포함시키는 데 큰 어려움이 없을 것이다. 예컨대 헌법재판소는 결혼식 등의 당사자가 자신을 축하하러 온 하객들에게 주류와 음식물을 접대하는 행위는 인류의 오래된 보편적인 사회생활의 한 모습으로서 개인의 일반적인 행동의 자유 영역에 속하는 행위이므로 헌법 제37조 제1항에 의하여 경시되지 아니하는 기본권이며 헌법 제10조가 정하고 있는 행복추구권에 포함되는 일반적 행동자유권으로서 보호되어야 할 기본권이라고 하였다.[123] 그러나 전통적으로 보호되지 않았던 이익이라고 하여 헌법

법률의 합헌성뿐 아니라 가족법적 규율이 헌법의 해석의 지침이 될 수도 있다는 견해가 있기는 하지만, 이러한 명제는 다른 법률영역에 비해서는 상대적으로 타당성을 가지고 있기는 하지만, 절대적으로 보면 한정적으로만 타당하다고 한다. 또한 方勝柱(註 95), 386면은 혼인과 가족생활영역이 아무리 한 나라의 특수한 전통적 문화와 밀접한 관련을 가진다 하더라도 헌법과 기본권으로부터 자유로운 생활영역이 될 수는 없다고 하면서, 허영 교수의 주장(위 註 5의 본문)에 대하여는 전통과 관습에 뿌리를 두었으나 헌법의 이념에 배치되는 모든 제도들은 헌법외적인 것으로서 실질적 의미에서 그 자체가 별도의 헌법이라고 하는 것을 의미하는데, 이와 같은 논리대로라면 헌법은 많은 전통적 생활영역에서는 그 규범력을 발휘할 수 없게 될 것이라고 비판한다. 그리고 崔柄煜(註 3), 424면 이하는 가족제도에 관한 헌법규정을 해석할 때 가능한 한 전통적 제도를 존중해야 한다는 것은 규범과 현실과의 괴리를 줄인다는 의미에서 필요한 일이지만, 전통적 제도를 존중한다고 하는 것은 헌법규정을 해석할 때의 한 가지 참작사항에 불과한 것으로서 그것이 헌법규정의 본질적 의미를 해하지 않을 때에만 가능한 것이며, 전통성을 존중한다고 하는 것은 일정한 한계 내에서 헌법해석의 자료가 되는 데 불과한 것이지 그것이 혼인과 가족관계에 미치는 「헌법의 규범력의 한계」가 될 수는 없고, 전통적 가족제도라고 해서 그것이 헌법의 권능 위에 설 수는 없다고 한다.

122) 父子同姓의 원칙에 관하여는 아래 V. 2. 참조.

123) 헌법재판소 1998. 10. 15. 선고 98헌마168 결정(헌법재판소판례집 10권 2집 586, 595면). 이 결정은 인류의 오래된 보편적인 사회생활의 한 모습이라고 말하고 있으므로 우리나라의 전통문화만을 염두에 둔 것으로 보기는 어렵고, 따라서 헌법 제9조의 문제와는 관련이 없다고 생각된다. 그러나 崔大權(註 14), 92면 등은 이 결정이 헌법 제9조의 전통문화조항에 근거하여 이 점을 논하지 않았다고 비판한다.

상 기본권이 될 수 없다고는 할 수 없을 것이다. 만일 그처럼 본다면 앞에서도 언급한 것처럼 다수의 횡포를 용인하는 것밖에 되지 않는다.

미국의 판례가 실체적 적법절차의 영역에서 전통을 참고하는 것도 이러한 의미에서 이해될 수 있다. 즉 헌법상 명문의 규정이 없는 법적 이익을 기본권으로 선언하기 위하여는 과거에 전통적으로 어떠한 이익이 중요시되어 왔는가를 살펴보는 것이 도움이 되는 것이다. 그러나 전통적으로 보호되지 않았던 이익이라고 하여 헌법상 기본권으로 될 수 없다고는 말할 수 없는 것이다.[124)]

Ⅵ. 문제되는 家族法 規定들의 違憲 여부에 대한 약간의 所見

이 글의 초점은 법률의 위헌 여부 판단에 있어서 전통이 고려되어야 하는가, 고려된다면 어느 정도로 고려되어야 하는가 하는 점에 있다. 그러나 이하에서는 이제까지 문제되었던 가족법 규정들의 위헌 여부에 관하여 살펴보고자 한다. 물론 이 문제를 제대로 다루기 위하여는 여러 편의 논고가 필요할 것이나, 동성동본금혼제도와 호주제도에 관하여는 그 동안 다룬 문헌이 많았고, 지면의 여유도 없으므로 여기서는 간단히 필자의 생각만을 밝히기로 한다.

1. 同姓同本禁婚制度와 戶主制度

먼저 동성동본금혼의 규정은 헌법재판소가 선언한 것처럼 기본권인 혼인의 자유를 침해하여 위헌이라고 할 수밖에 없다. 이 규정에 관하여는 기본권 제한의 목적의 정당성 자체가 인정될 여지가 없는 것이다.[125)]

다음 호주제도는 현행의 규정대로라면 위헌이라고 하지 않을 수 없다.[126)] 우리 헌법은 제10조에서 "인간으로서의 존엄과 가치"를 규정하고, 제11조는 모든 국민의 평등 원칙을 선언하고 있으며, 제36조 제 1 항은 혼인과 가족생활은

124) 위 Lawrence v. Texas 판결(註 45)에서 Kennedy 대법관이 역사와 전통은 실체적 적법절차의 탐구에 있어서 출발점이기는 하지만 모든 사건에 있어서 도달점은 아니라고 한 것 참조.

125) 尹眞秀(註 92), 75면 참조.

126) 최대권 외 3인(註 10), 47-49면 등 참조. 호주제도의 위헌성에 관하여 상세히 다루고 있는 문헌으로는 田鳳德, "戶主制度의 歷史와 展望", 大韓辯護士協會誌 1982. 10; 金相瑢(註 88); 李凞培, "民法上 戶主制度의 違憲性·非歷史性 考察", 松也 金疇洙敎授 華甲紀念 現代家族法과 家族政策, 1988, 523면 이하; 方勝柱(註 95) 등이 있다.

개인의 존엄과 양성의 평등을 기초로 성립되고 유지되어야 한다고 규정하고 있다. 그런데 현행 호주제도는 이러한 헌법의 규정과는 부합하지 않는 것이다.[127] 즉 현행법은 모든 家는 예외 없이 家를 통솔하는 호주와, 그 호주에게 복종하는 가족으로 구성되도록 규정하고 있는데, 이는 당사자의 의사에 관계없이 가족의 구성원을 평등하지 아니한 호주와 가족으로 구분하는 것으로서 가족 구성원의 존엄과 가치를 침해하는 것이라고 할 수 있다. 또 이는 가족 구성원 사이의 평등의 원칙을 침해하는 것이기도 하다.

이에 대한 반론으로서는 현행 민법상의 호주제도에 관한 규정은 특히 1990년의 민법개정 이후에는 실체적인 의미를 거의 상실하였고, 다만 신분 공시의 기능만이 주된 것으로 남아 있으며, 그럼에도 불구하고 문제점이 있다면 문제되는 규정을 고치면 되는 것이고 호주제 자체를 위헌이라고 단정할 수는 없다는 주장이 있을 수 있다. 그러나 호주제도는 기본적으로는 실체법상의 규정으로서 그에 따른 권리와 의무가 현행법상으로도 남아 있다. 호주제도가 신분 공시에 이용되는 것은 이러한 실체법상의 규정을 전제로 한 것일 뿐이다. 현행법상의 호주제도를 전제로 하는 한 호주와 가족이 평등한 지위에 있다고 주장할 수는 없을 것이다. 만일 이러한 실체법상의 불평등을 완전히 제거한 호주제도가 있다면 이는 실체법상의 제도로서의 의미는 상실하고 호적법과 같은 신분공시의 의미만을 가지게 될 것이나, 이는 현재 문제되고 있는 호주제도와는 전혀 다른 것이 되고 만다. 뿐만 아니라 신분공시의 측면에서 호주제도를 바라본다고 하더라도 그러한 호주제도를 인정할 필요성이 있는 것인가 하는 점은 또 다른 논란의 대상이 되고 있다.

더 나아가 현행법상으로는 호주승계의 순위에 있어서 나이가 많은 남자를 우위에 놓고 있어서(민법 제984조), 원칙적으로 장남이 호주가 되는 것으로 되어 있다. 이는 性別과 年齢에 의한 차별이라고 하지 않을 수 없다. 또 혼인 중의 출생자는 혼인 외의 출생자에 비하여 우선한다(민법 제989조). 이 또한 혼인 중의 출생자인가 아닌가에 따른 차별대우라고 아니할 수 없다.

반면 현행의 호주제도의 이러한 기본권 침해적 요소를 정당화할 수 있는 사유를 찾아보기는 어렵다. 현행 호주제도가 합헌이라고 주장하는 사람들은 거

127) 그런데 方勝柱(註 95), 379-381면은 헌법 제36조 제1항은 헌법 제10조와 제11조에 대한 특별규정이라고 할 수 있으므로 헌법 제36조 제1항의 침해 여부만 검토하면 된다고 한다. 이는 이론상으로는 흥미 있는 주제이지만, 실제적인 결과에서 차이가 있는 것은 아니다. 위 글 381면도 이 점을 시인하고 있다.

의 대부분 전통에 그 근거를 찾지만, 현행 호주제도가 전통에 근거하는 제도인지에 관하여도 논란이 있을 뿐만 아니라, 전통이 기본권 침해를 정당화할 수 있는 사유가 될 수 없음은 앞에서 살펴본 바와 같다.

뿐만 아니라 이러한 구체적인 문제를 떠나서도 호주제도가 민법에 존재한다는 사실 그 자체가 가지는 상징성으로 말미암아 父와 母, 夫와 妻, 아들과 딸을 차별하고 나아가 妻는 夫에 대한 종속적 존재라는 관념을 만든다는 것이다.[128] 어쩌면 호주제도가 이처럼 뜨거운 논쟁의 대상이 되는 주된 이유가 이러한 상징적 기능 때문이 아닌가 생각되기도 한다.[129]

그런데 이 문제와 관련하여 상당수의 사람들이 호주제도가 호적과 같은 신분의 공시를 위하여 필요한 것이 아닌가 하는 의문을 가지고 있고, 현실적으로는 이것이 호주제 폐지에 장애가 되고 있는 것으로 보인다. 그러나 호주제도와 신분공시제도는 이론적으로는 별개이다. 호주제는 기본적으로 실체법상의 제도이고, 다만 현행 호적제도는 이러한 실체법상의 제도를 이용하여 호적을 편성하고 있는 것이다.[130] 따라서 호주제도가 폐지되더라도 신분공시제도는 별도로 존재할 수 있으며, 다만 그 편성 원리가 달라질 뿐이다.[131] 호주제도가 폐지되는 경우에 신분공시제도를 어떻게 바꿀 것인가에 대하여는 부부와 미성년 자녀를 한 公簿(家族簿)에 기재하는 基本家族別 編制方案, 住民登錄과 一元化한 編製方案, 個人別 編製方案 등이 논의되고 있는데,[132] 근래에는 個人別

---

128) 李庚熙, "호주제도를 폐지할 경우 호적제도의 정비방안", 家族法研究 제17권 1호, 2003, 81면. 양현아(註 20), 109면 이하는 호주제의 피해와 효과는 개별 조문이 아니라 여러 조문들이 중복되어 복합적 효과를 낸다고 하면서, 호주제 위헌소송의 사회구조적 변동의 맥락과 역사적 전망의 고찰 필요성을 강조하고 있다. 가부장제적 가족법의 상징적 기능에 대하여는 李和淑, "韓國家族의 變化와 家族法", 朴秉濠敎授 還甲紀念 家族法學論叢, 1991, 11면 이하 참조. 가족법의 상징적 내지 표현적 기능(expressive function) 일반에 대하여는 Mary Ann Glendon, Abortion and Divorce in Western Law, 1987, pp. 8, 58 ff.; Katharine T. Bartlett, Re-Expressing Parenthood, 98 Yale L.J. 293(1988) 등 참조.

129) 호주제의 사회·문화적 영향에 대하여는 김광억·최재천·한경혜·김수정·김순영·배은경, 호주제의 사회·문화적 영향에 관한 학제적 연구, 여성부, 2004 참조.

130) 다만 현행 호적제도가 호주제도를 전제로 하고 있는 결과 생기는 문제점을 간과하여서는 안 된다. 현실적으로는 이 점이 더 크다고 할 수도 있다. 이에 대하여는 李庚熙(註 128), 81-82면; 鄭玹秀, "戶籍制度의 改善案에 관한 考察", 가족법연구 제13호, 1999, 472-475면 참조.

131) 曺大鉉, "戶主制度의 廢止와 戶籍의 編制", 民事判例研究 XVIII, 1996, 611-612면 참조.

132) 상세한 것은 李庚熙(註 128), 99면 이하; 鄭玹秀(註 130), 479면 이하; 同, "호주제도 폐지 이후의 신분등록제에 관한 연구", 家族法研究 제17권 1호, 2003, 225면 이하; 21세기 가족의 전망과 호적제도 개선방안, 2002. 10. 23. 평등사랑 변호사 모임 토론회 자료집; 문흥안, "신분등록제도 개편논의에 있어 개인정보의 보호와 주민등록번호의 역할", 家族法研究 제18권 1호, 2004, 217면 이하 등 참조.

編製方案이 유력하여지고 있다.133)

그러면 헌법재판소에서는 이 호주제에 대하여 어떠한 판단을 하여야 할 것인가? 단순위헌의 결론이 가장 간명한 것이겠지만, 현실적으로는 그렇게 하기에는 많은 문제가 있다. 우선 이론적인 면에서 호주 제도를 폐지하지 않더라도 그 위헌성을 제거하는 방안이 없지는 않다. 즉 호주를 둘 것인지 두지 않을 것인지, 두는 경우에는 누구를 호주로 할 것인지를 당사자들이 합의에 의하여 결정하고, 국가는 이를 당사자들의 자율에 맡기는 것이다.134) 물론 이에 대하여는 형식적 평등은 달성할 수 있을지 몰라도 실질적 평등은 달성할 수 없을 것이라는 비판도 있을 수 있다.

다른 또 하나의 문제점은 호주제가 폐지되면 그에 따라 효력을 상실하게 되는 법률들이 매우 많아 법적인 공백이 생겨 혼란이 야기된다는 것이다.135)

그러므로 헌법재판소로서는 호주제도를 규정하고 있는 민법 제778조에 대하여 헌법불합치결정을 하고, 법이 개정될 때까지는 잠정적용을 명하는 것이 가장 합리적인 방법이 될 것이다.136)

2. 父子同姓의 原則

父子同姓 내지 父姓主義의 원칙에 대하여는 동성동본금혼제도나 호주제도와는 달리 과거에 그다지 많은 관심의 대상이 아니었고,137) 이 문제를 헌법적

---

133) 鄭玹秀(註 130), 488면 이하; 同(註 132), 255면 이하; 조대현, 개별적 신분등록제도, 법률신문 제3145호(2003. 2. 10); 李庚熙(註 128), 102면 이하 등.

134) 최대권 외 3인(註 10), 161-165면 참조. 申榮鎬(註 9), 52면은 이처럼 당사자의 자율에 맡기는 방안과 함께 당사자간에 합의가 안 될 경우에는 연령이나 성별 등 별도의 기준에 의하도록 하는 것도 한 방안이고, 호주승계의 순위를 유언에 의한 지정, 당사자간의 합의, 연장자순으로 하는 등 각자가 원하는 바에 따라 선택 가능한 제도로 전환하는 것도 유력한 방안이 될 수 있을 것이라고 하나, 당사자의 자율에 맡기는 방안 이외의 것들은 모두 위헌 시비를 피하기 어렵다고 생각된다.

135) 헌법재판소는 여러 판례에서 법률에 대한 단순위헌결정으로 인하여 법적 공백과 혼란이 생길 우려가 있다는 점을 헌법불합치결정 및 위헌인 법률의 잠정적 적용을 명하는 이유로 들고 있다. 헌법재판소 1999. 10. 21. 선고 97헌바26 결정(헌법재판소판례집 11권 2집, 383, 417-419면); 2000. 8. 31. 선고 97헌가12 결정(헌법재판소판례집 12권 2집, 167, 184-187면); 2003. 1. 30. 선고 2001헌바64 결정(헌법재판소판례집 15권 1집 48, 61면) 등 참조.

136) 方勝柱(註 95), 390면 이하도 헌법불합치결정을 하여야 한다고 주장한다. 물론 이러한 헌법불합치결정에는 소급효가 인정되어야 하므로 법률이 개정되면 개정 법률은 과거의 사건에 대하여도 소급적용되어야 할 것이다. 尹眞秀, "憲法裁判所 違憲決定의 遡及效", 재판자료 제75집 헌법문제와 재판(상), 1997, 676면 이하 참조.

137) 이에 대한 연구로서는 孫鉉曝(註 33); 金載國, "現代 女性의 姓氏에 관한 權利", 民事法研究

으로 접근하는 글도 찾아보기 어렵다.[138] 다만 최근에 부모 성 같이쓰기 운동이 벌어져서 어느 정도 호응을 받고 있다.[139]

우선 이러한 姓 결정의 문제는 文化의 문제로서 법이 개입할 것이 아니라는 주장이 있다. 즉 姓의 결정을 어떻게 할 것이냐 하는 문제가 과연 기본권의 문제인지 아니면 공동체의 문화와 질서의 문제인지 하는 문제는 더 많은 검토가 필요하다고 하면서, 父姓이나 母姓을 따르는 것을 법원리의 문제로 파악한다면 인류학의 관점에서 볼 때 웃음거리밖에 안 되고, 姓의 결정을 권리라고 볼 수 있는지 아니면 특정공동체의 질서이며 문화인지도 검토할 필요가 있다고 한다.[140]

자녀의 성을 어떻게 결정할 것인가 하는 것이 일차적으로 文化의 문제임에는 틀림없다. 그러나 그렇다고 하여 이것이 헌법이 관여할 문제가 아니라는 주장은 성립하기 어렵다. 앞에서 언급한 夫婦의 姓에 관한 독일에서의 논의[141]는 별론으로 하더라도, 여성에 대한 모든 형태의 차별철폐에 관한 협약 제16조 제1항 (g)는 여성에게 가족 성의 선택할 권리를 보장하도록 규정하고 있다. 우리나라는 위 협약에 가입하면서 이 조항에 대하여 유보하였으나 국제적으로는 이를 철회하라는 요구를 받고 있는 것이다.[142][143] 보다 근본적으로는 문화

제8집, 2000, 83면 이하; 權貞姬, "親族法에 나타난 姓氏에 관한 小考", 逸軒 崔柄煜교수 停年紀念 현대민사법연구, 2002, 427면 이하; 이승우, "호주제를 폐지할 경우 민법 규정의 정비를 위한 검토", 家族法硏究 제17권 1호, 2003, 63면 이하; 李垠廷, "姓의 變更", 재판자료 제102집 家庭法院事件의 諸問題[下], 2003, 753면 이하 등이 있다.

138) 다만 여성에 대한 모든 형태의 차별철폐에 관한 협약(Convention on the Elimination of All Forms of Discrimination against Women) 제16조 제1항 (g)가 여성에게 家族姓(family name)을 선택할 권리를 보장하도록 규정하고 있는 것과 관련하여 논란이 있다. 이에 대하여는 아래 註 142) 참조.

139) 金載國(註 137), 101면 이하 참조.

140) 鄭宗燮(註 101), 45면.

141) 위 Ⅳ. 2. 나. 참조.

142) 우리나라는 위 협약에 가입하면서 이 조항에 대하여는 유보를 하였고, 유엔여성차별철폐위원회에는 아버지의 성을 가족의 성으로 하는 것이 전통이며 그에 대하여 이의가 거의 없다고 보고하였으나, 유엔여성차별철폐위원회는 2차례나 이 유보조항에 대하여 재검토할 것을 권고하였다. Concluding Observations of the Committee on the Elimination of Discrimination Against Women: Republic of Korea. 28/01/93. A/48/38, para. 448; Concluding observations of the Committee on the Elimination of Discrimination Against Women: Republic of Korea. A/53/38/Rev.1, para 368. 이들 문서는 유엔 인권 고등판무관실(Office of the High Commissioner for Human Rights)의 홈페이지(http://www.unhchr.ch/tbs/doc.nsf)에서 쉽게 검색할 수 있다. 또한 김선욱, "유엔여성차별철폐협약과 한국여성입법정책", 이화여자대학교 法學論集 제4권 4호, 2000, 148면 이하 참조.

143) 참고로 룩셈부르크도 위 협약에 가입하면서 협약 제16조 제1항 (g)는 자녀의 성을 선택할 권리에 영향을 주지 않는다고 유보하였으나, 유엔여성차별철폐위원회는 룩셈부르크가 위 유보를 철회하지 않고 있는데 대하여 유감을 표시하고, 특히 정부가 이 조항의 유보를 철회할 수 있도록 문화적 전통과 태도에 영향을 주려는 노력을 하지 않고 있음에 대하여 유감을 나

의 문제라고 하여 헌법 위반이 아니라고 하는 주장은 전통을 근거로 하여 헌법 위반이 아니라고 하는 주장과 마찬가지의 문제점을 안고 있다.144)

다른 한편으로 이러한 父子同姓의 원칙은 우리 전통의 일부로서, 현행 헌법이 보장하는 가족제도에 이미 포함되어 있는 것이라는 견해도 있을 수 있다.145) 그러나 헌법이 보장하는 가족제도의 핵심적인 내용은 모든 국민이 스스로 가족을 창설하고, 가족생활을 형성하며, 가족관계를 해소할 수 있는 자유와 자녀를 가질 것인지 여부나 자녀의 수 또는 출산 시기 등을 결정할 수 있는 자유 및 자녀의 양육과 교육방식을 스스로 선택하여 자녀를 양육・교육시키면서 자녀와 함께 생활할 수 있는 자유를 말하는 것이다.146) 따라서 여기에는 자녀의 이름을 지을 권리도 포함된다고 보아야 할 것이다. 그러므로 부자동성의 원칙이 헌법이 보장하는 가족제도 가운데 포함되어 있다고 보기는 어렵고, 오히려 父子同姓의 원칙이 이러한 자녀의 이름에 관한 어머니의 권리를 제약하는 것이라고 할 것이다.147) 만일 父子同姓의 원칙이 헌법상 가족제도의 보장에 포함되어 있다고 한다면 부자동성의 원칙은 법률로서도 바꿀 수가 없다는 것이 되나, 이러한 주장은 받아들이기 어렵다.

그렇다면 父子同姓 原則을 규정하고 있는 현행 민법의 규정은 어떻게 보아야 할 것인가? 우선 자녀의 姓을 결정할 권리가 자녀 자신의 권리인가 아니면 부모의 권리인가 하는 문제는 반드시 명확하지 않으나, 양자의 요소를 다 포함하고 있다고 보는 것이 합리적이라고 생각된다. 그렇다면 적어도 혼인 중의 자녀에 관한 한 아버지의 성을 따르도록 하고 그 변경을 허용하고 있지 않은 현행 민법 제781조 제 1 항의 규정148)은 우선 혼인과 가족생활은 개인의 존

타냈다. Concluding Observations of the Committee on the Elimination of Discrimination Against Women: Luxembourg. 21/01/2000, A/55/38, para. 402.

144) 姓의 결정이 법원리의 문제가 아니라 문화의 문제라고 주장하는 논자 자신도 기본권에서 문화의 차이를 강조하는 논의는 자칫 문화결정론으로 빠지면 많은 법적 개념들을 해체시킬 위험도 있고, 독재와 권위주의 통치를 허용하거나 인간성을 말살하는 행위를 용인하는 길을 열어 인간의 고통과 불행을 '문화의 차이'라는 이름으로 은폐시킬 위험도 있다고 지적하고 있다. 鄭宗燮, "基本權의 概念에 관한 硏究", 서울대학교 法學 제44권 2호, 2003, 53면.

145) 구상진(註 5), 55-58면 참조.

146) 崔甲先(註 92), 511-512면.

147) 앞에서 언급한 여성에 대한 모든 형태의 차별철폐에 관한 협약 제16조 제 1 항 (g) 참조. 물론 자녀의 성을 선택할 권리가 무제한적인 것일 수는 없다. 姓은 가족에 소속하는 것을 표상하는 것이므로 원칙적으로 父의 성이나 母의 성 가운데서 선택하여야 할 것이다. 나아가 성의 선택을 허용하더라도 한 부모 사이에서 출생한 형제 자매들의 성은 같아야 할 것이다. 독일민법 제1617조 제 1 항 제 3 문이나 개정 프랑스민법 제311조의21 제 3 항도 이와 같이 규정하고 있다.

148) 현행법상 성의 변경이 허용되는 경우는 父가 혼인 외의 자를 인지한 경우와 입양촉진 및

엄과 양성의 평등을 기초로 성립되고 유지되어야 한다는 헌법 제36조 제1항에 어긋나서 위헌이라고 보아야 할 것이다.149)

그런데 이 결정이 위헌이라고 한다면 그에 대하여 어떠한 대안이 마련될 수 있을까? 여기서는 현재 국회에 제출되어 있는 민법개정안을 중심으로 하여 살펴본다.

정부가 2004. 6. 3. 제출한 민법개정안은 자녀의 성과 본은 원칙적으로 아버지의 성을 따르되, 부모가 혼인신고시 모의 성과 본을 따르기로 협의한 경우에는 모의 성과 본을 따르도록 하였고, 혼인 외의 자가 인지된 경우에도 종전의 성과 본을 계속 사용할 수 있는 길을 열었으며, 자의 복리를 위하여 성과 본을 변경할 필요가 있을 때에는 법원의 허가를 받아 이를 변경할 수 있도록 하고 있고,150) 2004. 9. 9. 이경숙 의원 등 156인의 의원이 제출한 민법개정안 제865조의2도 같은 내용이다.

이러한 개정안이 나오게 된 현실적인 배경은 우리 국민의 다수가 아직은 부자동성의 원칙을 지지하고 있다고 보아서,151) 부자동성의 원칙의 전면적 폐

절차에 관한 특례법 제8조에 의한 경우뿐이다.

149) 헌법재판소 2000. 8. 31. 선고 97헌가12 결정(헌법재판소판례집 12권 2집, 167면 이하)은, 父系血統主義에 입각하여 출생한 당시에 父가 대한민국의 국민인 자를 대한민국의 국민으로 하면서도 출생한 당시에 父가 아니라 母만이 대한민국의 국민인 자는 대한민국의 국민으로 하지 않고 있었던 구 국적법(1997. 12. 13. 법률 제5431호로 개정되기 전의 것)의 조항에 대하여, 한국인 부와 외국인 모 사이의 자녀와 한국인 모와 외국인 부 사이의 자녀를 차별취급하는 것은, 모가 한국인인 자녀와 그 모에게 불리한 영향을 끼치므로 헌법 제11조 제1항의 남녀평등원칙에 어긋남이 분명하고 이러한 차별취급은 헌법상 허용되지 않고, 가족의 장(長) 또는 중심을 부로 정하는 것은 가족생활에서 양성평등의 원칙을 선언하고 있는 헌법 제36조 제1항에도 어긋난다고 판시하였다.

150) 개정안 제781조(자의 성과 본) ① 자는 부의 성과 본을 따른다. 다만, 부모가 혼인신고시 모의 성과 본을 따르기로 협의한 경우에는 모의 성과 본을 따른다.
② 부가 외국인인 경우에는 자는 모의 성과 본을 따를 수 있다.
③ 부를 알 수 없는 자는 모의 성과 본을 따른다.
④ 부모를 알 수 없는 자는 법원의 허가를 받아 성과 본을 창설한다. 다만, 성과 본을 창설한 후 부 또는 모를 알게 된 때에는 부 또는 모의 성과 본을 따를 수 있다.
⑤ 혼인 외의 출생자가 인지된 경우 자는 부모의 협의에 따라 종전의 성과 본을 계속 사용할 수 있다. 다만, 부모가 협의할 수 없거나 협의가 이루어지지 아니한 경우에는 자는 법원의 허가를 받아 종전의 성과 본을 계속 사용할 수 있다.
⑥ 자의 복리를 위하여 자의 성과 본을 변경할 필요가 있을 때에는 부, 모 또는 자의 청구에 의하여 법원의 허가를 받아 이를 변경할 수 있다. 다만, 자가 미성년자이고 법정대리인이 청구할 수 없는 경우에는 제777조의 규정에 따른 친족 또는 검사가 청구할 수 있다.

151) 『21세기 여성정책에 대한 국민의식조사연구』(대통령직속 여성특별위원회 정책조정관실, 2000)에 의하면 아버지의 성을 따라야 한다는 의견이 73%, 부모의 성 중에서 하나를 선택할 수 있어야 한다는 의견이 18.6%, 부모 성을 함께 쓰는 것이 좋다는 의견이 8.4%였다고 한다. 이승우(註 137), 65면 註 14) 참조. 그러나 2001년에 실시된 한 조사에 따르면 자식은 아버지

지는 사회에 엄청난 충격을 주고 격렬한 저항을 불러일으킬 것이 명백한데, 위와 같이 관습에 기초하여 부성추종을 원칙으로 하면서 부모의 합의에 따라 모의 성도 따를 수 있는 길을 열어 둠으로써 관습존중·법감정의 보호와 헌법존중·자녀복리 보호의 조화를 이루자는 데 있다고 여겨진다.[152)]

이러한 개정안은 현행법에 비하여는 진보된 것이라고 할 수 있지만, 이에 대하여도 원칙적으로 자녀가 아버지의 성과 본을 따르도록 하였다는 점에서 여전히 문제가 있다는 비판이 있을 수 있다. 제16대 국회 당시인 2003. 5. 27. 이미경의원 외 51인이 발의한 민법중개정법률안 제865조의2 제1항은 자는 부모가 협의한 바에 따라 부 또는 모의 성과 본을 따르고, 부모가 협의할 수 없거나 협의가 이루어지지 아니하는 경우에는 부 또는 모의 청구에 의하여 가정법원이 이를 정하도록 규정하고 있었고,[153)] 2004. 9. 14. 노회찬 의원 등 10명의 국회의원이 제출한 민법개정안도 이와 같다.

이 문제는 상당히 미묘한 문제이다. 위 법무부의 개정안도 그 배경을 이해할 수 없는 것은 아니다. 얼핏 생각하기에는 독일에서 혼인 당시에 신분공무원에게 남편의 성을 쓸 것인지, 아내의 성을 쓸 것인지를 밝히지 않을 때에는 남편의 성이 혼인성이 된다는 민법의 규정이 위헌이라고 한 독일연방헌법재판소 결정(註 95)의 설시가 그대로 적용될 수 있을 것처럼 보인다. 그러나 두 경우 사이에는 중요한 차이가 있다. 즉 독일에서의 혼인성의 결정에 있어서는 부부 사이에 합의가 되지 않으면 각자가 혼인 전의 본래의 성을 그대로 쓰면 되는데 반하여,[154)] 부부 사이에 출생한 자녀의 경우에는 어떤 방식으로든

의 성씨를 따라야 한다는 의견이 44.4%, 어머니도 자식에게 자신의 성을 물려줄 수 있어야 한다는 의견이 19.7%, 부모 성 중 하나를 선택할 수 있어야 한다는 의견이 12.3%, 부모 성을 함께 쓸 수 있어야 한다는 의견이 9.5%, 성씨로 대를 잇는다는 것 자체가 별 의미가 없다는 의견이 14.2%로 나타났다. 최대권 외 3인(註 10), 83-86면 참조.

152) 이승우(註 137), 67면 참조. 위 개정안을 마련한 2003년도 법무부 산하 가족법개정특별분과위원회에서의 논의 경과에 대하여는 법무부, 가족법개정특별분과위원회 회의록(제1차회의~제9차회의), 2003, 249면 이하 참조.

153) 이 개정안은 16대 국회의 임기 만료로 자동폐기되었다. 이 개정안의 검색은 국회 홈페이지의 의안정보시스템(http://search.assembly.go.kr:8080/bill/billindex_gate.jsp?starget=bill_search.jsp&bill_dae_start=16&bill_dae_end=17&bill_kind=law&skeyword=%B9%CE%B9%FD&x=32&y=9) 참조(최종 방문일 2004. 8. 30). 또한 현행 독일 민법 제1617조는 부모가 동일한 혼인명을 가지고 있지 않지만 그들이 공동친권을 가지고 있을 때에는 신분공무원에 대한 의사표시에 의하여 부 또는 모의 성을 출생성으로 할 것을 결정하여야 하고(이러한 결정은 그 후에 출생한 자녀에게도 적용된다), 자녀 출생 후 1개월 내에 부모가 그러한 결정을 하지 않으면 가정법원이 부모 중 한 사람에게로 결정권을 이전하며, 가정법원이 지정한 기간 내에 결정권자가 결정을 하지 않으면 결정권자의 성이 자녀의 出生姓이 된다고 규정하고 있다.

154) 실제 사건에서도 당사자들은 법률의 규정과는 달리 혼인 전의 각자의 성을 유지할 것을

성을 결정해 주어야 한다. 또 한 가지 염두에 두어야 할 점은 자녀에 관한 문제에 있어서는 제 1 차적으로 자녀의 최선의 이익(The Best Interest of the Child)을 가장 중요한 것으로 고려하여야 하는데,[155] 자녀의 입장에서 본다면 부의 성을 따르는가 모의 성을 따르는가가 그 자체로서 중요한 것은 아니고, 오히려 출생 후 되도록 빠른 시일 내에 성이 확정되는 것이 중요할 것이다.[156] 현실적으로 문제가 되는 것은 자녀가 출생 당시에 부의 성을 따를 것인가, 모의 성을 따를 것인가 하는 점보다는, 예컨대 다른 가정에 입양하였는데 양부의 성을 따를 수가 없다든지,[157] 부모가 이혼하고 양육권자인 모가 재혼하였는데 계부와 성이 달라서 이러한 가정사가 드러나게 된다는 점이다. 따라서 현실적으로는 父子同姓의 원칙보다는 姓 不變의 원칙이 더욱 문제가 된다고 할 수 있다.

이러한 점을 고려하더라도 위 개정안에는 여러 가지 문제가 있다. 우선 자녀의 성 결정에 있어서 제 1 차적으로는 종래의 父子同姓의 원칙에 따르고, 다만 예외적으로 부모의 합의가 있는 경우에만 모의 성을 따를 수 있게 하였다는 점이다. 이는 결국 부자동성의 원칙을 유지하면서 좁은 범위에서의 예외를 인정한 것에 지나지 않는다. 지금의 개정안대로라면 여성차별철폐협약의 유보조항을 철회하기란 어렵다고 판단된다.

또 다른 문제점은 자녀의 성을 결정할 수 있는 시기를 혼인 신고시로 하였다는 점이다. 그러나 일단 자녀가 출생한 뒤에 자녀의 성을 결정하는 것이 자녀의 이익의 관점에서도 합리적일 뿐만 아니라, 현실적으로는 혼인신고 당시에 앞으로 출생할 자녀의 성을 모의 성으로 하기로 합의하는 경우란 거의 없을 것이다.

이에 대한 대안으로서는 위 이미경 의원의 개정안과 같이[158]자녀의 출생신고를 할 때 부모가 협의하여 자녀의 성을 결정하도록 하고, 그 협의가 이루

희망하였고, 현행 독일민법 제1355조 제 1 항도 당사자들이 婚姻姓(Ehename)을 결정하지 않으면 혼인 당시의 성을 혼인 후에도 계속 사용하도록 규정하고 있다.

155) 우리나라도 가입한 兒童의 權利에 관한 協約(Convention on the Rights of the Child) 제 3 조 제 1 항은 "공공 또는 민간 사회복지기관, 법원, 행정당국 또는 입법기관 등에 의하여 실시되는 아동에 관한 모든 활동에 있어서 아동의 최선의 이익이 최우선적으로 고려되어야 한다"고 규정하고 있다.

156) 위 兒童의 權利에 관한 協約 제 7 조 제 1 항은 아동은 출생 후 즉시 등록되어야 하며, 출생시부터 성명권을 가진다고 규정하고 있다.

157) 현재 헌법재판소에 계속중인 민법 제781조 제 1 항에 대한 위헌제청사건에서도 이러한 점이 문제로 되었다. 李垠廷(註137), 753-754면 참조. 이 점에서 헌법재판소가 위 사건의 판단의 대상을 어떻게 파악할 것인가 하는 점도 문제가 될 수 있다.

158) 註 153) 참조.

어지지 않거나 협의할 수 없을 때에는 가정법원과 같은 제 3 자가 결정하게 하는 방법을 생각할 수 있다. 그러나 이에 대하여도 부부간의 문제를 제 3 자가 결정하는 것이 합리적인가, 제 3 자가 어떤 기준에 의하여 결정할 수 있는가 하는 의문이 제기될 수 있다. 다른 또 하나의 방법은 부모의 성을 같이 쓰는 것이다.[159] 그러나 이는 우리나라의 관습에는 없던 것이어서 국민들에게 잘 받아들여질 수 있을지가 문제된다.

백보를 양보하여 현실적인 문제를 고려하여 부자동성의 원칙을 어느 정도 받아들인다고 하더라도, 자녀의 성은 제 1 차적으로는 부모의 합의에 의하여 결정하도록 하고, 합의가 안 될 때 보충적으로 父의 성을 따르도록 하여야 할 것이다. 프랑스에서는 종래 자녀는 부의 성을 따르도록 하였으나, 2002. 3. 4.과 2003. 6. 18.의 두 차례에 걸쳐 민법을 개정하여, 현재의 프랑스민법 제312조의 21[160]은 자녀의 성을 民籍官(l'officier de l'ètat civil)에게 공동으로 신고하여야 하고, 그러한 공동신고가 없으면 자녀는 부모 중에서 그와 먼저 친자관계가 설정된 사람의 성을 따르며, 친자관계가 부모에 대하여 동시에 설정된 때에는 부의 성을 따른다고 규정하고 있다. [161]

Ⅶ. 結　論

종래 우리나라에서는 여러 가지 면에서 전통이 너무 과대평가된 감이 없

159) 註 139) 및 그 본문 참조.

160) 원래 2002. 3. 4.의 개정법률에서는 개정법률을 2003. 9. 1.부터 시행한다고 하였으나, 2003. 6. 18.의 개정법률은 시행일자를 2005. 1. 1.로 연기하였다.

161) 원래 프랑스 하원에서는 부모 사이에 합의가 이루어지지 않으면 부모의 각 성을 알파벳 순으로 이어 쓰도록 하였으나, 상원에서는 전통을 고려하여 합의가 없을 때에는 아버지의 성에 따르도록 수정하였고, 정부는 이에 반대하였으나 결국 하원의 임기가 만료되는 마지막 회기에서 법을 통과시키기 위하여 하원이 상원의 요구를 받아들였다. 立法의 경과에 대하여는 프랑스 하원(Assemblée Nationale)의 홈페이지(http://www.assemblee-nationale.fr/dossiers/nom_patronymique.asp)(최종 방문일 2004. 9. 8); Sylvie Ferré-André, Adeline Gouttenroire-Cornut, Hugues Fulchiron, "Work in Hand for the Reform of French Family Law", in: A. Bainham ed., The International Survey of Family Law, 2003 edition, 2003, p. 183(written by Hugues Fulchiron) 참조. 그러나 이에 대하여는 부부가 항상 남편의 성을 쓰도록 한 스위스 법이 유럽인권협약에 어긋난다고 한 유럽인권법원의 1994. 2. 22.자 Burghartz v. Switzerland 판결(18 E.H.R.R. 101)이나 독일연방헌법재판소의 위 1991. 3. 5. 결정(註 95)에 비추어 볼 때 양성 평등의 관념에 어긋난다고 하는 비판이 있다. Judith Rochfeld, Revue trimestrielle de droit civil, 2002, p. 377. 프랑스의 개정 법률에 대하여는 李垠廷(註 137), 745면 이하도 참조.

지 않다. 그 하나의 예가 이 글에서 다루고 있는, 전통적 가족제도는 헌법 제9조에 의하여 보호되어야 한다는 주장이다. 그러나 이러한 주장은 받아들이기 어렵다. 전통 그 자체만으로는 기본권 침해를 정당화할 수 있는 사유가 되지 못하는 것이다. 전통에 그처럼 강력한 의미를 부여한다면 Ely의 표현대로 과거의 다수가 현재의 다수를 지배하는 것이 될 뿐만 아니라, 사회적 강자의 이익만을 옹호하고 소수자의 이익은 고려하지 않는 것이 되고 만다.

다만 전통이 헌법상 아무런 의미가 없는 것은 아니다. 헌법의 규정 자체가 전통에 입각하여 제정되었다면 헌법을 해석함에 있어서 전통을 고려하지 않을 수 없다. 다만 이 경우에도 자신의 가치관을 헌법이 받아들인 전통이라는 이름으로 헌법에 투입하는 것은 피해야 한다.

또한 경우에 따라서는 전통을 탐구하는 것이 기본권을 확정함에 있어서 유용한 보조수단이 될 수도 있다. 그러나 그렇다고 하여 전통을 절대시하여 전통적으로 보호되지 않았던 이익은 기본권이 될 수 없다고 할 수는 없는 것이다.

여기서 강조하고 싶은 것은 전통이란 항상 변하는 것이고 상대적인 것이라는 점이다. 이를 절대시하여 변화를 봉쇄하는 것은 사회의 발전을 가로막는 것밖에 되지 않는다.

〈追記〉

필자는 이 글을 가지고 2004. 10. 1. 헌법재판소에서 개최된 헌법실무연구회에서 발표를 하였다. 당시 토론 과정에서 여러 가지 유익한 지적이 나왔으나 이러한 토론 내용은 이 글에 반영하지 못하였다. 당시의 토론 내용은 곧 발간될 헌법실무연구에 게재될 것으로 보인다. 그리고 황치연 헌법연구관은 독일에서 이 문제에 관한 문헌으로서 Alexander Blankenagel, Tradition und Verfassung, 1987이 있음을 지적하여 주었다. 이 문헌은 시간관계상 충분히 검토하지 못하였으나, 이 글의 입장과 큰 차이가 있는 것으로는 보이지 않는다. 황치연 연구관에게 감사의 뜻을 표한다.

〈憲法論叢 제15집, 2004〉

〈追記〉

이 글의 주제와 관련하여서는 이 책 89면 이하에 실린 "傳統的 家族制度와 憲法"도 참조할 것. 그리고 앞의 追記에서 언급한 헌법실무연구회의 발표내용은 다음과 같이 공간되었다. 윤진수, "헌법재판에서의 傳統에 대한 심사", 憲法實務硏究 제 6 권, 2005, 1면 이하.

傳統的 家族制度와 憲法

— 최근의 憲法裁判所 判例를 중심으로 —

Ⅰ. 序　　論

헌법재판소는 지난 2005년에 戶主制度와 父姓主義라는 가족법상의 중요한 2개의 제도에 대하여 각 헌법불합치결정을 선고하였다.[1] 헌법재판소는 이 두 개의 결정과, 동성동본금혼제도가 위헌이라고 선언한 1997년의 헌법재판소 결정[2]에 의하여 이제까지 家父長制的이라고 비난받아 오던 종래의 가족법상의 제도는 모두 헌법에 위반된다고 판단하였다. 뿐만 아니라 2005. 3. 31. 개정된 민법[3]은 위 3개의 제도를 모두 헌법재판소의 결정과 같이 개정하였다. 그러므로 이제 위와 같은 전통적인 가족제도[4]는 모두 역사의 유물로 사라졌다고 할 수도 있을 것이다.[5]

그럼에도 불구하고 위 두 개의 결정은 동성동본금혼을 위헌이라고 한 결정과 마찬가지로 우리 헌법과 가족법의 관계를 근본적으로 다시 규정하는 획

---

1) 호주제도에 대하여는 헌법재판소 2005. 2. 3. 선고 2001헌가9 내지 15, 2004헌가5 결정(헌법재판소판례집 17권 1집 1면 이하); 부성주의에 대하여는 헌법재판소 2005. 12. 22. 선고 2003헌가5·6 결정(헌법재판소판례집 17권 2집 544면 이하). 이하 '헌법재판소판례집'을 '판례집'이라고만 약칭한다.

2) 헌법재판소 1997. 7. 16. 선고 95헌가6 내지 13 결정(판례집 9권 2집 1면 이하).

3) 법률 제7427호 민법일부개정법률.

4) 아래에서 보는 것처럼 위 제도들이 얼마나 전통에 근거를 둔 것인가에 관하여는 논란이 있다.

5) 다만 호주제도의 폐지와 부성주의의 수정은 2008. 1. 1.부터 시행되는 것임에 유의할 필요가 있다.

기적인 의미를 가지는 것으로서, 그 의미를 음미할 필요가 있다. 특히 위 두 결정에서는 傳統을 얼마나 고려하여야 하는가 하는 점에 관하여 다수의견과 소수의견 사이에 치열한 대립이 있었으므로 이 글에서는 주로 이 점에 초점을 맞추어 살펴본다. 반면 이들 제도 중 호주제도가 양성평등 원칙과 개인의 존엄에 어긋난다는 점에 대하여는 종래 많은 지적이 있었고,[6] 위 2001헌가9 등 결정의 반대의견에서도 호주제도가 양성평등의 원칙 및 개인의 존엄과는 조화되지 않는다는 점을 인정하고 있으므로 이하에서는 이 문제는 필요한 한도에서만 언급한다.

이 글의 순서는 다음과 같다. 우선 Ⅱ.에서는 위 두 결정의 요지를 알아본다. 그리고 Ⅲ.에서는 호주제도와 부성주의가 과연 전통에 의하여 뒷받침되는 것인가를 살펴본다. 그리고 Ⅳ. 이하에서는 위 각 결정에서의 다수의견과 소수의견의 논거를 구체적으로 따져 본다.

Ⅱ. 두 결정의 요지

1. 2001헌가9 등 결정

위 결정에서는 2005. 3. 31. 개정 전의 민법 제778조, 제781조 제1항 본문 후단, 제826조 제3항 본문[7]의 위헌 여부가 문제로 되었다.[8] 위 결정에서는 위 각 규정이 혼인과 가족생활에서 개인의 존엄과 양성평등을 명하고 있는 헌법 제36조 제1항에 위반되므로 헌법불합치결정을 선고하여야 한다는 재판

---

6) 호주제도에 관하여는 예컨대 田鳳德, "戶主制度의 歷史와 展望", 大韓辯護士協會誌 1982. 10, 32-33면; 李源培, "民法上 戶主制度의 違憲性·非歷史性 考察", 松也 金疇洙敎授 華甲紀念 現代家族法과 家族政策, 1988, 526면 이하; 최대권·윤진수·김양희·오정진, 호주제 개선방안에 관한 조사연구, 여성부, 2001, 47면 이하 등 참조.

7) 민법 제778조(戶主의 定義) 一家의 系統을 繼承한 者, 分家한 者 또는 其他 事由로 因하여 一家를 創立하거나 復興한 者는 戶主가 된다.

제781조(子의 入籍, 姓과 本) ① 子는 父의 姓과 本을 따르고 父家에 入籍한다. 다만, 父가 外國人인 때에는 母의 姓과 本을 따를 수 있고 母家에 入籍한다.

제826조(夫婦間의 義務) ③ 妻는 夫의 家에 入籍한다. 그러나 妻가 親家의 戶主 또는 戶主承繼人인 때에는 夫가 妻의 家에 入籍할 수 있다.

8) 이 사건에서는 위헌제청법원이 재판의 전제성이 없다고 하여 위헌제청신청을 각하한 법조문에 대하여도 위헌 여부의 판단이 필요하다는 점에 대한 헌법재판소의 이유 설시가 있으나, 이 점은 헌법소송법적인 쟁점이어서 이에 대하여는 언급을 생략한다.

관 6인의 다수의견[9]과, 호주제도는 위헌이 아니라는 재판관 3인의 소수의견이 대립하였다. 이 소수의견도 위 각 조항이 모두 합헌이라는 권 성 재판관의 의견과, 민법 제781조 제1항 본문 후단은 위헌이라는 김영일 재판관의 의견 및 민법 제781조 제1항 본문 후단, 제826조 제3항 본문은 위헌이라는 김효종 재판관의 의견으로 갈리었다. 이들 소수의견의 공통점은 호주제에 다수의견이 지적하는 바와 같이 양성평등의 원칙과 개인의 존엄과의 관계에서는 문제점이 있음을 시인하면서도 주로 전통을 근거로 하여 호주제를 옹호하고 있다는 것이다.

가. 多數意見

(1) 호주제의 개관

다수의견은 호주제의 핵심적인 구성요소는 '가(家)의 구성'과 '호주승계'라고 할 수 있고, 호주제는 상징적인 의미만 지니는 것이 아니라 민사실체법적 효과를 지니고 있다고 한다. 그리고 호주의 승계에 관하여는, 민법 제984조는 호주승계의 순위를 사망한 전 호주의 아들, 손자, 미혼의 딸, 처, 어머니, 며느리 순으로 되어 있어 철저히 남성우월적 서열을 매기고 있는데, 그 기초에는 남계혈통은 계승되어야 한다는 관념이 놓여 있다고 한다.

(2) 헌법과 전통

다수의견은, 헌법과 전통, 헌법과 가족법간의 관계에 관하여 다음과 같이 이론을 전개하고 있다. 즉 헌법은 모든 국가질서의 바탕이 되고 한 국가사회의 최고의 가치체계이므로 다른 모든 법적 규범이나 가치보다 우선하는 효력을 가지며, 가족제도는 민족의 역사와 더불어 생성되고 발전된 역사적·사회적 산물이라는 특성을 지니고 있지만, 그렇다고 하여 가족제도나 가족법이 헌법의 우위로부터 벗어날 수 있는 특권을 누릴 수는 없다고 한다.

그리고 정치·사회적 변혁기에 새로운 정치·사회질서, 새로운 가치와 이념을 지향하면서 제정된 헌법의 경우, 헌법에 부합하지 않는 전래의 제도를 헌법에 맞게 고쳐나가라는 헌법제정권자의 의사가 표출되기도 하는데, 이 과정에서 국민의 법감정이나 정서와 헌법규범간의 괴리현상이 나타날 수 있지만, 공동체의 최고가치질서인 헌법이념을 적극적으로 계도하고 확산시키는 역할 또한 가족법의 몫인데, 가족법이 헌법이념의 확산에 장애를 초래하고, 헌법규범

9) 재판관 윤영철, 김경일, 송인준, 주선회, 전효숙, 이상경.

과 현실과의 괴리를 고착시키는데 일조하고 있다면 그러한 가족법은 수정되어야 한다고 한다.

또한 헌법 제9조와 제36조 제1항 간의 관계에 관하여는, 우선 헌법제정 당시부터 특별히 혼인의 남녀동권을 헌법적 혼인질서의 기초로 선언한 것은, 우리 사회 전래의 혼인·가족제도는 인간의 존엄과 남녀평등을 기초로 하는 혼인·가족제도라고 보기 어렵다는 판단하에 근대적·시민적 입헌국가를 건설하려는 마당에 종래의 가부장적인 봉건적 혼인질서를 더 이상 용인하지 않겠다는 헌법적 결단의 표현으로 보아야 할 것이고, 이제 양성평등과 개인의 존엄은 혼인과 가족제도에 관한 최고의 가치규범으로 확고히 자리잡았다고 한다.

한편, 우리 헌법에서 말하는 '전통', '전통문화'란 오늘날의 의미로 재해석된 것이 되지 않으면 안 되는데, 오늘날의 의미를 포착함에 있어서는 헌법이념과 헌법의 가치질서가 가장 중요한 척도의 하나가 되어야 할 것임은 두 말할 나위가 없고, 여기에 인류의 보편가치, 정의와 인도의 정신 같은 것이 아울러 고려되어야 하므로, 역사적 전승으로서 오늘의 헌법이념에 반하는 것은 헌법 전문에서 타파의 대상으로 선언한 '사회적 폐습'이 될 수 있을지언정 헌법 제9조가 '계승·발전'시키라고 한 전통문화에는 해당하지 않는다고 보는 것이 우리 헌법의 자유민주주의원리, 전문, 제9조, 제36조 제1항을 아우르는 조화적 헌법해석이어서, 전래의 어떤 가족제도가 헌법 제36조 제1항이 요구하는 개인의 존엄과 양성평등에 반한다면 헌법 제9조를 근거로 그 헌법적 정당성을 주장할 수는 없다고 한다.

(3) 호주제의 위헌성

1) 남녀평등 위반

다수의견은 호주제가 우선 남녀평등에 위반된다고 하였다. 즉 헌법 제36조 제1항은 혼인과 가족생활에서 양성의 평등대우를 명하고 있으므로 남녀의 성을 근거로 하여 차별하는 것은 원칙적으로 금지되고, 성질상 오로지 남성 또는 여성에게만 특유하게 나타나는 문제의 해결을 위하여 필요한 예외적 경우에만 성차별적 규율이 정당화되는데, 남계혈통 위주로 가를 구성하고 승계한다는 것은 성에 따라 아버지와 어머니를, 남편과 아내를, 아들과 딸을, 즉 남녀를 차별하는 것인데, 이러한 차별을 정당화할 만한 사유가 없으며, 호주제의 남녀차별은 가족 내에서의 남성의 우월적 지위, 여성의 종속적 지위라는 전래적 여성상에 뿌리박은 차별로서 성역할에 관한 고정관념에 기초한 차별에 지나지 않는다고 한다.

그리고 민법 제778조는 민법 제984조와 결합하여 호주 지위의 승계적 취득에 있어 철저히 남성우월적 서열을 매김으로써 남녀를 차별적으로 취급하고 있으며, 민법 제826조 제 3 항 본문에 의하여 여자는 혼인하면 법률상 당연히 부(夫)의 가에 입적하게 되는바, 부부는 혼인관계의 대등한 당사자로서 부부공동체에 있어 동등한 지위와 자격을 누려야 할 것임에도 불구하고 이러한 처의 입적제도는 처의 부에 대한 수동적·종속적 지위를 강제하고, 처의 입적이라는 법률적 제도가 여성의 사회적 지위에 대한 인식에 미치는 상징적, 심리적 의미는 매우 중대하며, 가족관계에 대한 이러한 인식과 양상은 당연히 남아선호라는 병폐와 연결되고, 사회적 관계에로 확장되었을 때에는 남성우위·여성비하의 사회적 풍토를 조성·유지하게 된다고 한다.

그리고 자녀가 태어나면 당연히 부가(父家)에 입적된다는 것은 자녀를 부계혈통만을 잇는 존재로 간주하겠다는 부계혈통 우위의 사고에 기초한 것인데, 이는 자녀가 부모의 양계혈통을 잇는 존재라는 자연스럽고 과학적인 순리에 반하며, 부에 비하여 모의 지위를 열위에 둠으로써 부당히 차별하는 것이고, 이는 단순히 호적법상 호적편제의 기준에 그치는 것이 아니라 남계혈통을 통한 가의 계승이라는 호주제의 관철에 있다고 한다. 또한 부모가 이혼한 경우에 모(母)가 자녀의 친권자와 양육자로 지정되어 생활공동체를 형성하더라도 자녀는 민법 제781조 제 1 항 본문 후단에 따라 여전히 부(父)의 호적에 남아 있게 되므로, 모와 자녀가 현실적 가족생활대로 법률적 가족관계를 형성하지 못하여 비정상적 가족으로 취급됨으로써 사회생활을 하는데 여러모로 불편할 뿐 아니라 극심한 정신적 고통을 겪게 되고, 이러한 결과는 헌법에 반함은 물론 오늘날의 가족현실에도 전혀 부합하지 않고, 부(夫)가 처의 혈족이 아닌 직계비속을 입적함에는 처의 동의라는 제한이 없는데 비하여, 처가 부(夫)의 혈족이 아닌 직계비속을 가에 입적시키려면 부의 동의가 있어야 하며, 이 경우에 그 직계비속이 타가(他家)의 가족인 때에는 그 호주의 동의를 얻어야 한다는 제한을 둔 것도 역시 남계혈통만을 중시하는 호주제의 정신과 맞닿아 있다고 한다.

2) 개인의 존엄 위반

다수의견은 또한 호주제의 위헌성을 개인의 존엄 위반에서도 찾고 있다.

즉 헌법 제36조 제 1 항은 혼인과 가족생활은 개인의 존엄을 존중하는 가운데 성립되고 유지되어야 함을 분명히 하고 있는데, 혼인·가족제도가 지닌 사회성·공공성을 이유로 한 부득이한 사유가 없는 한, 혼인·가족생활의 형성에 관하여 당사자의 의사를 무시하고 법률의 힘만으로 일방적으로 강제하는 것은 개인의 존엄에 반하는 것으로서, 호주제는 당사자의 의사와 자결권을 무시한 채 남계중심의 가제도의 구성을 강제하고 이를 유지하기 위하여 신분당사자의 법률관계를 일방적으로 형성하고 있다고 한다. 이와 같이 호주제는 개인을 독립적 인격체로서 존중하는 것이 아니라 오로지 남계혈통 중심의 가의 유지와 계승이라는 목적을 위한 대상적·도구적 존재로 파악하고, 혼인과 가족생활 당사자의 복리나 선택권을 무시한 채 가의 유지와 계승이라는 관념에 뿌리박은 특정한 가족관계의 형태를 법으로써 일방적으로 규정하고 강요하는 것인데, 이는 혼인과 가족생활에서 개인의 존엄을 존중하라는 헌법 제36조 제 1 항의 요구에 부합하지 않는다고 한다.[10)]

(4) 결 론

그리하여 다수의견은 호주제는 헌법 제36조 제 1 항에 위반되고, 심판대상조항인 민법 제778조, 제781조 제 1 항 본문 후단, 제826조 제 3 항 본문은 호주제가 지닌 위헌성을 고스란히 지니고 있다고 하여 위헌이라고 하면서, 다만 위헌결정으로 호주제가 폐지되면 호주를 기준으로 가별로 편제토록 되어 있는 현행 호적법이 그대로 시행되기 어려워, 신분관계를 공시·증명하는 공적 기록에 큰 공백이 생기는데 하여 호주제를 전제하지 않는 새로운 호적정리체계로 호적법을 개정하는 데에는 일정한 시간이 소요되는 반면, 그 동안 국민들의 신분관계의 변동사항을 방치할 수는 없으므로 부득이 헌법불합치결정을 선고한다고 하였다.

나. 권 성 재판관의 소수의견

(1) 호주제 일반론

권 성 재판관의 소수의견은 다수의견과 마찬가지로 호주제는 부계혈통주의(父系血統主義)에 입각한 가의 구성 및 가통의 계승을 위한 제도라고 한다.

그리고 현행법상의 호주제는 일본의 가제도, 가독(家督)상속제도가 식민지

10) 그 외에도 다수의견은 호주제도가 오늘날의 변화된 사회환경과 가족상(家族像)에도 더 이상 부합하지 않는다고 한다.

지배를 통하여 이식된 것이므로 우리의 전통적 가족제도 또는 순풍양속이라 할 수 없다는 비판에 대하여는, 이러한 비판은 1990년 민법 개정 이전의 호주제에 대하여는 상당부분 타당한 것이었을지 몰라도, 적어도 1990년 개정 이후의 현행법상의 호주제에 대하여 이를 일제유산이라고 쉽사리 매도하기는 어렵고, 현행법상의 호주제는 조선 후기의 완고하게 변질된 부계혈통주의가 아닌 고대 이래 조선 중기까지 이어져온 우리 고유의 합리적 부계혈통주의의 전통을 이어받아 부계혈통주의의 존립을 위한 극히 기본적인 요소만을 담고 있는 것으로서, 일제의 잔재로서의 색채를 불식하고 우리 고유의 관습으로 복귀한 것으로 평가할 수 있다고 한다.

나아가 호주제는 그것이 성립·유지될 수 있었던 사회적 배경이 존재하지 않고 가족의 형태가 다변화된 오늘날에는 현실적 가족의 모습과 더 이상 조화될 수 없으며, 현실적 가족공동체를 질곡하고 민주적 사회발전을 저해하는 요소로 작용할 뿐이라는 비판에 대하여는, 아직도 부모를 모시는 삼대 가족이 상당수 존재하고 있고, 이는 여전히 권장되어야 할 우리의 전통적인 미풍양속이므로 임의분가제도를 통하여 호적상 등재되는 가족구성관계의 선택권을 부여함으로써 삼대 가족을 강요하지는 않으면서도, 이러한 가족관계가 호적상 반영될 수 있는 길을 열어놓고 있는 호주제가 현실적 가족공동체를 질곡하고 민주적 사회발전을 저해하는 요소로 작용하고 있다고 보기는 어렵다고 한다.

(2) 호주제의 합헌성

권 성 재판관은 혼인과 가족생활은 인류의 역사와 더불어 전통과 관습의 모습으로 존재하면서 오늘에까지 이어져 온 것이므로, 혼인과 가족관계를 규율하는 가족법은 전통성·보수성·윤리성을 강하게 가질 수밖에 없으며, 따라서 혼인과 가족관계에 관한 헌법규정을 해석함에 있어서도 가족법의 전통적 성격을 고려하지 않을 수 없고, 그렇다면 헌법 제36조 제1항이 보장하고 있는 혼인과 가족생활에 대한 제도적 보장도 혼인과 가족생활의 민족문화적 전통성 때문에 당연히 이에 바탕을 둔 혼인제도와 가족제도의 보장을 뜻한다고 보아야 하고, 더욱이 헌법 제9조는 국가의 전통문화의 계승·발전 의무를 명문으로 규정하고 있는 터이므로, 현재의 혼인제도 및 가족제도가 전통문화의 근간을 이룬다고 할 수 있는 우리 고유의 혼인제도와 가족제도로부터 완전히 유리된 형태의 것이 되어서는 안 될 것이라고 한다. 이와 관련하여 권 성 재판관은 혼인과 가족생활에 관한 헌법 또는 가족법의 규정을 해석·판단함에 있어서는 그 성격상 긴장관계에 있는 양성평등의 요청과 전통존중의 요청을 함께 충족시킬 수 있는 조화로운 방안을 모색하여야 한다고 하면서도, 평등의 이념이 전통부정과 질서해체의 논리로 남용될 가능성도 경계하지 않을 수 없고, 특히 가족법의 영역에서 도식적인 평등의 잣대로 우리의 전통문화를 함부로 재단함으로써 전통가족문화가 송두리째 부정되고 해체되는 결과를 초래해서는 안될 것이라고 한다.

그리고 호주제가 양성평등의 원칙에 위반되었는가를 따짐에 있어서는 비례심사의 기준에 의하여야 하는데, 우선 입법목적의 정당성에 관하여는 호주제의 입법목적은 전통적인 가족제도의 계승·발전이고, 그 핵심은 부계혈통주의에 입각한 가의 구성 및 가통의 계승이라고 요약할 수 있으며, 가족이나 친족집단의 존속과 통합을 꾀하기 위해서는 가통의 정립을 통한 최소한의 기준과 질서의 부여가 요청된다는 점은 이를 부인하기 어렵고, 가통의 정립이 반드시 부계혈통주의에 의해서만 가능한 것은 아니라 하더라도, 우리나라뿐 아니라 세계 대부분의 나라가 전통적으로 부계혈통주의 및 이에 입각한 가통계승을 통하여 가족집단 및 친족집단의 유지에 필요한 질서를 부여하는 방법을 택하여 왔으며, 여기에는 남녀의 자연적 차이 및 사회적·경제적·정치적 여건 등이 복합적으로 작용하였을 것으로 추정된다고 한다

따라서 호주제가 계승·발전시키고자 하는 전통적인 가족제도가 부계혈통주의에 근거하고 있다는 이유만으로 호주제의 입법목적 자체가 부당한 것이라고는 보기 어렵고, 이러한 점은 기본적으로 가족법이 갖고 있는 전통성과 보수성 및 국가의 전통문화의 계승·발전 의무를 명문으로 규정하고 있는 헌법 제 9 조에 비추어 보면 더욱 명백하다고 한다.

그리고 호주제는 위와 같은 원칙 및 제도를 통하여 입법자가 추구하는 전통적인 가족제도의 계승 및 발전이라는 입법목적의 달성을 촉진하고 있으므로, 정책수단으로서의 적합성을 가지고 있다고 한다.

나아가 호주제를 구성하고 있는 처의 부가입적 원칙, 자의 부가입적 원칙 및 호주승계제도가 구체적으로 차별효과의 최소침해성을 충족하고 있는지에 관하여는 우선 처의 부가입적 원칙과 자의 부가입적 원칙은 부계혈통주의에 입각한 가의 구성을 위한 전제로서 우리 사회의 오랜 전통과 현실에 기초한 것일 뿐만 아니라, 여성에 대한 실질적 차별을 내용으로 하고 있는 것으로 보

기 어렵다는 점에서 차별효과의 최소침해성을 충족시키고 있으며, 호주승계제도에 대하여는 이는 처의 부가입적 원칙과 관련하여 호적사무의 편의를 고려한 측면도 있고, 따라서 호주승계제도 또한 호주의 지위가 호적기재의 기준, 호적부상의 필두자에 지나지 않는 상황에서, 우리의 전통 및 호적사무의 편의를 고려하여 호주승계에 있어 남자를 우선적으로 고려한 것일 뿐이므로, 여성에 대한 실질적 차별을 내용으로 하고 있는 것으로 보기 어렵다는 점에서 차별효과의 최소침해성을 충족시키고 있다고 한다.

마지막으로 법익의 균형성에 관하여는 호주제로 인하여 여성들에게 초래되는 차별효과로는 호주제로 인하여 여성을 남성에 비하여 이차적·종속적·열위적 존재로 인식되게 함으로써 여성의 사회적 지위에 상징적·심리적으로 불리한 영향을 미칠 우려가 있음을 들 수 있는 반면, 현행의 호주제를 통하여 달성될 수 있는 입법목적이나 호주제의 유지를 통하여 현실적으로 얻게 되는 이익으로는 호주제가 우리 민족이 예로부터 중시하고 있는 가족 및 친족공동체의 존속·통합에 기여할 뿐만 아니라, 전통에 대한 존중의식을 고양함으로써 날로 팽배해져 가는 물질주의 및 개인주의의 폐단을 막아내고 완화시키는 데 기여할 수 있고, 호적기재에 있어 삼대 가족의 길을 열어 놓음으로써 상징적으로나마 우리의 전통적 미풍양속이라고 할 수 있는 부모를 모시고 봉양하는 전통을 고무하고 조장하는 데 도움이 되고, 이를 통하여 날로 심각해져 가는 노인문제의 해결에도 일조를 할 수 있을 것이며, 호주를 기준으로 한 호적편제방법의 변경에 따른 인적·물적인 면에서의 막대한 국가적 비용을 절약할 수 있고, 호주 등의 개념을 사용하고 있는 수많은 법령의 개정에서 오는 혼란과 번거로움을 피할 수 있을 것이라고 한다.

그런데 호주제로 인하여 초래되는 여성들에 대한 차별효과는 결코 경시될 수 없는 것으로서 법익의 균형성의 문제는 판단하기가 쉽지 아니하다고 하면서도, 근본적으로 부계혈통주의를 폐지하지 아니하는 한 그로 인하여 초래되는 여성들에 대한 불리한 상징적·심리적 효과를 완전히 불식하기는 어려운 것이고, 구체적인 경우의 실제적인 차별효과는 호주제의 근간을 건드리지 않고서도 자의 부가입적의 원칙에 대한 수정·보완 등을 통하여 해결할 수 있는 문제라는 점을 고려한다면, 현행법상의 호주제가 법익균형성을 상실한 제도라고 단정하기는 어렵다고 하여 현행법상의 호주제는 평등의 원칙에 위반되지 아니한다고 한다.

그리고 호주제가 개인의 존엄에 위반되는가 하는 점에 관하여는, 호주제로 인하여 신분관계가 일방적으로 형성되는 측면이 있다고 하더라도 이는 가족제도를 법제화하고 이를 호적제도와 연계시키는 과정에서 부득이한 것으로 인정될 수 있고, 호주의 직계비속장남자의 경우도 임의분가가 가능하도록 하였으며, 호주승계권을 포기할 수 있도록 하여 호주승계를 임의화하였을 뿐만 아니라, 호주가 가족에 대하여 행사할 수 있는 권한이 실질적으로 모두 소멸되어 호주의 지위가 호적기재의 기준, 즉 호적부상의 필두자 나아가 상징적인 의미의 가통계승자에 지나지 않는 점 등을 고려하면, 개인의 존엄을 실질적으로 침해하는 요소를 발견하기 어려우므로, 이를 두고 혼인과 가족생활에서 개인의 존엄을 존중하라는 헌법 제36조 제1항의 명령에 위배되는 것으로는 보기 어렵다고 한다.

그리하여 권 성 재판관은 문제가 되고 있는 법률조항들이 모두 헌법에 위반되지 않는다고 한다.[11)]

다. 김영일 재판관의 소수의견

김영일 재판관은 대체로 권 성 재판관의 의견과 같으나, 자의 부가입적 원칙을 규정하고 있는 민법 제781조 제1항 본문 후단에 관하여는 그 원칙에 대한 예외의 설정이 너무 협소하게 되어 있어서, 자의 입적과 관련하여 현실에 맞지 않고 불합리하게 자의 의사를 지나치게 제한하며 모를 실질적으로 차별하는 것으로서 개인의 존엄 및 평등의 원칙에 반하는 것으로서 위헌이라고 한다.

라. 김효종 재판관의 소수의견

김효종 재판관은 민법 제781조 제1항 본문 후단, 제826조 제3항 본문은 위헌이지만, 민법 제778조는 합헌이라고 하였다. 즉 호주제 및 가제도의 기본적 틀을 정하고 있는 민법 제778조는 실질적으로는 별다른 내용을 담고 있지 않은 형식적 규정에 불과하고, 그 구체적 내용은 다른 개별규정에서 정하고 있

11) 권 성 재판관은 자신의 소수의견의 말미에서, 가족과 혈연은 자연적으로 생성되어 실재하는 실체이지 단순한 관념상의 존재는 아닌 반면 호주제도는 실체로서 존재하는 가족과 혈연을 인식하는 기호의 체계로서 하나의 기술에 해당하는데, 인식의 기술이 인식의 대상인 실체의 존재와 가치에 영향을 미칠 수 없다는 통상의 논리에 의하면 호주제도는 가족과 혈연의 존재 및 가치에 무슨 영향을 미칠 수 없는 것이라고 하면서, 여성이 갖는 인간으로서의 존엄성에 대한 존중을 명하는 헌법의 정신과 원칙은 호주제와 같은 기술적 기호의 체계가 침범할 수 있는 영역의 밖에 있는 것이라고 서술한다.

으므로 호주제가 부계혈통주의 또는 남성우월주의와 연결된 흔적을 기본조항인 민법 제778조에서는 찾아보기 어렵고, 다수의견이 지적하고 있는 호주제의 부계혈통주의적 또는 남성우월주의적 경향은 민법 제781조 제 1 항 본문 후단 및 민법 제826조 제 3 항 본문과 같은 개별규정들에 반영되어 있을 따름이라고 한다.

그리고 헌법 제36조 제 1 항은 전래된 가족제도를 입법자의 자유로운 처분으로부터 보호하기 위하여 가족제도에 대한 제도보장을 규정한 것으로 보아야 하고, 제도보장의 대상인 가족제도는 그 존재 자체 또는 본질적 내용을 보장하기 위하여 필요한 범위 내에서는 일정 부분 국민의 기본권 제한을 정당화하는 사유가 될 수 있는데, 가제도는 위와 같은 헌법적 보장의 대상인 가족제도의 사법상(私法上) 구현 형태라고 할 수 있다고 한다.

그런데 다수의견이 호주제에 대한 위헌성의 근거로 들고 있는, 호주승계순위에서의 양성의 차별 등의 사유들은 헌법 제36조 제 1 항 전단에 저촉되는 것이어서 이에 기초한 위헌론은 충분히 수용할 만하고, 따라서 민법 제781조 제 1 항 본문 후단 및 처(妻)의 부가입적(夫家入籍)을 규정함으로써 남성우월주의적인 요소를 담고 있는 민법 제826조 제 3 항 본문은 헌법에 위반된다는 다수의견에 찬성하지만, 민법 제778조에는 부계혈통주의적·남성우월주의적 요소를 찾아볼 수 없고, 가족제도에 관한 법률적 기초를 공고히 하고 가족간의 법률관계를 명확히 하기 위하여 민법이 가제도(家制度)를 두고 있는 것은 헌법이 보장하는 가족제도를 형성하고 유지하는 데 기여하므로, 법적 개념으로서의 가(家)의 존재 자체를 규정하고 있는 민법 제778조가 헌법 제36조 제 1 항을 비롯한 헌법에 위배된다고 볼 수 없다고 한다.

그리고 법률상 강제적으로 개인이 가(家)에 속하게 되는 것이 개인의 존엄에 반하는 것인지에 관하여는, 인간을 추상화된 고립적인 개별 존재로 파악하는 입장에서는 이에 대하여 부정적 시각을 가질 수 있지만, 현실에 존재하는 구체적 인간은 타인과의 관계에서만 존재할 수 있는 실존적 구조를 갖고 있다고 이해하는 입장에서는 사회적 존재로서의 개인이 타인과 관계를 맺는 원초적인 출발점인 가족관계를 법적 관념에 반영하는 것은 오히려 인간의 본성에 부합한다는 시각 또한 있을 수 있고, 이와 같이 인간과 그 존재양식이 다양한 시각에서 달리 이해될 수 있음을 고려한다면, 헌법 스스로 보호하고자 하는 가족에 각 개인이 속하도록 하고 있는 입법적 조치가 개인의 존엄을 침해한다고 단정하기 어렵다고 한다.

또한 민법 제778조는 이에 따른 법률효과를 전혀 규정하고 있지 않으므로, 민법 제778조가 규정하는 가(家)와 개인의 관계는 관념적인 것으로서 상징적인 의미 이상을 가질 수 없어서 그로 인한 기본권 침해의 정도가 심대하다고 보기 어려우며, 헌법이 명문의 규정을 두어 가족제도를 특히 보장하고 있는 것은, 가족제도 존립을 위하여 위와 같은 최소한의 제약은 개인이 수용하지 않을 수 없음을 전제로 하고 있다고 보아야 하므로 민법 제778조가 가(家)의 존재를 규정하고 개인이 이에 속하게 하였다고 하여 이를 헌법에 위배된다고 볼 수는 없다고 한다.

민법 제778조는 위와 같은 가족제도에 터 잡은 각개의 가(家)에 호주를 두고 있는바, 이는 보는 바와 같이 우리의 전통문화에 터 잡은 것으로 봄이 상당하다고 하면서, 호주의 구체적인 지위는 시대의 변화에 따라 달리 나타나고 있지만, 호주라는 관념 자체는 가족제도에 가부장적 성격이 강하게 나타났는지 여부와 상관없이 일관되게 유지되었고, 이는 적어도 가족제도와 더불어 '호주'라는 관념은 우리의 전통문화에 깊이 뿌리 내린 문화적 침전물이라고 할 수 있음을 보여주는 것이므로, 헌법 제 9 조에 의하여 그 계승·발전이 보장될 필요가 있다고 한다.

한편, 호주라는 관념을 인정한다면 호주와 가족 간에는 가족 내 지위에 차이가 존재하고 호주의 지위가 강요되는 것이므로, 이것이 개인의 존엄에 반하는 것인지, 호주 아닌 가족의 평등권을 침해하는 것인지에 관하여는, 헌법 제36조 제 1 항 전단이 규정하고 있는 헌법적 가치와 헌법 제 9 조가 규정하고 있는 헌법적 가치의 상충이 일어나고 있는데, 헌법 스스로 서로 저촉될 수 있는 가치를 헌법질서 내에 수용하면서 그 상충관계를 해결할 만한 명확한 기준을 제시하지 아니한 것은, 입법자가 상충하는 가치를 둘러싼 이익상황을 정확히 진단하고 법공동체 구성원들의 가치적 지향점이 담겨 있는 정치적 의사를 수렴하여 상충하는 각 가치가 갖는 타당영역 사이의 경계를 법률로 설정하라는 뜻이라고 해석되므로 입법자에게는 일정한 형성의 자유(Gestaltungsfreiheit), 즉 입법재량이 원칙적으로 귀속된다고 하여, 입법자가 구체적으로 입법적 형성을 한 경우에 사법적 심사의 범위는 입법자의 입법재량 행사가 그 한계를 일탈하였는지 여부에 국한되고, 그 심사에 있어서의 기준은 입법권이 자의적으로 행사되어서는 아니 된다는 자의금지의 원칙을 기준으로 삼아야 한다고 한다.

그런데 우선 가족제도가 존재한다면, 그 가족 구성원들의 구심점이 될 수 있는 호주라는 관념을 도입하는 것은 오히려 자연스러운 현상이라고 볼 수 있고, 가령 호주제를 유지하되 그 호주승계의 순위를 남녀의 구분 없이 세대(항렬)와 연령 순으로 일응 규정하고, 가족 구성원의 합의 등에 의하여 그 순위를 변경할 수 있는 길을 열어 준다면, 부계혈통의 유지에 대한 자부심이 남다른 가계에서는 부계혈통에 따른 호주승계를 그대로 유지할 것이고, 부계혈통주의를 봉건적 악습이라고 보는 가계에서는 이와는 다른 방식으로 호주를 결정할 것인데, 이렇듯 각기 달리 나타날 수 있는 각 개인 또는 가족집단의 취향과 의사결정에 국가가 간섭할 필요는 없는 것이라고 한다. 이와 같이 개인 권리 보장의 영역과 전통문화의 영역이 조화를 이룰 수 있는 가능성이 전혀 없지 않음에도, 이를 전적으로 배제한 채 호주제 전반에 영향을 미칠 수 있는 민법 제778조를 포괄적으로 위헌이라고 판단하는 것은, 오히려 전통문화의 계승·발전에 장애요소로 작용할 수 있다는 점에서 더욱 큰 문제점을 안고 있다고 한다.

그리고 호주는 단지 호적상 기준자 또는 필두자의 지위를 가짐에 불과하여 현실적으로 개인의 신체와 행동의 자유에 큰 영향을 미치는 것은 아니고 상징적 의미만을 갖는다고 볼 수 있는데, 이러한 상징적 의미라는 것은 사회 구성원들의 가치관에 따라 달리 평가될 수 있는 상대적인 것이므로 민법 제778조에 의하여 개인의 존엄이 다소 영향을 받는 측면이 있다 하더라도, 이는 상대적인 것으로서 과대평가되어서는 아니 될 것이고, 나아가 호주제가 가족제도의 존속, 유지에 미치는 앞서 본 바와 같은 긍정적 효과를 고려해 보면, 민법 제778조가 일가의 관념적 필두자로서 호주라는 개념을 인정하였고 이에 따라 의사에 반하여 호주가 되는 경우가 생긴다고 하여 그것이 현저히 자의적인 방식에 의하여 개인의 존엄을 침해하는 위헌적인 조치라고 할 수 없다고 한다.

2. 2003헌가5·6 결정

이 사건 결정은 이른바 父姓主義의 원칙을 규정한 2005. 3. 31. 법률 제7427호로 개정되기 전의 민법 제781조 제1항 본문[12]은 헌법에 합치되지 아니한다는 헌법불합치결정을 선고하면서, 위 법률조항은 2007. 12. 31.까지 계속

12) 개정 전 민법 제781조(자의 입적, 성과 본) ① 子는 父의 姓과 本을 따르고 父家에 入籍한다. 다만 父가 外國人인 때에는 母의 姓과 本을 따를 수 있고 母家에 入籍한다.

적용된다고 하였다. 위 결정에는 父姓主義의 원칙 자체는 위헌이 아니지만, 부성주의에 대한 예외의 범위가 지나치게 한정되어 있으므로 위 조항이 위헌이라는 다수의견[13]과, 부성주의 자체가 위헌이라는 별개의견[14] 및 위 조항은 위헌이 아니라는 반대의견[15]이 있었다.[16]

가. 다수의견

다수의견은 부성주의의 원칙 자체는 위헌이 아니라고 한다.

다수의견은 우선 성명의 구성요소인 성(姓)은 개인의 의사에 따라 자유롭게 결정하고 사용할 수 있지만, 성명은 인간의 모든 사회적 생활관계 형성의 기초가 된다는 점에서 중요한 사회질서에 속하고, 성명의 특정은 사회 전체의 법적 안정성의 기초이므로 이를 위해 국가는 개인이 사용하는 성명에 대해 일정한 규율을 가할 수 있으며, 성은 기호가 가지는 성질로 인해 개인의 권리의무에 미치는 실질적인 영향력이 크지 않고, 성의 사용에 대한 입법은 주로 새로운 규율을 창설하는 것이라기보다는 이미 존재하는 생활양식을 반영하는 형태로 이루어진다는 점에서 성의 사용에 관한 규율에는 폭넓은 입법형성의 자유가 인정된다고 한다. 그러나 성에 관한 규율에 대해 폭넓은 입법형성의 자유가 인정된다고 하더라도 그것이 헌법적 이념과 가치에 반하는 것일 수는 없으므로 개인의 인격권을 침해하는 것이거나 개인의 존엄과 양성의 평등에 반하는 내용으로 가족제도를 형성할 수 없다는 한계를 가진다고 한다.

그런데 성을 통해 인간의 혈통을 모두 반영하는 것은 사실상 불가능할 뿐 아니라 성을 사용하는 제도적 의의가 오로지 인간의 생물학적 혈통의 공시에 있는 것은 아닌 한, 성이 개인의 혈통을 제한된 범위에서만 반영하는 것도 허용된다고 볼 것이므로 부성주의가 모의 혈통을 반영하지 못하는 한계를 가진다고 해서 그 자체로 성의 본질에 반한다거나 입법형성의 한계를 벗어난 것이라 할 수는 없다고 한다. 그리고 우리나라에서도 부성주의는 규범으로서 존재하기 이전부터 생활양식으로 존재해 온 사회문화적 현상이었고, 사회상의 변화

13) 재판관 윤영철, 김효종, 김경일, 주선회, 이공현.

14) 재판관 송인준, 전효숙.

15) 재판관 권 성.

16) 2001헌가9 등 결정에 관여하였던 재판관 중 김영일 재판관과 이상경 재판관은 퇴직하였고, 이공현 재판관과 조대현 재판관이 새로 선임되었으나 조대현 재판관은 재판에 관여하지 아니하였다. 조대현 재판관이 종전에 소속되었던 법무법인에서 당해 사건의 대리를 맡았기 때문인 것으로 보인다.

와 지배적 가치질서의 변화에도 불구하고 오늘날에 있어서도 부성주의는 여전히 우리 사회의 대다수 구성원이 자연스럽게 받아들이고 있는 생활양식이라고 판단되는 상황에서, 이 사건 법률조항은 그와 같은 생활양식을 반영하여 성의 사용에 대한 원칙 규정으로서 부성주의를 규정한 것이며, 가족제도에 있어서의 개인의 구체적인 권리의무를 규정함에 있어 성(姓)은 아무런 기준이 되지 않으며 어떤 성(姓)을 사용하느냐에 따라 가족법상의 권리의무나 법적 지위가 달라지지 않는다고 한다.

이와 같이 부성주의는 개인의 구체적인 권리의무나 법적 지위에 실체적인 영향을 미치지 않으므로 부성주의로 인한 사실상의 차별적 효과가 개인의 존엄과 양성의 평등을 침해하는 정도에 이른다고 볼 수 없고, 따라서 이 사건 법률조항 자체는 헌법 제10조, 제36조 제 1 항에 위반된다고 할 수 없다고 한다.

다만 일부 예외적인 상황하에서는 부성주의의 강요가 개인의 인격권을 침해하고 개인의 존엄과 양성의 평등에 반하는 것으로 판단될 가능성이 존재한다고 한다. 민법은 부가 외국인인 경우에 모의 성을 따를 수 있도록 한 것(제781조 제 1 항 단서)과 처(妻)가 그 친가(親家)의 호주(戶主) 또는 호주승계인(戶主承繼人)이고 부(夫)가 처(妻)의 가(家)에 입적(入籍)한 이른바 '입부혼'에서 출생한 자(子)가 그 모(母)의 성을 따르도록 하고 있는 것(제826조 제 3 항 단서, 제 4 항)이 부성주의의 예외의 전부인데, 출생 직후의 자(子)에게 성을 부여할 당시 생활관계의 구체적인 상황에 따라서는 부 또는 부계 혈연집단과의 유대나 교류를 전혀 기대할 수 없고 부성의 사용이 단순히 생부의 성을 확인하게 하는 기능 이외에는 달리 아무런 의미를 갖지 아니하는 반면, 모의 양육에 의해 모와 함께 생활하면서 모계의 혈연집단을 중심으로 생활관계를 형성할 것이 명확히 예상되는 경우에도 일방적으로 부의 성을 사용할 것을 강제하면서 모의 성의 사용을 허용하지 않고 있는 것은 개인의 존엄과 양성의 평등을 침해하는 결과가 될 수 있다고 한다. 또 입양이나 모가 양육하고 있던 자를 데리고 재혼하여 재혼한 모의 자(子)가 계부(繼父)의 성을 따르고자 하는 경우와 같이 가족관계의 변동과 새로운 가족관계의 형성 등 구체적 상황에 따라서는 성의 변경을 허용할 필요가 있고, 그 경우 법적 안정성에 대한 위협이 문제되지 않거나, 성이 생물학적 부의 혈통을 상징하는 것보다 훨씬 더 큰 이익과 관련되어 있는 경우에는 부성의 변경을 허용하여야 할 것인데, 성의 사용을 규율하는 입법을 함에 있어 부부와 친생자로 구성되는 통상적인 가족만을 상정하고, 그 밖의 예외적인 상황에 처한 가족의 구성원이 겪는 구체적이고도 심각한 불이익에 대해서는 실질적이고 궁극적인 해결책을 마련하지 않은 것은 입법형성의 한계를 벗어나 개인의 인격권을 침해하는 것이라 하지 않을 수 없다고 한다.

그런데 이 사건 법률조항에 대하여 위헌을 선고할 경우 부성주의 원칙 자체에 대해서까지 위헌으로 선언하는 결과를 초래하게 되므로 헌법불합치결정을 선고하되 이 사건 법률조항에 대한 개선 입법이 있을 때까지 이 사건 법률조항의 효력을 유지시키기로 하는바, 이 사건 법률조항에 대한 개정 법률이 이미 공포되어 2008. 1. 1. 그 시행이 예정되어 있으므로[17] 2007. 12. 31.까지 이 사건 법률조항의 잠정적인 적용을 명함이 상당하다고 한다.

나. 별개의견

별개의견은 헌법 제9조에 따라 계승·발전시켜야 할 전통 또는 전통문화란 이 시대의 제반 사회·경제적 환경에 맞고 오늘날에 있어서도 보편타당한 윤리 내지 도덕관념이고, 따라서 역사적으로 오랜 기간 유지되어 온 전통적 가족제도라 할지라도 그것이 가족제도에 관한 오늘날의 헌법이념인 개인의 존엄과 양성의 평등에 반하는 것일 수는 없다는 자명한 한계를 가진다고 하면서, 위 헌재 2005. 2. 3. 결정을 인용하고 있다.

그런데 이러한 부성주의는 부계혈통주의의 핵심이 되는 것으로서, 부(父)와 남성(男性)을 중심으로 한 혈통 계승을 강제하여 부와 남성을 가족의 중심에 놓게 하여 가부장적(家父長的) 가치질서를 유지, 강화하고 가족 내 여성의 지위를 남성에 비해 부차적이고 열등한 것으로 놓이게 하여 여성을 차별하고 있으나, 그와 같은 차별을 정당화할 수 있는 아무런 구체적인 이익을 찾을 수 없으므로 양성평등 원칙에 위반된다고 한다. 즉 생물학적 혈통 관계에서 볼 때 부의 혈통과 모의 혈통은 개인에게 동시에 전달되어 존재하는 것이므로 남녀의 생물학적 성별의 차이를 근거로 하여 부성주의를 정당화할 수는 없고, 또 우리

17) 2005. 3. 31. 개정 민법 제781조 제1항: 자는 부의 성과 본을 따른다. 다만, 부모가 혼인신고시 모의 성과 본을 따르기로 협의한 경우에는 모의 성과 본을 따른다.

제5항: 혼인 외의 출생자가 인지된 경우 자는 부모의 협의에 따라 종전의 성과 본을 계속 사용할 수 있다. 다만, 부모가 협의할 수 없거나 협의가 이루어지지 아니한 경우에는 자는 법원의 허가를 받아 종전의 성과 본을 계속 사용할 수 있다.

제6항: 자의 복리를 위하여 자의 성과 본을 변경할 필요가 있을 때에는 부, 모 또는 자의 청구에 의하여 법원의 허가를 받아 이를 변경할 수 있다. 다만, 자가 미성년자이고 법정대리인이 청구할 수 없는 경우에는 제777조의 규정에 따른 친족 또는 검사가 청구할 수 있다.

사회의 생활양식이나 사회 구성원의 의식 구조에 비추어 볼 때 부성주의가 정당하다는 주장이 있을 수 있으나, 개인의 자유와 양성의 평등이 보편적으로 받아들여지고 실질적으로 실현되고 있는 오늘날의 사회상에 비추어 볼 때 부성주의의 강제는 우리의 생활양식과 의식구조와도 부합하지 않으며, 역사적으로 오랜 기간 전통적으로 부성주의를 취해왔다는 사실로부터 부성주의로 인한 차별취급을 정당화하려는 견해도 그 근거를 인정할 수 없는데, 역사적으로 오랜 기간 유지되어 온 가족제도라는 사실만으로 그 제도가 곧바로 헌법적으로 정당화될 수는 없으며 그 제도가 오늘날의 가치에 부합하고 헌법이념에 반하지 않는 것이어야 한다는 한계를 가지기 때문이고,[18] 부성주의가 오랜 기간 유지되어 왔으므로 오늘날에도 정당화 될 수 있다는 주장은 전통적으로 남성과 여성을 차별취급 해 왔으므로 현재도 그 차별취급이 정당하다는 논리에 지나지 않는다고 한다.

그리고 부모의 합의를 통해 그 자(子)에게 부여할 성을 결정한다면 성의 결정에 이해관계를 가진 개인들의 의사는 모두 합치되었다고 볼 수 있고, 부모가 합의를 통하여 그 자(子)가 모의 성을 따르기로 하였다고 해서 그러한 결정이 가족제도에 관한 사회질서에 위협을 초래한다거나 기타 공공의 이익에 구체적인 위험을 발생시킨다고 볼 수 없으며, 부모의 합의가 존재하지 않는 경우에도 자가 모의 성을 따르는 것을 인정할 필요성이 인정되는 경우는 얼마든지 존재할 수 있는데, 일방적으로 부성의 사용만을 강제하는 구체적 이익을 발견하기 어려우므로 혼인과 가족생활에 있어서의 개인의 존엄을 보장하고 있는 헌법 제36조 제1항에 위반된다고 한다.

다만 결론에 있어서는 다수의견과 마찬가지로 헌법불합치결정을 선고하되, 이 사건 법률조항에 대한 개정 법률이 공포되어 2008. 1. 1. 그 시행이 예정되어 있으므로 2007. 12. 31.까지만 이 사건 법률조항의 잠정적인 적용을 명함이 상당하다고 하였다.

다. 반대의견

권 성 재판관의 반대의견은, 우선 문화가 항상 헌법에 선행하는 것은 아니지만, 선행하는 경우도 있는데, 가족제도, 그 중에도 부성주의(父姓主義) 같은

18) 동성동본금혼에 관한 헌재 1997. 7. 16. 선고 95헌가6등 결정(판례집 9-2권 1집 19면) 및 호주제에 관한 위 헌재 2005. 2. 3. 결정 등을 인용하고 있다.

것은 분명히 헌법에 선행하는 문화의 하나라고 하면서, 기존의 문화 내지 제도가 후행의 헌법적 가치에 어긋난다는 의심을 받는 경우에는 제 1 단계는 기존의 문화가 가지는 합리성을 확인하고 그 합리성과 헌법적 가치 사이의 간극의 크기를 측정하여야 하고, 제 2 단계는 그 간극의 크기가 더 이상 용납하기 어려운 경우에는 그 간극을 해소하는 기술의 합리성을 확인하여야 하며, 제 3 단계는 시기의 적합성을 판단하여야 한다고 한다.

그리하여 제 1 단계에서 선행하는 부성주의 문화의 합리성이 있음을 강조한다. 즉 모와의 혈통관계는 출산과 수유라는 자연적이고 객관적이며 외관상 확인 가능한 일반적 사실을 통하여 대외적으로 명확히 인식됨에 반하여 부와의 혈통관계는 대부분 추정에 근거하여 인식될 뿐이므로, 자(子)의 부가 누구인가를 한편으로는 사회에 대하여 인식케 하고, 다른 한편으로는 사회로부터 인정받게 하는 대외적 공시의 필요성이 대두되는데, 이러한 사회적 필요에 응하여 등장한 인류의 문화적 발명의 하나가 바로 부성주의라고 한다. 또한 모자관계에 비해 상대적으로 소원하거나 결속력이 약할 수 있는 부자관계는 자(子)가 부의 성을 사용함으로써 그 일체감과 유대감이 자연히 강화되고 부(父)의 자(子)에 대한 책임의식이 더욱 고취되어 결과적으로 가족 전체의 통합과 결속이 강화될 수 있으므로 부성주의는 나름대로 그 합리성을 충분히 인정할 수 있다고 한다.

이어서 제 2 단계에서는 부성주의와 헌법적 가치의 상호 간극을 탐색하고 있는데, 부성주의를 취할 경우 모의 혈통은 성(姓)에 반영되지 않는다는 점에서 여성에 대한 차별적 효과가 발생하는 것은 부인할 수 없지만, 성은 사람을 식별하는 데 사용되는 여러 기호체계의 하나일 뿐이고, 이러한 기호의 채택이 여성이라는 존재가 갖는 인간으로서의 존엄성의 실체에 무슨 영향을 미칠 수 없다는 것은 기호의 본질상 자명한 일이라고 한다.

그리고 재혼이나 입양의 증가로 인하여 자녀가 생부(生父) 아닌 사람과 사실상 부자관계를 형성하고 생활하는 경우가 많게 되었는데, 이에 따라 생부의 성을 따르던 것을 계부(繼父)나 양부(養父)의 성으로 변경하는 것을 허용해야 한다는 주장이 있으나, 재혼이나 입양 사실이 노출됨으로써 개인이 받는 불이익이라는 것은 재혼이나 입양에 대한 사회적 편견 내지 사시(斜視)가 그 원인이지 부성주의가 그 원인은 아니며, 부성주의를 여기에 끌고 들어와 그 위헌성을 비난하는 것은 문제의 소재와 비난의 대상을 잘못 파악한 것이고, 민법 기타 법률에서는 부성주의에 대한 예외도 인정하고 있으므로 부성주의는 그 내용과 헌법적 가치 사이에 무슨 위헌의 문제를 일으킬 정도의 간극이 존재한다고 볼 수 없어 위헌이라고 보기 어렵다고 한다.

그리고 제 3 단계에서는 대체수단과 시기의 적절 여부를 판단하고 있는데, 대체수단에 관하여는 부성주의에 대한 대안으로 생각해 볼 수 있는 제도들도 부성주의가 갖는 문제점과 불평등의 요소를 완전히 배제하는 것으로 볼 수 없으며 부성주의와 마찬가지의 한계를 가질 수밖에 없고, 부성주의는 다른 가족제도와 유기적으로 결합되어 있으므로 부성주의의 폐지가 다른 제도에 미칠 영향을 충분히 고려하고 가족제도의 붕괴를 초래하지 않을 합리적인 대안을 마련하여야 하는데, 부성주의와 일부일처주의 그리고 이를 공시하는 기왕의 우리나라의 호주 및 호적제도는 물론 일부 개선의 여지를 갖긴 하지만, 전체로서의 이들 제도와 장치는 인류 그리고 우리나라가 성취시킨 고도의 합리성을 갖는 문화적 산물 내지 장치로서 그 이상의 합리적 대안을 당분간은 발견하기 어려울 것이라고 한다.

그리고 시기에 관하여는 부성주의는 우리 사회에서 여전히 유효하게 존속하며 그 가치를 인정받고 있는 생활양식이며 문화 현상으로 보아야 하는데, 그럼에도 불구하고 추상적인 자유와 평등의 잣대만으로 부성주의를 규정하고 있는 규범의 합헌성을 부정하는 것은 규범의 변경을 통해 생활양식과 문화 현상의 변화를 일거에 성취하고자 하는 반문화적인 공권력의 행사에 해당하고 이는 시기상조(時機尙早)의 부적절한 일이라고 한다.

Ⅲ. 父姓主義와 戶主制의 傳統性 여부

본격적인 논의에 들어가기에 앞서서 여기서 문제로 된 부성주의와 호주제가 과연 전통적인 가족제도에 속하는가 하는 점에 관하여 살펴본다.[19] 전통을 어떻게 파악할 것인가 하는 점은 반드시 쉬운 문제는 아니다. 이 문제 자체가 법학보다는 사회과학이나 역사학의 영역에 속하는 것일 뿐만 아니라, 사회과학과 역사학에서도 과연 전통을 어떻게 파악할 것인가에 관하여 여러 가지 논의가 있기 때문이다.[20] 그러나 이하에서는 이러한 점을 감안하면서 필요한 최소

19) 상세한 것은 尹眞秀, "憲法·家族法·傳統", 憲法論叢 제15집, 2004, 423면 이하 참조.

20) 예컨대 양현아, "'전통'과 '여성'의 만남: 호주제도 위헌소송에 관한 문화 연구", 법사학연구 제25호, 2002, 110면 이하는 호주제도의 전통성 여부와 관련하여 호주제 폐지론자들이 호주제도가 한국의 진정한 전통이 아니라는 논증에 있어서 실증주의적 관점에 입각하고 있으

한도 내에서 과연 이러한 가족제도가 전통에 부합하는 것인가를 살펴본다.

1. 父姓主義

父姓主義나 戶主制度는 모두 父系血統主義의 표현이라고 할 수 있다. 우선 父姓主義에 관하여 살펴본다면, 한국에서 姓의 기원에 관하여는 반드시 견해가 일치되어 있는 것은 아니지만, 초기에는 姓이 귀족이나 양반 등 상류계층만이 사용하다가 후대에 이르러 점차 일반 서민도 姓을 사용하여 일반화되었다. 그리고 姓을 사용하는 경우에는 삼국시대 이래 父系血統主義에 따라 父子가 同姓을 사용하였다.[21] 따라서 우리나라에 있어서 父子同姓 내지 父姓主義의 원칙은 매우 오래 된 역사를 가진 것이라고 할 수 있다.

그런데 이와는 달리 과거에는 노비를 비롯한 賤人層에게는 姓이 없었고, 또 조선 중기까지 남자가 여자의 집에 장가드는 男歸女家의 풍습이 있었음을 들어 父系(男系)血統主義는 민족 고유의 전통이 아니고, 조선후기의 부계혈통주의는 양반지배층의 전유물이라고 하는 주장이 있다.[22] 그러나 이는 다소 무리한 주장이다. 우선 父系血統主義인가 母系血統主義인가 하는 문제는 친족관계를 어떤 범위에서 정할 것인가 하는 出系律(descent rule)의 문제로서,[23] 혼인

나, 이는 '전통'이라는 문화적 구성물이 마치 사물인 것처럼 '실체화'하게 된다고 비판하면서, 어떤 실천이 정말로 한국의 전통이냐 아니냐, 혹은 유교적 전통에서 현재 사회에 유산으로 삼을 만한 것이냐 아니냐와 같은 질문은 매우 단순하고 위험하다고 한다. 또한 양현아, 헌법실무연구회 제47회 발표회 토론요지, 憲法實務硏究 제 5 권, 2004, 548-549면은 전통에 관하여 사회과학적으로 실증주의적 접근방법과 구성주의적 방법론 두 가지가 있다고 소개하고 있다. 또한 근래의 社會史는 전통이라는 것이 실제로는 만들어진다는 측면을 강조하고 있다. 에릭 홉스봄, "전통들을 발명해내기", 에릭 홉스봄 외 지음, 박지향·장문석 옮김, 만들어진 전통, 서울, Humanist, 2004, 19면 이하 참조.

21) 孫鉉暻, 韓國家族法上의 姓氏에 관한 硏究, 부산대학교 대학원 박사학위논문, 1996, 33면 이하는 삼국시대와 통일신라시대에는 父系血統主義에 의한 姓氏繼承을 원칙으로 하였고 母系를 통하여 출계를 나타내는 것은 예외적인 것이었다고 한다. 그러나 金容旭, "韓國姓氏에 관한 法制史的 硏究", 家族法硏究 제 9 호, 1995, 53-54면은 姓不變의 원리는 조선 초기에 들어와서 대략 확립되었으며 그 이전에는 子·女·同壻·親孫·外孫간에는 同姓·同氏族인 것으로 보고 可變性의 원리가 있었으며 雙系的인 성씨의 변동을 하였다고 한다.

22) 金相瑢, "가족법상의 몇가지 헌법적 문제 — 호주제의 전통성, 자녀의 성, 이혼숙려기간 —", 憲法實務硏究 제 5 권, 2004, 454면 이하, 474면 이하; 同, "호주제는 우리 민족의 전통가족제도인가?", 家族法硏究 Ⅱ, 2006, 247면 이하, 특히 262면 이하(원래 발표는 法曹 2004. 7). 그러나 다른 한편 金相瑢 교수는 부계혈통주의가 전통인가 하는 점에 관하여 호주제의 문제와 자녀의 姓 문제를 다소 구별하려고 하는 것으로도 보인다. 위 憲法實務硏究, 473면, 538면 참조.

23) 李光奎, 文化人類學概論, 一潮閣, 1980, 241면 이하; 韓相福, 李文雄, 金光億, 文化人類學槪論, 서울대학교출판부, 1985, 142면 이하; 노길명 외 4인, 문화인류학의 이해, 일신사, 1998, 170면 이하 참조.

후의 자녀가 남편의 아버지 집에서 사는가(父居制) 아니면 아내의 모 집에서 사는가(母居制) 하는 이른바 居住律(rule of residence)[24)]과는 구별되는 개념이다. 물론 양자 사이에 관련이 없는 것은 아니지만, 후자의 居住律을 근거로 하여 전자의 出系律을 결정할 수는 없다.[25)] 적어도 姓의 결정에 관한 한 전통적으로는 父系血統主義를 따랐다고 보아야 할 것이다.[26)] 나아가 노비 등 천민층에게는 성이 없었다는 것을 부계혈통주의에 대한 반대논거로 제시하는 것도 적절하지 않다. 이는 마치 미국의 남북전쟁 전에 흑인 노예에게는 기본권이 보장되지 않았으므로 당시 미국에는 기본권의 보장이 없었다고 말하는 것과 마찬가지이다.

2. 戶主制度

호주제도가 우리나라 전통적인 제도인가 하는 점에 관하여는 논의가 복잡한 양상을 보인다. 일반적으로 현행법상의 호주제도가 일본이 일제 치하에서 호주제도가 우리나라의 관습상 존재한다고 하는 명분하에 일본의 추상적인 家制度와 戶主制度를 강제로 이식한 데 기원하였다는 것은 쉽게 확인할 수 있는 일이다.[27)] 과거 신라시대부터 조선시대까지도 호적제도는 있었으나, 이는 현재의 호적과는 달리 실제 생활공동체를 파악하기 위한 것으로서 민법상의 가제도와는 다르고 오히려 현재의 주민등록제도와 유사하다고 할 수 있다.[28)]

24) 李光奎(註 23), 239면 이하; 韓相福 외 2인(註 23), 132면 이하; 노길명 외 4인(註 23), 152면 이하 참조.

25) 崔在錫, 韓國家族制度史硏究, 1983, 92-93면 참조.

26) 李光奎, 한국의 家族과 宗族, 민음사, 1990, 311면 이하는 신라시대 이래의 한국의 친족제도를 집단에의 귀속을 선택할 수 있는 選系的(ambilineal)인 특징을 가진 同屬(ramage)的 친족집단으로 이해하면서, 귀속이 자유롭기 때문에 출계를 표시하는 姓이 필요하다고 한다. 그리고 崔在錫(註 25), 94면 이하는 古代韓國(新羅와 그 이전)의 가족에 관한 모든 기록은 父系가 優位에 선 非單系制의 존재를 뒷받침하는 기록이라고 한다. 다른 한편 도이힐러 지음, 이훈상 옮김, 한국 사회의 유교적 변환, 2003(原著: Martina Deuchler, The Confucian Transformation of Korea, 1992), 122면 이하는 고려시대 사회 생활의 모습은 전형적인 共系(cognatic)의 특징을 보여주지만, 중국의 당나라와 송나라에서 유입한 부계 지향의 법제화의 영향을 받았다는 점에서 고려 사회를 간단히 共系 사회라고 부르는 것은 고려 사회가 분명히 변화의 과정에 놓였다고 하는 현상을 주목하는 데 실패하게 마련이라고 한다.

27) 이에 대하여 상세한 것은 尹眞秀, "高氏 門中의 訟事를 통해 본 傳統 相續法의 變遷", 家族法硏究 제19권 2호, 2005, 346면 이하 참조.

28) 田鳳德(註 6), 28면 참조. 金相瑢, "다시 호주제 폐지를 말한다", 호주제도, 무엇이 문제인가(호주제도관련토론회자료집), 법무부, 2000, 27면도 고려시대의 호적은 현실생활 공동관계를 그대로 반영하고 있었으며, 동시에 사회적 신분을 밝히는 수단으로 기능하고 있었으므로 현실적인 거주관계와는 무관하게 호주를 중심으로 하여 관념적인 '家'에 소속된 구성원을 기재하는 오늘날의 호적과는 크게 구별된다고 한다.

그럼에도 불구하고 호주제도 옹호론자들이 호주제도가 우리의 전통에 입각한 제도라고 주장하는 것은 무엇 때문인가? 여기에는 몇 가지 이유가 있다. 그 하나는 역사적으로 우리나라의 전통적인 가족제도하에서도 家長이 있었는데, 이 家長을 戶主와 동일한 것으로 이해하는 것이다.[29)]

또 다른 주장으로는 戶主制가 전통적인 가계계승 내지 조상숭배의 관념에 이바지하기 때문에 이는 전통에 부합한다고 하는 견해가 있다. 즉 헌법 전문 및 헌법 제 9 조에 의하면 가족공동체 계승의 문화는 전통문화로 보호하는 것이 헌법의 기본원리이고, 호주제의 본질은 가계계승제도를 호주 개인의 권리 의무의 형태로 표현한 법률형식일 뿐이며, 이것이 우리 가족제도의 기초라고 한다.[30)]

이러한 논란이 생기는 원인은 기본적으로 전통을 어떻게 파악할 것인가 하는 점이 분명하지 않기 때문이다. 실제로 전통적인 가족제도에 있어서의 家長이라는 개념과 현행법상의 戶主의 개념을 동일한 것으로 볼 수 없는 것은 분명하다. 전통적인 家長의 개념은 법률상으로나 실제에 있어서 큰 의미가 없으며 대내적으로는 오직 자녀에 대한 관계에 있어서 父權, 처첩에 대한 관계에 있어서 夫權이 있을 뿐이고, 대외적으로도 家의 최존장으로서의 의미밖에 부여되지 않았으며,[31)] 이 점에서 현실적인 생활공동체가 아닌, 추상적인 家를 전제로 하여, 이 家를 통솔하는 지위를 가지는 일본에서 유래한 현행의 戶主와는 다른 것이다.

그렇지만 다른 한편으로 이러한 호주제도가 우리나라에 받아들여지게 된 것은 역시 종래의 부계혈통주의 내지 가부장적 의식을 바탕으로 한 家系繼承의 관념에 부합하는 측면이 있었기 때문이라고도 생각된다. 실제로 일제 시대의 朝鮮高等法院 1933(昭和 8). 3. 3. 판결[32)]이 그 전까지 법률상 쟁송으로서 인정하여 왔던 祭祀相續제도를 법률상의 제도로서 인정할 수 없다고 한 것도, 호주상속 및 재산상속의 제도가 확립되었음을 근거로 하고 있다.[33)] 이 점에서 볼

29) 김준원, "현행 민법상의 호주제에 관한 연구(下)", 司法行政 2002. 9, 10-11면. 鄭淇雄, "家의 繼承과 戶主制의 役割", 家族法의 變動要因과 現狀(衿山法學 창간호), 1998, 88면은 호주가 가장으로서 집안에서 여러 가지 권한을 갖고 가족에 대하여 의무를 부담하는 것은 일본으로부터 영향받았다기보다는 유교국가인 중국, 한국 일본의 공통현상이라고 한다.

30) 구상진, "민법중개정법률안 입법예고에 대한 의견", 민법(친족편)개정안 공청회, 법무부, 2003. 9. 25, 57면, 62면. 정환담, "『호주와 가족』의 전면적 폐지안의 불합당성 법무부의 민법중개정법률안(호주와 가족의 전면 폐지안)의 입법예고에 대한 의견서", 위 책 115면 이하도 家의 繼承의 원리가 韓民族的 家族制度의 三原則 중의 하나라고 하면서 호주제도의 폐지에 반대하고 있다.

31) 朴秉濠, "한국의 傳統家族과 家長權, 近世의 法과 法思想", 가족법논집, 1996, 279면 참조.

32) 高等法院民事判決錄 20권 155면.

33) 그 경과에 대하여 상세한 것은 尹眞秀(註 27), 327면 이하 참조.

때 종래의 제사상속 제도의 기능을 호주상속 내지 호주제도가 대신하였다고 말할 수도 있다.[34] 이런 관점에서 종래 호주제도를 전통적 가족제도로 인식하였던 사람들의 생각을 이해할 수 있고, 2001헌가9 등 사건의 반대의견도 이러한 의미라고 보인다. 나아가 호주제도가 일제하에 들어왔어도 수십 년 동안 제도로서 정착되어 온 이상 이를 전통이라고 볼 여지가 없는 것은 아니다.[35] 2001헌가9 등 사건의 다수의견도 호주제가 우리나라의 전통이 아니라는 적극적인 주장은 펴지 않고 있고, 다만 전래의 어떤 가족제도가 헌법 제36조 제1항이 요구하는 개인의 존엄과 양성평등에 반한다면 헌법 제9조를 근거로 그 헌법적 정당성을 주장할 수는 없다고 하고 있는데,[36] 이는 호주제가 우리나라의 전통에 속한다는 것을 전제로 하는 것이라고 이해된다.

Ⅳ. 傳統的 家族制度의 傳統性과 合憲性

1. 法制度의 傳統性이 合憲性의 根據가 될 수 있다는 견해

종래 많은 논자들은 어떤 법제도가 전통에 의하여 뒷받침이 되어 왔다는

---

34) 근래 한 일본인 학자는 다음과 같이 우리나라의 호주제도를 설명하려고 시도하고 있다. 즉 호주제도가 일제가 창조한 것이라는 연혁적 설명은 시인하면서도, 1970년대부터의 가족법개정운동과 개정경위에서 보수파를 중심으로 하여 한국 사회가 보여 준 戶主制度에의 '집착', 즉 한국의 전통 내지 문화를 戶主制度 중에서 찾으려는 자세는 이와 같은 제도사적 분석만으로는 충분히 설명될 수 없고, 한국 사회에는 일본의 제도가 알지 못하던 호주의 역할 내지 기능이 존재하였을 것이라고 한다. 그리고 이러한 한국호주제도의 특징적인 역할·기능이란 祖上祭祀를 중심으로 하는 一族統率 시스템이라고 할 수 있는 '宗法制度'라고 한다. 다시 말하여 한국의 호적제도와 호주제도는 일본법으로부터 도입된 것이지만, 그 도입 이전부터 한국 사회에 존재하였던 조상숭배의 관념이 이에 깊게 결부되어 한국에서는 일본법상의 호주와는 다른 의미의 호주로서 인식되었다는 것이다. 青木 清, "韓國의 戶主制度", 家族法의 變動要因과 現狀(衿山法學 창간호), 1998, 239-242면; 同, "韓國家族法と日本家族法", ジュリスト No. 1007, 1992, 45면 이하. 또한 양현아, "한국의 호주제도", 여성과 사회 제10호, 1999, 224면 이하는 일제는 이에(家)제도의 틀을 한국에 이식하면서 조선의 관습에서 이것과 대응하는 어떤 것을 찾아내려 했고 그렇게 해서 호주의 대응물로 찾아낸 것이 조선의 가계계승자였으며, 그리하여 한국에서 호주제도는 부계계승 제도를 유지하기 위한 제도적 장치로 사용되었고, 부계계승 제도는 호주제도의 관점에서 더욱 철저한 것으로 자리매김되었다고 한다.

35) 양현아, "한국 가족법에서 읽은 세 가지 문제", 가족과 법제의 사회사(한국사회사학회논문집 제46집), 1995, 117면은 전통의 고안, 문화의 비토착성이라는 아이디어를 계속 밀고 가면 호주 제도도 우리에게 들어온 전통이라고 부를 수도 있다고 한다.

36) 판례집 17권 1집 18면.

점을 그 법제도를 합헌으로 볼 수 있다고 주장한다. 예컨대 헌법 제9조를 근거로 하여, 전통이 기본권 제한의 사유가 될 수 있다는 주장이 있다. 즉 헌법 제9조는 전문의 사회적 폐습 조항과 함께 전통문화의 계승·발전과 민족문화의 창달에 노력하여야 할 의무를 국가에 지우는 조항이고, 그 법적 효력은 사법부(헌법재판소)를 구속하는 원칙으로서의 효력을 가지므로, 혼례 때의 음식접대 금지[37]나 동성동본금혼의 위헌 여부를 헌법재판소가 판단할 때 그 금지조치가 전통문화의 계승·발전과 민족문화의 창달에 노력하여야 할 국가의무의 정당한 실현조치였는지 사회적 폐습의 타파를 위한 정당한 조치였는지 아니면 사회적 폐습의 존치에 지나지 아니한지의 판단을 헌법 제37조 제2항상의 이익 형량시 고려하여야 할 요소(公共福利) 가운데 하나로 행하였어야 한다고 한다. 그리하여 헌법재판소의 결정에는 동성동본금혼의 경우에 헌법 제9조의 전통문화 내지 민족문화가 아니라는 결론은 있으나 왜 그러한지의 판단의 합리적 근거를 결하고 있다고 하면서, 문제의 관례나 관행이 과연 전통문화 내지 민족문화[38]의 하나인지, 아니면 사회적 폐습인지의 판단은 누구도 할 수 있는 주먹구구에 의할 것이 아니고 이 문제를 학자 등 전문가의 시각에서 판단하는 일종의 감정증거나 학자의 연구 결과에 의거하여야 하며, 그렇게 하여야 그 판단의 합리성을 담보할 수 있다고 한다.[39]

종전의 헌법재판소 결정 가운데 동성동본금혼 규정의 합헌 여부를 다룬 헌법재판소 1997. 7. 16. 선고 95헌가6 내지 13 결정[40]에서의 이재화, 조승형 두 재판관의 반대의견도 동성동본금혼 규정의 전통성을 강조하면서, 행복추구

37) 헌법재판소 1998. 10. 15. 선고 98헌마168 결정에서 문제된 사안.

38) 여기서는 전통문화 내지 민족문화를 한국민족의 正體性(identity)과 관련시켜서, 한국민족을 한국민족으로 만들고 그렇게 판가름할 수 있게 하는 기준 내지 요소가 전통문화 내지 민족문화라고 한다. 달리는 한국민족(국민)의 정체성을 규정하는 사고나 행동의 패턴을 의미한다고 정의하고 있다. 崔大權, "憲法의 變化와 連續性에 관한 談論", 서울대학교 法學 제44권 1호, 2003, 92면, 103면 참조.

39) 崔大權(註 38), 97면 이하. 이 논자는 다른 글에서도 동성동본금혼 원칙의 경우에 그것을 법 원칙으로까지 강제하여야 한다는 강한 법적 확신이 우리 사회에 아직 존재하고 있는가가 중요하고, 이렇게 강한 법적 확신이 우리나라 사회에 존재하느냐의 문제는 사회과학적 접근방법에 따라 확인하고 판단하여야 하며, 동성동본금혼 원칙이 사실상 효력이 없는 원칙임을 보여주는 사회과학적 연구결과를 구하였다고 한다면 동성동본금혼 원칙이 평등조항 등에 반한다는 결정의 논거의 하나로 그러한 연구결과를 이용할 수 있었을 것이라고 한다. 崔大權, "法的決定과 社會科學: 課外禁止措置違憲決定을 중심으로", 서울대학교 法學 제41권 3호, 2000, 54면 註 20); 同, "憲法學方法論의 問題", 서울대학교 法學 제43권 1호, 2002, 62면 등. 林智奉, "憲法裁判과 社會變動", 考試界 2001. 12, 4면 이하도 같은 취지로 보인다.

40) 판례집 9권 2집 1면 이하.

권은 전통문화의 계승이라는 한계 내에서만 보장되고 있다고 한다.[41] 그리고 2001헌가9 등 결정에서 김영일, 권 성 재판관의 반대의견[42]과 김효종 재판관의 반대의견[43]도 모두 헌법 제 9 조를 근거로 하여 호주제도가 합헌임을 주장하고 있다.

이처럼 일반적으로 법제도의 전통성이 그 제도의 합헌성의 근거가 될 수 있다는 주장과는 별도로, 특히 가족제도에 관하여는 그 전통성을 이유로 하여 위헌이 아니라는 주장이 많다.[44] 위 2001헌가9 등 결정에서 김영일, 권 성 재판관의 반대의견[45]은 혼인과 가족생활은 인류의 역사와 더불어 전통과 관습의 모습으로 존재하면서 오늘에까지 이어져 온 것이므로, 혼인과 가족관계를 규율하는 가족법은 전통성·보수성·윤리성을 강하게 가질 수밖에 없고 따라서 혼인과 가족관계에 관한 헌법규정을 해석함에 있어서도 가족법의 전통적 성격을 고려하지 않을 수 없고, 이를 도외시한 헌법해석은 규범과 현실의 괴리를 심화시켜 헌법생활의 혼란을 초래할 우려가 크다고 할 것이라고 주장한다. 그리고 위 2003헌가5·6 결정에서의 권 성 재판관의 반대의견은 문화가 항상 헌법에 선행하는 것은 아니지만, 선행하는 경우도 있는데 가족제도, 그 중에도 부성주의(父姓主義) 같은 것은, 분명히 헌법에 선행하는 문화의 하나라고 주장한다.[46]

2. 檢　　討

그러나 사견으로서는 어떤 법제도가 전통에 의하여 뒷받침되고 있다는 것만으로는 그것이 합헌이라고 할 근거가 될 수 없다고 생각한다.[47]

먼저 명확히 해 둘 것은 일반적으로 전통이 헌법상 의미를 가질 수 있는 경우가 없는 것은 아니라는 점이다. 즉 헌법 자체가 전통을 헌법 속에 받아들인 경우는 더 말할 필요도 없지만, 그렇지 않다 하더라도 전통의 보호가 헌법상 중요한 가치가 될 수 있을 것이다. 가령 한국의 전통을 잘 나타내는 유물이 있는 경우에는 이를 보존하기 위하여 국가는 이를 문화재로 지정할 수 있고,

41) 판례집 9권 2집 21면 이하, 특히 29면 이하 참조.
42) 특히 판례집 17권 1집 31-32면.
43) 특히 판례집 17권 1집 48면.
44) 상세한 소개는 尹眞秀(註 19), 416-418면 참조.
45) 판례집 17권 1집 31면.
46) 판례집 17권 2집 567면 이하.
47) 尹眞秀(註 19), 447면 이하 참조.

그 문화재를 보호하기 위하여는 필요에 따라서는 개인의 권리가 제약될 수도 있을 것이며, 헌법 제9조는 이를 위한 근거 조항이 될 수 있을 것이다.[48] 다른 말로 바꾸어 말한다면 이 경우에는 전통 문화의 보호가 헌법 제9조에 근거한 것으로서, 헌법 제37조 제2항이 규정하고 있는 기본권을 제한할 수 있는 사유인 공공복리에 해당한다고 할 수 있을 것이다.

그러나 어떤 법제도가 오래 된 것이고 전통적인 제도라는 것만으로 그것이 헌법 제9조에서 규정하고 있는 전통문화에 속하는 것이고, 따라서 국가는 이를 보호할 의무가 있다고 할 수는 없다. 특정의 법제도가 헌법에 위반되지 않는다고 하는 근거로서 전통이 거론되는 것은 다른 근거를 가지고는 그 합헌성을 논증할 수 없기 때문이다. 예컨대 近親婚 금지가 정당화되는 것은 近親의 경우에는 혼인 당사자가 모두 유전적인 질병의 劣性 유전인자를 보유하고 있을 확률이 높아서, 그 혼인에서 출생하는 자녀가 유전적인 질병을 가지고 태어날 확률이 높기 때문이라고 할 수 있다. 그러므로 이러한 경우에 근친혼의 금지를 정당화하기 위하여 전통을 끌어들일 필요는 없다. 따라서 전통이 문제가 되는 것은 다른 사유로는 당해 법제도를 정당화할 수 없을 경우이다. 다른 말로 한다면 전통을 고려하지 않는다면 그 법제도가 기본권을 침해하여 위헌일 수밖에 없는데, 전통 때문에 합헌으로 되는가 하는 점이다.

문제를 이렇게 바꾼다면 결론을 내리는 것은 그다지 어렵지 않다. 즉 전통 그 자체가 기본권 침해를 정당화할 수 있는 사유는 되지 못한다. 다른 말로 표현한다면 법제도는 그 자체로서 목적이 될 수는 없고, 이는 인간의 사회생활을 돕는 수단일 뿐이다. 그런데 어떠한 법제도가 그 자체로서는 합리성이 인정되지 않을 뿐만 아니라 기본권을 침해하는 것임에도 불구하고 그것이 전통적인 제도라는 이유만으로 합헌으로 보아야 된다고 한다면 법이 사람을 위해 존재하는 것이 아니라 사람이 법을 위해 존재하는 것이 되어 버린다.

이 문제를 가령 문화재 보호의 경우와 비교하여 본다. 문화재보호법은 이 법에 의한 보호의 대상이 되는 문화재를 歷史的·藝術的·學術的·景觀的 가치가 큰 것으로 정의하고 있다(문화재보호법 제2조 제1항). 다시 말하여 어떤 것이 문화재로 인정되기 위하여서는 단순히 오래 되었다는 이유만으로는 부족하고 그것이 적극적인 가치를 가지고 있어야 한다. 문화재로서 보호의 대상이

48) 헌법재판소 2000. 6. 29. 선고 98헌바676 결정(판례집 12권 1집 801, 807면); 2003. 1. 30. 선고 2001헌바64 결정(판례집 제15권 1집 48, 61면) 등 참조.

되는 것은 그러한 적극적인 가치를 보호하기 위한 것이지, 문화재 그 자체의 보호가 목적이라고는 할 수 없는 것이다. 이러한 사정은 법제도에 관하여도 마찬가지이다. 어떠한 법제도가 기본권을 제한하고 있음에도 불구하고 합헌이라고 할 수 있으려면 제 1 차적으로는 그것이 어떤 적극적인 가치를 가지고 있고, 그 법의 목적이 이러한 가치를 실현하는 데 있어야 한다. 그런데 어떤 법제도가 이러한 적극적인 가치를 실현하는 것이 아니라 단지 전통에 부합한다는 점만으로는 비례의 원칙의 첫 번째 요건인 기본권 제한의 목적의 정당성을 충족하지 못하는 것이다.49)

그리고 이 문제와 다소 다른 것이기는 하지만, 어떤 傳統이 국민 다수의 지지를 받는다고 하여도 그것만으로 기본권의 제한 사유가 될 수는 없다. 이 점은 위헌법률심사제도의 존재이유와 관련하여 살펴볼 필요가 있다.

원론적으로 볼 때 의회에서 제정한 법률은 국민 다수의 지지를 받고 있는 것으로 추정되고, 따라서 국민주권주의의 입장에서 볼 때는 모든 국가기관에 의하여 준수되어야 할 것이다. 그런데 왜 헌법은 헌법재판소에게 이러한 법률을 심사하여 위헌이라고 선언할 수 있는 권한을 준 것인가? 그 해답은 多數者로부터 少數者를 보호하여야 한다는 데 있다. 만일 다수결의 원칙을 전면적으로 관철한다면, 다수결에 따른 결정이 그 결정에 반대하는 소수자에게 주는 피해가 그 결정에 찬성하는 다수자에게 주는 이익보다 큰 경우에도 그 결정은 유지되고 집행될 것이다. 이러한 사태를 막기 위하여 헌법은 중요한 권리를 헌법에 포함시키고, 이러한 권리가 다수자의 동의에 의하여 성립하는 법률에 의하여 침해되는 것을 위헌법률심사의 방법에 의하여 막고 있는 것이다.50)

이러한 관점에서 본다면 국민 다수의 지지 여부를 어느 법제도의 위헌 여부 판단의 기준으로 고려하는 것은 소수자 보호라는 관점에 정면으로 배치되

49) 동성동본금혼 규정의 입법목적이 혼인에 관한 국민의 자유와 권리를 제한할 "사회질서"나 "공공복리"에 해당될 수 없다는 헌법재판소 1997. 7. 16. 결정(註 2)의 다수의견(헌법재판소판례집 9권 2집 18면) 참조.

50) 소수자 보호를 헌법 내지 위헌법률심사의 주된 기능으로 강조하는 것으로는 Chemerinsky, Constitutional Law, Principles and Policies, New York, Gaithersburg, Aspen Law & Business, 2nd ed., 2002, p. 7 참조. 헌법의 이러한 기능을 Sirens의 유혹으로부터 자기를 보호하기 위하여 스스로를 묶는 Ulysses에 비유하기도 한다. Jon Elster, Ulysses and the Sirens, Cambridge, Cambridge Univ. Press, 1979, pp. 94 ff.; Lawrence H. Tribe, American Constitutional Law, 2nd ed. Mineola, N.Y., Foundation Press, 1988, p. 11 fn. 5; Chemerinsky, 위 책, p. 7 등 참조. 이른바 양심적 병역거부에 관한 헌법재판소 2004. 8. 26. 선고 2002헌가1 결정(헌법재판소공보 96, 799, 804 이하)도 양심의 자유와 관련하여 소수자의 양심의 보호 문제를 강조하고 있다.

는 것이다. 소수자의 생각이 국민 다수의 생각과는 어긋난다고 하더라도 그것만으로 소수자의 행동을 제한할 수 있는 사유는 되지 못한다. 결국 국민 대다수의 지지를 받는지 여부를 전통과 결부시키는 논의는 이처럼 소수자의 보호라는 헌법 내지 위헌법률심사제도의 기본 전제와 모순되기 때문에 받아들일 수 없는 것이다. 헌법재판에 있어서 위헌 여부의 판단의 기준으로서는 어떤 법률이 헌법에 부합하는가 아닌가가 기준이 되어야 하고, 그것이 국민 다수의 지지를 받는가 아닌가는 기준이 될 수 없다. 경우에 따라서는 국민 다수의 지지를 받을 수도 있고, 아닐 수도 있으나 그것이 반드시 중요한 것은 아니다. 오히려 국민 다수의 지지를 받는 법률에 대하여 위헌이라고 판단하는 것이 소수자 보호의 관점에서는 의미를 가지는 것이다.

그리고 가족제도는 헌법에 선행하는 것이라는 것은 적어도 법률론으로서는 받아들일 수 없다. 위 2001헌가9 등 결정의 다수의견은 헌법은 모든 국가질서의 바탕이 되고 한 국가사회의 최고의 가치체계이므로 다른 모든 법적 규범이나 가치보다 우선하는 효력을 가진다는 점에 대하여는 이론이 있을 수 없다고 하면서, 가족제도는 민족의 역사와 더불어 생성되고 발전된 역사적·사회적 산물이라는 특성을 지니고 있기는 하나, 그렇다고 하여 가족제도나 가족법이 헌법의 우위로부터 벗어날 수 있는 특권을 누릴 수 없고, 만약 이것이 허용된다면 민법의 친족상속편에 관한 한 입법권은 헌법에 기속되지 않으며, 가족관계의 가치질서는 헌법의 가치체계로부터 분리될 수 있다는 결론에 이르게 되는데 이것이 입헌민주주의에서 용납될 수는 없다고 하여[51] 이 점을 잘 설명하고 있다.

3. 2001헌가9 등 결정의 다수의견에 대하여

위 다수의견은 전통과 민주적 가족제도 내지 헌법 제9조와 제36조 제1항의 관계에 관하여, 헌법 제36조 제1항을 헌법에 규정한 취지를 강조하면서, 헌법 전문과 헌법 제9조에서 말하는 '전통', '전통문화'란 역사성과 시대성을 띤 개념으로 이해하여야 한다고 설명한다. 우리 헌법에서 말하는 '전통', '전통문화'란 오늘날의 의미로 재해석된 것이 되지 않으면 안 되며, 오늘날의 의미를 포착함에 있어서는 헌법이념과 헌법의 가치질서가 가장 중요한 척도의 하나가 되어야 할 것임은 두 말할 나위가 없으므로 가족제도에 관한 전통·전통

51) 판례집 17권 1집 16-17면.

문화란 적어도 그것이 가족제도에 관한 헌법이념인 개인의 존엄과 양성의 평등에 반하는 것이어서는 안 된다는 자명한 한계가 도출된다고 한다. 역사적 전승으로서 오늘의 헌법이념에 반하는 것은 헌법 전문에서 타파의 대상으로 선언한 '사회적 폐습'이 될 수 있을지언정 헌법 제 9 조가 '계승 · 발전'시키라고 한 전통문화에는 해당하지 않는다고 보는 것이 우리 헌법의 자유민주주의원리, 전문, 제 9 조, 제36조 제 1 항을 아우르는 조화적 헌법해석이라는 것이다.52)

위 다수의견이 전래의 어떤 가족제도가 헌법 제36조 제 1 항이 요구하는 개인의 존엄과 양성평등에 반한다면 헌법 제 9 조를 근거로 그 헌법적 정당성을 주장할 수는 없다고 하는 것은 결론에 있어서는 타당하다고 할 수 있다.53) 그러나 이러한 경우에 헌법 제 9 조와 제36조 제 1 항의 조화적 해석이 문제되는 것처럼 보고 있는 것은 타당하다고 할 수 없다. 어떤 법제도가 오래 되었고 전통에 의하여 뒷받침된다는 것은 헌법 제 9 조가 규정하고 있는 전통의 문제는 아니기 때문이다.

또 다수의견은 전통의 오늘날의 의미를 포착함에 있어서는 헌법이념과 헌법의 가치질서가 가장 중요한 척도의 하나가 되어야 한다고 하는데, 그렇다면 그 한도에서는 헌법 제 9 조의 독자적인 의미는 별로 없게 된다. 이는 결국 법규범의 전통성은 헌법 제 9 조와 관련하여서는 별다른 의미가 없다는 것과 큰 차이가 없는 것이다.

Ⅴ. 父姓主義에 관한 2003헌가5·6 결정의 다수의견과 별개의견에 대하여

1. 多數意見

위 다수의견은 우선 위 2001헌가9 등 결정의 다수의견과는 기본 논리에

52) 판례집 17권 1집 17-18면. 여기서는 선례로서 동성동본금혼에 관한 위 95헌가6 등 결정을 인용하고 있다.

53) 鄭宗燮, 憲法學原論, 2006, 195면은 전통문화의 계승 · 민족문화의 창달에 관한 헌법규정이 과거의 전통과 충돌되는 입법이나 행정조치, 재판을 방해하는 것은 아니라고 하면서, 그 이유로서 전통문화와 민족문화라는 것은 개념에서도 애매하고 불분명할 뿐만 아니라 사회의 발전과 때로 충돌할 수 있으므로 이를 국가작용에까지 적극적으로 개입시키는 것은 타당하지 않다고 한다.

있어서 차이가 있는 것으로 보인다. 위 2001헌가9 등 결정의 다수의견은 어떤 가족제도가 헌법 제36조 제1항이 요구하는 개인의 존엄과 양성평등에 반한다면 헌법 제9조를 근거로 그 헌법적 정당성을 주장할 수는 없다고 한 데 반하여, 2003헌가5·6 결정의 다수의견은 父姓主義가 원칙적으로는 위헌이 아니라고 하면서 그 이유로서 동서양의 많은 문화권에서 그러하였던 것처럼 우리나라에서도 부성주의는 규범으로서 존재하기 이전부터 생활양식으로 존재해 온 사회문화적 현상이었고, 사회상의 변화와 지배적 가치질서의 변화에도 불구하고 오늘날에 있어서도 부성주의는 여전히 우리 사회의 대다수 구성원이 자연스럽게 받아들이고 있는 생활양식이라고 판단되는 상황에서 개정 전의 민법 제781조 제1항은 그와 같은 생활양식을 반영하여 성의 사용에 대한 원칙 규정으로서 부성주의를 규정한 것이라고 하는 점을 들고 있기 때문이다. 이는 결국 부성주의의 근거를 전통에서 찾는 것에 다름 아니다.[54)]

물론 위 다수의견은 父姓主義가 개인의 존엄과 양성의 평등을 침해하지만 그럼에도 불구하고 그것이 전통에 의하여 뒷받침되기 때문에 합헌이라고 한 것은 아니고, 부성주의로 인한 사실상의 차별적 효과가 개인의 존엄과 양성의 평등을 침해하는 정도에 이른다고 볼 수 없다는 이유로 합헌이라고 하였다. 그러나 다수의견도 父姓主義가 부계혈연집단과 모계혈연집단을 차별하는 결과를 낳는다는 점은 인정하고 있다. 그럼에도 불구하고 그것이 사실상 차별에 불과하다고 판단한 것은 기본적으로 부성주의가 전통적인 제도임을 의식한 것이라고 보여진다.

2. 別個意見

이에 반하여 별개의견은 기본적으로 위 2001헌가9 등 결정의 다수의견을 인용하면서 역사적으로 오랜 기간 유지되어 온 전통적 가족제도라 할지라도 그것이 가족제도에 관한 오늘날의 헌법이념인 개인의 존엄과 양성의 평등에 반하는 것일 수는 없다는 자명한 한계를 가진다고 하여, 부성주의 자체가 위헌이라고 보고 있다. 이론적 일관성 면에서는 별개의견이 다수의견보다 우위에 있다고 보인다.

사견으로도 이러한 별개의견이 좀더 설득력을 가진다고 보인다. 즉 부성주

54) 이 점에서 위 2001헌가9 등 결정에서는 헌법 제9조와 전통을 강조하여 반대의견을 주장하였던 김효종 재판관이 다수의견에 가담한 것은 자연스러운 일이다.

의는 부(父)와 남성(男性)을 중심으로 한 혈통 계승을 강제하여 부와 남성을 가족의 중심에 놓게 하여 가부장적(家父長的) 가치질서를 유지, 강화하고 가족 내 여성의 지위를 남성에 비해 부차적이고 열등한 것으로 놓이게 하여 여성을 차별하고 있으며, 그와 같은 차별을 정당화할 수 있는 목적을 찾기 어려운 것이다. 생각할 수 있는 것은 역사적으로 오랜 기간 전통적으로 부성주의를 취해왔다는 사실일 것이나, 별개의견이 설시하고 있듯이 역사적으로 오랜 기간 유지되어 온 가족제도라는 사실만으로 그 제도가 곧바로 헌법적으로 정당화 될 수는 없고 그 제도가 오늘날의 가치에 부합하고 헌법이념에 반하지 않는 것이어야 하고, 부성주의가 오랜 기간 유지되어 왔으므로 오늘날에도 정당화 될 수 있다는 주장은 전통적으로 남성과 여성을 차별취급 해 왔으므로 현재도 그 차별취급이 정당하다는 논리에 지나지 않는다고 할 수밖에 없는 것이다.[55]

다른 한편 우리나라도 가입한 女性에 대한 모든 形態의 差別撤廢에 관한 協約(Convention on the Elimination of All Forms of Discrimination against Women) 제16조 제1항 (g)의 규정은 가족성(姓) 및 직업을 선택할 권리를 포함하여 부부로서의 동일한 개인적 권리를 보장하도록 규정하고 있는데, 위 규정에서 말하는 가족성(姓)의 개념은 자녀의 姓을 포함하는 개념이다.[56] 우리나라는 현재 위 조항에 대하여 유보하고 있으나, 유엔여성차별철폐위원회는 몇 차례 우리나라에 대하여 위 조항의 유보를 철회할 것을 권고하였다.[57] 뿐만 아니라 위와 같은 국제적인 인권협약의 내용은 헌법의 해석에도 원용될 수 있는 것인데,[58] 이에 비추어 보더라도 부성주의의 원칙은 양성평등의 원칙에 비추어 문제가 있고, 별개의견이 주장하는 것처럼 부모의 합의를 통해 그 자(子)에게 부여할 성을 결정하는 것이 헌법에 부합한다고 생각된다.

그러나 별개의견도 일관성을 끝까지 유지하지는 못하고 있다. 2005. 3. 31. 개정된 민법 제781조 제1항은 "자는 부의 성과 본을 따른다. 다만, 부모가 혼인신고시 모의 성과 본을 따르기로 협의한 경우에는 모의 성과 본을 따른다"고 규정하여 원칙적으로는 부성주의를 유지하되 부모의 합의가 있는 경우에만 그 예외를 인정할 수 있도록 하고 있다. 그런데 별개의견은 이러한 개정된 민

55) 판례집 17권 2집 564면.

56) 상세한 것은 尹眞秀, "女性差別撤廢協約과 韓國家族法", 서울대학교 法學 제46권 3호, 2005, 99면 註 67) 참조.

57) 尹眞秀(註 56), 99-100면 참조.

58) 尹眞秀(註 56), 86면 참조.

법 조항이 헌법에 합치되는지 여부에 대하여는 직접적인 판단을 하지 않고 있으나, 위 개정 전의 제781조 제1항에 대하여 헌법불합치결정을 선고하여야 한다고 하면서, 이 사건 법률조항에 대한 개정 법률이 공포되어 2008. 1. 1. 그 시행이 예정되어 있으므로 2007. 12. 31.까지만 이 사건 법률조항의 잠정적인 적용을 명함이 상당하다고 하고 있어서 개정된 위 제781조 제1항은 문제가 없는 것으로 보고 있다고 여겨진다. 그러나 위 개정된 민법 조항도 부성주의를 원칙으로 하고 있다는 점에서 마찬가지로 문제가 있고,[59] 위 별개의견과도 조화되지 않는다. 위와 같이 민법이 개정된 것만으로 여성차별철폐협약 제16조 제1항 (g)의 규정에 합치하게 되었다고 할 수도 없을 것이다.

결과적으로 다수의견과 별개의견은 실제에 있어서 별다른 차이를 찾아볼 수 없다. 굳이 찾자면 다수의견에 따를 때에는 2005. 3. 31. 개정된 민법 제781조 가운데 혼인 외의 출생자가 인지된 경우 자가 종전의 성과 본을 계속 사용할 수 있다고 한 제5항과 자의 복리를 위하여 자의 성과 본을 변경할 수 있다고 한 제6항은 헌법적으로 요청되는 것이고, 부모가 혼인신고시 모의 성과 본을 따르기로 협의한 경우에는 모의 성과 본을 따른다고 한 제1항은 헌법적으로 요청되는 것이 아닌 것으로 되는 반면, 별개의견에 따르면 제1항도 헌법적으로 요청되는 것이라는 정도에 불과하다.

Ⅵ. 父系血統主義의 合理性 여부

1. 반대의견의 주장

권 성 재판관은 위 2003헌가5·6 결정에서 각 부계혈통주의의 장점 내지 합

59) 프랑스에서는 종래 자녀는 부의 성을 따르도록 하였으나 2002. 3. 4.과 2003. 6. 18.의 두 차례에 걸쳐 민법을 개정하여, 현재의 프랑스 민법 제312조의21은 자녀의 성을 民籍官(l'officier de l'ètat civil)에게 공동으로 신고하여야 하고, 그러한 공동신고가 없으면 자녀는 부모 중에서 그와 먼저 친자관계가 설정된 사람의 성을 따르며, 친자관계가 부모에 대하여 동시에 설정된 때에는 부의 성을 따른다고 규정하고 있다. 그러나 이에 대하여는 부부가 항상 남편의 성을 쓰도록 한 스위스 법이 유럽인권협약에 어긋난다고 한 유럽인권법원의 1994. 2. 22.자 Burghartz v. Switzerland 판결이나 부부 사이에 성에 관한 합의가 이루어지지 않으면 남편의 성이 혼인성이 된다고 한 독일 민법 제1355조의 규정이 위헌이라고 한 독일연방헌법재판소 1991. 3. 5. 결정(BVerfGE 84, 9 ff.)에 비추어 볼 때 양성 평등의 관념에 어긋난다고 하는 비판이 있다. Judith Rochfeld, Revue trimestrielle de droit civil, 2002, p. 377 참조.

리성을 강조하면서, 이러한 부계혈통주의의 합리성이 호주제 및 부성주의의 합헌성의 근거가 된다고 한다. 여기서는 부성주의의 합리성을 부계혈통의 공시 및 부와 가족의 존속과 통합을 보장하는 기능을 가진다는 점에서 찾고 있다.[60)]

김영일 재판관과 권 성 재판관의 위 2001헌가9 등 결정에서의 반대의견도 부성주의(父姓主義) 등으로 대표되는 부계혈통주의는 부의 자에 대한 책임의식을 고취함으로써 모자관계에 비하여 소원할 수밖에 없는 부자간의 유대강화에 이바지하고 나아가 가족의 존속과 통합에 크게 기여하였을 것으로 생각된다" 고 주장한다.[61)]

2. 검 토

"어머니는 언제나 확실하지만, 아버지는 婚姻이 가리키는 자이다(mater semper erta est, pater est, quem nuptias demonstrant)"라는 法諺이 가리키는 것처럼, 누가 母인가 하는 것은 출산이라는 사실에 의하여 객관적으로 밝혀지지만,[62)] 누가 父인가 하는 점은 쉽게 밝히기 어렵다. 이러한 점이 친생추정, 친생부인과 같은 우리나라의 가족법의 규정상으로도 반영되어 있지만, 문화적으로도 이는 상당히 중요한 의미를 가진다. 근래 進化心理學(evolutionary psychology)에서는 이러한 父性의 不確實性(paternal uncertainty)이 예컨대 왜 母가 父에 비하여 자녀 양육에 더 정성을 쏟는가 하는 문제에 관하여도 해답의 실마리를 제공한다고 주장되고 있다.[63)] 나아가 일부 학자는 婚姻의 제도 자체도 남자가 부성의 불확실성을 줄이기 위한 것으로 이해할 수 있다고 주장한다. 즉 자식의 부성을 보증받기 위한 제도적 장치로서 여성의 번식활동을 제한하는 혼인 제도가 생겨났다는 것이다.[64)] 그리고 家父長制 자체도 父性을 보증받기 위한 문화적 발명품이라는 주장도 있다.[65)] 부계혈통주의가 가부장제에서 파생되었다고 본다면[66)] 이

60) 판례집 17권 2집 568-570면.

61) 판례집 17권 1집 33면.

62) 근래의 출산 대리모(gestational surrogate mother)의 경우에는 난자를 제공한 사람과 출산한 사람이 다르기 때문에 누구를 母로 볼 것인가에 관하여 논란이 있으나 많은 나라에서는 이 경우에도 출산한 사람을 모로 보고 있다.

63) David M. Buss, Evolutionary Psychology, 2nd Ed., 2004, pp. 190 ff.(우리말 번역: 김교헌 외, 마음의 기원, 2005, 283면 이하).

64) 최재천 외, 살인의 진화심리학, 2003, 76면 이하 참조. 물론 이러한 주장이 혼인제도의 근거를 설명하는 다른 이론을 배척하는 것은 아니다. Buss(註 63), pp. 135 f. 참조.

65) 최재천 외(註 64), 77면 참조.

66) 위 2001헌가9 등 결정에서 김영일, 권 성 재판관의 반대의견도 "부계혈통주의가 가부장적

러한 설명은 과학적으로는 어느 정도 근거가 있다고 할 수 있다.

그러나 부성주의나 호주제의 근원이 부성의 불확실성에서 유래하였다고 하여 그것만으로 부성주의나 호주제가 정당화된다고 할 수는 없다. 이는 가부장제를 이러한 이유에서 옹호할 수 없는 것과 마찬가지이다. 이처럼 부성의 불확실성이라는 사실에 근거하여 부계혈통주의라는 제도 내지 규범이 정당화된다고 하는 것은 이른바 自然主義的 誤謬(naturalistic fallacy)의 한 예이다.

뿐만 아니라 구체적으로 살펴보더라도 父姓主義가 누가 아버지인가를 공시하는 기능을 하고 있다고 말할 수는 없다. 아들이나 딸이 아버지의 성을 쓴다고 하여 아버지가 누구인가가 공시되는 것은 아니다. 기껏해야 아들이나 딸이 그 성을 쓰는 부계의 집단에 속한다는 사실을 말해 줄 뿐이다. 부자관계의 공시는 신분등록제도에 의하여 이루어지는 것이고, 이는 모자관계의 경우에도 마찬가지이다. 모가 자녀를 낳았다고 하여 모자관계가 공시되는 것은 아니기 때문이다.

그리고 위 반대의견은 자(子)가 부의 성을 사용함으로써 그 일체감과 유대감이 자연히 강화되고 부(父)의 자(子)에 대한 책임의식이 더욱 고취된다고 하나, 그러한 주장에 근거가 있는 것인지는 알 수 없다. 子가 모의 성을 쓰지 않기 때문에 모의 책임의식이 약화된다고 할 수 있을까?

Ⅶ. 憲法上 家族制度의 保障과 戶主制度

1. 家制度와 憲法上의 家族制度

김효종 재판관은 2001헌가9 등 사건의 반대의견에서, 제도보장의 대상인 가족제도는 그 존재 자체 또는 본질적 내용을 보장하기 위하여 필요한 범위 내에서는 일정 부분 국민의 기본권 제한을 정당화하는 사유가 될 수 있는데, 家制度는 헌법적 보장의 대상인 가족제도의 사법상(私法上) 구현 형태라고 주장하면서,[67] 민법이 가제도(家制度)를 두고 있는 것은 헌법이 보장하는 가족제도

성격을 강하게 갖는 경우에는 여성이 느끼는 소외의 정도 또한 더욱 극심하였을 것이다"라고 한다.

67) 판례집 17권 1집 43면.

를 형성하고 유지하는 데 기여하므로 家의 존재 자체를 규정하고 있는 민법 제778조가 헌법에 위배된다고 볼 수 없다고 주장한다.[68)]

헌법이 보장하고 있는 가족제도가 그 존재 자체 또는 본질적 내용을 보장하기 위하여 필요한 범위 내에서는 일정 부분 국민의 기본권 제한을 정당화하는 사유가 될 수 있는가 하는 점은 어려운 문제이다. 일반론으로서 이 점의 당부를 논하기는 어렵고, 다만 헌법상의 기본권을 적용함에 있어서 혼인과 가족제도가 문제될 때에는 헌법 제36조 제1항이 규정하고 있는 혼인과 가족이란 무엇인가를 따져 볼 필요가 있다고 말할 수는 있을 것이다. 예컨대 同性婚姻(Same-Sex Marriage)을 인정하지 않는 것이 헌법상의 평등원칙에 어긋나는가 하는 점이 문제될 수 있으나, 헌법 제36조 제1항이 "婚姻과 家族生活은 個人의 尊嚴과 兩性의 平等을 기초로 成立되고 유지되어야 하며"라고 규정하고 있는 점에 비추어 볼 때 우리 헌법이 예정하고 있는 혼인이란 兩性의 결합을 의미하는 것으로 보아야 할 것이고, 따라서 同性婚姻을 인정하지 않는다고 하여 그것이 바로 평등원칙에 어긋난다고 말하기는 어렵다.[69)]

그러면 호주제도의 경우에도 이러한 논리가 적용될 수 있는가? 김효종 재판관은 우선 家制度가 헌법적 보장의 대상인 가족제도의 사법상(私法上) 구현형태라고 주장한다. 그러나 민법이 규정하고 있는 家制度는 위 결정의 다수의견이 설명하고 있듯이 관념적인 가족단체로서, 현실생활공동체와는 무관한 것인데,[70)] 이러한 추상적, 관념적인 家制度가 헌법이 규정하고 있는 가족제도에 포함된다고 할 수는 없다. 헌법이 규정하는 가족제도도 혈연공동체, 경제적 공동체, 애정공동체, 사회적 공동체 등 여러 가지 관점에서 이해할 수 있으나,[71)] 현실생활공동체와 무관한 家制度가 헌법상의 가족제도의 사법상 구현형태라고 이해할 수는 없다.

이러한 관념적, 추상적인 家制度를 인정하고 그 家에 호주를 두어 가족을

68) 판례집 17권 1집 46면.

69) 尹眞秀, "婚姻 成立에 관한 民法의 改正方向", 家族法硏究 제15권 1호, 2001, 79-80면; 同, "變化에 직면한 家族法", 契約法의 課題와 展望, 慕原 金旭坤敎授 停年退任 紀念論文集, 2005, 567면 참조. 물론 이러한 동성간의 결합 자체는 헌법상의 행복추구권의 일부로서 인정될 수 있을 것이지만, 이를 위하여 어떤 제도를 창설하여야 할 입법자의 입법의무를 헌법에서 직접 이끌어낼 수 있는가 하는 것은 별개의 문제이다.

70) 판례집 17권 1집 13면.

71) 全光錫, "同姓同本禁婚制度의 憲法問題: 憲法裁判所의 決定을 中心으로", 경원대 法學論叢 5號, 1998, 222면 이하 참조. 또한 임규철, "가족의 헌법상 의미에 관한 비판적 고찰", 憲法學硏究 제9권 1호, 2003, 479면 이하 참조.

통솔하게 하는 것은 1898년의 일본민법(明治民法)의 창조물로서, 다른 나라에서는 찾아보기 어려운 것이다. 이러한 家制度의 배후에는 민주주의의 徹底化를 억제하고 절대주의적 정치체제를 확립함에 있어 이를 윤리적으로 정당화하기 위한 의도가 숨어 있었다. 다시 말하여 일본은 皇室을 總本家로 하는 하나의 가족국가이며, 家族은 小國家이고 國家는 大家族으로서, 호주 중심의 家族主義原理를 사회조직과 사회통제의 원리로 삼고, 이를 다시 국가통치원리로 전환하였다고 할 수 있는 것이다. 요컨대 호주가 가족을 지배하는 것이 정당한 것처럼, 천황이 일본 국민을 지배하는 것도 정당하다고 하는 것이 이러한 민법의 규정에 담겨져 있는 의도라고 할 수 있는 것이다.[72] 그러므로 민법상의 家制度를 헌법상의 가족제도와 결부시키는 것이나, 이러한 추상적인 家制度가 헌법이 보장하는 가족제도를 형성하고 유지하는 데 기여한다고 하는 것은 牽强附會라고 하지 않을 수 없다.

또한 김효종 재판관은 헌법 스스로 보호하고자 하는 가족에 각 개인이 속하도록 하고 있는 입법적 조치가 개인의 존엄을 침해한다고 단정하기 어려우며, 오히려 헌법은 각 개인은 가족관계에서 사회적 관계의 공고한 기초를 찾아야 하고, 이를 기초로 할 때에만 사회적 연대성의 강화와 정치적 통합이 가능하다는 전제에 서 있다고 보아야 할 것이라고 주장한다.[73]

사회적 존재로서의 개인이 타인과 관계를 맺는 원초적인 출발점인 가족관계를 법적 관념에 반영하는 것이 필요하다는 주장 자체에 대하여는 이론을 제기하기 어렵고, 헌법이 가족제도를 보장하고 있는 것도 이러한 전제에 서 있는 것이라고 할 수 있다. 그러나 앞에서도 살펴본 것처럼 민법상의 家制度가 헌법이 보장하고 있는 가족제도에 포함되어 있다고 볼 수 없을 뿐만 아니라, 자신이 혼인 등에 의하여 가족을 이룰 것인가 아닌가는 원칙적으로는 개개인의 자율에 맡겨져야 할 것이고, 이를 강제하여야 할 특별한 이유가 없는 것이다.[74]

72) 상세한 것은 최대권 · 윤진수 · 김양희 · 오정진, 호주제 개선방안에 관한 조사연구, 여성부, 2001, 13-15면 참조.

73) 판례집 17권 1집 46-47면.

74) 예컨대 헌법상 기본권으로서의 혼인의 자유는 혼인을 하지 아니할 자유를 포함하므로, 혼인을 강요하는 것 또한 허용되지 않는다. 尹眞秀, "婚姻의 自由", 第1回 韓國法學者大會 論文集 Ⅱ, 1998, 67-68면 참조. 임규철(註 71), 464면은 한국 헌법 제36조 제1항의 규정 자체만 보아도 헌법의 개인주의적 경향을 쉽게 알 수 있다고 한다.

2. 戶主制度의 强制와 憲法

그리고 김효종 재판관은 헌법이 보장하는 가족제도와 민법상 호주제 사이에 필연적인 상관관계가 있다고 보기는 어렵다고 하면서도,[75] 가족제도가 존재한다면 그 가족 구성원들의 구심점이 될 수 있는 호주라는 관념을 도입하는 것은 오히려 자연스러운 현상이라고 볼 수 있고, 호주제를 유지하되 그 호주승계의 순위를 남녀의 구분 없이 세대(항렬)와 연령 순으로 일응 규정하고, 가족 구성원의 합의 등에 의하여 그 순위를 변경할 수 있는 길을 열어 준다면, 부계혈통의 유지에 대한 자부심이 남다른 가계에서는 부계혈통에 따른 호주승계를 그대로 유지할 것이고, 부계혈통주의를 봉건적 악습이라고 보는 가계에서는 이와는 다른 방식으로 호주를 결정할 것이며, 이렇듯 각기 달리 나타날 수 있는 각 개인 또는 가족집단의 취향과 의사결정에 국가가 간섭할 필요는 없는 것이라고 한다.[76]

그러나 위 반대의견도 인정하고 있듯이 그러한 호주와 家制度를 인정함으로써 개인의 존엄이 영향을 받는다면,[77] 따로 관념적, 추상적인 家制度와 호주제도를 인정할 필요성이 없는 한 이는 위헌이라고 보아야 할 것이다. 위 반대의견은 호주를 어떻게 결정할 것인가 하는 것은 각 개인 또는 가족집단의 취향과 의사결정에 국가가 간섭할 필요가 없다고 하나, 호주를 두어야 한다는 것을 법률로 강제한다면 이것이야말로 각 개인 또는 가족집단의 의사결정에 국가가 간섭하는 것이라고 하지 않을 수 없다. 만일 호주를 둘 것인지 두지 않을 것인지,[78] 두는 경우에는 누구를 호주로 할 것인지를 가족 구성원들이 합의에 의하여 결정할 수 있다면 이를 가리켜 헌법에 위반된다고 하기는 어려울 것이다.[79] 그러나 개정 전 민법 제778조는 개인의 의사에 관계없이 호주를 두는 것을 강제하고 있으므로 위헌이라고 하지 않을 수 없다.

---

75) 판례집 17권 1집 44면.

76) 판례집 17권 1집 48면 이하.

77) 판례집 17권 1집 50면.

78) 위 2001헌가9 등 사건에 병합되어 있던 2001헌가11 내지 15 사건 및 2004헌가5 사건의 당사자들은 혼인한 부부들인데 부(夫)가 호주로 되어 있는 가를 무호주, 즉 호주가 없는 가로 바꾸기 위하여 관할 호적관청에 호주변경신고를 하였으나, 호적관청은 현행법상 무호주제도는 인정되지 않는다는 이유로 호주변경신고의 수리를 거부하였고, 이에 신청인들은 법원에 호적관청의 수리거부처분에 대한 불복을 신청하였고, 그 재판계속 중에 민법 제778조 등이 위헌이라고 주장하면서 위헌법률심판제청신청을 하였다.

79) 최대권 외(註 6), 161면 이하 참조.

Ⅷ. 結　論

이제까지 살펴본 2005년의 두 개의 헌법재판소 결정이 우리나라의 헌법과 가족법에서 가지는 중요성은 아무리 강조해도 지나치지 않는다. 위 두 결정은 결론만 본다면 그런대로 무난하다고 평가될 수도 있다.[80] 그러나 전통을 법규범의 위헌 여부 판단에서 어떻게 고려할 것인가 하는 점에 관하여는 위 두 결정은 반드시 이론적으로 만족스럽지 못하다. 2001헌가9등 결정은 법규범의 전통성 자체가 헌법 제9조가 규정하는 전통문화에 포함될 수 있는 것처럼 설시하고 있는 점이 문제로 지적될 수 있고, 2003헌가5·6 결정은 사실상 父姓主義가 오래 된 전통을 가지고 있다는 점을 위헌 여부의 판단에서 고려하였다는 점에서 찬성하기 어렵다.

다른 측면에서 본다면 위 두 결정은 우리가 전통에서 벗어난다는 것이 얼마나 힘든 것임을 보여주고 있다고 이해될 수도 있다.

〈서울대학교 법학 제47권 제2호, 2006〉

80) 양현아, "호주제 폐지, 여성인권, 이태영 변호사가 남긴 유산(遺産)", 공익과 인권 제3권 1호, 서울대학교 BK21 법학연구단 공익인권법연구센터, 2006, 55면은 전통의 변동성, 인권 구속성을 명시한 2001헌가9등 사건 결정문을 높이 평가한다고 한다.

Tradition and the Constitution in the Context of the Korean Family Law*

Ⅰ. Introduction

Until its amendment in March 2005, the Korean Civil Code ("the Code") employed the *hoju* (meaning "Master of the Family") system, which conferred privileges upon each family's respective *hoju*, including certain enumerated powers over members of his family. The last pronoun, i.e. his, is used deliberately; the *hoju* system and its rules, including those which identify that title-bearer in each family, were based upon the domestic supremacy of the male. In February 2005, the Constitutional Court of the Republic of Korea declared the *hoju* system incompatible with the Constitution.[1] Accordingly, in March 2005, the National Assembly of the Republic of Korea passed a bill reforming the Code which, among others, abolished the *hoju* system. It also lifted the ban on marriage between couples bearing the same surnames and permitted mothers to pass on their surnames to their children.[2] It can be said that these events represent the culmination of the latest stage of development towards gender equality in Korean family law.

The process leading to the above developments represented the struggle

---

* This paper was originally presented at the 12th World Conference of the International Society of Family Law, held in July 2005 at Salt Lake City, USA.

1) The Korean Constitutional Court decision of February 3, 2005 (case no. 2001heonga9 et al.).

2) The Law amending the Civil Code, promulgated on March 31, 2005.

between tradition and the Korean Constitution.[3] The main thrust of the movement to reform Korean family law was the desire to conform that law to the Constitution. The main argument against such reforms was that the *hoju* system, as a deeply rooted element of Korean culture, ought to be left intact. One of the dissenting opinions in the above decision of the Constitutional Court held that guarding Korean tradition is a constitutional prerogative, and that institutions such as the *hoju* system that were deeply rooted in tradition are, by the Constitution's own provisions, not unconstitutional. Other places where Korea's traditions crop up in its family law include the previous ban on marriage between a man and woman with a common surname (*sŏng*) and ancestral seat (*pon'gwan*) (hereafter, common surname marriage ban)[4] and the practice of children inheriting their surnames from their fathers only.

In this paper I will discuss whether special consideration should be given to the fact that certain rules are supported by tradition in determining their constitutionality. The first part of the paper will explain the historical background of Korean family law, followed by an exposition of the major characteristics of family law in the original Code, and the changes made thereto by the later enactments. Subsequently, the decisions of the Korean Constitutional Court on this point will be analyzed in some detail, followed by a discussion of relevant theory. My conclusion is that tradition in and of itself does not bestow constitutionality on an otherwise unconstitutional law.

Ⅱ. The Historical Background of Korean Family Law

1. The Influence of Confucianism on Korean Family Law

The *Chosŏn* Dynasty was established in 1392, replacing the *Koryŏ*. The founders of the *Chosŏn* adopted Confucianism[5] as their dynastic ideology,

3) Hereafter, the Constitution means the Korean Constitution.

4) See, the Constitutional Court's decision on July 16, 1997 (case no. 95 heonga 6 et al.).

5) Strictly speaking, what *Chosŏn* had adopted is the so called Neo-Confucianism formed in

rejecting *Koryŏ* Buddhism. The Confucian principle directly governing family relations is *Chongppŏp* (agnatic principle), whose main features are that: (1) all descendants of one common male ancestor belong to one family, no matter how distant their mutual degree of consanguinity is; and (2) the family lineage is succeeded by the eldest son of the male ancestor and his primary wife. The eldest son (*Chŏkchangja*) is also the master of the *Chesa* (ancestor worship ritual), and thus his inheritance extends further than mere property. One corollary of *Chongppŏp* is that marriage between a man and a woman with a common surname (*sŏng*) and ancestral seat (*pon'gwan*) is prohibited as incestuous because the two belong to the same "family." This ban could be interpreted as an extended form of the prohibition of endogamy. These new family-related rules, originally imposed by the government, were gradually accepted by the people and became pervasive social norms from the 17th century on.

In sum, family law of the *Chosŏn* was based upon patrilineal and patriarchal principles, e.g. a child's surname should be that of her father, if a daughter marries her surname does not change and she retains her father's surname, etc.

2. The Influence of Japanese Colonization on Korean Family Law

Korea became a Japanese colony in 1910. The official position of Japan regarding Korean family law was that family law matters should be governed according to Korean customs and not by the Japanese law. The actual practice was to the contrary; the Japanese government and courts imposed Japanese family laws upon the Koreans on the pretense that the same rules existed in Korean custom.[6] One important example was the above-mentioned *hoju* system, originally a part of the Japanese Civil Code of 1898. Under *hoju*, all individuals were organized into families (in Japanese, *Ie*) — not actual

China during the era of Southern Sung (1127 - 1279). The most notable representative of the Neo-Confucianism is *Chu Hsi* (1130 - 1200).

6) See, Hyunah Yang, Envisioning Feminist Jurisprudence in Korean Family Law at the Crossroads of Tradition/Modernity, Ph. D. dissertation, New School for Social Research, 1998.

households but abstract, ideal entities composed of relatives, whether living together or not. The heads of these families, the *hoju* had certain powers over other members of the family. *Hoju* status itself and its inheritance were reserved for males in principle.

Such an abstract, ideal entity as the *hoju* and family in the sense of the Japanese *Ie* never previously existed in Korean law or custom. Yet the Japanese government and courts persisted in asserting that such a system was in fact a Korean tradition and nevertheless imposed it upon the Koreans, substituting the inheritance of ritual ancestor worship with the inheritance of hoju.

Ⅲ. The Korean Civil Code of 1958

Korea was liberated from Japan in 1945 and the new Korean Civil Code was promulgated thirteen years later. For the drafters of the Code, Part 4 of the Code codifying family law, was the subject of a heated debate, whose central theme was the relationship between the Constitution and tradition. The Korean Constitution guaranteed equal protection under the law, prohibited gender discrimination, and declared that marriage and family life had to be established and maintained on the basis of the dignity of the individual and gender equality. Three theories were advanced about what the relationship between the Constitution and tradition/custom ought to be.[7)]

The first theory was the "custom deference theory." The main proponent of this position was the Chief Justice Byung-Ro Kim, the chairman of the Codification Committee. Kim asserted that the Korean culture was highly advanced and that the patrilineal system rooted therein was reasonable. He went on to say that Korean family law should be based on the patrilineal system and that gender equality had no room in family matters.

The second theory was the "Constitution deference theory." The main

7) For an overview, see, Hyunah Yang (Fn. 9), pp. 118 ff.; Jinsu Yune, Der Einfluss der Verfassung auf die Reform des Familienrechts (in German), Seoul Law Journal Vol. 45 No. 1 pp. 437 ff. (2004).

proponent of this position was Professor Kwang-hyun Chung of Seoul National University, who argued that the new family laws should be based upon the spirit of the Constitution and that traditional family law rules incompatible with the Constitution should be abolished.

Kyung-Keun Chang, chairman of the judiciary committee of the National Assembly and the chief architect of the draft of the new family and inheritance laws, advanced a third, intermediate position. Chang asserted that gradual reform was appropriate, reasoning that laws become ineffective if they depart too far from social realities and traditions, but that laws should lead society nonetheless. Gradual reform was, according to Chang, the best way to achieve the ultimately desired goal.

The actual issue was whether the common surname marriage ban should be sustained, the most debated theme in the drafting stage of the Civil Code.[8] The original bill included a provision containing the ban, which was deleted by the judiciary committee. Finally, the National Assembly decided to adopt the ban and revived the government's bill.

Another point of dispute was the "master of the family" system, which was provided for in the final version of the Code. Ironically, those who imposed the system in the first place, the Japanese, abolished the system in 1947 under the pressure of the Allied Occupation Army.

The first battle over the common surname marriage ban was won by tradition. The *hoju* system was never, until forcefully imposed, part of Korean tradition, but its reinforcement of the extant patrilineal and patriarchal systems was accepted without reservation by the Korean populace.

Ⅳ. The Transition of Family Law after the Enactment of the Civil Code

The Civil Code was enacted on January 1, 1960. From the time of its

8) For materials, see Chung, Kwang-hyun, *Han'kuk kajokppŏp Yonku* (Studies on Korean Family Law), Appendix, Seoul National University Press, Seoul, 1967.

enactment, the Code's family and inheritance laws were heavily criticized because of their incompatibility with the Constitution, especially with regard to their unequal treatment of women. The major reforms of the family and inheritance laws in 1977 and 1990 were the fruits of this criticism.

However, the common surname marriage ban and the *hoju* system survived the reforms. The National Assembly did not pass any bills abolishing these provisions, due to the political campaigning of the conservative groups, especially proponents of Confucianism. These groups' principal argument against reform was the "custom deference theory": family law should defer to tradition.

Nevertheless, these two institutions were not exempt from change. First, the common surname marriage ban was temporarily lifted by special acts three times in 1978, 1988, and 1996. These exemptions lasted only about a year each, but they indicated a changing social atmosphere.

Second, the privileges of the *hoju* were gradually weakening. Originally, the *hoju* had the authority to consent to entrance into and departure from the family, to order departure from the family, to designate the family's place to live, etc. Since the 1977 and 1990 reforms, however, the powers of the *hoju* were diminished significantly. The ones that remained were the power to request incompetence declarations of family members from courts (Civil Code Art. 9, 12), to consent to the departure of a family member from the family in the case of his/her mother's marriage (Civil Code Art. 784 sec. 2), to order the entrance of a lineal ascendant or descendant of the *hoju* into the *hoju*'s family (Civil Code Art. 785), to request the court to summon the family council (Civil Code Art. 966), etc.

Ⅴ. The Constitutional Court's Decisions on the Common Surname Marriage Ban and the *hoju* System

Two decisions of the Korean Constitutional Court have dealt with the relation between tradition and the Constitution in the context of family law.

One was the July 16, 1997 decision on the common surname marriage ban (case no. 95 heonga 6 et al.). The other was the February 3, 2005 decision on the *hoju* system (case no. 2001 heonga 9 et al.).

1. The July 16, 1997 decision on the common surname marriage ban[9)]

As previously mentioned, the common surname marriage ban was one of the main features of Confucianism-based Korean family law. The ban was codified as Article 809 (1) of the Korean Civil Code, and was the most controversial issue at the time the present Civil Code was first legislated in 1957.

Even after the Code's enactment, family law scholars and feminist groups made repeated petitions to abolish the provision. As a consequence, proposals for amendments were submitted to the National Assembly on several occasions. These efforts failed due to strong opposition, especially from staunch proponents of Confucianism. However, as a compromise, as previously mentioned, the common surname marriage ban was temporarily lifted by special acts three times.

In the Constitutional Court's decision, five Justices declared that the provision was "decidedly unconstitutional," while two Justices contended that the statute was "incompatible with the Constitution." The remaining two Justices maintained that Civil Code Article 809 (1) was constitutional. However, the Constitutional Court ruled the statute "incompatible with the Constitution" rather than "decidedly unconstitutional" because of the lack of a quorum of six Justices which is required for a declaration of unconstitutionality under Constitution Article 113 (1).

The majority opinion and the first dissenting opinion both agreed that the freedom of marriage and the freedom to choose a marriage partner were

9) See, Jin-Su YUNE, Recent Decisions of the Korean Constitutional Court on Family Law, Journal of Korean Law, Vol. 1, Nr. 1, 2001, pp. 145 ff.; Mi-Kyung Cho, Violation of the Constitution in Korean Family Law, in: Andrew Bainham (ed.), The International Survey of Family Law 2002 Edition, Jordan Publishing, 2002, pp. 244 ff. for more about this decision.

fundamental rights guaranteed under Article 10[10] or Article 36 (1) of the Constitution, but differed completely on other points.

The majority opinion emphasized the individual's freedom of marriage, which is the right of every citizen to marry or not to marry freely, and to choose his or her marriage partner and time of his or her marriage. This right is best expressed by the majority opinion's assertion that the "majority of the public's concept of marriage has changed from one of 'a union between families' to one of 'a union between persons,' reflecting the respect for a person's free will."

On the other hand, the first dissenting opinion emphasized that marriage should be publicly recognized through social norms such as customs, morals, and religion, and dismissed individual freedom as relatively unimportant. In this context, the dissenting opinion stressed the duty of the state to preserve and further develop traditional culture prescribed in Article 9 of the Constitution.

The majority opinion stated that the common surname marriage ban originated in tribal times, when patriarchy, based on the caste system and the idea of male dominance, was the organizing principle. As is prescribed in Article 10 of the Constitution, our society has become more liberal and democratic, putting the principles of "freedom" and "equality" forth as essential, and has done away with the old caste system and the idea of male dominance underlying the common surname marriage ban. The majority opinion also stated that conceptions of marriage and the family have changed, although the first dissenting opinion claimed that even if there were fundamental changes in the social environment and people's way of thinking, such changes did not necessitate the conclusion that the Korean people's general consciousness had changed as well.

The majority opinion and the first dissenting opinion both acknowledged the fact that the special laws concerning marriage were enacted on three separate occasions after enactment of the Code. According to the majority, the

10) Art. 10 of the Korean Constitution: "Every citizen has human dignity, self-worth, and the right to pursue happiness. The state confirms the inviolable fundamental human rights and has the duty to protect those rights."

fact that 44,827 married couples were given legal relief through the special laws was strong evidence that the common surname marriage ban was inappropriate. In contrast, the first dissent argued that the special laws did not support the argument against the rationality of Article 809 (1) of the Civil Code, but merely accomplished the singular aim of granting specific relief to the parties concerned.

These differences of opinion resulted in the use of different criteria in examining the constitutionality of Article 809 (1) of the Civil Code. The first dissent asserted that the constitutionality of this provision should be examined on the premise that, while taking into consideration such factors as the origin of the law, the degree of customary acceptance, appropriateness in making the law customary and changes to present circumstances, the ban was a law peculiar to the regulation of marriage that should not be examined by strict reason. Therefore, the extent to which customs pertaining to family relationships could be regulated by law was within the realm of legislative discretion. Hence, in the first dissent's view, unless the judgment of the legislature was clearly irrational, the legislature's discretion should not be ruled unconstitutional.

The first dissent applied a rational basis standard with minimal scrutiny, and, in its view, the objective of the common surname marriage ban was to enforce traditional marriage customs and to maintain and preserve the existing social order. The first dissent argued that this objective was proper, and the balancing of interests by the legislature in its enactment of Article 809 (1) of the Civil Code did therefore not pose any problems. Further, the first dissent rejected the contention that women's rights were infringed, stating that because Article 809 (1) of the Civil Code merely codified the traditional custom relating to family law, it could not be argued that the clause discriminated based on gender. Also, the traditional patrilineal familial/kinship system could not be reasonably changed within a span of days.

To counter the above arguments, the majority stated that a new perspective and value system based upon the spirit of the Constitution and its relevant provisions should determine whether there existed any valid reasons for maintaining the common surname marriage ban. Although the majority took a position closer to a strict scrutiny standard, this is not obvious from the opinion. According to the majority, because Article 809 (1) of the Civil Code restricted a person's right to marry a person with a common surname (a criterion determined according to the patrilineal system), such a restriction amounted to gender-based discrimination. The majority then stated that Article 809 (1) of the Civil Code lacked both rationality and appropriateness in the current social context and at the same time collided directly with the spirit of the Constitution and its relevant provisions, which required that every person be afforded "human dignity and self-worth and the right to pursue happiness" and also the right to "enter into and sustain a marriage and family life on the basis of individual dignity and equality of the sexes." According to the majority opinion, there was no rational basis for justifying such a restriction, which depended solely upon the male lineage. In the majority opinion's view, Article 809 (1) of the Civil Code amounted to gender-based discrimination in contravention of the constitutional principle of equality of the sexes.

The second dissent also declared that the clause at issue in Article 809 (1) of the Civil Code was unconstitutional, but did not express any definite grounds for its determination. Rather, the opinion only claimed that the clause should not have been declared "decidedly unconstitutional." The opinion set forth its reasoning thus: certain prohibitions against marriages have been handed down for hundreds of years and, as a result, such prohibitions have not only become part of the marriage custom but also have become ethical norms; family law, especially the institution of marriage, is a discretionary matter best left for the legislature, which should take into consideration factors such as tradition, custom, ethical consciousness, concept of blood relations, and eugenics.

The second dissent continued, saying that even if Article 809 (1) of the Civil Code were found unconstitutional, the National Assembly should carefully consider whether the common surname marriage ban had altogether lost its social appropriateness and whether such prohibition could in any way be reformed to better reflect our Constitution. Further, the opinion raised the question of whether the current prohibition of marriage between relatives and the provisions about the nullity or avoidance of such marriages needed to be revised in line with the current state of national tradition and concepts pertaining to family relations. Through this examination, the second dissent raised the possibility of establishing a new marriage system with the threshold requirement that Article 809 (1) of the Civil Code be declared "incompatible with the Constitution."

In sum, the majority based its ruling on the Constitution while the backbone of the first dissent was a recourse to tradition. The second dissent took the middle position, the compromise between the majority and the first dissent, and between the Constitution and tradition.

2. The February 3, 2005 (case no. 2001 heonga 9 et al.) decision on the *hoju* system

The issue in this case was whether the three provisions of the Korean Civil Code which comprised the *hoju* system were constitutional. Article 778 of the Code defines *hoju*, providing that a person who has succeeded to the family lineage, or set up a branch family, or who has established a new family or has restored a family for other reasons, shall become the master of the family or *hoju*. Article 781 (1), first sentence, provided that a child shall have its name entered in its father's family register; Article 826 (3) does the same for a man's wife.

The key issue in this case was once again, the relationship between tradition and the Constitution. The majority and dissenting opinions dealt with this problem in detail.

The majority opinion of six justices held these three provisions unconstitutional and incompatible with the Constitution. The opinion understood the tenets of family composition and the succession of the *hoju* as the core element of the *hoju* system. Every citizen belongs to a family as a *hoju* or a member. This family is an ideal entity, different from an actual household. What is important to note is that the composition of this ideal "family" is predetermined; the identity of the *hoju* and the identities of everyone else is set by law rather than by the "family's" will. Under this system, the *hoju* is considered the heart of the family while member are considered peripheral. The succession order of the *hoju* is: ① the male descendent of the former *hoju*, ② the female descendent of the *hoju* who was a member of the family, ③ the wife of the former *hoju*, ④ the female ascendant of the former *hoju* who was the member of the family, ⑤ the wife of a member of the family who was also the member of the family. The basic principle organizing the succession of the *hoju* is patrilinealism, i.e., favoring males.

The majority opinion discussed the relationship between family law and tradition. First, it stressed the point that the Constitution is the highest law of the state and that the institution of the family and its corresponding laws were under the Constitution's rule. Although the family is a product of history and society, it is not immune from the Constitution's precepts. Otherwise, the legislative power in the field of family law would not be bound by the Constitution, a paradox for a self-proclaimed constitutional democracy. The opinion opined that family law should not be a mere reflection of social realities or legal sentiments of the people. Rather, family law should actively disseminate the spirit of the Constitution which alone embodies the highest values of the community. If a law becomes an impediment to the dissemination of the Constitution's spirit, such a law should be modified.

Regarding the relation between Article 9 of the Constitution, which emphasizes the importance of tradition, and Article 36 (1) of the Constitution, which provides that marriage and family life must be established and maintained on the basis of the dignity of the individual and gender equality, the majority reasoned that Article 36 (1) best answered the issue at hand, and expressed the constitutional decision that the patriarchal marriage system of the past should not be tolerated in the future. On the other hand, tradition in the Constitution should be understood, according to the majority, as a historical and time-bound concept, meaning that tradition should be reinterpreted in the context of the Constitution according to contemporary sensibilities. In this process, the spirit and values contained in the Constitution should be among the primary benchmarks. Thus, in the realm of the family, tradition and traditional culture should not be contrary to the dignity of the individual and gender equality. As a result, if a certain tradition contravenes the dignity of the individual and gender equality, it cannot be justified on the ground of Article 9.

Based on the foregoing analysis, the majority opinion ruled that all three provisions comprising the *hoju* system were unconstitutional because they resulted in unjustifiable gender discrimination and violated the dignity of the individual. But the majority opinion chose to classify the relationship as "incompatible" rather than "decidedly unconstitutional" because the declaration of "decided unconstitutionality" could create a vacuum in the family register system. In contrast, a decision of "incompatibility" would allow the temporary application of the *hoju* system for as long as needed to reform the family register system.

There were three dissenting opinions. The dissenting opinion by Justice Seong Kwon and Justice Young-Il Kim regarded the *hoju* system as constitutional. This opinion held that the meaning of the *hoju* system lay in that the construction of the family and the succession of the *hoju* were based upon patrilineal principles and that the *hoju* had a symbolic status as the successor of the family. Against the criticism that the *hoju* system was not a traditional institution but one implanted by Japan, the opinion stated that after the family law reform of 1990, the *hoju* system was totally removed from Japanese influences. According to this opinion, the then current system embodied traditional, rational patrilineal principles.

Concerning the relation between tradition and the guarantee of marriage and family life according to Article 36 (1) of the Constitution, this opinion held that the guarantee of marriage and family life was based on the tradition of the national culture, because family law should have traditional, conservative and ethical characteristics, and that the interpretation of a constitutional provision regarding marriage and the family life should take into account the traditional character of the family law. This understanding is supported by Article 9, which provided that the State should endeavor to inherit and develop the traditional culture and to promote the national culture, and thus, there ought to have been a way to fulfill the requirement of gender equality and maintain respect for tradition at the same time.

In the process of deciding whether the *hoju* system was compatible with gender equality by applying the "least restrictive alternative test", this dissent regarded the preservation of the patrilineal principle as a legitimate purpose. This opinion held that although the system had many shortcomings, it strengthened the mutual relationships within the family and contributed to the preservation and integration of the family by enhancing the father's sense of responsibility to his children. In addition, the adverse effects of the *hoju* system for women were not so great as to negate the positive effects of the system, that is, the preservation and integration of the family and kinship ties, and preventing the vices of materialist thought and individualism.

But Justice Seong Kwon and Young-Il Kim each advanced a contrary result. Justice Seong Kwon regarded all three provisions as constitutional, while Justice Young-Il Kim regarded the first sentence of Article 781 (1), which provided that a child shall have its name entered in its father's family register, as unconstitutional. Justice Kim opined that the *hoju* system itself could not be unconstitutional, and that the principle that a child shall have its name entered in its father's family register is in itself constitutional but that there should be room for more exceptions, i.e. to allow a child to have its name entered in its mother's family register, the mother being the person who actually rears the child, married or single. In this sense, the first sentence of Article 781 (1) should be declared unconstitutional because it does not allow exceptions in such cases, possibly contrary to a child's wishes and discriminating against the mother.

Finally, the dissenting opinion of Justice Hyo-Jong Kim regarded the first sentence of Article 781 (1) and Article 826 (3) as unconstitutional but Article 778 as constitutional. According to his opinion, the *hoju* system in itself could not be considered a means to achieve patrilinealism. He held that the family provisions of the Code could be understood as a manifestation of the family in private law that is guaranteed by the Constitution. That the law requires an individual to belong to a family compulsorily could not be said to violate one's dignity because family relations, an individual's social roots, may be reflected in legal concepts and the law can order an individual to belong to a family. Additionally, Article 778 lost much of its force because it provided that a person should belong to a family but did not provide for any legal consequences in cases of its violations. This made the provision, and its limit on freedom, more symbolic than real and thus less objectionable. Justice Hyo-Jong Kim held the *hoju* itself to be a traditional concept. There is in fact tension between Articles 36 (1) and 9 of the Constitution in that the balance of power between the *hoju* and other members of the family is not equal. In this respect, Kim opined that the recognition of the *hoju* in itself lay within the legislative discretion because the *hoju* system enhanced the efficiency of the family register system and was supported by the tradition.

But Justice Hyo-Jong Kim held the other provisions comprising the system unconstitutional as incompatible with Article 36 (1) of the Constitution, especially with respect to gender equality. In this sense, he concurred with the majority opinion.

Ⅵ. Discussion

Should the fact that such legal rules as family laws are rooted in the tradition be given special consideration in deciding their constitutionality? This question is the basic concern of this paper. There are some opinions in the literature supporting this position.

Professor Young Huh asserts that marriage and family life are traditional and customary in origin and existence and not constitutional phenomena, thus the Constitution must respect the traditional meaning and existence of marriage and family life by making room for them in the realm of the Constitution. As a result, he regards the *hoju* system as not unconstitutional because it can exist separately as a decision of the legislature in order to effectuate the patrilineal principle.[11] The dissenting opinion of Justices Seong Kwon and Young-Il Kim in the Constitutional Court's *hoju* system decision

11) Young Huh, *Hunbubkwa Gajeokbub* (Constitution and the Family Law), in: *Yonsei University Bubryulyeongu* Vol. 3, 1983, pp. 419 ff. But it seems that he has changed his position afterwards. See, Young Huh, *Hangukhunbubron* (Treatise on the Korean Constitution), 4th ed., Seoul, Pakyoungsa, 2004, p. 164.

seemed to be influenced by this opinion as it stressed that the interpretation of constitutional provisions regarding marriage and family life should take into account the traditional character of family law.

But this assertion cannot be accepted in its entirety. As the majority opinion of the Constitutional Court's *hoju* system decision emphasized, although the family is a historical and social product formed and developed with the history of the nation, it is not immune from the rule of the Constitution. Otherwise, legislation in the field of family law would not be constitutionally bound, an intolerable result in a constitutional democracy.

Other scholars emphasize the tradition mentioned in Article 9 of the Constitution. One of these scholars asserts that respect for tradition is a duty imposed on the state by Article 9, so the Constitutional Court should take tradition into account in deciding the constitutionality of a legal rule supported by tradition. In deciding whether such a tradition is to be preserved or abolished, the Court should seek the opinions of scholars and experts.[12)]Another scholar asserts in the same vein that, if a traditional rule is supported by a majority of the people, this rule amounts to "customary law" in the terminology of anthropologist Leopold Pospisil and falls in the category protected by Article 9, whereas, if a traditional rule is not supported by a majority of the people, it becomes authoritarian law and does not deserve Constitutional protection.[13)]

In my own opinion, that something is part of tradition cannot be grounds for justifying traditional legal rules from a constitutional perspective. Law exists for mankind, not vice versa. Law also cannot be a purpose in and of itself. If a certain rule should be preserved because it is supported by tradition, the desire to preserve the rule and tradition themselves becomes the purpose for the rule's existence, and not the well-being of mankind. This is a case of the tail wagging the dog.

Tradition in the sense of Article 9 can be meaningful if, for example, the state seeks to protect a traditional building to preserve traditional architecture.

12) Dai-Kwon Choi, *Hunbubeui Yeonsokseonggua Byeonhwae Guanhan Damron* (Continuity and Change in Constitution), Seoul National University Law Journal, Vol. 44 No. 1, 2003, pp. 97 ff.

13) Ji-Bong Lim, *Hunbubjaepangwa Sahoibyeondong* (Constitutional Adjudication and the Social Change), *Gosigye*, 2001, No. 12, pp. 4 ff.

In such a case, the protection of the traditional culture can be a just cause in restricting property rights. But the preservation of traditional laws cannot be a just reason for restricting human rights. In other words, we must distinguish between the two types of rules, namely, the rule whose purpose is to protect tradition or traditional culture, and the rule that is supported by tradition, but whose purpose is not the protection of the tradition. In the former case, the protection of culture can be a just and legitimate reason that should be accorded weight in deciding the constitutionality of the rule, but in the latter case, that the rule is supported by tradition cannot cure its otherwise unconstitutionality.

The solution supported by some scholars, i.e., a traditional rule is constitutional if supported by a majority of the people, cannot be sustained because the ratio legis of judicial review lies in the protection of minorities. If a rule supported by the majority of the people is executed without any restraint, minorities are left vulnerable, especially by rules under which the losses of minorities far exceed the gains of the majority. Judicial review was established to prevent such results and protect minorities by permitting independent court(s) to overrule decisions of the legislature representing unbridled majority will.[14)]

The reasoning of the dissenting opinions of the *hoju* system decision of the Korean Constitutional Court that the *hoju* system should be sustained under the protection of Article 9 of the Constitution was thus misrouted from the start. On the other hand, the majority opinion of that decision is not completely satisfactory on this point: it implicitly assumes that in some cases Article 9 can be grounds for affirming the constitutionality of tradition-supported laws. Whether a rule is supported by tradition is immaterial in the context of Article 9 of the Constitution.

Then is tradition meaningless in the context of judicial review? The answer to this question is that in some circumstances the fact that a legal rule is supported by tradition should be considered relevant. If some provisions of the Constitution were based upon certain traditions, these traditions must be considered in the interpretation of such provisions. For example,

---

14) See, for example, Erwin Chemerinsky, Constitutional Law, Principles and Policies, New York, Gaithersburg, Aspen Law & Business, 2nd ed., 2002, p. 7.

there is a general consensus that property guaranteed by the Article 23 (1) of the Constitution means property in the traditional sense.

Then, does marriage and family life protected by Article 36 (1) mean traditional marriage and family life, that is, the patriarchal and the patrilineal form of marriage and family life? The dissenting opinions of the *hoju* system decision answered this question in the affirmative. But, as the majority opinion of that decision explained, Article 36 (1) should be understood as the expression of the constitutional decision that the patriarchal and patrilineal marriage and family lifestyle of the past should not be tolerated, for it provides that marriage and family life must be established and maintained based upon the dignity of the individual and gender equality, which was not the case in the traditional patriarchal family.

This debate in Korean law can be compared with the debate on substantive due process precedents in the U.S. Supreme Court. It is well known that the Supreme Court precedents protect privacy and family-related liberties as constitutionally guaranteed fundamental rights under substantive due process.[15] But the Constitution itself provides only procedural due process, not substantive due process — so the legitimacy of these precedents is fiercely debated.

One influential approach to finding and articulating substantive due process rights is to define these rights by way of tradition. The dissenting opinion of Justice Harlan in Poe v. Ullman, 367 U.S. 497, 81 S.Ct. 1752, 6 L.Ed.2d 989 (1961) asserted that the right to use contraceptives was a constitutionally protected substantive due process right. Harlan opined that "Due process has not been reduced to any formula; its content cannot be determined by reference to any code. The best that can be said is that through the course of this Court's decisions it has represented the balance which our Nation, built upon postulates of respect for the liberty of the individual, has struck between that liberty and the demands of organized society. If the supplying of content to this Constitutional concept has of necessity been a rational process, it certainly has not been one where judges have felt free to

15) See, for example, Roe v. Wade, 410 U.S. 113 (1973) and Planned Parenthood v. Casey, 505 U.S. 833 (1992), protecting the right of abortion.

roam where unguided speculation might take them. The balance of which I speak is the balance struck by this country, having regard to what history teaches are the traditions from which it developed as well as the traditions from which it broke. That tradition is a living thing. A decision of this Court which radically departs from it could not long survive, while a decision which builds on what has survived is likely to be sound. No formula could serve as a substitute, in this area, for judgment and restraint."

Quoting Justice Harlan, the majority opinion of Moore v. City of East Cleveland, 431 U.S. 494, 97 S.Ct. 1932, 52 L.Ed.2d 531 (1977), written by Justice Powell, stated that "Our decisions establish that the Constitution protects the sanctity of the family precisely because the institution of the family is deeply rooted in this Nation's history and tradition. It is through the family that we inculcate and pass down many of our most cherished values, moral and cultural."[16)]

But the invocation of tradition is a two-edged knife. At times, tradition has been invoked to deny substantive due process rights that were found to be thereby unsupported. In Michael H. v. Gerald D., 491 U.S. 110, 109 S.Ct. 2333, 105 L.Ed.2d 91, 57 USLW 4691 (1989), the opinion of the court, delivered by Justice Scalia, denied that the power of a biological father to assert parental rights over a child born into a woman's existing marriage with another man was a protected substantive due process right because such a power was not sufficiently rooted in the traditions and conscience of the American people as to qualify as fundamental.

Then should the issue of whether certain activities, not protected by the Constitution explicitly, are supported by tradition or not, be conclusive in deciding whether people have a fundamental right to such activities? The answer should be never. Traditional support for a certain activity can be grounds for acknowledging such an activity as constitutionally protected right, but the lack of support of a specific tradition does not mean that it should not be protected by the Constitution.

In Lawrence v. Texas, 539 U.S. 558, 123 S.Ct. 2472, 156 L.Ed.2d 508 (2003), the majority opinion, written by Justice Kennedy, held that the Texas

16) Footnotes omitted.

statute making it a crime for two persons of the same sex to engage in certain intimate sexual acts was unconstitutional, overruling Bowers v. Hardwick, 478 U.S. 186, 106 S.Ct. 2841, 92 L.Ed.2d 140 (1986), although sodomy was not supported by tradition. On this point, the majority opinion opined that "[H]istory and tradition are the starting point but not in all cases the ending point of the substantive due process inquiry."[17)]

Ⅶ. Conclusion

Reform of Korean family law was marked by struggles between the Constitutional principles and tradition. The movement to conform family law to the Constitution was retarded by the resistance of conservative groups, whose main argument was that family law ought to be rooted in tradition. But tradition alone cannot be a defense for an otherwise unconstitutional law. In the reform process, the Korean Constitutional Court played a significant role to uphold the primacy of the Constitution, as evident in the decisions regarding the common surname marriage ban and the *hoju* system.

〈Journal of Korean Law, Vol. 5 No. 1, 2005〉

〈追記〉

이 글은 2005년 개최되었던 제12차 국제가족법학회 세계학술회의에서 발표된 논문의 모음집인 Lynn D. Wardle and Camille S. Williams ed., Family Law: Balancing Interests and Pursuing Priorities, William S. Hein & Company, 2007, pp. 145 ff.에도 약간 다른 형태로 실려 있다.

---

17) 123 S.Ct. 2480.

女性差別撤廢協約과 韓國家族法

Ⅰ. 序　　論

女性에 대한 모든 形態의 差別撤廢에 관한 協約(Convention on the Elimination of All Forms of Discrimination against Women)[1]은 국제적인 차원에서 여성 차별의 철폐를 이룩하기 위하여 1979. 12. 18. 제34차 UN 총회에서 채택되었고, 1981. 9. 3.부터 발효되었다. 한국은 국회의 협약비준 동의를 얻어 1984. 12. 27. 유엔 사무총장에게 비준서를 기탁함으로써 위 협약에 가입하였고, 위 협약은 1985. 1. 26.부터 우리나라에 적용되게 되었다. 위 협약이 적용된 이래 국내의 법상황은 매우 많은 변화를 겪었는데, 이러한 변화에는 위 협약 자체가 많은 영향을 주었다고 보인다. 특히 한국은 위 협약에 가입하면서 주로 가족문제와 관련된 몇 개의 조항을 유보하였으나, 그 후 국내의 관련법들이 개정됨에 따라 한국은 유보 조항 중 대부분을 철회하였다.

이 글은 여성차별철폐협약과 한국가족법의 관계에 대하여 살펴보려고 한다. 종래 여성차별철폐협약이 한국법에 미친 영향에 대하여는 어느 정도 연구가 있었으나 가족법을 중심으로 한 연구는 상대적으로 적었을 뿐만 아니라, 2005년에 들어서서는 헌법재판소의 호주제에 대한 헌법불합치결정,[2] 가족법 개정[3] 등의 중요한 변화가 있었다. 이들은 모두 여성차별철폐협약과 밀접한 관련이 있는 문제이다. 뿐만 아니라 2005. 7. 21. 선고된 대법원 전원합의체 판

1) 이하 "여성차별철폐협약" 또는 "협약"이라고만 한다. 영어로는 CEDAW라는 약어로 호칭된다.
2) 헌법재판소 2005. 2. 3. 선고 2001헌가9 외 결정(헌법재판소공보 101, 173면 이하).
3) 2005. 3. 31. 민법일부개정법률(법률 제7427호).

결[4])은 종중의 종원의 자격을 성년 남자로만 제한하고 여성에게는 종원의 자격을 부여하지 않는 종래 관습은 더 이상 법적 효력을 가질 수 없게 되었다고 하여 공동선조와 성과 본을 같이 하는 후손은 성별의 구별 없이 성년이 되면 당연히 종중의 구성원이 된다고 하였는데, 그 이유에서 명시적으로 여성차별철폐협약을 원용하고 있다. 이러한 새로운 사태의 발전을 여성차별철폐협약과 관련하여 논의하는 것은 의미가 있다고 생각된다.

이 글의 순서는 다음과 같다. 우선 여성차별철폐협약이 어떤 것인가를 간략히 소개하고, 그것이 가지는 법적인 의미에 관하여 살펴본다. 이어서 여성차별철폐협약에 관련된 한국 법의 변화를 시기적인 순서에 따라서 서술한다.

Ⅱ. 女性差別撤廢協約의 概觀

1. 여성차별철폐협약의 성립과 주된 내용[5])

UN은 1945년의 유엔 헌장, 1948년의 세계인권선언 등 여러 가지 중요한 문서에서 性에 의한 차별을 허용하여서는 안 된다는 것을 밝혀 왔다. 그러다가 1967. 11. 7.에 개최된 UN 총회에서 독립된 문서인 "女性差別撤廢宣言(Declaration on the Elimination of Discrimination against Women)"을 만장일치로 채택하였다. 이 선언은 그 前文에서 "여성에 대한 차별은 인간의 존엄, 가정 및 사회의 복리와 양립할 수 없고, 여성이 남성과 동등한 조건으로 자기 나라의 정치적·사회적·경제적 및 문화적 생활에 참여하는 것을 방해하며 여성이 자기 나라와 인류를 위해 봉사할 수 있는 잠재력을 충분히 발전시키는 데 장애가 되는 점을 고려하여" 이 선언을 채택하였음을 밝히고 있다. 이 선언은 제 1 조에서 여성에 대한 차별이나 남성과의 동등한 권리를 부정하거나 제한하는 것은 근본적으로 정의롭지 않고, 인간의 존엄에 대한 침해라고 밝히고, 제 2 조에서는 여성에 대한 차별적인 법, 관습, 규정 및 관행 등을 폐지하고 남성과 여성의 동등한 권리에 대한 충분한 보호를 확립하기 위하여 필요한 조치를 취하여야

4) 대법원 2005. 7. 21. 선고 2002다1178 전원합의체 판결(公 2005하, 1326).

5) 여기서는 김엘림, "여성차별철폐협약", 國際人權法 제 1 호, 1996, 108면 이하; 徐哲源, "여성차별철폐협약의 이행감독절차", 國際人權法의 實踐制度, 碩岩 裵載湜博士古稀紀念, 1998, 198면 이하 등을 참고하였다.

한다고 규정하고 있으며, 제 3 조 이하에서 구체적인 내용을 열거하고 있다. 그러나 이 선언은 법적인 구속력이 있는 것이 아니어서 실효성을 가지지 못하였다. 그리하여 법적인 구속력이 있는 문서를 채택할 필요성이 있어서 장기간의 논의 끝에 1979년에 여성차별철폐협약을 채택한 것이다. 이 협약은 2005. 3. 18. 현재 세계 180국이 가입하고 있다.[6]

협약은 前文과 6개의 部 및 30개의 조문으로 구성되어 있다. 제 1 부는 총칙에 해당하는 부분인데, 중요한 규정은 다음과 같다. 제 1 조는 여성차별을 정의하고 있는데,[7] 여성에 대한 차별을 “정치적 · 경제적 · 사회적 · 문화적 · 시민적 기타 분야에 있어서 결혼여부에 관계없이 남녀 동등의 기초 위에서 인권과 기본적 자유를 인식, 향유 또는 행사하는 것을 저해하거나 무효화하는 효과 또는 목적을 가지는 성에 근거한 모든 구별, 배제 또는 제한을 의미한다”고 규정하고 있다. 제 2 조는 당사국은 여성에 대한 차별을 철폐하기 위한 정책을 모든 적절한 수단을 통해 지체없이 추진하기로 합의하며, 이러한 목적으로 남녀평등의 원칙을 구현하고 차별을 금지하는 입법 기타 조치를 할 것을 약속하고 있다. 그리고 제 3 조는 당사국은 여성이 남성과 동등하게 인권과 기본적 자유를 행사하고 향유하는 것을 보장하기 위한 목적으로 모든 분야, 특히 정치적 · 사회적 · 경제적 및 문화적 분야에서 여성의 완전한 발전 및 진보를 확보해 줄 수 있는 입법을 포함한 모든 적절한 조치를 취하여야 한다고 규정한다.

제 2 부는 정치적 · 공적 활동(제 7 조), 국제적 활동(제 8 조), 국적(제 9 조)에 관한 여성차별의 철폐에 관하여 규정하고 있다. 아래에서 다루게 될 국적에 관한 제 9 조의 규정은 다음과 같다.

> 제 9 조
>
> 1. 당사국은 여성이 국적을 취득, 변경 또는 보유함에 있어 남성과 동등한 권리를 부여하여야 한다. 당사국은 특히 외국인과의 결혼 또는 혼인 중 부에 의한 국적의 변경으로 처의 국적이 자동적으로 변경되거나, 처가 무국적으로 되거나 또는 부의 국적이 처에게 강제되지 아니하도록 확보하여야 한다.
> 2. 당사국은 자녀의 국적에 관하여 남성과 동등한 권리를 여성에게 부여하여야 한다.

제 3 부는 교육(제10조), 고용(제11조), 보건(제12조), 경제적 · 문화적 활동(제

6) 가입국의 현황은 유엔의 홈페이지(http://www.un.org/womenwatch/daw/cedaw/states.htm) 참조 (최종 방문 2005. 8. 13).
7) 이하의 조문은 공식 번역본에 따랐다.

13조)에서의 차별철폐와 시골 여성에 대한 차별 철폐(제14조)에 관하여 규정하고 있다.

제 4 부는 법 앞에서의 남녀평등(제15조), 혼인과 가족관계에 있어서의 여성에 대한 차별 철폐(제16조)를 규정하고 있다. 이 글과 관련성이 깊은 제16조 제 1 항의 규정은 다음과 같다.

제16조 제 1 항
1. 당사국은 혼인과 가족관계에 관한 모든 문제에 있어 여성에 대한 차별을 철폐하기 위한 모든 적절한 조치를 취하여야 하며, 특히 남녀평등의 기초 위에 다음을 보장하여야 한다.
(가) 혼인을 할 동일한 권리
(나) 자유로이 배우자를 선택하고 상호간의 자유롭고 완전한 동의에 의해서만 혼인을 할 동일한 권리
(다) 혼인 중 및 혼인을 해소할 때의 동일한 권리와 책임
(라) 부모의 혼인상태를 불문하고 자녀에 관한 문제에 있어 부모로서의 동일한 권리와 책임: 모든 경우에 있어서 자녀의 이익이 최우선적으로 고려되어야 함
(마) 자녀의 수 및 출산간격을 자유롭고 책임감 있게 결정할 동일한 권리와 이 권리를 행사할 수 있게 하는 정보, 교육 및 제 수단의 혜택을 받을 동일한 권리
(바) 아동에 대한 보호, 후견, 재산관리 및 자녀입양 또는 국내법제상 존재하는 개념 중에 유사한 제도와 관련하여 동일한 권리와 책임: 모든 경우에 있어서 아동의 이익이 최우선적으로 고려되어야 함
(사) 가족성(姓) 및 직업을 선택할 권리를 포함하여 부부로서의 동일한 개인적 권리
(아) 무상이든 혹은 유상이든 간에 재산의 소유, 취득, 운영, 관리, 향유 및 처분에 관한 양 배우자의 동일한 권리

제 5 부는 여성에 대한 차별 철폐위원회[8]에 관한 것이다. 즉 협약의 이행상 행하여진 진전을 심의할 목적으로 여성에 대한 차별 철폐위원회를 설치하고(제17조), 가입국이 본 협약의 규정을 실시하기 위하여 채택한 입법, 사법, 행정 또는 기타 조치와 이와 관련하여 이루어진 진전에 대한 보고서를 위원회가 심의하도록 국제연합사무총장에게 제출할 의무를 진다(제18조).[9]

제 6 부는 부칙이다.

---

8) 이하 '여성차별철폐위원회'라고만 한다.
9) 보고서의 제출 시기는 관계국에 대하여 발효한 후 1년 이내, 그 이후에는 최소한 매 4년마다 제출하며, 위원회가 요구하는 때에는 언제든지 제출하여야 한다.

2. 한국의 유보조항과 유보의 철회

한국은 위 협약에 가입하면서 국적에 관한 제9조와 제16조 제1항 중 (다), (라), (바), (사)[10]를 유보하였다가 1991. 3. 15. 제16조 제1항 중 (다), (라), (바)에 대하여 유보를 철회하였고, 1999. 8. 24. 제9조에 대하여 유보를 철회하여 현재는 16조 제1항 (사)에 대하여만 유보하고 있는 상태이다. 그 상세한 내용은 뒤에서 다시 살펴보겠지만, 이처럼 가입 당시 여러 조항을 유보한 데 대하여는 여러 가지의 비판이 있었다.

첫째, 유엔 여성차별철폐위원회는 한국에 대하여 계속적으로 이 유보의 철회를 권고하였다.[11] 뿐만 아니라 여성차별철폐위원회는 1987. 4. 12. 및 1992. 1. 30. 모든 가입국에 대하여 유보의 철회를 검토하라는 일반권고를 내린 바 있고,[12] 1994. 2. 4.의 일반권고 21호에서 협약 제9조, 제15조 및 제16조의 중요성을 강조하면서, 각 가입국에 대하여 이들 조문의 유보를 철회할 것을 강력하게 권고하였다.[13] 다른 한편 협약 제28조 제2항은 "본 협약의 대상 및 목적과 양립하지 아니하는 유보는 허용되지 아니한다"고 규정하고 있는데, 한국이 유보한 조항들이 이에 해당하였던 것은 아닌가 하는 의문이 있다.[14]

둘째, 人權條約加入의 의의는 조약가입을 계기로 국내인권상황을 조약이 요구하는 수준으로 끌어올리는 데 있는데, 과거 한국은 국내법이 조약상의 의무를 만족시키지 못하는 경우 國內法을 개정하기보다는 항상 개정이 필요 없을 정도로 留保를 하고 조약에 가입하여 왔고, 한국의 경우 항상 국내법의 개정이 없는 가입만을 하여 왔다는 사실은 인권조약을 계기로 국내인권상황을 좀더 개선시키겠다는 의지를 갖고 가입하였다기보다는 國際社會에서 단지 조

10) 이는 공식 번역문을 따른 것이고 조약 원문에는 (c), (d), (f), (g)로 되어 있다.

11) Concluding Observations of the Committee on the Elimination of Discrimination Against Women: Republic of Korea. 28/01/93. A/48/38, para. 448; Concluding Observations of the Committee on the Elimination of Discrimination Against Women: Republic of Korea. A/53/38/Rev. 1, para 368. 이들 문서는 유엔 인권고등판무관실의 홈페이지(http://www2. ohchr.org/english/bodies/cedaw/index.htm)에서 검색할 수 있다.

12) CEDAW General recom. 4, A/42/38(General Comments); CEDAW General recom. 20, 3A/47/38(General Comments).

13) CEDAW General recom. 21.(General Comments).

14) 김선욱, "유엔여성차별철폐협약과 한국여성입법정책", 이화여자대학교 法學論集 제4권 제4호, 2000, 149면 참조.

약가입국이라는 칭호를 획득하기 위해서 가입하여 왔다는 비판을 면할 수 없다고 하는 비판이 있다.[15]

셋째, 뒤에서 다시 살펴보겠지만 한국이 유보를 철회한 경우에도 그 철회가 과연 국내 법의 상황에 비추어 정당한 것이었는가 하는 의문이 있다.

3. 女性差別撤廢協約의 國內法的 意義

여성차별철폐협약은 국회의 동의를 얻어 적법하게 비준, 가입되었으므로 우리나라에서도 국내법과 같은 효력을 가진다. 그러나 구체적으로 어떤 효력을 가지는 것인지는 검토해 볼 필요가 있다. 우선 위 협약이 국내에서 재판규범으로 직접 적용될 수 있는가 하는, 이른바 자기집행력 내지 직접적용 가능성에 관하여 살펴본다. 그리고 위 협약이 국내법으로서의 효력을 가지는 경우에 헌법 또는 법률과의 관계는 어떠한지에 관하여도 살펴볼 필요가 있다.

가. 協約의 自己執行力 여부

일반적으로 조약의 자기집행력 또는 직접적용이란, 조약이 국내법으로서의 효력을 가지는 경우에 국내적 실시를 위한 별도의 입법적 조치가 없이도 바로 국내에서 적용될 수 있고, 법원도 이를 재판규범으로서 원용할 수 있는 것을 말한다.[16] 조약을 자기집행적인 것과 그렇지 않은 것으로 구분하는 논의는 원래 미국에서 비롯된 것이지만, 현재 우리나라에서도 어느 정도 받아들여지고 있다고 할 수 있다.[17] 그런데 여성차별철폐협약이 자기집행적인지에 관하여는

15) 鄭印燮, "主要 人權條約의 國內的實踐", 人權과 正義 제221호(1995. 1), 76면.

16) 개념에 관하여는 예컨대 박기갑, "조약의 자기집행력: 프랑스의 이론 및 판례를 중심으로", 判例實務硏究 Ⅲ, 1999, 176면 이하; 劉南碩, "'市民的 및 政治的 權利에 관한 國際規約'의 直接適用可能性", 같은 책 212면 이하; 김태천, "재판과정을 통한 국제인권협약의 국내적 이행", 국제인권법의 국내이행에 있어 문제점 및 대안, 국가인권위원회 심포지엄 자료집(2004. 10. 27), 4면 이하 등 참조. 曺洪錫, "國際人權法의 國內法的 序列과 直接適用可能性", 저스티스 제32권 3호, 1999, 20면은 직접적용가능성은 특별한 입법조치 없이 그 자체에 기하여 조약이 법원이나 행정기관에 의해 직접 적용될 수 있다는 의미이고, 조약을 근거로 개인이 직접 소송을 제기할 수 있다는 의미는 아니라고 한다.

17) 예컨대 대법원 1999. 3. 26. 선고 96다55877 판결(公 1999상, 758)은, '시민적 및 정치적 권리에 관한 국제규약' 제2조 제3항은 위 국제규약에서 인정되는 권리 또는 자유를 침해당한 개인이 효과적인 구제조치를 받을 수 있는 법적 제도 등을 확보할 것을 당사국 상호간의 국제법상 의무로 규정하고 있는 것이고, 국가를 상대로 한 손해배상 등 구제조치는 국가배상법 등 국내법에 근거하여 청구할 수 있는 것일 뿐, 위 규정에 의하여 별도로 개인이 위 국제규약의 당사국에 대하여 손해배상 등 구제조치를 청구할 수 있는 특별한 권리가 창설된 것

국내에서 별다른 논의가 없다. 다만 한국이 여성차별철폐위원회에 제출한 보고서에서는 몇 차례에 걸쳐서 여성차별철폐협약은 정부가 비준하였으므로 국내법에 포함되고, 대한민국의 법정이나 행정당국에 대해서도 효력이 발생되어 협약을 직접 적용할 수 있다고 서술하고 있다.[18)]

조약의 자기집행력 내지 직접적용 가능성은 반드시 조약 전체를 대상으로 판단하여야만 하는 것은 아니고, 분리 가능한 최소단위별로 판단할 수 있는데, 이는 조약 起草者 및 當事國의 意思, 조약 문언의 내용·목적·대상 및 표현, 그 명확성 및 완전성의 정도, 당해 조약에 대하여 국내적 실시의무를 규정하고 있는지 여부 등 제반 사정을 종합하여 객관적으로 결정할 수밖에 없을 것이다.[19)] 그런데 많은 경우에 조약 기초자 및 당사국의 의사와 같은 것은 객관적으로 확인하기가 어려우므로 제 1 차적으로는 조약 문언의 내용·목적·대상 및 표현, 그 명확성 및 완전성의 정도와 같은 것이 기준이 될 수 있을 것이다.

그런데 이러한 기준에 따라 여성차별철폐협약이 자기집행적인가를 따져본다면 어떻게 될 것인가? 이에 대하여는 부정하는 견해도 있을 수 있다. 협약은 대부분의 조문에서 "당사국은 … 조치를 취하여야 한다"고 하는 형식으로 규정하고 있어서 당사국에 대하여 의무를 부과하고 있을 뿐 개인에게 직접 권리를 인정하는 형식으로는 규정하고 있지 않기 때문이다.

이 점에 관하여는 규정형태가 비슷한 아동의 권리에 관한 협약(Convention on the Rights of the Child)에 관한 논의가 참고가 될 수 있다.[20)] 과거 프랑스의 하급심 판례들은 아동의 사법절차상 의견표명의 권리를 보장하고 있는 협약 제12조 제 2 항[21)]의 직접적 효력을 긍정하는 편이 많았다. 그러나 프랑스 파기

은 아니라고 해석된다고 판시하였다.

18) 1986. 2.의 최초보고서(Initial Report of the Republic of Korea), paras. 24 ff.; 1989. 12.의 제 2 차보고서(The 2nd Report of the Republic of Korea), paras. 24 ff. 등. 한국이 여성차별철폐위원회에 제출한 1차에서 4차까지의 보고서의 영문과 국문은 국가인권위원회, 국제인권조약 국내이행자료집, 2002에 수록되어 있다. 5차보고서의 국문 및 영문은 민주사회를 위한 변호사모임 홈페이지(http://minbyun.jinbo.net)에 수록되어 있다(http://minbyun.jinbo.net/minbyun/zeroboard/view.php?id=un1&page=1&sn1=&divpage=1&sn=off&ss=on&sc=on&select_arrange=headnum&desc=asc&no=88).

19) 劉南碩(註 16), 221면. 또한 박기갑(註 16), 193-194면 참조.

20) 이하의 설명은 尹眞秀, "兒童의 司法節次上 聽聞", 이창희·장승화 편, 절차적 정의와 법의 지배, 2003, 311면 이하, 331면 이하 참조. 또한 박기갑(註 16), 191면 이하도 이에 관하여 다루고 있다.

21) 아동의 권리에 관한 협약 제12조

1. 당사국은 자신의 견해를 형성할 능력이 있는 아동에 대하여 본인에게 영향을 미치는 모든 문제에 있어서 자신의 견해를 자유스럽게 표시할 권리를 보장하며, 아동의 견해에 대하여

원 민사 제 1 부의 1993. 3. 10. 판결은 이를 부정하였다.[22] 이 사건에서 피고는 1979년에 혼인 외의 자녀인 아들을 낳았고, 원고는 이 아들을 인지하였다. 그 후 원고가 피고를 상대로 위 아들에 대한 방문 및 숙박권(droit de visite et d'hébergement)의 행사를 청구하자, 법원은 면접자에 의한 社會的 調査(enquête sociale)[23]와 의사의 의견만을 들은 다음 1989년 8월에 원고의 청구를 기각하였고, 이는 1990. 12. 항소심인 Renne 고등법원에서도 그대로 유지되었다. 그러자 원고는 상고를 하면서 상고이유로서 법원이 협약 제 1 조, 제 3 조, 제 9 조 및 제12조를 무시하고 아들을 직접 신문하지 않았다는 점을 주장하였다.

그러나 파기원은, 협약의 규정들은 법원에서 원용될 수 없고, 협약은 협약 당사국에 대한 의무(charge) 외에는 의무를 창설하지 않았으며, 이는 국내법으로서 직접 적용될 수 없다고 판시하여 원고의 상고를 기각하였다.

이 판결에 대한 Massip의 평석[24]에 따르면 인권에 관한 협약들은 조약 당사국에 대하여 인권을 존중할 의무를 부과하기는 하지만, 법관은 조약이 법률에 우선함을 근거로 하여 법률이 그러한 협약의 원리들에 위배된다는 이유로 법률을 배척할 수는 없다고 한다. 협약에서 사용하고 있는 용어들이 특정인이 그 위반을 주장하기에는 너무 일반적이거나 심지어는 애매하다고 한다. 또 협약 제43조가 아동인권위원회가 조약 당사국들의 조약상의 의무 이행을 조사하도록 규정하고 있으며, 협약 제44조가 그 이행상황을 주기적으로 보고하도록 규정하고 있는 점을 지적하면서, 이러한 규정들은 명백히 직접적용의 가능성을 배제하는 것으로 보인다고 한다. 특히 협약 제12조가 아동에게 기회가 주어져야 한다고 규정하고 있는 것은 명백히 그 적용의 태양을 암시하는 것이라고 한다. 따라서 조약 당사국의 의무는 법원에 의하여 직접 적용될 수 없고, 법관은 단지 협약에만 근거하여 재판을 할 수 없으며, 또 프랑스 법이 조약문과 합치되는가를 따질 수도 없다고 한다. 입법을 협약과 조화되게 하는 것은 국가만

는 아동의 연령과 성숙도에 따라 정당한 비중이 부여되어야 한다.

2. 이러한 목적을 위하여, 아동에게는 특히 아동에게 영향을 미치는 어떠한 사법적·행정적 절차에 있어서도 직접 또는 대표자나 적절한 기관을 통하여 진술할 기회가 국내법적 절차에 합치되는 방법으로 주어져야 한다.

22) 프랑스의 판례들은 프랑스의 법률정보에 관한 공식 사이트인 Legifrance(http://www.legifrance.gouv.fr)에서 검색할 수 있다.

23) 프랑스민법 제287조의2에 의하면 친권 및 방문권의 행사방법 또는 자녀의 제 3 자 위탁에 관한 임시적·확정적 결정을 하기 전에 법관은 유자격자로 하여금 가정환경조사를 시행하도록 할 수 있다. 이를 社會的 調査(enquête sociale)라고 한다.

24) Note, Recueil Dalloz Sirey, 1993, Jurisprudence, p. 362 ff. 참조.

의 임무라고 한다.

그러나 아동권리협약에 관한 이러한 논의는 여성차별철폐협약에 관하여 그대로 적용되기는 어렵다. 여성차별철폐협약에서는 당사국의 의무로서 입법의 무뿐만 아니라 입법을 포함한 모든 적절한 조치를 취할 것을 규정하고 있으므로, 법원의 재판도 이 협약에서 말하는 모든 적절한 조치에 포함된다고 봄이 타당할 것이다.

이와 관련하여 대법원 2005. 7. 21. 선고 2002다1178 전원합의체 판결[25]은 종중의 종원의 자격을 성년 남자로만 제한하고 여성에게는 종원의 자격을 부여하지 않는 종래 관습은 여러 가지 사회적 및 법적 변화로 인하여 더 이상 효력을 가질 수 없게 되었다고 하면서 그 근거의 하나로서 다음과 같이 설시하고 있다.

"한편, 1985. 1. 26.부터 국내법과 같은 효력을 가지게 된 유엔의 여성차별철폐협약(CONVENTION ON THE ELIMINATION OF ALL FORMS OF DISCRIMINATION AGAINST WOMEN)은 '여성에 대한 차별'이라 함은 정치적, 경제적, 사회적, 문화적, 시민적 또는 기타 분야에 있어서 결혼 여부와 관계없이 여성이 남녀동등의 기초 위에서 인권과 기본적 자유를 인식, 향유 또는 행사하는 것을 저해하거나 무효화하는 것을 목적으로 하는 성별에 근거한 모든 구별, 제외 또는 제한을 의미한다고 규정하면서, 위 협약의 체약국에 대하여 여성에 대한 차별을 초래하는 법률, 규칙, 관습 및 관행을 수정 또는 폐지하도록 입법을 포함한 모든 적절한 조치를 취할 것과 남성과 여성의 역할에 관한 고정관념에 근거한 편견과 관습 기타 모든 관행의 철폐를 실현하기 위하여 적절한 조치를 취할 의무를 부과하였다."

이 판결은 협약의 직접적용 가능성이 인정된다는 전제에 서 있는 것으로 여겨진다. 다만 종중과 같은 사법상의 법률관계에 있어서도 위 협약이 직접 적용될 수 있는가 하는 점[26]은 검토를 요하는 문제이다. 이에 대하여는 아래에서 다시 언급한다.

다른 한편 이와 관련하여 1999. 10. 6. 유엔에서 채택된 여성차별철폐협약에 관한 選擇議定書(Optional Protocol to the Convention on the Elimination of All Forms of Discrimination against Women)를 살펴볼 필요가 있다. 이 선택의정서는

25) 註 4) 참조.

26) 李和淑, "宗中의 女性問題", 逸軒 崔柄煜敎授 停年紀念 現代民事法硏究, 2002, 102면 이하; 정인섭 편, 사회적 차별과 법의 지배, 2004, 55-56면(김엘림 발언) 등은 그러한 취지로 이해될 수 있다.

협약상의 권리가 당사국에 의하여 침해된 경우에 개인이나 개인집단 등이 여성차별철폐위원회에 이의를 제기하는 통보절차를 규정하는데, 위원회는 그 통보를 심리하여 적법한 경우 그에 대한 위원회의 견해와 권고를 당사자들에게 전달하도록 되어 있다. 이 협약은 2000. 12. 22. 발효되었고, 2005. 1. 7. 현재 이 선택의정서에는 71개국이 가입하였으나,[27] 한국은 가입하고 있지 않다.[28] 한국이 이 선택의정서에 가입한다면 협약의 실효성은 한층 높아질 것이다.

나. 協約과 憲法 및 法律과의 관계

협약은 조약의 일종으로서 헌법 제6조 제1항에 따라 국내법과 같은 효력을 가진다. 그런데 구체적으로 헌법 및 법률과의 관계에 있어서는 어느 것이 상위에 있는가 하는 문제가 제기될 수 있다. 예컨대 헌법이나 법률에 어긋나는 조약의 경우에 그 효력은 어떻게 되는가 하는 문제이다.

일반적으로는 조약은 헌법보다는 하위이지만 법률과 동일한 효력을 가진다고 보고 있으나,[29] 근래에는 조약이라 하더라도 국제인권법과 같은 것 중에는 그 내용이 "인간의 존엄과 가치" 차원에서 보장되어야 할 "국민의 자유와 권리"에 관한 것이면 이는 이미 헌법에 의하여 보장되고 있는 권리를 확인해 주는 注意的 規程에 지나지 않으므로, 그 규정의 형식 여하(즉 법률, 조약, 명령, 규칙인지 여부)를 불문하고 언제나 憲法律的 效力을 인정해야 한다는 견해도 주장되고 있다.[30]

그러나 이처럼 일정한 종류의 국제인권법 규범에 대하여 헌법과 마찬가지의 효력을 인정하기는 어렵고, 또 그렇게 할 필요성도 없다. 먼저 국제인권법 규범에 대하여 헌법과 마찬가지의 효력을 인정한다면 이는 국민주권의 대표자인 의회가 제정한 법률보다 상위의 지위를 인정하는 것이 되어 국민주권의 원

27) 가입국의 현황은 유엔의 홈페이지(http://www.un.org/womenwatch/daw/cedaw/protocol/sigop.htm) 참조(최종 방문 2005. 8. 14).

28) 한국인권위원회는 2003. 12. 8. 국무총리와 외교통상부장관 및 법무부장관에게 위 선택의정서에 가입할 것과, 개인통보제도에 따른 유엔인권규약위원회 결정을 관보에 게재하고 그 결정을 이행할 수 있도록 하는 특별법을 제정할 것을 권고하였다. 국가인권위원회 홈페이지(http://humanrights.go.kr/policy/policy/poli03_02_view.jsp;) 참조(최종 방문 2005. 8. 14).

29) 예컨대 靑洪錫(註 16), 13면 이하; 金明基, "國際法과 國內法의 適用 關係", 判例月報 358호(2000. 7), 43면 이하 등.

30) 오승철, "UN국제인권규약(B규약) 제9조 제3항의 국내법적 해석 · 적용", 人權과 正義 294號 (2001. 2), 143면 이하; 이명웅, "국제인권법과 헌법재판", 저스티스 2005. 2, 184면 이하. 또한 박찬운, "헌법실무연구회 제48회 지정토론문", 憲法實務硏究 5, 2004, 617면; 위 책 623면(박찬운 발언)도 같은 취지로 보인다.

칙에 어긋난다.[31] 그러므로 조약 형태의 국제인권법 규범은 우리나라의 법상으로는 법률과 같은 효력을 가진다고 보아야 할 것이다. 그러나 이러한 국제인권법 규범은 실제로 헌법의 해석에 관한 기준으로 사용될 수 있으므로 그 한도에서는 사실상 헌법적인 의미를 가진다고 할 수 있다. 헌법 규범은 많은 경우에 추상적이므로 여성차별철폐협약과 같은 국제인권법의 규범이 좀더 구체적인 경우에는 이러한 국제인권법의 규범을 헌법 해석에 원용할 수 있고, 경우에 따라서는 우리 헌법의 해석을 국제법의 규범에 따라 바꿀 필요도 있는 것이다.[32] 이와 같이 이해한다면 실질적으로는 협약에 憲法律的 效力을 인정하는 것과 큰 차이는 없다고 할 수 있다. 다만 명시적으로 헌법의 규정과 국제적 인권협약이 충돌될 때에는 헌법이 우선한다고 보지 않을 수 없다.

Ⅲ. 女性差別撤廢協約과 韓國家族法

1. 1990년의 가족법 개정과 한국의 유보철회

한국이 여성차별철폐협약에 가입한 후인 1990. 1. 13.에 민법 중 친족법과 상속법 부분이 대폭 개정되어 1991. 1. 1.부터 시행되게 되었다. 개정법률의 중요한 내용은 다음과 같다.[33]

---

31) 헌법실무연구회 제48회 발표회 토론요지, 憲法實務硏究 5(註 30), 624면(윤진수 발언). 金明基(註 29), 47면은 통설인 법률·조약동위설이 타당하다고 하면서 그 이유로서 (i) 조약을 헌법과 동위의 것으로 보면 헌법개정절차에 의하지 아니하고 그보다 간이한 절차로 헌법을 개정하는 결과가 되므로 이는 허용될 수 없고, (ii) 대부분의 민주주의 국가는 법률과 동일한 효력을 인정하고 있으며, 국회의 동의를 요하는 조약이 헌법상 법률보다 상위 또는 법률보다 하위라는 적극적인 규정이 없기 때문이라는 점을 들고 있다.

32) 憲法實務硏究 5(註 30), 624면(윤진수 발언). 정인섭, “헌법재판소 판례의 국제법적 분석”, 憲法實務硏究 5(註 30), 571면 이하, 594면 이하; 위 책 620-621면(정인섭 발언) 등도 같은 취지이다. 헌법재판소 1999. 12. 23. 선고 98헌마363 결정(헌법재판소판례집 11권 2집 770면 이하, 789-790면)은 제대군인이 공무원채용시험 등에 응시한 때에 과목별 득점에 과목별 만점의 5% 또는 3%를 가산하는 제대군인가산점제도가 헌법상 평등원칙에 어긋난다고 하면서 그 근거의 하나로서 “여성에대한모든형태의차별철폐에관한협약 등의 각종 국제협약, 위 헌법규정과 법률체계에 비추어 볼 때 여성과 장애인에 대한 차별금지와 보호는 이제 우리 법체계 내에 확고히 정립된 기본질서라고 보아야 한다”고 설시하고 있다. 기타 헌법재판소 판례 가운데 국제적 인권규범을 인용하고 있는 사례에 대하여는 이명웅(註 30), 186면 이하 참조. 이를 가리켜 국제인권협약의 간접적용(indirect application) 내지 간접수용(indirect incorporation)이라고 부르기도 한다. 김태천(註 16), 26면 이하 참조.

33) 1990. 1. 13. 법률 제4199호. 개정과정에 대하여 상세한 것은 이태영, 가족법 개정운동 37

첫째, 친족의 범위에서 性에 따른 차이를 없앴다. 종전에는 부계혈족은 8촌까지, 모계혈족은 4촌까지로 하였던 것을 부계·모계의 구분 없이 일률적으로 8촌으로 하고, 인척은 남녀 구별 없이 4촌 이내로 통일하였다(제777조).[34] 그리고 종전에 혈족에 포함되지 않았던 자매의 직계비속과 직계존속의 자매의 직계비속도 혈족에 포함되었다(제768조). 또 종전에는 처가 사망한 경우에는 부가 재혼하더라도 처족과 인척관계가 소멸하지 않는 반면, 부가 사망한 경우에는 처가 친가에 복적하거나 재혼하면 夫族과 인척관계가 소멸하도록 규정하고 있던 것을 개정하여, 부부의 일방이 사망한 경우에 생존배우자가 재혼하면 인척관계가 소멸하도록 하였다. 그리고 종전의 계모자관계, 적모서자관계를 법정혈족관계에서 제외하였다(제773조, 제774조의 폐지).

둘째, 호주제도는 폐지되지는 않았지만 종래에 비하여 매우 약화되었다. 우선 호주의 가족에 대한 居所指定權(제798조)과 성년남자에 대한 强制分家權(제789조), 미성년자의 후견인이 될 권리(제933조) 등은 삭제되었고, 호주와 가족 중 누구의 소유인지 분명하지 않은 재산은 종전과 같이 호주의 단독소유로 추정하는 것이 아니라 가족의 공동소유로 추정되게 되었다(제796조 제2항). 또 종래에는 호주의 지위가 상속에 의하여 승계되었고, 이러한 호주상속의 포기는 인정되지 않았으나, 개정법은 이를 호주의 승계로 바꾸고, 호주를 승계할 자가 승계를 원하지 않으면 이를 포기할 수 있도록 하였다(제991조). 또 종래에는 분묘에 속하는 1정보 이내의 금양임야 등을 호주상속인이 승계하도록 하였으나, 개정법에 따르면 이를 제사를 주재하는 자가 승계하도록 하였다(제1008조).

셋째, 혼인관계에서는 종전에는 부부의 동거의 장소를 원칙적으로 夫의 주소나 거소로 하였던 것을 개정법은 제1차적으로 부부의 협의에 의하도록 하였다(제826조 제1항). 또한 부부의 공동생활에 필요한 비용도 종전에는 특별한 약정이 없으면 夫가 부담하던 것을 부부가 공동으로 부담하는 것으로 바꾸었다(제833조). 그리고 이혼시에 자녀의 양육에 관한 사항의 협정이 없으면 양육책임이 부에게 있던 것을 고쳐 부부가 협의하되 협의가 되지 않으면 가정법원이 결정하도록 하였다(제837조).

년사, 1992, 219면 이하; 裵慶淑, "家族法 改正 30년과 그 經過過程", 民法學의 回顧와 展望(民法典施行 三十周年 紀念論文集), 1993, 820면 이하; 金疇洙·李凞培, "家族法의 立法·改正經過", 金疇洙, 韓國家族法과 課題, 1993, 918면 이하 참조.

34) 종래에는 처의 입장에서는 夫의 8촌 이내의 부계혈족과 4촌 이내의 모계혈족은 친족에 포함되는 반면, 부의 입장에서는 처의 부모만이 친족에 포함되었다.

넷째, 친권에 관하여는 종전에는 친권은 부모가 공동으로 행사하되, 부모의 의견이 일치하지 아니하는 경우에는 부가 행사하도록 하던 것을 고쳐서, 부모의 의견이 일치하지 않는 경우에는 가정법원이 정하도록 하였다(제909조 제2항). 그리고 이혼한 모 등이 전 혼인 중에 출생한 子의 친권자가 될 수 없도록 하였던 규정도 폐지되었다.

다섯째, 상속법의 분야에서도 많은 변화가 있었다. 우선 종래에는 夫가 처를 상속하는 경우와 처가 夫를 상속하는 경우에 차이가 있던 것을 없애서 夫가 처를 상속하는 경우에도 직계비속의 상속분의 5할을 가산하게 하였고(제1009조 제2항), 처가 자녀 없이 상속하는 경우에 夫는 처가 상속하는 경우와 마찬가지로 처의 직계비속과 공동으로 상속하게 되었다(제1003호). 또 처가 사망하고 이어서 처의 부모가 사망한 경우에 夫가 대습상속을 받을 수 있게 되었다(제1003조 제2항).[35] 그리고 배우자의 경우를 제외하고는 상속분의 차이도 없애서, 남자와 여자, 혼인 여부에 관계없이 상속분은 均分으로 하였으며, 호주상속인에게 5할을 가산해 주던 제도도 없앴다.

이외에 이 개정에서는 재산분할청구권 제도의 창설(제839조의2), 면접교섭권의 명문화(제837조의2) 등 여러 가지 면에서 중요한 사항이 많이 포함되어 있었다.

이 개정법률을 여성차별철폐협약과 관련하여 살펴본다면 다음과 같은 점을 지적할 수 있다. 우선 개정 전 민법이 처가 사망한 경우에는 부가 재혼하더라도 妻族과 인척관계가 소멸하지 않는 반면 부가 사망한 경우에는 처가 친가에 복적하거나 재혼하면 夫族과 인척관계가 소멸하도록 규정하고 있던 것, 혼인관계에 있어서 종전에는 부부의 동거의 장소를 원칙적으로 夫의 주소나 거소로 하였던 것, 부부의 공동생활에 필요한 비용도 종전에는 특별한 약정이 없으면 夫가 부담하던 것은 혼인 중 및 혼인을 해소할 때의 동일한 권리와 책임이라는 협약 제16조 제1항 (다)의 규정과는 정면으로 어긋난다.

그리고 개정 전 민법상 친권은 부모가 공동으로 행사하되, 부모의 의견이 일치하지 아니하는 경우에는 부가 행사하도록 하던 것과, 이혼한 모 등이 전 혼인 중에 출생한 子의 친권자가 될 수 없도록 하였던 규정은 협약 제16조 (라), (바)의 규정과 어긋난다.

---

35) 근래에 夫가 妻를 대습상속하는 것이 타당한가 하는 점이 논란이 되었던 사건으로 대법원 2001. 3. 9. 선고 99다13157 판결(公 2001상, 831)이 있다.

이외에 종전에는 부계혈족은 8촌까지, 모계혈족은 4촌까지로 하였던 것, 종전에 자매의 직계비속과 직계존속의 자매의 직계비속을 혈족에 포함하지 않았던 것 및 상속에 있어서 여성과 남성을 차별하고 있던 것도 "혼인과 가족관계에 관한 모든 문제에 있어 여성에 대한 차별"(협약 제16조 제1항 본문)에 해당한다.

그러므로 이러한 개정 전의 규정들이 고쳐진 것은 여성차별철폐협약의 관점에서는 매우 중대한 개선이라고 하겠다.[36] 그리하여 정부는 1991. 3. 15. 협약 제16조 제1항 (다), (라) 및 (바)에 대한 유보를 철회하였다.[37]

그러나 이러한 유보의 철회는 성급했다고 여겨진다. 우선 민법상의 호주제는 비록 그 내용이 많이 약화되기는 하였지만 여전히 존속하고 있는데, 이는 부계혈통주의를 바탕으로 한 것으로서 가족관계에 관한 문제에 있어 여성에 대한 차별에 해당한다. 그리고 당시의 섭외사법은 부부관계의 準據法 결정에 있어서 夫를 중심으로 하고 있어서 역시 문제가 있었다.

그런데 이와 관련하여 정부의 유보철회를 비판하는 견해 가운데에는 동성동본금혼의 규정(개정 전 민법 제809조 제1항)이 존속하고 있음을 들고 있는 견해가 있다.[38] 유엔 여성차별철폐위원회도 한국의 제4차 이행보고서에 대한 최종평가에서 동성동본금혼 규정을 언급하고 있다.[39] 물론 과거의 동성동본금혼 규정이 부계혈통주의에 입각한 것으로서 성차별적인 요소를 포함하고 있음은 사실이다. 그러나 동성동본금혼 규정에 의하여 혼인이 제한되는 것은 여성뿐만 아니라 남성에게도 해당되는 것이므로 이 규정을 가리켜 직접 여성을 차별하는 것이라고 하기는 어려울 것이다. 다만 넓은 의미에서 협약의 정신에 부합하지 않음을 부인할 수는 없다.[40]

---

36) 개정 민법에 대한 헌법적인 평가로는 尹眞秀, "憲法이 家族法의 變化에 미친 영향", 서울대학교 법학 제45권 1호, 2004, 244면 이하 참조.

37) 다른 한편 시민적 및 정치적 권리에 관한 국제규약 제23조 제4항은 "이 규약의 당사국은 혼인 기간 중 및 혼인 해소시에 혼인에 대한 배우자의 권리 및 책임의 평등을 확보하기 위하여 적절한 조치를 취한다. 혼인해소의 경우에는 자녀에 대한 필요한 보호를 위한 조치를 취한다"고 규정하여 여성차별철폐협약 제16조 제1항 (다), (라)와 거의 동일한 내용을 담고 있는데, 한국은 위 규약에 가입하면서 위 조항을 유보하였다가 1991. 3. 15. 유보를 철회하였다.

38) 예컨대 김엘림(註 5), 132면; 김선욱(註 14), 150면 등.

39) Concluding Observations of the Committee on the Elimination of Discrimination Against Women: Republic of Korea. 08/07/98. A/53/38/Rev. 1, para. 367. 다만 위원회가 직접 동성동본금혼 규정이 협약에 어긋난다고 한 것은 아니고, 협약의 이행에 장애를 주는 요인으로서 가부장적인 남성적 가치를 들면서 그와 관련하여 동성동본금혼과 같은 차별적인 규정이 존재한다고 하였다.

40) 동성동본금혼에 대한 헌법재판소의 헌법불합치결정(1997. 7. 16. 선고 95헌가6 내지 13 결정, 헌법재판소판례집 9권 2호 1면 이하)은 동성동본금혼이 위헌이라는 이유로서 헌법 제10

2. 1997년의 國籍法 改正과 韓國의 留保撤回

가. 國籍法의 改正과 유보철회

國籍法은 1997. 12. 13. 법률 제5431호로 전문개정되었다. 그런데 위 개정 전의 國籍法[41]은 여성차별철폐협약 제 9 조와는 조화되지 않는 여러 가지 요소를 포함하고 있었고, 따라서 한국도 위 협약에 가입하면서 위 협약 제 9 조에 대하여 유보를 하였던 것이다.[42]

구체적으로 보면 다음과 같다.[43]

첫째, 舊 國籍法은 출생과 동시에 선천적으로 대한민국 국적을 취득하는 기준에 관하여 "출생한 당시에 父가 대한민국 국민인 자(제 2 조 제 1 항 제 1 호)"로 규정하여, 출생한 당시에 父가 대한민국 국민이 아니면 母가 대한민국 국민이라 하더라도 대한민국 국적을 취득하지 못하게 하는 이른바 父系血統主義를 따르고 있었다. 또한 인지에 의한 국적 취득의 경우에도 부모가 동시에 인지한 때에는 부가 대한민국 국민이어야 하였다(제 4 조 제 4 호). 이는 "당사국은 자녀의 국적에 관하여 남성과 동등한 권리를 여성에게 부여하여야 한다"고 규정하고 있는 여성차별철폐협약 제 9 조 제 2 항과 명백히 모순된다.[44]

둘째, 舊 國籍法은 이른바 夫 中心主義를 택하여 처의 국적은 부의 국적에 따르는 것으로 하고 있다. 즉 대한민국 국민의 처가 된 자는 대한민국의 국적을

조와 제36조 제 1 항 외에 평등원칙에 관한 규정인 헌법 제11조 제 1 항도 들고 있다. 그러나 제도의 연유가 남녀차별적 관점에서 비롯된 것이기는 하지만 그에 의한 기본권 제한이 남녀 모두에게 적용되는 것인 한 평등원칙 위반이라고 하기는 어려울 것이다. 尹容燮, "同姓同本禁婚制度의 違憲 與否", 金容俊 憲法裁判所長 華甲紀念 재판의 한 길, 1998, 218면; "헌법실무연구회 제14회 발표에 대한 토론요지", 憲法實務硏究 2, 2001, 171면(윤진수 발언) 참조. 뒤에서 언급할 국적법에 관한 註 46)의 헌법재판소 결정도 부가 한국인인가 모가 한국인인가에 따라 자녀의 국적 취득 여부를 달리하는 것은 모와의 관계에 있어서는 남녀차별이지만 자녀와의 관계에 있어서는 남녀차별은 아니라는 취지로 이해된다. 반대: 위 憲法實務硏究 2, 175면(석인선 발언).

41) 이하 이를 舊 國籍法이라고 부른다.

42) 여기서 국적의 문제도 가족법과 관련이 있는가 하는 의문이 제기될 수 있다. 그러나 아래에서 보는 바와 같이 국적의 취득을 출생이나 혼인과 같은 가족법상의 요건에 의존하게 하는 한 국적도 가족법과 관련이 있다고 할 수 있다. 외국의 입법례 가운데에는 프랑스민법이 국적법을 민법에 포함시켜 규율하고 있다.

43) 이에 대하여는 石東炫, "現行 國籍法의 問題點과 改正方向 硏究", 法曹 제46권 11호(494호), 1997, 33면 이하 참조.

44) 다만 舊 國籍法도 "父가 분명하지 아니한 때에는 母가 대한민국 국민인 자"도 대한민국 국민이라고 규정함으로써(제 2 조 제 1 항 제 3 호) 보충적으로는 母系血統主義的 요소를 가지고 있다.

취득하고(제3조 제1호), 외국인의 처는 대한민국 국민인 부모가 인지한 경우에도 대한민국 국적을 취득할 수 없으며(제4조 제2호), 대한민국 국적을 취득하는 자의 처는 본국법에 반대규정이 없는 한 夫와 같이 대한민국 국적을 취득하고(제8조), 외국인의 처는 부가 같이 하지 아니하면 대한민국에 귀화할 수 없도록(제9조) 규정하고 있었다. 이는 "당사국은 여성이 국적을 취득, 변경 또는 보유함에 있어 남성과 동등한 권리를 부여하여야 한다. 당사국은 특히 외국인과의 결혼 또는 혼인 중 부에 의한 국적의 변경으로 처의 국적이 자동적으로 변경되거나, 처가 무국적으로 되거나 또는 부의 국적이 처에게 강제되지 아니하도록 확보하여야 한다"고 규정하고 있는 협약 제9조 제1항과 명백히 어긋난다.

뿐만 아니라 이러한 舊 國籍法의 규정 내용에 대하여는 "이 규약의 당사국은 이 규약에서 규정된 모든 시민적 및 정치적 권리를 향유함에 있어서 남녀에게 동등한 권리를 확보할 것을 약속한다"고 규정하고 있는, 우리나라도 가입한 시민적 및 정치적 권리에 관한 국제규약 제3조와도 어긋난다는 주장이 있었다.[45] 또 위 국제규약 제24조 제3항은 "모든 어린이는 국적을 취득할 권리를 가진다"고 규정하고 있고, 우리나라도 가입한 아동의 권리에 관한 협약 제7조 제1항도 아동의 국적취득권을 보장하고 있다. 그런데 舊 國籍法에 따르면 외국인 父와 한국인 母 사이에서 혼인 중에 출생한 아동은 국적을 취득할 수 없는 경우도 생긴다.

그리하여 이러한 문제점들을 해결하기 위하여 1997. 12. 13. 國籍法이 개정된 것이다.[46] 개정된 국적법 가운데 여성차별철폐협약과 관계된 부분의 주요한 내용은 다음과 같다.[47]

첫째, 출생에 의한 국적취득에 관하여 舊 國籍法이 父系血統主義를 택했던 것과는 달리 개정법은 父母兩系血統主義를 택하여, "出生한 당시에 父 또는 母가 大韓民國의 國民인 者"는 출생과 동시에 대한민국 국적을 취득하는 것으로 규정하고(제2조 제1항 제1호), "父가 分明하지 아니한 때 또는 國籍이 없는 때에는 母가 大韓民國의 國民인 者"라는 舊 國籍法 제2조 제1항 제3호를 삭제하였다. 그리고 부모가 동시에 인지한 때에는 부가 대한민국 국민이어야

45) 石東炫(註 43), 38면 이하.

46) 뒤에서 살펴볼 憲法裁判所 2000. 8. 31. 선고 97헌가12 결정(헌법재판소판례집 12권 2집 167면 이하)도 개정의 이유가 여성차별철폐협약 가입 당시의 유보를 철회하기 위한 것이라는 점을 확인하고 있다.

47) 石東炫, "新國籍法의 成立經過 및 改正의 槪要", 저스티스 제32권 2호, 1999, 140면 이하 참조.

한다는 舊 國籍法 제4조 제4호도 삭제하였다.[48)]

둘째, 개정법은 舊 國籍法이 처의 국적을 부의 국적에 따르도록 한 것을 모두 개정하였다. 우선 일방 배우자가 한국 국적을 취득하더라도 다른 배우자가 당연히 한국 국적을 취득하는 것은 아니며, 다만 配偶者가 大韓民國의 國民인 外國人은 일반적인 귀화의 경우보다 용이하게 귀화허가를 받을 수 있는 것으로 하였다(제6조 제2항). 그리고 인지에 의한 국적 취득의 경우에 외국인의 처는 대한민국의 국적을 취득할 수 없게 하고 있던 종전의 규정(제4조 제2호)도 삭제하였다.

이러한 국적법의 개정에 따라 한국은 1999. 8. 24. 여성차별철폐협약 제9조에 대한 유보를 철회하였다.

나. 改正 國籍法 附則에 대한 憲法裁判所의 憲法不合致決定

그런데 국적법이 위와 같이 개정되기 전인 1997. 8. 20. 서울고등법원은 위 舊 國籍法 제2조 제1호에 대하여 위헌제청을 하여 사건이 헌법재판소에 계속되게 되었다. 그러자 위 개정 국적법은 제2조 제1항을 父母兩系血統主義로 바꾸면서도, 부칙 제7조에 별도의 규정을 두어 그 소급 적용을 이 법 시행 전 10년 동안에 대한민국의 국민을 모로 하여 출생한 자에 한하여 이 법의 시행일부터 3년 내에 대통령령이 정하는 바에 의하여 법무부장관에게 신고함으로써 대한민국의 국적을 취득할 수 있다는 규정을 두었다. 그러나 위 제청의 본안사건의 당사자는 중국인 父와 한국인 母 사이에서 1955년에 출생한 사람으로서, 위 부칙에 따르면 한국 국적을 취득할 수 없는 경우였다.

헌법재판소는 법원이 위헌제청을 한 舊 國籍法 제2조 제1호에 대하여는 위와 같이 법이 개정되어 재판의 전제성이 없다는 이유로 위헌여부심판제청을 각하하였으나, 위 법 시행 이전 10년 내에 출생한 사람에 한하여 대한민국 국적을 취득할 수 있게 한 부칙 제7조에 대하여는 헌법불합치 결정을 내렸다.[49)] 그 이유는 대체로 다음과 같다.

---

48) 이와 관련하여 개정 국적법 제2조 제1항 제2호는 舊 國籍法과 마찬가지로 "出生하기 전에 父가 死亡한 때에는 그 死亡한 당시에 父가 大韓民國의 國民이었던 者"는 대한민국 국민이 된다고 규정하고 있어서 이것도 남녀평등의 관점에서 문제될 수 있지 않은가 하는 의문이 있을 수 있으나, 이제까지는 출생하기 전에 母가 사망한 경우는 사실상 거의 상정할 필요가 없기 때문에 그러한 규정을 두지 않은 것으로 생각된다. 다만 이론적으로는 母가 腦死 상태에서 자녀를 출산한 경우에는 문제로 될 여지가 있을 것이다. 石東炫(註 47), 157-158면 참조.

49) 위 註 46) 참조.

우선 舊 國籍法 제 2 조 제 1 호에 대하여는, 부계혈통주의의 원칙을 채택한 위 조항이 한국인 부와 외국인 모 사이의 자녀와 한국인 모와 외국인 부 사이의 자녀를 차별취급하는 것은, 모가 한국인인 자녀와 그 모에게 불리한 영향을 끼치므로 헌법 제11조 제 1 항의 남녀평등원칙에 어긋남이 분명하고 이러한 차별취급은 헌법상 허용되지 않는 것이며, 국적취득에서 혈통주의는 사회적 단위인 가족에로의 귀속을 보장하는 한편 특정한 국가공동체로의 귀속을 담보하며 부모와 자녀간의 밀접한 연관관계를 잇는 기본이 되는데, 이러한 연관관계를 부와 자녀 관계에서만 인정하고 모와 자녀 관계에서는 인정하지 않는다면, 이는 가족 내에서의 여성의 지위를 폄하(貶下)하고 모의 지위를 침해하는 것이므로 헌법 제36조 제 1 항이 규정한 "가족생활에 있어서의 양성의 평등원칙"에 위배되며, 자녀의 입장에서 볼 때에도 한국인 모의 자녀를 한국인 부의 자녀에 비교하여 현저하게 차별취급을 하고 있으므로 헌법상의 평등원칙에 위배된다고 하였다.

이어서 부칙조항이 모가 한국인인 자녀가 대한민국 국적을 취득할 수 있는 기간을 신법 시행 전 10년 이내에 출생한 자로 제한한 것에 대하여는, 구법 조항의 위헌적인 차별로 인하여 불이익을 받은 자를 구제하는 데 신법 시행 당시의 연령이 10세가 되는지 여부는 헌법상 적정한 기준이 아닌 또 다른 차별취급이므로 부칙조항은 헌법 제11조 제 1 항의 평등원칙에 위배되지만, 단순위헌결정에 따른 법적 공백이나 혼란을 피하기 위하여 헌법불합치결정을 하면서 그 잠정 적용을 명하였다.

국적법의 개정 과정에서는 舊 國籍法의 규정이 여성차별철폐협약에 어긋나기는 하지만 헌법에 위반된 것은 아니라는 주장도 개진된 바 있었다. 즉 우리 憲法은 제 3 조에서 大韓民國 국민인 요건은 法律로서 정한다고 규정할 뿐, 그 구체적인 국민의 요건은 立法府의 재량에 맡기고 있으므로 憲法은 先天的으로 대한민국 국민이 되는 자의 범위, 즉 出生에 의한 國籍取得 要件에 관하여 특정의 원칙을 채택할 것을 요구하고 있지 않고 따라서 出生地主義나 血統主義 중 어느 것을 채택하는가 하는 것은 立法裁量 사항인 것이고, 또한 血統主義를 채택하는 경우에도 出生의 장소, 父母쌍방이 대한민국 국민인지 여부, 出生에 의하여 二重國籍者가 될 것인지 여부 等에 의하여 國籍取得의 범위를 제한하는 것 역시 立法府의 裁量에 위임된 사항으로 보아야 한다고 한다.[50)]

그러나 이러한 주장은 헌법상의 평등원칙을 간과한 것으로서 합당하다고

50) 石東炫(註 43), 41면 이하 참조.

하기 어렵다. 위 헌법재판소 결정의 의의는 舊 國籍法上의 父系血統主義가 단지 여성차별철폐협약에 어긋나는 정도가 아니라 헌법에 위반됨을 명백히 하였다는 데 있다.[51)52)] 그 후 위 부칙 제 7 조는 2001. 12. 19. 법률 제6523호로 개정되어, 위 신 국적법이 시행된 1998. 6. 14.을 기준으로 하여 20년 전인 1978. 6. 14.부터 출생한 사람에게 적용될 수 있는 것으로 바뀌었다.[53)]

3. 2001년의 國際私法 改正

여성차별철폐협약이 한국가족법에 미친 영향과 관련하여 빼놓을 수 없는 것이 2001년의 국제사법 개정이다. 대한민국의 국제사법은 1962. 1. 15. 섭외사법이라는 이름으로 제정된 이래 1999년 한 차례의 사소한 개정을 제외하고는 개정되지 않다가, 2001. 4. 7. 전문개정되면서 법률명도 국제사법으로 바뀌었다. 이와 같이 법을 개정하게 된 데에는 위 법이 제정된 지 40년이 가깝도록 사회의 변화에도 불구하고 바뀌지 않았다는 것이 주된 원인이지만, 특히 친족법 분야에서 대부분 夫 또는 父의 본국법을 준거법으로 규정하고 있는 것이 남녀평등의 원칙에 위배된다는 점도 크게 작용하였다. 그런데 이제까지는 국제사법 중 친족법 분야의 개정이 이루어진 데 대하여 주로 헌법에 위반된다는 점이 많이 지적되었으나,[54)] 그 개정에 의하여 여성차별철폐협약과의 조화가 이루어

51) 이러한 헌법재판소의 결정은 독일연방헌법재판소 1974. 5. 21. 결정(BVerfGE 37, 217)을 참조한 것으로 보인다. 독일연방헌법재판소는 위 결정에서 부가 독일인이고 모가 외국인인 혼인 중의 자녀는 독일 국적을 취득하는데 반하여 부가 외국인이고 모가 독일인인 혼인 중의 자녀는 독일 국적을 취득할 수 없도록 한 독일 국적법의 규정은 모의 입장에서는 남녀의 同權을 선언한 독일 기본법 제 3 조 제 2 항, 부모의 친권을 규정한 독일 기본법 제 6 조 제 2 항에 위반되고, 자녀의 입장에서는 일반적 평등원칙을 규정한 제 3 조 제 1 항에 위반된다고 하면서도 위 국적법의 규정에 따른 독일 국적의 취득은 새로운 입법적 규율이 있을 때까지 계속 적용된다고 하였다. 그러나 이 사건 헌법재판소 결정이 헌법불합치 및 잠정적 적용을 명한 데 대하여는 비판이 있다. 南福鉉, "개정된 국적법상 국적취득제한 경과규정의 헌법불합치결정에 관한 헌법소송법적 검토", 公法硏究 제30집 3호, 2002, 133면 이하 참조.

52) 뿐만 아니라 위 헌법재판소 결정은 위헌인 법률상태를 법률에 의하여 개선할 때에는 원칙적으로 소급효가 인정되어야 한다는 점을 밝힌 것으로 이해할 수도 있다. 尹眞秀, "相續의 單純承認 擬制規定에 대한 憲法不合致決定의 문제점", 憲法論叢 제11집, 2000, 231면 참조. 또한 헌법재판소 2004. 1. 29. 선고 2002헌가22, 2002헌바40, 2003헌바19·46(병합) 결정(헌법재판소공보 제89호 221면 이하) 및 이에 대한 평석인 尹眞秀, "特別限定承認의 規定이 遡及適用되어야 하는 範圍", 民事判例硏究 XXVII, 2005, 573면 이하 참조.

53) 이 개정법에도 문제점이 있다는 비판은 丁錦禮, "違憲的인 差別基準", 憲法判例硏究 4, 2002, 63면 이하 참조.

54) 법무부, 국제사법 해설, 2001, 3면; 崔興燮, "改正法律과 國際親族·相續法의 諸問題", 法曹 2001. 5, 150면 이하; 尹眞秀(註 36), 247면 이하 참조.

졌다는 점도 유의할 필요가 있다. 이하에서는 개정 국제사법 중 관련된 부분을 간단히 살펴본다.

첫째, 혼인의 효력에 관하여 개정 전 법 제16조는 夫의 본국법에 의한다고 규정하고 있었는데, 개정된 법 제37조는 혼인의 일반적 효력에 관하여 ① 부부의 동일한 본국법, ② 부부의 동일한 상거소지법, ③ 부부와 가장 밀접한 관련이 있는 곳의 법의 순서로 준거법을 규정함으로써 부부를 동등하게 취급하고 있다.

둘째, 부부재산제에 관하여 개정 전 법 제17조 제1항은 혼인 당시의 夫의 본국법을 준거법으로 하고 있었으나, 개정된 법 제38조 제1항은 제37조를 준용하도록 하였다.

셋째, 이혼의 준거법에 관하여는 개정 전 법 제17조는 이혼의 원인된 사실이 발생한 당시의 夫의 본국법에 의하도록 하고 있었으나, 개정된 법 제39조는 이에 관하여도 제37조를 준용함으로써 위헌의 소지를 제거하였다.[55]

넷째, 친자관계 성립의 준거법에 관하여도 변경이 있었다. 개정 전 법 제19조는 친생자의 추정, 승인 또는 부인의 준거법을 그 출생 당시의 母의 夫의 본국법(夫가 子의 출생 전에 사망한 때에는 그 사망 당시의 본국법)으로 규정하고 있었다. 그런데 개정법은 혼인 중의 친자관계의 성립은 자의 출생 당시 夫 또는 처 중 어느 일방의 본국법[56]에 의할 수 있도록 하였다.[57][58]

다섯째 그 외의 친자간의 법률관계에 관하여 개정 전 법 제22조는 父의 본국법에 의하고, 父가 없을 때에 한하여 母의 본국법에 의하도록 하였다. 그러나 개정법 제45조는 이처럼 父의 본국법을 우선적용하지 아니하고, 제1차적으로는 부모와 子의 공통의 본국법에 의하고, 그러한 공통의 본국법이 없을 때에는 子의 常居所地法에 의하도록 함으로써 부모를 불평등하게 처우한다는 문제를 해소하였다.

---

55) 다만 부부 중 일방이 대한민국에 상거소가 있는 대한민국 국민인 경우에는 이혼은 대한민국 법에 의하도록 하였다.

56) 夫가 子의 출생 당시에 사망한 때에는 사망 당시의 본국법이 부의 본국법이 된다.

57) 이 경우 친자관계의 성립에는 친자관계의 否認도 포함된다고 한다. 법무부(註 54), 145면.

58) 이외에 개정법 제41조 제1항은 혼인 외의 친자관계의 성립에 관하여는 원칙적으로 子의 출생 당시 母의 본국법에 의하고, 예외적으로 부자간의 친자관계의 성립은 子의 출생 당시 父의 본국법 또는 현재 자의 常居所地法에 의하도록 하였으며, 제2항은 인지는 인지 당시 인지자의 본국법에 의할 수 있도록 하였다.

4. 2005년의 戶主制에 대한 憲法不合致 決定

헌법재판소는 2005. 2. 3. 선고된 2001헌가9 등 결정[59]에서 호주제에 대하여 헌법불합치 결정을 선고하였다. 호주제에 대하여는 오랫동안 위헌 여부의 논란이 있었는데,[60] 헌법재판소가 이 결정에서 명확한 입장을 밝힌 것이다.

헌법재판소는 이 결정에서 호주제의 근간을 이루는 민법 제778조,[61] 제781조 제1항 본문 후단,[62] 제826조 제3항 본문[63]에 대하여 헌법불합치선언을 하였다. 이 결정에는 재판관 6인의 다수의견과 3인의 3개의 반대의견이 있었다.

다수의견은 위 각 법규정은 헌법 제36조 제1항이 요구하는 개인의 존엄과 양성평등의 원칙에 어긋난다고 하여 헌법불합치결정을 선언하였다. 이에 반하여 권성 재판관의 반대의견은 위 각 법규정은 모두 합헌이라고 하였고, 김영일 재판관의 반대의견은 제781조 제1항 본문 후단은 위헌이라고 하였으며, 김효중 재판관의 반대의견은 제781조 제1항 본문 후단과 제826조 제3항 본문이 위헌이라고 하였다.

이 결정에서 특히 흥미로운 것은 다수의견과 반대의견이 모두 전통 내지 전통문화의 헌법적 의미에 관하여 상세한 논의를 펴고 있는 점이다. 다수의견은 헌법의 최고규범성을 강조하면서, 가족제도는 민족의 역사와 더불어 생성되고 발전된 역사적·사회적 산물이라는 특성을 지니고 있기는 하나, 그렇다고 하여 가족제도나 가족법이 헌법의 우위로부터 벗어날 수 있는 특권을 누릴 수 없다고 한다. 헌법 제36조 제1항의 전신이라고 할 수 있는 제헌헌법 제20조는 우리 사회 전래의 혼인·가족제도는 인간의 존엄과 남녀평등을 기초로 하는 혼인·가족제도라고 보기 어렵다는 판단하에 근대적·시민적 입헌국가를 건설하려는 마당에 종래의 가부장적인 봉건적 혼인질서를 더 이상 용인하지 않겠다는 헌법적 결단의 표현으로 보아야 할 것이고, 이러한 헌법의 의지는

---

59) 위 註 2) 참조.

60) 근래의 문헌으로 최대권·윤진수·김양희·오정진, 호주제 개선방안에 관한 조사연구, 여성부, 2001, 47면 이하 참조.

61) 일가의 계통을 계승한 자, 분가한 자 또는 기타 사유로 인하여 일가를 창립하거나 부흥한 자는 호주가 된다.

62) 민법 제781조 본문: 자는 부의 성과 본을 따르고 부가에 입적한다.

63) 처는 부의 가에 입적한다.

1980년 헌법에서 더욱 강화되었으며, 현행 헌법은 국가의 보장의무를 덧붙임으로써 이제 양성평등과 개인의 존엄은 혼인과 가족제도에 관한 최고의 가치규범으로 확고히 자리잡았다고 한다. 그리고 헌법 전문과 헌법 제 9 조에서 말하는 '전통', '전통문화'란 오늘날의 의미로 재해석된 것이 되지 않으면 안 되고, 오늘날의 의미를 포착함에 있어서는 헌법이념과 헌법의 가치질서가 가장 중요한 척도의 하나가 되어야 할 것임은 두 말할 나위가 없는데 여기에 인류의 보편가치, 정의와 인도의 정신 같은 것이 아울러 고려되어야 할 것이어서 가족제도에 관한 전통·전통문화란 적어도 그것이 가족제도에 관한 헌법이념인 개인의 존엄과 양성의 평등에 반하는 것이어서는 안 된다고 한다.

반면 권성 재판관과 김영일 재판관의 반대의견은 우리나라의 전통적 가족제도의 특징은 여성을 존중하는 비교적 합리적인 부계혈통주의의 모습을 갖고 있었고, 현행법상의 호주제는 조선 후기의 완고하게 변질된 부계혈통주의가 아닌 고대 이래 조선 중기까지 이어져온 우리 고유의 합리적 부계혈통주의의 전통을 이어받아 부계혈통주의의 존립을 위한 극히 기본적인 요소만을 담고 있다고 한다. 그리고 혼인과 가족관계를 규율하는 가족법은 전통성·보수성·윤리성을 강하게 가질 수밖에 없으므로 혼인과 가족관계에 관한 헌법규정을 해석함에 있어서도 가족법의 전통적 성격을 고려하지 않을 수 없고, 이를 도외시한 헌법해석은 규범과 현실의 괴리를 심화시켜 헌법생활의 혼란을 초래할 우려가 크며, 따라서 헌법 제36조 제 1 항이 보장하고 있는 혼인과 가족생활에 대한 제도적 보장도 혼인과 가족생활의 민족문화적 전통성 때문에 당연히 이에 바탕을 둔 혼인제도와 가족제도의 보장을 뜻한다고 보아야 한다고 한다. 더욱이 헌법 제 9 조는 "국가는 전통문화의 계승·발전과 민족문화의 창달에 노력하여야 한다"라고 하여 국가의 전통문화의 계승·발전 의무를 명문으로 규정하고 있는 터이므로, 현재의 혼인제도 및 가족제도가 전통문화의 근간을 이룬다고 할 수 있는 우리 고유의 혼인제도와 가족제도를 그대로 답습해야 하는 것은 물론 아니라 하더라도, 그로부터 완전히 유리된 형태의 것이 되어서는 안 될 것이라고 강조하고 있다.

그리고 김효종 재판관의 반대의견은, 호주제가 본질적으로 부계혈통주의를 유지하기 위한 수단이라고 보고 있는 다수의견에 이의를 제기하면서, 민법 제778조가 각개의 가(家)에 호주를 두고 있는 것은 우리의 전통문화에 터 잡은 것으로서, '호주'라는 관념은 우리의 전통문화에 깊이 뿌리 내린 문화적 침전물이므로 헌법 제9조에 의하여 그 계승·발전이 보장될 필요가 있다고 한다.

생각건대 어떤 법제도가 전통의 뒷받침을 받고 있다고 하더라도 헌법적인 관점에서 볼 때 전통 그 자체가 기본권 침해를 정당화할 수 있는 사유는 되지 못한다. 다른 말로 표현한다면 법제도 그 자체는 목적이 될 수 없고, 이는 인간의 사회생활을 돕는 수단일 뿐이다. 그런데 어떠한 법제도가 그 자체로서는 합리성이 인정되지 않을 뿐만 아니라 기본권을 침해하는 것임에도 불구하고 그것이 전통적인 제도라는 이유만으로 합헌으로 보아야 된다고 한다면 법이 사람을 위해 존재하는 것이 아니라 사람이 법 또는 전통을 위해 존재하는 것이 되어 버린다. 말하자면 개가 꼬리를 흔드는 것이 아니고, 꼬리가 개를 흔드는 것이 되는 것이다.[64] 이와 관련하여 여성차별철폐협약 제2조 (바)가 당사국에 대하여 여성에 대한 차별을 구성하는 관습을 수정 또는 폐지하도록 입법을 포함한 모든 적절한 조치를 취하도록 규정한 것을 상기할 필요가 있다.

다른 한편 이 결정은 여성차별철폐협약을 직접 인용하지는 않고 있다. 그러나 위 결정의 다수의견은 오늘날의 전통과 전통문화의 의미를 포착함에 있어서는 헌법이념과 헌법의 가치질서뿐만 아니라 인류의 보편가치, 정의와 인도의 정신 같은 것이 중요한 척도가 된다고 하였는데, 여기서 말하는 인류의 보편가치에는 여성차별철폐협약에 나타난 원리도 포함될 수 있을 것이다.

5. 2005년의 가족법 개정에 따른 자녀의 姓 결정 문제

2005. 3. 31. 개정된 민법은 가족법 분야에 관하여 매우 중요한 변화를 가져왔다. 이 글의 주제와 관련 있는 것으로는 호주제의 폐지 및 자녀의 姓 결정에 관한 것이 있으나 이외에도 親養子 제도의 창설, 친생부인제도의 정비 등 여러 가지 중요한 사항이 많이 포함되어 있다.[65] 호주제의 폐지에 관하여는 앞에서 설명한 것으로 갈음하고, 여기서는 자녀의 姓에 관한 개정에 대하여 언급하고자 한다.

개정 전 민법 제781조는 다음과 같이 규정하고 있었다.

第781條(子의 入籍, 姓과 本) ① 子는 父의 姓과 本을 따르고 父家에 入籍한다. 다만, 父가 外國人인 때에는 母의 姓과 本을 따를 수 있고 母家에 入籍한다.

---

64) 상세한 것은 尹眞秀, "憲法 · 家族法·傳統", 憲法論叢 제15집, 2004, 447면 이하 참조.
65) 金相瑢, "改正民法(친족 · 상속법) 해설", 法曹 2005. 8, 103면 이하 참조.

② 父를 알 수 없는 子는 母의 姓과 本을 따르고 母家에 入籍한다.

③ 父母를 알 수 없는 子는 法院의 許可를 얻어 姓과 本을 創設하고 一家를 創立한다. 그러나 姓과 本을 創設한 後 父 또는 母를 알게 된 때에는 父 또는 母의 姓과 本을 따른다.

즉 종래의 민법 규정은 이른바 父系血統主義에 따라서 자녀의 성은 원칙적으로 부의 성을 따른다고 하는 이른바 父姓主義의 원칙을 채택하고 있었다.[66] 이러한 민법 규정 때문에 한국이 여성차별철폐협약에 가입함에 있어서 제16조 제1항 (사)의 규정에 대하여 유보를 하였음은 앞에서 본 바와 같다.[67] 우리나라는 유엔여성차별철폐위원회에 아버지의 성을 가족의 성으로 하는 것이 전통이며 그에 대하여 이의가 거의 없다고 보고하였으나, 유엔여성차별철폐위원회는 2차례나 이 유보조항에 대하여 재검토할 것을 권고하였다.[68] 다른 한편으로는 이러한 父姓主義의 원칙은 우리 헌법이 규정하고 있는 남녀평등의 원칙에도 어긋난다는 문제점이 있다. 즉 헌법 제11조 제1항은 성별에 의한 차별을 금지하고 있고, 헌법 제36조 제1항은 혼인과 가족생활은 양성의 평등을 기초로 성립되고 유지되어야 한다고 규정하고 있는 것이다. 실제로 현재 헌법재판소에 자녀의 성과 본은 부의 성과 본을 따르도록 규정하고 있는 민법 제781조 제1항에 대하여 위헌제청이 제기되어 있는 상태이다.

그런데 개정 민법 제781조는 다음과 같이 개정되었다.

---

66) 우리나라에서의 자녀의 姓 문제에 관한 연구로서는 孫鉉暻, 韓國家族法上의 姓氏에 관한 研究, 부산대학교 대학원 박사학위논문, 1996; 金載國, "現代 女性의 姓氏에 관한 權利", 民事法研究 제8집, 2000, 83면 이하; 權貞姬, "親族法에 나타난 姓氏에 관한 小考", 逸軒 崔柄煜 교수 停年紀念 현대민사법연구, 2002, 427면 이하; 이승우, "호주제를 폐지할 경우 민법 규정의 정비를 위한 검토", 家族法研究 제17권 1호, 2003, 63면 이하; 李垠廷, "姓의 變更", 재판자료 제102집 家庭法院事件의 諸問題[下], 2003, 753면 이하; 金凡鐵, "子의 姓에 대한 規定의 比較法的 接近", 家族法研究 제19권 1호, 2005, 105면 이하 등이 있다.

67) 위 규정이 처 자신의 성 선택 권리만을 보장하는 것인가, 아니면 자녀의 성 선택까지 보장하는 것인가가 문제될 수 있는데, 후자라고 보인다. 룩셈부르크도 위 협약에 가입하면서, 협약 제16조 제1항 (g)는 자녀의 성을 선택할 권리에 영향을 주지 않는다고 유보하였으나, 유엔여성차별철폐위원회는 룩셈부르크가 위 유보를 철회하지 않고 있는데 대하여 유감을 표시하고, 특히 정부가 이 조항의 유보를 철회할 수 있도록 문화적 전통과 태도에 영향을 주려는 노력을 하지 않고 있음에 대하여 유감을 나타냈다. 프랑스도 위 조항에 대하여 유보하였는데 그 이유도 2002년 개정 전의 프랑스 민법은 자녀의 성은 아버지의 성을 따르도록 하고 있기 때문이었다. 尹眞秀(註 64), 462면 註 143) 참조. 2002년 개정된 프랑스 민법 규정에 대하여는 후술한다.

68) Concluding Observations of the Committee on the Elimination of Discrimination Against Women: Republic of Korea. 28/01/93. A/48/38, para. 448; Concluding observations of the Committee on the Elimination of Discrimination Against Women: Republic of Korea. A/53/38/Rev. 1, para 368.

제781조(자의 성과 본) ① 자는 부의 성과 본을 따른다. 다만, 부모가 혼인신고시 모의 성과 본을 따르기로 협의한 경우에는 모의 성과 본을 따른다.

② 부가 외국인인 경우에는 자는 모의 성과 본을 따를 수 있다.

③ 부를 알 수 없는 자는 모의 성과 본을 따른다.

④ 부모를 알 수 없는 자는 법원의 허가를 받아 성과 본을 창설한다. 다만, 성과 본을 창설한 후 부 또는 모를 알게 된 때에는 부 또는 모의 성과 본을 따를 수 있다.

⑤ 혼인외의 출생자가 인지된 경우 자는 부모의 협의에 따라 종전의 성과 본을 계속 사용할 수 있다. 다만, 부모가 협의할 수 없거나 협의가 이루어지지 아니한 경우에는 자는 법원의 허가를 받아 종전의 성과 본을 계속 사용할 수 있다.

⑥ 자의 복리를 위하여 자의 성과 본을 변경할 필요가 있을 때에는 부, 모 또는 자의 청구에 의하여 법원의 허가를 받아 이를 변경할 수 있다. 다만, 자가 미성년자이고 법정대리인이 청구할 수 없는 경우에는 제777조의 규정에 따른 친족 또는 검사가 청구할 수 있다.

이러한 개정 민법의 규정은 혼인 중의 부부의 경우에도 자녀가 모의 성을 따를 수 있게 하고, 혼인 외의 자녀가 인지된 경우에도 모의 성을 따를 수 있게 하였으며, 또 종래 姓 不變의 원칙에 따라 일단 부의 성을 따랐으면 변경할 수 없었던 것을 변경 가능하도록 하였다는 점에서 남녀평등의 관점에서는 상당히 진보된 것이라고 할 수 있다.

그러나 이 개정법의 규정도 원칙적으로 자녀가 아버지의 성과 본을 따르도록 하였다는 점에서 여전히 문제가 있다는 비판이 있을 수 있다.[69] 제16대 국회 당시인 2003. 5. 27. 이미경 의원 외 51인이 발의한 민법중개정법률안 제865조의2 제1항은 자는 부모가 협의한 바에 따라 부 또는 모의 성과 본을 따르고, 부모가 협의할 수 없거나 협의가 이루어지지 아니하는 경우에는 부 또는 모의 청구에 의하여 가정법원이 이를 정하도록 규정하고 있었고, 2004. 9. 14. 노회찬 의원 외 9인이 발의한 민법중개정법률안 제865조의2 제1항도 마찬가지였다.

물론 정부의 개정안이 나오게 된 배경을 이해할 수 없는 것은 아니다. 이러한 개정안이 나오게 된 현실적인 배경은 우리 국민의 다수가 아직은 부자동성의 원칙을 지지하고 있다고 보아서,[70] 부자동성의 원칙의 전면적 폐지는 사

69) 이하의 설명은 尹眞秀(註 64), 464면 이하 참조.

70) 『21세기 여성정책에 대한 국민의식조사연구』(대통령직속 여성특별위원회 정책조정관실,

회에 엄청난 충격을 주고 격렬한 저항을 불러일으킬 것이 명백하므로, 위와 같이 관습에 기초하여 부의 성을 따르는 것을 원칙으로 하면서 부모의 합의에 따라 모의 성도 따를 수 있는 길을 열어 둠으로써 관습존중·법감정의 보호와 헌법존중·자녀복리 보호의 조화를 이루자는 데 있다고 여겨진다.

그럼에도 불구하고 개정안의 규정은 헌법 규정이나 여성차별철폐협약에 부합한다고 하기는 어렵다. 참고로 프랑스에서는 종래 자녀는 부의 성을 따르도록 하였으나 2002. 3. 4.과 2003. 6. 18.의 두 차례에 걸쳐 민법을 개정하여, 현재의 프랑스민법 제312조의21은 자녀의 성을 民籍官(l'officier de l'ètat civil)에게 공동으로 신고하여야 하고, 그러한 공동신고가 없으면 자녀는 부모 중에서 그와 먼저 친자관계가 설정된 사람의 성을 따르며, 친자관계가 부모에 대하여 동시에 설정된 때에는 부의 성을 따른다고 규정하고 있다. 그런데 그 개정과정에서 프랑스 下院에서는 부모 사이에 합의가 이루어지지 않으면 부모의 각 성을 알파벳 순으로 이어 쓰도록 하였으나, 上院에서는 전통을 고려하여 합의가 없을 때에는 아버지의 성에 따르도록 수정하였고, 정부는 이에 반대하였으나 결국 하원의 임기가 만료되는 마지막 회기에서 법을 통과시키기 위하여 하원이 상원의 요구를 받아들였다. 그러나 이에 대하여는 부부가 항상 남편의 성을 쓰도록 한 스위스 법이 유럽인권협약에 어긋난다고 한 유럽인권법원의 1994. 2. 22.자 Burghartz v. Switzerland[71] 판결이나, 부부 사이에 성에 관한 합의가 이루어지지 않으면 남편의 성이 혼인성이 된다고 한 독일민법 제1355조의 규정이 위헌이라고 한 독일연방헌법재판소 1991. 3. 5. 결정[72]에 비추어 볼 때 양성 평등의 관념에 어긋난다고 하는 비판이 있다.[73]

또 다른 문제점은 자녀의 성을 결정할 수 있는 시기를 혼인 신고시로 하였다는 점이다. 그러나 일단 자녀가 출생한 뒤에 자녀의 성을 결정하는 것이 자녀의 이익의 관점에서도 합리적일 뿐만 아니라, 현실적으로는 혼인신고 당시

2000)에 의하면 아버지의 성을 따라야 한다는 의견이 73%, 부모의 성 중에서 하나를 선택할 수 있어야 한다는 의견이 18.6%, 부모 성을 함께 쓰는 것이 좋다는 의견이 8.4%였다고 한다. 이승우(註 66), 65면 註 14) 참조. 그러나 2001년에 실시된 한 조사에 따르면 자식은 아버지의 성씨를 따라야 한다는 의견이 44.4%, 어머니도 자식에게 자신의 성을 물려줄 수 있어야 한다는 의견이 19.7%, 부모 성 중 하나를 선택할 수 있어야 한다는 의견이 12.3%, 부모 성을 함께 쓸 수 있어야 한다는 의견이 9.5%, 성씨로 대를 잇는다는 것 자체가 별 의미가 없다는 의견이 14.2%로 나타났다. 최대권·윤진수·김양희·오정진(註 60), 2001, 83-86면 참조.

71) 18 E.H.R.R. 101.

72) BVerfGE 84, 9 ff.

73) Judith Rochfeld, Revue trimestrielle de droit civil, 2002, p. 377.

에 앞으로 출생할 자녀의 성을 모의 성으로 하기로 합의하는 경우란 거의 없을 것이다.

이에 대한 대안으로서는 위 이미경 의원의 개정안과 같이 자녀의 출생신고를 할 때 부모가 협의하여 자녀의 성을 결정하도록 하고, 그 협의가 이루어지지 않거나 협의할 수 없을 때에는 가정법원과 같은 제 3 자가 결정하게 하는 방법을 생각할 수 있다. 그러나 이에 대하여도 부부간의 문제를 제 3 자가 결정하는 것이 합리적인가, 제 3 자가 어떤 기준에 의하여 결정할 수 있는가 하는 의문이 제기될 수 있다. 다른 또 하나의 방법은 부모의 성을 같이 쓰는 것이다. 최근에는 부모 성 같이 쓰기 운동이 벌어져서 어느 정도 호응을 받고 있다. 그러나 이는 우리나라의 관습에는 없던 것이어서 국민들에게 잘 받아들여질 수 있을지가 문제된다. 백보를 양보하여 현실적인 문제를 고려하여 부자동성의 원칙을 어느 정도 받아들인다고 하더라도, 자녀의 성은 제 1 차적으로는 부모의 합의에 의하여 결정하도록 하고, 합의가 안 될 때 보충적으로 父의 성을 따르도록 하여야 할 것이다.

과연 우리나라가 위 개정 민법 규정을 근거로 하여 여성차별철폐협약 제16조 제 1 항 (사)에 대한 유보를 철회할 수 있을 것인가 하는 점은 부정적으로 평가된다. 프랑스도 민법 개정 후 아직 위 조항에 대한 유보를 철회하지 않고 있다.

6. 종중원의 지위에 관한 대법원 2005. 7. 21. 전원합의체 판결

앞에서도 언급한 것처럼 대법원 2005. 7. 21. 선고 2002다1178 전원합의체 판결[74]은 종중의 종원의 자격을 성년 남자로만 제한하고 여성에게는 종원의 자격을 부여하지 않는 종래 관습은 여러 가지 사회적 및 법적 변화로 인하여 더 이상 효력을 가질 수 없게 되었다고 하면서 그 근거의 하나로서 여성차별철폐협약 제 2 조의 규정을 들고 있다. 이 판결은 여성차별철폐협약을 직접 원용하고 있는 최초의 대법원 판결례라 할 수 있다. 다만 종중과 같은 사법상의 단체에 이 협약이 직접 적용될 수 있는가 하는 점은 좀더 검토를 요한다. 이 문제는 이 글의 주제와는 다소 거리가 있을 뿐만 아니라 이에 대하여는 별도의 좀더 상세한 연구가 필요할 것이지만, 여기서는 잠정적인 의견을 밝혀 둔다.

종중의 종원의 자격을 성년 남자로만 제한하는 종래의 관습법은 그 실질에

74) 註 4) 참조.

있어서는 종중의 규약과 같은 내용의 것이다. 다시 말하여 이 판결은 종중원의 자격을 성년 남자로만 제한하는 종중의 규약을 무효로 하는 것과 실제에 있어서 마찬가지이다.[75] 그렇다면 이는 종래 사법관계에 헌법 규정이 직접 적용될 수 있는가, 아니면 간접적으로만 적용될 수 있는가 하는 문제와 마찬가지라고 보아야 할 것이다. 현재의 통설은 간접적용설이므로, 이 사건에 있어서도 여성차별철폐협약 등의 규정이 직접 적용되기는 어렵고, 다만 그러한 규정과 헌법규정 등에 비추어 간접적으로 관습법의 효력을 심사할 수는 있을 것이다.[76]

이 사건 판결에서 문제되고 있는, 사법상의 단체에 있어서 단체의 구성원의 자격을 어떻게 규정하고 어떻게 제한할 것인가 하는 것은 원래 私的 自治의 영역에 속하는 문제이다.

7. 기타의 문제점

이제까지 다룬 것 외에 가족법상의 규정으로서 여성차별철폐협약과 모순되는 것으로 보이는 조항으로서는 婚姻適齡에 관한 민법 제807조의 규정이 있다. 민법 제807조는 "남자 만 18세, 여자 만 16세에 달한 때에는 혼인할 수 있다"고 규정하여 남녀의 혼인적령을 다르게 규정하고 있다.

이는 혼인을 할 동일한 권리를 보장하도록 규정하고 있는 여성차별철폐협약 제16조 제 1 항 (a)에 어긋나는 것으로 보이고, 유엔여성차별철폐위원회는 이처럼 혼인적령을 남자와 여자에 따라 달리 규정하고 있는데 대하여 우려를 표명하였다.[77] 뿐만 아니라 이는 헌법상 평등의 관점에서도 문제가 된

75) 그러나 이 사건 판결에서 고현철 대법관의 다수의견에 대한 보충의견은, "고유 의미의 종중 이외에 공동선조의 후손 중 일부에 의하여 인위적인 조직행위를 거쳐 성립된 유사종중이나 종중유사단체가 얼마든지 있을 수 있고 또 실제로 존재하고 있는바, 이러한 단체는 관습법에 의하여 규율되는 것이 아니라 사적 자치의 영역에 속하는 것이므로, 이에 대하여 그 조직행위에서 배제된 후손을 가입시키도록 강제하거나 양성평등의 이념을 들어서 공동선조의 후손인 여성을 그 구성원에서 배제하고 있는 정관의 효력을 부인할 수 없음은 당연하다 할 것이다"고 하여 종중원의 자격에 관한 관습법의 경우와 종중 규약의 경우에 차이가 있을 수 있음을 시사하고 있다.

76) 영국의 1998년 人權法은 유럽인권협약을 영국의 국내법으로 받아들였는데, 이때 종래 불문관습법인 common law도 유럽인권협약에 비추어 효력을 판단하여야 하는가에 관하여 이른바 강한 間接的 水平效(strong indirect horizontal effect)를 인정하여야 하는가, 아니면 약한 間接的 水平效(weak indirect horizontal effect)를 인정하여야 하는가 등의 견해 대립이 있다. 이에 대하여는 尹眞秀, "英國의 1998년 人權法이 私法關係에 미치는 영향", 서울대학교 法學 제43권 1호, 2002, 125면 이하, 특히 139면 이하 참조.

77) Concluding observations of the Committee on the Elimination of Discrimination Against

다.[78] 따라서 남자와 여자의 혼인 적령이 동일하도록 법을 개정하여야 할 필요가 있다.

Ⅳ. 結　　論

이제까지 우리나라에서 여성차별철폐협약에 대한 관심이 높았다고 말하기는 어렵다. 많은 법률가들이 위 협약의 존재 자체를 모르고 있었다고 하여도 과언이 아닐 것이다. 그러나 위 협약은 우리나라에서도 국내법으로서의 효력을 가지고 있으므로 그 내용에 대하여 관심을 기울일 필요가 있다. 그런데 이제까지 앞에서 살펴본 바에 의하면 한국 가족법의 변화는 여성차별철폐협약과 밀접한 관계가 있었다고 할 수 있다. 가족에 관한 입법이나 판례에서 여성차별철폐협약을 명시적으로 고려한 예는 국적법의 개정과, 종중원의 지위에 관한 대법원 판결 정도이지만, 이러한 직접적인 예 외에도 여성차별철폐협약이 목표로 하고 있는 여성차별의 금지는 인류의 보편적인 가치를 나타내는 것으로 이해되어 가족법 개정 과정에서 동력을 제공한 중요한 요소가 되었다고 말해도 크게 잘못은 아닐 것이다.

한국 가족법은 여성차별철폐협약의 관점에서 볼 때 아직 문제점이 남아 있기는 하지만 입법적인 차원에서는 협약의 목표에 많이 접근하였다고 할 수 있다. 이제 남은 문제는 협약의 정신을 입법뿐만 아니라 사법과 행정의 실제에 있어서 어떻게 반영할 것인가 하는 점이다.

〈서울대학교 法學 제46권 제 3 호, 2005〉

Women: Republic of Korea. A/53/38/Rev. 1, para. 382. 이 점은 아동의 권리에 관한 협약과 관련하여서도 문제되었다. 유엔 아동권리위원회에서 한국 정부 대표는 이 점을 한국의 전통에 부합하고, 이러한 전통은 여성들이 생물학적으로 남성보다 더 빨리 성숙하며, 남성들이 사회적 독립을 위하여는 좀더 많은 시간을 필요로 한다는 믿음에 근거하는 것이라고 하였으나, 아동권리위원회의 Karp 위원은 소녀들이 심리적으로 소년들보다 빨리 성숙한다는 것은 과학적으로 증명된 바 없으며, 소녀들이 조기에 결혼하면 매우 어린 나이에 자녀를 가지게 되는데 그러한 정책은 소녀들의 최선의 이익에 어긋나는 것이라고 지적하였다. Summary record of the 276th meeting: Republic of Korea. 26/03/96. CRC/C/SR.276, paras. 45 and 47.

78) 尹眞秀, "婚姻의 自由", 韓國 法學 50年 — 過去 · 現在 · 未來: 大韓民國 建國 50周年 紀念 第1回 韓國法學者大會 論文集 Ⅱ, 1998, 68면 참조.

婚姻의 自由

Ⅰ. 序　　論

헌법재판소 1997. 7. 16. 선고 95헌가6 내지 13 결정[1]은, 同姓同本인 血族 사이에서는 婚姻하지 못한다고 규정하고 있는 민법 제809조 제1항은 헌법에 합치되지 아니하고, 위 법률조항은 입법자가 1998. 12. 31.까지 개정하지 아니하면 1999. 1. 1. 그 효력을 상실하며, 법원 기타 국가기관 및 지방자치단체는 입법자가 개정할 때까지 위 법률조항의 적용을 중지하여야 한다고 선고하였다.[2] 위 결정에 따라서 민법 시행 후만을 따지더라도 40년 가까이 논란의 대상이 되어 왔던 同姓同本 禁婚의 제도는 이제 역사적인 의미만을 가지게 되었다.

위 결정이 종래 입법자가 해결하지 못하였던 문제를 헌법의 이름으로 해결하였다는 점에서 획기적인 의의를 가지는 것은 두말할 필요가 없을 것이다. 뿐만 아니라 위 결정은 婚姻의 自由가 憲法上 基本權의 하나로 보장된다고 한 점에서, 同姓同本 婚姻의 문제뿐만 아니라 혼인제도 전반에 관하여 중요한 의미를 가지는 판례라고 하지 않을 수 없다.

이 글에서는 위 결정을 계기로 하여, 종래 그다지 관심의 대상이 되지 못하였던 혼인의 자유에 관한 여러 가지 문제를 체계적으로 살펴보고자 한다.

1) 憲法裁判所公報(이하 憲裁公報라고만 한다) 제23호(1997. 10. 1.자), 523면 이하.

2) 위 결정에서는 재판관 9인 중 위헌이라고 주장한 재판관이 7인이나 되었는데도, 그 중 2인은 헌법불합치를 선고하여야 한다고 주장하였기 때문에, 결국 단순위헌 의견이 헌법상 요구되는 6인에 미달하는 5인밖에 되지 않아서, 위 조항의 효력을 바로 실효시키는 단순위헌을 선고하지 못하고 헌법불합치결정을 선고할 수밖에 없어서, 1998. 12. 31.까지는 위 조항이 존속되게 되었다. 그러나 실제에 있어서는 법원 기타의 국가기관 등이 위 조항을 적용하지 못하게 된 결과, 단순위헌이 선고된 것과 다를 바가 없게 되었다.

Ⅱ. 基本權으로서의 婚姻의 自由

1. 약간의 比較法的 考察

혼인의 자유가 인정된다는 것은, 현재의 관념으로는 너무나 당연한 것으로 생각될 수 있다. 그러나 역사적으로 볼 때에는 반드시 그러하지 않았다. 가령 우리나라에서는 이전에 혼인의 성립에 혼인 당사자의 동의는 요구되지 않았고, 다만 兩家의 父 또는 祖父나 兄 등의 主婚者의 합의만 있으면 되었다.[3] 그러나 이는 혼인을 집안과 집안간의 결합으로 이해하였던 과거의 유물일 뿐, 혼인당사자의 인격 대 인격의 결합으로 파악하는 현재에는 더 이상 타당할 수 없음은 물론이다.

다른 한편 우리 헌법에는 혼인의 자유에 관한 명문의 규정이 없고, 그리하여 국내에서는 이러한 혼인의 자유를 기본권으로 인정하여야 한다는 논의가 없었던 것은 아니지만, 아직도 이러한 혼인의 자유를 헌법상의 기본권으로까지 인식하는 것이 일반화되어 있지는 않은 것으로 생각된다. 그러므로 혼인의 자유에 관한 약간의 비교법적 고찰은 이 문제를 논함에 있어서 다소 도움이 되리라고 생각된다.

혼인의 자유를 헌법상 명문으로 규정하고 있는 나라가 그다지 많은 것 같지는 않다.[4] 다만 1948년 12월 10일의 UN 一般 人權宣言 제12조는, "성년의 남자와 여자는 인종, 국적 및 종교에 의한 제한 없이 혼인을 할 권리 및 가족을 이룰 권리를 가진다"고 규정하고 있다.[5]

미국 헌법에도 혼인의 자유에 관한 명문의 규정은 없으나, 연방대법원의 판례상 婚姻의 自由(freedom to marry)가 Griswold v. Connecticut 판결[6]에 의하여 인정된 이른바 Privacy의 권리의 일종으로 인정되고 있다.[7] 우선 Loving v.

3) 親族相續에 관한 舊慣習, 裁判資料 제29집, 法院行政處, 1985, 137-138면; 韓福龍, 韓國婚姻法論, 1989, 66면; 金疇洙, 親族·相續法, 第5全訂版, 1998, 77면 등 참조. 대법원 1987. 10. 13. 선고 86므129 판결(公 1987, 1719)은, 朝鮮戶籍令(1922. 12. 8 총독부령 제154호)이 시행된 1923. 7. 5 이전 우리의 관습상 혼인성립에는 당사자의 의사 또는 이에 대신한 주혼자의 의사의 합치가 있으면 혼인이 성립한다고 하여, 당사자의 의사의 합치와 주혼자의 의사의 합치가 대등한 요건이었던 것처럼 설시하고 있다.

4) Mary Ann Glendon, The Transformation of Family Law, 1989, p. 75 참조.

5) 또한 1959년 11월 4일의 유럽 人權協約 제12조도 같은 취지이다.

6) 381 U.S. 479(1965).

7) Nowak/Rotunda/Young, Constitutional Law, 3rd ed., 1986, pp. 689 ff.; Rotunda, Modern

Virginia 판결[8)]에서 Warren 대법원장은, 서로 다른 인종간의 婚姻을 처벌하는 버지니아 주 법률이 평등조항 및 적법절차 조항에 어긋나서 위헌이라고 하면서, "혼인의 자유는 오랫동안 자유로운 인간이 질서 있게 행복을 추구함에 있어서 불가결한, 지극히 중요한 권리의 하나로 인정되어 왔다. 혼인은 '인간의 기본적 인권'의 하나로서, 우리들의 생존에 관하여 근본이 되는 것이다"라고 판시하였다. 그리고 Zablocki v. Redhail 판결[9)]에서는, 자기가 양육하지 않고 있는 미성년 자녀에 대하여 법원으로부터 양육비 지급을 명령받은 사람은, 그 지급의무를 이행하였고 또 그 자녀가 공중의 부담이 되지 않을 것을 증명한 경우에만 혼인 면허(license)를 받을 수 있다고 규정하고 있는 위스컨신 주의 법률이 위헌이라고 하였다. 다수의견을 대표한 Marshall 대법관은, 위 Loving v. Virginia 판결 등의 여러 선례를 인용하여, 결혼할 권리는 모든 개인에게 근본적인 것이고, 혼인의 결정이 생식, 출산, 양육, 가족관계에 관한 결정과 같은 정도의 중요성을 가지는 것이며, 가족 생활의 다른 문제에 관하여는 프라이버시의 권리를 인정하는 반면 우리 사회의 가족의 기초가 되는 관계를 맺는 결정에 관하여는 이를 인정하지 않는 것은 거의 의미를 가지지 못한다고 하면서, 이러한 기본적인 권리의 행사를 중대하게 제한하는 법률상의 分類는, 그것이 충분히 중요한 州의 이익에 의하여 뒷받침되고, 또 이러한 이익만을 실현하기 위하여 엄밀하게 만들어진 것이 아닌 한 유지될 수 없다고 하였다.[10)]

獨逸 基本法에도 혼인의 자유에 관한 명문의 규정은 없으나, 판례[11)]와 학설[12)]은, "혼인과 가족은 국가 법질서의 특별한 보호를 받는다"고 규정하고 있는 독일 기본법 제 6 조 제 1 항으로부터 혼인의 자유(Eheschließungsfreiheit)가 도

Constitutional Law, 4th ed., 1993, pp. 645 f.; Glendon(註 4), pp. 80 ff.; 米澤廣一, 子ども・家族・憲法, 1992, 158면 이하 참조.

8) 388 U.S. 1(1967).

9) 434 U.S. 374(1978).

10) 이 이외에도 Turner v. Safley, 482 U.S. 78(1987)은, 교도소의 재소자가 혼인하려면 교도소장의 허가를 받아야 하고, 그 허가는 혼인외의 자녀의 임신이나 출산 등과 같은, 불가피한 사유가 있을 때에만 부여된다고 하는 미주리 주의 교도소 규칙이 위헌이라고 하였다.

11) BVerfGE 29, 166, 171 f.; 31, 58, 67; 36, 146, 161 등.

12) H. Lecheler, "Schutz von Ehe und Familie", in: Handbuch des Staatsrechts, Bd. Ⅵ, Hrsg. von Josef Isensee/Paul Kirchhof, 1989, S. 242(Rn. 71); AK-GG-Richter, Bd. 1, 1989, Art. 6 Rz. 16; R. Gröschner, in: H. Dreier(Hrsg.), Grundgesetz-Kommentar, 1996, Art. 6 Rn. 34; MünchKomm/Müller-Gindullis, 3. Aufl., 1993, Vor §1 Ehegesetz Rdnr. 22; Gernhuber/Coester-Waltjen, Lehrbuch des Familienrechts, 4. Aufl., 1994, §5 Ⅲ 1(S. 43); Giesen, Familienrecht, 2. Aufl., 1997, Rn. 13 등.

출된다고 보고 있다. 이를 잘 보여주는 것이 이른바 스페인 혼인 사건으로 불리고 있는 독일연방헌법재판소 1971. 5. 4. 決定[13]이다. 이 사건에서는 스페인 남자가 독일 여자와 혼인하려고 하였는데, 이 독일 여자는 그 전에 다른 독일 남자와 혼인하였다가 독일 법원의 판결에 의하여 이혼이 이루어진 바 있었다. 그런데 당시의 독일민법시행법 제13조 제1항에 의하면 涉外的 婚姻에 관하여 重婚과 같은 혼인장애사유의 존부는 각 당사자의 본국법에 의하여 판단하도록 규정하고 있었고,[14] 다른 한편 스페인민법은 이혼제도를 인정하고 있지 않았으므로, 위 독일 여자는 스페인 법에 따르면 혼인 중인 것이 되고 따라서 위 스페인 남자는 위 독일 여자와 혼인할 수 없는 것이 된다. 그리하여 고등법원은 위 남자와 여자는 혼인할 수 없다고 하였으나,[15] 그 재판에 대한 헌법소원사건에서 연방헌법재판소는 이는 당사자들의 기본법 제6조 제1항에 의한 기본권을 침해한 것이라고 하였다.

즉 위 기본법 제6조 제1항은 국가의 개입에 대한 보호에 관한 고전적 기본권인 동시에 모든 혼인 및 가족법에 대한 가치를 규정하는 근본규범으로서의 제도보장을 포함하고 있는데, 이러한 기본권은 그 본질적 구성부분으로서, 자신이 스스로 선택한 당사자와 혼인을 맺을 권리 내지 자유(혼인 체결의 자유)를 포함하고 있다는 것이다. 그리고 國際私法도 다른 모든 국가권력과 마찬가지로 기본권의 직접적 효력에 구속되는데, 이때에는 위 국제사법의 규정 그 자체의 위헌 여부만을 따질 수 있는데 그치는 것이 아니라, 위 국제사법의 규정에 의하여 외국의 법이 구체적으로 적용되는 결과가 독일의 헌법질서와 부합하지 않는가 여부를 심사하여야 하며, 그에 따르면 위 독일민법시행법 제13조 제1항에 의하여 스페인 법을 적용하여 당사자들의 혼인을 거부하는 것은 기본법 제6조 제1항에 어긋난다고 한다. 다른 말로 한다면 독일 사람이 외국 사람과 혼인한다고 하여 기본법 제6조 제1항 및 독일 혼인법규범과 부합하지 않는 외국의 관념에 의하여 혼인이 거부될 수는 없고, 독일의 이혼 판결을 스페인의 公序에 기하여 승인하지 않는 것은 독일 법질서의 견지에서는 받아들일 수 없으며, 헌법의 혼인제도 보호 요구는 이를 추상적으로 보호하는 것이 아니라, 지배적이고 법적 규율에 의하여 표출된 관념에 부합하는 형태로

13) BVerfGE 36, 146 ff.

14) 우리 섭외사법 제15조 제1항도 같은 취지이다.

15) 당시의 독일 연방대법원의 판례(BGHZ 41, 136)나 다수설(BVerfGE 31, 62 f.의 인용 문헌 참조)도 그와 같이 보고 있었다.

보호하는 것인데, 그에 따르면 世俗化된(verweltlichten) 민법상의 혼인이라는 형상이 헌법의 바탕에 깔려 있으며, 이러한 형상에는 법이 규정하는 요건에 따라 이혼함으로써 혼인의 자유를 다시 획득하는 것도 포함된다고 한다.[16)]

2. 婚姻의 自由의 憲法上의 根據

우리나라에서도 기본권으로서의 혼인의 자유를 다룬 문헌이 그다지 많지는 않으나, 이를 다룬 문헌은 모두 이를 인정하고 있으며,[17)] 부정하는 견해는 눈에 뜨이지 않는다. 그러나 이처럼 혼인의 자유를 인정한다 하더라도 그 근거를 헌법의 어느 조항에서 찾을 것인지에 관하여는 반드시 견해가 일치하지 않는다.

동성동본금혼이 위헌이라고 한 위 헌법재판소 1997. 7. 16. 결정(註 1)은, 人間으로서의 尊嚴과 價値 및 幸福追求權을 규정한 헌법 제10조가 개인의 人格權과 幸福追求權을 보장하고 있고, 이러한 개인의 인격권·행복추구권은 개인의 自己運命決定權을 그 전제로 하고 있으며, 이 자기운명결정권에는 성적(性的) 자기결정권 특히 혼인의 자유와 혼인에 있어서 상대방을 결정할 수 있는 자유가 포함되어 있다고 하면서, 다른 한편으로는 "婚姻과 家族生活은 個人의 尊嚴과 兩性의 平等을 기초로 成立되고 유지되어야 하며, 國家는 이를 보장한다"고 규정하고 있는 헌법 제36조 제 1 항에서도 이러한 권리를 이끌어 낼 수 있는 것처럼 판시하고 있다.

다른 한편 헌법 제36조 제 1 항에서 이러한 권리가 나온다고 설명하는 견해도 있다. 즉 위 조항은 혼인제도와 가족제도의 제도보장일 뿐만 아니라 국민의 혼인의 자유, 兩性의 平等, 가족제도의 보호를 규정한 生存權이라는 것이다.[18)] 또 다른 설은, 헌법 제36조 제 1 항에서 혼인의 자유의 헌법적 근거를 찾을 수 있으며, 또한 私生活의 자유를 규정하고 있는 헌법 제17조에서도 혼인의

16) 특히 BVerfGE 31, 82 f. 참조.

17) 權寧星, 新版 憲法學原論(1998년판), 254면 이하; 金哲洙, 第10全訂新版 憲法學槪論, 1998, 710면 이하, 특히 713면; 金文顯, "違憲性 與否가 문제되는 몇가지 法律條項에 대한 考察", 憲法解釋에 관한 硏究(憲法裁判硏究 제 5 권), 憲法裁判所, 1994, 256면 이하 등.

18) 金哲洙(註 17), 712면. 權寧星(註 17), 253-254면은 헌법 제36조 제 1 항은 사회적 기본권에 관한 규정이 아니라고 하면서도, 헌법이 보장하는 혼인제도의 내용에는 혼인관계 형성의 자유, 혼인관계 유지의 자유가 포함된다고 설명하고 있는데, 이는 동 조항이 간접적으로 개인을 위한 주관적 방어권에 관한 규정이라는 취지로 이해된다(256-1면 참조).

자유의 근거를 발견할 수 있다고 한다.[19)]

私見으로서는 혼인의 자유의 근거는 제1차적으로는 헌법 제10조가 규정하고 있는 인간으로서의 존엄과 가치 및 행복추구권에서 찾는 것이 간명하다고 생각된다. 헌법 제36조 제1항은 그 문언 자체로는 혼인과 가족제도의 보장이라고 여겨지기 때문이다.[20)] 그리고 혼인의 자유를 사생활의 자유를 규정한 헌법 제17조에서 찾는 것도 논리적으로 반드시 불가능한 것은 아니지만, 보다 직접적인 규정은 헌법 제10조라고 생각된다.

3. 婚姻의 自由와 婚姻制度 保障과의 관계

그러나 이처럼 혼인의 자유의 근거를 헌법 제10조에서 찾는다고 하더라도, 혼인의 자유가 혼인제도를 보장하고 있는 헌법 제36조 제1항과 아무런 관련이 없는 것은 아니다. 헌법 제36조가 혼인과 가족생활은 個人의 尊嚴과 兩性의 平等을 기초로 성립되고 유지되어야 한다고 규정하고 있으므로, 혼인의 자유도 이 테두리 내에서 인정되어야 함은 당연한 이치이다.

문제는, 헌법 제36조 제1항이 미리 일정한 유형의 혼인제도, 즉 전통적인 혼인제도를 전제로 하여, 이를 보장하고 있는 것이 아닌가, 그렇다면 혼인의 자유도 이러한 범위 내에서만 인정될 수밖에 없는 것인가 하는 점이다.[21)]

생각건대 우리의 전통적인 혼인·가족제도는 유교의 이념을 바탕으로 한, 남성중심적이고 가부장제적인 요소가 많았던 것은 사실이고, 따라서 헌법 제36조 제1항이 個人의 尊嚴과 兩性의 平等을 규정하고 있는 것은, 이와 같은 전통적인 혼인·가족제도를 개혁하여야 한다는데 그 기본적인 의미가 있다고 할

19) 金文顯(註 17), 257면; 同, "동성동본불혼제의 위헌 여부", 考試界 1994. 12, 173면.

20) 독일에서 혼인의 자유의 근거를 제도보장적 성격을 가진 기본법 제6조 제1항에서 찾는 것은, 이를 기본법 제2조 제1항에서 파생되는 일반적인 行動自由權(Allgemeine Handlungsfreiheit)의 일종으로 볼 때에는, 그것이 다른 사람의 권리를 침해하여서는 안 되고, 또 憲法秩序 및 道德法規(Sittengesetz)에 저촉되어서는 안 된다는 제한을 받고 있어서, 그 보호범위가 축소될 우려가 있기 때문이 아닌가 추측된다. BVerfGE 31, 68; 36, 161; MünchKomm/Müller-Gindullis, Vor §1 EheG Rdnr. 22 등 참조.

21) 위 헌법재판소 1997. 7. 16. 결정(註 1)의 반대의견도 이러한 의미에서 이해할 수 있다. 위 반대의견은, 혼인관계를 포함한 가족관계를 규율하는 법은 전통·풍속에 강하게 지배되는 보수적·역사적 성격을 띨 수밖에 없고, 동성동본금혼제도는 혼인에 관한 전통문화의 하나로 뿌리를 내리고 있으며, 가족법의 특성상 가족법은 이러한 관습을 반영할 수밖에 없고, 행복추구권은 헌법 제9조에 의하여 전통문화의 계승이라는 한계 내에서만 보장되므로, 국민의 의사에 정면으로 반하지 아니하는 한 전통·관습에 반한 행복추구권을 추구할 수는 없다고 한다.

수 있다.[22] 그러므로 위 조항에 의한 혼인제도의 보장은 위와 같은 개인의 존엄과 양성의 평등이라는 틀 내에서 혼인제도의 핵심을 보장한다는 취지라고 할 것이다. 독일에서는 헌법이 보장하는 전통적인 혼인제도의 핵심으로서 대체로 혼인은 당사자의 합의에 의하여 성립하여야 하고(Konsensprinzip), 그 당사자는 서로 다른 性의 남자와 여자이어야 하며(Geschlechtsverschiedenheit), 一夫一妻制(Monogamie)이어야 하고, 또 혼인은 원칙적으로 解消될 수 없다(Unauflösbarkeit)는 것의 4가지를 들고 있는데,[23] 적어도 그 중 앞의 3가지는 개인의 존엄과 양성의 평등을 규정하고 있는 우리 헌법 제36조 제1항의 해석으로서도 타당할 수 있을 것이다.[24]

그렇다고 하여 우리 헌법의 해석상 전통적인 혼인제도는 전혀 고려될 필요가 없다고는 할 수 없을 것이다. 원래 혼인제도나 가족제도는 다같이 국가의 승인에 의하여 비로소 성립하였다기보다는, 인류의 발달에 따라 사회에서 자연히 형성된 일종의 前國家的이고, 논자에 따라서는 自然法的이라고도 부를 수 있는 성질의 것이며,[25] 헌법도 종래의 전통적인 제도와는 전혀 다른 새로운 혼인·가족제도를 창설한 것이라고 하기보다는 종래의 혼인·가족제도를 전제로 하여, 그 중 핵심적인 요소를 보장하려는 것으로 이해하여야 할 것이다. 그러므로 우리 헌법상 혼인의 자유를 논함에 있어서도 이러한 전통을 전혀 무시할 것은 아니라고 하겠다. 다시 말하여 국민 대부분이 전통적으로 혼인제도에 대하여 가지고 있는 윤리적 내지 도덕적 관념 내지 법적 확신은 존중되어야 할 것이다. 그러나 전통적으로는 혼인제도와 결부되었던 관념이라 하여도, 사회의 변화에 따라 그러한 관념이 국민 일반에 의하여 더 이상 지지되지 않을 때에는, 이러한 전통적인 관념이라는 이유만으로 정당시될 수는 없을 것이다.[26]

---

22) 許營, 韓國憲法論(新訂 9 版), 1998, 166면 이하 참조.

23) Giesen(註 12), S. 4; BVerfGE 10, 59, 66; 29, 166, 176 등.

24) 그러나 우리나라에서 독일과 같이 혼인의 원칙적인 不解消性(Unauflösbarkeit)을 혼인제도의 핵심적인 내용으로 볼 수 있는가 하는 것은 의문이다. 이는 원래 이혼을 금지하였던 카톨릭의 전통에서 유래된 것으로 보이나, 우리나라에서는 그러한 전통이 없었을 뿐만 아니라, 독일 등의 유럽 국가와는 달리 당사자의 합의에 의한 협의상 이혼을 허용하고 있기 때문이다. 독일에서도 헌법상 혼인의 개념이 반드시 終身的인 혼인을 전제로 하는 것은 아니라는 견해가 있다. AK-GG-Richter, Art. 6 Rn. 38; MünchKomm/Wolf, Vor §1564 Rdnr. 15 등.

25) Lecheler(註 12), S. 214(Rn. 6) 참조.

26) 독일연방헌법재판소의 판례(BVerfGE 36, 146, 163 f.)는, 기본법 제6조 제1항이 미리 존재하는 전통적인 생활형태와 연관시키고 있는 것을 존중하여야 하는데, 이때에는 법률에 의한 혼인의 자유 제한이, 전통적인 생활형태, 특히 기독교적이고 서구적인 혼인개념에 부합한다는 이유만으로 오늘날의 혼인의 형상에 부합한다고 할 수 있는가, 아니면 그 외에도 전통

4. 婚姻의 自由의 對私人的 效力

이러한 혼인의 자유는, 제1차적으로는 공권력에 대한 자유라고 할 수 있겠으나, 간접적으로는 私人간에서도 그 효력이 인정될 수 있다(間接適用說). 예컨대 이른바 結婚退職條項과 같이 婚姻의 자유를 침해하는 契約은 혼인의 자유를 침해하는 것으로서 민법 제103조의 公序良俗에 위반되어 무효인 것과 같다.

Ⅲ. 婚姻 與否의 自由

혼인의 자유는 편의상 혼인할 것인지 여부의 자유, 즉 혼인 여부의 자유와, 혼인을 함에 있어서 그 상대방을 자유롭게 선택할 수 있는 자유로 나누어 볼 수 있다.[27)]

1. 婚姻 與否의 自由

혼인의 자유는 제1차적으로는 혼인을 할 수 있는 자유 및 혼인을 하지 않을 수 있는 자유를 의미한다. 현재 공권력에 의하여 이러한 혼인 여부의 자유가 제한되는 경우는 찾아보기 어렵지만, 私人 사이에서는 자주 문제가 된다. 예컨대 근로계약에서 피용자가 혼인을 하지 않겠으며, 혼인을 하는 경우에는 퇴직한다는 약정(이른바 結婚退職制 내지 獨身條項)은 원칙적으로 개인의 혼인의 자유를 침해하는 것이므로 公序良俗에 어긋나서 무효이다.[28)] 남녀고용평등법

적인 관념형상이 세속화된 혼인의 본질에 관한 오늘날의 지배적인 견해에 의하여서도 뒷받침되어야 한다는 점이 추가되어야 하는가, 다시 말하여 그러한 제한이 생긴 이후 근본적인 변경이 있었어야 하는가 하는 점이 문제로 된다고 한다.

27) 위 헌법재판소 1997. 7. 16. 결정(註 1)은 이를 혼인의 자유와 혼인에 있어서 상대방을 결정할 수 있는 자유라고 표현하고 있다. 憲裁公報 23, 528면 참조.

28) 權寧星(註 17), 254-255면; 金哲洙(註 17), 714면 등. 독일의 경우에도 이러한 이른바 Zolibatsklausel은 원칙적으로 무효이지만(MünchKomm/Müller-Gindullis, Vor §1 EheG Rdnr. 24. 참조), 특별한 경우, 즉 종교적 기관에 근무하는 사람에 대하여 종교적인 이유로 독신을 요구하는 것은 허용된다고 한다. Gröschner(註 12), Art. 6 Rn. 37; AK -GG-Richter, Art. 6 Rz. 19; Lecheler(註 12), Rn. 117 등 참조. 프랑스에서의 이 문제에 관한 판례의 동향은 Glendon(註 4), pp. 77 f. 참조.

제 6 조 제 2 항은 사업주는 여성근로자를 모집·채용함에 있어서 모집·채용하고자 하는 직무의 수행에 필요로 하지 아니하는 未婚條件 등을 제시하거나 요구하여서는 안된다고 규정하고 있다.

또한 혼인의 자유는 혼인을 하지 않을 자유를 포함하므로, 혼인을 강요하는 것 또한 허용되지 않는다.[29] 민법 제816조 제 3 호는 사기 또는 강박으로 인하여 혼인의 의사표시를 한 때를 혼인 취소의 사유로 규정함으로써 이러한 자유를 보호하고 있다.

2. 未成年者의 婚姻

미성년자라 하여도 혼인의 자유의 주체가 될 수 있다. 그러나 혼인을 하기 위하여는 어느 정도의 정신적·육체적 성숙이 전제가 되어야 하므로,[30] 민법 제807조는 혼인할 수 있는 연령을 남자 18세, 여자 16세로 정하고 있다. 이러한 婚姻適齡을 몇 살로 할 것인가에 관하여는 헌법상 절대적인 기준이 있는 것은 아니므로 상당한 범위에서 입법자의 재량이 인정될 수 있을 것이나, 문제는 남자와 여자의 혼인적령을 이처럼 다르게 규정할 합리적인 이유가 있는가 하는 점이다. 즉 이는 헌법상 평등의 원칙에 어긋나지 않는가 하는 의문이 있다.[31]

나아가 혼인적령에 달한 미성년자가 혼인하기 위하여는 부모나 후견인의 동의를 받아야 하는데(민법 제808조 제 1 항), 이 자체는 위헌이라고 할 수 없겠으나,[32] 부모나 후견인이 부당하게 혼인에의 동의를 거부하는 경우에 그에 대한

29) 許營(註 22), 168면 참조.

30) 미성년의 아동·청소년의 기본권 행사능력에 대하여는 金哲洙(註 17), 269면(基本權 行爲能力이라고 표현하고 있다); 金善擇, "兒童·青少年保護의 憲法的 基礎", 憲法論叢 제 8 집, 1997, 96면 이하 참조.

31) 李庚熙, 要解 家族法, 1997, 32면은 이러한 남녀의 연령차이에 대해서는 여자가 성숙이 빠르다는 등의 설명을 하지만 합리적인 이유는 없고, 그 배경에는 오히려 夫에게는 가정의 책임자로서 보다 높은 성숙이 필요하며, 또 남자는 사회생활에 종사하기 위하여 일정연령까지는 교육이나 훈련을 받아야 하기 때문이라는 성별역할분담의식이 있었다고 보아야 할 것이라고 주장한다. 崔幸植, "婚姻의 成立要件에 관한 再檢討", 家族法研究 제10호, 1996, 105면도 같은 취지에서, 헌법과 諸條約의 정신을 존중하고 고교진학의 실태 및 성년의제효과도 고려한다면 남녀 모두 만 18세를 혼인적령으로 해야 할 것이라고 주장한다. 우리 민법 제807조와 동일한 내용의 일본민법 731조에 관한 위헌논의에 대하여는 米澤廣一(註 7), 288-289면; 尹龍擇, "憲法學的觀點から見た日本家族法の問題點について", 南松韓琫熙敎授華甲紀念 現代民法學의 課題와 展望, 1994, 65-66면 참조.

32) 다만 일본에서는 婚姻은 兩性의 合意만에 의하여 성립한다고 규정하고 있는 일본 헌법 제

구제수단이 없는 것이 미성년자의 혼인의 자유를 침해하는 것이 될 수 있다. 따라서 외국의 입법례와 같이[33] 그에 대한 구제수단을 마련하여야 할 것이다.[34]

3. 重婚의 禁止

민법 제810조는 배우자 있는 자는 다시 혼인하지 못한다고 하여 重婚을 금지하고 있는데, 이는 일면에 있어서는 혼인의 자유를 제한하는 면이 있기는 하지만, 이러한 一夫一妻制의 원리는 혼인에 있어서 개인의 존엄과 양성의 평등을 기초로 하여야 한다고 규정하고 있는 헌법 제36조 제1항에서 당연히 도출될 수 있다고 생각된다. 즉 一夫一妻制 아닌 一夫多妻制 또는 一妻多夫制의 가정인 경우에는 그 가정 내에서 양성의 평등이나 개인의 존엄이 유지된다고 볼 수는 없는 것이다. 앞에서 설명한 것처럼 혼인의 자유도 헌법 제36조 제1항의 한도 내에서 인정되는 것이므로, 중혼의 금지를 혼인의 자유의 제한이라고 보는 것은 적절하지 않고, 오히려 이는 혼인의 자유의 기본적인 내용이 될 것이다. 반대로 법률이 이러한 중혼을 허용한다면 이것이야말로 헌법에 위반될 것이다.

다만 문제는 이처럼 배우자 있는 자가 다른 사람과 혼인하기 위하여 이혼할 자유가 있는가 하는 점인데, 이에 대하여는 나중에 다시 언급한다(後述 Ⅵ. 참조).

4. 女子의 再婚禁止期間

민법 제811조는, "女子는 婚姻關係의 終了한 날로부터 6月을 經過하지 아니하면 婚姻하지 못한다. 그러나 婚姻關係의 終了後 解産한 때에는 그러하지

24조에 비추어 미성년자의 혼인에 부모의 동의를 요하도록 규정하고 있는 일본민법 제737조는 위헌이라고 하는 주장이 있다. 久貴忠彦, "「父母の婚姻同意權」への疑問", 現代家族法の展開, 1990, 35면 이하 참조.

33) 1998. 5. 4. 개정되어 같은 해 7. 1.부터 시행된 독일민법 제1303조 제2, 3항은, 16세에 달하고 그 혼인 상대방이 성년자일 때에는 가정법원의 면제(Befreiung)를 얻어 혼인할 수 있는데, 면제 신청인의 법정대리인 등이 그 신청에 이의를 제기할 때에는, 가정법원은 그 이의가 적절한 근거에 의한 것이 아닐 때에만 면제를 할 수 있다고 규정하고 있다.

34) 金疇洙(註 3), 97면; 李庚熙(註 31), 38면 등은, 혼인동의의 거부가 현저히 부당하다고 인정되는 경우에는 권리남용의 법리를 적용하여야 하므로 민법 제2조 제2항에 의하여 동의의 거부가 동의권의 남용이라는 것을 입증하여 동의에 갈음할 재판을 하여야 한다고 하나, 해석론으로서는 다소 무리한 것이라고 생각된다.

아니하다"고 규정하고 있는데, 이것이 여자의 혼인(再婚)의 자유를 침해하는 것이 아닌가에 대하여 논의가 있다.

위 규정의 입법취지는 父性推定의 衝突을 막기 위한 데 있다고 설명되고 있다.[35] 즉 혼인성립의 날로부터 200일 후 또는 혼인관계 종료의 날로부터 300일 내에 출생한 자는 혼인 중에 포태한 것으로 추정되므로(민법 제844조 제1항), 여자가 재혼하여 자녀를 출산한 것이 前婚 종료 후 300일 내이지만 後婚 성립 후 200일 이후인 때에는 그 자녀는 前婚의 夫의 자녀로도 추정되는 한편 後婚의 夫의 자녀로도 추정되고, 따라서 이 때에는 父를 정하는 訴(민법 제845조)에 의하여 법원이 父를 정하여야 하는 문제가 생기게 되는데, 이를 예방하기 위한 것이다.

그러나 이 규정에 대하여는, 이 규정만으로는 사실상의 재혼을 방지할 수 없고, 이 규정 때문에 혼인신고를 늦게 하게 되어 사실혼관계를 그만큼 조장하는 결과가 되며, 여자에게만 혼인의 자유를 제한한다는 등의 이유로 이를 폐지하여야 한다는 주장이 많았다.[36] 그러한 주장에 영향을 받았음인지 법무부가 1998. 7. 20. 입법예고한 친족상속법 개정안에는 위 민법 제811조를 삭제하는 것으로 되어 있다.[37]

나아가 일본에서는 위 민법 제811조와 같은 일본민법 733조가 남자와 여자를 합리적인 근거 없이 차별하는 것이므로 위헌이라는 주장이 있다.[38] 근래 일본에서는, 위 일본민법 733조를 이유로 혼인신고의 수리가 거부된 당사자들이, 일본의 국회 내지 내각이 위 규정을 폐지 내지 삭제하지 않고 있는 것은 위법한 공권력의 행사에 해당한다고 하여 손해배상을 청구한 사건이 있었다. 그러나 일본최고재판소 1995(平成 7). 12. 5. 판결[39]은, 국회 내지 국회의원의 입법행위(立法不作爲를 포함한다)가 헌법의 一義的인 문언에 위반함에도 불구하고 국회가 당해 입법을 행하였다는 것과 같은 예외적인 경우가 아닌 한, 위법하다고 할 수 없다고 하면서, 일본민법 733조의 원래의 입법취지가 父性의 추

35) 金疇洙(註 3), 111면; 朴秉濠, 親族相續法, 全訂版, 1991, 74면 참조.

36) 金疇洙(註 3), 112면; 朴秉濠(註 35), 74면; 崔幸植(註 31), 105-106면 등.

37) 독일 婚姻法(Ehegesetz) 제8조는 여자는 前婚 종료 후 10월이 경과하기 전에는 새로운 혼인을 할 수 없다고 규정하면서도 여자가 그 동안에 자녀를 출산하였거나, 신분공무원(Standesbeamte)으로부터 면제(Befreiung)를 받은 때에는 그러하지 아니하다고 규정하고 있었으나, 위 혼인법을 민법으로 흡수하여 1998. 7. 1.부터 시행되는 개정 친족법에서는 이러한 待婚期間(Wartezeit)의 규정을 폐지하여 버렸다.

38) 君塚正臣, "再婚禁止期間の合憲性(2)", 民商法雜誌 제109권 3호, 1993, 471면 이하 참조.

39) 判例時報 1563호 81면.

정의 중복을 회피하고, 부자관계를 둘러싼 분쟁의 발생을 미연에 방지하는 데 있다고 해석되는 이상, 국회가 위 조문을 개폐하지 않은 것이 바로 위와 같은 예외적인 경우에 해당한다고 할 수 없다고 하여, 그 청구를 배척하였다. 위 판결의 하급심인 廣島地方裁判所 1991(平成 3). 1. 28. 판결[40] 및 廣島高等裁判所 1991(平成 3). 11. 28. 판결[41]도 대체로 같은 취지였다.[42]

생각건대 여자가 재혼하여 출산한 자녀가 이처럼 前婚의 夫의 자녀로도 추정되고, 後婚의 夫의 자녀로도 추정되는 사태는 미리 막을 필요가 있음은 부정할 수 없다. 그렇다고 하여도 현재의 민법 규정에는 문제가 많다. 우선 그러한 추정의 중복을 막기 위하여 재혼금지기간을 둔다면, 그 기간은 前婚의 혼인관계 종료 후 100일이면 충분할 것이다. 나아가 현행 민법은 그 재혼금지의 예외로서 前婚 종료 후 解産한 경우만을 들고 있으나, 그 이외에도 예컨대 前婚 종료 당시 임신하지 않았음을 증명한다든지, 또는 당시에 임신하고 있다 하더라도 전혼의 사실관계에 비추어 그 태아가 전혼의 夫에 의하여 임신된 것이 아님을 밝힌다든지 하는 방법에 의하여 위와 같은 재혼금지기간의 적용을 받지 않을 수 있는 방법을 열어 주어야 할 것이다.[43]

그러나 일본의 학설 가운데에는, 性에 의한 차별은 엄격한 심사의 대상이 된다고 하여, 이러한 부성추정의 충돌을 막기 위하여는 부성추정의 규정을 바꾸어, 이처럼 부성추정이 중복되는 경우에는 後婚의 夫의 자녀로 추정하면 되므로, 이러한 재혼금지기간을 두는 것 자체가 위헌이라고 하는 견해가 있다.[44] 실제로 독일민법 제1593조 제 1 항(1998. 7. 1.의 개정 전 제1600조 제 1 항)은, 재혼

40) 判例時報 1375호 30면.

41) 判例時報 1406호 3면.

42) 그러나 위 판결들이 일본민법 733조가 合憲이라고 적극적으로 판시한 것은 아니고, 다만 이를 개정 또는 폐지하지 않은 것이 국가배상책임을 질 정도로 위 규정이 합리성이 없는 것은 아니라고 한 것일 뿐이다.

43) 일본의 民法改正要綱 試案은, 재혼금지기간을 100일로 하고, 의사에 의한 不懷胎證明이 있는 경우 등의 예외를 인정할 것인가를 검토사항으로 하였다. 椿壽夫, "百日の再婚禁止期間は必須かつ適切な改正か", 法律時報 제68권 4호, 1996, 64면 참조. 다른 한편 호적예규에 따르면 첫째, 이혼한 당사자들 사이에서는 6월 이내라도 다시 혼인할 수 있고(1961. 4. 20, 호적예규 제184호), 둘째, 이혼사유가 민법 제840조 제 2 호 또는 제 5 호에 해당하여 사실상 3년 이상 동거하지 않았음이 입증된 때에는 재혼금지기간이라 할지라도 재혼이 가능하며(1968. 4. 23, 호적예규 제268호), 나아가 재혼 금지기간 내에라도 포태하지 아니한 사실을 소명하는 의사의 진단서를 첨부하면 혼인할 수 있다고 하며(1984. 5. 12, 호적예규 제385호), 이러한 실무상의 처리가 타당하다고 하는 견해도 있다. 金疇洙(註 3), 111면 등. 李庚熙(註 31), 37면도 같은 취지이다. 그러나 위 첫째의 경우는 별론으로 하고, 나머지 두 경우는 해석론의 영역을 넘어서는 것이 아닌가 생각된다.

44) 君塚正臣(註 38), 특히 476면 이하.

한 여자가 낳은 자녀가 前婚의 부의 자녀로도 추정되고, 後婚의 부의 자녀로도 추정될 때에는 그 자녀는 後婚의 부의 자녀로 본다고 규정하고 있으며, 독일의 개정 친족법이 이러한 대혼기간의 규정을 폐지하여 버린 것도 이 점에 근거를 두고 있다.[45)]

그러나 헌법상 과연 이러한 방법만이 허용되는지는 의문이고, 재혼금지기간의 규정을 위와 같이 합리적으로 개정하면 충분하다고 생각된다.[46)]

Ⅳ. 婚姻相對方 選擇의 自由

혼인의 자유에는 위와 같은 혼인 여부의 자유뿐만 아니라, 혼인의 상대방을 임의로 선택할 수 있는 자유도 포함된다. 그러나 민법에는 이러한 혼인상대방 선택의 자유를 제한하는 禁婚規定이 몇 가지 있다. 즉 혼인하려는 사람과 특정한 관계에 있는 사람과의 혼인을 금하는 것들이다. 그런데 이에 대하여 살펴보기에 앞서서 우선 同性과의 혼인이 허용되는가 하는 문제부터 살펴본다.

1. 同性婚姻(same-sex marriage)의 허용 여부

종래에는 혼인은 서로 다른 性을 가진 자, 즉 남자와 여자와의 결합이라는 점이 당연시되었다. 그러나 근래 외국에서는 이른바 同性婚姻도 허용되어야 하는 것이 아닌가 하는 주장이 제기되고 있다. 예컨대 1993년의 미국 하와이 주대법원의 Baehr v. Lewin 판결[47)]은, 하와이 주 헌법상의 프라이버시의 권리로부터는 同性婚姻의 자유를 이끌어낼 수 없지만, 혼인 허가를 신청하는 당사자들이 同性이라는 이유만으로 혼인 허가를 거부하는 것은 하와이 주 헌법상의 평등권 위반이라고 하였다.[48)]

---

45) Barth/Wagnitz, “Zur Neuordnung des Eheschließungsrechts”, FamRZ 1996, S. 835 f. 참조.

46) 독일의 구 혼인법 제8조의 합헌 여부에 관하여도 의견이 갈리지만 이를 합헌이라고 보는 것이 다수설이었다. MünchKomm/Müller-Gindullis, §8 EheG Rdnr. 2 참조.

47) 852 P.2d 44.

48) 이 판결을 소개한 국내의 문헌으로는 李庚熙, “美國判例를 중심으로 본 同性婚姻(Same-Gender Marriage)의 法理”, 亞細亞女性法學 創刊號, 1998, 201면 이하가 있다. 또한 李庚熙(註 31), 38-39면 참조. 이 이전의 미국 판례는 모두 同性婚姻이 허용되지 않는다고 하였다. 米澤廣一(註 7), 162면 이하 참조.

위 판결이 있은 이후, 미국 연방 의회는 1996년에 聯邦法律로서 婚姻防禦法(Defence of Marriage Act)[49]을 의결하였다. 이 법률은 미합중국의 어느 州, 準州(territory), 保護領(possession)이나, 인디안 부족도 同性의 사람들간의 관계를 혼인으로 취급하는 그러한 다른 주의 공적인 입법, 기록 또는 재판 절차나, 그러한 관계에서 파생되는 권리를 인정할 필요가 없고{SEC. 2, (a)}, 미합중국 의회의 어느 법률이나 각종 행정기관의 규칙, 규정 및 해석의 의미를 결정함에 있어서 '혼인'이라는 단어는 남편과 부인으로서의 한 남자와 한 여자의 법적 결합만을 의미하며, 배우자라는 단어는 남편 또는 아내와 반대의 성을 가진 사람만을 의미한다{SEC. 3. (a)}고 규정하고 있으며. 이 법률은 1996. 9. 21. 공포되었다. 그러나 이에 대하여는 이 법률이 미국 연방헌법 위반이라는 논의가 있다.[50]

독일에서도 이 문제에 관한 논의가 있으나,[51] 학설은 거의 대부분 헌법상의 혼인개념은 서로 다른 性의 결합을 전제로 하는 것이라고 하여, 이러한 동성혼인을 인정하는 것은 헌법에 위반된다고 한다.[52] 독일연방헌법재판소 제1부 제3지정재판부는, 이러한 동성혼인을 거부하는 신분공무원의 처분에 대한 헌법소원을 원칙적인 중요성이 없다고 하여 수리하지 않았다.[53]

우리 헌법상으로도 헌법 제36조 제1항이 "兩性의 平等"을 규정하고 있는 점에 비추어 볼 때 우리 헌법이 예정하고 있는 혼인이란 남녀의 결합을 의미하는 것으로 보아야 할 것이고, 따라서 이러한 同性婚姻은 인정될 수 없다고 할 것이다. 그러나 이러한 동성간의 결합 자체는 헌법상의 행복추구권의 일부로서 인정될 수 있을 것이므로, 이를 어느 정도로 보호할 것인가 하는 점은 별개의 문제이다.[54]

이와 관련하여 언급할 필요가 있는 것은, 性轉換手術을 받은 사람이 종전의 자기의 性을 가진 사람과 혼인할 수 있는가 하는 문제이다. 이는 성전환수술에 의하여 원래의 性이 바뀌는 것인가 하는 점과 관련하여 논의된다. 대법원

49) Pub. L. 104-199, Sept. 21, 1996, 110 Stat. 2419. 정식 명칭은 An Act to define and protect the institution of marriage이다.
50) 예컨대 H. Hamilton, "The Defense of Marriage Act: A Critical Analysis of its Constitutionality under the Full Faith and Credit Clause", 47 DePaul Law Review 943 ff., 1998 참조.
51) Schimmel, "Eheschließung gleichgeschlechtlicher Paare", 1996은 同性婚姻은 허용된다고 주장한다고 한다. Gröschner(註 12), Art. 6 Rn. 30 Fn. 86에서 재인용.
52) Gernhuber/Coester-Waltjen(12), §5 Ⅰ. 2 Fn. 13(S. 39); Giesen(註 12), Rn. 4 Fn. 25(S. 4); Gröschner(註 12), Art. 6 Rn. 30 ff. 등
53) NJW 1993, 3058.
54) Gröschner(註 12), Rn. 32 참조.

의 판례[55]는, 원래 남자인데 여자로 성전환수술을 받은 자에 대한 强姦罪가 성립할 수 있는가 하는 문제에 관하여, 형법 제297조에서 말하는 부녀, 즉 여자에 해당하는지의 여부도 發生學的인 性인 性染色體의 구성을 기본적인 요소로 하여 性腺, 外部性器를 비롯한 신체의 외관은 물론이고 심리적·정신적인 성, 그리고 사회생활에서 수행하는 주관적·개인적인 性役割 및 이에 대한 일반인의 평가나 태도 등 모든 요소를 종합적으로 고려하여 사회통념에 따라 결정하여야 할 것이라고 하면서, 기본적인 성염색체의 구성 등 여러 요소를 종합적으로 고려하여 보면 사회통념상 여자라고 볼 수 없다고 하였다. 이는 남녀 性의 결정을 생리적 요소뿐만 아니라 사회통념 등에 의하여 결정하여야 한다고 하였으나 실제로는 性轉換手術에 의하여서 성이 바뀌는 것은 아니라는 취지로 이해될 수 있다.[56] 반면 여러 가지 사정을 고려하여 성전환수술에 의한 성의 변경을 인정하여야 한다는 견해도 있다.[57]

독일에서는 연방헌법재판소의 판례[58]가, 性轉換症 때문에 의학적인 이유로 남자에서 여자로 성전환수술을 받은 사람의 出生簿(Geburtsregister)상의 性을 변경하는 것을 허용하지 않는 것은 인간의 존엄을 규정한 독일 기본법 제1조 제1항 및 인격의 자유로운 발현의 권리를 규정한 제2조 제1항에 위반된다고 판시하였다. 그에 따라 1980. 9. 10. 제정된 性轉換法(Transsexuellengesetz) 제8조 및 제10조는 이러한 성전환자가 자신의 종전의 성과 같은 성을 가진 자와 혼인하는 것을 허용하고 있다.[59]

2. 同姓同本禁婚

"同姓同本인 血族 사이에서는 婚姻하지 못한다"고 규정하고 있는 민법 제809조 제1항에 대하여는, 민법 제정 당시부터 이를 폐지하여야 한다는 주장이 많았으나,[60] 위 헌법재판소 1997. 7. 16. 결정(註 1) 이전에 이를 혼인의 자유의

55) 대법원 1996. 6. 11. 선고 96도791 판결(公 1996하, 2264).

56) 曺喜大, 性轉換手術을 받은 者가 强姦罪의 婦女에 해당하는가, 대법원판례해설 1996년 상반기, 618면 이하, 특히 648면 이하 참조.

57) 洪春義, "性轉換과 戶籍訂正", 判例月報 1996. 5, 14면 이하, 특히 21면 이하 참조.

58) BVerfGE 49, 286, 297 ff.

59) 이 이외의 외국에서의 논의에 관하여는 曺喜大(註 56), 631면 이하; 洪春義(註 57), 19면 이하; Glendon(註 4), pp. 50 f. 참조.

60) 헌법재판소 1997. 7. 16. 결정(註 1) 이전에 이를 다룬 문헌은 매우 많다. 비교적 근래의 것으로, 金容漢, "同姓不婚法理의 再檢討", 梅石高昌鉉博士華甲紀念 民法學의 現代的 課題,

측면에서 접근한 것은 별로 많지 않다.[61)]

위 헌법재판소 1997. 7. 16. 결정(註 1)의 다수의견은, 同姓同本 禁婚 제도가 위헌이라고 하는 이유를 다음과 같이 설시하였다. 즉 동성동본금혼제가 생성하여 정착할 수 있었던 시대와 비교하면 현대사회는 너무나 많은 사회환경의 변화가 있어 그 존립기반이 더 이상 지탱할 수 없을 정도로 근본적인 동요를 하고 있을 뿐만 아니라, 동성동본인 혈족 사이의 혼인을 그 촌수의 원근에 관계없이 일률적으로 모두 금지하여 혼인에 있어 상대방을 결정할 수 있는 자유를 제한하고 있는 동시에 그 제한의 범위를 동성동본인 혈족, 즉 남계혈족에만 한정함으로써 性別에 의한 차별을 하고 있으므로, 위 조항은 금혼규정으로서의 사회적 타당성 내지 합리성을 상실하고 있음과 아울러 "인간으로서의 존엄과 가치를 규정한 헌법이념" 및 "개인의 존엄과 양성의 평등"에 기초한 혼인과 가족생활의 성립·유지라는 헌법규정에 정면으로 배치되고, 또 그 금혼의 범위를 남계혈족에만 한정하여 성별에 의한 차별을 하고 있는데 이를 시인할 만한 합리적인 이유를 찾아볼 수 없으므로 헌법상의 평등원칙에도 위반된다고 한다.

위와 같은 의견이 타당함은 두말할 필요가 없다. 동성동본인 사람들 사이의 혼인을 금지하는 데에는 위 다수의견이 설시하고 있는 것처럼 아무런 합리적인 이유를 찾아 볼 수 없는 것이다. 그런데도 종래 이를 금지하였던 이유는 이러한 혼인을 허용하는 것이 전통 윤리에 어긋난다고 하는 것이었다. 그러나 그러한 전통 윤리상의 이유는 적어도 현재에 있어서는 이를 금지하는데 충분한 이유가 될 수 없는 것이다. 위 헌법재판소 결정도 지적하고 있듯이, 과거 3차례에 걸쳐서 限時法으로서 동성동본 관계에 있는 사람들의 혼인신고를 허용하는 혼인에 관한 특례법이 시행되어 44,827쌍의 부부가 구제를 받았다는 점에 비추어 볼 때, 위와 같은 전통 윤리적인 관념은 현재에는 그 규범적인 의미를 상실하였고, 도저히 국민들 대부분이 가지는 법적 확신에 부합하는 것이라고는 할 수 없는 것이다.[62)]

1987, 689면 이하; 金柄大, "同姓同本不婚制에 관한 小考", 南松韓琫熙教授華甲紀念 現代民法學의 課題와 展望, 1994, 91면 이하 참조.

61) 다만 金文顯(註 17), 256면 이하; 同(註 19), 170면 이하 정도가 눈에 뜨인다.

62) 위 결정에 대한 평석으로는 李凞培, "婚姻·家族政策理念과 違憲 與否 決定(下)", 判例月報 1997. 12, 35면 이하; 同, "同姓同本婚姻禁止規定의 憲法不合致決定과 今後의 課題", 판례월보 1998. 6, 8면 이하; 高貞明, "同姓同本 禁婚 憲法不合致決定에 대한 評釋", 考試界 1997. 10, 65면 이하; 金俊源, "同姓同本不婚의 範圍에 관한 考察(上)", 司法行政 1998. 8, 8면 이하; 金

다만 이 조항에 대한 단순위헌 의견이 6인에 달하지 못하여 헌법재판소는 헌법불합치의견만을 선고할 수밖에 없었다. 그러나 그와 같이 헌법불합치를 선언하여야 할 이론적인 근거가 박약할 뿐만 아니라, 위와 같이 혼인신고를 금지하는 규정에 대하여 헌법불합치결정을 하면서, 법원 기타 국가기관 및 지방자치단체는 입법자가 개정할 때까지 위 법률조항의 적용을 중지하여야 한다고 한다면, 이는 사실상 단순위헌결정과 아무런 차이가 없게 되어,[63] 결국 민법 제809조 제1항이 1998. 12. 31.까지는 존속된다는 것은 단순한 修辭에 불과하다.[64]

3. 血族 사이의 婚姻禁止

민법 제815조 제2호는 혼인 당사자간에 직계혈족, 8촌 이내의 방계혈족인 친족관계가 있거나 또는 있었던 때의 혼인을 무효로 규정하고 있다. 이러한 近親婚 禁止의 원형은 이른바 近親相姦의 禁止(Inzestverbot)라고 할 수 있다. 즉 직계존비속 간이나 형제자매 사이의 性關係를 금지하는 것은 인류 사회에 보편적인 것으로서, 인류학자나 사회학자는 그 이유를, 이러한 근친상간의 금지가 각 가족 구성원의 사회적 역할을 명확히 하고, 핵가족 내에서의 성적 경쟁을 방지하거나 완화하며, 각 가족구성원으로 하여금 가족 외에서 혼인관계를 맺을 것을 강제하는 기능을 가진다는 데에서 찾고 있다.[65]

그러나 우리나라의 현재의 혈족간의 금혼제도는 이러한 근친상간의 금지의 범위보다도 훨씬 넓은데, 이는 역사적으로 조선시대에 친족간의 혼인을 넓은 범위에서 금하였던 데서 그 유래를 찾아 볼 수 있다.[66] 그렇지만 이처럼 넓

池洙, "헌법재판소의 '동성동본금혼'규정에 대한 "헌법불합치"결정의 논거에 커다란 의문이 있다", 司法行政 1998. 6, 48면 이하 등이 있다. 이 중 마지막 것을 제외하고는 모두 위 결정을 지지한다. 이 이외에 金疇洙(註 3), 101-102면; 權寧星(註 17), 255면; 金哲洙(註 17), 713-714면; 許營(註 22), 168면 참조.

63) 실제로 위 헌법재판소 결정이 있은 후에 제정된 1997. 7. 30. 대법원 호적예규 제535호 동성동본인 혈족 사이의 혼인신고에 관한 예규 제2조는 민법 제809조 제1항에 불구하고 동성동본인 동일남계혈족 사이의 혼인신고도 이를 수리하여야 한다고 규정하고 있다.

64) 그러나 高貞明(註 62), 71면; 許營(註 22), 168면 註 1) 등은 헌법재판소의 헌법불합치결정이 타당한 것이라는 취지이다. 金文顯(註 17)도, 가까운 근친간의 혼인은 금지되어야 하므로 단순위헌결정보다는 변형결정의 형식이 되어야 한다고 주장한다.

65) MünchKomm/Müller-Gindullis, EheG §4 Rdnr. 2. 또한 上野雅和, 新版 注釋民法(21), 1988, 210-211면 참조.

66) 朝鮮時代의 禁婚範圍에 관하여는 韓福龍, 韓國婚姻法論, 1989, 75면 이하; 金疇洙(註 3), 107

은 범위에서 혈족간의 혼인을 금하는 것도 유전학적으로는 근거가 있는 것이라고 할 수 있다. 즉 近親의 경우에는 혼인 당사자가 모두 유전적인 질병의 劣性 유전인자를 보유하고 있을 확률이 높아서, 그 혼인에서 출생하는 자녀가 유전적인 질병을 가지고 태어날 확률이 높은 것이다.[67] 이러한 사정을 고려한다면, 어느 범위 내에서 혈족간의 혼인을 금지할 것인지는 원칙적으로는 입법자의 재량에 속하는 사항이라고 하겠다.

그렇다고는 하여도 우리 민법이 8촌 이내의 혈족간의 혼인을 금하는 것은 너무 넓은 것이 아닌가 하는 의문이 있다. 유전학적인 분석에 의하면, 각 유전병의 발생 확률에 따라서 차이가 있기는 하지만, 6촌 내지 8촌 사이의 근친혼에 있어서는 거의 무해한 것으로 나타난다고 한다.[68] 비교법적으로 보더라도 외국의 입법례에서는 직계혈족 아닌 방계혈족의 경우에는 4촌간에는 혼인을 허용하고 있는 경우가 많다.[69] 그러나 법무부의 1998. 7. 20.자 친족상속법 개정안 제809조 제1항은 여전히 8촌 이내의 부계혈족 또는 모계혈족 사이에서는 혼인하지 못한다고 규정하고 있다.

다른 한편으로, 현행 민법 제815조 제2호의 해석상으로는 입양이 罷養이나 당사자의 사망 등으로 해소되더라도 입양에 의하여 8촌 이내의 법정혈족관계에 있던 사람들 사이에서는 혼인이 금지되는데,[70] 입양이 해소된 경우에도 그처럼 혼인을 금지하는 것이 합리적인지 다소 따져 볼 필요가 있다.[71]

4. 姻戚 사이의 婚姻禁止

가. 民法의 規定

민법 제809조 제2항, 제815조 제2, 3호는 각 인척 사이의 혼인을 금지하

면 註 48) 등 참조.

67) 金容漢(註 60), 690면 이하 참조.

68) 孔奉勳, 同姓同本間結婚의 許容範圍: 遺傳과 立法 사이에서(상, 하), 東亞日報 1957년 11월 27, 28일자. 金容漢(註 60), 691면 이하에서 재인용.

69) 외국의 입법례에 대하여는 金疇洙(註 3), 100면 이하; 梁壽山, "親族關係를 事由로 하는 禁婚範圍에 관한 立法論的 考察", 외법논집 제3집, 1996, 5면 등 참조. 金容漢, 親族相續法論(全訂版), 1984, 160면은 혈족 사이에서는 5촌까지를 금혼범위로 한정하여야 한다고 주장한다.

70) 梁壽山(註 69), 18-19면. 법무부의 1998. 7. 20.자 친족상속법 개정안 제809조 제3항은 6촌 이내의 양부모계의 혈족이었던 자와의 혼인을 금지하고 있다.

71) 梁壽山(註 69), 19면도 같은 취지이다. 이 문제에 관한 미국에서의 논의에 관하여는 米澤廣一(註 7), 164-165면 참조. 일본민법에 관하여는 같은 책 287면 참조.

고 있다. 즉 제809조 제2항은, 男系血族의 配偶者, 夫의 血族 및 기타 8寸 이내의 姻戚이거나 이러한 姻戚이었던 자와의 혼인을 금지하고 있고, 제815조 제2호는 당사자간에 직계혈족이나 8촌 이내의 방계혈족의 배우자인 친족관계가 있거나 또는 있었던 때의 혼인을 무효로 하고 있으며, 동조 제3호는 당사자간에 직계인척, 夫의 8촌 이내의 혈족인 인척관계가 있었던 때의 혼인 또한 무효로 하고 있다.

위 조항의 해석상 문제되는 것은, 우선 제809조 제2항이 규정하는 男系血族의 配偶者 및 夫의 血族은 촌수의 제한을 받지 않는가 하는 점이다. 이에 대하여는 민법 제777조에 의하여 친족에 포함되는 4촌 이내만 혼인하지 못한다는 견해,[72] 위 조항의 '기타 8寸 이내의 姻戚'이라는 구절 중 '8寸 이내'라는 부분이 앞 부분의 남계혈족의 배우자 및 부의 혈족에도 걸린다고 봄이 타당하다는 견해[73] 및 아무리 먼 촌수라 하여도 혼인하지 못한다는 견해[74]로 나누어진다.

원래 조선시대에는 妻族과의 혼인은 직계인척이 아니면 특별히 금지되지 않았고, 처의 사망 후 처제와 혼인하는 일도 흔히 있었지만,[75] 本宗의 妻妾, 즉 남계혈족의 배우자는 혼인하지 못하였다.[76] 이는 族內婚의 금지를 전제로 하여, 혼인에 의하여 처는 남편의 가문에 속하게 되지만, 남편이 처의 가문에 속하게 되는 것은 아니라는 관념 때문으로 이해된다.

그런데 현행 민법 제815조 제2, 3호는 妻의 혈족인 인척과도 8촌 이내이면 혼인할 수 없는 것으로 하였기 때문에, 1990년까지는 특히 처의 혈족인 인척에 관하여 그 금혼범위를 좁게 해석하는 학설이 있었다. 즉 당시의 민법 제777조는 처의 혈족에 관하여는 처의 부모만을 친족에 해당하는 인척으로 규정하고 있었기 때문에, 이에 해당하지 않는, 예컨대 처제와 형부의 혼인은 허용된다는 것이다.[77]

법무부의 친족상속법 개정안은, 6촌 이내의 혈족의 배우자, 배우자의 6촌

---

72) 金疇洙(註 3), 104-105면.

73) 朴秉濠(註 35), 71-72면.

74) 金容漢(註 69), 159면; 梁壽山(註 69), 15면. 金容漢 교수는 그 근거로서, 제815조가 8촌 이내의 인척이었거나 인척이었던 자 사이의 혼인을 무효로 하고 있고, 제816조 제1호에서는 그 밖에 제809조에 위반되는 모든 혼인을 취소할 수 있게 하고 있다는 점을 든다.

75) 朴秉濠, 韓國法制史, 1986, 136면.

76) 韓福龍(註 3), 77면. 따라서 亡兄의 遺妻가 전남편의 동생과 혼인한 경우에 이는 무효였다. 親族相續에 관한 舊慣習(註 3), 147면 참조.

77) 金疇洙(註 3), 106면 이하 참조. 그러나 실무상은 이 경우도 금지된다고 보고 있었다.

이내의 혈족, 배우자의 4촌 이내의 혈족의 배우자인 인척이거나 이러한 인척이었던 자 사이에서는 혼인하지 못하며(제809조 제2항), 4촌 이내의 양부모의 인척이었던 자 사이에서는 혼인하지 못한다(제809조 제3항)고 규정하고 있다.

나. 傍系姻戚에 대한 婚姻禁止

현행 민법 규정에 의하면, 인척과의 금혼 범위를 가장 좁게 해석하려는 학설에 의하더라도 4촌 이내의 방계인척 내지 인척이었던 자와의 혼인, 예컨대 처제와 형부 사이의 혼인이나 형수와 시숙 사이의 혼인 등은 모두 금지되게 된다. 그러나 과연 이러한 자들 사이의 혼인을 금지하여야 할 합리적인 이유가 있는지 의심스럽다.[78] 구태여 이유를 찾는다면 윤리적인 이유, 즉 그러한 자들 사이의 혼인은 도덕관념에 어긋난다는 점밖에 들 수 없을 것이다. 그러나 앞에서 보았듯이 과거에는 형부와 처제의 혼인은 허용된다고 보고 있었으므로, 과연 일반인들이 그러한 자들 사이의 혼인을 부도덕한 것으로 보고 있는지 자체가 의문이다.

나아가 도덕적 고려에 의한 혼인의 자유 제한이 어느 정도나 허용되는지에 관하여는 獨逸聯邦憲法裁判所 1973. 11. 14. 결정[79]이 참고가 될 수 있을 것이다. 이 사건에서는 구 독일 혼인법 제4조 제2항의 이른바 性的 共同體(Geschlechtsgemeinschaft)에 대한 혼인금지, 즉 자기의 直系尊屬 또는 직계비속과 성관계를 가졌던 자와의 혼인을 금지하는 규정이 위헌인가가 문제로 되었다. 재판소는, "기본법 제6조 제1항의 자유보장은 국가에 대하여 혼인장애사유의 규정에 있어서 최대한으로 신중할 것을 요구한다. 국가는, 오늘날의 견해에 부합하는 혼인의 본질과 형태에서 도출되고, 또한 헌법적 의미에서 혼인제도를 규정하는 구성원칙 내지 구성요소로부터 나오는, 명백한 실질적인 근거가 있는 경우에만 혼인능력 있는 남자와 여자가 서로 혼인하려는 욕구를 금지할 수 있다"고 하면서, 이러한 성적 공동체에 대한 혼인금지는 이러한 요건을 충족시키지 못한다고 하였다. 즉 국가는 혼인의 자유를 단지 오래된 祭式的인 이유만으로 금지시킬 수는 없으며, 이를 위하여는 원칙적으로 실질적이고 합리적으로 이해할 수 있는 사유가 혼인금지를 정당화할 수 있어야 한다고 한다. 물

78) 金文顯(註 17), 263면도 민법 제809조 제2항이 위헌이라고 하고 있으나, 혼인을 금지하는 범위가 지나치게 넓고, 남녀평등과 양성의 평등에 기초한 혼인제도에 반한다는 것으로서, 방계인척간의 혼인금지 그 자체가 위헌이라는 취지인지는 분명하지 않다.

79) BVerfGE 36, 146 ff.

론 종래의 판례에 의하면 기본법 제6조 제1항의 미리 존재하는 전통적인 생활형태와의 연관을 존중하여야 하는데, 이때에는 법률에 의한 혼인의 자유 제한이, 전통적인 생활형태, 특히 기독교적이고 서구적인 혼인개념에 부합한다는 이유만으로 오늘날의 혼인의 형상에 부합한다고 할 수 있는가, 아니면 전통적인 관념형상이 세속화된 혼인의 본질에 관한 오늘날의 지배적인 견해에 의하여서도 뒷받침되어야 하는가 하는 문제가 제기되지만, 性的 共同體에 대한 혼인금지는 기독교적-서구적 혼인 관념에 부합하지도 않고, 전통적인 생활형태에 속하는 것도 아니라고 한다. 그리고 종래의 혼인제도의 보호라고 하는 관점도 보호되어야 할 혼인관계가 존재하지 않기 때문에 문제되지 않으며, 상대자를 어머니에서 딸로 바꾸는 남자의 행동이나 그러한 딸의 행동[80]이 도덕적으로 불쾌하게 여겨질 수 있지만, 그러한 사유만으로 혼인이 민사상의 혼인의 본질적인 형상에 부합하지 않는다고는 할 수 없다고 하였다.

이와 같은 판단은 대체로 방계인척간의 혼인에 대하여도 적용될 수 있다고 생각된다. 방계인척간의 혼인, 가령 형부와 처제 사이의 혼인이나, 형수와 시숙 사이의 혼인은, 인척관계를 발생시킨 기존의 혼인이 사망에 의하여 해소된 때에는 특별히 도덕적으로 문제될 것이 없다. 다만 예컨대 남편이 처의 동생과 불륜의 관계를 맺고 그 결과 처와 이혼하고 그 동생과 혼인하겠다고 하는 경우에는 그 혼인에 도덕적으로 비난받을 만한 요소가 있겠으나, 이 점만으로 혼인의 자유를 제한하기에는 충분한 근거가 되지 못한다. 이처럼 비난받을 만한 사정은 간통죄를 범한 相姦者들이 서로 혼인하는 경우와 공통되는데, 우리나라에서도 과거에는 이러한 상간자의 혼인을 허용하지 않았으나,[81] 현행 민법은 이러한 규정을 두지 않고 있으며, 이는 일반적으로 지지를 받고 있는데,[82] 相姦者가 인척인 경우에만 혼인을 금지하는 것은 헌법상 평등의 원칙에도 어긋나는 것이다.[83]

---

80) 이 사건에서는 딸과, 그 딸의 어머니와의 사이에 혼인외의 두 자녀를 낳은 남자가 혼인하려고 하는 것이 문제로 되었다.

81) 親族相續에 관한 舊慣習(註 3), 152면 참조.

82) 金疇洙(註 3), 113면 참조.

83) 梁壽山(註 69), 16-17면도, 인척의 경우 이와 같이 광범위하게 혼인을 금지하고 있는 것은 조금도 합리적 근거를 찾아볼 수 없고, 이는 다만 혼인의 자유, 특히 재혼의 자유를 제한하는 성격을 갖는 법제도라고 비난을 받아 마땅하다고 하여, 인척관계를 사유로 하는 금혼범위와 관련하여서는 직계인척 사이에 한해서만 혼인을 금지하는 것이 좋을 것이라고 하고, 金容漢(註 69), 160면도 인척 사이는 직계인척만을 금혼범위로서 한정하는 것이 타당하다고 한다.

다. 直系姻戚에 대한 婚姻禁止

그러면 방계인척이 아닌 직계인척에 대한 혼인금지는 어떠한가? 이러한 직계인척 내지 직계인척이었던 자와의 혼인을 금지하는 것은 어느 정도 보편적인 현상이라고 할 수 있다.[84] 그런데 독일에서는 과거에 이러한 직계인척이었던 자와의 혼인을 금지하는 것이 헌법에 부합하는지에 관하여 논란이 있었다. 즉 구 혼인법 제4조 제1항은 직계인척 사이의 혼인을 금지하고 있었고, 그 근거는 그러한 혼인이 도덕적으로 비난받아야 하며, 또 기존의 인척관계를 발생시키는 혼인으로부터 자녀가 출생하였을 때에는 그러한 혼인관계로부터 발생하는 친족관계가 自然에 반한다는 점(Widernatürlichkeit)을 들고 있으나, 婚姻禁止의 사유가 전통적인 관념에 부합한다는 점만으로는 충분하지 않고, 이는 세속화된 혼인의 본질에 대한 현재의 지배적인 견해에 의하여도 요청되는 것이어야 하는데,[85] 직계인척이었던 자와의 혼인을 금지하는 것은 이에 해당하지 않으며, 특히 혼인법 제4조 제3항에 의하면 이러한 자의 혼인금지도 광범위하게 면제될 수 있으므로 그 실체와 혼인금지사유의 설득력을 감소시킨다고 한다.[86] 그러나 종래의 다수설은 이러한 직계인척이었던 자 사이의 혼인금지가 위헌은 아니라고 보고 있었다.[87] 직계인척 사이의 혼인을 금지하여야 한다고 주장하는 견해는 위와 같은 도덕적인 관점 내지 친족관계의 혼란 이외에도, 인척관계를 발생시키는 혼인에 있어서 繼父로부터 繼子女(Stiefkinder)를 보호할 필요가 있고, 또 媤父가 며느리에게 접근하기 위하여 아들의 혼인관계를 파탄시키는 것과 같이 가족관계 내에서 성적인 경쟁을 막을 필요가 있다는 점 등을 든다[88].

그러나 개정된 독일 친족법은 이러한 직계인척간의 혼인금지조항을 삭제하여 버렸다.[89] 그 근거는 현재에도 이 금지에 대하여 광범위하게 면제가 이루

84) Glendon(註 4), pp. 55 ff.; Muscheler, "Der Entwurf eines Gesetzes zur Neuordnung des Eheschließungsrechts", JZ 1997, 1144 참조.

85) 위 BVerfGE 36, 146, 161 ff.를 인용하고 있다.

86) MünchKomm/Müller-Gindullis, §4 EheG Rdnr. 10. 같은 취지, AK-GG-Richter, Art. 6 Rz. 17.

87) Lecheler(註 12), S. 243(Rn. 72); Muscheler(註 85), S. 1145 f.; Bosch, "Weitere Reformen in Familienrecht der Bundesrepublik Deutschland?", FamRZ 1982, 869 Fn. 106 등.

88) Bosch(註 88), S. 870. 또한 Bosch, "Neuordnung oder nur Teilreform des Eheschließungsrechts?", NJW 1998, 2010 참조.

89) 개정된 독일민법 제1307조는, 직계존비속 사이의 혼인 및 부모를 다 같이하는 全血 또는

어지고 있다는 점과, 그러한 금지가 의학적이나 유전생물학적인 근거에 의하여 정당화될 수 없다는 점[90] 외에도, 그러한 혼인의 금지가 위헌이라는 주장이 있는 것에도 영향을 받은 것으로 보인다.[91]

그러면 우리나라에서는 어떻게 보아야 할 것인가? 이 문제에 대하여는 독일에서 논의하는 것처럼, 이러한 직계인척 사이의 혼인을 금지하여야 할 실질적인 이유가 있는가 하는 관점에서 따져 볼 수도 있겠으나, 근본적으로는 우리 국민의 법의식 내지 혼인에 대한 관념이 어떠한가를 따져 볼 필요가 있다고 생각한다. 이 점에 관하여 실증적인 조사가 있는 것은 아니지만, 필자가 느끼기에는 전통적으로 이러한 직계인척이거나 직계인척이었던 자와의 혼인은 허용되지 않고 있었을 뿐만 아니라, 국민들의 관념상으로도 예컨대 繼父와 의붓딸 사이의 혼인이나, 시아버지와 며느리 사이의 혼인은 윤리적으로 받아들일 수 없는 것이라고 인식하고 있다고 생각되며, 그에 어떠한 변화가 있다고는 생각되지 않는다. 그러므로 이러한 직계인척 내지 직계인척이었던 자와의 혼인을 금지하는 것은 헌법적으로 허용된다고 할 것이다.

Ⅴ. 離婚의 自由

이러한 혼인의 자유에 대응하는 것이 이혼의 자유라고 할 수 있다. 즉 혼인관계를 맺는 것이 자유라면, 일단 맺은 혼인관계에서 이탈할 수 있는 자유도 헌법상 인정되는가 하는 점이다. 이에 관하여는 별로 논의되지 않고 있으나, 혼인의 자유와 마찬가지로 인정되어야 할 것이다.[92] 가령 현행 민법을 개정하여, 과거의 스페인이나 이탈리아 등과 같이, 이혼제도를 전면 부정하는 것은 헌법에 어긋난다고 할 것이다.[93]

그렇다고 하여 혼인의 자유가 인정되는 범위만큼 이혼의 자유가 인정될

부모의 일방만을 같이하는 半血의 형제자매 사이의 혼인만을 금지하고 있다.

90) BT-Drucksache 13/4898 vom 13. 06. 1996 A. 2.

91) Barth/Wagnitz(註 45), S. 835. 위 개정 조항에 대한 비판은 Bosch(註 87), 2010이 있다.

92) 權寧星(註 17), 255-256면 참조.

93) 독일에서는 이혼의 자유가 헌법상 인정되는 것인가에 관하여 논의가 있다. 가령 Lecheler (註 12), S. 243(Rn. 74)는 이혼의 권리가 헌법상 보장된 것은 아니므로, 당사자들이 이혼할 수 없기로 하는 합의도 유효하다고 한다. 그러나 다수설은 이혼의 자유도 헌법상 보장된다고 본다. AK-GG-Richter, Art. 6 Rn. 38; MünchKomm/Wolf, Vor §1564 Rdnr. 15 등.

수 있는 것은 아니다. 당사자가 일단 혼인관계를 맺었으면, 당사자는 그에 구속되는 것이고, 따라서 이 혼인관계를 해소하기 위하여는 그만큼 중대한 사유가 있어야 하는 것이고, 이혼하려는 배우자의 의사가 혼인관계를 유지하려는 다른 배우자의 의사보다 우선할 근거는 없는 것이다.[94] 특히 이혼으로 인하여 상대방 배우자나 자녀는 중대한 불이익을 입게 되는 만큼, 이혼을 허용할 것인가를 결정함에 있어서는 이러한 상대방 배우자나 그 자녀의 보호를 고려하지 않을 수는 없는 것이다.[95]

구체적으로 어느 경우에 이혼을 허용할 것인가, 가령 有責主義의 원리에 따를 것인가, 아니면 파탄주의의 원리에 따를 것인가까지 헌법이 요구하고 있는 것이라고는 볼 수 없고, 이는 입법자의 재량에 속하는 사항이라고 하겠다.[96]

Ⅵ. 結　　論

이제까지 혼인의 자유에 관련된 문제들을 살펴보았다. 혼인의 자유가 헌법상 보장된 기본권이라고 하는 명제에 대하여는 별로 이의를 제기할 사람이 없을 것이다. 그러나 구체적인 문제, 예컨대 방계인척 사이의 혼인을 금지할 수 있는가 하는 점으로 들어가면, 일반적인 의견의 합치가 존재하는 것으로 보이지는 않는다. 이는 혼인제도야말로 도덕 내지 윤리의 문제와 밀접하게 연관되어 있어서, 각자의 윤리관에 따라 결론이 달라질 수 있기 때문이다. 그만큼 어느 경우에 혼인의 자유가 제한될 수 있고, 어느 경우에는 제한될 수 없는가 하는 문제는 이론만으로는 명쾌하게 결론을 내리기 어렵고, 결국 국민 대다수의 보편적인 혼인제도에 대한 관념이 어떤 것인가가 가장 중요할 것이다. 이 글이 앞으로의 논의에 다소나마 도움이 될 수 있기를 바란다.

〈제 1 회 韓國法學者大會 論文集(Ⅱ), 한국법학교수회, 1998〉

---

94) AK-GG-Richter, Art. 6 Rn. 38.

95) 파탄주의를 택하고 있는 외국의 입법례에서도, 대체로 이혼이 상대방 배우자나 그 자녀에게 가혹한 결과를 가져오는 경우에는 이혼청구를 기각하여야 하는 것으로 규정하고 있다. 영국의 Matrimonial Causes Act 1973, S. 5; 프랑스민법 제240조; 독일민법 제1568조 제 1 항 등.

96) BVerfGE 53, 224 ff. 참조.

〈追記〉

이 글이 발표된 후 이 글에서 다루었던 문제들에 대하여 많은 변화가 있었다.

우선 女子의 再婚禁止期間을 규정하고 있던 민법 제811조는 2005년에 삭제되었고, 혼인적령을 남녀에 따라 차이를 두고 있던 민법 제808조는 2009. 5. 8. 혼인 적령을 남녀 모두 18세로 단일화하였다. 그리고 대법원 2006. 6. 22.자 2004스42 전원합의체 결정(公 2006하, 1341)의 다수의견은, 성전환수술을 받은 사람은 일정한 요건이 갖추어진 경우에는 호적의 성별란 기재의 성을 전환된 성에 부합하도록 수정할 수 있도록 허용함이 상당하다고 판시하였다. 이 결정에 대하여는 "2006년도 주요 民法 관련 판례 회고", 民法論攷 Ⅲ, 689면, 748면 이하 참조.

婚姻 成立에 관한 獨逸民法의 改正에 관한 考察*

Ⅰ. 序　　論

독일 친족법은 1997년에서 1998년 사이에 대폭 개정되어 1998. 7. 1.부터 시행되고 있다. 위 개정은 실제로는 한 번에 이루어진 것이 아니고, 4차례에 걸쳐서 이루어졌는데, 주된 대상은 혼인성립에 관한 부분과 부모와 자녀 관계(친자관계)에 관한 부분 및 미성년 자녀의 부양에 관한 부분이었다.[1] 이하에서는 1998. 5. 4.에 이루어진, 혼인의 성립에 관한 법률(Eheschließungsrechtsgesetz)에 관하여 그 개요를 살펴보기로 한다.[2]

---

* 이 글은 "現代家族法의 發達과 展望"이라는 제목으로 1999. 6. 19. 경희대학교에서 개최된 한국가족법학회 1999년도 하계학술대회에서 발표되었던 것이다.

1) 1997. 12. 4.의 das Gesetz zur Abschaffung der gesetzlichen Amtspflegschaft und Neuordnung des Rechts der Beistandschaft(Beistandschaftsgesetz); 1997. 12. 16.의 Kindschaftsreformgesetz; 1998. 4. 6.의 das Gesetz zur Vereinheitlichung des Unterhaltsrechts minderjähriger Kinder (Kindesunterhaltsgesetz); 1998. 5. 4.의 das Gesetz zur Neuordnung des Eheschließungsrechts (Eheschließungsrechtsgesetz)이다. 이 이외에 1997. 12. 16.의 Erbrechtsgleichungsrecht는 종래의 상속법이 혼인 외의 자녀에 대하여 고유의 상속권 대신 상속가액지급청구권(Erbersatzanspruch)만을 인정하고 있던 것을 폐지하고, 혼인 중의 자녀와 동일한 상속법상의 지위를 인정하였다.

2) 위 독일 친족법 개정 전반에 관한 문헌으로는 Dieter Schwab(Hrsg.), Das neue Familienrecht, 1998이 있다. 또한 Diederichsen, "Die Reform des Kindschafts- und Beistandschaftsrecht", NJW 1998, S. 1977 ff.; Weber, "Das Gesetz zur Vereinheitlichung des Unterhaltsrechts minderjähriger Kinder", NJW 1998, S. 1992 ff. 참조.

Ⅱ. 法 改正의 경과

독일민법 제정 당시에는 혼인의 요건과 그 효과 등에 관한 규정이 민법전의 일부에 포함되어 있었다. 그런데 국가사회주의자들이 집권한 후인 1938년에 이르러 혼인의 성립과 이혼에 관한 규정을 민법전에서 분리하여 독립된 婚姻法(Ehegesetz)으로 규율하기에 이르렀다.[3] 제 2 차 세계대전의 종결로 국가사회주의는 붕괴하였지만, 당시 연합국이 구성한 통제위원회(Kontrollrat)는 위 혼인법을 형식적으로는 일단 폐지하였으나, 그 중 특별히 국가사회주의적인 색채를 가진 규정들만을 제거하였을 뿐, 그 나머지 혼인법 규정들은 그대로 유지하였다. 그 후 이전의 東獨은 위 혼인법을 폐지하고 새로운 親族法典(Familiengesetzbuch)으로 대치하였으나, 西獨에서는 1976년에 혼인법 중 이혼에 관한 부분만을 개정하여 민법전에 다시 받아들였고, 그 나머지 혼인의 성립에 관한 규정 등은 여전히 혼인법에 남아 있었다.

그 후 몇 차례 혼인법을 민법전에 다시 흡수하려는 노력이 있었으나 별다른 성과를 거두지 못하였는데, 1990년의 독일 통일을 위한 협상 과정에서 이에 대한 새로운 계기가 마련되었다. 즉 당시의 동독 대표들은 위와 같이 점령군에 의하여 계속 효력이 유지된 혼인법을 계속 유지하는 데 대하여 반대하여, 이를 민법전에 편입시키는 방법으로 개정하여야 한다고 주장하였고, 그에 대하여 서독의 대표도 동의하여, 새로운 개정이 이루어지게 된 것이다.[4]

그리하여 독일 연방 정부는 1996. 2. 9.에 개정안을 제출하였고,[5] 이에 대하여 연방의회와 연방참의원뿐만 아니라 학계에서도 열띤 토론을 거친 끝에 개정법률이 1998. 5. 4. 聯邦議會에서 의결되어 공포되고, 같은 해 7. 1.부터 시행되기에 이르렀다. 그 구체적인 내용은 아래에서 살펴보겠지만, 단순히 형식적으로 종래의 혼인법의 내용을 민법전으로 받아들인 것에 그친 것이 아니라 내용 면에서도 중요한 변경이 있었다.

---

3) 이는 당시의 國家社會主義(Nationalsozialismus)의 이념에 비추어 볼 때 혼인법은 동일의 질서(Gleichordnung)에 근거하는 일반 민법과는 다른 기본 관념에 의하여 뒷받침되고 있다는 생각에 근거한 것이었다고 한다. Gutjahr, Deutsches Recht 1938, S. 311. Barth/Wagnitz, “Zur Neuordnung des Eheschließungsrechts”, FamRZ 1996, S. 833, Fn. 8에서 재인용.

4) Barth/Wagnitz(註 3), S. 833 f. 참조.

5) Gesetzentwurf der Bundesregierung(Entwurf eines Gesetzes zur Neuordnung des Eheschließungsrechts), Deutscher Bundestag: Drucksache 13/4898 vom 13. 6. 1996.

Ⅲ. 婚姻 成立의 要件에 관한 개정

1. 公示(Aufgebot)制度의 폐지

종전의 혼인법 제12조 제1항은 혼인을 하기 전에 이른바 公示의 절차를 거쳐야 한다고 규정하고 있었다. 이 공시는 당사자가 혼인을 하려고 한다는 것을 身分公務員(Standesbeamte)이 공적으로 게시하는 것으로서, 원칙적으로 1주일 이상 게시하여야 하는데, 그 목적은 당사자가 혼인할 능력이 있는가, 혼인에 장애사유는 없는가 하는 점을 심사하는 데 도움이 되기 위한 것이라고 설명되고 있으나, 그 실제적인 효용은 별로 없다고 평가되어서, 개정 법률은 이를 폐지하여 버렸다.[6)]

2. 待婚期間(Wartezeit)의 폐지

종전의 혼인법 제8조는 여자는 前婚 종료 후 10월이 경과하기 전에는 새로운 혼인을 할 수 없다고 규정하면서도 여자가 그 동안에 자녀를 출산하였거나, 신분공무원으로부터 면제(Befreiung)를 받은 때에는 그러하지 아니하다고 규정하고 있었는데, 개정법은 이 규정을 폐지하여 버렸다.

종래 위 대혼기간의 규정은 원래 여자가 재혼하고 얼마 되지 않아서 자녀를 출산한 경우에, 그 자녀가 前婚의 夫의 자녀로도 추정되고, 後婚의 夫의 자녀로도 추정되게 되는, 이른바 父性推定의 衝突을 막기 위한 것이었다. 그런데 1943년부터는 위 부성추정의 규정이 개정되어, 종전의 제1600조 제1항[7)]은, 재혼한 여자가 낳은 자녀가 前婚의 부의 자녀로도 추정되고, 後婚의 부의 자녀로도 추정될 때에는 그 자녀는 後婚의 부의 자녀로 본다고 규정하여 이 이후로는 이러한 대혼기간의 규정이 의미 없게 되었으므로, 개정법은 이를 폐지하여 버린 것이다.[8)]

---

6) Muscheler, “Der Entwurf eines Gesetzes zur Neuordnung des Eheschließungsrechts”, JZ 1997, S. 1142는 이로써 800년 이상의 전통을 가졌던 혼인 공시제도의 전통이 종식되었다고 지적하고 있다.

7) 1998. 7. 1. 개정 후의 제1593조도 같은 내용으로 규정하고 있다.

8) Barth/Wagnitz(註 3), S. 835 f. 참조. 위 논문의 필자는 실제로 개정안 작성에 관여한 연방

3. 未成年者의 婚姻節次

종전의 혼인법 제 1 조, 제 3 조는 원칙적으로 성년자에게 혼인능력을 인정하고, 다만 미성년자가 16세 이상이며 그의 장래의 배우자가 성년이 되었을 때에는 후견법원의 면제(Befreiung)를 얻어 혼인할 수 있으나, 이때에도 법정대리인의 동의는 필요하며, 법정대리인이 정당한 이유 없이 그 동의를 거부할 때에는 후견법원이 법정대리인에 갈음하여 동의할 수 있다고 규정함으로써, 후견법원의 면제와 법정대리인의 동의라는 2단계의 절차를 거치도록 하였다.

그러나 개정 민법 제1303조는, 미성년자의 혼인에 대하여 법정대리인의 동의를 요구하지 않고, 다만 법정대리인이나 기타의 감호권자가 이의를 제기할 때에는 그 이의에 상당한 이유가 없는 때에만 가정법원[9]이 면제를 할 수 있도록 바꾸었다.

4. 直系姻戚 사이의 혼인 금지의 폐지

종래의 혼인법 제 4 조 제 1 항은, 직계혈족 사이의 혼인, 全血(vollblütig) 및 半血(halbblütig)의 형제자매[10] 사이의 혼인 및 직계인척 사이의 혼인을 금지하고 있었다. 그런데 개정 민법 제1307조는 위 종전의 금혼 규정 가운데 직계인척 사이의 혼인금지 규정을 없애 버렸다. 그 근거는 현재에도 이 금지에 대하여 광범위하게 면제가 이루어지고 있다는 점[11]과, 그러한 금지가 의학적이나 유전생물학적인 근거에 의하여 정당화될 수 없다는 점[12] 외에도, 그러한 혼인의 금지가 위헌이라는 주장이 있는 것에도 영향을 받은 것으로 보인다.[13]

법무부의 공무원들이므로, 위 논문에서 개정안의 의도를 대체로 확인할 수 있다.

9) 면제의 주체가 종전의 후견법원에서 가정법원으로 바뀌었다.

10) 전혈의 형제자매란 부모 양쪽이 같은 경우를 의미하고, 반혈의 형제자매란 부모 중 한 쪽만이 같은 경우를 의미한다.

11) 종전의 혼인법 제 4 조 제 3 항은 후견법원은 인척임을 이유로 하는 혼인금지에 대하여 면제를 선언할 수 있고, 그 면제는 중대한 사유가 있을 때에는 거부되어야 한다고 규정하고 있었다.

12) BT-Drucksache 13/4898 Begründung A. 2.

13) Barth/Wagnitz(註 3), S. 835.

그러나 이에 대하여는 다음과 같은 반대론이 있다. 즉 직계인척 사이의 혼인을 금지하여야 하는 이유는, 繼父로부터 繼子女(Stiefkinder)를 보호할 필요가 있고, 또 媤父가 며느리에게 접근하기 위하여 아들의 혼인관계를 파탄시키는 것과 같이 가족관계 내에서 성적인 경쟁을 막을 필요가 있기 때문이므로, 이러한 직계인척 사이의 혼인은 여전히 금지되어야 한다는 것이다.[14)]

5. 假裝婚姻(Scheinehe)의 금지

종전의 독일 혼인법은 혼인을 하려는 당사자가 신분공무원 앞에서 직접 출석하여 혼인을 하겠다는 의사를 표시할 것을 요구하는 것(제11조 제 1 항, 제13조 제 1 항) 외에는, 당사자 사이의 특별한 혼인의사(실질적 혼인의사)를 요구하고 있지는 않았다. 따라서 혼인이 성립하기 위하여는 형식적인 합의(der formale Konsens)만 있으면 그로써 충분하고, 당사자가 실질적으로 부부생활을 유지하려는 의사가 없는 이른바 假裝婚姻(Scheinehe)이라도 완전히 유효하며, 그것이 혼인의 무효사유나 취소사유에는 해당하지 않는다고 보는 것이 일반적이었다.[15)]

그러나 근래에 이르러 특히 외국인이 독일에 체류할 수 있는 허가를 얻기 위한 수단으로 실질적으로 부부로서의 공동생활을 영위할 의사가 없으면서도 형식적으로만 혼인을 맺는 사례가 늘어남에 따라, 신분공무원이 그러한 가장혼인임이 명백한 경우에 그 혼인에의 관여를 거부할 수 있는가 하는 것이 중요한 논점으로 등장하게 되었다. 하급심 판례 가운데에는 이러한 가장혼인은 혼인제도의 남용으로서 허용될 수 없다고 하거나, 또는 이는 일종의 조건부 내지 기한부의 혼인이므로 허용될 수 없다고 하는 것들이 많았다.[16)] 그러나 혼인법 제16조, 제28조는 혼인법이 명문으로 규정하는 경우에만 혼인무효 및 취소가 인정된다고 규정하고 있는 점에서 해석론상의 난점이 있었다.

그럼에도 불구하고 정부의 개정안에서는 이 문제에 관한 아무런 규정이

---

14) Bosch, “Neuordnung oder nur Teilreform des Eheschließungsrechts?”, NJW 1998, S. 2010. Muscheler(註 6), S. 1145 f.도 개정법이 직계인척간의 혼인 금지 규정을 삭제한 것을 비판하면서, 혼인금지를 繼父母-繼子女 사이에만 국한하고, 면제의 가능성을 두면서 그 면제(또는 면제 거부)의 사유를 구체적으로 규정하여야 한다고 주장한다.

15) Gernhuber/Coester-Waltjen, Lehrbuch des Familienrechts, 4. Aufl., 1994, §11 Ⅱ 9(S. 113); MünchKomm/Müller-Gindullis, EheGesetz §13 Rdnr. 10, 15 등.

16) Hepting, “Das Eheschließungsrecht nach der Reform”, in: D. Schwab(Hrsg.)(註 2), S. 19 ff. 참조.

없었는데, 그 이유는 이 문제는 혼인에 결부되는 개별적인 이익을 제한함으로써 해결될 문제이지 혼인의 요건으로서 다룰 문제가 아니라고 보았던 점에 있었다.[17)]

그러나 개정안을 심의한 연방하원의 법률위원회(Rechtsausschuß)에서는 이 문제에 관한 규정을 두기로 하여, 제1314조의 제 2 항 제 5 호에서 혼인의 양당사자가 혼인을 함에 있어 제1353조 제 1 항에 의한 의무[18)]를 발생시키지 않는다는 합의를 한 때를 혼인의 취소사유로 규정함과 아울러, 제1310조 제 1 항에서는 혼인이 제1314조 제 2 항에 의하여 취소될 수 있음이 명백한 때에는 그 혼인에의 관여를 거부할 수 있다고 명문으로 규정함으로써 종래의 논란을 입법적으로 해결하였다.[19)]

6. 外國人과의 婚姻節次

종전의 혼인법 제10조는 외국인은 자신의 국내법상 혼인의 장애사유가 없다는 本國의 증명서를 제출하여야만 혼인할 수 있다고 규정하고 있었는데, 개정법도 제1309조 제 1, 2 항에서 같은 규정을 두고 있으나, 종전의 규정을 다소 변경하였다.

첫째, 증명서를 제출하여야 하는 사람으로서 종래에는 단지 외국인이라고만 하였던 것을, 민법시행법 제13조 제 2 항의 규정에 따라 외국법이 적용되는 사람으로 한정하였다.[20)]

둘째, 그 증명서의 범위를 종전의 本國의 국내 공무소(innere Behörde)가 발급한 것뿐만 아니라, 그 본국과 체결된 조약에 따라 발급된 증명서에까지 확장하였다.[21)]

---

17) Barth/Wagnitz(註 3), S. 839.

18) 제1353조 제 1 항: 혼인은 종신을 기약하여 체결된다. 배우자는 상호간에 혼인공동체로서의 의무를 부담한다; 그들은 서로 책임을 부담한다.

19) Hepting(註 16), S. 28 ff.는 입법자의 의도 등에 비추어 볼 때, 이 규정들은 외국인이 체류상의 이익을 얻을 것을 목적으로 하는 이른바 滯留婚姻(Aufenthaltsehe)에만 적용되는 것으로 해석하여야 한다고 주장한다.

20) 따라서 무국적자, 난민, 피난민 등과 같이 그 혼인의 요건이 독일법에 따라 정하여지는 사람들에 대하여는 혼인증명서의 제출이 요구되지 않게 되었다. Hepting(註 16), S. 16 f. 참조.

21) 이는 주로 1997. 6. 5.의 법률(BGBl 1997, Ⅱ 1086)에 의하여 독일이 가입한, 1980. 9. 5.의 CIES 협약 제20호 혼인증명서 발급에 관한 협약을 가리킨다. Hepting(註 16), S. 18 Fn. 68) 참조.

이 이외에 주소를 외국에 둔 무국적자나 또는 본국의 관청이 그러한 증명서를 발급하지 않는 나라의 국민 등은 고등법원장으로부터 그러한 증명서 제출의 면제를 받을 수 있다는 점은 종전의 규정과 같다.

Ⅳ. 瑕疵 있는 婚姻의 效力

위 개정 법률의 가장 중요한 특징은 종래 하자 있는 혼인을 無效(Nichtigkeit)인 경우와 取消(Aufhebung)의 대상이 되는 것으로 나누었던 것을 단일화하여 모두 취소할 수 있는 것으로 하였다는 것이다(제1313조 이하).

1. 혼인의 非存在(Nichtehe)와 그 治癒

그러나 혼인의 非存在(Nichtehe)[22]는 종전과 마찬가지로 여전히 인정된다. 여기서 혼인의 비존재란 신분공무원 앞에서의 혼인의 합의라는 요건을 갖추지 못하였거나, 또는 同性婚姻과 같은 경우를 의미한다.[23] 이 중 후자의 경우에는 그 하자가 치유될 여지가 없으나,[24] 전자의 경우에 관하여는 개정 법률 제1310조 제3항은 다음과 요건을 갖춘 때에는 유효한 혼인이 성립한 것으로 다루고 있다.

첫째, 신분공무원이 혼인을 婚姻簿(Heiratsbuch)나 家族簿(Familienbuch)[25]에 기재한 경우(제1호).

둘째, 신분공무원이 혼인 당사자의 공통의 자녀의 출생의 기재와 관련하여, 出生簿(Geburtsbuch)에 혼인이 성립하였다고 기재한 경우(제2호).

셋째, 신분공무원이 혼인당사자로부터 그 효력 발생을 위하여는 기존의 혼인을 전제로 하는 그러한 의사표시를 수리하고, 혼인 당사자들에게 법이 규정

22) matrimonium non existens라고도 한다.

23) Barth/Wagnitz(註 3), S, 839; Bosch(註 14), S. 2010; Hepting(註 16), S. 38 등. 혼인의 당사자가 異性이어야 한다는 점에 대하여는 독일민법상 명문 규정이 없으나, 당연한 것으로 여겨지고 있다. 同性婚姻에 대하여는 尹眞秀, 婚姻의 自由, 제1회 韓國法學者大會 論文集(Ⅱ), 1998, 72면 이하 참조.

24) Bosch(註 14), S. 2009.

25) 婚姻簿나 家族簿는 신분공무원이 혼인이 성립한 경우에 호적법(Personenstandsgesetz)에 의하여 작성하는, 우리의 호적부에 유사한 서류이다.

한 증명서를 발급한 경우.

그리고 이 모든 경우에, 혼인당사자들이 그 이후 10년간, 또는 일방이 사망한 경우에는 사망시까지 적어도 5년간 부부로서 살아왔을 것을 요한다.

이러한 규정은 주로 외국인과의 혼인에서 당사자가 독일법상의 혼인 성립을 위한 절차를 밟지 않았지만, 외국법에 의하여서는 유효한 혼인이 성립한 경우[26]를 예상한 것이다.[27] 종전에는 이러한 비존재하는 혼인의 치유는 인정되지 않았고, 다만 신분공무원이 아님에도 공적으로 신분공무원의 직책을 수행하면서 혼인을 가족부에 기재한 사람을 신분공무원으로 보도록 함으로써,[28] 매우 제한된 범위에서만 치유가 인정되었었다.

이러한 개정법에 대하여는, 비존재인 혼인의 치유를 당사자가 善意로 혼인관계를 유지하였다는 것 대신에, 단지 형식적인 요건에만 의존하도록 한 것은 부당하다고 하는 비판이 있다.[29]

2. 瑕疵 있는 婚姻에 관한 종전의 규정

종전의 혼인법은 앞에서 언급한 비존재의 경우를 논외로 한다면, 하자 있는 혼인이라도 일단 유효하게 성립하는 것으로 보고, 다만 하자의 종류에 따라서 혼인의 무효(Nichtigkeit der Ehe)[30]와, 혼인의 취소(Aufhebung der Ehe)로 구분하고 있었다. 혼인의 무효와 취소는 다같이 법원의 판결을 필요로 하는 점에서는 공통되지만,[31] 혼인 무효의 경우에는 혼인무효 판결에 의하여 일단 성립하였던 혼인이 소급적으로 무효로 되는 반면,[32] 혼인 취소의 경우에는 그러한 소급효가 없다는 점에서 구별된다고 보았다.

종래 혼인 무효사유로 규정되었던 것은 혼인법 제13조에 의한 혼인의 방식을 갖추지 않은 경우(제17조 제1항), 의사능력 또는 행위능력이 없는 경우(제18조 제1항), 중혼(제20조 제1항), 혼인이 금지되는 혈족 또는 인척 사이의 혼

26) 이른바 hinkende Ehe.
27) Barth/Wagnitz(註 3), S. 843; Muscheler(註 6), S. 1143 참조.
28) 혼인법 제11조 제2항.
29) Hepting(註 16), S. 41 f.
30) 혼인법 제16조 - 제26조.
31) 무효에 대하여는 혼인법 제23조; 취소에 대하여는 혼인법 제29조.
32) 따라서 rückwirkende Vernichtbarkeit라고 하기도 한다. MünchKomm/Müller-Gindullis, Ehegesetz §16 Rdnr. 1 참조.

인(제21조) 등이었다. 반면 혼인 취소사유는 법정대리인의 동의 결여(제30조 제1항), 착오(제31조 제1항, 제32조 제1항),[33] 악의의 기망(제33조 제1항), 강박(제34조) 등이었다.

나아가 혼인 무효와 혼인 취소의 효과가 큰 차이가 있는 것은 아니었다. 즉 혼인 취소의 효과는 이혼과 같은데(제37조),[34] 혼인 무효의 경우에도 그 재산법적 효과는 이혼의 효과에 관한 규정에 따르도록 되어 있었으므로(제26조),[35] 재산법적으로는 혼인 무효와 혼인 취소 사이에는 차이가 없다.

그러므로 양자 사이에 차이가 생기는 부분은 부부의 姓에 관한 부분과 상속에 관한 부분뿐이라고 할 수 있었다. 우선 부부의 姓에 관하여는, 부부가 혼인으로 인하여 동일한 姓(즉 婚姻姓, Ehename)을 사용하던 경우에는 이혼으로 인하여 혼인이 종료되어도 그 姓을 유지할 수 있고, 따라서 혼인이 취소된 경우에도 마찬가지이지만, 혼인이 무효로 된 경우에는 그렇지 않았다.[36]

그리고 가장 중요한 차이는, 혼인이 무효 또는 취소로 되지 않은 동안에 부부 일방이 사망하면 생존 배우자가 사망한 배우자의 상속인이 될 수 있는가 하는 점이었다. 즉 단지 취소사유가 있는 혼인의 경우에는, 배우자 일방이 혼인의 취소를 청구한 후에 사망하면 그 상대방 배우자는 상속권이 없지만,[37] 취소사유가 있더라도 혼인 취소의 소를 제기하지 않은 채 일방이 사망하면 더 이상 혼인 취소가 허용되지 않으므로[38] 그 상대방 배우자는 상속을 받을 수 있게 된다.

반면 혼인 무효사유가 있는 경우에는 당사자 일방의 사망으로 혼인관계가 종료되더라도 검사가 혼인무효의 소를 제기할 수 있으므로, 그 혼인 무효의 판결이 확정되면 생존 배우자는 상속권을 잃게 된다.[39]

---

33) 혼인법은 착오를 넓은 범위에서 혼인 취소사유로 인정하고 있었다. 즉 당사자가 혼인 성립 당시에 그것이 혼인 성립에 관한 것이라는 것을 몰랐을 때(제31조 제1항 제1문 첫째 경우) 뿐만 아니라 이를 알기는 하였으나 혼인의 의사표시를 하려고 하지 않았던 경우(제1항 제1문 둘째 경우)와, 혼인의 상대방이 누구인지에 관하여 착오를 일으킨 경우(제1항 제2문) 및 혼인 상대방의 인적 특성에 관하여 착오를 일으킨 경우(제32조 제1항)에 모두 혼인의 취소사유가 되었다.

34) 다만 일정한 경우에는 장래에 향하여 그 재산법적인 효과를 배제할 수 있다. 제37조 제2항 참조.

35) 따라서 부부재산제나 剩餘共同制(Zugewinngemeinschaft)의 청산 등도 모두 이혼의 경우와 같다.

36) MünchKomm/Wacke, §1355 Rdnr. 28; Muscheler(註 6), S. 1148 등 참조.

37) 독일민법 제1933조 제2문.

38) 독일민사소송법 제619조 참조.

39) MünchKomm/Müller-Gindullis, Ehegesetz §27 Rdnr. 21.

3. 改正法의 규정

이러한 종전의 규정과는 달리 개정법은 혼인의 무효 제도를 없애 버렸다. 즉 제1313조 제 1 항은, “혼인은 법원의 판결에 의하여서만 청구에 의하여 취소될 수 있다. 혼인은 판결의 확정에 의하여 취소된다. 혼인의 취소를 청구할 수 있는 요건은 이하의 규정에서 도출된다”고 규정하고 있다.

그리고 종전의 혼인 무효사유이던 미성년자의 혼인(제1303조), 행위능력 없는 자의 혼인(제1304조), 중혼(제1306조), 혼인이 금지되는 혈족 사이의 혼인(제1307조),[40] 의사능력 없는 자의 혼인(제1314조 제 2 항 제 1 호) 등은 모두 혼인 취소사유로 바뀌었다(제1314조 제 1 항).

또한 종전의 혼인 취소사유도 일부 수정되었다. 즉 착오는 당사자가 혼인 성립 당시에 그것이 혼인 성립에 관한 것이라는 것을 몰랐을 때만 혼인의 취소사유가 되고(제1314조 제 2 항 제 2 호), 나머지 종전의 착오를 이유로 하는 취소는 더 이상 인정되지 않게 되었다.[41] 그리고 개정법률이 가장혼인을 혼인의 취소사유로 새로 추가한 것은 앞에서 살펴보았다.

그리고 개정법은 그 취소의 청구권자를 제1314조 제 2 항 제 2 호 내지 제 4 호(착오, 사기 및 강박)의 경우에는 혼인 당사자로 한정하고, 그 이외의 경우에는 혼인 당사자뿐만 아니라 관할 행정청에게도 청구권을 인정하였으며, 중혼의 경우(제1306조)에는 전혼의 배우자에게도 청구권을 인정하였다(제1316조 제 1 항).

나아가 혼인이 이미 해소된 경우에는 취소청구는 더 이상 허용되지 않는다(제1317조 제3항).[42]

---

40) 입양에 의하여 친족관계가 성립한 사람들 사이의 혼인은 금지되기는 하지만(제1308조), 일단 이들 사이에 혼인이 성립하면 이는 혼인의 취소사유가 되지 않고, 오히려 양부모와 양자 내지 그 직계비속 사이에 혼인이 성립하면 입양에 의하여 성립하였던 법률관계가 해소된다(제1766조). 이는 종전에도 마찬가지였다(혼인법 제 7 조 참조).

41) 우선 혼인의 의사표시를 하려고 하지 않았던 경우(혼인법 제31조 제 1 항 제 1 문 둘째 경우)와, 혼인의 상대방이 누구인지에 관하여 착오를 일으킨 경우(혼인법 제31조 제 1 항 제 2 문)는 실제로 거의 생각할 수 없기 때문에 이를 삭제하였고, 혼인 상대방의 특성에 관하여 착오를 일으킨 경우는 이혼사유에 해당한다고 보았기 때문이다. Barth/Wagnitz(註 3), S. 840; Hepting(註 16), S. 43 등.

42) 따라서 배우자 쌍방이 생존하고 있을 때 혼인 취소 청구가 제기되지 않은 한, 배우자 일방이 사망하면 다른 배우자는 확정적으로 상속인이 된다.

혼인 취소의 효과에 관하여는, 그 취소사유에 따라 제한적으로 이혼에 관한 규정에 의하도록 하고 있다(제1318조). 즉 이혼 후의 부양에 관한 규정들(제1569조에서 제1586조의 b)은, (1) 제1303, 1304, 1306, 1307, 1311조 위반[43] 및 제1314조 제 2 항 제 1, 2 호[44]로 인한 취소의 경우에는 혼인 성립 당시에 그 취소사유를 몰랐던 배우자를 위하여, 제1314조 제 2 항 제 3, 4 호[45]로 인한 취소의 경우에는 사기 또는 강박의 상대방이었던 배우자를 위하여 적용되고, (2) 제1306, 제1307조[46] 위반으로 인한 취소의 경우에 쌍방이 취소사유를 알았던 경우에는 그 쌍방을 위하여 준용된다. 그리고 공동의 자녀의 양육과 교육을 위한 부양에 관한 규정은, 부양의 거부가 그 자녀의 이익을 위하여 매우 부당한 때에 한하여 준용된다(제 2 항).

그 외에 법정 부부재산제에 관한 규정들(제1363조에서 제1390조) 및 사회보장급여의 분할(Versorgungsausgleich)[47]에 관한 규정들(제1587조에서 제1587조 p), 家財道具法(Hausratsverordnung)[48]에 관한 규정도 원칙적으로 준용된다(제 3, 4 항).

이처럼 개정법률이 혼인무효의 제도를 폐지한 근거는 무엇인가? 개정안 이유서는 다음과 같이 설명하고 있다. 즉 현행법의 이러한 二元性(Zweispurigkeit)은 이를 파악하거나 집행하는 것을 어렵게 할 뿐만 아니라, 그 실질적인 근거에 있어서도 의문이 있다고 한다. 즉 혼인 무효의 사유는 공공의 이익 침해에 있고, 혼인 취소의 사유는 제 1 차적으로 각 개인의 이익을 보호하는 데 있다고 하지만, 이는 비판의 대상이 될 수 있고, 또한 혼인 무효에 소급효가 있다고 하는 원칙은 수많은 예외에 의하여 깨뜨려지고 실질적으로 제거된 것이나 마찬가지이며, 따라서 이러한 사실상의 원칙-예외 관계에 맞추어 장래에는 원시적으로 하자 있는 혼인의 종료를 위한 수단으로서 단지 장래효만이 있는 혼인의 취소를 규정하는 것이 바람직하다고 한다.[49] 그리고 종전의 혼인

43) 미성년자의 혼인, 행위능력 없는 자의 혼인, 중혼, 금혼 친족 사이의 혼인, 혼인 방식.
44) 의사능력 없는 자의 혼인 및 착오.
45) 사기 또는 강박.
46) 중혼 및 금혼 친족 사이의 혼인.
47) 이를 年金清算이라고 번역하기도 한다. 趙美卿, "독일 離婚法에 있어서의 年金清算制度", 家族法硏究 6, 1992, 153면 이하 참조.
48) 이는 이혼시에 주거 및 가재도구를 누가 차지할 것인가에 관한 법원의 결정을 규율하는 법이다.
49) BT-Drucksache 13/4898 vom 13. 06. 1996, Begründung A 3.

무효사유에 해당하는 배우자도 상속을 받을 수 있고, 또 婚姻姓(Ehename)을 그대로 쓸 수 있는 것에 관하여는, 초안이 무효와 취소를 통합하더라도, 종전의 무효사유가 존재할 때에는 사망으로 인하여 혼인이 해소되더라도 무효생존배우자의 상속권을 부정하게 하는 것도 고려할 수 있고, 또 종전의 무효사유가 존재할 때에는 婚姻姓을 쓸 수 없게 하는 것도 고려할 수 있으나, 개정안은 이러한 규정을 의도적으로 채택하지 않았다고 한다. 오히려 개정안은 일단 생활관계를 유지한 혼인에 대하여는 현행법에 있어서처럼 소급적으로 법적인 승인이 거부되어서는 안 된다는 것을 전제로 하였고, 또 생존 배우자가 법정상속권을 가지는 것은 추정적인 피상속인의 의사에도 부합하며, 또 민법 제1371조에 의하여 부부재산제도의 분할도 회피할 수 있다고 한다.[50)]

4. 개정법에 대한 비판

그러나 이처럼 개정법이 혼인무효의 제도를 폐지하여 버린 데 비판이 없지 않다. Bosch는 중혼이나 가까운 혈족 사이의 혼인이 형법상으로도 처벌됨에도 불구하고 혼인의 효력에는 영향을 미치지 않는다는 것은 비논리적이라고 여겨지며, 일반인으로서는 이를 이해할 수 없을 것이라고 한다. 그러므로 근본적인 결정은 종전과 마찬가지로 혼인의 無效化(Vernichtbarkeit)가 되어야 하고, 따라서 위와 같은 혼인은 원칙적으로 소급적으로 해소되어야 하며, 다만 그 혼인 중에 출생한 자녀의 신분과 같은 일부의 효력만이 정상적인 혼인과 같이 존속하여야 할 것이라고 주장한다.[51)]

이에 반하여 Muscheler는 개정법의 태도를 원칙적으로는 긍정하면서도,[52)] 그 법률효과에 관하여는 종전의 혼인 무효사유에 관한 한 婚姻姓과 상속에 있어서의 차이는 그대로 유지되어야 한다고 주장한다. 즉 법률에 의한 婚姻姓의 상실이나, 종전 배우자의 성명 사용에 대한 거절권도 규정하고 있지 않는 改正案의 태도는 부당하다고 한다. 또 상속에 있어서는 개정안에 따르면 가령 重婚者가 사망 전에 혼인 취소의 소를 제기하고 그 판결 확정 전에 사망하면 후혼의 배우자는 상속인이 되지 못하는데 반하여, 동일한 사실관계에서 후혼의 배

50) BT-Drucksache 13/4898 vom 13. 06. 1996, Begründung B, Zu dem Dritten Titel-Aufhebung der Ehe.

51) Bosch(註 14), S. 2010.

52) Muscheler는 개정안이 아직 법률로서 확정되기 전에 이에 대한 논평을 발표하였다.

우자가 사망하면 중혼자는 상속인이 되게 되며, 또 행정관청이 혼인취소소송을 제기하였기 때문에 배우자가 소송을 제기하지 않고 있다가 사망한 경우에는 상속에 아무런 영향을 주지 못하고, 또 배우자 중 아무도 혼인취소소송을 제기하지 않은 상태에서 일방이 사망하면 아무도 중혼자로부터 상속권을 빼앗을 수 없고, 또 중혼자가 사망하면 두 사람의 배우자가 상속을 하게 되어, 종전의 예외가 원칙이 되고 만다고 한다.

개정안의 이유서는 이에 대하여, 종전의 무효인 혼인의 생존 배우자가 법정상속인이 되는 것이 피상속인의 추정적 의사에 부합한다고 하지만, 이는 잘못된 것이, 혼인무능력자는 그러한 의사를 형성할 수가 없고, 아버지와 딸 사이의 혼인에 있어서는 그러한 아버지의 의사는 그로 인하여 다른 자녀가 상속법상으로 경시되는 것을 정당화할 수는 없다고 한다. 그러므로 이러한 개정안의 이유는 혼인 방식의 하자로 인한 무효의 경우에나 어느 정도 타당하며, 또 개정안이 민법 제1371조에 의하여 부부재산관계의 분할을 회피할 수 있다고 하는 것도, 이 조문을 무효인 혼인에 대한 상속법상의 처리에 관한 만병통치약으로 보는 것으로서 잘못이라고 한다. 그러므로 종전의 혼인무효의 사례에 있어서는 일방 배우자의 사망 당시에 종전의 혼인 무효의 사유가 객관적으로 존재하는 한 상속권은 배제되어야 하며, 혼인 무효의 청구가 제기되었는가 하는 것은 문제될 수 없다고 한다.[53)]

Ⅴ. 실종선고 후의 殘存配偶者의 혼인

혼인관계에 있는 배우자 일방이 실종되어 그에 대한 실종선고가 확정되었고, 잔존 배우자가 새로이 혼인하였는데, 그 후 실종되었던 배우자가 생존한 사실이 밝혀진 경우에 잔존 배우자의 새로운 혼인관계에 어떠한 영향을 미치는가 하는 점은 우리나라에서도 매우 논란이 많은 문제이다.

종래의 혼인법은 이처럼 실종선고가 확정되었던 배우자가 생존하고 있다는 사실이 밝혀져도, 원칙적으로 새 혼인은 중혼으로 인하여 무효로 되는 것이 아니며,[54)] 새 혼인의 성립에 의하여 실종자와의 종전 혼인관계는 해소되고, 실

53) Muscheler(註 6), S. 1148 f.

54) 독일의 실종선고제도는 실종선고가 확정되더라도 실종자가 사망한 것으로 추정될 뿐이므

종선고가 취소되더라도 이는 마찬가지라고 규정하면서도, 다만 후혼의 양 당사자가 혼인 당시에 실종자가 실종선고 당시에 생존하고 있었다는 사실을 안 경우에만 후혼이 무효로 된다고 규정하고(제38조 제1, 2항), 잔존배우자가 선의였을 때에는 잔존배우자는 후혼의 취소를 청구할 수 있으나, 이때에는 전혼의 배우자가 생존하고 있는 한 잔존배우자는 전혼의 배우자와만 혼인할 수 있다고 규정하고 있었다(제39조 제1, 2항).

개정법은 기본적으로는 종전 혼인법의 태도를 그대로 유지하면서도, 다만 잔존 배우자가 후혼의 취소를 청구하여 받아들여졌을 때 전혼의 배우자와만 혼인할 수 있다는 제한을 없앴다(제1319조, 제1320조). 이처럼 개정법이 종래의 제한을 폐지한 것은 생존 배우자의 혼인을 제한한 것이 실제로 여러 불합리한 결과를 가져왔기 때문이라고 한다. 즉 잔존 배우자가 후혼 취소 후에 실종되었던 배우자와 다시 혼인하려고 하였으나 그것이 매우 어려운 경우가 많았고, 따라서 과거에는 이러한 제한을 피하기 위하여 후혼의 취소 대신에 후혼의 이혼이라는 방법을 이용하는 일이 많았으므로, 과거의 제한은 더 이상 받아들이지 않기로 하였다는 것이다.[55)]

학설도 이는 불필요한 혼인의 자유의 제한을 제거한 것이라고 하거나,[56)] 신 이혼법의 시행 후에는 이 문제는 후혼의 취소 대신 이혼에 의하여 회피될 수 있으므로 위와 같은 제한을 없앤 것은 논리적으로 일관성이 있는 것이라고 하여,[57)] 호의적으로 평가한다.

Ⅵ. 우리 법에의 示唆

위와 같은 독일법의 개정이 우리 법에 어떠한 시사를 줄 수 있을 것인가? 이는 쉽게 말하기는 어렵다. 혼인 성립에 관한 우리 민법의 기본 체계는 독일민법의 그것과 상당한 차이를 보이고 있으므로, 개정된 독일민법의 태도가 우리 민법에 바로 의미를 가지는 것은 아니다. 그럼에도 불구하고 다음과 같은 점에서 개정 독일민법이 우리 민법에 참고가 될 수는 있다고 생각된다.

로, 실종자가 생존한 사실이 밝혀지면 이론상으로는 중혼으로 될 수 있다.

55) BT-Drucksache 13/4898 Begründung B. Zu §1320.

56) Bosch(註 14), S. 2008

57) Muscheler(註 6), S. 1144.

첫째, 개정 독일민법은 혼인의 자유를 확대하고 있다는 점이다. 이 점은 여자의 대혼기간의 폐지 등에서도 나타나지만, 특히 직계인척간의 혼인 금지를 없애 버렸다는 점에서 방계인척과의 혼인마저 금지하고 있는 우리 민법과는 매우 대조적이다.[58)]

둘째, 특히 외국인이 독일에서의 체류허가를 얻기 위하여 진정한 혼인의 의사가 없으면서도 가장혼인을 하는 것이 심각한 문제가 되고 있음을 확인할 수 있는데, 이 점은 우리나라에서도 중요한 문제가 되고 있다.

셋째, 이른바 섭외적 혼인의 성립절차에 관하여 상세한 규정을 두고 있는 점은 우리 법이 본받아야 할 것으로 생각된다.

넷째, 가장 중요한 것은 혼인의 무효와 취소의 구별을 없애 버린 점이다. 그런데 이에 관하여는 독일에서도 비판적인 견해가 유력하고, 우리나라에서도 이러한 태도를 입법으로 채택하기는 어려울 것으로 전망된다. 특히 종래 무효인 혼인의 경우에는 당사자 일방이 사망하더라도 그 혼인이 무효로 확정되면 생존 배우자는 상속인이 되지 못하였는데, 이 점이 과연 타당한 것인지는 의문이다.

대법원 1996. 12. 23. 선고 95다48308 판결(公 1997, 498)은, [민법 제824조는 "혼인의 취소의 효력은 기왕에 소급하지 아니한다"고 규정하고 있을 뿐 재산상속 등에 관해 소급효를 인정할 별도의 규정이 없는바, 혼인 중에 부부 일방이 사망하여 상대방이 배우자로서 망인의 재산을 상속받은 후에 그 혼인이 취소되었다는 사정만으로 그 전에 이루어진 상속관계가 소급하여 무효라거나 또는 그 상속재산이 법률상 원인 없이 취득한 것이라고는 볼 수 없다]고 하여 후혼 배우자의 상속권을 인정하고 있으나, 사견으로서는 이 점에 대하여 의문을 가진다. 만일 이처럼 혼인 취소에 아무런 소급효가 없다고 한다면, 과연 당사자 사망 후에도 혼인 취소가 인정되는 것(가사소송법 제24조 제2, 3항 참조)에 무슨 의미가 있을까?

〈서울대학교 법학 제40권 제2호, 1999〉

58) 이 문제에 관하여는 尹眞秀(註 23), 81면 이하 참조.

〈追記〉

독일은 지난 2001년에 “등록된 생활동반자관계에 관한 법률(Gesetz über die Eingetragene Lebenspartnerschaft)”을 제정하여 동성애자에게도 혼인과 유사한 생활동반자관계를 형성할 수 있도록 하였다. 이에 대하여는 예컨대 金玟中, “독일의 새로운 가족법상의 제도로서의 同性 사이의 「生活同伴者關係」”, 家族法研究 제15권 제2호, 2001, 393면 이하 등 참조.

婚姻 成立에 관한 民法의 改正方向*

Ⅰ. 序　論

지난 2000. 10. 16. 국회에 제출된 법무부의 민법개정안[1])은 혼인의 성립에 관하여 획기적인 내용을 담고 있다. 즉 종래 끊임없는 논쟁의 대상이 되었던 동성동본금혼제도를 폐지하고 근친혼금지제도로 전환하며, 근친혼제한의 범위도 종전과 달리 규율하고 있고, 나아가 여성에 대한 6월의 재혼금지기간을 폐지하였다. 그리고 2000. 11. 27. 최영희 의원 외 19인의 국회의원이 국회에 제출한 민법개정안[2])도 혼인의 성립에 관하여는 법무부의 민법개정안과 별 차이가 없다.

이러한 개정안이 과연 법률로서 시행될 수 있을 것인지 여부는 과거의 경험에 비추어 반드시 속단할 수는 없지만,[3]) 그 시기는 별론으로 하더라도 언젠가는 법률로 성립될 것으로 여겨진다.

---

* 이 글은 2001. 6. 15. 한국가족법학회 하계학술대회에서 발표한 것을 보완한 것이다. 당시 토론을 하여 주신 지원림 교수, 김성숙 교수 및 이 글의 초고를 읽고 유익한 지적을 하여 주신 안경환 교수님께 감사드린다.

1) 이 개정안은 인터넷 국회 홈페이지(http://na6500.assembly.go.kr/cgi-bin/detail?BILLNO=160214)에서 검색할 수 있다.

2) 이 개정안도 http://na6500.assembly.go.kr/cgi-bin/sublist?BILLNO=160419에서 검색할 수 있다.

3) 법무부가 1998. 11. 13. 국회에 제출한 친족상속법 개정안도 거의 동일한 내용을 담고 있었다. 그러나 유림 등 보수적인 계층에서는 위 결정에도 불구하고 위 조항의 존치를 강력하게 주장하였고, 이에 국회 법제사법위원회에서는 1999. 12. 17. 위 규정을 개정하지 않는 내용의 수정안을 마련하였으나, 결국 국회 본회의에는 위 개정안을 회부하지 않았다. 이는 제15대 국회의원의 임기가 얼마 남지 않았고, 제16대 국회의원 선거가 임박한 시점에서 동성동본금혼과 같이 민감한 문제를 다루는 것이 선거에 도움이 되지 않는다는 판단에 근거한 것으로 여겨진다. 결국 위 법무부의 개정안은 2000. 5. 29. 제15대 국회의원의 임기가 만료됨으로써 폐기되고 말았다.

그러나 이러한 개정안에 의하여 혼인의 성립에 관한 여러 문제가 모두 해결된 것은 아니다. 어떻게 본다면 위 개정안은 진작 해결되었어야 할 문제들만을 다루고 있을 뿐이고, 현대의 변화된 상황에 대한 검토는 아직 이루어지지 않았다고 보여진다. 아래에서 언급하는, 同性婚姻(same-sex marriage)이나 성전환자의 혼인 등과 같은 문제들은 이러한 관점에서 살펴볼 필요가 있다.

다른 한편으로 혼인의 성립에 관하여 고찰함에 있어서는 헌법적인 시각을 필요로 한다. 왜냐하면 혼인의 자유는 헌법상 인정되는 기본권의 하나이기 때문이다.[4] 따라서 혼인의 성립 문제를 입법론적으로 고찰함에 있어서는 단지 민법의 관점에서만 논할 것이 아니라 헌법적인 관점도 아울러 고려하여야 한다.

이하에서는 이러한 여러 가지를 고려하면서, 민법의 혼인의 성립에 관한 규정을 입법론적으로 재검토하고자 한다. 반드시 개정이 필요하다고 판단되는 것뿐만 아니라, 논의의 필요가 있는 것은 앞으로의 연구를 위하여 포함하고자 하였다.

Ⅱ. 同性婚姻 및 性轉換者의 혼인 문제

1. 쟁점의 소재

과거에는 동성애자는 여러 가지로 박해를 받았다. 그러나 근래에는 이러한 동성애자의 권리도 보호받아야 한다는 목소리가 높아지면서, 서구 각국에서는 동성애자의 결합도 법률적으로 보호하려는 움직임이 활발하다. 그리하여 同性婚姻(same-sex marriage)을 異性婚姻에 준하여 보호하거나 이성혼인과 마찬가지로 취급하는 입법례가 늘어나고 있다. 그러나 우리나라에서는 아직까지 이에 관한 논의가 그다지 활발하지 않다.[5]

---

4) 이 점에 대하여는 尹眞秀, "婚姻의 自由", 한국법학 50년 — 과거 · 현재 · 미래(Ⅱ), 제 1 회 韓國法學者大會 論文集, 한국법학교수회, 1998, 60면 이하; 헌법재판소 1997. 7. 16. 선고 95헌가6 내지 13 결정(헌법재판소판례집 9권 2집 1-31면) 등 참조.

5) 우리나라의 同性婚姻에 관한 문헌으로는 尹眞秀(註 4), 72면 이하; 李庚熙, "美國判例를 중심으로 본 同性婚姻(Same-Gender Marriage)의 法理", 亞細亞女性法學 創刊號, 1998, 201면 이하; 金泰翰, "同性婚姻 問題의 法律的 考察", 家族法硏究 제13호, 1999, 51면 이하; 姜達天, 同性愛者의 基本權에 관한 硏究, 중앙대학교 대학원 법학박사학위논문, 2001, 154면 이하 등이 있다. 이 외에 권정희, "兩性平等의 觀點에서 본 婚姻의 成立要件", 이화여자대학교 法學論集 제 5 권 1호, 2000, 90-91면 참조.

이하에서는 이 문제에 관한 외국의 동향을 살펴보고 이어서 우리나라의 상황을 논의하기로 한다. 그리고 덧붙여서 성전환자의 혼인에 대하여도 살펴보기로 한다.

2. 外國의 動向

同性婚姻을 최초로 법률적으로 승인한 나라는 덴마크(1988년)이고, 이어서 노르웨이(1991년), 스웨덴(1994년) 등 북구의 여러 나라가 뒤를 따랐다.[6] 이들 나라의 법률들은 동성애자의 결합을 용어상으로 異性間의 혼인과는 구별하고[7] 법률적인 보호를 받기 위하여는 登錄을 요건으로 하였다. 이처럼 등록된 同性同居者[8]는 기본적으로 異性間의 婚姻과 마찬가지의 보호를 받는다. 즉 姓名, 夫婦財産制, 상호간의 扶養義務, 상속 등의 법률효과가 인정된다. 다만 그들이 입양을 하는 것은 허용되지 않는다.[9]

이어서 네덜란드에서는 1997. 7. 5. 민법을 개정하여(1998. 1. 1. 시행) 동성동거자의 등록을 인정하고, 그에 대하여 대체로 혼인에 관한 거의 대부분의 규정을 준용하였다.[10] 그리고 프랑스에서는 지난 1999. 11. 15. 民事連帶協約法

또한 韓琫熙, "婚外同棲와 傳統的 家族의 變化", 家族法硏究 제12호, 1998, 7면 이하에서는 동성 커플 사이에서 문제되는 임차권 승계 및 면접교섭권의 문제를 미국의 판례를 중심으로 다루고 있다.

그리고 동성애 일반에 관하여는 강진철, "동성애(同性愛)", 高凰法學 제 3 권, 2001, 37면 이하 참조.

다른 한편 서울지방변호사회에서 발행하는 시민과 변호사 2000. 12.에서는 "동성애, 성전환 그리고 性정체성"이라는 제목으로 동성애 및 성전환에 대한 특집 기사를 마련하였다. 여기에 게재된 글은 다음과 같다.

원용진(동국대 신문방송학과 교수): 비민주성, 전제성과 소수자 문화.

최이연(동성애자인권연대 운영위원): 한국 동성애자의 인권 현실.

김석권(동아대 의대 성형외과 교수): 임상을 통해 본 성전환자의 성정체성(Gender identity).

전현희(변호사): 동성애의 법적 고찰.

6) 이하의 설명은 P. Dopffel/J. M. Scherpe, "Gleichgeschlechtliche Lebensgemeinschaften im Recht der nordischen Länder", in: J. Basedow et al.(hrsg.), Die Rechtsstellung gleichgeschlechtlicher Lebensgemeinschaften, 2000, S. 7 ff. 참조. 덴마크 및 스웨덴의 법률 원문과 그 영역문은 위 논문 pp. 45 ff. 이하에 게재되어 있다.

7) 덴마크와 스웨덴에서는 영어의 partnership에 해당하는 partnerskab이라는 용어를 사용하고 있다.

8) 독일어로는 registrierte Partnerschaft, 영어로는 registered partnership이라고 부른다.

9) 덴마크에서는 동거 상대방의 자녀를 입양하는 것은 허용하고 있으나, 노르웨이나 스웨덴은 이 또한 허용하지 않고 있다.

10) K. Boele-Woelki/W. S. Schrama, "Die Rechtstellung von Menschen mit homosexueller Veranlagung im niederländischen Recht", in: J. Basedow et al.(註 6), S. 51 ff. 참조. 네덜란드에서

(loi relative au pacte civil de solidarité)이 공포되었다.[11] 이 법은 주로 동성애자의 보호를 목적으로 만들어진 것이기는 하지만, 同性뿐만 아니라 異性이라도 공동생활을 영위하는 두 사람이 民事連帶協約(pacte civil de solidarité)[12]을 맺으면, 그에 대하여 상속, 세금, 사회보장 등의 제반 문제에 관하여 혼인한 부부에 준하는 대우를 하여 주는 것을 내용으로 하는 것이다.[13] 위 법률이 공포되기 전에 프랑스 야당의원들이 위 법률이 위헌이라고 하여 프랑스 헌법위원회(Conseil Constitutionnel)에 사전적 규범통제절차를 신청하였으나, 헌법위원회는 1999. 11. 9. 위 법률이 합헌이라고 결정하였다.

독일도 많은 논란 끝에 2001. 2. 16. "同性共同體의 差別 終了를 위한 법률"[14]을 공포하였는데, 이 법은 "登錄된 生活共同體에 관한 법률"[15]을 제정하고, 민법 기타 많은 법률을 개정하는 것을 내용으로 하고 있다.[16] 이에 따르면 同性의 두 사람이 공무원의 면전에서 종신토록 생활공동체를 이루고 살겠다는 것을 선언하면 생활공동체가 형성되고, 이들 상호간에는 상속권이 인정되는 등 혼인한 부부에 준하는 법률효과가 인정된다.

미국에서도 Vermont 주 대법원은 1999. 12. 20. 동성 혼인을 인정하지 않는 버몬트 주 법률이 버몬트 주 헌법 제 1 장 제 7 조의 공동이익조항(Common Benefit Clause)[17]에 어긋나므로, 주 의회는 동성애자들이 혼인을 할 수 있게 하

는 동성뿐만 아니라 異性 同居者도 등록을 하면 마찬가지의 보호를 받을 수 있도록 하였다. 위 법률에 따라 개정된 네덜란드 민법의 원문 및 영역문은 위 논문 S. 108 이하에 게재되어 있다.

11) 이에 대하여는 F. Ferrand, "Die Rechtsstellung gleichgeschlechtlicher Partnerschaften in Frankreich", Basedow et al.(註 6), S. 113 ff.; Raphaël Piastra, Loi relative au PACS, Recueil Dalloz Sirey de doctrine, de jurisprudence et de legislation, 2000, C. 203 et suiv.; Stéphane Garneri, Revue française de Droit constitutionnel, 41, 2000, p. 104 et suiv.; 力丸祥子, "フランスにおける民事連帶協約法の成立をめぐって", 比較法雜誌 제33권 4호, 2000, 127-140면 등 참조. 이 법률 성립 전에 법률안을 헌법적으로 검토한 것으로는 Stéphane Garneri, Le droit constitutionnel et les discriminations fondées sur l'orientation sexuelle, Revue française de Droit constitutionnel, 40, 1999, p. 725 et suiv.; 41, 2000, p. 66 et suiv. 참조.

12) 명순구, 프랑스민법전 제 1 권[人], 2000, 329면은 이를 共同生活約定이라고 번역하였다.

13) 이 법에 의하여 개정된 프랑스민법전 제515조의1에서 제515조의7까지의 원문 및 한글 번역은 명순구(註 12), 328면 이하 참조.

14) Gesetz zur Beendingung der Diskriminierung gleichgeschlechtlicher Gemeinschaften: Lebensgemeinschaften.

15) Gesetz über die eingetragene Lebenspartnerschaft(Lebenspartnerschaftsgesetz — LPartG).

16) 이에 대하여는 P. Finger, "Die registrierte Lebenspartnerschaft — Überblick über die Neuregelung und kritische Bestandsaufnahme", MDR 2001, 199 ff.; D. Schwab, "Eingetragene Lebenspartnerschaft — Ein Überblick", FamRZ 2001, 385 ff. 참조. 또한 J. Braun, "Gleichgeschlechtliche Partnerschaft und Ehe", ZRP 2001, 14 ff.도 참조할 것.

17) Article 7. [Government for the people; they may change it].

거나, 아니면 "家庭 共同體(domestic partnership)" 또는 "등록된 공동체(registered partnership)"를 창설할 수 있도록 하여야 한다고 판결하였다.[18] 이 판결에 따라 버몬트 주 의회는 2000. 4. "민사 결합에 관한 법률(An Act Relating to Civil Unions)"을 의결하였고, 이 법은 2000. 7. 1.부터 시행되게 되었다.[19] 이 법에 따르면, 同性으로서 혼인할 수 없는 사람들은 민사 결합 증서(Certificate of Civil Union)를 받을 수 있으며, 이러한 민사 결합의 당사자들은 법률상 혼인의 배우자에게 인정되는 여러 가지 혜택을 받을 수 있다.

앞에서 열거한 여러 나라의 법률들은 기본적으로 동성애자의 결합을 이성간의 婚姻과는 구별하는 태도를 취하였다. 그러나 가장 최근의 네덜란드 법은 아예 동성애자에게도 이성과 마찬가지로 법률적인 혼인을 할 수 있도록 허용하였다.[20] 이 법률에 의하여 네덜란드 民法 제30조 제1호는 "혼인은 동성이나 이성의 두 사람에 의하여 체결될 수 있다"고 개정되게 되었다.

3. 우리나라에서의 同性婚姻 問題

우리나라에서 이 문제는 그다지 논의되고 있지 않다. 일부 논자는 종래의 헌법이나 다른 법은 一男, 一女의 결합인 혼인은 당연한 전제로 되어 있을 뿐 실제로는 同性婚姻이라는 새로운 가족개념을 염두에 두지 않았지만, 다양한 가

That government is, or ought to be, instituted for the common benefit, protection, and security of the people, nation, or community, and not for the particular emolument or advantage of any single person, family, or set of persons, who are a part only of that community; and that the community hath an indubitable, unalienable, and indefeasible right, to reform or alter government, in such manner as shall be, by that community, judged most conducive to the public weal.

18) Baker v. State, 744 A.2d 864, 886(Vt., 1999). 이 판결에 대하여는 姜達天(註 5), 165면 이하; "Recent Case: Same-Sex marriage — Vermont supreme Court Holds State Extend Same-Sex Couples the Same Benefits as Married Opposite-Sex couples", 113 Harv. L. R. 1882(2000); N. Maxwell, "Opening Civil Marriage to Same-Gender Couples: A Netherlands-United States Comparison", Vol. 4.3 ELECTRONIC JOURNAL OF COMPARATIVE LAW (November 2000), 〈http://law.kub.nl/ejcl/43/art43-1.html〉, pp. 45 ff.; 高井裕之, "同性結婚の拒否と州憲法上の平等原則", ジュリスト No. 1177, 2000, 223면 이하 참조.

19) VERMONT STATUTES TITLE 15: Domestic Relations CHAPTER 023: CIVIL UNIONS.

20) 이 법률들은 2000. 12.에 공포되어 2001. 4. 1.부터 시행되고 있다. 이에 대하여는 Leiden 대학의 Kees Waaldijk 교수의 홈페이지(http://ruljis.leidenuniv.nl/user/cwaaldij/www/NHR/news.htm) 참조(최근 방문: 2001. 5. 29). 이 법률의 성립 경과에 대하여는 Maxwell(註 18), pp. 15 ff. 참조. Waaldijk 교수에 의한 이 법률들의 영문 번역은 http://ruljis.leidenuniv.nl./user/cwaaldij/www/NHR/transl-marr.html; http://ruljis.leidenuniv.nl./user/cwaaldij/www/NHR/transl-adop.html (최근 방문: 2001. 5. 29)에서 찾아볼 수 있다.

족형태를 그 자체로서 인정해주는 문화적 변화가 필요하며, 이제 전통적 가족만을 정상적이고 법으로 보호한다는 시각의 변화, 그리고 규범의 변화가 필요하다고 하여, 동성혼인을 인정하여야 한다고 주장하기도 한다.[21] 반면 다른 견해는 우리나라의 경우에는 혼인에 관한 강한 公序의 관념으로 인하여 이를 인정하기는 어려울 것이라고 한다.[22]

생각건대 이 문제는 해석론과 입법론을 구별할 필요가 있다. 우선 해석론의 차원에서 현행법이 규정하고 있는 혼인의 개념에 동성혼인을 포함시킬 수 있는가 하는 것이 문제되는데, 동성혼인을 인정하여야 한다고 주장하는 논자도 시인하듯이, 종래의 혼인 개념에는 동성혼인이 포함되어 있지 않았다. 입법자는 이전에는 이러한 문제는 상상도 하지 않았던 것이라고 하겠다. 그렇다면 이러한 민법 등의 법률이 헌법에 어긋나서 위헌인 것인가 하는 의문을 제기할 수 있겠는데, 이 또한 긍정하기는 어렵다. 우리 헌법 제36조 제1항이 "婚姻과 家族生活은 個人의 尊嚴과 兩性의 平等을 기초로 成立되고 유지되어야 하며"라고 규정하고 있는 점에 비추어 볼 때 우리 헌법이 예정하고 있는 혼인이란 남녀의 결합을 의미하는 것으로 보아야 할 것이고, 따라서 同性婚姻을 인정하지 않는다고 하여 그것이 헌법에 위반된다고는 할 수 없다. 물론 이러한 동성간의 결합 자체는 헌법상의 행복추구권의 일부로서 인정될 수 있을 것이다.[23] 그러나 이를 위하여 어떤 제도를 창설하여야 할 입법자의 직접적인 입법의무를 헌법에서 직접 이끌어낼 수는 없으므로, 현행법상 이러한 동성간의 결합을 인정하고 있지 않다고 하여 그것이 헌법에 어긋난다고는 할 수 없다.[24] 가령 외국에서는 동성혼인을 인정하지 않는 것이 性的 志向(sexual orientation)을 이유로 하는 차별이므로 평등원칙에 위반된다고 하는 주장이 있다.[25] 그러나 남자와 남

21) 姜達天(註 5), 265면 이하.

22) 李庚熙, 家族法, 1999, 53면.

23) 尹眞秀(註 4), 73면. 같은 취지, 권정희(註 5), 91면.

24) 헌법재판소의 판례는 입법부작위는 언제나 헌법소원심판의 대상이 되는 것이 아니며, 헌법에서 기본권 보장을 위해 명시적인 입법위임을 하였음에도 입법자가 이를 이행하지 않거나, 헌법해석상 특정인에게 구체적인 기본권이 생겨 이를 보장하기 위한 국가의 행위의무 내지 보호의무가 발생하였음이 명백함에도 입법자가 아무런 입법조치를 취하지 않고 있는 경우에만 예외적으로 인정될 수 있다고 한다(憲裁決 1989. 3. 17. 선고 88헌마1 결정, 판례집 1권 9, 17면; 1994. 12. 29. 선고 89헌마2 결정, 판례집 6권 2집 395, 405면 등).

25) 예컨대 1993년의 미국 하와이 주 대법원의 Baehr v. Lewin 판결(852 P. 2d 44)은, 하와이 주 헌법상의 프라이버시의 권리로부터는 同性婚姻의 자유를 이끌어낼 수 없지만, 혼인 허가를 신청하는 당사자들이 同性이라는 이유만으로 혼인 허가를 거부하는 것은 하와이 주 헌법상의 평등권 위반이라고 하였다. 그리고 알라스카 주 지방법원(Superior Court)의 Brause v. Bureau

자, 또는 여자와 여자의 결합을 남자와 여자의 결합과 구별하는 것은 생리적인 차이에 근거한 것으로서, 반드시 평등원칙에 반하는 것이라고 보기는 어려울 것이다.

그러나 이처럼 동성혼인이 해석론상으로 허용되지 않는다고 하더라도, 이를 입법정책적으로 허용할 수 있는가 하는 것은 또 다른 문제이다. 입법적으로 혼인에 준하는 동성결합을 인정한다고 하여 이것이 헌법에 위반된다고는 할 수 없을 것이다.[26] 문제는 이러한 법률을 제정하는 것이 정치적으로 가능할 것인가, 국민의 다수의 지지를 받을 수 있을 것인가 하는 점인데, 현재로서는 별로 가능성이 없다고 여겨진다.[27]

4. 補論 — 性轉換者(transsexual)의 婚姻

이와 관련하여 언급할 필요가 있는 것은 性轉換手術을 받은 사람이 종전의 자기의 性을 가진 사람과 혼인할 수 있는가 하는 문제이다. 이는 성전환수술에 의하여 원래의 性이 바뀌는 것인가 하는 점과 관련하여 논의된다. 대법원의 판례[28]는 원래 남자인데 여자로 성전환수술을 받은 자에 대한 强姦罪가 성립할 수 있는가 하는 문제에 관하여, 형법 제297조에서 말하는 부녀, 즉 여자에 해당하는지의 여부도 發生學的인 性인 性染色體의 구성을 기본적인 요소로 하여 性腺, 外部性器를 비롯한 신체의 외관은 물론이고 심리적·정신적인 성, 그리고 사회생활에서 수행하는 주관적·개인적인 性役割 및 이에 대한 일반인의 평가나 태도 등 모든 요소를 종합적으로 고려하여 사회통념에 따라 결정하

---

of Vital Statistics 판결(1998 WL 88743)은 同性婚姻을 허용하지 않는 것은 헌법상의 기본권인 Privacy의 권리를 침해하는 것일 뿐만 아니라, 이는 性에 근거한 차별로서 허용되지 않는다고 하였다.

26) 그러나 독일에서는 "登錄된 生活共同體에 관한 법률(Lebenspartnerschaftsgesetz)"이 헌법에 위반된다는 주장이 있다. R. Scholz/A, Uhle, ""Eingetragene Lebenspartnerschaft" und Grundgesetz", NJW 2001, 393 ff. 합헌론과 위헌론의 각 논거에 대하여는 M. Sachs, "Rechtsförmliche Lebenspartnerschaften für Menschen gleichen Geschlechts — Verfassungsgebot oder Verfassungsverstoß", JR 2001, 45 ff. 참조. 또한 가족법학회 2001. 4. 17. 월례회에서 발표한 뮌헨 대학교의 Coester-Waltjen 교수에 의하면 위 법률에 대하여 바이에른 주와 튀링겐 주가 독일 연방헌법재판소에 추상적 규범통제 절차에 의한 위헌결정을 청구하였다고 한다.

27) 同性 婚姻을 허용한 위 하와이 주와 알라스카 주의 판결(위 註 25 참조)이 있자, 하와이 주와 알라스카 주는 각각 1998년에 주 헌법을 수정하여, 혼인은 異性 사이에만 허용될 수 있도록 하였다. Maxwell(註 18), p. 45 참조.

28) 대법원 1996. 6. 11. 선고 96도791 판결(公 1996하, 2264).

여야 할 것이라고 하면서, 기본적인 성염색체의 구성 등 여러 요소를 종합적으로 고려하여 보면 사회통념상 여자라고 볼 수 없다고 하였다. 이는 남녀 性의 결정을 생리적 요소뿐만 아니라 사회통념 등에 의하여 결정하여야 한다고 하였으나 실제로는 性轉換手術에 의하여서 성이 바뀌는 것은 아니라는 취지로 이해될 수 있다.[29] 반면 여러 가지 사정을 고려하여 성전환수술에 의한 성의 변경을 인정하여야 한다는 견해도 있다.[30]

독일에서는 연방헌법재판소의 판례가 性轉換症 때문에 의학적인 이유로 남자에서 여자로 성전환수술을 받은 사람의 出生簿(Geburtsregister)상의 性을 변경하는 것을 허용하지 않는 것은 인간의 존엄을 규정한 독일 기본법 제1조 제1항 및 인격의 자유로운 발현의 권리를 규정한 제2조 제1항에 위반된다고 판시하였고,[31] 그에 따라 1980. 9. 10. 제정된 性轉換法(Transsexuellengesetz) 제8조 및 제10조는 이러한 성전환자가 자신의 종전의 성과 같은 성을 가진 자와의 혼인을 허용하고 있다.[32]

다른 한편 이 문제에 관한 유럽人權裁判所(European Court of Human Right)의 판례는 당사국이 어떤 나라인가에 따라 결론을 달리 한다. 즉 당사국이 英國인 때에는 남성에서 여성으로 성전환 수술을 받은 자의 출생증명의 性의 변경을 허용하지 않는 것은 유럽인권협약(European Convention on Human Rights) 위반이 아니라고 하면서도,[33] 당사국이 프랑스인 때에는 유럽인권협약 제8조[34] 위반이라고 하였다.[35]

---

29) 曺喜大, "性轉換手術을 받은 者가 强姦罪의 婦女에 해당하는가", 대법원판례해설 1996년 상반기, 618면 이하, 특히 648면 이하 참조.

30) 洪春義, "性轉換과 戶籍訂正", 判例月報 1996. 5, 14면 이하, 특히 21면 이하; 최정학, "성전환의 법적 문제점", 민주법학 제14호, 1998, 224면 이하 등. 정현미, "性轉換手術者의 强姦罪의 客體 與否", 刑事判例硏究 6, 1998, 177면은 이러한 취지에서 위 판결을 비판한다.

31) BVerfGE 49, 286, 297 ff. 이 판결을 국내에 소개한 것으로는 許營, "性轉換者(Transsexuelle)의 法的地位", 公法硏究 제8집, 1980, 97면 이하가 있다.

32) 이 이외의 외국에서의 논의에 관하여는 曺喜大(註 29), 631면 이하; 洪春義(註 30), 19면 이하; Mary Ann Glendon, The Transformation of Family Law, 1989, pp. 50 f. 참조.

33) Rees v. United Kingdom(1987) 9 E.H.R.R. 56; Cossey v. United Kingdom(1991) 13 E.H.R.R. 622; Sheffield and Horsham v. United Kingdom(1999) 27 E.H.R.R. 163. 이 판례들은 영국에서는 성전환 수술을 받은 사람이 자신의 성명을 임의로 바꿀 수 있고, 또 자신의 性을 나타내는 호칭(Mr., Mrs. 등)을 출생증명과는 관계없이 임의로 사용할 수 있다는 점을 근거로 들었다.

34) 유럽인권협약 제8조 제1항: Everyone has the right to respect for his private and family life, his home and his correspondence.

35) B. v. France(1993) 16 E.H.R.R. 1. 여기서는 프랑스에서는 영국과 달리 자신의 출생증명서에 기재된 것과 다른 성명이나 性의 표시가 허용되지 않고 따라서 성전환자는 일상생활에서 심각한 불편을 겪는다는 점을 근거로 들고 있다. 이에 따라 이 유럽인권재판소의 決定이 나

생각건대 성전환 수술을 받을 권리를 인정할 수 있는가는 별론으로 하더라도, 일단 성전환수술을 받은 사람에 대하여는 그 법률적 지위도 변화된 현실의 성에 맞추어 줄 필요가 있다고 생각된다.[36] 이러한 性의 轉換은 실제로 다시 돌이킬 수 없는 반면, 변화된 현실의 성과 법률상의 성이 일치하지 않음으로써 생기는 불이익은 당사자 본인에게는 매우 심각한 것이기 때문이다. 이는 반드시 법률의 개정이 없더라도 판례의 변경만으로도 가능하다고 생각된다.[37] 다만 더 나아가 혼인까지 허용할 것인가 하는 것은 좀더 따져 볼 문제이기는 하다.[38]

Ⅲ. 婚姻適齡 및 同意를 요하는 婚姻의 문제(민법 제807조, 제808조)

1. 婚姻適齡

민법 제807조는 혼인할 수 있는 연령(婚姻適齡)을 남자 18세, 여자 16세로 정하고 있다. 우선 여기서 문제되는 것은 남자와 여자의 혼인적령을 달리 규정할 합리적인 이유가 있는가 하는 점이다. 논자에 따라서는 혼인적령제도는 정서적·육체적 발달 정도, 자기의 권리를 방어할 수 있는 능력 정도 등을 고려한 것으로서, 많은 나라들이 남성과 여성의 이러한 발달 정도의 차이를 인정하여 혼인적령을 다르게 규정하고 있으므로 남녀의 혼인적령을 각각 다르게 규정한 것이 반드시 헌법상 평등의 원칙에 어긋난다고 볼 수 없다고 주

오고 난 후에 프랑스 파기원은 1992년 12월 11일 判決(Cass. Ass. Plen. 11 dec. 1992, J. C. P. 1993. Ⅱ. 21991, concl. M. Jeol, note G. Memeteau)에 의하여 판례를 변경하였다. 파기원은 프랑스민법 제9조, 제57조, 유럽인권조약 제8조를 참조조문으로 들고 다음과 같이 판시하였다. 「治療目的에 의하여 이루어진 內科的·外科的인 處置의 결과 性轉換症狀을 가진 사람이 드디어 그의 처음의 性에 수반되는 특징을 전부 가지지 않고, 그의 사회적 행동과 일치하는 反對의 性에 근접하는 신체적 외관을 가지는 데 이른 때에는 私生活 尊重의 원칙에 의하여 그 사람의 民事身分이 이후로는 그의 外觀을 가지는 性을 가리키는 것은 정당하다. 民事身分의 不可處分性의 原則은 이 變更에 장애로 되지 않는다.」 洪春義(註 30), 19면 이하 참조.

36) 尹眞秀(註 4), 74면.

37) 위의 BVerfGE 49, 286, 301 ff.는 연방대법원(BGHZ 57, 63 ff.)이 법률의 규정이 없이는 성전환수술을 받은 사람의 법률적인 성전환을 인정할 수 없다고 한 데 대하여, 새로운 법률의 규정이 없더라도 기존 법률을 헌법합치적으로 해석함으로써 성전환을 인정할 수 있다고 하였다.

38) 註 33)에 인용된 유럽인권재판소의 판결들은, 영국이 성전환자의 혼인을 무효로 보고 있음에도 불구하고, 유럽인권협약 제12조의 혼인의 자유 침해는 아니라고 판시하였다.

장한다.39)

역사적으로 볼 때 많은 나라들이 남녀의 혼인 적령을 다르게 규정하였고, 아직도 달리 규정하고 있는 경우가 많다.40) 그러나 이러한 것들이 위와 같은 남녀의 발달 정도의 차이를 고려한 때문인지는 의심스럽다. 과연 남녀에 따라 발달 정도의 차이가 있는지 자체가 불확실한 것이다. 그보다는 오히려 夫에게는 가정의 책임자로서 보다 높은 성숙이 필요하고, 또 남자는 사회생활에 종사하기 위하여 일정연령까지는 교육이나 훈련을 받아야 하기 때문이라는 성별역할분담의식이 작용한 것이 아닌가 여겨진다. 따라서 이러한 규정은 우선 헌법의 남녀평등에 어긋난다고 생각된다.41) 그러므로 남녀의 혼인적령은 같도록 개정할 필요가 있다.

이 경우에 혼인적령을 몇 세로 할 것인가가 문제되는데, 남녀 모두 18세로 하여야 한다는 주장이 많다.42) 이 문제는 일률적으로 몇 세로 하여야 한다고 말하기는 어려우나, 현재 민법 개정위원회에서 성년 연령을 인하하여 19세 또는 18세로 하여야 한다는 논의가 있음을 고려할 때, 성년 연령보다는 2년 정도 아래, 즉 16세 또는 17세로 하는 것이 좋을 것으로 여겨진다.

2. 同意를 요하는 婚姻

민법 제808조는 미성년자와 금치산자는 부모 또는 후견인(부모나 후견인이 모두 없으면 친족회)의 동의를 얻어 혼인할 수 있도록 규정하고 있다. 이처럼 행위능력이 제한된 사람의 혼인에 대하여 부모 등의 동의를 요구하는 것 자체는 특별히 부당하다고 할 수 없다.

그런데 여기서 우선 문제되는 것은 미성년자이든 금치산자이든 가리지 않고 제 1 차적인 동의권자를 부모로 한 점이다. 이러한 동의를 요구하는 이유가 혼인하려는 당사자의 보호를 위한 것이라면, 이 동의는 원칙적으로 법정대리권의 일부로서 행사되어야 할 것이다. 가령 부모라 하여도 친권을 행사하는 자가

---

39) 金淑子, 討論要旨, 한국법학 50년 — 과거 · 현재 · 미래(Ⅱ)(註 4), 86면.

40) 예컨대 프랑스민법 제144조는 남자의 혼인적령은 18세로, 여자의 혼인적령은 15세로 규정하고 있다. 이 문제에 관한 비교법적인 자료로는 Mary Ann Glendon(Chief Editor), International Encyclopedia of Comparative Law, Volume Ⅳ, Persons and Family, Chapter 3 Formation of Marriage(D. Coester-Waltjen and M. Coester), 1997, pp. 15 ff.가 있다.

41) 尹眞秀(註 4), 68면; 李庚熙(註 22), 51면; 崔幸植, "婚姻의 成立要件에 관한 再檢討", 家族法研究 제10호, 1996, 104-105면; 권정희(註 5), 92-93면; 金疇洙, 註釋親族法 Ⅰ, 1998, 238면 등.

42) 권정희(註 5), 95면; 崔幸植(註 41), 105면 등.

아니거나 친권을 박탈당한 자의 동의를 받게 할 이유는 없는 것이다. 따라서 원칙적으로 법정대리인[43]을 동의권자로 하여야 할 것이다.[44]

그리고 부모나 후견인이 없는 때에는 친족회의 동의를 얻도록 한 것도 문제가 있다. 현행법상 친족회가 인정되고는 있으나, 그것이 실질적으로 무능력자를 보호하고 있는지는 매우 의문이다.[45] 따라서 이러한 경우에는 차라리 가정법원의 허가를 받게 하는 것이 더 실효적인 방법이 아닌가 여겨진다.

또 다른 문제는 이러한 동의권자가 정당한 이유 없이 동의를 거부하는 경우이다. 이때 당사자가 동의권자의 동의가 없다는 이유로 혼인할 수 없다고 하는 것은 부당하다. 그리하여 이러한 경우에는 민법 제 2 조 제 2 항에 의하여 동의의 거부가 동의권의 남용이라는 것을 입증하여 동의에 갈음할 재판을 받을 수 있다는 견해가 있다.[46] 그러나 이러한 견해가 실제로 받아들여질 수 있는지는 의문이다. 그러므로 이처럼 동의권자가 동의를 거부할 때에는 가정법원에 동의에 갈음할 수 있는 재판을 청구할 수 있다는 규정을 둠이 좋다고 여겨진다.[47][48]

Ⅳ. 禁婚의 범위(민법 제809조, 제815조 제 2 호)

1. 현행법의 규정과 개정안

현행 민법은 제809조에서 동성동본혈족 사이, 남계혈족의 배우자, 夫의 혈

43) 미성년자의 경우에는 친권자 또는 후견인, 금치산자인 경우에는 후견인.

44) 李庚熙(註 22), 46면; 金疇洙(註 41), 240면; 同, 親族 · 相續法, 第 5 全訂版, 1998, 95면 등 참조. 裵慶淑 · 崔錦淑, 親族相續法講義, 2000, 55면도 미성년자에 관하여 같은 취지이다.

45) 尹眞秀, "親族會의 同意를 얻지 않은 後見人의 法律行爲에 대한 表見代理의 成立 여부", 亞細亞女性法學硏究 3, 2000, 87면 참조.

46) 권정희(註 5), 97면; 金疇洙, 親族 · 相續法(註 44), 97면; 李庚熙(註 22), 45면 등.

47) 위 註 46)의 각 논자도 명문규정을 둘 필요가 있다고 한다.

48) 참고로 독일의 예를 본다. 종전의 독일 혼인법은, 혼인법 제 1 조, 제 3 조는, 원칙적으로 성년자에게 혼인능력을 인정하고, 다만 미성년자가 16세 이상이며 그의 장래의 배우자가 성년이 되었을 때에는 후견법원의 면제(Befreiung)를 얻어 혼인할 수 있으나, 이때에도 법정대리인의 동의는 필요하며, 법정대리인이 정당한 이유 없이 그 동의를 거부할 때에는 후견법원이 법정대리인에 갈음하여 동의할 수 있다고 규정함으로써, 후견법원의 면제와 법정대리인의 동의라는 2단계의 절차를 거치도록 하였다.

그러나 1998년 개정된 독일민법 제1303조는, 미성년자의 혼인에 대하여 법정대리인의 동의를 요구하지 않고, 다만 법정대리인이나 기타의 감호권자가 이의를 제기할 때에는 그 이의에 상당한 이유가 없는 때에만 가정법원이 면제를 할 수 있도록 바꾸었다. 尹眞秀, "婚姻 成立에 관한 獨逸 民法의 改正에 관한 考察", 家族法硏究 제13호, 36-37면 참조.

족 및 기타 8촌 이내의 인척이거나 이러한 인척이었던 자 사이의 혼인을 금지하고,[49] 제815조에서는 혼인의 당사자간에 직계혈족, 8촌 이내의 방계혈족 및 그 배우자인 친족관계가 있거나 있었던 때(제 2 호) 및 당사자간에 직계인척, 부의 8촌 이내의 혈족인 인척관계가 있거나 또는 있었던 때(제 3 호)를 혼인의 무효사유로 하고 있으며, 제816조에 의하면 제809조에 해당하는 경우 중 제815조에 해당하지 않는 자 사이의 혼인은 취소할 수 있는 것으로 규정하고 있다.

그리고 국회에 제출되어 있는 각 민법개정안은 다음과 같다.

제809조(近親婚 등의 금지) ① 8寸 이내의 血族(親養子의 入養전의 血族을 포함한다) 사이에서는 婚姻하지 못한다.

② 6寸 이내의 血族의 配偶者, 配偶者의 6寸 이내의 血族, 配偶者의 4寸 이내의 血族의 配偶者인 姻戚이거나 이러한 姻戚이었던 자 사이에서는 婚姻하지 못한다.

③ 6寸 이내의 養父母系의 血族이었던 자와 4寸 이내의 養父母系의 姻戚이었던 자 사이에서는 婚姻하지 못한다.

第815條(婚姻의 無效) 婚姻은 다음 各號의 境遇에는 無效로 한다.

1. (생략)
2. 婚姻이 제809조 제 1 항의 규정에 위반한 때
3. 當事者間에 直系姻戚關係가 있거나 있었던 때
4. 當事者間에 養父母系의 直系血族關係가 있었던 때

第816條(婚姻取消의 事由) 婚姻은 다음 各號의 1의 境遇에는 法院에 그 取消를 請求할 수 있다.

1. 婚姻이 제807조 내지 제809조(제815조의 규정에 의하여 婚姻의 無效事由에 해당하는 경우를 제외한다. 이하 제817조 및 제820조에서 같다) 또는 제 810조의 規定에 違反한 때.

이러한 개정안은, 동성동본금혼을 규정한 민법 제809조 제 1 항이 헌법에 위반된다고 한 헌법재판소 1997. 7. 16. 선고 95헌가6 내지 13 결정[50]을 반영함과 함께, 종래 지나치게 넓었던 그 외의 금혼범위를 합리적으로 제한하려는

49) 다만 동성동본금혼을 규정한 제809조 제 1 항은 이 조항이 헌법에 합치되지 않는다고 선고한 헌법재판소 1997. 7. 16. 선고 95헌가6 내지 13 결정(헌법재판소판례집 9권 2집 1-31면)에 의하여 입법자가 1998. 12. 31.까지 개정하지 아니하였기 때문에 1999. 1. 1. 그 효력을 상실하였다.

50) 註 4).

의도를 담고 있다. 그러나 이러한 개정안 또한 문제가 없는 것은 아니다. 이하에서는 현행법보다는 개정안을 전제로 하여 살펴본다.

2. 同姓同本禁婚의 廢止

동성동본금혼을 규정한 민법 제809조는 우리 민법 시행 이래 가장 논란이 많았던 규정이다.[51] 이를 헌법재판소가 위헌이라고 선언한 것은 지극히 타당하다. 다만 그 주문 형식이 단순 위헌이 아니라 헌법불합치에 그친 것은 이론적으로 철저하지 못하다는 아쉬움이 있다.[52] 따라서 민법개정안이 이러한 동성동본금혼 규정을 폐지하기로 하였으나 아직까지 개정되고 있지 못한 것은 오히려 뒤늦은 감이 있다.[53]

3. 姻戚 사이의 禁婚規定

현행법은 인척에 대한 금혼 범위가 남계혈족의 배우자, 夫의 혈족 및 기타 8촌 이내의 인척이거나 이러한 인척이었던 자에까지 미쳐서 지나치게 넓었다. 개정안은 이를 축소하고 있으나 거기에도 여러 가지의 문제가 있다.

개정안 제809조 제2항은 "6寸 이내의 血族의 配偶者, 配偶者의 6寸 이내의 血族, 配偶者의 4寸 이내의 血族의 配偶者인 姻戚이거나 이러한 姻戚이었던 자" 사이의 혼인을 금지하고 있다. 그러나 우선 왜 혈족의 배우자 및 배우자의 혈족은 6촌 이내인 반면, 배우자의 혈족의 배우자는 4촌에 그치는지가 불분명하다. 뿐만 아니라 이는 그 내용이 너무 복잡하여 실무상 호적공무원의 직무수행에 어려움을 줄 우려가 크다. 또 실제로 배우자의 6촌 이내의 혈족에 해당하는지 아닌지를 실질적 심사권이 없는 호적공무원이 판단하기도 어렵다.

보다 근본적인 문제는 傍系姻戚 사이의 혼인을 금지할 이유가 있는가 하는 점이다. 현행 법에 의하면 예컨대 처제와 형부 사이의 혼인이나 형수와 시숙 사이의 혼인 등은 모두 금지되어 있고, 이 점은 개정안에서도 마찬가지이

51) 이에 대하여는 Jinsu Yune, "Recent Decisions of the Korean Constitutional Court on Family Law", Journal of Korean Law, Vol. 1, No. 1, 2001, p. 146 참조.

52) 이 점에 대하여 상세한 것은 Jinsu Yune(前註), pp. 147-155 외에 尹眞秀, "親族相續法編", 90년대 主要 民事判例評釋, 2001, 358-359면과 그 곳에서 인용하고 있는 문헌 참조.

53) 헌법재판소가 개정을 명한 시한은 1998. 12. 31.까지였다.

다. 그러나 과연 이러한 자들 사이의 혼인을 금지하여야 할 합리적인 이유가 있는지 의심스럽다. 구태여 이유를 찾는다면 윤리적인 이유, 즉 그러한 자들 사이의 혼인은 도덕관념에 어긋난다는 점밖에 들 수 없을 것이다. 그러나 과거에는 형부와 처제의 혼인은 허용된다고 보고 있었으므로,[54] 과연 일반인들이 그러한 자들 사이의 혼인을 부도덕한 것으로 보고 있는지 자체가 의문이다.

나아가 도덕적 고려에 의한 혼인의 자유 제한이 어느 정도나 허용되는지에 관하여는 獨逸聯邦憲法裁判所 1973. 11. 14. 결정[55]이 참고가 될 수 있을 것이다. 이 사건에서는 구 독일 혼인법 제4조 제2항의 이른바 性的 共同體(Geschlechtsgemeinschaft)에 대한 혼인금지, 즉 자기의 直系尊屬 또는 직계비속과 성관계를 가졌던 자와의 혼인을 금지하는 규정이 위헌인가가 문제로 되었다. 헌법재판소는 "기본법 제6조 제1항의 자유보장은 국가에 대하여 혼인장애사유의 규정에 있어서 최대한으로 신중할 것을 요구한다. 국가는, 오늘날의 견해에 부합하는 혼인의 본질과 형태에서 도출되고, 또한 헌법적 의미에서 혼인제도를 규정하는 구성원칙 내지 구성요소로부터 나오는, 명백한 실질적인 근거가 있는 경우에만 혼인능력 있는 남자와 여자가 서로 혼인하려는 욕구를 금지할 수 있다"고 하면서, 국가는 혼인의 자유를 단지 오래된 祭式的인 이유만으로 금지시킬 수는 없으며, 이를 위하여는 원칙적으로 실질적이고 합리적으로 이해할 수 있는 사유가 혼인금지를 정당화할 수 있어야 한다고 하였다. 그리하여 性的 共同體에 대한 혼인금지는 기독교적-서구적 혼인 관념에 부합하지도 않고, 전통적인 생활형태에 속하는 것도 아니며, 종래의 혼인제도의 보호라고 하는 관점도, 보호되어야 할 혼인관계가 존재하지 않기 때문에 문제되지 않으며, 상대자를 어머니에서 딸로 바꾸는 남자의 행동이나 그러한 딸의 행동이 도덕적으로 불쾌하게 여겨질 수 있지만, 그러한 사유만으로 혼인이 민사상의 혼인의 본질적인 형상에 부합하지 않는다고는 할 수 없다고 하였다.

이와 같은 판단은 대체로 방계인척간의 혼인에 대하여도 적용될 수 있다고 생각된다. 방계인척간의 혼인, 가령 형부와 처제 사이의 혼인이나, 형수와 시숙 사이의 혼인은, 인척관계를 발생시킨 기존의 혼인이 사망에 의하여 해소된 때에는 특별히 도덕적으로 문제될 것이 없다. 다만 예컨대 남편이 처의 동생과 불륜의 관계를 맺고 그 결과 처와 이혼하고 그 동생과 혼인하겠다고 하

54) 이 점에 대하여 상세한 것은 金疇洙(註 44), 106-107면 참조.

55) BVerfGE 36, 146 ff.

는 경우에는 그 혼인에 도덕적으로 비난받을 만한 요소가 있겠으나, 이 점만으로 혼인의 자유를 제한하기에는 충분한 근거가 되지 못한다. 이처럼 비난받을 만한 사정은, 간통죄를 범한 相姦者들이 서로 혼인하는 경우와 공통되는데, 우리나라에서도 과거에는 이러한 상간자의 혼인을 허용하지 않았으나,[56] 현행 민법은 이러한 규정을 두지 않고 있으며, 이는 일반적으로 지지를 받고 있는데, 相姦者가 인척인 경우에만 혼인을 금지하는 것은 헌법상 평등의 원칙에도 어긋나는 것이다.[57] 따라서 개정안이 방계인척에 대한 금혼규정을 유지하고 있는 것은 문제라고 하겠다.

그러면 直系姻戚 사이의 금혼규정은 어떠한가? 참고로 독일의 경우를 본다면, 종래의 혼인법 제4조 제1항은, 직계인척 사이의 혼인을 금지하고 있었다. 그런데 개정 민법 제1307조는 위 종전의 금혼 규정 중에서 직계인척 사이의 혼인금지 규정을 없애 버렸다. 그 근거는, 현재에도 이 금지에 대하여 광범위하게 면제가 이루어지고 있다는 점[58]과, 그러한 금지가 의학적이나 유전생물학적인 근거에 의하여 정당화될 수 없다는 점 외에도, 그러한 혼인의 금지가 위헌이라는 주장이 있는 것에도 영향을 받은 것으로 보인다.[59]

그러나 이에 대하여는 다음과 같은 반대론이 있다. 즉 직계인척 사이의 혼인을 금지하여야 하는 이유는 繼父로부터 繼子女(Stiefkinder)를 보호할 필요가 있고, 또 媤父가 며느리에게 접근하기 위하여 아들의 혼인관계를 파탄시키는 것과 같이 가족관계 내에서 성적인 경쟁을 막을 필요가 있기 때문에, 이러한 직계인척 사이의 혼인은 여전히 금지되어야 한다는 것이다.[60]

이론상의 문제는 별도로 하더라도, 이러한 직계인척이었던 자 사이(예컨대 시아버지와 며느리)의 혼인은 우리의 법감정상 아직은 용납되지 않을 것으로 생각되므로, 이 규정의 폐지는 어렵다고 생각된다.

---

56) 親族相續에 관한 舊慣習, 裁判資料 제29집, 法院行政處, 1985, 152면 참조.

57) 尹眞秀(註 4), 79-80면 참조.

58) 종전의 혼인법 제4조 제3항은, 후견법원이 인척임을 이유로 하는 혼인금지에 대하여 면제를 선언할 수 있고, 그 면제는 중대한 사유가 있을 때에는 거부되어야 한다고 규정하고 있었다.

59) 尹眞秀(註 48), 37면 참조.

60) Bosch, “Neuordnung oder nur Teilreform des Eheschließungsrechts?”, NJW 1998, S. 2010.

4. 血族 사이의 婚姻禁止

개정안 제809조 제1항은 "8寸 이내의 血族(親養子의 入養전의 血族을 포함한다) 사이에서는 婚姻하지 못한다"고 규정하고 있다. 이러한 近親婚의 禁止의 원형은 이른바 近親相姦의 禁止(Inzestverbot)라고 할 수 있다. 즉 직계존비속간이나, 형제자매 사이의 性關係를 금지하는 것은 인류 사회에 보편적인 것으로서, 인류학자나 사회학자는 그 이유를, 이러한 근친상간의 금지가 각 가족 구성원의 사회적 역할을 명확히 하고, 핵가족 내에서의 성적 경쟁을 방지하거나 완화하며, 각 가족구성원으로 하여금 가족 외에서 혼인관계를 맺을 것을 강제하는 기능을 가진다는 데에서 찾고 있다.[61)]

그러나 우리나라의 현재의 혈족간의 금혼제도는 이러한 근친상간의 금지의 범위보다도 훨씬 넓은데, 이는 역사적으로 조선시대에 친족간의 혼인을 넓은 범위에서 금하였던 데서 그 유래를 찾아 볼 수 있다.[62)] 이처럼 넓은 범위에서 혈족간의 혼인을 금하는 것도 유전학적으로는 근거가 없는 것은 아니다. 즉 近親의 경우에는 혼인 당사자가 모두 유전적인 질병의 劣性 유전인자를 보유하고 있을 확률이 높아서, 그 혼인에서 출생하는 자녀가 유전적인 질병을 가지고 태어날 확률이 높은 것이다. 이러한 사정을 고려한다면, 어느 범위 내에서 혈족간의 혼인을 금지할 것인지는 원칙적으로는 입법자의 재량에 속하는 사항이라고 하겠다.

그렇다고는 하여도, 우리 민법이 8촌 이내의 혈족간의 혼인을 금하는 것은 너무 넓은 것이 아닌가 하는 의문이 있다. 유전학적인 분석에 의하면 각 유전병의 발생 확률에 따라서 차이가 있기는 하지만, 6촌 내지 8촌 사이의 근친혼에 있어서는 거의 무해한 것으로 나타난다고 한다.[63)] 비교법적으로 보더라도 외국의 입법례에서는 직계혈족 아닌 방계혈족의 경우에는 4촌간에는 혼인을 허용하고 있는 경우가 많다.[64)]

---

61) MünchKomm/Müller-Gindullis, EheG §4 Rdnr. 2. 또한 上野雅和, 新版 注釋民法(21), 1988, 210-211면 참조.

62) 朝鮮時代의 禁婚範圍에 관하여는 韓福龍, 韓國婚姻法論, 1989, 75면 이하 참조.

63) 孔奉勳, "同姓同本間結婚의 許容範圍: 遺傳과 立法 사이에서(상, 하)", 東亞日報 1957년 11월 27, 28일자. 金容漢, "同姓不婚法理의 再檢討", 梅石高昌鉉博士華甲紀念 民法學의 現代的 課題, 1987, 691면 이하에서 재인용.

64) 외국의 입법례에 대하여는 梁壽山, "親族關係를 事由로 하는 禁婚範圍에 관한 立法論的 考

다른 한편으로 개정안은 입양이 罷養이나 당사자의 사망 등으로 해소되더라도 입양에 의하여 8촌 이내의 법정혈족관계에 있던 사람들 사이의 혼인을 금지하고 있는데, 입양이 해소된 경우에도 그처럼 혼인을 금지하는 것이 합리적인지도 따져 볼 필요가 있다.[65]

Ⅴ. 待婚期間의 문제(민법 제811조)

현행 민법 제811조는 "女子는 婚姻關係의 終了한 날로부터 6月을 經過하지 아니하면 婚姻하지 못한다. 그러나 婚姻關係의 終了後 解産한 때에는 그러하지 아니하다"라고 규정하여 이른바 待婚期間을 규정하고 있다. 위 규정의 입법취지는 父性推定의 衝突을 막기 위한 데 있다고 설명되고 있다. 즉 혼인성립의 날로부터 200일 후 또는 혼인관계 종료의 날로부터 300일 내에 출생한 자는 혼인 중에 포태한 것으로 추정되므로(민법 제844조 제1항), 여자가 재혼하여 자녀를 출산한 것이 前婚 종료 후 300일 내이지만 後婚 성립 후 200일 이후인 때에는 그 자녀는 前婚의 夫의 자녀로도 추정되는 한편 後婚의 夫의 자녀로도 추정되고, 따라서 이 때에는 父를 정하는 訴(민법 제845조)에 의하여 법원이 父를 정하여야 하는 문제가 생기게 되는데, 이를 예방하기 위한 것이다.

그러나 이 규정에 대하여는, 이 규정만으로는 사실상의 재혼을 방지할 수 없고, 이 규정 때문에 혼인신고를 늦게 하게 되어 사실혼관계를 그만큼 조장하는 결과가 되며, 여자에게만 혼인의 자유를 제한한다는 등의 이유로 이를 폐지하여야 한다는 주장이 많았다.

위 규정이 헌법에 어긋나는지 여부는 별론으로 하더라도, 현실적으로는 이 대혼기간의 규정은 문제가 많다. 우선 그러한 추정의 중복을 막기 위하여 재혼금지기간을 둔다면, 그 기간은 前婚의 혼인관계 종료 후 100일이면 충분할 것이다. 나아가 민법은 그 재혼금지의 예외로서 前婚 종료 후 解産한 경우만을 들고 있으나, 그 이외에도 예컨대 前婚 종료 당시 임신하지 않았음을 증명한다

察", 外法論集 제3집, 1996, 5면 등 참조. 金容漢, 親族相續法論(全訂版), 1984, 160면은 혈족 사이에서는 5촌까지를 금혼범위로 한정하여야 한다고 주장한다.

65) 梁壽山, "親族關係를 事由로 하는 禁婚範圍에 관한 立法論的 考察", 외법논집 제3집, 1996, 19면도 같은 취지이다. 이 문제에 관한 미국에서의 논의에 관하여는 米澤廣一, 子ども・家族・憲法, 1992, 164-165면 참조. 일본민법에 관하여는 같은 책 287면 참조.

든지, 또는 당시에 임신하고 있다 하더라도 前婚의 사실관계에 비추어 그 태아가 전혼의 夫에 의하여 임신된 것이 아님을 밝힌다든지 하는 방법에 의하여 위와 같은 再婚禁止期間의 적용을 받지 않을 수 있는 방법을 열어 주어야 할 것이다.[66]

그리하여 민법개정안에서는 위 민법 제811조를 삭제하는 것으로 하였다.[67] 민법개정안은 그 이유로서 "부성추정의 충돌을 피할 목적으로 여성에 대하여 6월의 재혼금지기간을 두고 있는 것은 여성에 대한 차별적인 규정으로 비쳐질 수 있고, 친자관계감정기법의 발달로 이러한 제한 규정을 둘 필요성이 없어졌으므로 이를 삭제"한다고 밝히고 있다.[68]

입법론적으로 구태여 위 규정을 존속시킬 필요가 없다고 하겠으나, 위 규정을 폐지하려면 그에 따라서 친생추정의 규정(민법 제844조 제2항)도 개정할 필요가 있다. 이 규정을 그대로 존치하면 친생추정의 충돌 문제는 여전히 남기 때문이다. 따라서 독일민법 제1593조 제1항과 같이, 재혼한 여자가 낳은 자녀가 前婚의 부의 자녀로도 추정되고, 後婚의 부의 자녀로도 추정될 때에는 그 자녀는 後婚의 부의 자녀로 추정한다고 개정하고, 부를 정하는 訴(민법 제845조)는 폐지하여 버리는 것이 좋을 것이다. 경험칙상 이처럼 친생추정이 충돌할 때에는 그 자녀는 後婚의 부의 자녀일 개연성이 훨씬 높기 때문이다.

Ⅵ. 婚姻申告(제812조, 제814조)

민법 제812조 제1항은 혼인은 호적법에 정한 바에 의하여 신고함으로써

66) 호적예규에 따르면 첫째, 이혼한 당사자들 사이에서는 6월 이내라도 다시 혼인할 수 있고(1961. 4. 20, 호적예규 제184호), 둘째, 이혼사유가 민법 제840조 제2호 또는 제5호에 해당하여 사실상 3년 이상 동거하지 않았음이 입증된 때에는 재혼금지기간이라 할지라도 재혼이 가능하며(1968. 4. 23, 호적예규 제268호), 나아가 재혼금지기간 내에라도 포태하지 아니한 사실을 소명하는 의사의 진단서를 첨부하면 혼인할 수 있다고 한다(1984. 5. 12, 호적예규 제385호). 그리고 이러한 실무상의 처리가 타당하다고 하는 견해도 있다. 그러나 위 첫째의 경우는 별론으로 하고, 나머지 두 경우는 해석론의 영역을 넘어서는 것이 아닌가 생각된다.

67) 독일 婚姻法(Ehegesetz) 제8조는 여자는 前婚 종료 후 10월이 경과하기 전에는 새로운 혼인을 할 수 없다고 규정하면서도 여자가 그 동안에 자녀를 출산하였거나, 신분공무원(Standesbeamte)으로부터 면제(Befreiung)를 받은 때에는 그러하지 아니하다고 규정하고 있었으나, 위 혼인법을 민법으로 흡수하여 1998. 7. 1.부터 시행되는 개정 친족법에서는 이러한 待婚期間(Wartezeit)의 규정을 폐지하여 버렸다.

68) 같은 취지, 권정희(註 5), 103-104면.

그 효력이 생긴다고 규정하여 혼인의 신고를 혼인의 요건으로 규정하고 있다. 그리고 제 2 항은 그 신고의 방식에 관하여 당사자 쌍방과 성년자인 증인 2인의 연서한 서면으로 하여야 한다고 규정하고, 제814조는 외국에서의 혼인신고에 관하여 규정하고 있다.

이처럼 우리 법은 혼인신고를 요구함으로써 과거의 事實婚主義 또는 儀式婚主義를 버리고 法律婚主義의 일종으로서 申告婚主義를 채택한 것이다. 이처럼 법률혼주의를 채택하는 것은 근대 민법의 일반적인 경향이기는 하나, 여기에 문제점이 없는 것은 아니다. 즉 사실혼관계를 맺고 있으면서도 혼인신고를 하지 않고 있는 사람들이 법률상의 혼인관계로 인정받지 못한다는 것이다. 그러나 이러한 문제점을 해결하기 위하여 다시 과거의 사실혼주의로 돌아간다면, 혼인의 성립 시기가 불분명하게 되고, 실질적인 혼인 요건 위반의 혼인의 성립을 방지할 수 없다는 또 다른 문제점이 있다.[69] 그러므로 사실혼의 보호는 다른 방법으로 해결하여야 할 문제이고, 이 때문에 법률혼주의를 버릴 수는 없는 것이다.

다른 한편 현행의 신고혼주의에는 또 다른 문제점이 있다. 즉 신고만으로 혼인이 성립한다고 하면 그 신고가 진실한 쌍방의 합의에 기하여 성립하였는지를 심사할 수가 없어 혼인신고가 당사자 일방 내지 당사자 아닌 제 3 자에 의하여 임의로 이루어지는 것을 방지할 수 없는 것이다. 실제로 혼인신고가 일방적으로 이루어지거나 제 3 자에 의하여 이루어짐으로써 그 효력이 문제되는 경우를 왕왕 찾아볼 수 있다.[70] 원래 법률혼주의를 채택하고 있는 다른 나라에서는 혼인이 성립하기 위하여는 혼인하려는 양 당사자가 신분공무원 앞에서 그 의사를 표시할 것을 요구하고 있는 것이 일반적이다.[71] 혼인제도의 사회적 중요성을 생각한다면 이러한 방식이 가장 이상적일 것이다. 그러나 우리나라에서 이러한 방식을 채택할 것인지, 아니면 다른 형태로라도 혼인의 요건을 까다롭게 할 것인지는 좀더 깊이 생각해 보아야 할 문제이다. 현행의 제도 아래서도 사실혼을 이루고 사는 당사자들이 혼인신고를 이행하지 않는 예가 많은데, 수적으로 따질 때 그렇게 많다고는 할 수 없는 일방적인 혼인신고 등을 막기

69) 鄭周洙, "婚姻申告受理의 問題點과 改善方案 1", 司法行政 1988, 132-133면 참조.

70) 鄭周洙(註 69), 131-132면 참조. 근래의 판례 가운데 이러한 것이 문제된 예로는 대법원 1993. 9. 14. 선고 93므430 판결(公 1993, 2780); 1995. 11. 21. 선고 95므731 판결(公 1996상, 56); 1996. 6. 28. 선고 94므1089 판결(公 1996하, 2373) 등 참조.

71) 鄭周洙(註 69), 133면.

위하여 혼인 성립의 요건을 더 까다롭게 하는 것이 사회적으로 득이 된다고 말하기는 어려울 것이기 때문이다.72)

Ⅶ. 婚姻 取消의 요건

1. 惡疾 등을 이유로 하는 혼인 취소에 대하여

민법 제816조 제2호는 혼인 취소 사유의 하나로서 “혼인 당시 당사자 일방에 부부 생활을 계속할 수 없는 악질 기타 중대한 사유 있음을 알지 못한 때”를 들고 있다. 그러나 이러한 사유를 혼인 취소 사유로 인정할 필요성이 있는지는 의문이다. 이러한 사유는 이혼 사유인 “혼인을 계속하기 어려운 중대한 사유”에도 해당할 것이고, 그 청구권자나 효과도 이혼과 다를 바가 없기 때문이다.73) 따라서 입법론으로서는 위 조항 및 이를 전제로 하는 민법 제822조는 이를 폐지하여 버리는 것이 옳을 것이다.

이론적으로는 위의 사유는 일종의 착오를 원인으로 하는 혼인 취소를 인정하는 것이라고 할 수 있다. 그러나 당사자의 착오가 가령 혼인의 상대방의 동일성에 관한 것이라든지, 혼인의 성립 여부 그 자체에 관한 것이라면 이는 혼인의 의사가 없는 것으로서 무효라고 보아야 할 것이지만, 그 외의 착오를 이유로 혼인을 취소할 수 있다고 한다면 이는 부당하다고 생각된다. 참고로 개정 독일민법은 착오는 당사자가 혼인 성립 당시에 그것이 혼인 성립에 관한 것이라는 것을 몰랐을 때만 혼인의 취소 사유로 인정하고(제1314조 제2항 제2호), 나머지 종전의 착오를 이유로 하는 취소는 더 이상 인정하지 않고 있다.74)

2. 年齡違反婚姻의 取消請求에 관하여

민법 제817조는 민법 제807조(혼인적령)의 규정에 위반한 때에는 당사자 또는 그 법정대리인이 취소를 청구할 수 있다고만 규정할 뿐, 제819조와 같이

72) 이 문제에 대하여 보다 상세하게 검토하고 있는 것으로는 鄭周洙, “現行 婚姻申告制度의 檢討 2”, 法曹 1986. 8, 1986, 150면 이하 참조.

73) 金疇洙(註 41), 367면.

74) 尹眞秀(註 48), 44면 참조.

혼인 적령에 달한 후 일정 기간이 경과하면 취소를 청구할 수 없다거나, 혼인 중 포태하면 취소할 수 없다고 규정하고 있지는 않다.

학설로서는 민법 제807조 위반의 경우에도 동의가 없는 혼인에 관한 민법 제819조를 유추적용하여 혼인 당사자의 연령이 혼인적령에 달하였거나 혼인 중에 포태한 때에는 취소를 청구할 수 없다고 하는 견해가 있다.[75] 그러나 민법 제819조를 유추적용한다면 혼인 당사자가 혼인 적령에 달하였다고 하여 바로 취소를 청구할 수 없다고 할 것이 아니라, 혼인 적령에 달한 후 3월이 경과하여야 취소를 청구할 수 없다고 하여야 할 것이다. 어쨌든 이 문제에 관하여는 입법적인 해결이 바람직스럽다.

Ⅷ. 婚姻 取消의 效力

1. 혼인 취소의 將來效에 대하여

민법 제824조는 "婚姻의 取消의 效力은 旣往에 遡及하지 아니한다"라고 규정하여 혼인 취소의 遡及效를 부정하고 將來效만을 인정하고 있다. 그런데 이러한 혼인 취소의 장래효는 혼인 당사자 일방이 사망한 후에 혼인이 취소된 경우에는 문제가 있다. 가사소송법 제24조 제 2, 3 항은 혼인의 당사자가 사망한 경우에도 그 혼인의 취소를 인정하고 있고, 판례도 重婚에 있어서 重婚者가 사망한 경우에도 後婚의 취소를 인정하고 있다.[76] 그러나 혼인 취소의 효과가 언제나 절대적으로 소급하지 않는다면 당사자 일방이 사망한 경우에는 혼인 취소를 인정할 이익이 있는가 하는 점이 불분명하다. 다시 말하여 혼인 취소의 본질적인 효과는 혼인의 해소에 있는 것인데, 혼인의 배우자 일방이 사망하면 혼인관계는 배우자의 사망으로 인하여 해소되는 것이므로, 혼인이 취소된다고 하여도 소급효가 인정되지 않는 이상 혼인의 취소로 인한 혼인의 해소라는 효과는 발생할 여지가 없다. 따라서 이러한 경우에 혼인의 취소를 구할 이익이 있다고 하기는 어려울 것이다.

---

75) 金疇洙, 親族·相續法(註 44), 124면; 李庚熙(註 22), 52면; 裵慶淑·崔錦淑(註 44), 84면 등.

76) 대법원 1965. 7. 27. 선고 65므32 판결(카아드 4318); 1986. 6. 24. 선고 86므9 판결(公 781, 935); 1991. 12. 10. 선고 91므535 판결(公 1992, 515).

그런데 이 점에 관하여 대법원 1991. 12. 10. 선고 91므535 판결(註 76)은, 중혼자가 사망하였다고 하더라도 前婚의 배우자와 後婚의 배우자가 친가에 복적하거나 재혼하지 아니한 이상, 위 각 혼인으로 인한 혼인관계와 1990. 1. 13. 개정 전 민법 제773조 및 제774조의 친족관계는 종료하지 아니하므로 전혼의 배우자는 후혼의 취소를 구할 법률상 이익이 있다고 판시하였다. 그러나 이처럼 단순히 친족관계 종료라는 효과만을 위하여 후혼의 취소를 인정할 필요가 있는가 하는 점은 의문이다. 이러한 친족관계 종료라는 효과는 원래 혼인의 취소에 따르는 부수적인 것에 불과하기 때문이다. 나아가 위 판례의 논리대로라면 후혼의 배우자가 재혼한 경우에는 후혼의 취소를 구할 법률상 이익이 없다고 하게 되나, 이 또한 이상하다.

그리고 혼인 취소의 소급효를 인정하지 않는 것은 실제에 있어서도 불합리한 결과를 가져온다. 그렇게 되면 후혼의 배우자는 후혼이 취소되더라도 여전히 중혼자에 대한 상속권이 인정되기 때문이다. 대법원 1996. 12. 23. 선고 95다48308 판결[77]도, [민법 제824조는 "혼인의 취소의 효력은 기왕에 소급하지 아니한다"고 규정하고 있을 뿐 재산상속 등에 관해 소급효를 인정할 별도의 규정이 없는바, 혼인 중에 부부 일방이 사망하여 상대방이 배우자로서 망인의 재산을 상속받은 후에 그 혼인이 취소되었다는 사정만으로 그 전에 이루어진 상속관계가 소급하여 무효라거나 또는 그 상속재산이 법률상 원인 없이 취득한 것이라고는 볼 수 없다]라고 판시하고 있다. 이 문제에 대하여도 兩論이 있으나,[78] 혼인 취소의 장래효를 철저하게 관철한다면 논리적으로는 이와 같이 볼 수도 있을 것이다.

그러나 이러한 결론은 특히 후혼 배우자 쌍방이 전혼 배우자의 존재를 알고 있었다고 하는 경우에는 부당함이 명백하다.[79] 그러므로 배우자 일방이 사망한 후에 혼인이 취소된 경우에는, 그 혼인 취소의 효과는 적어도 혼인의 배우자 일방이 사망한 때로 소급하여, 그 혼인은 사망이 아니라 혼인 취소에 의하여 해소되었다고 보아야 할 것이다.[80] 이렇게 보아야만 중혼의 경우 후혼이

77) 公 1997상, 498.

78) 상세한 것은 南孝淳, "婚姻(重婚)取消의 遡及效와 財産上의 法律關係", 民事判例研究 20, 1998, 377면 이하; 尹眞秀(註 52), 364-365면 참조.

79) 그리하여 柳鍾宇, "財産相續人과 相續分", 司法論集 제17집, 1986, 131면 이하는 惡意에 의한 二重婚은 무효이어야 한다고 주장하나, 해석론으로서는 다소 무리이다.

80) 我妻榮, 親族法, 法律學全集 23, 1961, 67면 참조.

취소되었음에도 후혼의 배우자에게 상속권이 있다는 결과를 막을 수 있을 것이다. 이러한 결론은 해석론으로서도 주장될 수 있는 것이지만,[81] 입법적으로 이를 명확히 해결하는 것이 필요하다고 생각된다.

다른 한편으로는 취소되는 혼인의 배우자가 취소 원인에 관하여 선의인 경우와 악의인 경우를 구별할 필요가 있다고도 생각할 수 있다. 그리하여 일본 민법 제748조와 같이 당사자의 선의 여부에 따라 규율을 달리할 수도 있다.[82]

2. 혼인 취소의 기타의 효과

혼인 취소의 그 밖의 효과에 관하여 우리 민법은 손해배상책임에 관한 제825조의 규정 외에는 다른 규정을 두지 않고 있다. 그러나 혼인이 취소된 경우에는 이혼과 마찬가지로 재산분할청구권, 자녀의 양육자 결정, 친권자의 결정 및 면접교섭권과 같은 것들이 문제된다. 혼인 취소의 효과는 실제로는 이혼과 다를 바가 없기 때문이다.

물론 우리 법상 이에 대하여 아무런 규정이 없는 것은 아니다. 가사소송법 제 2 조 제 1 항은 마類 家事非訟事件으로서 자의 양육에 관한 처분과 그 변경, 면접교섭권의 제한 또는 배제, 재산분할에 관한 처분, 친권을 행사할 자의 지정과 변경을 이혼뿐만 아니라 혼인의 취소를 원인으로 하는 경우에도 인정하고 있기 때문에,[83] 실제로는 이들 규정을 근거로 하여 혼인 취소의 경우에도 법원이 이러한 사항을 결정할 권한을 가지게 된다. 그러나 이러한 문제는 기본적으로 실체법에 관한 사항으로서 민법에 규정이 있어야 할 것이다.

뿐만 아니라 민법상 이러한 자의 양육 등에 관한 결정은 제 1 차적으로는 당사자들의 협의에 의하고, 협의가 없을 때 비로소 법원이 개입하게 되는 것인데, 위 가사소송법의 규정만으로는 당사자들이 협의에 의하여 이러한 결정을 할 수 있다는 근거가 될 수 없는 것이다.

81) 郭潤直, 相續法, 1997, 116면; 尹眞秀(註 52), 365면 참조.

82) 일본민법 제748조는 제 1 항에서 혼인의 취소는 그 효력이 기왕에 소급하지 않는다고 하면서도, 제 2 항에서는 혼인 당시 취소 원인이 있었던 것을 몰랐던 당사자는 혼인에 의하여 재산을 취득한 때에는 현재 이익을 받은 한도 내에서 그 반환을 하지 않으면 안된다고 규정하고, 제 3 항에서는 혼인 당시 취소 원인이 있었던 것을 안 당사자는 혼인에 의해 얻은 이익의 전부를 반환하지 않으면 안 되며, 상대방이 선의인 때에는 그에 대하여 손해를 배상할 책임이 있다고 규정한다.

83) 가사소송법 제 2 조 제 1 항 나. (2) 3. 4. 5호 참조.

현재 국회에 제출되어 있는 개정안들은 이러한 점을 의식하여 혼인 취소의 경우의 양육에 관한 처분, 면접교섭권 및 친권자 결정 등에 관하여 규정을 두고 있다.[84] 그러나 혼인 취소를 원인으로 하는 재산분할청구권에 관하여는 명문의 규정을 두지 않고 있는데, 이 점에 대한 보완이 필요하다고 여겨진다.

Ⅸ. 結　　論

이상으로 혼인의 성립에 관하여 입법론적으로 문제되는 점을 살펴보았다. 여기서 다룬 것 외에도 문제되는 점들이 없지 않으리라 생각된다. 이 글이 앞으로의 좀더 심도 있는 논의에 하나의 참고자료가 되기를 바란다.

〈家族法研究 제15권 제1호, 2001〉

〈追記〉

이 글이 발표된 후 혼인적령, 성전환 등에 관하여 일어난 변화에 대하여는 이 책 200면의 追記 참조.

그리고 註 26)에서 언급한 독일의 생활공동체법에 대한 위헌결정 청구사건에서 독일연방헌법재판소는 2002. 7. 17. 위 법률이 합헌이라고 판시하였다. BVerfGE 105, 313 ff.

84) 개정안 제824조의2, 제909조 제5항.

民法改正案 중 夫婦財産制에 관한 연구*

Ⅰ. 들어가는 말

정부는 2006. 11. 7. 국회에 민법 일부개정법률안을 제출하였다. 이 개정안의 주된 내용은 협의이혼절차의 개선과 부부재산제의 개선 두 가지라고 할 수 있다. 이 글은 위 개정안 가운데 후자의 부부재산제를 검토하는 것을 목적으로 한다.

현행 민법은 부부재산제에 관하여 원칙적으로 부부별산제를 채택하고 있고, 다만 이혼시에 배우자 일방이 타방에게 재산분할을 청구할 수 있도록 하고 있을 뿐이다. 그러나 이것만으로는 부부의 재산관계를 적절하게 규율할 수 없다는 비판이 많이 제기되고 있다. 그리하여 법무부 산하에 설치되었던 가족법개정특별분과위원회는 현행 부부재산제를 보완하여 (가) 혼인 중 부부재산의 처분제한, (나) 혼인 중 재산분할, (다) 재산분할의 균등 원칙, (라) 재산분할청구권을 보전하기 위한 사해행위취소권과 같은 제도를 도입하기로 하였으며, 또 혼인 중 재산분할과 관련하여 배우자의 상속분을 조정하기로 하였고, 정부의 개정안은 기본적으로 이를 토대로 한 것이다.[1)]

---

* 이 글은 법무부 주최로 2006. 5. 3. 열렸던 민법(친족·상속편) 개정 전문가 토론회 및 2006. 6. 29. 열렸던 民法(親族·相續編) 改正 公聽會에서 "民法改正案 중 夫婦財産制에 관한 主題發表"라는 제목으로 발표하였던 글을 토대로 하여 보완한 것이다. 위 각 발표 당시 지정토론자로 참석하신 박동섭, 김삼화, 민유숙, 곽배희, 정춘숙, 권정순, 손애리 선생님들 및 초기 단계의 원고를 읽고 좋은 의견을 주신 서울대학교 김형석 교수님께 감사의 뜻을 표한다.

1) 가족법개정특별분과위원회(이하 개정위원회라고만 한다)의 심의 경과에 대하여는 법무부, 가족법개정특별분과위원회 회의록, 2006 참조.

필자는 위 개정위원회의 위원이었고, 따라서 위 개정안에는 필자의 의견이 어느 정도 반영되어 있다. 그러나 위 개정안 심의 과정에서는 여러 가지의 의견이 제출되어 심도 있는 토론을 거쳤으므로 위 심의 과정에서 어떠한 논의가 있었는지를 기록으로 남길 필요가 있다고 생각된다. 뒤에서 보는 것처럼 필자는 위 개정안 중 일부에 대하여는 다른 의견을 가지고 있으며, 이 글이 개정위원회나 정부 또는 법무부의 공식 의견은 아니다.

다른 한편 위 정부 개정안이 제출되기 전에 같은 주제에 관하여 국회의원들이 발의한 민법개정안이 여러 개 제출된 바 있다.[2] 정부의 개정안은 이러한 개정안들과 기본적인 문제의식을 공유하고 있으나, 세부적인 부분에서는 차이가 있다. 이 글에서는 다른 개정안에 대하여도 필요한 한도 내에서 언급하고자 한다.

Ⅱ. 혼인 중 부부재산의 처분제한(개정안 제831조의2)

1. 개 정 안

제831조의2(부부재산의 처분제한) ① 부부의 일방이 다음 각 호의 재산을 양도하려는 경우에는 다른 일방의 동의를 얻어야 한다.

1. 다른 일방이 거주하는 주거용 건물(다른 일방의 주민등록지에 소재하는 것에 한한다) 또는 그 주거용 건물에 대한 권리와 그 주거용 건물의 대지 또는 그 대지에 대한 권리

2. 다른 일방이 거주하는 주거용 건물(다른 일방의 주민등록지에 소재하는 것에 한한다)에 대한 임대차보증금반환청구권

② 부부의 일방이 제 1 항 제 1 호의 재산에 대하여 제한물권 또는 임차권을 설정하는 경우와 제 1 항 제 2 호의 임대차보증금반환청구권에 대하여 질권을 설정하는 경우에도 다른 일방의 동의를 얻어야 한다. 부부의 일방이 제 1 항

---

2) 2005. 6. 30.자 민법중개정법률안(한명숙 의원 대표발의, 이하 한명숙 개정안이라고 한다); 2005. 7. 19. 민법중개정법률안(이계경 의원 대표발의, 이하 이계경 개정안이라고 한다); 2006. 2. 7. 민법중개정법률안(최순영 의원 대표발의, 이하 최순영 개정안이라고 한다). 전경근, “부부재산제 개정안에 관한 연구”, 家族法研究 제20권 3호, 2006, 47면 이하는 주로 위와 같은 국회의원 발의의 민법개정안 중 부부재산제 부분을 검토하고 있다.

의 주거용 건물 또는 그 대지에 대한 권리나 주거용 건물에 대한 임대차보증금반환청구권을 소멸시키는 경우에도 또한 같다.

③ 제 1 항 또는 제 2 항의 행위를 하려는 부부의 일방은 다른 일방이 이에 동의할 수 없거나 정당한 사유 없이 동의하지 아니할 때에는 동의에 갈음하는 결정을 가정법원에 청구할 수 있다.

④ 부부의 일방이 다른 일방의 동의 또는 그 동의에 갈음하는 결정을 받지 아니하고 제 1 항 또는 제 2 항의 행위를 한 때에는 다른 일방은 그 사실을 안 날부터 6월 또는 그 행위가 있은 날부터 2년 내에 그 행위를 한 부부 일방 또는 그 상대방에 대하여 그 행위를 취소할 수 있다.

2. 검 토

가. 기본취지

현행 민법은 법정재산제로서 부부별산제를 채택하고 있으므로, 다른 특별한 규정이 없는 한 부부의 일방은 자기 소유에 속하는 재산을 상대방 배우자의 동의 없이 임의로 처분할 수 있다. 그러나 그로 인하여 생기는 문제점이 적지 않다. 심한 경우에는 배우자 일방의 처분 결과 다른 배우자가 살던 집에서 쫓겨나게 될 수도 있고, 그렇지 않더라도 배우자가 이혼에 대비하여 재산을 미리 처분함으로써 상대방 배우자는 이혼에 따르는 재산분할청구권을 행사할 수 없게 될 수도 있다.

그리하여 한명숙 의원안과 이계경 의원안은 모두 부부 일방이 일정한 재산을 처분함에 있어서는 다른 일방의 동의를 얻어야 하고, 그러한 동의 없이 처분하면 다른 일방이 이를 취소할 수 있도록 규정하고 있다.[3] 그러나 정부개정안은 그 대상을 주거용 건물(다른 일방의 주민등록지에 소재하는 것에 한한다) 또는 주거용 건물에 대한 권리 및 그 대지 또는 그 대지에 대한 권리, 주거용

3) 양자는 모두 부부의 공동생활에 사용되는 주거용 건물(또는 주택)과 부부의 공동생활에 사용되는 주거용 건물에 대한 전세보증금반환청구권 또는 임대차보증금반환청구권을 처분함에 있어서는 다른 일방의 동의를 얻어야 하도록 규정하고 있다. 그 외에 이계경 의원안은 재산을 무상으로 증여하는 경우에도 다른 일방의 동의를 얻어야 하도록 규정하고 있다. 다른 한편 최순영 의원안은 어떤 부부재산제를 채택하는가에 관계없이 부부 일방의 소유(또는 그 명의)로서 가족의 공동생활에 사용되는 주거용 건물, 주거용 건물을 취득하기 위한 전세금 또는 임대차보증금 및 생계를 위한 부동산 및 영업시설을 처분 내지 양도하거나 담보로 제공하는 경우에는 다른 일방의 동의를 얻도록 규정하고 있다(제829조의5 제 2 항, 제831조, 제831조의3).

건물에 대한 임대차보증금반환청구권으로 한정하고 있다.

위와 같은 처분제한의 대상을 어떻게 규정할 것인가 하는 점은 이러한 처분제한규정의 목적을 무엇으로 파악하는가 하는 점과 관련이 있다. 한명숙 의원안의 제안이유는 "현행법은 거래의 안전과 신속을 고려하여 부부재산제도로서 별산제를 채택하여 부부 일방이 자신의 명의로 소유한 재산을 자유로이 처분할 수 있도록 하고 이혼의 경우에만 재산분할을 인정함으로써 혼인생활 중에 취득한 재산에 대하여 명의를 가지지 못한 다른 일방에 대하여 그 잠재적 지분에 대한 권리를 보호하지 못하는 등 매우 불리하게 운용되고 있는 측면이 있는바, 이를 개선하기 위하여 혼인생활의 경제적 기초를 이루는 주거지에 관련된 재산의 경우에는 부부 일방의 임의처분을 제한하고"라고 설명하고 있다.[4] 그 취지가 무엇인지 명백하지는 않으나, 재산분할을 염두에 두고 재산분할의 실효성을 확보하기 위하여 재산분할의 대상이 될 수 있는 주거용 건물의 처분을 제한하는 것처럼 보인다.[5]

그러나 재산분할청구권의 보전을 위하여 주거용 건물의 처분을 제한하는 것은 합리적이라고 할 수 없다. 우선 주거용 건물이라 하더라도 그것이 부부 쌍방의 협력에 의하여 이룩한 재산이 아니고, 부부 일방이 혼인 전부터 보유하고 있던 것이라든지, 다른 사람의 증여에 의하여 취득한 것일 때에는 원칙적으로 재산분할의 대상이 되는 것이 아니다. 그럼에도 불구하고 주거용 건물이라는 이유만으로 처분을 제한할 이유는 없는 것이다. 다른 한편 재산분할의 보전을 위하여서라면 재산분할의 대상이 될 수 있는 모든 재산의 처분을 제한하여야 할 것이고, 주거용 건물에 국한할 이유는 없다.[6] 그러나 현실적으로 거래상대방의 선의 악의를 불문하고 재산분할의 대상이 될 수 있는 모든 재산의 처분을 제한한다는 것은 거래의 안전에 큰 위협을 주는 것이기 때문에 가능하다고는 생각되지 않는다. 그러므로 재산분할청구권의 보전을 위하여 주거용 건물의 처분을 제한한다는 것은 목적과 수단 사이의 관계에 있어서 일관성이 있다고 보기 어렵다.

---

4) 이는 위 개정안의 기초가 되었던 서울가정법원 가사소년제도개혁위원회의 개정안의 설명과 같다. 가사소년제도개혁위원회 자료집(Ⅰ), 서울가정법원 가사소년제도개혁위원회, 2005. 6, 32면 참조.

5) 위 개정안의 실질적 모체가 되었던 것으로 보이는 김상용 교수의 개정안도 부부의 일방이 특유재산을 제한없이 처분할 수 있다면, 경우에 따라서는 혼인종료시 다른 일방이 행사할 수 있는 분할청구권이 형해화될 수 있다고 하여 같은 취지이다. 金相瑢, "부부재산제 개정을 위한 하나의 제안", 家族法硏究 Ⅱ, 2006, 85면(최초 발표는 法曹 2002. 11).

6) 전경근(註 2), 58면은 그러한 취지이다.

그리고 재산분할청구권의 보전이 이 정도로 거래의 안전보다 우월한 법익이라고 할 수는 없다. 재산분할청구권의 보전은 신설되는 혼인 중 재산분할청구권제도 및 채권자취소권제도의 규정(개정안 제839조의3)을 활용하면 상당 부분 그 목적을 달성할 수 있다고 여겨진다.

그러므로 주거용 건물의 처분을 제한하는 것은 그 목적을 다른 일방 배우자가 그 주거용 건물에 거주할 수 있는 권리를 보호하려는 데 그 목적을 두어야 할 것이다. 이러한 거주권은 개개인의 생존을 위하여 필수불가결한 것이라고 할 수 있다. 따라서 일방 배우자가 주거용 건물이 자신의 소유라고 하여 타방 배우자의 동의 없이 일방적으로 처분함으로써 타방 배우자가 거주할 장소를 잃게 되는 경우에는 국가가 개입하여 이러한 결과를 방지하여야 할 책무가 있다고 할 것이다. 이러한 의미에서 거주권의 보호는 주택임대차보호법의 경우에서 볼 수 있는 것처럼 일정한 범위에서는 거래의 안전에도 우선하는 법익이라고 할 수 있을 뿐만 아니라, 주민등록제도와 결합하면 어느 정도는 거래의 안전과도 조화시킬 수 있다고 생각된다. 일방 배우자에 의한 주거용 건물의 처분을 제한하는 외국의 경우에도 그 목적은 다른 일방 배우자의 거주권을 보호하는 데 있는 것으로 보인다.[7)8)]

나. 적용 대상 재산

이처럼 다른 일방 배우자의 거주권 보호를 그 목적으로 삼는다면, 그 대상을 부부의 공동생활에 사용되는 주거용 건물에 한정할 이유는 없고, 예컨대 부부가 별거하고 있는 경우에도 다른 일방 배우자가 거주하는 건물이면 반드시 부부의 공동생활에 사용되는 주거용 건물이 아니더라도 처분 제한의 대상이 되어야 한다. 반대로 실제로 사용되는 주거용 건물이 아닌 예컨대 별장과 같은

---

7) 프랑스에 관하여는 프랑스민법 제215조 제3항("부부 각자는 타방의 동의 없이는 가족의 주거보장에 관한 권리 및 주거에 배치된 가구를 처분하지 못한다. 부부 중 이러한 권리 또는 물건의 처분행위에 동의하지 않은 자는 당해 처분행위의 무효를 주장할 수 있다; 무효의 소는 당해 처분행위를 안 날로부터 1년 내에 제기하여야 하며, 부부재산제가 해소된 때로부터 1년이 경과한 때에는 무효의 소를 제기하지 못한다"); 스위스에 관하여는 스위스민법 제169조 제1항("부부의 일방은 다른 일방의 명시적인 동의 하에서만 임대차계약을 해지하거나 가족의 주택이나 주거를 양도하거나 다른 법률행위에 의하여 가족의 주거공간에 대한 권리를 제한할 수 있다"). 또한 蘇在先, "英國의 判例法과 佛蘭西民法上 家族住宅의 處分制限에 관한 考察", 德巖金柄大敎授華甲紀念 法學의 現代的 諸問題, 1998, 541면 이하 참조.

8) 이 점에 대한 개정위원회에서의 논의에 대하여는 법무부(註 1), 309-311면, 317-326면, 341-346면 등 참조.

것은 처분 제한의 필요가 없다.[9] 다만 뒤에서 보는 것처럼 다른 일방 배우자의 주민등록을 요구할 필요가 있다.

그리고 적용의 대상을 의원안들처럼 건물만에 국한할 필요가 없다. 보통의 경우에는 건물만을 처분하는 것은 예외에 속하고 주거용 건물과 그 대지를 같이 처분하는 것이 일반적일 것인데, 건물에 대하여만 취소를 청구할 수 있고, 대지에 대하여는 취소를 청구할 수 없게 된다면 복잡한 법률적 분쟁을 야기할 뿐만 아니라 주거권의 보호라는 목적도 달성할 수 없게 된다.

또한 부부 일방이 건물이나 대지를 소유하고 있는 경우뿐만 아니라 소유권 이외의 다른 권리(전세권, 임차권 등)를 가지고 있는 경우에도 적용되어야 할 것이다.

다. 동의를 얻어야 하는 처분의 범위

주거용 건물 및 그 대지 또는 그에 대한 권리를 양도하는 경우뿐만 아니라 전세권이나 저당권과 같은 제한물권을 설정하는 경우에도 다른 배우자의 동의를 얻게 할 필요가 있다. 그러한 제한물권의 설정으로 인하여 배우자의 거주권이 위협을 받을 수 있기 때문이다. 나아가 제한물권이 아닌 임차권을 설정하는 경우도 마찬가지이다. 그리고 주거용 건물에 대한 임대차보증금반환청구권을 양도하는 경우에도 결과적으로 다른 배우자의 주거권을 위협하게 되므로 역시 동의를 얻게 하여야 한다.[10][11] 임대차보증금반환청구권에 대한 질권의 설

9) 스위스에서도 별장이나 두 번째의 주택 등에 대한 배우자의 권리는 보호받지 못한다. Basler Kommentar zum Schweizerischen Privatrecht, Zivilgesetzbuch, Bd. Ⅰ, 2. Aufl., 2003, Art. 169 N. 7(Ivo Schwander) 참조. 프랑스에서는 2번째의 주택이 프랑스민법 제215조 제3항의 적용대상인가에 관하여 논란이 있으나 통설(Colomer, Droit civil — Règimes matrimoniaux, 12e édition, 2004, no 68; Cabrillac, Droit civil Les Règimes matrimoniaux, 5e édition, 2004, no 38 등)과 판례(Civ. 1, 19 oct. 1999, JCP 2000, Ⅰ, no 245, no 4)는 이를 부정한다.

10) 판례(대법원 1999. 2. 5. 선고 97다33997 판결, 公 1999상, 436 등)는 물권인 전세권의 경우에 예외적으로 전세금반환채권을 그 전세권과 분리하여 양도할 수 있음을 인정하고 있다. 이러한 경우에는 이 규정이 유추적용될 수 있을 것이다.

11) 다른 한편 재산을 은닉하고자 하는 배우자는 제3자와 통모하여 제3자로 하여금 임대차보증금반환청구권에 대하여 압류 및 전부명령을 받게 할 가능성도 있다. 이러한 경우에 어떻게 대처하여야 할 것인가는 판례의 운용을 기다려야 할 문제이지만, 이론적으로는 이처럼 배우자가 제3자와 통모하였음이 입증된 경우에는 마찬가지로 처분 제한 규정이 적용된다고 보아 취소의 대상이 된다고 할 수 있을 것이다. 대법원 1988. 9. 27. 선고 84다카2267 판결(集 36권 2집 民140; 公 1988, 1313)은 부동산을 갑이 은행으로부터 을의 이름으로 매수하고 을은 그 즉시 갑에게 그 소유권을 양도하여 주기로 약정하였는데, 을이 갑에 대한 위 소유권 이전등기의무를 면탈하기 위하여 갑에 대한 양도절차의 이행을 거부하자 갑이 은행을 상대로 처분금지가처분을 하였는데도 을은 위 은행을 상대로 소유권이전등기소송을 제기하여 그

정도 마찬가지이다. 그리고 임차권이나 전세권 등을 합의해지 등에 의하여 소멸시키는 경우에도 마찬가지로 동의를 받게 할 필요가 있다.[12)][13)]

라. 사실혼의 경우

판례는 사실혼의 경우에도 예컨대 재산분할청구권 등을 인정하고 있으므로, 사실혼의 경우에도 이러한 처분제한의 규정이 유추적용될 수 있지 않을까 하는 의문이 있을 수 있다. 그러나 이러한 처분 제한의 문제는 사실혼 당사자뿐만 아니라 제 3 자에게도 직접 영향을 미치는 문제인데, 제 3 자로서는 법률혼 아닌 사실혼관계는 알기가 어려우므로 사실혼의 경우에까지 이 규정이 유추적용된다고 보기는 어려울 것이다.[14)]

마. 동의를 얻을 수 없는 경우의 구제책

동의를 하여야 하는 다른 일방이 행방불명이거나 기타 다른 사유로 동의를 할 수 없는 경우 또는 정당한 사유 없이 동의를 거부하는 경우에는 배

승소의 확정판결을 받아서 병의 을에 대한 가장채권에 기한 병의 채무명의를 이용하여 을 명의로의 대위에 의한 소유권이전등기를 마침과 동시에 강제경매를 하게 하기에 이르고 병이 이에 적극 가담한 것이라면 이는 법이 보호할 수 없는 반사회적인 행위로서 이중매매의 매수인이 매도인이 배임행위에 적극 가담한 경우 등과 마찬가지의 법리가 적용되어 무효이고, 갑은 위 강제집행절차에서 그 무효를 주장하고 제 3 자(소유권자)로서 그 집행의 배제를 구할 수 있다고 하였다. 또한 대법원 1996. 6. 14. 선고 96다14494 판결(公 1996하, 2183); 1997. 8. 29. 선고 96다14470 판결(公 1997하, 2830) 등도 참조.

12) 스위스민법 제169조 제 1 항, 채무법 제266m조는 임대차의 해지에 관하여 이를 명문으로 규정하고 있다.

13) 법무부가 공청회에 회부한 안에서는 개정안이 동의를 얻어야 하는 것을 '처분행위'라고 표현하고 있었는데, 이는 원인행위(채권행위) 아닌 처분행위(물권행위)로 오해될 소지가 있었다. 그리하여 개정위원회의 마지막 심의에서 이를 '행위'라는 용어로 바꾸었다. 법무부(註 1), 582면 참조.

14) 대법원 2006. 3. 24. 선고 2005두15595 판결(公 2006상, 745)은, 부부재산에 관한 청산의 의미를 갖는 재산분할에 관한 법률 규정은 부부의 생활공동체라는 실질에 비추어 인정되는 것으로서 사실혼관계에도 이를 준용 또는 유추적용할 수 있기 때문에, 사실혼관계에 있었던 당사자들이 생전에 사실혼관계를 해소한 경우 재산분할청구권을 인정할 수 있으나, 법률상 혼인관계가 일방 당사자의 사망으로 인하여 종료된 경우에도 생존 배우자에게 재산분할청구권이 인정되지 아니하고 단지 상속에 관한 법률 규정에 따라서 망인의 재산에 대한 상속권만이 인정된다는 점 등에 비추어 보면, 사실혼관계가 일방 당사자의 사망으로 인하여 종료된 경우에는 그 상대방에게 재산분할청구권이 인정된다고 할 수 없다고 하면서, 사실혼관계가 일방 당사자의 사망으로 인하여 종료된 경우에 생존한 상대방에게 상속권도 인정되지 아니하고 재산분할청구권도 인정되지 아니하는 것은 사실혼 보호라는 관점에서 문제가 있다고 볼 수 있으나, 이는 사실혼 배우자를 상속인에 포함시키지 않는 우리의 법제에 기인한 것으로서 입법론은 별론으로 하고 해석론으로서는 어쩔 수 없다고 하는 판시를 덧붙였다.

우자 일방은 동의에 갈음하는 결정을 법원에 청구할 수 있도록 하여야 한다 (제 3 항).[15)]

바. 취소의 방법

한명숙 의원안은 취소 및 원상회복을 법원에 청구하여야 하는 것으로 하고 있으나, 그렇게 되면 법원에 의한 취소 및 원상회복의 판결이 있기까지는 원래의 처분의 효력이 유지되게 되고, 따라서 이러한 취소판결이 있기 전에는 처분의 상대방은 다른 일방 배우자를 주거용 건물에서 축출하는 것이 가능하게 된다. 그러므로 취소권을 인정한다면 재판 외의 의사표시에 의하여 취소권을 행사할 수 있게 할 필요가 있다.[16)] 개정안은 그 상대방을 동의 없이 행위를 한 상대방 배우자 또는 그 행위의 상대방으로 규정하고 있다.

그리고 개정안은 취소 여부가 불확실함으로 인한 법률관계의 불안정을 조속히 제거하기 위하여, 그 사실을 안 날로부터 6개월 또는 그 행위가 있은 날로부터 2년 내에 취소권을 행사하도록 규정하고 있다.

사. 취소의 효과에 관하여

각 의원안들은 거래의 안전을 저해하는 결과를 방지하기 위하여 취소는 선의의 제 3 자에게 대항하지 못한다고 규정하고 있으나, 그렇게 되면 많은 경우에 제 3 자는 선의일 것이므로 입법의 목적을 달성하기 어렵다.[17)] 그러므로 실효성을 확보하기 위하여는 제 3 자의 선의·악의를 불문하고 제 3 자에게 취소로써 대항할 수 있게 하되, 거래의 안전에 미치는 충격을 최소한으로 줄이기 위하여는 다른 배우자 일방의 주거라는 점에 대한 사전의 공시를 요구할 필요가 있다. 그 방법으로서는 주택임대차보호법과 같이 적용대상인 주거용 건물이 배우자의 주민등록지에 소재할 것을 요건으로 하는 것이 적절하다.[18)]

---

15) 스위스민법 제169조 제 2 항 참조.

16) 스위스민법상으로는 배우자의 동의를 얻지 않고 한 행위는 무효이다. Tuor/Schnyder/Schmid/Rumo-Jungo, Das Schweizerische Zivilgesetzbuch, 12. Aufl., 2002, S. 286. 반면 프랑스민법 제215조는 일정한 제소기간 내에 무효의 소를 제기할 것을 요구하고 있다.

17) 뿐만 아니라 해석상 배우자와의 거래의 상대방이 이 제 3 자에 포함되는가 하는 점도 문제된다. 만일 거래의 상대방도 포함된다면 입법의 실효성은 거의 없다고 하여야 할 것이다.

18) 田慶根, “부부 재산관계의 문제점과 개선방안”, 「부부재산제」 공청회 자료, 가사소년제도개혁위원회 자료집(Ⅲ), 서울가정법원 가사소년제도개혁위원회, 2005. 6, 193-194면도 현행 별산제를 유지하면서 특유재산에 대한 처분을 제한하는 경우에는 처분이 제한되는 특유재산의 범위와 그 제한을 어떠한 방법으로 공시할 것인지가 문제된다고 한다.

그런데 이에 대하여는 선의의 제 3 자 보호규정을 두지 않고 있는 것은 거래의 안전을 위협할 여지가 있다는 비판이 있다.[19] 그러나 주거용 건물이 배우자의 주민등록지에 소재할 것을 요건으로 하고 있어 기본적인 공시는 가능할 뿐만 아니라, 배우자의 주거권은 어느 의미에서는 거래의 안전에 우월한 법익이라고 할 수 있는 것이다. 이 점은 주택임대차보호법상의 임차권 보호에 관한 규정들을 보아도 알 수 있다.

Ⅲ. 재산분할청구권 보전을 위한 채권자취소권

1. 개 정 안

제839조의3(재산분할청구권 보전을 위한 사해행위취소권) ① 부부의 일방이 다른 일방의 재산분할청구권 행사를 해함을 알면서도 재산권을 목적으로 하는 법률행위를 한 때에는 다른 일방은 제406조 제 1 항을 준용하여 그 취소 및 원상회복을 가정법원에 청구할 수 있다.

② 제 1 항의 소는 제406조 제 2 항의 기간 내에 제기하여야 한다.

2. 검　　토

재산분할을 명하는 재판이 확정되었거나 또는 이혼 당사자 사이에서 재산분할에 관한 합의가 성립하였을 때에는 그 재산분할의 액수나 범위도 구체적으로 확정되고, 따라서 이를 보전하기 위하여 채권자취소권을 행사할 수 있다는 데에는 의문의 여지가 없다. 문제는 아직 그와 같은 단계에 이르기 전에, 가령 이혼소송이 제기될 단계에서 배우자 일방이 상대방 배우자의 재산분할청구권 행사를 해하기 위하여 자신의 재산을 처분하여 버린 경우에 그 상대방 배우자에게 어떤 구제방법이 있을까 하는 점이다.

이 문제에 관하여 학설상으로는 원칙적으로 피보전권리는 사해행위 이전에 발생하여야 하지만, 대법원 1995. 11. 28. 선고 95다27905 판결[20]을 비롯한

19) 전경근(註 2), 59면 註 24) 참조.
20) 公 1996상, 173.

확립된 일련의 대법원판례는 '사해행위 당시 이미 채권성립의 기초가 되는 법률관계가 발생되어 있고 가까운 장래에 그 법률관계에 기하여 채권이 성립되리라는 점에 대한 고도의 개연성이 있으며 실제로 가까운 장래에 그 개연성이 현실화되어 채권이 성립된 경우'에는 피보전권리를 긍정하고 있으므로, 재산분할에 관하여 위 판례의 취지를 유추한다면 심판 등에 의하여 확정되기 전의 재산분할청구권 역시 그 기초가 되는 법률관계(상대방배우자의 귀책사유와 당해 재산이 혼인 중 부부 쌍방의 공동의 협력에 의하여 형성되었다는 점)가 발생되어 있고 가까운 장래에 그 채권이 성립되리라는 고도의 개연성(이혼 및 재산분할을 명하는 본안재판의 가능성)이 있다면, 이를 보전하기 위하여 사해행위취소권을 행사할 수 있다고 하는 주장이 있다.[21)]

그러나 실무상은 "이혼으로 인한 재산분할청구권은 협의 또는 심판에 의하여 그 구체적 내용이 형성되기까지는 그 범위 및 내용이 불명확·불확정하기 때문에 구체적으로 권리가 발생하였다고 할 수 없으므로 이를 보전하기 위하여 채권자대위권을 행사할 수 없"다고 하는 대법원 1999. 4. 9. 선고 98다58016 판결[22)]의 영향으로 인하여 재산분할청구권이 구체적으로 확정되기 전에는 반드시 재산분할청구권을 피보전권리로 하는 채권자취소권이 쉽게 인정되고 있다고 하기는 어렵다.[23)]

이러한 현실적인 상황을 고려한다면 개정안과 같이 재산분할청구권을 보전하기 위한 채권자취소권의 행사가 가능함을 명문화하는 것은 중요한 의미가 있다고 생각된다. 또 개정안은 "부부의 일방이 다른 일방의 재산분할청구권 행사를 해함을 알면서도 재산권을 목적으로 하는 법률행위를 한 때"만을 그 요건으로 규정하고 있으므로 예컨대 재산분할의 청구가 있다든가 이혼심판의 청구가 있을 것과 같은 것은 필요하지 않다. 다만 어떤 경우에 부부의 일방이 상대방 배우자의 재산분할청구권 행사를 해함을 알았는가가 문제될 뿐이다. 이 점은 대부분의 경우에는 부부 사이의 관계, 행위의 태양[24)] 등에 비추어 어렵지

21) 閔裕淑, "家事非訟事件으로서의 財産分割", 裁判資料 101輯 家庭法院事件의 諸問題(上), 2003, 191면. 田慶根, "財産分割請求權의 被保全債權性", 家族法硏究 제17권 1호, 2003, 135-137면 이하도 같은 취지이나 여기서는 적어도 재산분할청구권의 의사표시 또는 분할의 조정을 신청한 이후에 비로소 재산분할청구권이 피보전채권이 될 수 있다는 취지로 보인다.

22) 公 1999상, 851.

23) 金淑子, "親族間의 財産行爲와 債權者取消權", 小峰 金容漢敎授華甲紀念 民事法學의 諸問題, 1990, 79면은 抽象的·未確定 財産分割請求權을 被保全權利로 하여 債權者取消權을 행사할 수 있겠느냐에 관하여는 否定的으로 해석된다고 한다.

24) 예컨대 유상처분인가 무상처분인가.

않게 판명될 수 있을 것이다. 또 취소의 상대방이 되는 受益者의 악의는 추정되지만,[25] 수익자는 자신이 선의임을 입증함으로써 이러한 추정을 뒤집을 수 있을 것이므로 채권자취소권을 인정하더라도 거래의 안전을 크게 해친다고 할 수는 없다. 특히 채무자와 수익자 사이의 관계가 어떠하였는가가 수익자의 선의 여부 판단에 중요하게 고려될 수 있을 것이다.[26]

다만 아래에서 보는 것처럼 혼인 중 재산분할청구권제도를 신설하게 될 때에는 이를 보전하기 위한 채권자취소권이 당연히 인정될 수 있으므로 구태여 재산분할청구권을 보전하기 위한 채권자취소권 규정을 특별히 신설하지 않아도 될 것이라는 의견이 있을 수 있으나, 종래 재산분할청구권을 보전하기 위한 채권자취소권의 인정 여부가 문제되었던 것은 재산분할청구권의 범위 등이 명백하지 않다는 점에 있었고, 또 이러한 채권자취소권은 혼인 중뿐만 아니라 혼인 종료를 원인으로 하는 경우에도 문제될 수 있으므로 입법적으로 해결하는 것이 문제를 근본적으로 해결하는 것이 될 것이다.

그런데 실제로 채권자취소권을 행사함에 있어서는 재산분할청구권의 범위가 문제로 되지 않을 수 없다. 이 점에서 어떠한 형태로든 재산분할청구권의 행사가 전제로 되게 된다. 그리하여 채권자취소권 행사의 소를 제기함에 있어서는 재산분할청구권의 행사의 소를 아울러 제기하게 하는 것도 검토되었으나, 개정위원회에서는 굳이 재산분할청구권 행사의 소 제기를 강요할 필요까지는 없다고 하여 이 문제는 따로 규정하지 않았다. 다만 실무상으로는 재산분할청구의 소와 채권자취소의 소를 병합 심리할 필요성이 있는데, 이를 위하여 개정안은 채권자취소의 소를 가정법원에 제기하도록 하였다.[27]

---

25) 대법원 1988. 4. 25. 선고 87다카1380 판결(集 36권 1집 民172; 公 1988, 888) 등 다수. 그러나 전경근(註 2), 59면은 채권자취소권을 행사하기 위한 일반적 요건, 즉 채무자의 무자력과 수익자의 악의에 대한 입증책임이 채권자취소권의 실효성을 감소시킬 수 있다고 비판한다.

26) 대법원 2003. 3. 25. 선고 2002다62036 판결(公 2003상, 1046)은 사해행위의 수익자가 채무자와 일면식이 없이 이웃의 소개로 급히 금전이 필요한 채무자로부터 다소 저렴한 가격으로 토지를 매수하였을 뿐이어서 그 과정에서 단기간에 매매대금이 지급되고 그 직후 소유권이전등기가 경료되는 등 부동산거래관행과 다소 다르게 매매가 이루어진 사정이 있다고 하더라도 채무자로부터의 토지매수가 채권자를 해하는 사해행위임을 알지 못한 선의의 수익자에 해당한다고 판단하였다. 한호형, "債權者取消制度 運用에 관한 試論", 사법연수원논문집 제1집, 2004, 104-105면은 실제로 판례가 수익자의 사해의사를 인정한 경우는 증여 등과 같이 행위 자체에 의하여 채무자의 총재산을 감소시키는 경우나, 수익자가 채무자와 친척, 친지 등 밀접한 관계에 있는 경우이지 채무자와 당해 사해행위 외에 아무런 관계도 없었던 경우를 찾아보기 어렵다고 한다.

27) 이는 개정위원회의 마지막 축조회의(2006. 7. 10)에서 결정된 것이다. 법무부(註 1), 590-591면 참조.

그런데 한 가지 짚고 넘어갈 것은 개정안의 표제는 “재산분할청구권 보전을 위한 사해행위취소권”이라고 되어 있는데, 이는 다소 문제가 있다. 사해행위라는 용어는 국세징수법 제30조 등에서 사용되고 있고, 강학상으로도 채권자취소권의 대상이 되는 행위를 詐害行爲라고 하며, 채권자취소소송을 사해행위취소소송이라고 부르고, 판례상으로는 채권자취소권을 지칭하는 용어로서 사해행위취소권이라는 용어가 사용되기도 한다. 그러나 개정안 제839조의3이 인용하고 있는 민법 제406조의 표제는 “債權者取消權”으로 되어 있다. 그러므로 굳이 민법 제406조의 표제와 다른 용어를 사용함으로써 혼선을 야기할 필요는 없을 것이다.

Ⅳ. 혼인 중 재산분할제도

1. 개 정 안

제831조의3(혼인 중의 재산분할) ① 부부의 일방은 다음 각 호의 어느 하나에 해당하는 사유가 있는 경우에는 혼인 중에도 가정법원에 재산분할을 청구할 수 있다.

1. 부부 일방의 동의 또는 그 동의에 갈음하는 결정을 받지 아니하고 다른 일방이 제831조의2 제 1 항 또는 제 2 항의 행위를 한 때

2. 다른 일방이 정당한 사유 없이 부양의무를 상당한 기간 동안 이행하지 아니한 때

3. 제839조의2에 따른 재산분할청구권의 행사가 현저히 곤란하게 될 우려가 있는 때

4. 부부가 정당한 이유 없이 2년 이상 별거하고 있는 때

② 제 1 항의 재산분할에 관하여는 성질에 반하지 아니하는 범위 안에서 제839조의2 제 2 항의 규정을 준용한다.

③ 부부의 일방은 제 1 항 각 호의 어느 하나에 해당하는 사유가 있음을 안 날부터 6월 또는 그 사유가 있은 날부터 2년이 지난 때에는 제 1 항에 따른 재산분할을 청구하지 못한다.

2. 검 토

혼인 중 재산분할제도의 신설에 관하여는 한명숙 의원안과 이계경 의원안이 다같이 규정하고 있고,[28] 최순영 의원안도 이를 규정하고 있다. 이를 인정하여야 할 이유로서는 부부 일방이 혼인 중에 취득한 재산을 낭비하여 가족의 장래를 위태롭게 하는 경우에도 그 재산을 형성하는 데 기여한 상대방 배우자(예컨대 아내)는 이혼청구를 하지 않고서는 재산의 분할을 청구할 수 없고, 따라서 재산을 보호하기 위하여 어쩔 수 없이 이혼을 해야만 하는 경우가 발생하고 있으므로 굳이 이혼을 하지 않더라도 자신의 기여에 따른 재산의 분할을 허용하는 것이 합리적이고, 그 외에도 장래의 분할청구권이 위태롭게 될 가능성이 있는 경우에는 혼인 중에도 재산분할청구를 인정하여야 하며, 부부의 일방이 장기간 부양의무를 이행하지 않는 경우에는 다른 일방의 생계가 곤란해질 뿐만 아니라 장래의 재산분할청구권도 위태롭게 될 가능성이 있으므로 혼인 중의 분할청구를 인정하여야 하고, 부부가 장기간 별거하는 경우에도 혼인공동체가 이미 사실상 해소되어 있으므로 혼인 중의 분할청구를 인정하여야 한다고 한다.[29] 그 외에도 별거 중에 있으면서도 이혼을 원하지 않는 경우에 재산분할청구가 가능해진다면 자신 명의의 재산권을 갖지 못한 배우자의 정당한 재산권 행사가 가능해진다고 하는 주장도 있다.[30]

이처럼 혼인 중에도 일정한 사유가 있으면 재산분할을 허용하여야 한다는 견해는 타당하다고 생각된다.[31] 외국의 입법례 가운데에도 독일민법 제1385조, 제1386조는 이를 인정하고 있다.[32]

---

28) 이는 가사소년제도개혁위원회의 법안과 같다. 가사소년제도개혁위원회 자료집(Ⅰ)(註 4), 32-35면 참조.

29) 金相瑢(註 5), 98-99면.

30) 양정숙, "지정토론문 1", 「부부재산제」 공청회 자료, 가사소년제도개혁위원회 자료집(Ⅲ)(註 18), 232면.

31) 가사소년제도개혁위원회가 2004. 11. 8 - 11. 20까지 법원 내의 코트넷 메일을 통하여 법관 및 법원공무원을 대상으로 하여 시행한 설문조사에서도 전체 응답자의 69.89%가 일정한 요건이 갖추어진 때에는 혼인 중에도 재산분할청구가 가능하도록 하자는 것을 지지하였고, 현행과 같이 이혼한 경우에만 청구 가능하도록 하자는 의견을 지지한 사람은 24.39%에 머물렀다. 가사소년제도개혁위원회 자료집(Ⅲ)(註 18), 401-402면.

32) 독일민법 제1385조: 부부가 최소한 3년 이상 별거하고 있을 때에는 그들 중 어느 일방도 부가이익의 사전 분할의 소를 제기할 수 있다.

제1386조: (1) 부부의 일방은 다른 일방이 오랜 기간 동안 계속하여 혼인관계에서 발생하

다만 이에 대하여는 재산분할을 혼인기간 중에 청구함으로써 가정파탄을 오히려 촉진시키는 역할을 할 것이라는 비판이 있다.[33] 그러한 가능성을 부정할 수는 없으나, 이를 인정함으로써 얻는 이익과 비교하면 그것이 혼인 중 재산분할을 허용하여서는 안 될 사유로는 불충분하다고 생각된다.

개정안은 한명숙 의원안 및 이계경 의원안과 큰 차이가 없으나, 혼인 중 재산분할을 청구할 수 있는 사유로서 "부부가 2년 이상 별거하고 있을 때"를 추가하였고, 또 가장분할을 방지하기 위하여 가정법원에 의한 재판상 분할만을 인정하기로 하였다.[34]

논자에 따라서는 유책배우자의 혼인 중 재산분할청구권까지 인정한다면 부부의 일방을 유기한 자도 3년 이상 경과한 후에는 재산분할을 청구할 수 있게 되어 문제라고 하나, 원래 재산분할청구권 자체가 유책사유 유무를 불문하는 것이므로 혼인 중 재산분할청구권에 있어서만 유책배우자인지 여부를 따질 필요는 없다. 다만 그 배우자의 유책 정도가 심각할 때에는 재산분할청구가 권리남용이라 하여 배척될 여지는 있을 것이다.

그리고 개정안은 재산분할청구의 사유가 있음을 안 날부터 6월 또는 그 사유가 있은 날부터 2년을 경과한 때에는 재산분할청구권이 소멸한다는 제척기간의 규정을 두었다. 그런데 이에 대하여는 제 1 항 제 2 호(다른 일방이 정당한 사유 없이 부양의무를 상당한 기간 동안 이행하지 아니한 때) 및 제 4 호(부부가 3년 이상 별거하고 있을 때)와 같은 경우에는 그 사유가 발생한 날로부터 5년이 지나면 그러한 상태가 존속하고 있음에도 불구하고 혼인 중 재산분할을 청구하지 못하게 되는 것이 아닌가 하는 의문이 제기될 수 있다. 그러나 판례는 민법 제840조 제 6 호 소정의 '기타 혼인을 계속하기 어려운 중대한 사유'가 이혼청구 당시까지도 계속 존재하는 것으로 보아야 할 경우에는 이혼청구권의 제척기간

는 경제적 의무를 책임 있는 사유로 이행하지 않고 있었고, 장래에도 이를 이행하지 않을 것으로 보일 때에는 부가이익의 사전분할의 소를 제기할 수 있다.

(2) 부부의 일방은 다른 일방이 다음과 같은 행위를 하였고, 장래의 분할청구권을 현저하게 위태할 우려가 있을 때에는 부가이익의 사전 분할의 소를 제기할 수 있다.

1. 제1365조에 규정된 종류의 법률행위를 필요한 동의 없이 행하였거나
2. 다른 일방의 재산을 제1375조에 규정된 행위에 의하여 감소시킨 경우

(3) 부부의 일방은 다른 일방이 충분한 이유 없이 자신의 재산상태에 대하여 알려 주는 것을 완강하게 거부할 때에는 부가이익의 사전 분할의 소를 제기할 수 있다.

33) 이회규, "지정토론문 2", 「부부재산제」 공청회 자료, 가사소년제도개혁위원회 자료집(Ⅲ)(註 18), 240-241면.

34) 이 점은 2006. 6. 24. 개최되었던 한국가족법학회 하계학술대회에서 오종근 교수가 지적하였다.

에 관한 민법 제842조가 적용되지 아니한다고 하고,[35] 악의의 유기를 원인으로 하는 재판상 이혼청구권이 법률상 그 행사기간의 제한이 없는 형성권으로서 10년의 제척기간에 걸린다고 하더라도 피고가 부첩관계를 계속 유지함으로써 민법 제840조 제2호에 해당하는 배우자가 악의로 다른 일방을 유기하는 것이 이혼청구 당시까지 존속되고 있는 경우에는 기간 경과에 의하여 이혼청구권이 소멸할 여지는 없다[36]고 보고 있다. 그러므로 이러한 판례에 비추어 본다면 혼인 중 재산분할청구권의 발생사유가 계속 존속하고 있을 때에는 제소기간도 진행하지 않는다고 해석할 수 있다.[37]

V. 재산분할의 균등원칙

1. 개 정 안

민법 제839조의2 제2항에 후단을 다음과 같이 신설한다.

이 경우 당사자 쌍방의 협력으로 이룩한 재산은 균등하게 분할함을 원칙으로 한다.

2. 검　　토

종래 재산분할 비율에 관하여는 실무상 반드시 일정한 관행이 형성되어 있다고 말하기는 어려우나, 전업주부의 경우에는 직업을 가진 여성에 비하여 낮은 비율로 재산분할을 받고 있는 것이 일반적이다.[38] 그러나 이는 여성의 가사노동을 낮게 평가한 데 기인한 것이라는 비판이 유력하다.[39] 외국에서도 재산분할의 비율을 1/2로 고정하거나,[40] 균등분할(1/2)을 원칙으로 하고 균등분

35) 대법원 2001. 2. 23. 선고 2000므1561 판결 등.

36) 대법원 1998. 4. 10. 선고 96므1434 판결.

37) 이 점에 대한 개정위원회에서의 논의에 대하여는 법무부(註 1), 511-515면 참조.

38) 최근의 재산분할제도의 운영에 관한 실증적 연구로서 全珠惠, "財産分割制度의 實證的 考察", 建國大學校 大學院 法學碩士學位論文, 2005. 8.이 있다. 이 논문은 2004년 5월에서 2005년 4월까지 사이에 서울고등법원과 서울가정법원에서 선고된 113건의 재산분할사건의 판결례를 분석한 것이다.

39) 田慶根(註 18), 213면; 양정숙(註 30), 231면 등 참조.

40) 독일민법 제1378조 제1항; 미국의 캘리포니아 주 및 루이지애나 주 등. 후자에 대하여는

할이 형평에 어긋나는 경우에만 이에서 벗어날 수 있다고 하는 입법례[41]들이 있다.

그러므로 재산분할의 기본 출발점은 균등분할이 되어야 할 것이다. 문제는 균등분할을 원칙으로 하되 법원의 재량을 인정할 것인가, 아니면 균등분할로 고정하고 법원의 재량을 인정할 필요가 없는가 하는 점인데, 법원의 재량을 인정하지 않으면 구체적인 경우에 타당성을 결여하게 될 우려가 있으므로 균등분할을 원칙으로 하고 법원의 재량에 의하여 분할비율을 가감할 수 있도록 하는 것이 타당할 것이다.[42][43] 현재 국회에 제출되어 있는 한명숙 의원안과 최순영 의원안도 이러한 방식을 따르고 있다.[44]

다만 증감을 인정하여야 할 특별한 사정을 예시할 필요가 있지 않은가 하는 의문이 있을 수 있으나, 문제되는 여러 가지 경우를 모두 예시하는 것은 기술적으로 어려우므로 개정안과 같이 규정하고 법원이 구체적인 사정에 따라 판단하도록 위임하는 것이 좋을 것이다.[45]

閔裕淑, "財産分割에 있어서 分割比率算定: 比較法的 考察", 저스티스 제34권 2호, 2001, 50면 참조.

41) 미국의 상당수의 주. 閔裕淑(註 40), 47면 이하 참조.

42) 2005. 1. 14. 가사소년제도개혁위원회 주최로 개최된 「부부재산제」·「법원선의주의」 공청회에서 부부재산제에 관하여 주제발표를 한 전경근 교수와 지정토론을 한 양정숙 변호사, 이회규 교수, 정상규 판사 및 정춘숙 부회장도 모두 이러한 방안을 지지하였다. 가사소년제도개혁위원회 자료집(Ⅲ)(註 18), 210면, 233면, 240면, 248면, 255면 참조.

43) 가사소년제도개혁위원회가 2004. 11. 8 - 11. 20까지 법원 내의 코트넷 메일을 통하여 법관 및 법원공무원을 대상으로 하여 시행한 설문조사에서는 각 배우자에게 1/2씩 분할한다는 의견이 4.75%, 원칙적으로 1/2씩 분할하지만 형평에 어긋난다고 인정되는 경우에는 다른 비율로 분할 가능하다는 의견이 47.14%, 현행 제도를 유지한다는 의견이 46.32%였다. 가사소년제도개혁위원회 자료집(Ⅲ)(註 18), 400-401면 참조.

44) 반면 이계경 의원안은 협의상 이혼한 자의 일방은 다른 일방에게 재산의 절반에 대하여 분할을 청구할 수 있고(제839조의2 제1항), 재산분할에 관하여 협의가 되지 아니하거나 협의할 수 없는 때에는 가정법원은 당사자의 청구에 따라 당사자 쌍방의 협력으로 이룩한 재산의 액수 그 밖의 사정을 참작하여 분할의 액수와 방법을 정한다(제3항)고 규정하고 있어서 균등분할을 원칙으로 하는 것인지 법문만으로는 명백하지 않다. 이 안의 기본적인 아이디어를 제공한 것으로 보이는 김상용 교수의 글에 의하면 일반적인 경우에는 원칙에 따라 동등한 비율의 분할을 인정하고, 구체적인 사정에 비추어 동등한 비율의 분할이 현저히 불공정한 결과를 초래한다고 판단되는 경우에만 분할비율을 수정하는 것이 바람직하다고 한다. 金相瑢(註 5), 87면. 구체적인 법안은 위 논문 95-98면 참조.

45) 이계경 의원안 제839조의3은 재산분할청구를 한 부부의 일방이 부양의무 등 혼인 중 배우자로서의 의무를 고의로 이행하지 아니한 경우 재산분할청구를 받은 다른 일방은 분할을 거절하거나 일부에 대하여만 응할 수 있다고 규정하고 있다. 그러나 이 규정은 원칙적으로 재산분할의 비율을 1/2로 하고, 위와 같은 특별한 사정이 있는 경우에만 1/2에서 벗어날 수 있다는 것이므로{金相瑢(註 5), 87면 참조} 법원에 어느 정도의 재량을 인정하는 한 위와 같은 규정은 필요하지 않을 것이다.

Ⅵ. 배우자 상속분의 조정

1. 개 정 안

제1009조(법정상속분) ① (현행과 같음)

② 피상속인의 배우자의 상속분은 상속재산의 5할로 한다. 다만, 제831조의3에 따라 혼인 중 재산분할을 받은 경우에는 동순위의 공동상속인과 균분하여 상속한다.

2. 검 토

배우자 상속분을 조정하게 된 것은 직접적으로는 혼인 중 재산분할청구권 제도가 도입되게 됨에 따라 혼인 중 재산분할을 받은 배우자와 그렇지 않은 배우자의 상속분에 있어서 차이를 두어야 하지 않겠는가 하는 점에서 비롯되었다. 그러나 이 점을 논외로 한다고 하더라도 현행법상 배우자의 상속분은 다른 공동상속인의 5할을 가산하는 데 그쳐서 다른 공동상속인의 수가 많은 경우에는 배우자의 보호에 너무 취약하고, 따라서 상속재산의 일정 비율을 공동상속인의 수에 관계없이 배우자상속인에게 귀속시켜야 한다는 주장이 종래 많이 제기되어 왔다.[46)]

다른 나라의 경우에도 생존 배우자에게 상속재산의 일정 비율을 상속시키는 것이 일반적이라고 할 수 있다. 독일에서는 피상속인인 배우자의 직계비속과 공동상속할 경우에는 상속재산의 1/2, 피상속인의 부모, 조부모 및 그 직계비속과 공동으로 상속할 때에는 상속재산의 3/4을 상속한다.[47)] 프랑스에서는 피상속인인 배우자의 직계비속과 공동상속할 경우에는 상속재산의 전부에 대

46) 權純漢, 配偶者相續制度에 관한 比較法的 研究, 연세대학교 대학원 박사학위 논문, 1993, 110면 이하; 曺美卿, "英國 無遺言相續法上의 配偶者相續分", 家族法研究 제13호, 1999, 415면 이하; 李和淑, 비교 부부재산관계법, 2000, 364면 이하; 朴鍾用, 配偶者相續權에 관한 研究, 동국대학교 대학원 박사학위 논문, 2001, 110면 이하 등 참조.

47) 독일민법 제1931조 제 1 항에 의하면 배우자의 재산상속분은 피상속인의 직계비속과 공동으로 상속할 때에는 상속재산의 1/4이고, 피상속인의 부모, 조부모 및 그 직계비속과 공동으로 상속할 때에는 1/2이다. 그러나 부부가 법정재산제인 잉여공동제하에서 생활하고 있었을 때에는 제1371조 제 1 항에 의하여 그 외에 1/4이 추가된다.

한 용익권 또는 1/4에 대한 소유권을 상속하고, 피상속인의 부모와 공동상속하는 경우에는 상속재산의 1/2을 상속한다.[48] 일본에서는 피상속인의 자와 공동상속하는 경우에는 상속재산의 1/2, 피상속인의 직계존속과 공동상속하는 경우에는 2/3, 피상속인의 형제자매와 공동상속하는 경우에는 3/4을 상속한다.[49] 영국에서는 생존 배우자가 일정 금액과 나머지 상속 재산에 대한 1/2의 권리를 가진다.[50][51]

이처럼 배우자의 상속분을 강화하여야 한다는 것은 부부재산제에 있어서 배우자의 지위가 강화되는 것과도 관련이 있다. 종전에도 예컨대 배우자의 일방이 前婚에서 많은 자녀를 낳았을 때에는 후혼의 배우자는 이혼에 의한 재산분할을 받는 편이 상속을 받는 것보다 유리한 경우가 있었고, 이것이 이혼을 부추기는 한 요인이 된다는 주장도 있었다. 뿐만 아니라 이혼시의 재산분할 비율을 원칙적으로 1/2로 한다면 이러한 문제는 더욱 두드러지게 된다.

이 문제의 해결을 위하여는 피상속인의 배우자는 상속재산에서 피상속인이 혼인 중 취득한 재산에 대하여 균등한 비율로 기여분 청구를 할 수 있도록 하자는 제안이 있다.[52] 순전히 이론적인 측면에서 볼 때에는 이 방법이 이혼시의 재산분할과 가장 유사한 결과가 된다고 할 수 있고 구체적 타당성도 있다.[53] 그러나 실제상으로는 혼인 중 취득한 재산이 어떤 것인가가 불분명할 수 있어서 모든 상속의 경우에 적용하기에는 법적 안정성 면에서는 문제가 있다.[54] 그리하여 개정안은 배우자의 상속분을 일률적으로 상속재산의 5할로 정

48) 프랑스민법 제757, 758조.

49) 일본민법 제900조.

50) 曺美卿(註 46) 참조.

51) 미국의 경우에는 각 주마다 차이가 있으나 Uniform Probate Code §2-102에 의하면 피상속인의 직계 존비속이 없거나 생존하고 있는 피상속인의 직계비속이 모두 생존 배우자의 직계비속일 때에는 상속재산의 전부를 생존 배우자가 상속하고, 피상속인의 직계비속은 없고 직계존속만이 있을 때에는 20만 달러와 나머지 상속재산의 3/4을 상속하며, 피상속인의 생존 직계비속이 생존 배우자의 직계비속이지만 생존 배우자가 피상속인의 직계비속이 아닌 직계비속을 가졌을 때에는 15만 달러와 나머지 상속재산의 1/2을 상속하고, 피상속인의 생존 직계비속 중 한 사람 또는 여러 사람이 생존 배우자의 직계비속이 아닐 때에는 10만 달러와 나머지 상속재산의 1/2을 상속하도록 규정하고 있다.

52) 이계경 의원안 제1009조 제2항. 최순영 의원안 제1009조 제2항도 같은 취지로 보인다.

53) 金相瑢(註 5), 99면은 피상속인의 배우자는 상속재산에서 피상속인이 혼인 중 취득한 재산의 절반을 선취분으로 공제할 수 있도록 하자고 제안하고 있다. 또한 김상용, "자녀의 유류분권과 배우자 상속분에 관한 입법론적 고찰", 우리 민법학은 지금 어디에 서 있는가?(사단법인 한국민사법학회 학회 창립 50주년 기념 학술대회 자료집), 2006, 467면 이하 참조.

54) 재산분할의 경우에는 대립당사자가 존재하므로 다툼이 있더라도 재판절차에 의하여 해결하면 되겠지만, 상속의 경우에는 항상 재판절차에 의하여 해결하기는 어렵다. 이혼의 경우

하였다.

그런데 이 점에 대하여는 두 가지의 상반되는 주장이 있을 수 있다. 한 가지는 우리나라의 일반적인 법의식이 아직은 배우자의 상속분을 그와 같이 높이는 것을 받아들일 정도가 못 된다는 것이고, 다른 하나는 피상속인의 직계비속과 공동상속할 때에는 배우자의 상속분을 1/2로 하는 것이 타당하지만, 피상속인의 직계존속과 공동상속할 때에는 배우자의 상속분을 그보다 더 올려야 한다는 것이다.

우선 앞의 주장에 대하여는 현재 우리나라의 배우자 상속에 관한 일반적인 법의식이 어떤 것인지는 조사한 자료가 별로 없어 확실히 말하기는 어렵다. 그러나 법이 일반 국민의 법의식을 따라가는 경우도 있지만, 반대로 법의 변화가 일반 국민의 법의식을 바꾸는 경우도 있는 것이다. 그런데 배우자 상속분의 강화는 부부재산제에 있어서 배우자의 지위 강화와 궤를 같이하는 것이므로 이러한 법의 개정이 일반 국민들을 설득하는 데 큰 어려움은 없을 것으로 생각된다.

그런데 이처럼 배우자 상속분을 높이는 데 대하여는, 이는 혼인기간이 짧은 경우에는 문제가 있고, 또 현재에도 나이 많은 사람이 재혼하는 경우에는 자녀들이 상속에 손해가 있을 것을 우려하여 부 또는 모의 재혼을 반대하는 경향이 있는데, 개정안과 같이 된다면 그러한 사태가 더욱 심해질 것이라는 우려가 있다. 그러나 배우자 상속분의 강화는 다른 나라에서도 볼 수 있듯이 그 자체가 부당한 것은 아니고, 다만 구체적인 경우에 부당한 상황이 생길 수도 있는 것이다. 그러므로 이 문제의 해결을 위하여는 혼인 당사자에게 계약에 의하여 배우자의 상속권을 낮출 수 있는 선택권을 주는 것을 고려하여 볼 필요가 있다.

이 점에 관하여 참고가 되는 것은 미국법상의 婚姻前 合意(premarital or antenuptial or prenuptial agreement) 제도이다. 미국에서는 전통적으로 혼인전 합의가 부유한 사람들이 자신의 재산을 보호하거나, 나이 들어서 재혼하는 사람들이 前婚에서 출생한 자녀들의 경제적 이익을 보호하기 위하여 사망시의 상속관계를 규율하는 것을 내용으로 하여 체결되었다. 그러나 근래에는 이 제도

에는 잉여이익의 절반을 나누는 부가이익공동제(Zugewinngemeinschaft)를 원칙적인 부부재산제로 하고 있는 독일민법도 이러한 점을 고려하여 사망에 의한 혼인 해소시에는 부가이익 유무에 관계없이 상속재산의 일정비율을 배우자 상속분으로 규정하고 있는 것이다. Rainer Frank, Erbrecht, 3. Aufl., 2005, S. 30 f. 참조.

가 이혼시의 재산 문제를 규율하기 위하여도 이용된다. 1983년에는 통일 혼인전 합의법(Uniform Premarital Agreement)이 만들어졌고, 미국의 많은 주가 이를 채택하고 있다.[55] 또 우리 민법도 혼인 당사자의 재산관계에 관하여는 혼인전의 부부재산에 관한 약정을 인정하고 있다(제829조).

그러므로 우리나라에서도 이혼의 경우는 별론으로 하더라도 사망의 경우에 관하여는 당사자들이 상속분을 결정할 수 있게 하는 것이 합리적이다. 다만 그 시기에 관하여는 혼인 전으로 제한할 필요가 있고,[56] 계약의 존부, 내용 등에 관한 다툼을 최소화하고 당사자로 하여금 신중하게 결정하기 위하여는 공정증서에 의하여 계약을 체결하도록 하여야 할 것이다. 그리고 합의에 의한 배우자 상속분의 감축을 인정하는 경우에도 배우자 상속분의 완전한 포기는 허용하여서는 안 되고, 또 감축하는 경우에도 다른 공동상속인과 동등한 상속분 미만으로 감축하는 것을 허용하여서는 안 될 것이다.

그리하여 필자는 개정위원회에 그와 같은 취지의 개정안을 제출하였으나,[57] 위원회의 다수의 지지를 받지 못하여 채택되지 않았다.

그리고 두 번째의 주장, 직계비속과 공동상속하는 경우와, 직계존속과 공동상속하는 경우에 배우자 상속분에 차이를 두어야 한다는 주장은 다른 나라의 입법례를 참조할 때 설득력이 없지는 않으나, 이는 종래의 규정에 비하여 지나치게 급격한 변화로서, 쉽게 받아들여질 수 있을지 의문이다.

다만 상속배우자가 이미 혼인 중 재산분할을 받은 때에도 이 규정을 적용한다면, 혼인 중 재산분할을 받은 배우자가 그렇지 않은 배우자보다 지나치게 우대를 받는 것이 되므로 이 경우에는 일반원칙으로 돌아가 다른 상속인과 균분으로 하기로 하였다.[58] 그런데 혼인 중 재산분할을 받은 경우에도 역시 상속재산의 1/2을 배우자의 상속분으로 하여야 한다는 주장이 있을 수 있다. 그러

55) Gregory, Swisher and Wolf, Understanding Family Law, 2nd ed., 2001, pp. 97 ff.; Sanford N. Katz, Family Law in America, 2003, pp. 30 ff.; 최진섭, "미국 혼인법의 개별화 경향", 家族法硏究 제19권 1호, 2005, 34면 이하 참조.

56) 혼인성립 후에는 강요 등에 의하여 진의가 아님에도 불구하고 그러한 계약을 체결하게 될 위험이 크기 때문이다.

57) 제1009조 제3항: 만 50세가 넘은 자는 혼인의 상대방과 혼인성립 전에 공정증서에 의하여 자신이 피상속인이 되는 경우의 배우자 상속분을 감축하기로 하는 계약을 체결할 수 있다. 다만 다른 공동상속인의 상속분보다 더 감축할 수는 없으며, 다른 공동상속인의 상속분보다 더 감축하기로 계약한 경우에는 다른 공동상속인의 상속분과 균등한 상속분으로 감축한 것으로 본다. 법무부(註 1), 592-593면 참조.

58) 이 경우에는 현행법상의 5할 가산도 받지 못하게 된다.

나 배우자의 상속분을 1/2로 하는 것은 그 상속분에 배우자의 기여가 포함되어 있다고 보기 때문인데, 이미 재산분할을 받은 경우에는 상속에서 특별히 우대할 이유가 없는 것이다.[59)]

다른 한편 전문가토론회 및 공청회에서는 개정안에 의하면 배우자 외의 공동상속인이 1인인 때에는 배우자는 현행법보다 불리하게 된다는 점에 대하여 비판이 제기되었다. 이 점은 개정위원회에서도 많이 논의되었던 쟁점이었고, 위원회에서는 원래 이러한 문제를 방지하기 위하여 배우자의 상속분을 상속재산의 6할로 하도록 결정하였다.[60)] 그러나 법무부와의 협의 과정에서 이는 현재에 비하여 배우자의 상속분이 지나치게 많다는 이유로 5할로 조정된 것이다.

사견으로는 이처럼 배우자 외의 공동상속인이 1인인 경우에 배우자의 상속분이 현재보다 줄어든다고 하더라도, 이는 개정안을 채택하여서는 안 될 이유로는 충분하지 않다고 생각한다. 개정안이 배우자의 상속분을 상속재산의 일정한 비율로 정하고 있는 것은 현재의 규정상으로는 공동상속인이 늘어날 경우에 배우자의 상속분이 줄어드는 것을 막기 위한 데 그 중점이 놓여져 있는 것이고, 반드시 배우자의 상속분이 다른 공동상속인의 상속분보다 많아야 할 필연적인 이유는 없는 것이다. 외국의 입법례에서도 개정안과 같은 규정을 찾아볼 수 있는 것이다.

Ⅶ. 최순영 의원안에 대하여

정부의 개정안은 부부별산제를 원칙으로 하는 현행의 부부재산제는 그대로 유지하면서도 부부 일방이 거주하고 있는 주택의 처분을 제한하고, 재산분할제도를 개선하는 것을 내용으로 하고 있고, 이 점에서는 한명숙 의원안이나 이계경 의원안도 크게 다르지 않다. 그런데 최순영 의원안은 부부재산제의 내용으로서 현행의 부부별산제(완전별산제) 외에도 일정한 재산에 대하여는 특유재산이라 하여도 처분에 관하여 상대방 배우자의 동의를 얻어야 하는 수정별산제와, 부부가 혼인 전부터 가진 재산과 혼인 중에 취득한 재산은 부부의 공

59) 독일에서도 혼인 중 재산분할을 받은 배우자는 상속의 경우에는 제1371조 제 1 항에 의한 1/4 가산을 받지 못하게 된다. 독일민법 제1388조 참조.

60) 법무부(註 1), 431면 이하 참조.

유로 하는 완전공유제를 당사자들이 선택하도록 하고 있고, 부부가 그러한 약정을 하지 않았을 때에는 고유재산의 증가분과 혼인 중 취득한 재산 및 그 증가분은 부부의 공유로 추정하고 있다(개정안 제830조 제2항).

그러나 이처럼 넓은 범위에서 부부의 공유를 인정하면 재산 처분에 상대방 배우자의 동의를 요구하는 범위가 넓어져서 거래의 안전을 해칠 뿐만 아니라, 특히 완전공유제를 택하는 경우에는 부부의 일방이 개인적으로 부담한 채무에 대하여도 부부의 공동재산으로 책임을 져야 한다는 문제가 생긴다.[61] 뿐만 아니라 공유제의 경우에는 많은 복잡한 법률문제가 발생하는데,[62] 이에 관한 연구나 준비도 찾아보기 어려운 실정이다. 그러므로 현행 부부재산제도의 급격한 변화를 꾀하는 것은 바람직하지 않으며, 현행 부부별산제의 큰 틀을 유지하면서 상대방 배우자의 권리를 보호하는 방안을 모색하는 것이 바람직하다.[63]

Ⅷ. 結　論

이번 정부의 개정안은 부부재산제에서 배우자 일방, 현실적으로는 처의 지위를 강화하려는 데 그 목적이 있다. 이를 위하여 개정안이 채택하고 있는 주택의 처분제한, 재산분할청구권 보전을 위한 채권자취소권, 혼인 중 재산분할의 허용, 재산분할의 균등원칙, 배우자 상속분의 강화 등은 그 동안 여성계를 중심으로 많이 논의되어 왔던 것을 받아들인 것이다. 그러나 국회에 계류되어 있는 다른 개정안과 비교하여 볼 때 그 구체적인 목표나 방법에 있어서는 논자에 따라 차이가 있다.

이러한 세부적인 차이는 별론으로 하더라도 위 개정안이 담고 있는 내용은 종래의 私法 秩序에 큰 변화를 가져오는 것으로서, 제도 운영상 여러 가지 예상하지 못했던 문제점이 나타나게 될 것이다. 이러한 문제점의 해결을 위하

61) 金相瑢(註 5), 78-82면; 李和淑(註 46), 137면 이하 등 참조.
62) 洪春義, "프랑스법에 있어서 法定夫婦財産制", 家族法研究 제15권 1호, 2001, 144면 이하 참조.
63) 洪春義(註 62), 184면도 이념형으로서의 순수한 別産制 또는 共有制는 타당하지 않으며 현행 別産制에 共有制的 요소를 가미하는 독일식의 混合制(Zugewinngemeinschaft)가 바람직한 것으로 생각된다고 한다.

여는 입법 과정에서부터 심도 있는 토론이 필요하다고 여겨진다.

〈家族法硏究 제21권 제1호, 2007〉

〈追記〉

2007. 12. 21. 법률 제8720호로 개정된 민법은 여기서 살펴본 정부의 개정안 가운데 재산분할청구권 보전을 위한 사해행위취소권의 규정(제839조의3)만을 받아들였고, 나머지는 제17대 국회의 임기 만료로 인하여 폐기되고 말았다.

檢事를 相對로 하는 事實上婚姻關係 存在確認請求

Ⅰ. 序　論

사실상혼인관계존재확인청구의 제도는 1963. 7. 가사심판법이 제정되면서 이를 丙類의 가사사건에 포함시킴으로써(동법 제2조 제1항 3. 병류 나) 비로소 인정되게 된 제도이다. 그 동안 이에 관하여 여러 문제점이 지적된 바 있었는데, 사실상혼인관계(이하 일반적으로 쓰이고 있는 사실혼관계라는 용어를 사용하기로 한다)의 일방이 사망한 경우에, 다른 일방이 검사를 상대로 하여 사실혼관계존재확인청구를 할 수 있는가의 문제 또한 그 중 한 가지로서 일찍부터 논의되어 왔다. 그간 이에 관한 몇 개의 상반되는 하급심판결례가 있었고, 또 근래에는 대법원의 판례까지 나온 바 있으나,[1] 아직 이 문제가 판례상 완전히 해결되었다고는 할 수 없다.

검사를 상대로 하는 사실혼관계존재확인청구는 다음의 두 가지 문제점을 안고 있다. 첫째, 일방의 사망으로 이미 해소된 과거의 사실혼관계도 존재확인청구의 대상이 될 수 있는가. 둘째, 검사를 상대로 하여 사실혼관계존재확인청구를 제기할 수 있다는 법률상 명문의 규정은 없는데, 이러한 명문규정 없이도 검사를 당사자로 하는 것은 가능한가. 그리고 위와 같은 문제점을 살펴보기 위하여는 그 전제로서 사실혼관계존재확인청구의 성질을 명확히 밝힐 필요가 있다.

1) 대법원 1983. 3. 8. 선고 81므76 판결, 集 31권 1집 특141면.

이 글에서는 우선 사실혼관계존재확인청구의 성질에 관하여 간단히 살피고, 이어서 검사를 상대로 하는 사실혼관계존재확인청구에 관한 종래의 학설과 판례를 검토한 후 사견을 피력하고자 한다.

Ⅱ. 事實婚關係存在確認請求의 性質

일반적으로 가사심판 제2조 제1항 소정의 가사조정 및 심판사항 가운데 특히 분쟁성 있는 을·병류 사건이 소송사건인가 비송사건인가가 문제되고 있다. 이를 비송사건으로 보는 견해도 없는 것은 아니지만, 현재 실무상으로는 가사 을·병류 사건은 소송사건으로 취급되고 있다고 볼 수 있으며, 이론적으로도 이를 소송사건으로 보는 것이 타당하다고 생각된다.2)

나아가 가사 병류에 포함되는 사실혼관계존재확인청구는 소송의 세 가지 유형, 즉 이행의 소·확인의 소·형성의 소 가운데 어느 것에 속하느냐에 대하여 많이 논의되고 있다. 사실혼관계부존재확인청구를 확인의 소라고 보는 데에는 거의 이설이 없으나, 존재확인청구의 경우에는 학설이 대립하고 있다. 현재로서는 확인소송설이 통설이지만 형성소송설도 유력하게 주장되고 있다.3)

형성소송설의 입장에서는 "存在確認請求는 그 명칭에 구애됨이 없이 형성의 訴의 일종으로 보는 것이 어떨까 한다. 당초에 家事審判法에 이와 같은 訴訟形態를 인정할 때 事實婚關係에 있음에도 불구하고 그 配偶者의 一方이 婚姻申告에 협력하지 않거나 협력할 수 없는 경우에 신중을 기하는 의미에서 國家機關의 公權的인 判斷을 통하여 法律婚을 創設할 수 있도록 하게 하기 위한 것이 立法者의 意圖가 아니었던가 생각된다"라고 설명하면서, 사실혼관계존재확인청구는 사실혼관계라는 형성요건에 기하여 법률혼의 창설을 목적으로 하는 형성의 소라고 주장한다. 그리고 확인소송설에 대하여는 확인의 소라고 본다면 확인의 이익이 전제되므로, 피청구인이 사실혼 자체에 대해 아무런 다툼이 없으면 확인의 이익이 없어 소 각하를 면하지 못하게 된다고 비판한다.4)

2) 이에 대하여는 邊鎭長, "家事審判의 性格과 몇 가지 問題點", 司法論集 제13집, 1982, 413면 이하 참조. 특히 사실혼관계존재확인청구에 관하여 이를 언급하고 있는 것으로는 朴英植, "事實上婚姻關係存在確認請求의 性質(上)", 法曹 제17권 11호(1968), 365면 이하가 있다.

3) 학설의 상황은 朴在允, "事實上婚姻關係存在確認請求", 家庭法院事件의 諸問題(裁判資料 제18집), 1983, 246면 이하 참조.

그리고 사실혼관계존재확인청구를 위와 같이 형성의 소로 본다면, 그 확인심판의 확정에 의하여 바로 사실혼관계의 당사자 사이에 법률혼이 성립하고, 따라서 이 경우 심판을 청구한 자가 호적법 제76조의2의 규정에 의하여 하는 혼인신고는 보통의 혼인신고처럼 창설적 신고가 아니라 보고적 신고에 불과한 것이라고 하게 될 것이다.[5)]

그러나 통설인 확인소송설의 입장에서는, 사실혼관계존재확인심판의 결과 일방적으로 혼인신고가 되어 법률혼이 성립하는 효력은 확인판결의 광의의 집행력의 일종으로 보아도 충분히 설명할 수 있고, 입법의도의 면에서 보더라도 형성소송설이 주장하는 그러한 의도였다면 차라리 "婚姻成立宣言請求"의 형식으로 입법되었어야 할 것인데, 존재확인청구의 형식으로 규정하고 있어 심판주문이 직접 법률혼을 창설하는 내용이 될 수는 없으며, 호적법 제76조의2에 의한 혼인신고도 그 규정을 검토하여 볼 때 순수한 창설적 신고라고는 보기 어렵다는 점 등을 들어 형성소송설을 비판하고 있다.[6)]

생각건대, 가사심판법 제정 당시에 입법자가 사실혼관계존재확인청구의 제도를 새로이 규정하면서 아울러 호적법 제76조의2를 신설(1963. 7. 21. 법률 제535호)하여 사실혼관계존재확인의 심판이 확정되면 이를 청구한 자가 일방적으로 혼인신고를 할 수 있도록 한 것에 비추어 본다면, 입법자의 의도는 형성소송설의 지적처럼 사실혼의 당사자에게 일방적으로 법률혼을 창설할 수 있는 수단을 부여하려는 데 있었던 것으로 여겨진다. 그러나 입법자는 이를 형성의 소가 아니라 확인의 소로 파악하였고, 이에 따라 호적법 제76조의2에 의한 혼인신고도 일반의 혼인신고와 마찬가지로 창설적 신고로 규정하였던 것으로 이해된다.

먼저 호적법 제76조의2에 의한 혼인신고의 성질을 살펴본다. 동조는 "사실상혼인관계존재확인의 재판이 확정된 경우에는 심판을 청구한 자는 재판의 확정일로부터 1월 이내에 재판서의 등본 및 확정증명서를 첨부하여 제76조의 신

4) 李時潤, "確認訴訟에 관한 綜合判例硏究", 서울大學校 法學 제 9 권 2호, 1967, 208면 註 47; 同, 註釋民事訴訟法(中), 1980, 244면. 다만 전형적인 형성의 소는 아니고, 소송형태는 확인의 소의 방식에 의하지만 판결의 확인에 의하여 새로운 법률관계가 창설되는, Schlosser가 말하는 이른바 불완전형성의 소(unvollkommene Gestaltungsklage)라고 한다. 기타 형성소송설을 지지하는 것으로는 金容漢, "事實上婚姻關係存在確認審判의 效力", 司法行政 1973. 9; 郭潤直, 民法槪說, 1982, 492-493면 등.

5) 金容漢, 全訂版 親族相續法論, 1979, 168, 169면; 郭潤直(註 4), 493면.

6) 朴英植(註 2), 41면 이하; 李在華, "事實婚의 內容과 事實婚存在確認請求制度", 司法論集 제 2 집, 1972, 99면 이하; 朴在允(註 3), 248면 이하.

고를 하여야 한다"라고 규정하고 있다. 이를 호적법상 재판에 기한 보고적 신고의 전형적인 예라고 할 수 있는 재판에 의한 認知의 신고에 관한 제63조와 비교하여 본다면 후자는 제 1 항에서 "인지의 재판이 확정된 경우에는 … 그 취지를 신고하여야 한다"고 규정하고, 제 2 항에서 "제 1 항의 신고서에는 재판확정일을 기재하여야 한다"라고 규정하고 있다. 다시 말하여 제63조의 경우에는 인지의 재판이 확정되었다는 것 및 그 확정일을 신고하여야 하는 데 반하여, 제76조의2의 경우에는 그와 같이 재판이 확정되었다는 것을 신고하는 것이 아니라 제76조에 의한 일반적인 혼인신고를 하도록 규정되어 있으며, 또 재판확정일의 기재도 요구되고 있지 않다.[7)]

또한 위 호적법 제76조의2는 다른 재판에 의한 보고적 신고에 관한 규정들(제71조, 제75조, 제78조, 제81조 등)과는 달리 위 제63조를 준용하고 있지 않는 점 등으로 미루어 볼 때 위 제76조의2에 의한 신고는 창설적 신고라고 할 것이다.[8)]

일찍이 가사심판법의 기초과정에서 정광현 교수가 사실혼관계존재확인심판도 형성력이 있다는 전제에서, 위 호적법 제63조의 규정을 사실혼관계존재확인심판에 의한 혼인신고에도 준용한다는 규정을 두자고 제안하였으나 채택되지 않았다.[9)] 판례도 위 신고를 창설적 신고로 보고 있다.[10)]

위와 같이 호적법 제76조의2에 의한 혼인신고를 창설적 신고라고 본다면 사실상혼인관계존재확인청구를 형성의 소로 보기는 어렵고, 그 부존재확인청구와 마찬가지로 확인의 소로 보아야 할 것이다.[11)]

형성소송설은 확인소송설에 대하여 피청구인이 사실혼 자체에 대하여 아무런 다툼이 없으면 확인의 이익이 없게 될 것이라고 비판한다. 그러나 확인의 이익이란 당사자의 권리 또는 법적 지위에 위험과 불안이 현존하고, 이러한 위험과 불안을 제거하기 위하여 그 권리 또는 법률관계의 존재에 관하여 판결을

7) 다만 대법원예규는 이 경우에도 재판확정일을 기재하도록 하고 있다. 1978. 4. 19. 法政 제130호 통첩, 호적예규집 제623호.
8) 朴英植(註 2), 42면; 李在華(註 6), 95면 이하; 金鍾權, 家事審判法, 1983, 294면; 崔漢洙, "事實婚關係에 대한 全般的 考察", 司法論集 제16집, 1985, 285면 이하. 鄭光鉉, "事實上婚姻關係存在確認請求論", 韓國家族法硏究, 1967, 725면 및 朴在允(註 3), 257면은 보고적 성질을 갖는 창설적 신고라고 한다. 보고적 신고설로는 註 5) 외에도 金疇洙, 註釋判例家族法, 1978, 332면이 있다.
9) 鄭光鉉(註 8), 696면 이하.
10) 대법원 1973. 1. 16. 선고 72므25 판결(集 21권 1집 民9면).
11) 朴英植(註 2), 42면 등.

받는 것이 유효적절한 경우라면 인정되는 것으로서, 상대방이 다투는 경우에 확인의 이익이 있는 것이 보통이지만 공부상의 기재를 바로잡기 위하여 재판상의 확정이 필요한 때에는 반드시 상대방이 다투지 않더라도 확인의 이익이 인정된다.[12] 사실혼의 경우에는 상대방이 다투지 않더라도 혼인신고를 하지 못하고 있음으로 말미암아 당사자의 법적 지위에 불안이 있는 때에는 확인의 이익이 긍정될 수 있을 것이다.

그러나 확인소송설에도 난점이 없는 것은 아니다. 확인소송설에서는 사실혼관계존재확인심판이 확정된 때 이를 청구한 자가 호적법 제76조의2에 의하여 일방적으로 혼인신고를 할 수 있는 것은 심판의 광의의 집행력의 작용이라고 설명하고 있다.[13] 그러나 원래 확인의 재판은 기존의 법률관계를 정확하게 하는데 불과하고, 그에 따른 광의의 집행력도 공부의 기재가 진실과 합치하도록 바로잡는데 그치는 것인데, 그러한 확인의 재판의 광의의 집행력에 의하여 새로운 법률관계를 형성하는 창설적 신고가 가능한 것인지 의문이다. 이는 결과에 있어서 당사자의 혼인신고의 의사표시에 갈음하는 이행의 재판과 같은 기능을 하는 셈이 되나, 그것이 혼인을 강제할 수 없다는 원칙(민법 제803조)과 어떻게 조화될 수 있을지 문제이다.[14]

사실혼관계존재확인청구가 확인의 소라고 하여도 이를 법률관계확인의 소로 볼 것인가, 아니면 사실관계확인의 소로 볼 것인가에 관하여 견해가 갈리고 있다. 어느 견해에 의하더라도 실제에 있어 별 차이는 없으나, 사실혼관계도 법률혼관계에 준하여 법의 보호를 받고 있으므로 이를 단순한 사실관계라고 보는 것은 부정확하고, 따라서 사실혼관계존재확인청구도 법률관계확인의 소라고 함이 옳을 것이다.[15]

---

12) 대법원 1979. 4. 10. 선고 78다2399 판결(集 27권 1집 民248면); 朴禹東, "確認의 利益이 인정되는 限界", 溫山方順元先生古稀記念 民事法의 諸問題, 1984, 311면.

13) 朴英植(註 2), 33면; 李在華(註 6), 96면 등.

14) 方順元, 再增訂版 民事訴訟法, 1984, 184면 註 ②에서는 "戶籍法 76조의2가 위와 같은 確認裁判에 의하여 審判請求人이 一方的으로 婚姻申告를 할 수 있도록 規定한 것은 多少의 疑問이 있으나, 確認裁判에 의한 廣義의 執行力을 인정한 것으로 본 취지인 듯하다. 家事審判法에 의한 事實上婚姻關係存在確認請求와 戶籍法에 의한 婚姻申告의 一方的 强行은 民法의 形式婚主義와 婚姻의 非强制性에 대한 一大反撥로서 이러한 制度의 背後의 合理的 理由如何에 불구하고 法律上 一大難題를 提供한 것이다"라고 서술하고 있다.

15) 李在華(註 6), 101면; 朴在允(註 3), 249면; 曺建鎬, "事實上婚姻關係存在確認請求의 訴", 家事審判에 關한 諸問題(司法硏修院 法官硏修資料), 1979, 238면; 崔漢洙(註 8), 280면 등. 다만 이는 혼인신고가 혼인의 효력발생요건임을 전제로 하여야만 가능하다는 주장이 있으나{朴英植(註 2), 32면; 朴在允(註 3), 249면 등} 찬성하기 어렵다. 方順元(註 14), 184면; 李在華(註

사실혼관계존재확인청구를 형성의 소로 보는 것은 확인의 소로 보는 것과 어떤 차이가 있을까? 일반적으로 확인의 소에서는 확인의 이익이 있는 자는 누구라도 소를 제기할 수 있으므로, 사실혼관계존재확인청구를 확인의 소로 본다면 사실혼관계의 당사자 아닌 제3자라도 확인의 이익이 있는 한 이를 청구할 수 있겠으나,[16] 이를 법률혼의 창설을 목적으로 하는 형성의 소로 본다면 그 당사자는 사실혼관계 당사자로 국한될 것이고,[17] 당사자 일방이 사망하면 법률혼관계 창설의 가능성 또한 소멸되므로 검사를 상대로 하여 사실혼관계존재확인청구를 한다는 것은 아무 의미가 없게 될 것이다. 물론 확인소송설의 입장에서도 동일한 결론에 도달할 수 있겠지만 형성소송설은 이를 보다 간명하게 설명할 수 있다.

Ⅲ. 종래의 學說과 判例

1. 學　說

종래의 학설은 주로 검사를 상대로 하는 사실혼관계존재확인청구의 경우를 중심으로 논의하여 왔는데, 이를 인정하는 것이 다수설이라고 할 수 있다.

부정설은 과거의 사실혼관계는 과거의 법률관계에 속하고, 과거의 법률관계는 그 확인의 이익이 없다는 것을 기본전제로 하여 사실혼당사자의 일방이 사망하면 그 사실혼관계는 해소되어 과거의 것이 되어 버리므로, 검사를 상대로 하여 이미 사망한 자와의 사이에 사실혼관계가 존재하였다는 확인을 구하는 것은 확인의 이익을 결하여 불가능하다고 주장한다.[18] 나아가서 설사 과거의 사실혼관계도 확인의 소의 대상이 된다 하여도, 실정법상 아무런 근거 없이 검사를 당사자로 끌어들일 수 있다는 이론을 긍정하기는 어렵다고 한다.[19]

이에 반하여 다수설은 과거의 사실혼관계에 대하여도 확인의 이익이 있으

6), 103면 등.

16) 그러나 실제 제3자에게 확인의 이익이 인정되는 경우란 상정하기 어렵다. 朴在允(註 3), 254면 참조.

17) 李在華(註 6), 100면.

18) 朴英植, "事實上婚姻關係存在確認請求의 性質(中)", 法曹 제17권 12호 50면 이하; 李在華(註 6), 112면; 朴在允(註 3), 253면 등.

19) 朴在允(註 3), 253면 참조.

므로 검사를 상대로 하는 사실혼관계존재확인청구도 가능하다고 주장한다.[20)] 다수설이 과거의 사실혼관계도 확인을 구할 수 있다고 보는 이유는, 이를 인정하여야만 혼인신고를 마치지 못한 채 사실혼상대방이 사망한 경우나 귀책사유 없이 부당하게 사실혼을 해소당한 당사자가 이 제도를 이용하여 혼인신고를 할 수 있으며, 만일 그 대상을 현재의 사실혼만으로 국한한다면 이 제도의 창설취지의 태반이 몰각된다는 데 있다.[21)] 그리하여 사실혼당사자 중 일방이 사망한 때에는 부모가 사망한 경우의 인지청구(민법 제864조) 및 친생자관계존재확인청구(민법 제865조)를 유추하여 검사를 상대로 하는 사실혼관계존재확인청구를 제기할 수 있다고 한다.

그리고 과거의 사실혼관계 가운데 사실혼당사자 중 일방의 사망 또는 실종으로 인하여 사실혼관계가 해소된 경우에만 확인의 이익이 있다는 설도 있다. 金疇洙 敎授는, 과거의 사실관계존재확인청구의 확인의 이익은 일방 당사자의 부양문제와 상속문제 등에 있는데 파탄으로 인하여 해소된 과거의 사실혼은 그 존재가 확인되더라도 기왕에 청구하지 않았던 부양청구권이 새로 소급하여 발생할 수 없으며, 또 상속문제도 일어날 수 없을 뿐만 아니라 혼인의사 절대의 원칙에도 배치되므로 그 확인을 구할 이익이 없고, 사망으로 인하여 해소된 과거의 사실혼만이 그 존재확인청구의 이익이 있다고 한다.[22)]

金疇洙 敎授는 또한, 위와 같은 과거의 사실혼관계존재확인청구의 제척기간에 관하여는 명문규정이 없으므로, 민법 제864조와 제865조를 유추하여 사실혼이 해소된 날 또는 실종선고에 의하여 사망한 것으로 보는 날로부터 1년 이내에 청구하여야 한다고 주장한다.[23)]

2. 判　　例

앞에서 언급한 것처럼 검사를 상대로 하는 사실혼관계존재확인청구의 가부에 관한 대법원판결은 1983년에야 처음 공표되었고, 그 이전에는 서로 상반

20) 李在雄, "事實婚關係를 中心으로 한 家事審判의 理論과 實際", 司法論集 제 2 집 134면; 鄭光鉉(註 8), 719면; 金疇洙(註 8), 324면; 金疇洙, 判例評釋, 法律新聞 제1520호(1983. 12. 12), 12면; 崔長洛, "事實上婚姻關係存在確認의 訴", 事實審判에 關한 諸問題, 184면; 金鍾權(註 8), 291면; 崔漢洙(註 8), 285면 등.

21) 鄭光鉉(註 8), 707면.

22) 金疇洙(註 8), 317-318면. 同旨, 崔漢洙(註 8), 283면.

23) 金疇洙(註 8), 320면. 그러나 註 20)의 判例評釋에서는 사실혼당사자 일방이 사망한 것을 안 날로부터 1년 내에 청구할 수 있다고 한다.

되는 듯한 하급심판결례만이 알려져 있었다.[24)]

우선 서울고등법원 1967. 1. 13. 선고 66르49 판결[25)]은

"(전략) 먼저 청구인이 상대로 한 피청구인의 적격유무에 관하여 살피건대 가사심판법 제2조 제3호 (나)의 규정에 의하면 사실혼관계존부확인의 청구가 가사심판의 대상이 됨은 분명하나, 그 규정에 의한 청구는 혼인당사자의 일방이 다른 일방을 상대로 함을 원칙으로 하며, 그 일방이 사망한 경우에 관한 규정을 준용하여 검사를 상대로 하여 심판의 청구를 할 수 있느냐에 관하여는 이론이 있을 수 있으나, 원래 검사를 상대로 하는 심판청구는 이례에 속하는 것이므로 법률에 이를 허용하는 특별한 규정이 없는 한 검사는 위와 같은 확인을 구하는 사건의 당사자가 될 자격이 없다 할 것인바, 현행법상 이에 관한 명문의 규정이 없는 본건에 있어 검사를 상대로 한 심판청구는 부적법하다 할 것이며, 설사 반대의 견해 아래 검사를 상대로 한 이 사건의 청구가 적법한 것이라 하더라도 그 청구는 단순한 과거의 사실관계의 확인을 구함에 그침은 청구인의 주장 자체에 의하여 명백하며, 그 사실관계를 확인한다 하더라도 이로 인하여 청구인과 위 소외 망 ○○○ 사이에 특별한 법률관계가 생긴다 할 수 없으니 이 심판청구는 또한 확인의 이익도 없다 할 것이다"라고 판시하였다. 요컨대 검사를 상대로 하는 심판청구는 법률에 이를 허용하는 특별한 규정이 있어야 가능하고, 또 이미 사망한 자와의 사실혼관계의 확인을 구하는 것은 단순한 과거의 사실관계의 확인에 불과하므로 확인의 이익도 없다는 것이다.[26)]

그 후 한동안은 이에 관한 판례가 나타나지 않다가, 서울고등법원 1979. 2. 13. 선고 78르78 판결[27)]은 앞의 판결과는 반대로 검사를 상대로 하는 사실혼관계존재확인청구가 가능하다고 판시하였다. 즉 "가사심판법 제2조 제3호 (나)의 규정에 의하면 사실상의 혼인관계존부확인의 청구가 가사심판의 대상이 되는 것은 명백하고, 그 규정에 의한 청구는 원칙으로 혼인당사자 일방이 다른 일방을 상대로 하여야 할 것이나, 그 일방이 사망한 경우에는 사실상혼인관계확인청구의 당사자적격에 관한 규정이 없으므로 명문의 규정이 없이 검사가

24) 직접 이 문제와 관련된 것은 아니지만 대법원 1964. 12. 29. 선고 64다1205 판결(판례카아드 6172) 및 1965. 3. 30. 선고 65다96 판결(판례카아드 1868) 등은 이미 사망한 자를 조정당사자로 하여 사실상혼인관계를 확인한다는 뜻을 기재한 조정조서는 무효라고 판시한 바 있다.

25) 法律新聞 714호(1967. 3. 6). 鄭光鉉(註 8), 718면에서 재인용.

26) 이 판결에 대하여 청구인이 상고하였으나 상고이유서미제출을 이유로 상고가 기각되었다. 鄭光鉉(註 8), 718면 참조.

27) 판례월보 106호 50면.

소송당사자가 될 수 있는가는 의문이라 할지라도 결국 위 청구의 목적은 사실의 확인을 구하는 데 있으며, 피청구인을 누구로 하느냐는 형식상의 문제에 불과하여 이에 구애되어 실제문제의 해결에 장애를 받게 할 이유는 없다는 점과, 사실상혼인관계존부확인청구는 신분관계존부확인의 소의 일종이라는 점에서 신분관계존부확인의 소인 친생자관계존부확인의 소(민법 제865조)와 인지청구의 소(민법 제864조)의 규정을 유추적용할 수 있다는 점에서, 사실혼관계당사자 일방이 사망한 경우 역시 생존한 당사자는 검사를 상대로 사실혼관계존부확인의 청구를 할 수 있다고 해석함이 타당하다고 할 것이다"라고 判示하였다. 그렇지만 위 판결은 "그러나 더 나아가 직권으로 살피건대 사실혼당사자의 사망 또는 실종 등으로 인하여 위 사실혼관계가 해소된 후에 장기간에 걸쳐서 위 관계존부확인청구를 허용한다면 사실혼 자체의 입증이 곤란할 뿐만 아니라 신분관계의 안정을 해치게 된다고 할 것이니 일정한 제척기간을 두는 것이 타당하다고 할 것인바, 검사를 상대로 한 사실혼관계존부확인청구를 할 수 있다는 근거가 위에서 본 바와 같이 신분관계확인에 관한 소송으로서 위 친자관계존부확인의 소, 인지청구의 소와 그 법리를 같이 한다는 데 있으므로 제척기간문제도 위 신분관계존부확인청구에 관한 규정을 유추적용하여 사실혼관계 당사자 일방이 사망한 것을 안 날로부터 1년 내에 청구하여야 한다고 할 것이다"라고 하면서 그 사건 사실혼관계의 일방당사자가 사망한 것은 1964. 10. 20.이고 청구인도 그 시경 이를 알았는데, 1977. 12. 7.에야 그 사건 심판청구를 하였으므로 결국 제척기간 경과 후의 청구로서 부적법하다고 결론을 내렸다.

이어서 서울고등법원 1981. 10. 5. 선고 81르26 판결도 역시 검사를 상대로 하여 제기한 사실혼관계존재확인청구가 1년의 제척기간 경과 후의 것이므로 부적법하다고 하였으며, 그 사건 상고심판결인 대법원 1983. 3. 8. 선고 81므76 판결(註 1 참조)은 원심판결이 정당하다고 하여 상고를 기각하였는데, 대법원의 판결이유를 소개하여 본다. "원심판결 이유에 의하면 원심은 (중략) 사실혼관계에 있던 당사자일방이 사망하고 난 후 과거의 사실혼관계존부확인청구를 하는 경우에 동 청구가 신분관계존부확인의 일종이라는 점에서 친생자관계존부확인청구에 관한 민법 제865조와 인지청구에 관한 민법 제863조의 규정을 유추해석하여야 하므로 그러한 소제기의 제척기간에 관한 규정도 유추적용되어야 한다는 견해 아래 소외 망 김○○ 과 동거하고 있었다는 청구인이 동 김○○이 사망한 1975. 2. 3.부터 3년이 훨씬 지난 1979. 1. 24.에 제기한 본건

전소(확정심판)는 제척기간 1년이 도과된 후에 제소된 부적법한 소이므로 위 전소를 취소하고 청구인의 본건 사실혼관계존재확인청구를 각하함이 정당하다고 하여, 이와 같이 심판한 제 1 심판결을 유지하고 있다. 기록에 의하여 살펴보니 원심의 조처는 정당한 것으로 긍인되고 거기에 소론과 같은 심리미진 또는 법리오해의 위법이 있음을 발견할 수 없으므로 논지는 모두 이유없다."

위와 같은 일련의 판결례들에 비추어 본다면 현재 판례는 사실혼당사자일방이 사망한 때에는 다른 일방은 그 사망을 안 때로부터 1년의 제척기간 내에는 검사를 상대로 하여 사실혼관계존재확인청구를 제기할 수 있다는 입장을 취하고 있다고 볼 수 있다.

그러나 위 판결들은 검사의 당사자적격 및 제척기간에 대하여만 판단하고 있고 확인의 이익유무에 대하여는 언급하고 있지 않으며, 실제로 검사를 상대로 하는 사실혼관계존재확인청구를 인용한 것도 아니라는 점에 비추어 본다면 판례가 명백하게 검사를 상대로 하는 사실혼관계존재확인청구를 인정하였다고 말하기에는 아직 이르지 않는가 한다.

Ⅳ. 私　　見

1. 檢事의 當事者適格

앞에서도 말한 것처럼 검사를 상대로 하는 사실혼관계존재확인청구에는 기본적으로 두 가지의 문제점이 있다. 즉 법률에 명문의 규정이 없어도 검사에게 당사자적격이 인정될 수 있는가 하는 점과 이미 사망한 자와의 사이에 과거에 존재하였던 사실혼관계의 확인을 구할 이익이 있는가 하는 점이다.

먼저 명문의 규정 없이도 검사에게 당사자적격이 인정될 수 있는지의 문제부터 살펴본다. 원래 신분관계소송에서 검사가 당사자로 되는 것은 이른바 법정소송담당의 한 예로서, 법률이 검사라는 직무에 있는 자에게 소송수행권을 부여하는 직무상의 당사자(Parteien kraft Amtes)에 해당된다. 이 경우 검사가 당사자적격을 갖는 것은 당사자의 의사에 기한 것이 아니고 오로지 법률의 규정에 의한 것이므로, 검사에게 당사자적격을 인정하기 위하여는 원칙적으로 법률상 명문의 근거가 있어야 할 것이다. 더구나 신분관계의 소송은 사회의 질서에 직접 영향을 미치므로 유추해석은 극히 제한적으로만 허용될 수 있을 것이다.

그러나 법률에 명문의 규정이 없으면 절대로 검사에게 당사자적격을 인정할 수 없다고 말할 수는 없다. 이를 인정하여야 할 이유가 충분히 있는데도 법률에 그러한 규정이 없는 것이 입법자의 착오 내지 법의 흠결 때문이라고 판단된다면 이러한 법의 흠결은 유추에 의하여 보충되어야 할 것이다. 그 구체적 예로서 이혼의 무효와 취소의 소를 들 수 있다. 인사소송법 제27조 제3항은 혼인의 무효와 취소의 소의 상대방이 될 자가 사망한 때에는 검사를 상대방으로 한다고 규정하고 있음에 반하여 이혼의 무효와 취소의 소에 관하여는 그러한 규정이 없다. 그러나 비록 당사자가 될 자가 사망하였더라도 이혼의 무효나 취소의 소를 제기할 필요가 있는 것은 혼인의 무효나 취소의 경우와 다를 바 없다. 따라서 이때에는 혼인의 무효나 취소의 소에 관한 규정을 유추하여 검사를 상대방으로 하여 이혼의 무효 또는 취소의 소를 제기할 수 있다고 보아야 할 것이다.[28) 판례도 협의이혼상대자 일방이 사망한 후 다른 일방이 검사를 상대로 하여 받은 협의이혼무효확인의 심판은 유효하다고 판시하고 있다.[29)]

그렇다면 사실상혼인관계존부확인청구의 경우에는 위와 같이 검사에게 당사자적격을 인정할 필요성이 있는 것일까? 이는 결국 이미 사망한 자와의 사이에 과거에 존재하였던 사실혼관계의 존재에 관하여 확인을 구할 이익이 있는가의 문제로 귀착된다.

2. 過去의 法律關係에 대한 確認의 利益

여기서 일반적으로 과거의 법률관계에 대하여 확인을 구할 이익이 있는지를 살펴보기로 한다. 종래의 통설이나 판례는 확인의 소의 대상이 되는 것은 현재의 법률관계에 한하고, 과거의 법률관계는 확인의 소의 대상이 될 수 없다고 보고 있었다. 그 이유로서는 기판력으로 확정되는 법률관계는 변론종결 당시를 기준으로 하기 때문에 과거의 법률관계에는 기판력이 미치지 못하고, 또 과거의 법률관계가 현재의 법률관계에 영향을 미친다면 차라리 현재의 법률관계 확인을 구하는 것이 직접적이라는 것을 들고 있다.[30)]

28) 金疇洙(註 8), 172면; 法院行政處, 法院實務提要(家事), 1985, 587면 및 665면.
29) 대법원 1970. 7. 21. 선고 70므18 판결(集 18권 2집 民164면).
30) 李時潤, 註釋民事訴訟法(中), 1985, 347면 참조.

그러나 근래에는 과거의 법률관계에 대하여도 제한된 범위에서는 확인의 이익을 인정하는 견해가 유력하다. 그 주장의 요지는, 과거의 법률관계라 하여도 그로 인하여 생긴 법률효과에 따라 현재의 법률상 분쟁이 존재하고 그 해결을 위하여 과거의 법률관계에 대한 확인을 구하는 것이 필요하고 적절한 경우, 다시 말하자면 현재의 권리 또는 법률관계의 개별적인 확정만으로서는 분쟁의 발본적인 해결을 기할 수 없고, 따라서 그 권리 또는 법률관계의 기초가 된 과거의 기본적 법률관계를 확정하는 것이 현재의 분쟁에 대한 직접적이고 발본적인 해결을 위하여 필요적절하다고 인정되는 경우에는 과거의 법률관계에 대한 존재의 확인을 구하는 소송이라 하더라도 확인의 이익이 있다고 하여야 한다는 것이다.[31)]

이를 잘 말해 주고 있는 판례가 있다. 대법원 1978. 7. 11. 선고 78므7 판결[32)]은 협의이혼으로 혼인관계가 해소된 경우에도 그 혼인무효의 확인을 구할 이익이 있다고 하면서, 그 이유를 다음과 같이 상세하게 설명하고 있다. "일반적으로 과거의 법률관계의 존부는 독립의 확인의 소의 대상으로 할 수 없고, 그 과거의 법률관계의 영향을 받고 있는 현재의 법률상태의 확인을 구해야 하는 것이다. 왜냐하면 과거의 법률관계의 존부의 확정은 단지 현재의 분쟁을 해결하려는 민사소송의 목적으로 보아 직접적이고 간명한 방법이 되지 않기 때문이다. 그러나 혼인, 입양과 같은 신분관계나 회사의 설립, 주주총회의 결의무효, 취소와 같은 사단적 관계, 행정처분과 같은 행정관계는 그것을 기본으로 하여 수많은 법률관계가 계속하여 발생하고, 그 효과도 널리 일반 제 3 자에까지 미치게 되어 그로 인한 법률효과도 복잡다기하게 되어 이것을 단순한 대립당사자간의 법률관계가 그다지 번잡하지 않은 예컨대 매매와 같은 경우와 동일하게 취급하는 것은 적절하지 않고 위와 같은 법률관계에 있어서는 그것이 과거의 것이라 해도 현재의 법률상태에 영향을 미치고 있는 한 그것을 기본으로 하여 발생하는 현재의 수많은 법률상태에 대하여 일일이 개별적으로 확인을 구해야 하는 번잡한 수속을 반복하는 것보다는 오히려 현재의 수많은 개개의 분쟁의 근원이 되는 과거의 법률관계 그 자체의 확인을 구하는 편이 직접적이고도 획일적인 해결을 기대할 수 있어 본래의 민사소송의 목적에도 적합하다."

31) 朴禹東(註 12), 320-321면, 332면 또한 李時潤(註 30), 348-349면 참조.

32) 集 26권 2집 행91면.

위와 같이 확인의 소의 대상을 과거의 법률관계에까지 확대하려고 하는 최근의 학설과 판례의 경향은 충분히 수긍할 수 있는 것이고, 따라서 종전과 같이 과거의 법률관계라 하여 무조건 확인의 이익을 부정하는 입론은 오늘날 더 이상 통용될 수 없게 되었다. 그러나 구체적으로 과거의 법률관계 중 어떤 것에 대하여 확인의 이익을 인정할 수 있는가 하는 문제는 여전히 남는다.

3. 過去의 事實婚關係에 대한 確認의 利益

그러면 과거의 사실혼관계에 대하여는 그 존재확인을 구할 이익이 인정될 수 있을까? 결론부터 말한다면 이는 부정되어야 한다. 법률혼관계와는 달리 사실혼관계에 있어서는 이를 기본으로 하는 수많은 법률관계가 계속하여 발생하는 것은 아니므로, 사실혼관계를 전제로 하는 분쟁이 생긴 경우에도 문제로 되고 있는 현재의 법률관계에 관하여 심판을 받음으로써 족하고 구태여 과거의 사실혼관계의 존재확인을 구할 필요가 없을 것이다. 이제 과거의 사실혼관계를 사실혼관계가 파탄된 경우와 사실혼당사자일방이 사망한 경우로 나누어 보다 구체적으로 살펴보자.

사실혼관계에 파탄이 생긴 경우에는 이를 부당하게 파기한 자에 대한 손해배상청구가 주로 문제될 것인데, 이때에는 직접 손해배상의 청구를 하면 되고 특별히 과거에 사실혼관계가 존재하였다는 확인을 받을 필요는 없다. 이 경우에도 사실혼관계존재확인의 심판을 받음으로써 당사자일방이 혼인신고를 할 수 있다는 설이 없는 것은 아니지만, 이는 혼인의사가 없는 자에게 혼인을 강제하는 것이 되어 비인도적이라는 비난을 면할 수 없다.[33)]

대법원도 사실혼관계는 일방적으로 해소할 수 있다고 판시하여,[34)] 사실혼관계에 파탄이 생긴 경우에는 사실혼관계존재확인청구는 허용되지 않는 것으로 결론을 내렸다.[35)]

그러면 사실혼관계가 당사자 일방의 사망으로 종료된 경우에는 어떠한가? 이때에도 사실혼관계존재확인의 심판을 받으면 호적법 제76조의2에 의한 혼

33) 朴英植(註 8), 52면; 李在華(註 6), 105면.

34) 대법원 1977. 3. 22. 선고 75므28 판결(集 25권 1집 행32면).

35) 朴在允(註 3), 248면; 法院實務提要(註 28), 639면 참조. 필자는 이전에 유책배우자는 사실혼관계를 일방적으로 해소할 수 없다는 전제 아래 사실혼관계에 파탄이 생긴 경우에도 현재의 사실혼관계로서 그 존재확인심판이 가능하다는 견해를 편 바 있으나(事實上婚姻關係存在確認의 請求, Fides, Vol. XXI, No. 1. 1977, 59-60면), 본문과 같이 견해를 바꾼다.

인신고가 가능하며 그 혼인신고의 효력은 당사자 일방의 사망시까지 소급한다는 설이 있다.[36] 그러나 혼인신고특별법 제 4 조처럼 특별한 경우에 혼인신고의 소급효를 인정하는 규정이 없는 때에도 해석에 의하여 혼인신고의 소급효를 인정한다는 것은 해석론의 한계를 벗어나는 것이라고 생각된다. 그렇다면 이미 사망한 자와의 혼인신고란 전혀 무의미한 것이 되므로 이를 내세워 확인의 이익이 있다는 것을 주장할 수는 없을 것이다.

또한 「유족」에 「사실상혼인관계에 있는 자를 포함한다」는 취지의 규정을 갖고 있는 공무원연금법 등 각종의 사회보장에 관한 특별법에서 사실혼을 보호하는 입법취지와 균형을 기하여야 한다는 점, 사실혼 중에 출생한 자가 준정에 의하여 혼인 중의 출생자로 된다는 점, 기타 부양문제나 상속문제가 일어난다는 점을 고려할 때 이미 사망한 자와의 사실혼관계로 그 존재확인의 이익이 있다는 주장이 있다.[37]

그러나 이미 사망한 자와의 사이에 혼인신고를 하는 것이 불가능하다면 준정이나 부양 등은 문제되지 않을 것이다. 또한 사실혼배우자에게 재산상속을 인정하는 견해도 없지는 않으나[38] 이는 형식혼주의의 기본원칙에 정면으로 반하는 것이라 아니할 수 없다. 그리고 각종의 사회보장법률과 균형을 기하여야 한다는 것은 확인의 이익에 대한 직접적인 논거는 될 수 없다. 다만 위와 같은 법률에 기한 사실혼배우자의 연금청구권 등을 둘러싸고 분쟁이 생기는 경우를 생각할 수 있겠으나, 이때에는 직접 그 연금 등의 지급을 구하는 이행의 소를 제기하면 되고, 따로 확인의 소를 제기할 실익은 없을 것이다.[39]

이상은 주로 사실혼관계존재확인에 관한 것이지만 과거의 사실혼관계의 부존재에 대하여도 확인을 구할 이익이 없다고 보아야 할 것이다. 현재의 사실혼관계에 있어서도 그 부존재확인의 이익이 인정되는 경우가 매우 드문 터에 과거의 사실혼관계, 그 중에서도 당사자 일방이 사망한 경우에 굳이 검사를 상대로 하여 사실혼관계의 부존재확인을 구할 필요가 있는 경우란 생각하기 어렵다. 다만 사실혼배우자 중 일방이 사망한 후 엉뚱한 제 3 자가 사실혼배우자임을 주장하면서 연금 등을 수령하려고 할 때에는 그를 상대로 사망한 자와의

36) 鄭光鉉(註 8), 721면; 金疇洙(註 8), 318-320면.
37) 金疇洙(註 8), 317-318면 등.
38) 金容漢(註 8), 203면.
39) 이는 事實婚關係가 있었음을 다투는 年金 등의 支給義務者를 상대방으로 하는 경우에도 마찬가지일 것이다. 法院實務提要(註 28), 642면 참조.

사실혼관계부존재확인을 구할 수 있다는 견해가 있으나,[40] 그러한 때에도 직접 지급의무자를 상대로 지급청구를 하지 않고 별도로 사실혼관계부존재확인을 구할 필요가 있겠는지 의문이다.[41]

Ⅴ. 結　語

사실혼관계존재확인청구의 제도는 그 기본입법취지가 사실혼배우자의 보호에 있음은 주지의 사실이다. 이 제도의 운용에 있어서 사실혼배우자의 일방이 사망한 경우에는 검사를 상대방으로 하여 사실혼관계존재확인청구를 할 수 있는 것으로 보는 견해도 사실혼관계를 보다 두텁게 보호하려는 의도에서 비롯된 것이라 할 수 있다. 그러나 이에 대한 여러 가지의 이론적인 난점은 논외로 하더라도, 사실혼관계존재확인청구의 제도 자체가 실제로 별로 활용되고 있지 못한 터에 검사를 상대로 하는 사실혼관계존재확인청구를 인정한다 하여 과연 얼마만한 실익이 있겠는지 의심스럽다. 앞으로 위와 같은 의문점들을 해소시켜 줄 수 있는 판례가 나오기를 기대하여 본다.

〈追記〉

이 글은 원래 1985. 12. 19. 서울가정법원 판사 세미나에서 발표하였던 내용을 보완한 것이다. 탈고 후 몇 가지 누락 사항을 발견하여 여기에 적는다. 위 서울 고등법원 1979. 2. 13. 선고 78르78 판결에 반대하는 評釋으로서 朴秉濠, "當事者 一方이 死亡한 후의 事實上婚姻關係存在確認請求", 民事判例研究 [Ⅳ], 1982, 109면 이하가 있다. 여기에는 검사의 당사자적격을 부정하는 대구지법 1977. 11. 25. 선고 77르398 審判이 소개되어 있다. 그리고 日本最高裁 昭45(1970). 7. 15. 判決은 법률에 명문규정이 없음에도 당사자 일방 사망 후 검사를 상대로 하는 친자관계존재확인의 소를 인정하고 있다. 小室直人, 家族法判例百選 第三版, 1980, 108면 참조.

〈大韓辯護士協會誌 제116호(1986. 4), 대한변호사협회〉

40) 朴在允(註 3), 256면; 朴禹東(註 12), 329-330면.
41) 同旨, 法院實務提要(註 28), 643면.

〈追記〉

1. 원문에 있던 漢字는 거의 대부분 한글로 바꾸었다.

2. 대법원 1995. 3. 28. 선고 94므1447 판결(集 43권 1집 民153; 公 1995상, 1751)은 이 글의 주장과는 달리, 사실혼관계에 있던 당사자 일방이 사망하였더라도 현재적 또는 잠재적 법적 분쟁을 일거에 해결하는 유효 적절한 수단이 될 수 있는 한, 그 사실혼관계존부확인청구에는 확인의 이익이 인정되고, 이러한 경우 친생자관계존부확인청구에 관한 민법 제865조와 인지청구에 관한 민법 제863조의 규정을 유추적용하여, 생존 당사자는 그 사망을 안 날로부터 1년 내에 검사를 상대로 과거의 사실혼관계에 대한 존부확인청구를 할 수 있다고 보아야 한다고 판시하였다. 이 판결에 대한 대법원 재판연구관의 해설로는 夫龜旭, "當事者一方이 死亡한 경우의 事實婚存在確認請求", 대법원판례해설 23호(95년 상반기), 315면 이하가 있다. 필자가 어느 노무사로부터 들은 바에 의하면, 사실혼관계에 있던 사람이 사망하여 그 사실혼 배우자가 산재보상금 등을 청구하면 담당자가 사실혼관계에 있다는 것을 증명하는 서류를 가져오라고 하여 검사를 상대로 사실혼관계존재확인을 청구하게 된다고 한다. 결국 현재의 판례는 산재보상금 등 지급거부처분에 대하여 행정소송을 제기하는 것 대신에 검사를 상대로 하는 사실혼관계존재확인청구라는 좀 더 간이한 방법을 인정하고 있다고 할 수 있다. 그러나 그러한 결과가 이론상 타당한지, 실제상 적절한지는 의문의 여지가 있다. 검사를 상대로 하는 사실혼관계존재확인청구는 실제로는 당사자 일방만에 의하여 진행되는 것과 마찬가지여서, 실체적 진실과 괴리될 소지가 많기 때문이다.

虛僞의 親生子 出生申告에 의한 入養에 관한 몇 가지 問題

Ⅰ. 序　　論

대법원 1977. 7. 26. 선고 77다492 전원합의체 판결(集 25권 2집 民211)의 다수의견은, “당사자 사이에 양친자관계를 창설하려는 명백한 의사가 있고 나아가 기타 입양의 성립요건이 모두 구비된 경우에 입양신고 대신 친생자출생신고가 있다면 형식에 다소 잘못이 있더라도 입양의 효력이 있다고 해석함이 타당할 것이다”라고 판시하여, 종전의 판례(대법원 1967. 7. 18. 선고 67다1004 판결)를 폐기하고 허위의 친생자출생신고에 입양의 효력을 인정하는 획기적인 판결을 하였다. 이러한 다수의견을 지지하는 입장[1] 에서는 그 이론적 근거로서 주로 무효행위 전환의 법리를 들고 있다.[2]

그러나 위 다수의견은 단순한 해석론의 차원을 넘어선 것으로서 판례에 의한 법의 형성(Fortbildung des Rechts)이라고 보아야 할 것이다.[3] 위 판결에는 입양신고 대신 친생자출생신고를 한 경우에는 입양의 효력을 인정할 수 없다는 소수의견이 있는데, 위 소수의견은 여러 가지 이유를 들고 있으나 기본적으로 다수의견은 입양신고를 입양의 효력발생요건으로 규정한 민법의 체계와는

1) 金容漢, “虛僞親生子 出生申告에 대한 入養으로서의 효력(2)”, 法曹 제25권 1호, 1976, 80면 이하; 鄭範錫, 法律新聞, 제1220호(1977. 9. 19), 12면; 金疇洙, “虛僞親生子出生申告와 入養의 성부”, 法曹 제27권 1호, 1978, 10면 이하.

2) 家族法上의 無效行爲의 轉換에 관하여 상세히 언급하고 있는 것으로는 金疇洙, “虛僞親生子出生申告와 入養의 성부”, 考試硏究, 1984년 5월호, 12면 이하가 있다.

3) 鄭貴鎬, “虛僞의 親生子出生申告와 入養의 효력”, 民事判例硏究 Ⅰ, 1979, 199면 참조.

맞지 않는다는 것으로 집약할 수 있다.

위 소수의견에도 경청할 바가 없지 않으나, 위 다수의견은 그 이후의 판결에 의하여 여러 차례 재확인되어 현재는 확고한 판례로서 굳어졌고,[4] 반면 그로 인하여 파생되는 여러 가지 문제점도 부각되었으므로 위 판례의 이론적인 당부를 논하는 것보다는 위와 같은 문제점들을 검토하여 보는 것도 의미가 있으리라고 생각된다.

Ⅱ. 虛僞의 親生子 出生申告에 의한 入養의 成立要件

1. 入養의 형식적 요건과 실질적 요건

우선 문제되는 것은 어떤 요건이 갖추어졌을 때 허위의 친생자출생신고에 의한 입양의 성립을 인정할 수 있는가 하는 점이다.

일반적으로 입양의 성립요건을 실질적 요건과 형식적 요건으로 나누어 설명하는 것이 보통이다.[5] 이 중 입양의 형식적 요건은 당사자 쌍방과 성년자인 증인 2명이 연서한 서면에 의한 입양의 신고이다(민법 제878조). 그런데 허위의 친생자출생신고에 의한 입양의 성부가 문제되는 것은 이러한 형식적 요건으로서의 입양신고 대신 친생자출생신고를 한 경우이므로, 이때에는 입양신고 대신 호적법상의 친생자출생신고(호적법 제49조, 제51조)만 있으면 될 것이다.

실제로 문제되는 것은 실질적 요건에 관한 것이다. 입양의 실질적 요건은 다시 그 요건을 갖추지 못한 경우에 입양의 무효사유가 되는 것과 취소사유에 불과한 것으로 나눌 수 있다. 당사자간의 입양합의(양자가 될 자가 15세 미만인 경우의 법정대리인의 승낙도 포함), 尊屬 또는 연장자를 양자로 하지 못하는 것 등은 전자에 해당하고(민법 제883조 참조), 그 이외의 실질적 요건, 예컨대 미성년자인 양자에 대한 부모의 동의 등은 후자에 해당한다.

입양의 의사로 친생자출생신고를 한 경우에도 전자의 실질적 요건을 갖추

4) 대법원 1988. 2. 23. 선고 85므86 판결(集 36권 2집 260); 1988. 2. 23. 선고 86므25 판결(集 36권 1집 264); 1990. 3. 9. 선고 89므389 판결(公 1990, 886); 1990. 7. 27. 선고 89므1108 판결(公 1990, 1791).

5) 金疇洙, 親族·相續法, 第3全訂版, 1987, 263면 이하; 金容漢, 親族相續法論, 전정판, 1981, 231면 이하; 高貞明, 韓國家族法, 新訂版, 1990, 236면 이하 등.

지 못하면 입양의 효력이 생길 수 없음은 당연하다. 문제는 입양의 의사로 친생자출생신고를 하였으나, 후자의 실질적 요건, 즉 이를 갖추지 못하면 입양의 취소사유가 되는 요건을 갖추지 못한 경우에 어떠한 효력을 인정할 것인가 하는 점이다. 즉 이때에도 입양신고에 의한 본래의 입양에 있어서와 마찬가지로 입양의 효력은 발생하고 다만 취소할 수 있는 것에 불과한지, 아니면 입양의 효력이 처음부터 발생하지 않는지의 여부에 관하여 의문이 있을 수 있다.

위 대법원 1977. 7. 26. 선고 77다492 전원합의체 판결은 "당사자 사이에 양친자관계를 창설하려는 명백한 의사가 있고 나아가 기타 입양의 성립요건이 모두 구비된 경우에 입양신고 대신 친생자출생신고가 있다면 형식에 다소 잘못이 있더라도 입양의 효력이 있다고 해석함이 타당할 것이다"라고 판시하고 있어, 모든 실질적 요건을 다 갖추어야만 입양의 효력이 발생하고 원래는 그 결여가 취소사유에 불과한 실질적 요건이라도 이를 갖추지 못하면 입양의 효력이 당초부터 생기지 않는다는 입장을 취한 것처럼 보이기도 하나, 반드시 명백한 것은 아니다. 반면 학설상으로는 입양의 성립요건 흠결이 다만 취소원인에 불과한 때에는 '취소할 수 있는 입양'으로의 전환을 인정함이 타당하다는 설이 있다.[6]

생각건대 친생자출생신고에 의한 입양의 경우에 입양신고에 의한 입양의 경우보다 더욱 엄격한 실질적 요건을 요구할 이유는 없으므로, 그 결여가 무효사유에 해당하는 실질적 요건을 갖추었으면 그 결여가 입양의 취소사유에 해당하는 실질적 요건을 갖추지 못하였더라도 입양으로서의 효력은 발생하고, 다만 취소할 수 있을 뿐이라고 보아야 할 것이다.

근래의 위 대법원 1990. 3. 9. 선고 89므389 판결(註 4)은 위와 같이 친생자출생신고에 의한 입양의 성부가 문제된 사건에서, 입양 동의권자인 생모의 동의가 있었다는 원심의 사실인정을 지지하면서 이에 부가하여 입양 동의권자인 생모가 입양에 동의를 하지 않았더라도 이는 입양취소의 원인에 지나지 않는바, 입양취소청구권에 관한 제척기간이 이미 경과하였을 뿐 아니라 청구인은 입양취소청구권자도 아니므로 생모가 입양에 동의를 하지 않았는지의 여부는 양친자관계의 존부에 아무런 영향을 미칠 수 없다고 판시하여 이 점을 명확히 하고 있다.

---

6) 韓相鎬, "입양의 효력이 있는 虛僞親生子出生申告와, 親生子關係不存在確認請求", 大韓辯護士協會誌 1988. 9, 83면; 金疇洙(註 1), 19-20면; 高貞明(註 5), 240면 등도 같은 취지인 듯하다.

2. 要件의 追完의 가부

입양의 요건과 관련하여 또 하나 문제되는 것은 친생자출생신고 당시에는 입양의 요건을 갖추지 못하여 입양으로서의 효력이 인정될 수 없었는데, 사후에 입양의 요건을 갖추게 된 경우에 입양이 성립한 것으로 인정될 수 있는가 하는 점이다. 예컨대 출생신고 당시에는 입양의 합의가 존재하지 않았는데 그 후 입양의 합의가 이루어진 경우 유효한 양친자관계의 성립을 인정할 수 있을 것인가가 문제될 수 있다. 이 점에 관하여 학설의 입장은 사후에라도 입양의 요건이 갖추어진 때에는 입양의 효력을 인정하자는 것인 듯하다.[7)]

위 대법원 1990. 3. 9. 선고 89므389 판결(註 4)은 호적상의 母가 입양의 의사로 친생자출생신고를 할 당시에는 호적상의 子가 15세 미만이었고 입양의 승낙을 할 수 있는 부모나 후견인도 알 수 없어 입양의 합의를 인정할 수 없었는데, 위 호적상의 子가 15세가 된 후 입양이 무효임을 알면서도 호적상의 母가 사망할 때까지 아무런 이의도 제기하지 않았다면, 적어도 묵시적으로라도 입양을 追認한 것이라고 봄이 타당하다고 판시하여 입양의 효력을 인정하였다.

위 판결은 이른바 무효인 신분행위의 追認理論[8)]에 의하여 입양의 성립을 인정하고 있으나, 반드시 追認의 경우가 아니더라도 무효인 입양이 사후에 요건을 갖추었을 때에는 유효한 입양으로 인정하여야 할 것이다. 다만 이 경우 언제부터 유효한 입양이 성립한 것으로 볼 것인지가 문제된다. 만일 출생신고 후 입양의 요건이 갖추어진 때부터라고 본다면[9)] 그 시점이 불명확하게 될 우려가 있고, 반대로 친생자출생신고시로 소급하여 입양의 성립을 인정한다면[10)] 소급효를 인정할 근거가 모호하다는 난점이 있다.

3. 판례상 나타난 入養의 合意

판례상 입양이 유효하게 성립하였는지의 여부는 주로 입양의 합의에 관하여 문제된다.

---

7) 金容漢(註 1), 89면; 韓相鎬(註 6), 83면.
8) 대법원 1965. 12. 28. 선고 65므61 판결(集 13권 2집 民306) 참조.
9) 金容漢(註 1), 89면은 그와 같은 취지로 보인다.
10) 韓相鎬(註 6), 83면은 신분행위의 획일적 처리의 요청을 이유로 이를 지지한다.

대법원 1981. 10. 13. 선고 81도2466 판결(公 669, 14460)은 尊屬殺人罪의 성부가 문제된 사건인데, 피해자가 자기의 문전에 버려진 생후 몇 시간밖에 되지 아니한 피고인을 주워다 길러 호적에는 친생자로 입적하였으나 피고인에 의하여 살해된 경우에, 원심은 피고인을 존속살인죄로 처벌하였으나, 대법원은 원심이 당사자 사이에 양친자관계를 창설하려는 명백한 의사가 있고 입양의 성립요건이 모두 구비되었는지를 심리하지 아니하고 존속살인죄를 인정하였음은 위법이라고 하였다.[11)]

그리고 대법원 1982. 11. 9. 선고 82므45 판결(集 30권 4집 행6)은, 혼인 외의 子로 출생한 피청구인을 자식을 출산하지 못하던 그 생부의 본처가 출생 직후 생모로부터 데려와서 양육하다가, 피청구인이 10세 되던 무렵 그 생부와 자기 사이에 출산한 친생자로 출생신고를 하였다고 하더라도, 위 본처에게 피청구인을 양자로 하려는 의사가 있었다거나 그 당시 피청구인의 생모가 입양을 승낙하였다고 단정하기 어렵다고 하였다.

한편 대법원 1984. 5. 15. 선고 84므4 판결(公 731, 1022)은, 청구인 甲이 본처 乙 아닌 다른 여자와 동거하면서 그 여자가 다른 남자와의 사이에서 낳은 피청구인을 양육하다가, 피청구인이 국민학교에 입학할 나이가 되자 호적을 만들어주기 위하여 甲이 乙과의 사이에서 피청구인을 출산한 것으로 출생신고를 하였다고 하더라도, 甲과 乙이 피청구인을 양자로 할 의사가 있었고 또 피청구인의 생모가 입양을 승낙하였다는 등의 입양에 관한 요건이 구비되어 있다는 점에 관한 입증이 없다고 본 원심판결이 정당하다고 판시하였다.

물론 입양의 합의가 있었는지의 여부는 기본적으로 사실인정의 문제이고, 따라서 구체적 사실관계에 따라 결론이 달라질 수 있다. 그러나 위의 대법원 1982. 11. 9. 판결 및 1984. 5. 15. 판결은 입양의 합의에 관하여 상당히 엄격한 증명을 요구하고 있다. 특히 호적상 부모의 입양의 의사까지 인정하기 어렵다고 한 것은 그 후의 판례와 비교하여 볼 때 지나친 감이 있다.

반면 대구지방법원 1987. 7. 10. 선고 87드134 심판(下集 1987③ 649)은, 자식이 없던 부부가 홀트아동복지재단이 보호중이던 부모를 알 수 없는 국민학교 1학년이던 피청구인을 위 재단의 입양승낙을 얻어 데려와 양육하면서 친생자로 출생신고를 한 경우에 입양으로서의 효력을 인정하였고, 서울가정

11) 서울고등법원 1987. 2. 7. 선고 86노361 판결(下集 1987① 355)도 유사한 사안에서 입양요건의 불비를 이유로 존속상해치사죄의 성립을 부정하였다.

법원 1988. 9. 12. 선고 88드16420 심판(下集 1988③·④ 617)은 딸들만을 낳은 청구인들 부부가 청구인들의 집 대문 앞에 버려진 갓 태어난 피청구인을 발견하고 양육하다가 약 1년 후에 피청구인을 친생자로 출생신고한 경우에, 청구인들은 피청구인을 양자로 삼을 의도로 입양신고 대신 출생신고를 하였고, 피청구인의 친부모들도 피청구인을 청구인들의 집 문 앞에 버릴 당시 청구인들이 피청구인을 양자로 삼아 잘 양육하여 줄 것을 기대하였다고 볼 수 있어 그 입양에 대한 승낙을 하였다고 할 것이라고 하여 입양의 성립을 인정하였다.

그러나 위 대구지방법원 심판에는 홀트아동복지재단의 장이 보호시설에 있는 고아의 후견직무에 관한 법률 제2조 제2항에 의하여 후견인의 직무를 행할 자로 지정되었는지의 여부를 밝히지 않은 흠이 있고, 위 서울가정법원 심판이 친부모들이 피청구인을 버릴 당시 입양의 승낙을 한 것으로 볼 수 있다고 한 것은 무리한 사실 인정이라고 할 것이다.[12)]

그리고 위 대법원 1990. 3. 9. 선고 89므389 판결의 원심판결인 광주고등법원 1989. 4. 11. 선고 88르138 판결은, 경찰서에서 보호하고 있던 기아를 경찰서장의 동의를 받아 데려다 양육하면서 친생자로 출생신고한 경우에, 경찰서장을 보호시설에 있는 고아의 후견직무에 관한 법률 제2조 제1항 소정의 보호시설의 장과 같은 위치에 있는 것으로 볼 수 있다고 하였으나, 대법원은 원심의 이러한 판단은 잘못이라고 하고 다만 원심이 예비적으로 설시한 默示的 追認의 이론을 받아들여 상고를 기각하였다.

또한 대법원 1990. 7. 27. 선고 89므1108 판결(公 1990, 1791)에서는 피청구인들이 호적상의 父의 친생자로 출생신고가 된 경위가, 피청구인들의 생부가 사망한 후 피청구인의 생모가 호적상의 父와 재혼하였고 그 후 피청구인들이 국민학교에 입학할 나이가 되어 호적을 만들어 줄 필요가 생기게 되자, 위 호적상의 父가 피청구인들이 자기와 피청구인들의 생모 사이에서 출생한 혼인 중의 자들인 것처럼 출생신고를 한 사안에서, 원심이 위 호적상의 父의 입양의사를 부정한 데 반하여 대법원은 입양의사를 인정할 수 있다고 하였다.

---

12) 광주지방법원 목포지원 1989. 6. 2. 선고 88드3307 심판(下集 1989② 630)도 허위의 친생자 출생신고에 의한 입양의 성립을 인정하고 있으나, 양자로 될 子측의 입양의 의사가 인정되는지에 관하여는 언급이 없다.

Ⅲ. 戶籍訂正의 方法

일단 친생자출생신고에 의하여 양친자관계가 성립한 경우에, 호적상으로는 어디까지나 친생자관계로만 나타나게 되므로 이를 양친자관계로 정정하여야 할 필요성이 있게 된다. 그러나 현행법상 어떤 방법에 의하여 정정할 수 있는지가 불분명하다.

학설은 이 경우 호적상의 부모와 자 사이에 양친자관계가 존재한다는 판결을 받음으로써 호적의 정정이 가능하다고 설명한다.[13] 다만 현재의 가사소송법이나 종전의 인사소송법 내지 가사심판법이 이러한 양친자관계존재확인판결 내지 심판이라는 소송형태를 규정하고 있지 않아 의문이 생길 수 있으나, 이에 대하여는 종전의 가사심판법 제2조가 가정법원의 심판사항을 엄격하게 한정적으로 열거한 것으로 볼 수 없을 뿐만 아니라, 양친자관계가 친생자관계와 극히 유사한 신분관계이므로 이를 親生子關係存否의 확인에 준하여 가정법원의 심판사항에 포함시켜도 큰 무리가 없다는 주장이 있다.[14] 나아가 위와 같은 양친자관계존재확인심판뿐만 아니라 허위의 친생자출생신고에 입양의 효력이 인정되어 親生子關係不存在確認請求가 기각되었거나 혹은 재판상 罷養의 청구가 인용 또는 기각된 경우에도 그 판결을 근거로 하여 친생자관계의 호적기재를 양친자관계로 정정할 수도 있다고 한다.[15]

우선 호적정정의 방법으로서 법원의 판결이 필요하다는 데에는 의문의 여지가 없다. 호적법상 호적정정의 주된 방법은 법원의 허가에 의한 호적정정(제120조, 제121조)과 확정판결에 의한 호적정정(제123조)의 두 가지가 있는데, 정정할 사항이 친족법상 또는 상속법상 중대한 영향을 미칠 경우에는 확정판결에 의하여야 한다는 것이 판례의 태도이고,[16] 친생자의 기재를 양자로 정정하는 것이 친족법상 중대한 영향을 미치는 사항이 아니라고 할 수는 없기 때문이다.

그리고 위와 같은 양친자관계존재확인의 청구가 인정되는지에 관하여 본다면, 양친자관계가 존재하고 또한 호적상으로는 친생자관계로 기재되어 있는

13) 金疇洙(註 1), 19면; 金容漢(註 1), 89면 등.

14) 韓相鎬(註 6), 85-86면.

15) 韓相鎬(註 6), 86면.

16) 이에 대하여는 李尙遠, "戶籍訂正의 實務에서 부딪치는 問題點들", 司法論集 제11권, 1980, 536면 이하 참조.

경우에는 법률상 특별한 규정이 없더라도 양친자관계존재확인청구는 가능하고, 또 호적정정의 문제는 별도로 하더라도 이를 구할 확인의 이익도 있다고 보아야 할 것이다. 서울고등법원 1989. 7. 4. 선고 88르1028 판결(下集 1989② 622)은 입양특례법에 의한 입양의 효력이 다투어진 사안에서, 양부모 및 양자의 친부모에 대한 양친자관계존재확인청구를 인용하였다.

그러나 위와 같은 양친자관계존재확인판결에 의하여 호적정정이 가능한가는 좀더 검토하여야 한다. 원래 통상의 입양의 경우에는 양자가 친부모의 자로서 일단 출생신고가 된 후 입양신고에 의하여 친부모의 호적에서는 제적되어 친부모의 호적으로 입적되어야 한다. 따라서 친생자출생신고에 의한 입양의 경우에 호적을 정정하려면 호적상 위와 같은 상태가 재현되어야 할 것이다. 그런데 단순히 양친자관계존재확인의 판결을 받는 것만으로 이와 같은 상태가 재현되기 어려울 것이다. 그 이외에 친부모와의 친생자관계를 확정하는 절차가 별도로 있어야 함은 물론이고, 그러한 절차를 거친 후에도 구체적으로 어떤 절차에 의하여 호적을 정정할 것인지가 현재로서는 불분명하다. 이 문제에 관하여는 호적법상 특별규정을 두든가 아니면 적어도 대법원의 예규가 필요할 것이다.

근래 이 점에 관하여 다음과 같은 견해가 주장되었다. 즉 친생자관계부존재확인청구를 배척하는 판결이유로써 입양의 효력이 인정되었다면, 이를 증거방법으로 하여 호적법 제120조에 의한 호적정정허가를 받아 호적상 친자관계를 양자관계로 정정할 수 있다고 한다. 구체적으로는 養家의 호적 중 부모란에 기재된 양친의 성명을 말소하고 친생부모의 성명을 기재하고 양부모의 성명을 병기함과 동시에 양자의 前戶籍欄에 친가의 본적을 기재하도록 하며, 친가호적상의 양자에 대하여는 입양으로 인한 말소 제적의 정정절차를 취할 것이고, 친가호적에 양자의 출생신고가 없는 경우에는 출생신고를 선행한 후 위와 같은 조치를 취할 것이라고 한다.[17]

Ⅳ. 親生子關係不存在確認請求의 可否

친생자출생신고에 의한 입양에 관하여 또 한 가지 문제되는 것은 입양의 당사자나 제 3 자가 입양의 당사자 사이의 친생자관계부존재확인청구를 하는

17) 金甲東, "親子關係에 관한 戶籍訂正", 司法研究資料 제18집, 1991, 188-189면.

경우에 이를 어떻게 처리할 것인가 하는 점이다. 이에 관하여는 학설과 판례상 다음 몇 가지의 견해를 찾아볼 수 있다.

첫째, 친생자관계부존재확인청구를 인용하여야 한다는 견해이다. 이는 위 대법원 1988. 2. 23. 선고 85므86 판결의 원심판결인 광주고등법원 1985. 11. 5. 선고 85르10 판결의 입장으로서, 위 판결은 양자와 양부모 및 그 혈족, 친족 사이의 친계와 촌수는 입양한 때로부터 혼인 중의 출생자와 동일한 것으로 보는 등 양친자관계의 친족상속법상의 효과가 친생자관계의 그것과 여러 점에서 동일하다고 하더라도 양친자로서의 신분관계가 친생자로서의 신분관계와 완전히 동일한 것이 아닌 이상, 양친자관계가 존재한다는 이유로 친생자관계부존재확인청구를 배척할 수는 없다고 판시하여 친생자관계부존재확인청구를 인용하고 있다.

둘째, 친생자관계부존재확인청구를 기각하여야 한다는 견해이다. 이 설을 취하는 입장에서는 입양신고에 갈음한 친생자출생신고에 입양의 효력을 인정하는 전제에 선다면, 위 출생신고의 결과인 호적기재를 말소하는 것을 목적으로 하는 친생자관계부존재확인청구는 입양의 효력을 부인할 만한 특별한 사정이 없는 한 허용될 수 없다고 보아야 하므로 친생자관계부존재확인청구를 기각하여야 한다고 주장한다.[18] 위 대구지방법원 1987. 7. 10. 선고 87드134 심판과 서울가정법원 1988. 9. 12. 선고 88드16420 심판 및 광주지방법원 목포지원 1989. 6. 2. 선고 88드3307 심판이 다같이 청구기각설의 입장을 취하고 있다.

셋째, 확인의 이익이 없음을 이유로 친생자관계부존재확인의 심판청구를 각하하여야 한다는 견해이다. 이는 대법원 판례가 취하는 입장으로서, 위 대법원 1988. 2. 23. 선고 85므86 판결은 일반적으로 진실에 부합하지 아니한 친생자관계의 호적기재가 있으면 그 기재에 의하여 법률상의 친자관계가 추정되기 때문에 그 호적기재를 말소하여 신분관계를 명확히 할 필요가 있게 되므로 친생자관계부존재확인을 구할 법률상의 이익이 있지만, 진실에 부합하지 않는 친생자출생신고의 호적기재가 법률상의 친자관계인 양친자관계를 공시하는 것으로 그 효력을 인정하는 이상 파양에 의하여 양친자관계를 해소할 필요가 있는 등 특별한 사정이 없는 한 그 호적기재 자체를 말소하여 법률상 양자관계의 존재를 부정하게 되는 친생자관계부존재확인청구는 허용될 수 없으므로 원심

18) 韓相鎬(註 6), 83면 및 84면. 다만 위 대법원 1988. 2. 23. 선고 85므86 판결이 청구기각의 입장을 취한 것이라고 설명하고 있는 것은 잘못된 것이다.

이 친생자관계부존재확인청구를 인용한 것은 확인의 이익에 관한 법리를 오해한 위법이 있다고 하여 원심판결을 파기하였고, 같은 날 선고된 대법원 1988. 2. 23. 선고 86므25 판결(集 36권 2집 264)도 거의 같은 취지이다.[19] 그리하여 위 85므86 사건의 재상고심인 대법원 1990. 3. 9. 선고 89므389 판결은 환송 후의 항소심이 친생자관계부존재확인심판청구를 각하한 것이 정당하다고 하였고, 위 대법원 1990. 7. 27. 선고 89므1108 판결도 같은 태도를 보이고 있다.

위의 판례에 의하면 양친자관계의 일방이 다른 일방을 상대로 제기한 친생자관계부존재확인청구는 파양에 의하여 친생자관계를 해소할 필요가 있는 등 특별한 사정이 있는 경우에만 적법하고 그 이외의 경우에는 확인의 이익이 없어 부적법하며, 제 3 자가 제기한 친생자관계부존재확인청구는 원칙적으로 부적법하다는 결론이 된다.

한편 養親측으로부터의 친생자관계부존재확인청구에 대하여는, 자신이 허위의 신고를 하면서 후일 그 정정을 취하는 것은 신의칙상 클린·핸드의 이론에 저촉되는 것으로서 무효의 주장을 제한하는 해석을 하여야 하고, 제 3 자에 대해서는 그 원고적격을 인정해서는 안 된다고 하는 설[20]이 있는데, 이는 양친이 제기한 친생자관계부존재확인청구는 기각하여야 하고, 제 3 자가 제기한 경우에는 각하하여야 한다는 입장인 듯하다.

위와 같은 여러 견해 가운데 어느 것이 정당하다고 보아야 할 것인가?

우선 청구인용설에 관하여 본다면 친생자관계와 양친자관계가 반드시 동일한 것이 아니라는 점은 수긍할 수 있다. 또 친생자관계부존재확인의 판결이 확정되더라도 이미 존재하는 양친자관계에는 영향을 미치지 않는다면 청구인용설을 따르더라도 무방할 것이라고 생각할 수도 있다. 그러나 위 판결의 확정에 의하여 출생신고가 되어 있는 호적상의 기재를 말소하는 것은 양자의 법률상의 지위에 많은 불이익을 가져오게 된다는 것도 부인할 수 없다. 또한 친생자관계부존재확인의 판결이 확정되더라도 양친자관계에는 아무런 영향을 미치지 않는다면, 친생자관계를 양친자관계로 정정하는 것은 별론으로 하고 굳이 친생자관계부존재확인청구를 인용할 현실적인 필요가 있는지도 의심스럽다.

이러한 점에서 본다면 대법원판례가 취하고 있는 각하설이 설득력이 있는

19) 한편 그 이전의 위 대법원 1982. 11. 9. 선고 82므45 판결은 호적상의 母가 호적상의 子를 상대로 親生子關係不存在確認請求를 제기한 사안인데 판례는 양친자관계의 성립을 부정하여 양친자관계가 존재하므로 확인의 이익이 없다는 피청구인의 본안전 항변을 배척하였다.

20) 金疇洙(註 2), 24면; 同, "無效인 身分關係의 轉換", 法律新聞, 1988. 1. 25, 12면.

것처럼 보인다. 그러나 이 설에도 해명되어야 할 점이 많다. 우선 출생신고에 의하여 양친자관계가 성립된 경우에 그 출생신고의 호적기재가 말소되면 양친자관계도 소멸하는 것인지에 관하여, 위 판례는 罷養에 의하여 양친자관계를 해소할 필요가 있는 경우에는 확인의 이익이 있다고 하는 점으로 보아 호적기재가 말소되면 양친자관계도 소멸한다는 취지인 듯하나, 양친자관계가 소멸되는 것은 파양이나 입양의 취소 등 법률상 규정된 경우에 한하는 것이므로 출생신고의 호적기재가 말소되었다는 것만으로는 양친자관계가 소멸된다고 보기 어렵다. 이는 호적공무원의 착오로 호적기재가 말소된 경우를 상정한다면 쉽게 이해될 수 있다.

또한 판례는 친생자출생신고에 의한 입양의 경우에는 친생자관계부존재확인청구를 제기하려면 이를 구할 구체적인 이익이 있음을 필요로 한다는 취지인 듯하다. 그러나 대법원 1981. 10. 13. 선고 80므60 전원합의체 판결(集 29권 3집 行66)이, 민법 제777조의 친족은 그와 같은 신분관계를 가졌다는 것만으로 당연히 친자관계존부확인의 소를 제기할 소송상의 이익이 있다고 하여, 단순히 당사자와 친족관계에 있다는 것만으로는 부족하고 친자관계의 부존재로 인하여 특정한 권리를 갖게 되거나 의무를 면탈하게 되는 등의 구체적인 이해관계가 있어야 한다는 대법원 1966. 7. 26. 선고 66므11 판결(集 14권 2집 民215)을 변경한 점에 비추어 볼 때, 입양이 성립한 경우에는 위와 같은 구체적 이익이 있을 것을 요구하는 것도 균형이 맞지 않는다.

그리고 위 판례는 파양 등 양친자관계를 해소할 필요가 있는 경우에만 확인의 이익이 있다는 취지이나, 호주승계의 순위에 있어서는 양자는 입양할 때 출생한 것으로 보므로(민법 제985조 제3항), 양친자관계를 해소할 필요가 있는 경우가 아니라도 호주승계의 순위에 관하여 분쟁이 있을 때에는 제3자라도 친생자관계부존재확인의 소를 제기할 확인의 이익이 없다고 하기 어려울 것이다.

한편 판단의 순서 면에서 보더라도 확인의 이익은 소의 적법성에 관한 이른바 소송요건으로서, 본안에 들어가 판단하기에 앞서 직권으로 조사하여야 할 사항이다. 그러나 양친자관계가 존재한다는 것은 친생자관계의 부존재를 전제로 하는 것이고, 따라서 친생자관계부존재확인청구에 있어서 양친자관계의 존재를 이유로 소를 각하하기 위하여는 일단 본안에 들어가서 친생자관계가 부존재함을 밝혀야만 가능한 것이므로, 이 점에서도 양친자관계의 존재를 소송요건인 확인의 이익의 문제로 보는 것은 논리에 맞지 않는다.

그러므로 친생자출생신고에 의하여 입양이 성립한 경우에 친생자관계부존재확인청구가 제기된 경우에는 청구를 기각함이 상당할 것이다. 왜냐하면 위와 같은 친생자출생신고는 진실에 부합하는 것은 아니지만 어느 정도는 양친자관계를 공시하는 효력을 가지며, 호적정정의 절차를 밟아 입양의 신고가 있는 것으로 바뀌어야 할 성격의 것인데, 친생자관계부존재확인의 판결에 의하여 그 호적기재를 말소하는 것은 허용될 수 없기 때문이다. 물론 친생자관계부존재확인판결에 의하여 호적기재가 말소되는 것은 이른바 광의의 집행력에 기한 것이고 호적기재의 진부 자체가 소송물이 되는 것은 아니지만, 친생자관계부존재확인의 소에 있어서는 위와 같은 사정이 있으면 청구를 기각함이 위의 경우에 있어서 출생신고가 갖는 공시적 기능에 부합할 것이다.

그리고 판례는 파양에 의하여 친생자관계를 해소할 필요가 있는 등 특별한 사정이 있으면 친생자관계부존재확인청구를 인용하여야 한다는 입장이나, 친생자관계의 해소는 파양청구에 의하여야 할 것이고 친생자관계부존재확인청구가 그 대용물이 될 수는 없다.[21]

각하설의 입장을 취한 위 대법원 1988. 2. 23. 선고 85므86 판결이 있은 후에 선고된 위 서울가정법원 1988. 9. 12. 선고 88드16420 심판 및 광주지방법원 목포지원 1989. 6. 2. 선고 88드3307 심판이 다 같이 친생자출생신고에 의한 양친자관계의 성립을 인정하고, 파양의 방법에 의하여 양친자관계를 해소하는 것은 별론으로 하고 친생자관계부존재확인청구를 할 수는 없다고 하여, 호적상의 부모가 호적상의 子를 상대로 제기한 친생자관계부존재확인청구를 기각한 것은 주목할 만하다.

V. 結 論

이제까지 허위의 친생자출생신고가 있은 경우에도 입양의 효력을 인정할 경우에 생기는 여러 가지의 문제점을 판례를 중심으로 검토하고 그에 대한 해결책을 모색하여 보았다. 그러나 위와 같이 입양의 효력을 인정하는 것 자체가 새로운 법의 창조였던 만큼 그에 따르는 문제점도 기존의 법 테두리 내에서

21) 同旨, 韓相鎬(註 6), 85면.

해석론으로 해결하기에는 벅찬 점이 많다. 입법적 조치에 의하여 이러한 문제점을 해결함이 바람직할 것이다.

〈朴秉濠敎授還甲記念 家族法學論叢, 1991〉

〈追記〉

1. 대법원 1993. 7. 16. 선고 92므372 판결(公 1993하, 2295)은 양친자관계존부확인소송이 민법이나 가사소송법 등에 규정된 바가 없다고 하더라도 양친자관계존재확인의 소를 제기할 수 있다고 하였다. 그러나 이 판결이 양친자관계존재확인의 소를 가사소송법상의 소로 본 것인지, 아니면 일반적인 민사소송법상의 소로 본 것인지에 관하여는 다소 논란이 있었다. 그 후 1998. 12. 4. 개정된 가사소송규칙 제2조 제1항 제3호는 양친자관계존부확인의 소를 가정법원의 관할로 명시하였다.

2. 호적선례 3-239(1992. 7. 25. 제정)는, 입양신고에 갈음한 허위출생신고에 의하여 입양의 효력이 인정되어 재판상파양 판결을 받은 경우의 호적정리절차에 관하여 다음과 같이 규정하고 있다. 즉 재판상파양 판결 이유에 호적상 허위출생신고에 의하여 친생자관계로 기재되어 있는 것이 양친자관계의 효력이 있음을 인정하고 있으므로 이를 증거방법으로 하여 호적정정허가를 얻어 그 허가내용에 따라 정정하여야 하나, 그 정정방법으로는 양가의 호적 중 양자의 부모란에 기재된 양친의 성명을 말소한 후 친생부모의 성명을 기재(친생부모의 성명을 모를 때에는 기재 못함)하고 양부·모의 성명을 병기함과 동시에 양친의 신분사항란에 입양사유를 기재하고 양자의 신분사항란의 출생사유를 입양사유로 정정하며, 아울러 양자의 전호적란에 친가의 호적을 기재(친가를 모를 때에는 기재 못함)하고, 양자의 친가호적 중 양자는 입양으로 인한 제적의 기재(양자의 친가호적이 없으면 할 수 없음)를 하여야 할 것이라고 한다. 그리고 이 경우 양자의 친가호적이 있는 때에는 양가의 호적 중 양친과 양자의 신분사항란에 파양사유를 기재하고 양자를 제적시킴과 동시에 양자를 친가호적에 복적기재하면 될 것이나, 양자의 친가호적이 없는 때에는 양자는 호적법 제20조의 규정에 의하여 신호적을 편제하여야 한다고 한다.

民法 施行 前에 異姓養子가 허용되었는지 여부 및 民法 施行 前 入養의 要件에 대한 民法의 遡及適用

— 대법원 1994. 5. 24. 선고 93므119 전원합의체 판결*—

[判決의 要旨]

가. 朝鮮民事令 제11조의2(1939. 11. 10. 신설되어 1940. 2. 11.부터 시행)는 제1항에서 "朝鮮人의 養子緣組에 있어서 養子는 養親과 姓을 같이할 것을 요하지 않는다. 그러나 死後養子의 경우에는 그러하지 아니하다"라고 규정함으로써 死後養子가 아니면 養親과 姓을 달리하는 異姓의 자도 養子로 하는 것이 허용됨을 명백히 하였으므로, 1940. 2. 11.부터는 死後養子가 아닌 한 異姓의 子도 養子로 할 수 있다(判例變更).

나. 民法이 시행되기 전의 慣習에 의하면, 男子 子孫이 없는 자만이 養子를 할 수 있고, 또 養子가 될 자는 父母와 戶主의 동의를 얻어야 하며, 이와 같은 요건을 갖추지 못한 入養은 無效로 하였다.

다. 民法附則(1958. 2. 22) 제2조, 제18조의 각 규정내용에 의하면, 入養의 要件이나 入養의 無效와 取消의 사유에 관한 民法의 규정에는 遡及效가 인정되어, 民法施行日 전에 신고된 入養에 無效나 取消의 원인이 되는 사유가 있는지의 여부는 원칙적으로 民法의 규정에 의하여 판단하되, 다만 이미 舊法에 의하여 入養의 效力이 생긴 경우에는 附則 제2조 단서에 따라 그 효력에 영향을 미치지 아니하는 것으로 해석되므로, 民法施行日 전에 신고된 입양에 관하

* 公 1994, 1827.

여 그 당시의 舊法에 의하면 無效의 原因이 되는 事由가 있었더라도 民法의 규정에 의하면 그것이 無效의 원인이 되지 아니할 경우에는, 적어도 民法施行日까지 入養에 따르는 親子的 共同生活關係가 유지되고 있었다면 無效인 그 入養이 遡及하여 效力을 가진 것으로 전환되고, 다만 民法에 의하여 取消의 원인이 되는 사유가 있는 때에는 民法의 규정에 의하여 이를 취소할 수 있을 뿐이나 그 取消期間은 民法施行日로부터 起算한다.

라. 親生子로 出生申告를 한 것이 入養申告로서의 기능을 발휘하여 入養의 효력이 발생하였다면, 罷養에 의하여 養親者關係를 해소할 필요가 있는 등의 특별한 사정이 없는 한, 戶籍의 기재를 말소하여 法律上 親子關係의 존재를 부정하게 되는 親生子關係不存在確認의 訴는 確認의 利益이 없는 것으로서 不適法하다.

[事件의 槪要]

1. 基本的 事實關係

피고 Y는 원래 소외 A(父, 성은 강씨임)와 B(母) 사이에서 출생한 婚姻外의 아들이다. A의 호적에는 Y가 강××이라는 이름으로 1935. 4. 24. 출생한 것으로 기재되어 있다. 그런데 B는 1936. 11.경부터 소외 C(성은 문씨임)와 夫妾關係를 맺게 되었는데, 당시 C에게는 이미 처인 원고 X와 아들인 소외 D(1932. 6. 20.생. 1974. 12. 28. 사망)가 있었다.

C는 1954. 7. 29. 피고의 이름을 문×수로 하여, 자신과 X 사이에 1936. 4. 24. 출생한 자인 것으로 신고하여 C의 호적에 그와 같이 기재되었다.

C가 1985. 4. 6. 사망한 후 X가 1990. 5. 22. Y와 X 및 C 사이에 친생자관계가 존재하지 않음의 확인을 구하는 이 사건 소를 제기하였다.

2. 裁判의 經過

가. 第 1 審判決의 要旨

제 1 심법원은 대체로 다음에서 볼 원심판결과 같은 사실인정을 한 다음, 원고 X와 C는 피고 Y를 입양할 의사로 위와 같이 출생신고를 하였고, 위 1954년 당시에 異姓養子가 무효라 하여도 異姓養子가 허용되는 신민법 시행 후에 X, C와 Y는 입양의사로 한 위 출생신고를 묵시적으로라도 추인하였으므로 위 3인 사이에는 양친자관계가 성립하였다고 하여 이 사건 청구를 기각하였다.

나. 原審判決의 要旨

원심법원은, C는 Y를 친자식처럼 키웠고, Y도 1945년경부터 X 및 D와 함께 살면서 X나 C를 부모로, D를 형으로 생각하였으며, C는 1954. 7. 29. X와 B의 동의 아래 Y를 자신과 X 사이에서 태어난 것처럼 출생신고를 하였고, Y는 D 사망 후에는 D의 딸들 결혼식 당시에 작은아버지로서 D를 대신하여 결혼식장에 데리고 들어갔고, C의 작은아들로서 그 회갑 등 집안의 대소사에 모두 참여하였으며 그 장례식 때에는 상주로서 장례를 치르는 등 그 아들로서의 역할을 다하였고, C의 생존시 만든 문씨가문의 족보에도 Y를 C의 작은아들로 등재하였으며, 그 생전에 비석을 만들면서도 Y를 작은아들로 올려놓는 등 이 사건 소송제기 이전에는 아무도 Y가 C의 작은아들이라는 점에 대하여 이의를 제기하지 않았는데, Y와 D의 처인 E 사이에 X와 Y 등이 상속받은 토지를 E의 사위에게 매매하는 문제로 불화가 생기자 급기야 X가 이 사건 소송을 제기하였다는 사실을 인정하였다.

그리고 Y의 출생신고가 이루어진 1954년 당시 시행되던 依用民法에 의하면 당시에는 異姓養子가 인정되지 않았으므로 입양의 효력은 발생하지 않았으나, X 및 C가 Y를 양자로 할 의사로 친생자로 출생신고를 하였고, 이성양자가 허용되는 현행 민법 시행 후 C나 X가 아무런 이의를 제기하지 않고 Y와의 양친자관계를 유지하여 왔다면 X는 Y에 대한 입양의사로 한 위 출생신고를 신민법 시행 이후에 묵시적으로라도 추인하였다고 보는 것이 상당하므로, 이러한 경우에는 특별한 사정이 없는 한 친생자관계의 부존재확인을 구할 이익이 없을 뿐만 아니라, X가 Y에 대한 출생신고 이래 36년간 Y와의 양친자관계를 유지해 오다가 이제 새삼스럽게 그 정정을 구하는 것은 신의성실의 원칙에 반한다고 하여 원고의 청구를 기각한 제 1 심판결을 취소하고 이 사건 소를 각하하였다.

3. X의 상고이유

가. 제 1 점(追認에 관한 법리오해)

신분행위에 있어서 신고를 요하는 경우에 신고의사가 흠결되었거나 효과

의사가 흠결되었음을 이유로 그 신분행위가 무효로 된 경우, 후일 그 신고에 상응하는 의사를 인정할 수 있는 상태가 되었을 때 그 무효가 된 신분행위의 추인은 허용될 수 있으나, 의사표시와 관계없는 신분행위의 객관적 요건에 관한 한 위 요건의 결여로 무효가 된 경우에는 추인의 문제는 발생할 여지가 없다.

원심이 원용하고 있는 대법원 1990. 3. 9. 선고 89므389 판결도 입양당사자의 의사표시가 흠결된 경우에 관한 것으로서 이 사건에 적용될 수 없고, 대법원 1991. 12. 27. 선고 91므30 판결은 신고에 상응하는 객관적 요건으로서의 실질관계가 없는 경우에 추인의 의사표시가 있더라도 그 효력을 부정하였다.

나. 제 2 점(소송상 신의칙에 관한 법리오해 및 변론주의 위배)

원심이 이 사건 소를 각하한 것은 일단 소송법상의 신의칙을 적용한 것이라고 이해되나, 피고는 이러한 항변을 제출한 사실이 없으므로 신의칙을 적용하여 원고의 청구를 배척한 원판결은 변론주의를 일탈하였다.

그리고 당연무효의 신분행위인 경우에 단순히 장기간 피고와의 간에 양친자관계의 외양이 존재하였다는 사유만 가지고 이 사건 소송을 가리켜 신의칙 위반에 해당한다거나 소권이나 청구권이 소멸한다고 본 원판결은 위법이다.

4. 대법원의 판결

이에 대하여 대법원은 위 판시사항과 같이 판단하여 결국 원고의 상고를 기각하였다.

우선 원심이 민법 시행 전에는 이성양자가 허용되지 않았다고 한 데 대하여는 종래의 판례를 변경하여, 조선민사령 제11조의2가 시행된 1940. 2. 11.부터는 이성양자가 허용되었으므로 원심의 위와 같은 판단은 잘못이라고 하였다. 그러나 이 사건 입양이 그 출생신고 당시에 유효하였는가 하는 점에 대하여는, 당시 C에게 본처인 X와의 사이에서 출생한 아들인 D가 있었고, 또 Y가 C의 양자가 되는데 대하여 그의 부모와 호주의 동의를 받지 않았으므로 이는 당시의 관습법에 어긋나서 무효이지만, 1960. 1. 1.부터 시행된 민법부칙 제 2 조 및 제18조에 의하면 민법 시행 전의 입양에 대하여는 민법의 규정이 소급적용되고, 민법의 규정에 의하면 이 사건 입양에는 취소사유가 있을 뿐인데 그 취소기간은 이미 경과하였다고 하여 결국 X의 소를 각하한 원심판결이 정당하다고 한 것이다.

[研　　究][1)]

1. 爭點의 所在

이 사건에서 Y에 대한 C의 출생신고가 있었던 당시에 X, Y 및 C에게 입양의 의사가 있었다고 하는 점은 원심이 확정하고 있는 바이고, 여기에는 별다른 문제가 있다고 보이지 않는다. 그리고 친생자의 출생신고에 의하여 입양이 성립될 수 있다고 하는 점은 대법원 1977. 7. 26. 선고 77다492 전원합의체 판결[2)] 이래 확립된 판례가 되었으므로 여기서는 더 이상 언급하지 않는다.[3)] 그러므로 이 사건에서는 X 및 C의 Y에 대한 입양이 입양의 실체적 요건을 갖춘 것으로서 유효한가 하는 점이 주로 문제가 된다.

우선 제1차적인 문제점은 Y에 대한 C의 출생신고가 있었던 1954년 당시에는 이른바 異姓養子가 허용되지 않았는가 하는 점이다. 원심은 종래의 판례를 따라 민법 시행 전에는 異姓養子가 허용되지 않았으므로 이 사건 입양은 무효라고 하였으나, 대법원은 판례를 변경하여 1940. 2. 11. 이후에는 이성양자가 허용된다고 하였으므로 그 당부를 살펴볼 필요가 있다.

그러나 당시에 이성양자가 허용되었다고 하여 이 사건 입양이 당연히 유효인 것으로 되는 것은 아니며, 입양의 다른 요건을 갖추었는가 하는 점은 별도로 따져볼 문제이다. 이 점에 관하여 대법원은 이 사건 입양이 C에게 다른 아들이 있었고, Y의 부모 및 호주의 동의를 받지 못하였기 때문에 무효라고 하였다.

그런데 이처럼 무효이던 이 사건 입양이 민법 시행 후에는 유효한 것으로 바뀔 수 있는가? 결과에 있어서는 1심과 2심뿐만 아니라 대법원도 이를 모두 긍정하였으나, 1, 2심은 당사자들이 묵시적으로 무효인 입양을 추인하였다고

---

1) 筆者는 大法院 裁判研究官으로 근무하면서 이 사건이 대법원에 계속중에 이를 검토한 바 있고, 따라서 이하의 설명은 이 判決에 대한 제3자적인 입장에서의 비판이라기보다는 이 판결의 의미를 해설하는 데 그 중점이 있다고 할 수 있다. 그러나 다른 한편으로는 여기에 표시된 필자의 意見이 반드시 대법원의 견해와 일치하는 것은 아니다.

2) 集 25권 2집 民211.

3) 이에 대하여는 金疇洙, “虛僞親生子出生申告와 入養의 成否”, 法曹 제27권 1호, 1978, 10면 이하; 鄭貴鎬, “虛僞의 親生子出生申告와 入養의 효력”, 민사판례연구 Ⅰ, 1979, 199면 이하 등 참조.

본 데 반하여,[4] 대법원은 민법 시행 후에는 민법부칙의 규정에 의하여 민법이 소급적용되므로 이 사건 입양이 당연히 유효한 것으로 소급하여 전환되었다고 하였다. 대법원 판결처럼 법률의 규정에 의하여 당연히 유효로 바뀐다면 구태여 1, 2심과 같이 묵시적인 추인 여부를 논할 필요도 없겠으나, 대법원의 그러한 판단이 어떠한 근거에서 나온 것인지는 따져 볼 필요가 있다.

이 이외에 친생자출생신고에 의하여 입양이 성립한 경우에 친생자관계부존재확인청구를 제기하면 소를 각하하여야 한다는 것은 대법원 1988. 2. 23. 선고 85므86 판결[5] 등 이미 확립된 판례이므로 이에 대하여도 다루지 않는다.[6]

2. 民法 施行 前의 異姓養子의 허용 여부

1960. 1. 1.부터 시행된 우리 민법은, 입양의 요건으로서 養父와 養子의 姓이 같을 것을 요구하고 있지 않으므로 민법하에서는 양부와 양자의 성이 다른 이른바 異姓養子도 허용될 수 있게 되었다. 그러나 그 전에는 이 문제는 매우 심각한 논란의 대상이었다.

가. 종래의 판례

원심은 1954년 당시에는 이성양자가 인정되지 않았다고 하였다. 이는 대체로 종래의 판례에 따른 것이다.

즉 대법원 1967. 4. 24.자 65마1163 결정[7]; 대법원 1967. 10. 31.자 67마823 결정[8]; 대법원 1968. 1. 31. 선고 67다1940 판결[9]; 대법원 1968. 11. 26. 선고 68마1543 판결[10]; 대법원 1970. 3. 24. 선고 69다1400 판결[11]; 대법원 1970. 6. 30. 선고 69므6, 7 판결[12]; 대법원 1992. 10. 23. 선고 92다29399 판

---

4) 이는 대법원 1990. 3. 9. 선고 89므389 판결(公 1990, 886)을 원용한 것이다. 이 판결에 대하여는 尹眞秀, "虛僞의 親生子 出生申告에 의한 入養에 관한 몇 가지 問題", 朴秉濠敎授還甲紀念 家族法學論叢, 1991, 448면 참조.

5) 公 1988, 593.

6) 이 점에 대하여는 韓相鎬, "入養의 效力이 있는 虛僞親生子出生申告와 親生子關係不存在確認請求", 大韓辯護士協會誌 1988. 9, 83면 이하; 尹眞秀(註 4), 452면 이하 참조.

7) 集 15권 1집 民334.

8) 集 15권 3집 民247.

9) 集 16권 1집 民31.

10) 集 16권 3집 民240.

11) 集 18권 1집 民254.

12) 集 18권 1집 民254.

결[13])은 모두 依用民法 시행 당시에는[14]) 이성양자제도는 인정되지 않았으며, 다만 宦官家와 奉侍家[15])에 한하여 이성양자제도가 인정되었던 때가 있었으나 그것도 1915. 4. 1. 改正民籍法 실시와 동시에 철폐되어 민법 시행 전일인 1959. 12. 31.까지는 이성양자는 허용되지 않았으므로, 그 기간 동안의 이성양자의 입양은 법률상 당연무효라고 하고 있다.

나아가 위 대법원 1968. 1. 31. 판결(註 9)은 일제시대의 壻養子 제도가 당연무효라고 한 대법원 1949. 3. 26. 선고 4281민상348 판결[16])을 인용하면서, 위 판례의 판단취지는 일정시 조선민사령 제11조의2 제2항의 壻養子에 관한 제도는 물론 동조 제1항의 이성양자에 관한 제도도 우리 고래의 양자제도에 비추어 왜정퇴각과 동시에 자연소멸되었음을 선언한 취지로 볼 수 있다고 하였다.

나. 學　　說

그러나 학설은 이에 반대하고 있다. 金疇洙 교수는 위 대법원 1967. 4. 24.자 결정(註 7)을 비판하면서, 制令 제19호(1939. 11. 20)에 의하여 조선민사령의 개정으로 민사령 제11조의2가 추가되어 1940. 2. 11.부터 우리나라에도 이성양자가 명문상 허용되게 되었다고 주장하고,[17]) 尹天熙 교수[18]) 및 鄭光鉉 교수[19]) 도 같은 취지이다.

다. 判例 및 學說의 根據

일제시대의 民事에 관한 제1차적인 法源이었던 朝鮮民事令(1912. 3. 18. 제령 제7호) 제11조는 친족, 상속에 관한 일본법의 규정은 조선인에게는 적용하지 아니하고 관습에 의한다고 규정하고 있었다. 우리 관습상 과연 이성양자를 전혀 허용하지 않았는가는 의문이나,[20]) 당시의 조선고등법원 판례나 실무례는

13) 公 1992, 3230.

14) 이는 민법 시행 전을 가리키는 것이겠으나 아래 다.에서 보는 것처럼 入養에 관하여는 일본민법이 의용되지 아니하였으므로 엄밀히 말하자면 부정확한 표현이다.

15) 이 판례들은 奉侍家라고 하였으나 대법원 1977. 7. 26. 선고 77다433 판결(대법원민사판결원본집 235 下, 932면)은 侍奉家라고 한다.

16) 법조협회잡지 제1권 3호, 95-100면 및 4호, 93-95면에 실려 있다.

17) 註釋親族相續法 제2전정판, 1993, 966면 이하.

18) 법률신문 제725호(1967. 5. 22), 5면.

19) 법률신문 제726호(1967. 6. 5), 6면.

20) 李丙洙, "우리나라의 異姓不養考", 法史學硏究 제6호, 1981, 137면. 조선시대의 이른바 收養子 및 侍養子에 대하여는 朴秉濠, "異姓繼後의 實證的 硏究", 서울대학교 法學 제14권 1호, 1973, 73면 이하 참조.

모두 이성양자는 관습상 허용하지 않는 것으로 보아 당연무효라고 하였다.[21] 다만 宦官의 경우에는 예외가 인정되었으나,[22] 그 또한 民籍法의 시행 후인 1915. 4. 1. 이후부터는 허용되지 않는 것으로 보았음은 위 판례가 설시하는 바와 같다.

그런데 1939. 11. 10. 制令 제19호로 개정되어 1940. 2. 11.부터 시행된 朝鮮民事令[23]은 제11조의2를 신설하였고, 동조 제1항은 "朝鮮人의 養子緣組에 있어서 養子는 養親과 姓을 같이할 것을 요하지 않는다. 단 死後養子의 경우에는 그러하지 아니하다"라고 규정하여 조선인의 입양에 있어서는 死後養子가 아닌 한 이성양자를 허용함을 분명히 하였다. 위 개정된 조선민사령에 관하여 발표된 해설에 있어서도 그와 같이 보고 있다.[24]

일본의 최고재판소도 그와 같이 보고 있다. 즉 최고재판소 1974(昭和 49). 12. 23. 판결[25]은, 1940. 8. 20.에 한국인인 全萬乭이 다른 한국인인 鄭元好의 아들을 자기의 아들인 것으로 출생신고한 경우에 위 양자 사이에 양자관계가 성립하는가에 관하여 판단함에 있어, 위 입양의 준거법은 양친의 본국법인 조선민사령이라고 하면서, 조선민사령 제11조 제1항, 제11조의2는 소화 15년(1940). 8. 20. 당시의 조선인의 입양(양자연조)의 실절적 성립요건에 관하여는 생전양자에 관하여는 이른바 異姓不養의 원칙을 완화하는 외에는 조선의 관습에 의하도록 하고 있다고 판시하였다.

그런데 광복 후의 우리의 실무례와 판례는 이와는 달리 보고 있다.

우선 미군정 당시인 1947. 11. 18.의 司法部長 通牒[26]은, "異姓養子緣組는 朝鮮慣習上의 異姓不養及 朝鮮姓名復舊令 立法趣旨에 鑑하여 妥當치 아니함으로 同件에 關하여는 受理할 수 없으며 貴管下 戶籍吏에게 周知徹底를 期하시기 玆而通牒함"이라고 하였다.

그리고 위 대법원 1949. 3. 26. 판결(註 16)은 위 개정 조선민사령 제11조

---

21) 이에 대하여는 親族相續에 관한 舊慣習, 裁判資料 제29집, 1985, 260-261면에 실려 있는 자료들을 참조할 것.

22) 대법원 1977. 7. 26. 선고 77다433 판결(註 15)은 1894년에 있은 宦官의 異姓入養을 유효로 인정하였다.

23) 朝鮮總督府官報 昭和 14. 11. 10.자. 위 시행일자는 조선총독이 정하도록 하였는데 조선총독은 이를 1940. 2. 11.부터 시행하도록 하였다. 조선총독부령 제219호, 朝鮮總督府官報 昭和 14. 11. 26.자 號外.

24) 鄭光鉉, "改正朝鮮民事令에 대한 論評", 韓國家族法硏究, 1967, 52-55면; 宮本 元, "壻養子, 異姓養子及氏制度に關する朝鮮民事令の改正に就て", 司法協會雜誌 제19권 3호, 290-291면.

25) 民集 28권 10호 2098.

26) 韓國 戶籍 및 寄留例規全集, 1954, 83면.

의2 제 2 항에 기하여 1942. 4. 1. 신고한 壻養子緣組가 무효인가에 관하여 다음과 같이 판결하였다. “原判決의 確定한 事實에 의하면 被告는 原告와 婚姻하고 同時에 原告의 父 즉 自己 妻父이며 異姓인 朴基鴻의 養子됨을 相約한 바이는 저 往年 倭政期間에 그 所謂 壻養子制度를 盲從한 者임을 可知이며 壻養子란 자는 養子로서 同姓系統에 不合할 뿐 아니라 妻父 媤父 養父 및 子, 壻, 女婦의 名分을 雜紊亂하고 그 結果 婚姻 또한 養兄妹間 嫁娶로 歸屬하여 一大亂倫行爲됨을 未免할 者로서 이러한 蠻夷的 壻養子制度는 倭政退却과 同時에 自然消滅되었음은 毋論이어니와 이에 의하여 成立된 壻養子關係는 上來 敍述과 같이 公序良俗에 違反되므로 그 成立當初부터 無效되는 바이다.”

그리하여 1952. 5. 10. 대법원장 통첩[27]은 이성양자 및 서양자제도는 대법원판례에 의하여 기히 무효로 되었다고 하여, 호적상 위 이성양자의 기재사항은 법원의 허가를 얻어 이를 말소함과 동시에 실가에 복적 또는 1가창립을 하도록 시장 또는 구청읍면장에게 지시하여 조속히 정리하라고 하였다.

그 이외의 앞에서 본 판례들도 결국은 위 대법원 1949. 3. 26. 판결(註 16)에 근거를 둔 것이라고 할 수 있다. 다만 위 대법원 1967. 4. 24. 결정(註 7)은 위 조선민사령 제11조의2는 壻養子制度에 관한 것이고 서양자가 아닌 이성양자제도에 관한 것이 아니므로 이성양자에 적용될 여지가 없다고 하고 있으나, 위 제11조의2 제 1 항이 사후양자의 경우에는 이성양자를 허용하지 않고 있는 점이나 제 2 항 이하에서 서양자에 대하여 규정하고 있는 규정체제에 비추어 볼 때, 위 제 1 항은 이성양자 일반에 관한 것이고 제 2 항 이하가 壻養子에 관하여 규정하고 있음이 명백하다.[28]

위 각 판례들 가운데 위 대법원 1970. 3. 24. 판결(註 11)과 대법원 1970. 6. 30. 판결(註 12)만이 위 개정 조선민사령 시행 이전인 1934. 4. 16.의 동일한 입양에 관한 것이고, 나머지는 모두 위 개정 조선민사령 시행 이후의 것이다.

라. 檢 討

그렇다면 위와 같은 종래의 판례나 실무례는 정당한 것일까? 위와 같은 판례나 실무례가 드는 근거는, 이성양자제도는 우리의 전통 관습에 어긋나고 공서양속에 위반되며, 이성양자제도를 허용한 것은 왜정퇴각과 동시에 당연소

27) 韓國 戶籍 및 寄留例規全集, 173면.

28) 尹天熙(註 18) 및 鄭光鉉(註 19)도 같은 취지이다.

멸하였으며, 조선성명복구령에도 어긋난다는 것이다.

그러나 해방 후 1945. 11. 2. 발표된 미군정청 법령 제21호는, "모든 법률 또는 조선 구정부가 발표하고 법률적 효력을 가진 규칙, 명령, 고시 기타 문서로서 1945년 8월 9일 시행중인 것은 기간에 폐지된 것을 제외하고 조선군정청에서 특수명령으로 폐지될 때까지 그 효력이 계속된다"고 하였고, 1948년에 공포된 제헌헌법 제100조는 "현행법령은 이 헌법에 저촉되지 않는 한 효력을 가진다"고 규정하고 있는데, 과연 위에서 들고 있는 근거만으로 위 이성양자제도를 규정한 조선민사령이 당연히, 그것도 소급하여 효력을 상실한다고 볼 수 있는가 하는 점은 의문이다.

이성양자제도가 유교적인 전통관습에 어긋나는 면이 있는 것은 사실이지만, 이성양자를 허용할 것인가는 입법정책의 문제이므로 이성양자를 허용한 조선민사령의 효력이 당연히 부정될 수는 없는 것이고, 나아가 이를 가리켜 공서양속에 어긋난다고 할 수는 없을 것이다.[29] 뿐만 아니라 위 조선민사령에도 법률로서의 효력이 인정된다면, 그것이 헌법에 반하지 않는 한 공서양속에 어긋난다는 이유로 무효라고 할 수 없음은 물론이다.[30] 그리고 朝鮮姓名復舊令에 어긋난다고 하나, 이 令[31]은 일정시대의 창씨가 무효임을 선언하고 창씨한 일본식 이름을 조선성명으로 복구할 것을 규정하였을 뿐 서양자제도나 이성양자제도와는 직접 관계가 없는 것이다. 그러므로 위 개정 조선민사령의 규정이 왜정퇴각과 동시에 당연히 효력을 잃는다고 단정할 아무런 근거가 없고, 위 조선민사령이 효력을 잃게 된 것은 1960. 1. 1. 민법의 시행과 동시의 일이라고 보아야 할 것이다. 그 외에 대법원의 판결이나 사법부장의 통첩 또는 대법원의 통첩이 법규를 개폐하는 효력을 갖지 못함은 명백하다.[32]

그럼에도 불구하고 종래 이성양자제도가 허용되지 않는다고 한 것은 아마도 이러한 이성양자제도가 일제의 식민지정책의 일환으로서 일본의 제도를 우리나라에 강요하려는 것이었을 뿐만 아니라,[33] 특히 그것이 창씨개명 정책과

---

29) 金疇洙(註 17) 참조.

30) 오히려 종래의 판결들이, 1940. 2. 11. 이후에 개정된 조선민사령을 근거로 하여 행하여진 이성양자의 효력을 소급적으로 부정한 것이야말로 헌법상 문제가 있는 것이라 하지 않을 수 없다.

31) 1946. 10. 23. 美軍政法令 제122호.

32) 金疇洙(註 17) 참조. 그러나 梁彰洙, "韓國民法史", 朴秉濠敎授還甲紀念 韓國法史學論叢, 1991, 17면 註 32)는, 위 대법원 1949. 3. 26. 판결에 의하여 조선민사령 제11조 중의 일부와 동 제11조의2 기타 壻養子制度에 관한 규정은 폐지 내지 수정되었다고 한다.

33) 李相旭, "日帝下 傳統家族法의 歪曲", 韓國法史學論叢(前註), 380면은, 위 조선민사령 제11조의2에 의하여 우리나라 가족법상의 불변의 대원칙이라고 할 異姓不養의 원칙이 파괴되고 동

함께 실시되어서 거부감을 불러일으킨 때문이 아니었나 생각된다. 그러나 현행 민법이 이성양자를 금지하지 않고 있음에 비추어 보더라도 이성양자가 일본만의 제도로서 당연히 배격되어야 할 것이라고는 할 수 없고, 오히려 양자제도의 추세가 양부모 아닌 양자의 보호를 위한 것으로 전개되고 있음에 비추어 볼 때 이성불양의 원칙은 입법론적으로도 그 타당성이 의심스럽다. 한 학자는 이성불양제도가 우리나라에서 가장 완고하게 강제된 것은 일본통치기간 중의 말기 5년간을 제외한 거의 30년간이었다고 지적하고 있다.[34)]

그러므로 위 개정 조선민사령 이후에도 이성양자가 허용되지 않았다고 한 위의 각 판례들은 모두 잘못된 것이라고 하겠고, 따라서 이 사건 대법원판결이 전원합의체에서 위의 판례들을 모두 변경하고, 1940. 2. 11. 이후에는 이성양자가 허용되었음을 밝힌 것은 비록 뒤늦기는 하였으나 올바른 것이라고 하겠다.

물론 이 사건에서는 위 이성양자가 허용되지 않았다고 하는 종래의 판례를 따르더라도 다른 사유로 이 사건 입양은 무효로 보아야 하는 것인 한편, 뒤에서 살펴보는 것처럼 이성양자가 무효라 하더라도 민법부칙에 따라서 민법 시행 후에는 유효로 되는 것이므로 결론에는 차이가 없고, 따라서 이 사건에서 대법원이 굳이 판례를 변경할 필요가 있었을까 하는 의문을 제기할 수도 있다. 그리고 위 개정 조선민사령은 광복 후의 판례나 실무례에 의하여 사실상 死文化되었던 것인만큼, 그 후에 있었던 이 사건 입양에 대하여 굳이 위 개정 조선민사령을 적용하여 이성양자가 허용된다고 선언하는 것이 적절하였는가 하는 반론도 있을 수 있다. 그러나 예컨대 민법 시행 전에 개시된 상속의 경우에 이성양자에게 상속권이 있는가 하는 점이 문제로 될 때에는 민법 시행 전에 이성양자가 허용되었는가의 여부에 따라 결론이 달라질 수 있으므로, 이 점에 관한 대법원 판결의 의미가 결코 작은 것이라고는 할 수 없다.

3. 다른 入養無效事由의 존부

이처럼 이 사건의 경우에 이성양자라는 이유만으로 입양이 무효라고는 할 수 없다 하더라도 그것만으로 이 사건 입양이 당연히 유효한 것이라고는 할

성불혼제가 폐지되는 등 한국가족제도는 획기적인 변혁을 맞게 되었으며, 1939년부터 전통적인 법관습의 말살 또는 적극적인 동화정책이 본격화되었다고 서술한다.

34) 李丙洙(註 20), 140면.

수 없다.

구관습법상으로는 입양을 하기 위하여는 養親[35]에게 남자 후손이 없었어야 하고,[36] 또 양자가 되는 자는 그 부모 및 호주의 동의를 얻어야 하며, 이에 위반한 경우에는 그 입양은 무효였다고 한다.[37] 그리고 구관습법상 입양의 취소사유는 후견인과 피후견인간의 입양 및 사기강박에 의한 입양의 2가지 경우에 한정되었다.[38]

그런데 이 사건에서는 養父인 C에게는 이 사건 출생신고 당시 본처인 원고 X와의 사이에 출생한 嫡子인 D가 있었고, 또 Y의 입양에 대하여 Y의 생모인 B의 동의는 있었다고 볼 수 있더라도 그 생부인 A나 호주의 동의가 있었어야 할 것인데, 대법원은 이 사건에서 Y의 부모와 호주의 동의를 얻었음을 인정할 만한 자료가 없다고 판단하였다.

그러므로 이 사건 출생신고에 입양신고로서의 효력을 인정하고, 또 이성양자인 점은 문제가 되지 않는다고 하더라도 대법원이 판시한 것처럼 이 사건 입양은 구관습법에 비추어 볼 때에는 어차피 무효라고 하지 않을 수 없다.

4. 民法의 施行에 따라 無效인 入養이 有效로 되는지 여부

가. 民法附則의 規定

원심은 X가 현행 민법 시행 후에 Y에 대한 입양의사로 한 위 출생신고를 민법 시행 후에 묵시적으로라도 추인하였다고 보는 것이 상당하다고 판시하였다. 그러나 이처럼 묵시적 추인이 있었는지 여부를 판단하기에 앞서서 이 사건에 현행 민법이 소급적용될 수 있는지를 먼저 검토하여야 한다. 민법에 의하면 이성양자는 허용되고, 양친에게 적출의 남자 후손이 없어야 한다는 제한은 없

35) 養親은 旣婚男子에 한하고 그 배우자는 입양의 당사자가 아니므로 그의 동의는 필요없으나 일단 입양이 성립하면 그 배우자는 養母가 된다. 慣習調査報告書(1913), 問 137, 323면. 親族相續에 관한 舊慣習(註 21), 269면에서 재인용.

36) 1909. 8. 24. 平壤控訴院長 앞 取調局 回答, 民事慣習回答彙集 14면{親族相續에 관한 舊慣習(註 21), 237면에서 재인용} 등 다수의 자료가 있다. 다만 養親에게 庶子가 있는 경우에 양자를 들일 수 있었는가가 반드시 명백한 것은 아니나, 서자가 있는 경우에 양자를 들이더라도 당연무효는 아니라고 본 것 같다. 1912. 10. 8. 京城覆審院長 앞 總監 回答, 朝鮮司法例規(1916), 37면{親族相續에 관한 舊慣習(註 21), 242면에서 재인용}.

37) 慣習調査報告書(1913), 問 137, 324면{親族相續에 관한 舊慣習(註 21), 267면에서 재인용} 등 다수의 자료가 있다.

38) 鄭光鉉, 新親族相續法要論, 1959, 462면.

으며, 다만 부모나 기타 직계존속 또는 후견인의 동의는 얻어야 하나(민법 제870조 제1항, 제871조), 그 동의가 없는 입양도 무효는 아니고 취소사유에 불과하다(제884조 제1호). 이 사건 출생신고 당시에 피고는 15세를 넘었기 때문에 법정대리인에 의한 입양의 승낙은 필요없다. 그러므로 현행 민법에 비추어보면 원고 및 피고 사이의 이 사건 입양은 무효는 아니고 취소할 수 있는 것에 불과하다.

그런데 민법(1958. 2. 22. 법률 제471호) 부칙 제2조는 "本法은 特別한 規定 있는 경우 외에는 本法施行日前의 事項에 대하여도 이를 적용한다. 그러나 이미 舊法에 의하여 생긴 效力에 影響을 미치지 않는다"고 규정하여 본문에서는 원칙적으로 민법의 소급효를 인정하면서 단서에서는 이를 제한하고 있다.

그리고 부칙 제18조는 다음과 같이 규정한다.

"① 本法施行日前의 婚姻 또는 入養에 本法에 의하여 無效의 原因이 되는 事由가 있는 때에는 이를 無效로 하고 取消의 原因이 되는 事由가 있는 때에는 本法의 規定에 의하여 이를 取消할 수 있다. 이 경우에 取消期間이 있는 때에는 그 期間은 本法施行日로부터 起算한다.

② 本法施行日前의 婚姻 또는 入養에 舊法에 의한 取消의 原因이 되는 事由가 있는 경우에도 本法의 規定에 의하여 取消의 原因이 되지 아니할 때에는 本法施行日 후에는 이를 取消하지 못한다."

그러면 이 사건처럼 민법 시행 전에는 무효인 입양이었으나 민법에 의하면 무효사유는 아니고 취소사유가 될 뿐인 경우는 어떠한가?

우선 위 제2조의 해석이 문제로 된다. 民法案審議錄에 의하면 "本條는 新民法의 遡及效를 規定한 것인바 舊法下에서 舊法의 效力을 기대하여 행한 法律行爲가 本法施行으로 말미암아 本法에 의한 效力이 발생한다는 것에 대하여서는 상당한 異議가 없을 수 없다. 그러나 原案은 本法의 劃一的인 適用을 기도한 것이고 法律의 不遡及의 原則은 주로 刑事法에 적용되는 原則이라는 것을 고려하여 原案을 그대로 採擇한다"고 설명하고 있고,[39] 학설은 신민법이 이와 같이 소급효원칙을 채택한 것은 신민법을 조속히 시행하려는 입법취지이며, 여기에는 일본법률의 의용을 가급적 조속히 면하려는 정책도 포함되어 있다고 설명한다.[40]

39) 民法案審議錄 下卷 225면.
40) 鄭光鉉(註 38), 458-459면.

그러나 제2조 단서에 의하면 이미 구법에 의하여 생긴 효력에는 영향을 미치지 않는다고 하고 있으므로 이를 문면 그대로 해석할 때에는 구법상 이미 효력이 발생한 행위에 대하여는 신법이 적용될 여지가 없고 따라서 신법이 소급될 여지는 거의 없다고 하게 될 것이다.

그리고 제18조 제1항은 민법시행일 전의 혼인 또는 입양에 민법에 의하여 무효 또는 취소의 사유가 있는 경우에 관하여 규정하고 있는데, 그 적용범위가 반드시 명백하지 않다. 구법상 유효한 혼인 또는 입양이라도 신민법상 무효 또는 취소사유가 있으면 무효 또는 취소로 된다는 취지라고 볼 여지도 있으나, 그와 같이 해석하면 매우 불합리한 결과가 생긴다. 즉 구민법하에서 양모의 동의는 입양의 요건이 아니었는데, 신민법에 따라 양모의 동의가 없다는 이유로 무효라고 하는 것은 명백히 부당한 것이다.

또한 제18조 제2항은 구법하에서 취소사유가 있었으나 신법하에서는 취소사유가 없는 경우에 관하여만 규정하고 있으므로 그 반대해석에 의하면 구법하에서 무효사유가 있는 경우에는 신법하에서는 무효사유에 해당하지 않는 경우라도 여전히 무효라고 볼 여지가 있다. 그러나 이는 제1항의 경우와 비교하여 균형이 맞지 않는다. 즉 제1항에 의하면 구법하에서는 무효사유에 해당하지만 신법하에서는 취소사유에 불과한 경우에는 신법하에서는 무효는 아니고 유효하지만 취소할 수 있는 것에 불과한 것으로 해석함이 상당할 것인데, 그렇다면 구법하에서는 무효사유에 해당하지만 신법하에서는 취소사유에 해당하는 경우에는 취소할 수 있는 유효한 입양이 되는 반면 구법하에서는 무효사유에 해당하지만 신법하에서는 무효나 취소사유에 해당하지 않는 경우에는 여전히 무효라는 결과가 되어 형평에 맞지 않는다.

나. 判 例

그런데 구법하의 혼인에 무효사유가 있었으나 신법하에서는 무효는 아닌 경우에 관하여는 판례가 있다.

우선 대법원 1980. 1. 29. 선고 79므11 판결[41]에서는 1948년 당시의 혼인이 부모의 동의가 없어서 무효이나 민법에 의하면 당시 이미 당사자들이 부모동의를 요하는 연령을 초과한 경우에 그 혼인이 여전히 무효인가가 문제로 되었다. 대법원은, 민법부칙 제2조는 원칙적으로 민법의 소급효를 인정하면서

41) 公 1980, 12605.

단서에 의하여 기득권을 보호하는 형식을 취하고 있으며, 위 단서에 의하여 보호되는 기득권은 민법 시행 전의 법규에 의하여, 이미 효력이 생긴 것만을 의미함이 단서의 규정문언으로 보아 명백하다고 하여, 민법 시행 전의 관습상 혼인무효사유가 있었어도 그 사유가 민법이 정한 무효사유에 해당하지 아니하는 이상 민법부칙 제2조 본문의 규정에 의하여 유효하다고 판시하였다.[42)]

그리고 대법원 1960. 2. 11. 선고 4292민상502 판결[43)]에서는 구민법 당시에 신민법에 의하여도 부모의 동의를 받아야 하는 당사자들이 부모의 동의 없이 한 혼인의 효력이 문제가 되었다. 그 사건의 원심판결은 민법 시행 전인 1959. 5. 27. 판결을 선고하면서도 부모의 인장을 무단히 조각하여 혼인신고에 날인하였다는 사유는 혼인의 취소사유는 될지언정 혼인무효의 원인은 되지 아니한다고 하여 이를 배척하였다. 그런데 대법원은 민법부칙 제2조를 원용하여, 부모동의를 원하는 혼인연령과 부모동의 없는 혼인의 효력에 관한 사항은 이에 관한 신민법의 적용을 받아야 하는데, 이 사건 혼인무효의 소는 원·피고가 혼인연령에 달한 후 3개월이 지나서 제기되었음이 명백하므로 원심은 그 결론에 있어서 정당하다고 판단하였다.

위 판례들은 혼인의 무효에 관한 것이지만, 부칙 제18조가 혼인의 무효와 입양의 무효를 아울러 규정하고 있는 점에 비추어보면 위 판례가 설시하는 법리는 입양의 무효에도 그대로 적용될 수 있을 것이다.

다. 일본에서의 논의

이 문제에 관하여 참고로 일본의 논의를 살펴본다. 우리 민법부칙의 해석에 관하여 일본의 논의를 참고한다는 것은 이상한 감이 있으나, 일본에서는 在日韓國人의 *涉外的 身分關係*와 관련하여 판례와 학설상 우리나라보다 오히려 더 활발하게 이 문제가 다루어지고 있으므로 이 또한 참조할 필요가 있다.

우선 일본의 하급심 판결례는, 우리 구관습법상 무효사유이던 重婚이 민법 시행으로 취소사유로 바뀌었는가에 관하여 통일되어 있지 않다. 즉 熊本家庭裁

42) 이 사건에서의 상고이유는, 부칙 제2조 단서에 의하면 구법에 의하여 이미 유효한 것으로 된 사항이 신법에 의하여 무효로 할 수 없음은 물론 구법에 의하여 이미 무효가 된 사항이 신법에 의하여 유효가 되더라도 이는 구법에 따라서 무효로 된다는 것이라고 주장하면서, 그 근거로서 구법상의 無權代理가 민법에 의하여 유효로 되는 것은 아니라는 대법원 1961. 12. 28. 선고 4294민상376, 377 판결(판례카아드 No. 6551)을 들고 있다.

43) 判例總覽 民法 제808조 (2).

判所 1969(昭和 44). 6. 4. 審判[44]은, 한국인 남자가 일본인 여자와 1951년에 한 혼인이 重婚에 해당하는 경우에, 혼인 당시인 1949년의 남자의 본국법인 한국의 관습에 의하면 중혼은 무효사유이고, 민법 시행에 의하여 중혼은 취소사유로 되었으나, 우리 민법부칙 제 2 조 단서에 의하여 민법의 소급효의 적용이 제한되므로 결국 민법 시행 전에 행하여진 중혼은 관습에 의하여 당연무효라고 할 수밖에 없다고 하였다.

반면 新潟家庭裁判所 柏岐支部 1969(昭和 44). 6. 9. 審判[45]은, 1948년에 한 한국인 남자와 일본인 여자의 重婚에 관한 것이다. 여기서는 한국민법 시행 전에 성립한 중혼에 관하여 민법부칙 제 2 조의 불소급의 원칙에 따라 관습법에 의하여 무효로 되는가, 아니면 부칙 제18조에 따라 취소사유로 되는가에 관하여 일본의 판례와 실무례상 다툼이 있으나, 부칙 제 2 조는 일반의 경우에 관하여, 제18조는 특별한 경우에 관하여 각각 규정하고 있는 것으로서, 혼인의 효력에 관하여는 특별규정인 제18조가 일반규정인 제 2 조에 우선하여 적용되는 것으로 해석하여야 하고, 따라서 부칙 제18조에 의하여 종전 관습상은 무효로 하였던 것을 새로이 대한민국민법 시행의 시점부터 동법에 의하여 취소할 수 있는 것으로 보아야 한다고 설시하고 있다.

그리고 위 일본 최고재판소 1974. 12. 23. 판결(註 25)은, 1940. 8. 20.의 한국인 사이의 입양의 효력의 준거법을 당시의 조선민사령 내지 관습이라고 설시하였으나, 이는 일본의 학설로부터 비판을 받았다. 즉 일본의 학설은, 입양의 준거법이 한국법이라고 하여도 그것을 입양 당시의 준거법인 조선민사령으로 볼 것인가 아니면 그 후에 변경된 민법으로 볼 것인가는 한국의 時際私法에 의하여 결정하여야 하고, 이러한 時際私法에 해당하는 것이 우리 민법부칙이며, 민법부칙 제 2 조 단서, 제18조 제 1 항에 의하면 입양에 관하여는 민법이 소급적으로 적용된다고 한다. 다만 구법에 의하여 유효하게 확정된 입양 및 무효의 주장 또는 취소의 의사표시가 있어 효력이 확정된 입양을 신법시행 후 법률적으로 뒤집는 것을 인정하는 것은 민법부칙 제 2 조 단서에 의하여 제한되나, 위 사건은 민법부칙 제 2 조 단서에 해당하지 않기 때문에 제18조에 의하여 신법이 소급적으로 적용되어 신법에 의하여 무효 또는 취소의 원인으로 되는 사유가 있는가 아닌가가 판단되어야 한다고 주장

44) 判例タイムズ No. 247, 335면.

45) 判例タイムズ No. 247, 335면.

한다.[46] 위와 같은 설은 부칙 제18조 제1항을 구법상의 입양에 관하여 신법상 무효나 취소사유가 있는 때에만 무효나 취소로 되고, 신법상 무효나 취소사유가 없는 경우에는 무효나 취소로 되지 않는다는 것으로 해석하는 전제에 서 있는 것으로 보이고, 따라서 이 설에 의하면 구법상 무효이던 입양이 신법에 의하여 유효로 되는 근거는 부칙 제2조 본문이라기보다는 제18조 제1항인 것으로 된다.

그리고 일본최고재판소 1991(平成 3). 9. 13. 판결[47]에서는 1958년에 한국 남자가 일본인을 인지한 데 대하여, 그 피인지자가 인지자 사망 후 약 11년이 지난 1986년에 인지무효확인의 소를 제기한 사건에서, 우리 민법 제862조, 제864조에 의한 인지이의의 소 제기기간이 적용되는가 하는 점이 문제되었다. 여기서 최고재판소는 일본 법례(1989년 개정되기 전의 것) 제18조 제1항의 해석상 결과에 있어서는 우리 민법의 규정이 적용되지 않는다고 하였으나, 인지의 유무효에 관한 준거법으로서는 인지자에 관한 한 인지 당시의 우리 관습법이 아니라 현행 우리 민법이 적용됨을 전제로 하고 있다.

이 판결에 대한 논평도 우리 민법 부칙 제2조를 근거로 하여, 위와 같은 최고재판소의 판단은 정당하다고 보고 있다. 즉 위 판결에 대한 최고재판소 調査官의 해설[48]은, 한국민법은 부칙 제2조에 의하여 특별한 규정이 있는 경우를 제외하고는 소급적용되는데, 인지에 관하여는 특별한 규정이 없다고 한다. 다만 부칙 제2조 단서는 "이미 舊法에 의하여 생긴 效力에 影響을 미치지 않는다"고 규정하고 있으나, 이 사건 인지 당시에 한국에서 적용되고 있던 舊民法하에서는 이 사건 인지가 무효이고, 또 무효주장에 제약이 없었는데, 이를 가리켜 "舊法에 의하여 생긴 효력"으로서 파악할 수 있다고 하면 부칙 제2조 단서에 의하여 신법인 한국민법이 아니라 구법인 구민법이 적용되어야 하겠지만, 무효라고 하는 "법적 효과로서는 無인 상태"를 "舊法에 의하여 생긴 효력"으로 파악하는 것은 곤란할 것이라고 한다.

---

46) 山田, 判例評釋, 民商法雜誌 73권 4호, 1976, 478-480면. 桑田三郎, 判例評釋, ジュリスト No. 597, 1975, 160면도 민법부칙에 의하여 준거법이 현행 민법이 되어야 한다는 취지이며, 위 판결에 대한 최고재판소 조사관의 해설인 東條, 最高裁判所判例解說 民事篇 昭和49年度, 475면도 이 점을 수긍하는 취지로 보인다.

47) 民集 45권 7호 1151.

48) 瀧澤孝臣, "大韓民國の國籍を有する者から認知された日本國國籍を有する者が大韓民國民法の規定する出訴期間經過後に提起した認知無效の訴えの許否", 最高裁判所判例解說 平成三年度 399면 이하, 특히 406면.

그리고 위 판결에 대한 다른 평석[49]도 대체로 같은 취지이다.

라. 小　結

위 민법부칙의 관계조문은 그 규정 자체가 반드시 명백하지 아니하여 그 해석에 어려움이 있으나, 私見으로서는 입양의 요건에 관하여는 위 부칙 제18조가 제2조의 특별규정으로서, 제18조는 구법하에서 성립한 입양의 무효, 취소 여부에 관하여는 원칙적으로 민법 규정에 의하여만 판단하여야 한다는 취지라고 봄이 옳을 것으로 생각한다. 즉 제18조는 구법하에서의 입양에 관하여 신법상 무효, 취소의 사유가 있을 때에는 신법에 의하여야 한다는 것뿐만 아니라 신법상 무효, 취소의 사유가 있을 때에만 무효, 취소가 되고 신법상 무효, 취소의 사유가 없을 때에는 구법상은 무효, 취소의 사유가 있었더라도 무효, 취소는 아닌 것으로 보라는 의미도 아울러 포함하는 취지라고 해석함이 상당하다. 물론 이렇게 해석할 때에는 제18조 제2항의 규정은 단순한 주의규정에 불과한 것이 되나, 이처럼 신법에 소급효를 인정하는 것은 부칙 제2조 본문과도 부합하므로 제18조 제2항의 규정만을 근거로 하여 구법상 무효인 입양이 신법상도 여전히 무효라고 할 수는 없을 것이다. 다만 구법상 일단 유효하게 성립한 입양이 신법에 의하여 무효로 되는 것은 부칙 제2조 단서가 막고 있다고 보아야 할 것이다.

따라서 구법상의 입양에 무효사유가 있더라도 신법에 의할 때에는 그것이 무효, 취소사유에 해당하지 않거나 또는 취소사유에만 해당할 때에는, 이는 완전히 유효하거나 또는 취소할 수 있는 것에 불과하다고 해석하여야 한다. 다만 이러한 이론의 적용범위에 있어서는 다소의 제한이 필요하다. 즉 이러한 이론이 적용되는 것은 민법 시행 당시에 사실상의 입양관계가 존속하고 있는 경우에 한하고, 그러한 사실상의 입양관계가 이미 해소되어 존재하지 않고 있을 때에는 이미 해소된 무효의 입양이 소급하여 유효로 되는 것은 아니라고 보아야 한다.

대법원 1991. 12. 27. 선고 91므30 판결[50]은 무효인 입양이 추인에 의하여 소급하여 유효로 되기 위한 요건에 관하여, 혼인, 입양 등의 신분행위에 관하여 추인에 의하여 소급적 효력을 인정하는 것은, 무효인 신분행위가 있은 후에

---

49) 三井哲夫, "韓國籍を有する者から認知された日本國籍を有する者が韓國民法の規定する出訴期間の經過後に提起した認知無效の訴の許否", 判例評論 403호, 1992, 18면 이하, 특히 22면 이하 등.
50) 公 1992, 782.

그 내용에 맞는 신분관계가 실질적으로 형성되어 쌍방 당사자가 아무런 이의 없이 그 신분관계를 계속하여 왔다면, 이미 형성되어 있는 신분관계의 효력을 부인하는 것은 당사자의 의사에 반하고 그 이익을 해칠 뿐만 아니라 그 실질적 신분관계의 외형과 호적의 기재를 믿은 제 3 자의 이익도 침해할 우려가 있기 때문에, 추인에 의하여 소급적으로 신분행위의 효력을 인정함으로써 신분관계의 본질적 요소를 보호하는 것이 타당하다는 데 그 근거가 있으므로, 당사자간에 무효인 신고행위에 상응하는 신분관계가 실질적으로 형성되어 있지 아니하고 또 앞으로도 그럴 가망이 없다고 하는 경우에는 무효의 신분행위에 대한 추인의 의사표시만으로 그 무효행위의 효력을 인정할 수 없다고 판시하고 있다.

그런데 무효인 입양에 관하여 신법이 소급하여 적용되어 유효하게 되는 것은 추인의 경우와 마찬가지이므로, 이 경우에도 마찬가지로 무효인 신고행위에 상응하는 입양관계가 실질적으로 형성되어 있어야 할 것이며, 이렇게 보는 것이 부칙 제 2 조 단서에도 부합할 것이다.[51)]

그러므로 이 판결이 민법부칙 제 2 조 및 제18조를 근거로 하여, 민법시행일 전에 신고된 입양에 관하여 그 당시의 구법에 의하면 무효의 원인이 되는 사유가 있었더라도 민법의 규정에 의하면 그것이 무효의 원인이 되지 아니할 경우에는, 적어도 민법시행일까지 입양에 따르는 親子的 공동생활관계가 유지되고 있었다면 무효인 그 입양이 소급하여 효력을 가진 것으로 전환되고, 다만 민법에 의하여 취소의 원인이 되는 사유가 있는 때에는 민법의 규정에 의하여 이를 취소할 수 있을 뿐이나 그 취소기간은 민법시행일로부터 기산할 따름이라고 판시한 것은 매우 타당한 것이라고 하겠다.

그리고 이처럼 본다면 이 판결에 의하여 변경된, 민법 시행 전의 이성양자가 무효라고 한 종래의 판례들은, 민법부칙에 의하여 이성양자를 무효사유로 하지 않고 있는 현행 민법이 소급적용된다는 점을 간과하였다는 점에서도 비

---

51) 다만 이 판결 선고 후에 선고된, 대법원 1995. 7. 27. 선고 94다52911 판결(公 1995, 2940)은, 상법(1991. 12. 31. 법률 제4470호로 개정된 것) 제724조 제 2 항 본문은, 제 3 자의 책임보험의 보험자에 대한 직접청구권을 인정하고 있고, 개정 상법 부칙 제 2 조 제 1 항 본문은 개정 상법 시행 이전에 성립한 보험계약에도 개정 상법 중 보험편의 규정을 적용한다는 것이므로 보험사고인 교통사고가 개정상법 시행 이전에 발생하였다고 하더라도 피해자는 위 상법 제724조 제 2 항 본문의 규정에 의하여 보험회사에 대하여 직접 보상을 청구할 수 있다고 하면서, "그러나 종전의 규정에 의하여 발생한 효력에는 영향을 미치지 아니한다"라고 규정한 개정 상법 부칙 제 2 조 제 1 항 단서의 규정이 이와 같은 해석을 방해하는 것은 아니라고 하였으나, 이는 의문이다. 이 판결에 대한 비판으로서는 金星泰, "改正商法 부칙 제 2 조 1항의 의미", 법률신문 제2447호(1995. 10. 16.자), 14, 15면 참조.

판의 대상이 될 수 있을 것이다.

5. 餘 論

이 판결은 이처럼 이 사건 입양 자체가 유효하다고 하였으므로 X의 이 사건 청구가 신의칙에 반한다는 원심의 판시 이유에 대하여는 직접 그 타당성 여부를 따져보지 않았다. 그러나 이 판결 이후에 선고된 대법원 1995. 1. 24. 선고 93므1242 판결[52]은, 여자가 사실상의 養子를 자신의 호적에 출생신고하지 아니하고, 단지 내연관계에 있는 남자로 하여금 그의 호적에 자신을 생모로 하는 혼인 외의 자로 출생신고를 하게 한 때에는 설사 호적상의 모와 호적상의 자 사이에 다른 입양의 실질적 요건이 구비되었다 하더라도 이로써 호적상의 모와 호적상의 자 사이에 양친자관계가 성립된 것이라고는 볼 수 없다고 하여, 양친자관계의 성립을 긍정한 원심판결을 파기환송하면서, 傍論으로 다만 이처럼 법률상 양친자관계의 성립을 인정할 수 없는 경우에도 호적상의 모와 호적상의 자 사이에는 양친자관계를 창설하려는 의사가 있었고, 다른 입양의 실질적 요건도 갖추어졌으며 그 외에 호적상의 모로서는 그 사망 당시에 호적상의 자로 하여금 자신의 재산을 상속하게 하려는 의사를 가지고 있었다는 등의 사정이 있고, 이를 잘 알고 있는 제3자가 호적상의 모의 상속재산을 탐내어 그 상속재산에 관한 권리를 주장함으로써 분쟁이 생긴 경우에는, 구체적 상황에 따라 그 제3자의 재산상의 권리주장을 신의칙에 어긋나거나 권리남용에 해당한다고 하여 배척할 수 있는 여지가 있을 것이라고 하여, 친생자관계부존재확인청구 그 자체는 신의칙을 이유로 하여 배척할 수 없음을 간접적으로 밝혔다.[53]

6. 이 판결의 의의

이 판결은 종래 논의가 많았던, 민법 시행 전의 異姓養子의 허용 여부에 대하여도 명쾌한 태도를 밝힘으로써 종래의 반대판례를 정리하였을 뿐만 아니라, 민법부칙에 의하여 민법이 소급적용되는 범위 또한 명백하게 하였다는 점

52) 公 1995, 1159.

53) 이 판결에 대한 평석으로서는 韓相鎬, "여자가 사실상의 養子를 내연관계에 있는 남자의 혼인 외의 자로 出生申告하게 한 경우 養親者關係의 성립 여부", 民事判例研究 XVIII, 1996, 424면 이하 참조.

에서 큰 의미가 있는 것이라 하겠다.

〈判例月報 1996. 11(통권 제314호)〉

〈追記〉

1. 梁彰洙, "憲法制定 후 日政法令의 效力", 民法散考, 1998, 46면은 위 대법원 1949. 3. 26. 판결이 조선민사령 중 壻養子에 관한 규정이 제헌헌법의 규정에 저촉된 것이라고 판단한 것이라고 이해될 여지가 있다고 주장한다. 그러나 위 판결은, 위 조선민사령의 서양자에 관한 규정이 왜정퇴각과 동시에 자연소멸되었고, 그에 의하여 성립된 壻養子關係는 그 성립당초부터 무효라고 하고 있어, 제헌헌법이 시행된 1948. 8. 15.에 비로소 무효로 된 것이라고는 설시하고 있지 않다. 뿐만 아니라 위 조선민사령의 규정이 과연 헌법의 어느 조문에 어긋나는 것인가도 알 수 없다. 尹眞秀, 親族相續法編, 民事判例硏究會 編, 90년대 主要民事判例評釋, 2001, 394면 註 94) 참조. 다른 한편 정인섭, "大韓民國의 수립과 舊法令의 승계 — 制憲憲法 제100조 관련 판례의 분석", 國際判例硏究 제1권, 2000, 284면 이하는 이성양자제도는 창씨개명을 전제로 한 것이므로, 1946년 10월 23일 발표된 軍政法令 제122호 朝鮮姓名復舊令에 의한 創氏制度의 철폐가 異姓養子制度의 철폐도 포함하는 것이라고 한다. 梁彰洙, "우리나라 最初의 憲法裁判論議", 서울대학교 법학 제40권 제2호, 1999, 150면도 같은 취지로서, 종전의 견해를 바꾼 것으로 보인다. 그러나 朝鮮姓名復舊令은 일정시대의 창씨가 무효임을 선언하고 창씨한 일본식 이름을 조선성명으로 복구할 것을 규정하였을 뿐 서양자제도나 이성양자제도와는 직접 관계가 없는 것이고, 朝鮮姓名復舊令이 조선민사령 제11조의2를 폐지한 것이라고 해석하는 것은 논리적인 비약이라고 생각된다. 특히 다른 법령을 무효화하는 법령을 해석함에 있어서는 그 의미가 명백하지 않는 한 무효화되는 범위를 제한하는 해석이 요청되는 것이다. 정인섭, 위 논문, 296면도 朝鮮姓名復舊令을 단지 이름에 관한 것으로만 한정 해석을 하는 것도 법해석의 기술상 전연 성립될 수 없다고는 생각하지 않는다고 한다. 창씨개명의 문제에 관한 한 권위자라고 할 수 있는 鄭光鉉 교수는 조선민사령 개정 당시인 1939년과 1940년에 발표한 글에서 창씨의 문제와 서양자 및 이성양자의 문제를 독립하여 언급하고 있고, 창씨제도가 서양자와 이성양자의 전제라고는 설명하고 있지 않으며, 또 조선성명복

구령에 의하여 무효로 된 법령 등을 열거하고 있으면서도 조선민사령 제11조의2는 들고 있지 않다. 鄭光鉉, 韓國家族法研究, 1967, 24면 이하, 45면 이하, 65면 참조.

2. 奉侍家(註 15)에 대하여: 1895년 왕실의 宮內府가 개편되면서 종전의 내시를 奉侍로 임명하였다. 張熙興, "甲午改革 이후 內侍部의 官制 변화와 宦官制의 폐지", 東學研究 제21집, 2006, 17면 이하 참조. 그러므로 奉侍家란 이러한 奉侍의 집안을 가리키는 것으로 보인다.

兒童權利協約과 韓國家族法

Ⅰ. 序　　論

兒童의 權利에 관한 協約(Convention on the Rights of the Child. 이하 '아동권리협약' 또는 '협약'이라고만 한다)은 1989. 11. 20. 국제연합 총회에서 채택되었고,[1] 우리나라는 1991. 11. 20. 협약에 가입하여[2] 같은 해 12. 20.부터 협약이 우리나라에 적용되었다. 현재 협약의 가입국은 192개국으로서[3] 이에 가입하지 않은 나라는 美國과, 내전 때문에 사실상 중앙 정부가 존재하지 않고 있는 소말리아의 두 나라 정도이다.[4]

협약은 兒童[5]에 관하여 일반원칙과 여러 가지의 실체적인 권리를 규정하고 있다. 뿐만 아니라 협약 제42조는 협약상의 의무 이행을 달성함에 있어서 당사국이 이룩한 진전 상황을 심사하기 위하여 아동권리위원회를 설립하도록 규정하고, 제43조는 당사국에 대하여 협약 발표 후 2년 내, 그 후 5년마다 진전상황에 관한 보고서를 아동권리위원회에 제출하도록 규정하고 있다.[6] 이에

1) 협약의 성립 과정에 관하여 자세한 것은 김태천, "兒童權利協約", 國際人權法 제 1 호, 1996, 175면 이하; Sharon Detrick ed., The United Nations Convention on the Rights of the Child, A Guide to the "Travaux Préparatoires", 1992, pp. 19 ff. 등 참조.

2) 다만 협약 제 9 조 제 3 항, 제21조 (a) 및 제40조 제 2 항 (b) (ⅴ)의 규정에 관하여는 유보를 하였다.

3) 각국의 가입 현황뿐만 아니라 협약에 대한 각국의 보고서, 추가답변서 및 아동권리위원회의 심의 기록 등은 유엔 인권 고등판무관실(Office of the High Commissioner for Human Rights)의 홈페이지(http://www.unhchr.ch/tbs/doc.nsf)에서 검색할 수 있다. 이하에서도 이들 문헌은 따로 출처를 밝히지 않는 한 위 홈페이지에서 구한 것이다.

4) 유니세프의 홈페이지(http://www.unicef.org/crc/crc.htm) 참조. 최종 방문: 2005. 9. 11.

5) 협약 제 1 조는 아동을 원칙적으로 18세 미만의 사람으로 정의하고 있다.

6) 이에 대하여는 朴賢錫, "兒童權利協約의 履行", 石岩裵載湜博士古稀紀念 國際人權法의 實踐

따라 한국 정부는 1994. 11. 17.과 2000. 5. 1. 두 차례에 걸쳐서 보고서를 제출하였다.[7)]

이 글은 아동권리협약 전반이나 협약과 국내법의 관계 전반을 살펴보려는 것이 아니고,[8)] 주로 협약과 한국 가족법이 상충되는 점을 살펴보고, 그 개선방향을 모색하여 보는 것이 목적이다. 이 글의 구성은 다음과 같다.

먼저 Ⅱ.에서는 협약의 기본 이념과 협약의 국내법적 효력에 관하여 살펴본다. 이어서 Ⅲ.에서는 한국이 가입 당시 유보한 내용을 살펴보고 그 유보의 철회를 위하여 무엇이 필요한가를 논한다. 나아가 Ⅳ.에서는 그 외에 협약과 한국가족법 사이에 상충되는 점을 살펴보고 어떤 방향으로 개선되어야 할 것인가를 모색하고자 한다.

Ⅱ. 兒童權利協約의 基本 理念과 國內法的 意味

1. 協約의 基本理念

유엔 아동권리위원회는 1991년 제1차 회기에서 당사국 정부의 제1차 보고서의 작성방법에 관한 지침을 마련하면서, 위 협약의 토대를 이루는 기본적 가치를 '일반원칙'(general principles)이라고 하였다.[9)] 위 지침은 위 협약상의 일반 원칙으로 비차별(협약 제2조), 아동의 최선의 이익(협약 제3조), 생명, 생존 및 발전에 관한 권리(협약 제6조), 아동의 견해 존중(제12조)의 4가지를 들고 있다. 이것이 위 협약의 다른 여러 규정들의 바탕에 깔려 있는 기본 원칙이라고

制度, 1998, 232면 이하 참조.

7) CRC/C/8/Add.21; CRC/C/70/Add.14. 제1차 보고서 및 그에 대한 아동권리위원회의 반응에 대하여는 朴賢錫(註 6), 243면 이하 참조.

8) 협약에 관한 국내 문헌으로는 김태천(註 1); 朴賢錫(註 6) 외에도 金由美, "兒童의 權利實現을 위한 關聯法에 관한 考察", 家族法硏究 제10호, 1996, 407면 이하; 同, "아동권리에 관한 국제협약과 우리 민사법", 比較私法 제9권 4호, 2002, 345면 이하; 朴均省, "兒童의 權利에 관한 國際協約과 兒童福祉法制", 단국대 法學論叢 19輯, 1993, 83면 이하; 李和淑, "兒童의 權利와 法的, 社會的 保護의 實現", 南松 韓琫熙博士華甲紀念 現代民法의 課題와 展望, 1994, 357면; 韓琫熙, "아동의 권리조약과 가족법", 家族法硏究 제6호, 1992, 33면 이하; 同, "兒童의 權利에 관한 U.N. 條約과 韓國 親子法에 미친 影響", 家族法硏究 제11호, 1997, 667면 이하 등 참조.

9) UN Doc. CRC/C/5(1991), General Guidelines Regarding the Form and Content of Initial Reports to be Submitted by States Parties under Article 44, para 1(a), of the Convention.

할 수 있다.[10)]

첫째의 일반 원칙은 아동의 최선의 이익(The Best Interest of the Child) 원칙이다. 협약은 제3조 제1항에서 "공공 또는 민간 사회복지기관, 법원, 행정당국, 또는 입법기관 등에 의하여 실시되는 아동에 관한 모든 활동에 있어서 아동의 최선의 이익이 최우선적으로 고려되어야 한다"고 규정하고 있다.[11)] 원래 "Best Interest of the Child"라는 표현은 미국 뉴욕 주 대법원이 1925년에 선고한 판결에서 Cardozo 대법관이 처음 사용하였다고 알려져 있으나,[12)] 현재는 각국의 법에서 널리 받아들여지고 있는 원칙이다.[13)] 2005. 3. 31. 신설된 한국민법 제912조도 "친권을 행사함에 있어서는 자의 복리를 우선적으로 고려하여야 한다"고 규정하고 있다.[14)]

물론 아동의 최선의 이익이라는 기준에 대하여는 그것이 불확정하다(indeterminate)거나, 아동의 이익만을 고려하고 부모의 이익은 고려하지 않는다는 등의 비판이 끊이지 않고 있다.[15)] 확실히 아동의 최선의 이익이 무엇인가가

---

10) 김태천(註 1), 185면 이하 참조. 다른 한편 Deirdre Fottrell, "One Step forward or two steps sideway? assessing the first decade of the United Nations Convention on the Rights of the Child", in: Deirdre Fottrell(ed.), Revisiting Children's Rights, Kluwer Law International, 2000, pp. 4 f.는 협약 제5조가 규정하고 있는 아동의 발전하는 능력을 존중하여야 한다는 것을 본문에서 들고 있는 4가지에 덧붙여서 5가지의 핵심 원칙(key principles)이라고 설명한다.

11) 이는 외교통상부의 공식 번역에 따른 것이나 아래에서 보는 것처럼 원문의 뜻을 제대로 전달하지는 못하고 있다. 영어 원문은 다음과 같다. "In all actions concerning children, whether undertaken by public or private social welfare institutions, court of laws, administrative authorities or legislative bodies, the best interest of the child shall be a primary consideration."

12) Finlay v. Finlay, 240 N.Y. 429.

13) 예컨대 영국의 1989년 아동법(Children Act 1989) 제1조 제1항; 독일 민법 제1697a조 등. 이 독일 민법의 규정은 아동권리협약에 따라 1998년에 신설된 것이다.

14) 위 규정이 신설되기 전에 내려진 대법원 1993. 3. 4.자 93스3 결정이 "친권은 미성년인 자의 양육과 감호 및 재산관리를 적절히 함으로써 그의 복리를 확보하도록 하기 위한 부모의 권리이자 의무의 성격을 갖는 것으로서, 민법 제924조에 의한 친권상실선고사유의 해당 여부를 판단함에 있어서도 이와 같이 친권의 목적이 결국 자녀의 복리보호에 있다는 점이 판단의 기초가 되어야 할 것이고, 따라서 설사 친권자에게 간통 등 어떠한 비행이 있어 그것이 자녀들의 정서나 교육 등에 악영향을 줄 여지가 있다 하더라도 친권의 대상인 자녀의 나이나 건강상태를 비롯하여 관계인들이 처해 있는 여러 구체적 사정을 고려하여 비행을 저지른 친권자를 대신하여 다른 사람으로 하여금 친권을 행사하거나 후견을 하게 하는 것이 자녀의 복리를 위하여 보다 낫다고 인정되는 경우가 아니라면 섣불리 친권상실을 인정하여서는 안될 것이다"라고 판시한 것도 이러한 아동의 최선의 이익 원칙을 전제로 한 것이라고 할 수 있다.

15) 비판의 예로서 많이 인용되는 것은 Robert H. Mnookin, "Child-Custody Adjudication: Judicial Functions in the Face of Indeterminacy", 39 Law and Contemporary Problems, No. 3, 226 ff.(1975); Jon Elster, "Solomonic Judgments: Against the Best Interest of the Child", 54 Chicago Law Review 1 ff.(1987); Jon Elster, Solomonic Judgements: Studies in the Limitations of

어느 경우에나 명확한 것은 아니다. 그러나 다른 한편으로는 많은 경우에 아동의 최선의 이익이 어떤 것인가를 확정할 수 있는 것도 사실이다.[16] 그러므로 적어도 이러한 경우에 관한 한 아동의 최선의 이익을 고려하여야 한다는 명제가 잘못되었다고는 할 수 없다. 다른 한편으로 협약은 이제까지 결여되어 있었다고도 이야기되던, 최선의 이익 원칙의 내용에 좀더 확실성을 부여할 수 있는 포괄적인 윤리적 내지 가치의 체제를 제공하려고 하고 있다는 점도 강조되어야 한다는 지적이 있다. 즉 협약이 주어진 상황에서 개별 아동의 이익이 최대한 보호될 수 있는가에 관하여 확정적인 언명을 하려는 것은 아니지만, 무엇이 아동의 최선의 이익인가를 추구하는 사람을 안내할 수 있는 푯말을 제시하고, 그럼으로써 다른 요소들을 제외하고 있다는 것이다.[17]

그리고 협약 제3조 제1항은 아동의 최선의 이익이 우선적인 고려의 하나(a primary consideration)가 되어야 한다고 규정하고 있다.[18] 이 점과 관련하여 최초의 초안에서는 자녀의 최선의 이익이 최우선적으로 고려되어야 한다(the paramount consideration)고 규정하고 있었는데, 심의 과정에서 이는 지나치게 넓고, 또 아동의 이익이 우선적으로 고려되어야 하지만 다른 당사자들도 이와 같거나 또는 더 우월한 이익을 가질 수도 있으므로 최우선적이고 지상의 것으로 고려될 수는 없다는 견해가 표명되어 현재와 같이 바뀐 점[19]에 유의할 필요가 있다. 그러므로 협약의 이와 같은 표현은 원칙적으로 아동에 대해 어떤 영향을 미치는 모든 활동에 대하여 아동의 이익을 최우선적으로 고려하되, 다만 개별적인 경우에는 아동의 이익보다도 다른 사람들의 이익이 우선적으로 고려될 수 있는 신축성을 가지고 있음을 의미한다고 이해된다.[20]

둘째의 원칙은 비차별의 원칙이다. 협약 제2조 제1항은 "당사국은 자국의 관할권 안에서 아동 또는 그의 부모나 후견인의 인종, 피부색, 성별, 언어, 종교, 정치적 또는 기타의 의견, 민족적, 인종적 또는 사회적 출신, 재산, 무능력, 출생 또는 기타의 신분에 관계없이 그리고 어떠한 종류의 차별을 함이 없

Rationality, 1989 등이다.

16) Stephen Parker, "The Best Interests of the Child Principle — Principles and Problems", in: Philip Alston ed., The Best Interests of the Child, 1994, p. 31 참조.

17) Philip Alston, "Reconciliation of Culture and Human Rights", in Philip Alston ed.(註 16), p. 19 참조.

18) 외교통상부의 공식 번역은 이 점을 제대로 표현하지 못하고 있다.

19) Sharon Detrick ed.(註 1), pp. 131 ff. 참조.

20) 김태천(註 1), 187면 참조. 金水晶, "子女의 最善의 利益과 面接交涉權", 家族法研究 제19권 1호, 2005, 335면은 자녀의 면접교섭권과 관련하여 이와 같은 논의를 하고 있다.

이 이 협약에 규정된 권리를 존중하고, 각 아동에게 보장하여야 한다"고 규정하고 있다.[21] 이 규정은 시민적 및 정치적 권리에 관한 국제규약(International Covenant on Civil and Political Rights, ICCPR) 제 2 조 제 1 항이 "개인(individual)"에 관하여 규정하고 있는 것과 거의 같은 내용이다. 이 규정에 의하여 소녀는 소년과 동일한 대우를 받아야 하고, 난민아동, 소수민족아동 혹은 장애아동들도 다른 모든 아동들과 동일한 권리를 가져야 하며, 정상적인 생활을 할 수 있도록 동일한 기회가 주어져야 한다.[22]

셋째의 원칙은 생명, 생존 및 발전에 관한 권리이다. 협약 제 6 조는 당사국은 모든 아동이 생명에 관한 고유의 권리를 가지고 있음을 인정하고, 가능한 한 최대한도로 아동의 생존과 발전을 보장하여야 한다고 규정하고 있다.[23] 여기서 생명권(the right to life)은 단순히 아동에게 죽음을 당하지 않을 권리를 부여하는데 그치는 것이 아니라, 아동의 생존(survival)과 발달(development)을 포함한다. 따라서, 여기서의 생명권은 시민적 · 정치적 권리의 성격뿐만 아니라, 경제적 · 사회적 및 문화적 권리로서의 성격도 아울러 가지는 것으로 해석된다고 한다.[24]

넷째의 원칙은 아동의 견해 존중의 원칙이다. 협약 제12조는 다음과 같이 규정하고 있다.

1. 당사국은 자신의 견해를 형성할 능력이 있는 아동에 대하여 본인에게 영향을 미치는 모든 문제에 있어서 자신의 견해를 자유스럽게 표시할 권리를 보장하며, 아동의 견해에 대하여는 아동의 연령과 성숙도에 따라 정당한 비중이 부여되어야 한다.

2. 이러한 목적을 위하여, 아동에게는 특히 아동에게 영향을 미치는 어떠한 사법적 · 행정적 절차에 있어서도 직접 또는 대표자나 적절한 기관을 통하

---

21) 영어 원문은 다음과 같다. "States Parties shall respect and ensure the rights set forth in the present Convention to each child within their jurisdiction without discrimination of any kind, irrespective of the child's or his or her parent's or legal guardian's race, colour, sex, language, religion, political or other opinion, national, ethnic or social origin, property, disability, birth or other status."

22) 김태천(註 1), 189면.

23) 영어 원문은 다음과 같다.
Article 6
1. States Parties recognize that every child has the inherent right to life.
2. States Parties shall ensure to the maximum extent possible the survival and development of the child.

24) 김태천(註 1), 188면 참조.

여 진술할 기회가 국내법적 절차에 합치되는 방법으로 주어져야 한다.[25]

이 규정은 아동의 자기결정권(self-determination)뿐만 아니라 아동에게 영향을 미칠 결정을 함에 있어서 아동 자신의 참여(participation)를 의미한다. 예컨대, 부모가 이혼을 함에 있어서 그 자녀인 아동의 양육권자를 결정하여야 하는 경우 의사결정능력을 가진 아동은 자기의 견해를 피력할 권리를 가지며, 그 견해는 당해 아동의 연령과 성숙의 정도에 따라 정당하게 평가되고 존중되어야 한다는 것이다.[26]

2. 兒童權利協約의 國內法的 意味

이러한 아동권리협약은 우리나라의 국내법상은 어떠한 의미를 가지는가? 헌법 제6조 제1항은 "憲法에 의하여 체결·公布된 條約과 一般的으로 승인된 國際法規는 國內法과 같은 效力을 가진다"고 규정하고 있으므로 협약이 국내법으로서의 효력을 가진다는 점에는 의문의 여지가 없는 것처럼 보인다.

그러나 자세히 살펴보면 협약이 어떠한 효력을 가지는가는 반드시 명백하지 않다. 첫째, 아래에서 살펴보는 것처럼 협약의 내용은 우리나라의 국내법과는 상충되는 부분이 많은데, 이 경우에 어느 것이 우선하는가 하는 점이다. 일반적으로 조약과 국내의 법률이 상충하는 경우에 관하여는 양자는 동등한 지위에 있으므로,[27] 特別法 우선의 원칙과 新法 우선의 원칙 및 上位法 우선의

---

25) 영어 원문은 다음과 같다.

1. States Parties shall assure to the child who is capable of forming his or her own views the right to express those views freely in all matters affecting the child, the views of the child being given due weight in accordance with the age and maturity of the child.

2. For this purpose, the child shall in particular be provided the opportunity to be heard in any judicial and administrative proceedings affecting the child, either directly, or through a representative or an appropriate body, in a manner consistent with the procedural rules of national law.

26) 김태천(註 1), 187면. 협약 제12조 제2항에 대하여는 尹眞秀, "兒童의 司法節次上 聽聞", 이창희, 장승화 편, 절차적 정의와 법의 지배, 2003, 304면 이하 참조.

27) 논자에 따라서는 국제인권규범에 대하여는 헌법과 동등한 효력을 인정하거나, 아니면 헌법보다는 하위이지만 법률보다는 상위의 효력을 인정하여야 한다고 주장하기도 하지만(예컨대 이명웅, "국제인권법과 헌법재판", 저스티스 2005. 2, 182면 이하 참조) 받아들이기 어려운 주장이다. 그러나 이러한 국제인권법 규범은 실제로 헌법의 해석에 관한 기준으로 사용될 수 있으므로 그 한도에서는 사실상 헌법적인 의미를 가진다고 할 수 있다. 헌법 규범은 많은 경우에 추상적이므로 국제인권법의 규범이 좀더 구체적인 경우에는 이러한 국제인권법의 규범을 헌법 해석에 원용할 수 있고, 경우에 따라서는 우리 헌법의 해석을 국제법의 규범에 따라 바꿀 필요도 있는 것이다. 이와 같이 이해한다면 실질적으로는 협약에 憲法律的 效力을 인정

원칙 등에 따라 해결되어야 한다고 설명하고 있다.[28] 그러나 아동권리협약의 경우에는 우리나라가 협약에 가입함에 있어서 국회의 동의를 받지 않은 점이 문제된다. 헌법 제60조 제1항에 의하면 국회는 입법사항에 관한 조약의 체결·비준에 관한 동의권을 가지는데, 위 협약은 분명히 입법사항에 관한 것이고 따라서 국회의 동의를 받았어야 할 것으로 보이는데도 우리나라에서는 협약을 비준하면서 국회의 동의를 받지 않았다. 정부에서는 협약 가운데 국내의 기존법과 모순된다고 생각되는 3개 조항을 유보하였기 때문에 굳이 동의절차를 밟을 필요가 없었기 때문이라고 설명하고 있다.[29] 그러나 아래에서 보는 것처럼 위 3개 조항만이 모순되는 것은 아니기 때문에 이러한 설명은 문제가 있다.[30]

다른 한편 협약이 국내 법률과 같은 효력을 가진다고 하더라도, 그것이 직접 적용되는지 내지 自己執行的인지 하는 점은 별도로 따져 보아야 할 문제이다. 일반적으로 조약의 自己執行力 또는 直接適用이란, 조약이 국내법으로서의 효력을 가지는 경우에 국내적 실시를 위한 별도의 입법적 조치가 없이도 바로 국내에서 적용될 수 있고, 법원도 이를 재판규범으로서 원용할 수 있는 것을 말한다.[31] 조약을 자기집행적인 것과 그렇지 않은 것으로 구분하는 논의는 원래 미국에서 비롯된 것이지만, 현재 우리나라에서도 어느 정도 받아들여지고 있다고 할 수 있다.[32] 우리나라가 1995. 1. 18. 아동권리위원회에 제출한 추가

하는 것과 큰 차이는 없다고 할 수 있다. 다만 명시적으로 헌법의 규정과 국제적 인권협약이 충돌될 때에는 헌법이 우선한다고 보지 않을 수 없다. 尹眞秀, "女性差別撤廢協約과 韓國家族法", 서울대학교 법학 제46권 3호, 2005, 85-86면 참조.

28) 曺洪錫, "國際人權法의 國內法的 序列과 直接適用可能性", 저스티스 제32권 3호, 1999, 12면 이하 참조.

29) 그 자세한 내용에 관하여는 金由美, 家族法硏究 제10호(註 8), 412면 참조.

30) 金由美, 家族法硏究 제10호(註 8), 412-413면은 협약이 헌법 제60조 제1항에서 규정하고 있는 "일반적으로 승인된 국제법규"에 해당할 가능성에 대하여 논의하고 있다. 그러나 曺洪錫(註 28), 11면 이하는 이 점에 대하여 부정적이다.

31) 개념 및 용어에 관하여는 예컨대 박기갑, "조약의 자기집행력: 프랑스의 이론 및 판례를 중심으로", 判例實務硏究 Ⅲ, 1999, 176면 이하; 劉南碩, "市民的 및 政治的 權利에 관한 國際規約의 直接適用可能性", 같은 책 212면 이하; 김태천, "재판과정을 통한 국제인권협약의 국내적 이행", 국제인권법의 국내이행에 있어 문제점 및 대안, 국가인권위원회 심포지엄 자료집(2004. 10. 27), 4면 이하 등 참조. 曺洪錫(註 28), 20면은 직접적용가능성은 특별한 입법조치 없이 그 자체에 기하여 조약이 법원이나 행정기관에 의해 직접 적용될 수 있다는 의미이고, 조약을 근거로 개인이 직접 소송을 제기할 수 있다는 의미는 아니라고 한다.

32) 예컨대 대법원 1999. 3. 26. 선고 96다55877 판결(公 1999상, 758)은 '시민적 및 정치적 권리에 관한 국제규약' 제2조 제3항은 위 국제규약에서 인정되는 권리 또는 자유를 침해당한 개인이 효과적인 구제조치를 받을 수 있는 법적 제도 등을 확보할 것을 당사국 상호간의 국제법상 의무로 규정하고 있는 것이고, 국가를 상대로 한 손해배상 등 구제조치는 국가배상

답변서에서는 헌법 제6조 제1항을 근거로 하여 협약은 특별한 입법조치 없이도 법원에서 바로 원용될 수 있다고 진술하고 있다.[33] 그러나 이 점은 그처럼 단순한 것은 아니다. 가령 프랑스 파기원 판례[34]는 아동의 사법절차상 의견표명의 권리를 보장하고 있는 협약 제12조 제2항이 국내의 별도 입법 없이도 재판절차에서 바로 적용될 수 있는가 하는 문제에 관하여, 협약의 규정들은 법원에서 원용될 수 없고, 협약은 협약 당사국에 대한 의무(charge) 외에는 의무를 창설하지 않았으며, 이는 국내법으로 직접 적용될 수 없다고 판시하였다.[35]

어느 조약이 자기집행적인가 또는 직접 적용될 수 있는가 하는 점은 조약 起草者 및 當事國의 意思, 조약 문언의 내용·목적·대상 및 표현, 그 명확성 및 완전성의 정도, 당해 조약에 대하여 국내적 실시의무를 규정하고 있는지 여부 등 제반 사정을 종합하여 객관적으로 결정할 수밖에 없을 것이다.[36] 그런데 많은 경우에 조약 기초자 및 당사국의 의사와 같은 것은 객관적으로 확인하기가 어려우므로, 제1차적으로는 조약 문언의 내용·목적·대상 및 표현, 그 명확성 및 완전성의 정도와 같은 것이 기준이 될 수 있을 것이다.

그런데 이러한 기준에 따른다면 아동권리협약의 많은 조항들은 자기집행적이라고 하기는 어려울 것이다. 협약은 대부분의 조문에서 "당사국은… 조치를 취하여야 한다"고 하는 형식으로 규정하고 있어서 당사국에 대하여 의무를 부과하고 있을 뿐, 개인에게 직접 권리를 인정하는 형식으로는 규정하고 있지 않기 때문이다.[37]

그러나 이러한 점들은 아래에서 논의를 전개하는 것에 직접 장애가 되지는 않는다. 우선 국내법이 국제법에 위반되는 경우에 각 국가는 국내법을 국제법에 합치되게 해야 할 국제법적인 의무를 부담한다는 것에는 다툼이 없다. 뿐만 아니라 아래에서의 논의는 주로 위 협약에 대한 유보를 철회하려면 어떻게 하여야 하는가, 협약과 상충되는 우리나라의 가족법을 어떻게 바꿀 것인가 하

법 등 국내법에 근거하여 청구할 수 있는 것일 뿐, 위 규정에 의하여 별도로 개인이 위 국제규약의 당사국에 대하여 손해배상 등 구제조치를 청구할 수 있는 특별한 권리가 창설된 것은 아니라고 해석된다고 판시하였다.

33) Reply to List of Issues: Republic of Korea. 18/01/95 para. 2.

34) Cour de Cassation 1re civ., 10 mars 1993, n° 91-11310, Bull. 1993 I n° 103 p. 69 D. 1993, J. 361; 1re civ., 15 juillet 1993, n° 91-18735, Bull. 1993 Ⅰ, n° 259 p. 178; 1re civ., 4 janvier 1995, n° 92-20682, Bull. 1995 Ⅰ, n° 2 p. 1 등.

35) 이에 대하여 상세한 것은 尹眞秀(註 26), 311면 이하 참조.

36) 劉南碩(註 31), 221면; 박기갑(註 31), 193-194면 참조. 또한 김태천(註 31), 8면 이하 참조.

37) 尹眞秀(註 26), 331면 참조.

는 입법론적인 것이기 때문에, 협약이 직접적으로 국내법으로서 법원에서 적용될 수 없다고 하더라도, 우리나라 가족법의 문제점을 보여주는 척도로서의 의미를 부정할 수는 없는 것이다.

Ⅲ. 협약 제 9 조 제 3 항과 제21조 (a)의 유보에 대한 검토[38)]

1. 협약 제 9 조 제 3 항의 유보에 대하여

가. 유보의 이유

협약 제 9 조 제 3 항은 다음과 같이 규정하고 있다. "당사국은 아동의 최선의 이익에 반하는 경우 외에는, 부모의 일방 또는 쌍방으로부터 분리된 아동이 정기적으로 부모와 개인적 관계 및 직접적인 면접교섭을 유지할 권리를 가짐을 존중하여야 한다."[39)] 즉 위 조항은 부모의 일방 또는 쌍방으로부터 격리된 아동이 부모와 면접교섭권을 가진다는 것을 규정하고 있는 것이다. 그런데 한국은 협약에 가입하면서 위 조항에 대하여는 유보를 하였다. 그 유보의 이유는 면접교섭권에 관하여 규정하고 있는 민법 제837조의2[40)]가 면접교섭권을 아동의 권리가 아닌 부모의 권리로 규정하고 있기 때문이다.[41)]

나. 유보 철회의 필요성

1996. 1. 18.의 유엔 아동권리위원회의 회의에서 한국 대표는 이러한 한국 민법 제837조의2의 개정을 검토하고 있다고 하였고,[42)] 이에 대하여 아동권리위원회는 한국 정부가 제 9 조 제 3 항의 유보를 검토하고 있음을 환영하였으

38) 우리나라가 유보한 조항은 이외에도 제40조 제 2 항 (b) (ⅴ)가 있으나, 이는 형사재판에 있어서의 상소권 보장에 관한 것으로서 가족법과는 직접 관련이 없기 때문에 이에 대하여는 검토하지 않는다.

39) 영어 원문은 다음과 같다. "States Parties shall respect the right of the child who is separated from one or both parents to maintain personal relations and direct contact with both parents on a regular basis, except if it is contrary to the child's best interests."

40) 민법 제837조의2: ① 子를 직접 養育하지 아니하는 父母 중 一方은 面接交涉權을 가진다. ② 家庭法院은 子의 福利를 위하여 필요한 때에는 當事者의 請求에 의하여 面接交涉을 제한하거나 排除할 수 있다.

41) 한국 정부가 1994년 11월에 유엔 아동권리위원회에 제출한 최초보고서(Initial reports of States parties due in 1993: Republic of Korea. 30/11/94. CRC/C/8/Add.21), para. 11 참조.

42) Summary Record of the 276th meeting: Republic of Korea. 26/03/96. CRC/C/SR.276, para. 8.

며,[43] 한국 정부의 보고서에 대한 검토에서는 한국 정부가 제 9 조 제 3 항, 제 21조 등을 유보한 것은 아동의 최선의 이익에 관한 원칙 및 아동의 견해 존중의 원칙을 포함한 협약의 원칙 및 규정과 합치하는지에 관하여 의문을 제기한다고 하였다.[44]

이 점은 한국 정부가 2000년에 아동권리위원회에 제출한 제 2 차 보고서[45]에 대한 심리 과정에서도 또다시 문제되었다. 아동권리위원회는 정부가 제 9 조 제 3 항의 유보 철회를 검토한다고 한 것이 지켜지지 않았음을 지적하였다.[46] Karp 위원은 구체적으로 위원회의 권고에도 불구하고 아동이 이혼한 부모와의 면접교섭을 허용하는 입법을 통과시키는 것이 불가능했는지를 질문하였고,[47] 이에 대하여 한국 대표는 정부가 이 조항에 대한 유보의 철회를 고려하였으나 좀더 많은 시간이 필요하다고 답변하였다.[48]

근래 각국의 입법례도 면접교섭권을 부모뿐만 아니라 자녀의 권리로도 인정하는 경향을 보이고 있다. 예컨대 프랑스민법 제371조의4 제 1 항은 "자녀는 그의 직계존속과의 개인적인 관계를 유지할 권리를 가진다. 오직 중대한 사유가 있는 때에만 이 권리를 방해할 수 있다"고 규정하고, 독일민법 제1684조 제 1 항은 "자녀는 부모의 어느 한쪽과도 면접교섭을 할 권리를 가진다; 부와 모는 자녀와 면접교섭을 할 의무와 권리가 있다"고 규정한다.[49] 원래 면접교섭권을 인정하는 근거의 하나는 부모와의 면접교섭이 자녀의 정상적인 발달을 위하여 필요하다는 데 있기 때문에,[50] 자녀 자신의 면접교섭권을 인정하는 것은

43) Summary Record(註 42), para. 14.

44) Concluding Observations of the Committee on the Rights of the Child: Republic of Korea. 13/02/96. CRC/C/15/Add.51. para. 8. 협약 제51조 제 2 항은 협약의 대상 및 목적과 양립할 수 없는 유보는 허용되지 아니한다고 규정하고 있고, 아동권리위원회는 협약 제 2 조, 제 3 조, 제 4 조, 제 6 조 및 제12조에 대해서는 유보가 금지된다는 견해를 취하고 있다고 한다. 朴賢錫(註 6), 244면 註 64) 참조.

45) Periodic reports of States parties due in 1998: Republic of Korea. 26/06/2002. CRC/C/70/Add.14.

46) Summary Record of the 838th Meeting: Republic of Korea. 17/01/2003. CRC/C/SR.838, para. 15; Concluding Observations: Republic of Korea. 18/03/2003. CRC/C/15/Add.197. para. 9.

47) Summary Record(註 46), para. 51.

48) Summary Record(註 46), para. 52.

49) 독일이 1998년에 민법을 개정하면서 면접교섭권(Umgangsrecht)을 부모뿐만 아니라 자녀의 권리로도 인정하게 된 데에는 아동인권협약 제 9 조가 영향을 미쳤다. Thomas Rauscher, "Das Umgangsrecht im Kindschaftsreformgesetz", in: Dieter Schwab(Hrsg.), Das Neue Familienrecht, 1998, S. 241 f. 참조.

50) 최진섭, "면접교섭권의 이론적 기초와 개정 민법의 해석", 연세대 연세법학연구 제 2 집, 1992, 407면 이하; 金相瑢, "面接交涉權", 家族法硏究 Ⅰ, 2002, 47면; 李琳, "이혼 부부의 자녀

자연스러운 결론이다. 뿐만 아니라 이처럼 면접교섭권을 자녀의 권리로 인정함으로써 자녀를 면접교섭권의 단순한 객체가 아니라 주체로서 인정하는 것은 "자녀의 최선의 이익(The Best Interest of the Child)"을 추구하는 아동권리협약 제 3 조와 같은 현대 가족법의 흐름에도 합치한다.

다. 개정의 방향

자녀의 권리로 면접교섭권을 인정하는 것 자체는 그다지 어렵지 않다. 예컨대 현행 민법 제837조 제 1 항("子를 직접 養育하지 아니하는 父母 중 一方은 面接交涉權을 가진다")을 "子를 직접 養育하지 아니하는 父母의 一方과 子는 상호 面接交涉할 수 있는 權利를 가진다"라고 개정하면 될 것이다.[51)]

그러나 그것만으로는 충분하지 않다. 여기서는 두 가지 점을 추가로 고려하여야 한다. 그 하나는 자녀가 가지는 면접교섭권을 어떻게 실행할 수 있는가 하는 점이고, 다른 하나는 부모 외에 제 3 자와의 면접교섭을 인정할 필요가 있다는 점이다.

우선 면접교섭권의 실행 문제에 관하여는 예컨대 양육권을 가지는 부모 일방이 자녀가 다른 부모의 일방을 만나는 것을 반대하는 경우라든지, 또는 자녀가 만나고 싶어 하는 부모의 일방이 이를 거부한다든지 하는 경우에 면접교섭을 희망하는 자녀의 의사를 어떻게 실현시킬 것인가 하는 점이 문제로 된다.

가장 단순하게 생각하면 예컨대 양육하고 있는 부모의 일방이 자녀의 다른 일방과의 면접교섭을 반대하는 경우에는 자녀의 이름으로 특별대리인을 선임하여 그 특별대리인이 자녀를 위하여 법원에 면접교섭의 신청을 하게 하면 될 것처럼 생각된다.[52)] 또 면접교섭의 상대방이 면접교섭에 응하지 않는 경우에는 자녀의 이름으로 면접교섭을 청구하면 될 것처럼 보이기도 한다. 그러나 이 문제는 그처럼 단순하지는 않다. 가령 면접교섭의 상대방인 부모의 일방이 면접교섭을 거부하는 경우에 이를 강제하는 것이 과연 자녀의 복리를 위하여 도움이 될 수 있을 것인가 하는 의문이 있을 수 있다. 그리고 양육권이 있는 부모의 일방이 다른 일방과의 면접교섭을 거부하는 경우에 자녀로 하여금 스

와의 면접교섭 이행방안", 재판자료 101집 家庭法院事件의 諸問題(上), 376면 이하 등 참조.

51) 金相瑢(註 50), 48면 참조.

52) 독일의 경우에는 1998. 7. 1.부터 시행되게 된 비송사건절차법(Gesetz über die Angelegenheiten der freiwilligen Gerichtsbarkeit, FGG) 제50조에 의한 자녀를 위한 保護人(Pfleger)이 자녀를 위하여 면접교섭의 신청을 할 수 있다. Rauscher(註 49), S. 244 f. 참조.

스로 면접교섭권을 행사하게 하는 것은 양육권이 있는 부모와 자녀의 관계를 악화시킬 우려가 있다.[53)]

그럼에도 불구하고 명문으로 자녀의 면접교섭권을 규정하는 것은 필요하다고 판단된다. 1998년의 독일민법 개정 당시 독일 정부는 자녀가 부모를 상대로 소송상 면접교섭권을 행사하는 것은 부모 사이의 분쟁을 자녀에게로 옮기는 것이라고 하여 자녀에게 면접교섭권을 부여하는 것을 반대하고, 다만 면접교섭을 부모의 의무이자 권리로만 규정하자고 제안하였다. 그러나 의회의 심의과정에서는 아동권리협약 제 9 조 제 3 항이 규정하는 바와 같이 자녀가 단순히 권리의 객체가 아니라 권리의 주체임을 명확히 하여야 한다고 하여 자녀의 면접교섭권을 명확히 규정하게 되었다.[54)] 독일에서도 실제로는 자녀 자신이 면접교섭권을 행사하는 예는 별로 없다고 한다.[55)] 이러한 점에 비추어 보면 우리나라에서 자녀의 면접교섭권을 인정하더라도 그 강제집행의 문제는 별도로 검토할 필요가 있다.[56)]

다른 또 한 가지의 문제는 제 3 자와의 면접교섭을 인정할 것인가 하는 점이다. 물론 이 문제 자체는 아동권리협약 제 9 조 제 1 항과는 직접 관계는 없다. 그러나 자녀 자신의 면접교섭권을 인정한다면 자녀의 복리를 위하여는 부모뿐만 아니라 제 3 자와의 면접교섭도 인정할 필요가 있고, 이것이 아동의 최선의 이익을 추구하는 아동권리협약의 정신에도 부합한다. 현재 세계적으로도 자녀와 제 3 자 사이의 면접교섭을 인정하는 나라가 늘어나고 있는 추세이

53) 金相瑢(註 50), 49면은 이론상으로는 민법 제921조에 의한 특별대리인을 선임하여 자녀를 대리하도록 할 수 있겠으나 자녀가 자신을 양육하는 부모를 상대로 하여 법원에서 다툰다는 것은 자녀의 복리라는 관점에서 보아도 결코 바람직스럽지 못하다고 하여, 자녀의 면접교섭권은 심판을 통해서가 아니라 아동복지기관의 상담과 지원활동에 의해서 실현될 수 있다고 한다.

54) Rauscher(註 49), S. 240 ff. 참조.

55) Dieter Schwab, Familienrecht, 12. Aufl., 2003, Rn. 691.

56) 가사소송법은 종래 제64조의 이행명령 사항으로서 면접교섭권의 행사에 관한 것을 포함시키지 않고 있었으나 2005. 3. 24. 개정된 제64조는 가정법원은 자(子)와의 면접교섭허용의무를 이행하여야 할 者가 정당한 이유없이 그 義務를 이행하지 아니할 때에는 當事者의 申請에 의하여 일정한 期間 내에 그 義務를 이행할 것을 命할 수 있다고 규정하고, 제67조는 이에 위반한 때에는 職權 또는 權利者의 申請에 의하여 決定으로 100萬원 이하의 過怠料에 處할 수 있다고 규정하고 있다. 개정 당시의 원래의 개정안은 면접교섭권 행사를 방해하지 아니할 의무불이행을 이유로 양육자에 대하여 감치명령에 처할 수 있도록 규정하고 있었으나, 법사위의 심사 결과 면접교섭권행사를 방해한 자에 대하여 감치명령을 하도록 하는 것은 양육자의 공백이 있게 되는 문제점이 있다고 하여 과태료만을 부과하는 것에 그치게 된 것이다. 국회 법제사법위원회, "家事訴訟法中改正法律案 審査報告書", 2005. 2.(http://search.assembly.go.kr/bill/doc_20/17/hwp/170117_200.HWP) 참조.

다.[57] 다만 이러한 제 3 자와의 면접교섭을 허용한다고 하더라도 어떠한 범위의 제 3 자에게 이를 인정할 것인가, 어느 경우에 인정할 것인가, 자녀에게 제 3 자와의 면접교섭을 청구할 권리를 인정할 것인가 하는 점 등은 좀더 연구를 필요로 하는 문제이다.

2. 아동의 권리에 관한 협약 제21조 (a)의 유보에 대하여

가. 유보의 이유

위 협약 조항[58]은 아동의 입양이 아동에게 이익이 되는 것을 보장하기 위하여 관계 당국[59]의 허가를 받아야 하도록 규정하고 있는데, 우리나라는 당시에는 원칙적으로 입양에 있어서는 당사자의 동의와 입양신고만에 의하여 입양이 성립하도록 규정하고 있었으므로,[60] 우리나라는 위 협약에 가입하면서 위 조항을 유보하였다.

2005. 3. 31. 개정된 민법은 제908조의2 이하에서 親養子라는 이름으로 입양관계가 성립하면 친생부모와의 친생자관계를 단절시키는 이른바 完全養子제도를 창설하고, 이러한 친양자관계가 성립하기 위하여는 가정법원의 심판이 있어야 하는 것으로 규정하고 있으며, 이는 부칙 제 1 조의 규정에 의하여 2008. 1. 1.부터 시행하도록 되었다. 이러한 친양자제도는 "자녀를 위한 양자"의 이념에 부합하는 것으로서 아동권리협약에도 부합하는 것이지만,[61] 개정안에 따르더라도 친양자가 아닌 종래의 양자[62]의 경우에는 여전히 당사자의 합의와 신고만 있으면 가능하도록 되어 있다. 또 현실적으로 입양에 관하여 가장

57) 金相瑢(註 50), 51면 이하; 金水晶(註 20), 311면 이하 참조.

58) 위 조항은 다음과 같다.

제21조: 입양제도를 인정하거나 허용하는 당사국은 아동의 최선의 이익이 최우선적으로 고려되도록 보장하여야 하며, 또한 당사국은,

(a) 아동의 입양은, 적용 가능한 법률과 절차에 따라서 그리고 적절하고 신빙성 있는 모든 정보에 기초하여, 입양이 부모·친척 및 후견인에 대한 아동의 신분에 비추어 허용될 수 있음을, 그리고 요구되는 경우 관계자들이 필요한 협의에 의하여 입양에 대한 분별 있는 승낙을 하였음을 결정하는 관계당국에 의하여만 허가되도록 보장하여야 한다.

59) 원문은 "competent authorities"로서 "권한 있는 적절한 기관"이라는 뜻으로 이해된다. 공식 번역의 "관계기관"이라는 표현은 그 의미를 제대로 전달하지 못하고 있다.

60) 다만 입양촉진 및 절차에 관한 특례법 제16조는 외국인이 국내에서 입양하는 경우에는 가정법원의 입양 인가를 받도록 하고 있다.

61) 그러나 뒤에서 살펴보는 것처럼 양친에 의한 파양을 인정하는 것은 원래의 완전양자제도의 이념과는 거리가 있는 것이다.

62) 이른바 普通養子 또는 單純養子.

빈번하게 적용되는 입양촉진 및 절차에 관한 특례법도 양자가 양친의 성과 본을 따른다는 점(제8조 제1항) 외에는 별다른 규정을 두고 있지 않아서 완전양자 제도와는 거리가 있다.

나. 유보 철회의 필요성

유엔 아동권리위원회는 한국에서는 적절한 기관의 인가나 개입 없이 입양이 이루어질 수 있다는 데 대하여 유감을 표시하고, 국내 및 국외의 입양체제를 아동권리협약에 부합하도록 포괄적으로 재검토하며, 국가간 입양에 관한 아동의 보호와 협조를 위한 1993년 헤이그 협약을 비준할 것을 권고하였다.[63] 특히 2003. 1. 15.의 아동권리위원회 회의에서는 한국 대표단이 한국에서는 양부모가 문화적 전통 때문에 호적상 자녀를 친생자로 올리고 싶어 하고, 양자로 올리고 싶어 하지 않으므로, 입양의 허가를 받도록 한다면 이는 입양을 위축시킬 것이라고 답변하자, Karp 위원은 다른 나라들은 양부모의 프라이버시와 자녀의 최선의 이익을 다같이 보호하는 절차를 고안해 냈는데 한국 정부가 왜 그와 같이 할 수 없는지를 이해하기 어렵다고 지적하였다.[64] 뿐만 아니라 최근 각국의 법제는 입양에 대하여 법원의 허가를 요구하고 있는 추세이다.[65] 왜냐하면 그러한 절차를 밟아야만 입양이 양자가 될 아동의 이익에 부합하는가 하는 점을 제대로 심사할 수 있기 때문이다. 다른 말로 한다면 입양에 대한 법원의 심사를 요구하는 것은 "자녀를 위한 양자"라는 현대 양자법의 이념에 부합하는 것이다.

그럼에도 불구하고 우리 민법이 원칙적으로 당사자의 합의만 있으면 입양이 가능하게 한 것은 우리 양자제도가 아직도 "자녀를 위한 양자"가 아닌 "부모를 위한 양자"의 단계에 머물러 있기 때문이다.

국가인권위원회는 2005. 4. 11. "유엔 아동의 권리에 관한 협약 제21조의 유보철회 및 이행에 대한 권고"를 발표하여, 아동의 권리에 관한 협약 제21조 (가)의 이행을 위하여 입양은 관계기관의 심사 후 허가에 의해서만 가능하도록

63) Concluding Observations(註 46), paras. 42 f.

64) Summary Record(註 46), paras. 31, 52.

65) 각국의 입법례에 관하여는 金又德, 養子法에 관한 立法論的 硏究 — 完全養子法制의 導入을 위한 實證的 考察을 中心으로 —, 동아대학교 박사학위 논문, 1986, 21면 이하; 金昌姬, 養子制度에 관한 硏究 — 入養의 成立과 效果를 中心으로, 중앙대학교 박사학위 논문, 1986, 22면 이하 등 참조.

하고, 파양의 경우도 아동의 이익을 보호하기 위한 경우에만 허가되도록 관련 민법 등을 개정하며, 아동의 권리에 관한 협약 제21조 (가)에 대한 유보를 철회하도록 아동정책조정위원회 위원장인 국무총리 및 외교통상부장관에게 권고하였다.[66)]

다. 유보의 철회를 위한 가족법의 개정

그러므로 문제의 해결을 위하여는 종래의 보통양자 제도를 유지하는 경우에도 가정법원의 허가를 받도록 할 필요가 있다.[67)] 또한 입양촉진 및 절차 등에 관한 특례법에 의한 입양의 경우에는 원칙적으로 친양자관계가 성립하도록 법을 개정할 필요가 있다.

그런데 이에 대하여는 이처럼 입양 절차에 대하여 가정법원의 허가를 받게 하면 입양절차가 번거롭게 되어 오히려 입양을 감소시키게 되므로 양자가 될 아동의 복리에 어긋날 수 있다는 비판이 제기될 수 있다. 그러나 사람들이 종래의 입양방식에 의하여 입양을 하기를 꺼리는 것은 입양 절차가 번거롭기 때문이라기보다는 입양 사실이 드러나는 것을 싫어하는 것이 주된 원인이라고 여겨진다. 이러한 문제점은 친양자제도의 도입에 의하여 어느 정도 막을 수 있다. 현재 대법원과 법무부는 2005. 3. 31. 개정된 민법이 호주제도를 폐지함에 따라 현재의 호적제도를 개편하기 위한 작업을 진행중인데, 여기서는 친양자에 관한 사항은 원칙적으로 공개하지 않는 것으로 되어 있다. 그 외에 절차의 번거로움 때문에 입양을 꺼릴지도 모른다는 점은 제도의 효율적인 운용에 의하여 최대한 막을 수 있을 것이다.

다른 한편으로 국내의 입양기관 또는 입양실무자들 사이에는 입양촉진 및 절차에 관한 특례법상의 입양기관은 보건복지부장관 또는 시·도지사의 허가를

66) 국가인권위원회, 유엔 아동의 권리에 관한 협약 제21조의 유보철회 및 이행에 대한 권고(2005. 4. 11). 이는 국가인권위원회의 홈페이지에서 검색할 수 있다(http://humanrights.go.kr/policy/policy/poli03_02.jsp). 필자는 2004. 9. 국가인권위원회의 요청에 따라 국가인권위원회에 "國際的 人權協約에 있어서의 韓國의 留保條項 撤回를 위한 家族法 改正에 관한 검토"라는 의견을 제시한 바 있는데, 위 권고결정은 필자의 의견도 참고로 한 것으로 생각된다.

67) 權貞姬, "入養法의 竝行的 立法論", 家族法硏究 제 7 호, 1993, 250면, 255면 등 참조. 프랑스민법은 완전양자제도와 단순양자제도를 아울러 채택하고 있는데(완전양자: 제343조 - 제359조, 단순양자: 제360조 - 제370조의2), 완전양자뿐만 아니라 단순양자의 경우에도 법원의 판결을 요구하고 있다(완전양자: 제353조, 단순양자: 제361조에 의한 제353조의 준용). 일본민법은 완전양자(일본민법상의 特別養子) 외에도 미성년자의 보통입양의 경우에는 자기 또는 배우자의 직계비속을 양자로 하는 경우가 아닌 한 가정법원의 허가를 받도록 규정하고 있다(제798조).

받았으므로 협약 제21조 제 1 항의 관계기관에 해당하고, 따라서 이 점에 관한 한 별도로 법원의 허가와 같은 절차를 밟을 필요는 없다는 주장이 있다. 그러나 이러한 주장은 받아들이기 어렵다. 일반적으로 협약 제21조 (a)의 "관계기관(competent authorities)"은 법원인 경우가 많지만, 반드시 그에 국한되는 것은 아니며, 행정청이나 아니면 사인이라 하더라도 전문적인 지식을 갖춘 경우에는 이에 해당될 수도 있다.[68] 그러나 입양기관이 이에 해당한다고 보기는 어렵다. 우선 위 특례법상으로는 입양기관은 단순히 입양의 알선만을 행할 뿐 입양을 허가하는 권한을 가지고 있는 것은 아니다(위 법 제12조 제 2 항 참조). 뿐만 아니라 입양기관 자신은 입양의 성립에 관하여 이해관계를 가지므로,[69] 입양기관이 객관적인 제 3 자로서 입양 허가의 업무를 수행할 수는 없는 것이다. 또한 위 법 제17조는 외국인이 국외에서 입양하는 경우에는 보건복지부장관의 해외이주허가를 받도록 하고 있으나, 이는 문언 그대로 해외이주허가일 뿐 입양의 허가는 아니므로 이 또한 협약의 요건을 충족하지 못한다.

Ⅳ. 그 외의 협약과 한국가족법의 상충

1. 협약 제 2 조에 관련된 문제점

협약 제 2 조는 앞에서 설명한 것처럼 아동에 대한 차별의 금지를 규정하고 있다. 현재 우리나라의 법규상으로는 아동에 대한 현저한 차별은 잘 눈에 뜨이지 않는다. 과거에는 호주승계와 관련하여 혼인 중의 자와 혼인 외의 자녀를 차별하기는 하였으나,[70] 2005. 3. 31. 민법 개정으로 인하여 2008. 1. 1.부터는 호주제 자체가 폐지될 것이므로, 이 문제는 해결된 것이라고 할 수 있다.

---

68) Sharon Detrick, A Commentary on the United Nations Convention on the Rights of the Child, 1999, p. 348 f. 참조. 유엔 아동권리위원회에서의 한국 제 1 차 보고서 심의과정에서도, Santos Pais 위원은 대부분의 나라에서는 법원이 이러한 역할을 하고 있기는 하지만, 협약 제21조가 "competent authorities"를 특정하고 있지 않기 때문에 이것이 의무는 아니라고 하였다. Summary Record(註 42), para. 14. 위 국가인권위원회의 2005. 4. 11. 권고(註 66)도 '관계당국'이라 함은 사법적 심사와 아동전문가의 판단을 포함하는 것으로 파악된다고 서술하고 있다.

69) 위 법 제20조는 입양기관이 양친이 될 자로부터 입양알선에 실제 소요되는 비용의 일부를 수납할 수 있다고 규정하고 있다.

70) 2005. 3. 31. 개정 전의 민법 제985조 제 1 항은 호주승계의 순위에 관하여 혼인 중의 출생자를 혼인 외의 출생자보다 우선시키고 있었다.

그러나 가족법과 관련하여서는 婚姻適齡에 관한 민법 제807조의 규정이 문제된다. 동조는 "남자 만 18세, 여자 만 16세에 달한 때에는 혼인할 수 있다"고 규정하여 남녀의 혼인적령을 다르게 규정하고 있다. 이는 혼인연령에 관하여 남자와 여자를 차별하는 것으로서, 협약 제 2 조에 어긋난다. 유엔 아동권리위원회에서는 몇 차례에 걸쳐서 이 점을 지적하였다. 한국 정부 대표는 이 점에 대하여, 이는 한국의 전통에 부합하고, 여성들이 생물학적으로 남성보다 더 빨리 성숙하며, 남성들이 사회적 독립을 위하여는 좀더 많은 시간을 필요로 한다는 믿음에 근거하는 것이라고 하였으나, 아동권리위원회의 Karp 위원은 소녀들이 심리적으로 소년들보다 빨리 성숙한다는 것은 과학적으로 증명된 바 없으며, 소녀들이 조기에 결혼하면 매우 어린 나이에 자녀를 가지게 되는데 그러한 정책은 소녀들의 최선의 이익에 어긋나는 것이라고 지적하였다.[71)]

뿐만 아니라 유엔여성차별철폐위원회도 혼인을 할 동일한 권리를 보장하도록 규정하고 있는 여성차별철폐협약 제16조 제 1 항 (a)와 관련하여 혼인적령을 남자와 여자에 따라 달리 규정하고 있는데 대하여 우려를 표명하였다.[72)] 이 규정은 헌법상 평등의 관점에서도 문제가 된다.[73)] 따라서 남자와 여자의 혼인적령이 동일하도록 법을 개정하여야 할 것이다.[74)]

2. 협약 제 6 조에 관련된 문제점

협약 제 6 조 제 1 항은 앞에서도 설명한 것처럼 모든 아동의 생명에 관한 고유의 권리를 보장하고 있다. 이 점과 관련하여 우리 가족법상 특별히 개선의 필요가 있는 것은 미성년 자녀가 치료를 받을 필요가 있는데 부모가 종교적 신념 기타 다른 이유로 치료를 거부하는 경우에 국가가 적절하게 개입할 수 있는 절차에 관한 규정이 없다는 것이다.[75)] 이 문제는 협약 제19조 제 1 항[76)]

71) Summary Record(註 42), paras. 45 and 48. 또한 Concluding Observations(註 44), para. 12; Concluding Observations(註 46), para. 27.

72) Concluding Observations of the Committee on the Elimination of Discrimination Against Women: Republic of Korea. A/53/38/Rev.1, para. 382.

73) 尹眞秀, "婚姻의 自由", 韓國 法學 50年 — 過去 · 現在 · 未來: 大韓民國 建國 50周年 紀念 第 1 回 韓國法學者大會 論文集 Ⅱ, 1998, 68면; 同, "婚姻 成立에 관한 民法의 改正方向", 家族法硏究 제15권 1호, 2001, 83-84면 및 그 곳에서 인용하고 있는 문헌 참조.

74) 金由美, 比較私法 제 9 권 4호(註 8), 352-353면도 같은 취지이다.

75) 윤진수, "부모의 치료거부에 대한 의사의 조치", 의협신보 2002. 4. 22(제3607호), 26면 참조.

76) 당사국은 아동이 부모 · 후견인 기타 아동양육자의 양육을 받고 있는 동안 모든 형태의 신

이 규정하고 있는 유기나 학대로부터의 아동 보호와도 관련이 있다.

종래 우리나라에서는 예컨대 여호와의 증인 신자가 미성년 자녀가 수혈을 받아야 하는데도 그 수혈에 대한 동의를 거부하여 자녀가 사망한 경우에 사후적으로 부모를 형사처벌하는 데 그쳤을 뿐,[77] 이러한 경우에 국가가 사전에 개입하여 자녀가 치료를 받을 수 있는 절차를 마련하고 있지 않다. 현행법상 이를 위하여 활용될 수 있는 제도로는 親權喪失宣告의 제도(민법 제924조 이하)를 생각할 수 있으나, 친권상실의 절차는 그 효과가 강력하기 때문에 엄격하게 진행되어야 하고, 따라서 급박한 경우에는 사용되기 어렵다. 뿐만 아니라 친권상실선고는 친권을 전면적으로 박탈하는 것이기 때문에 아동에게 치료를 받게 한다는 제한된 목적을 위하여 적합한 것도 아니다.[78] 다른 한편 아동복지법 제27조는 아동학대 신고를 접수한 아동보호전문기관 직원이나 사법경찰관리는 지체없이 아동학대의 현장에 출동하여야 하고, 치료가 필요한 때에는 치료기관의 인도에 필요한 조치를 하여야 한다고 규정하고 있다. 그러나 위 규정만으로는 인도를 받은 치료기관이 어떠한 조치를 취할 수 있는지, 부모의 반대에도 불구하고 치료를 할 수 있는지 하는 문제가 해결되지 않는다.

물론 이러한 경우에 의사가 부모의 동의가 없이도 치료를 하는 것은 정당방위[79]로서 불법행위나 형사상의 상해죄에 해당한다고 할 수 없을 것이다. 그러나 그것만으로는 불충분하다. 의사로 하여금 단독으로 그러한 판단을 내리게 하는 것은 의사에게 지나친 위험을 부담시키는 일이다. 그러므로 이처럼 아동에 대한 부모나 후견인 등의 치료 거부가 아동의 생명이나 건강을 위협할 때에는 직권 또는 이해관계 있는 사람의 신청에 의하여 법원이 개입하여 치료를 명하는 절차에 관하여 규정을 둘 필요가 있다.[80]

외국의 예를 본다면 프랑스민법 제375조 제 1 항은, 미성년자의 건강, 안전 혹은 정신이 위험에 처하거나 교육상황이 심각하게 위태로운 때에는 법원에 의하여 교육구조조치(mesures d'assistance éducative)가 행하여질 수 있다고 규정

체적 · 정신적 폭력, 상해나 학대, 유기나 유기적 대우, 성적 학대를 포함한 혹사나 착취로부터 아동을 보호하기 위하여 모든 적절한 입법적 · 행정적 · 사회적 및 교육적 조치를 취하여야 한다.

77) 대법원 1980. 9. 24. 선고 79도1387 판결(公 1980, 13244). 아동복지법 제40조, 제29조 제 4 호는 자신의 보호 · 감독을 받는 아동에 대한 치료를 소홀히 하는 방임행위를 처벌하고 있다.

78) 金由美, 比較私法 제 9 권 4호(註 8), 371면; 金相瑢, "親權喪失宣告制度의 問題點", 考試研究 1999. 6, 83-84면 참조.

79) 형법 제21조; 민법 제761조 제 1 항.

80) 金由美, 比較私法 제 9 권 4호(註 8), 371면; 金相瑢(註 76), 81면 이하 등 참조.

하고 있다. 이 조치는 부모나 미성년자 자신뿐만 아니라 아이를 맡고 있는 개인 또는 기관, 후견인, 검사 등의 청구가 있는 경우뿐만 아니라 법원이 직권으로 할 수도 있다. 이 규정에 따라 법원은 부모의 반대에도 불구하고 미성년자에게 필요한 치료를 받도록 할 수 있다.

그리고 독일민법 제1666조 제 1 항은, 자녀의 육체적, 정신적 또는 심리적인 복리가 부모의 친권(elterliche Sorge)의 남용, 방임 또는 귀책사유 없는 무능력이나 제 3 자의 행위로 인하여 위협을 받을 때에는, 가정법원이 위험을 방지하기 위하여 필요한 조치를 취할 수 있다고 규정한다. 그리고 제 2 항은 법원은 부모의 동의를 대신할 수 있다고 한다. 이러한 조치는 따로 신청하는 사람이 없더라도 법원이 그 직권에 따라서 행할 수 있다. 다만 대부분의 경우에는 관계가 있는 제 3 자, 예컨대 의사 등이 법원에 이러한 조치를 취해 주도록 요구함으로써 절차가 개시된다. 따라서 부모가 자녀에게 의학적으로 필요한 수혈을 종교적인 이유로 거부할 때에는 의사가 법원에 이러한 사실을 알림으로써 법원이 의사로 하여금 수혈하게 할 수 있는 것이다.

영국에서는 이에 관한 성문법의 규정은 없으나, 전통적으로 이른바 parens patriae의 이론[81]에 의하여 법원이 부모의 반대에도 불구하고 필요한 경우 아동의 치료를 명하는 권한을 가지고 있다고 보아 왔다.[82] 미국에서도 각 주의 성문법이나 판례에 의하여 법원이 부모의 반대에도 불구하고 자녀의 치료를 명하는 권한을 가진다.[83]

그러므로 우리나라에서도 이 점에 관하여 관련 법률을 정비할 필요가 있다.

3. 협약 제 7 조에 관련된 문제점

협약 제 7 조 제 1 항[84]은 아동에게 자신의 부모를 알 권리, 즉 자신의 혈통을 알 권리를 보장하고 있다. 이와 관련하여 우리 법상으로는 우선 자녀의 친생부인권을 인정하지 않고 있는 것이 문제된다. 우리 민법은 자녀가 親生推

81) 이에 대하여는 尹眞秀, "美國法上 父母의 子女에 대한 治療 拒否에 따르는 法的 問題", 家族法硏究 제18권 1호, 2004, 11-12면 참조.

82) 尹眞秀, "英國 抗訴法院의 샴 쌍둥이 분리수술 사건 판결", 亞細亞女性法學 제 5 호, 2002, 142면 참조.

83) 尹眞秀(註 81) 참조.

84) 아동은 출생 후 즉시 등록되어야 하며, 출생시부터 성명권과 국적취득권을 가지며, 가능한 한 자신의 부모를 알고 부모에 의하여 양육받을 권리를 가진다.

定(제844조)을 받는 경우에는 親生否認의 訴에 의하여만 이를 깨뜨릴 수 있도록 하고 있다. 그리고 친생부인의 소를 제기할 수 있는 당사자는 父로 추정되는 母의 夫[85)]와 母인 妻에 국한될 뿐[86)] 자녀 자신은 제소권자가 아니다. 이는 자녀의 혈통을 알 수 있는 권리를 침해하는 것으로서 개선되어야 한다.[87)]

이 점에 관하여는 독일에서의 논의가 참고가 될 수 있다. 1998년 개정 전 독일민법 제1596조 제1항은, 친생자로 추정되는 子 자신의 부인의 소 제기 권한을 매우 예외적으로만[88)] 인정하고 있었는데, 독일연방헌법재판소는 1989. 1. 31.의 판결[89)]에서 이 규정이 헌법에 불합치한다고 선고하였다. 즉 자녀는 일반적 인격권에 기하여 자신의 혈통을 알 권리(Recht auf Kenntnis der eigenen Abstammung)를 가지고 있는데, 위와 같이 부인의 소 제기를 제한하는 것은 적어도 부부간의 혼인과 가정의 평화를 해칠 위험이 없는 경우에는 비례의 원칙에 어긋나서 위헌이라는 것이다. 독일의 경우 외에도 자녀의 친생부인권을 인정하는 나라들은 많이 있다.[90)] 이러한 자신의 혈통을 알 권리는 우리 헌법 제10조가 규정하고 있는 인간으로서의 존엄과 가치 내지 행복추구권으로부터도 도출될 수 있는 권리이다.

그런데 자녀의 친생부인권을 인정한다고 하더라도 어느 범위에서 이를 인정할 것인가는 어려운 문제이다. 이 점에 관하여는 자녀의 친생부인권을 제한 없이 인정하는 것은 가정의 평화를 해치고 부모의 사생활을 침해할 수 있기 때문에, 자녀가 법률상 父로부터 심히 부당한 대우를 받는 경우이거나 부모의 혼인이 해소되어 법이 보호해야 할 가정의 평화가 이미 존재하지 않는 경우 등에 한하여 제한적으로만 인정하여야 한다는 주장이 있다.[91)]

그러나 자녀의 혈통을 알 권리가 헌법상 권리로서 보장되어야 한다면 이는 원칙적으로 인정되고, 예외적으로만 제한되어야 할 것이다. 참고로 1998년 개정된 독일민법 제1600조는 별다른 제한 없이 자녀의 친생부인권을 인정하고

85) 이른바 表見父(Scheinvater).

86) 제847조 제1항. 처가 제소권자로 추가된 것은 2005. 3. 31.의 개정 민법에 의해서이다.

87) 曺美卿, "血緣眞實主義", 家族法硏究 제11호, 1998, 372면 이하; 金由美, 比較私法 제9권 4호(註 8), 361면 등 참조.

88) 즉 부인권자인 夫가 부인권을 상실하지 않은 상태에서 사망하였거나, 혼인관계가 이혼, 취소 또는 무효로 되었거나 3년 이상 별거하여 파탄에 이른 때, 또는 모가 생부와 혼인한 때, 夫가 자를 부당하게 대우한 때, 夫에게 중대한 유전질환이 있는 때 등.

89) BVerfGE 79, 256.

90) 曺美卿(註 87), 376-377면 참조.

91) 金相瑢, "子의 親生否認權", 家族法硏究 Ⅰ(註 50), 101면 이하.

있는데, 이는 주로 자녀의 친생부인권이 제한되는 경우를 한정하기에 어려움이 있기 때문이었다.[92] 뿐만 아니라 개정 독일민법 제1600b조 제 3 항은 자녀의 친생부인의 소 제소기간도 종전에는 성년 후 2년으로 한정하고 있던 것[93]을 성년이 되더라도 母의 夫가 자신의 아버지가 아니라는 사실을 안 날로부터 2년 내에 제기할 수 있도록 하였다.

그러므로 자녀의 친생부인권은 원칙적으로 인정하되, 친생부인권의 행사가 심히 부당하다고 인정될 때에는 權利濫用의 이론 등에 의하여 이를 배척하는 것이 타당하다고 생각된다.

4. 협약 제 8 조와 관련된 문제점

협약 제 8 조 제 1 항은 “당사국은 위법한 간섭을 받지 아니하고, 국적, 성명 및 가족관계를 포함하여 법률에 의하여 인정된 신분을 보존할 수 있는 아동의 권리를 존중한다”고 규정하고 있다. 이 규정과 관련하여 문제되는 것은 해외에 입양된 아동의 국적에 관한 것이다. 입양촉진 및 절차에 관한 특례법 제17조 제 2 항은 해외이주허가를 받고 해외로 입양된 자가 외국의 국적을 취득하면 대한민국의 국적을 상실하는 것으로 규정하고 있다. 그러나 이는 해외입양아의 경우에는 본인의 의사와는 관계없이 대한민국의 국적을 박탈하는 것으로서 위 협약의 규정에 어긋나는 것이 아닌가 문제될 수 있다. 실제로 해외입양된 사람들이 국내로 와서 활동을 하는 경우가 많이 있는데, 대한민국의 국적이 없기 때문에 불편을 겪는 경우가 많다고 한다.

이 문제의 해결을 위하여는 이러한 사람들에 대하여 이중국적을 허용하고, 이들이 성년이 된 후에 국적을 선택하게 하거나,[94] 아니면 이러한 사람들에 대

92) 상세한 것은 Hans Friedhelm Gaul, “Die Neuregelung des Abstammungsrecht” in: Dieter Schwab(Hrsg.)(註 49), S. 100 ff. 참조.

93) 개정 전 독일민법 제1598조. 독일연방헌법재판소 1994. 4. 26. 결정(BVerfGE 90, 263)은 이 규정이 헌법에 합치하지 않는다고 선고하였다.

94) 국적법 제12조 제 1, 2 항은 다음과 같이 규정하고 있다.

① 出生 기타 이 法의 規定에 의하여 滿 20歲가 되기 전에 大韓民國의 國籍과 外國 國籍을 함께 가지게 된 者(이하 “二重國籍者”라 한다)는 滿 22歲가 되기 전까지, 滿 20歲가 된 후에 二重國籍者가 된 者는 그 때부터 2年 내에 第13條 및 第14條의 規定에 의하여 하나의 國籍을 選擇하여야 한다. 다만, 「병역법」 제 8 조의 규정에 따라 제 1 국민역에 편입된 자는 편입된 때부터 3월 이내에, 제 3 항 각 호의 어느 하나에 해당하는 때부터 2년 이내에 하나의 국적을 선택하여야 한다. 〈개정 2005. 5. 24〉

② 第 1 項의 規定에 의하여 國籍을 選擇하지 아니한 者는 제 1 항의 만 22세 또는 2년을 경

하여는 영구적으로 이중국적을 허용하는 것도 검토할 필요가 있다.[95)]

다만 이에 대하여는 위와 같은 입양촉진 및 절차에 관한 특례법의 규정이 협약에 어긋나지 않는다는 반론도 제기될 수 있다. 1986년 유엔이 채택한 "국내적 또는 국제적 양육위탁과 입양을 별도로 규정하는 아동의 보호와 복지에 관한 사회적 및 법적 원칙에 관한 선언"(the Declaration on Social and Legal Principles relating to the Protection and Welfare of Children, with Special Reference to Foster Placement and Adoption Nationally and Internationally)[96)] 제 8 조는 다음과 같이 규정하고 있기 때문이다. 즉 아동은 성명, 국적과 법적 대리인을 가져야 하는데, 이는 양육 위탁, 입양 등으로 인하여 박탈되어서는 안 되지만, 아동이 새로운 성명, 국적이나 법적 대리인을 취득할 때에는 그러하지 않다고 규정하고 있는 것이다.[97)] 이 문제에 대하여는 견해가 갈릴 수 있다.

5. 협약 제12조와 관련된 문제점

앞에서 살펴본 것처럼 협약 제12조는 아동의 견해를 존중하여야 한다는 원칙을 규정하고 있다. 제 1 항은 일반적인 아동의 견해 존중의 원칙을 규정하고, 제 2 항은 특히 사법적 · 행정적 절차에 있어서 아동의 의견을 진술할 기회를 보장할 것을 규정하고 있다. 여기서 말하는 견해의 존중이란 반드시 아동의 의견에 구속된다는 의미는 아니지만, 아동에게 영향을 미치는 문제에 있어서는 아동의 의견을 들어보고 되도록 이를 존중하여야 한다는 것이다. 이는 협약 제 3 조 제 1 항이 규정하고 있는 아동의 최선의 이익(the best interests of the child)을 실현할 수 있는 중요한 수단이기도 하며, 협약의 일반원칙의 하나에 속한다.

그러나 우리나라에서는 이러한 아동의 견해 존중의 원칙이 제대로 인식되고 있지 못하여 많은 문제가 있다.[98)] 예컨대 아동에 대한 의료행위를 할 때에

과한 때에 大韓民國의 國籍을 상실한다. 〈개정 2005. 5. 24〉

95) 石東炫, "이중국적 허용여부에 관한 논의의 필요성", 法律新聞 2003년 6월 19일 제3179호, 13면 참조.

96) 이 선언은 아동권리협약의 前文에서 인용되고 있다. 본문의 명칭도 협약의 공식 번역에 따른 것이나, 반드시 정확한지는 의문이다.

97) Article 8: The child should at all times have a name, a nationality and a legal representative. The child should not, as a result of foster placement, adoption or any alternative rgime, be deprived or his or her name, nationality or legal representative unless the child thereby acquires a new name, nationality or legal representative.

98) 金由美(註 8), 355면 이하 참조.

는 아동 자신의 의사를 물어 볼 필요가 있으나, 이에 대하여는 현재 별다른 법규정이 없다.[99] 그러나 이하에서는 제 2 항이 규정하고 있는 사법절차상 아동의 의견 진술 기회 보장을 위한 聽聞에 대하여 간단히 살펴보고자 한다.[100]

현재 우리나라에서 이 점에 관한 직접적인 규정은 가사소송규칙 제100조뿐이라고 할 수 있다. 동조는 "제99조 제 1 항에 규정한 청구가 있는 경우에 子가 15세 이상인 때에는, 가정법원은 심판에 앞서 그 子의 의견을 들어야 한다. 다만, 子의 의견을 들을 수 없거나 子의 의견을 듣는 것이 오히려 子의 복지를 해할만한 특별한 사정이 있다고 인정되는 때에는 그러하지 아니하다"고 규정하고 있다. 그리고 가사소송규칙 제99조 제 1 항에 규정한 청구란 子의 양육에 관한 처분과 변경, 면접교섭권의 제한과 배제 및 친권을 행사할 자의 지정과 변경에 관한 심판의 청구를 말한다.

이처럼 이 규정이 15세 이상인 子의 의견을 들어야 한다는 것 자체는 협약 제12조 제 2 항에 부합하는 것이라고 할 수 있다. 그러나 반대로 15세 미만인 자의 의견은 들을 필요가 없으므로 이 점에서는 문제가 있다. 물론 가정법원이 임의로 15세 미만인 子의 의견을 들을 수는 있겠으나, 그것이 의무화되어 있는 것은 아니다. 실제로 실무상 15세 미만인 子의 의견을 듣는 경우가 흔한 것도 아니라고 여겨진다.

이외에는 아동의 의사표명에 관한 배려를 하고 있는 규정은 찾아보기 어렵다. 가령 현행법상으로는 입양의 경우에는 양자가 될 자가 15세 이상이면 본인의 승낙이 있어야 하지만, 15세 미만이면 대락권자 내지 부모나 후견인의 동의만 있으면 되고, 따로 본인의 의사는 확인하지 않는다.[101] 물론 현행법상 입양은 재판에 의하지 않는 경우도 있기 때문에 이 경우에는 협약 제12조 제 2 항의 문제라기보다는 제12조 제 1 항의 문제라고도 할 수 있다. 그러나 개정 민법이 신설한 친양자제도의 경우에는 친양자관계가 성립하기 위하여는 가정법원에 청구를 하도록 규정하고 있다.[102] 그런데 여기서도 아동의 의사는 전혀 고려되고 있지 않다.[103] 그 외에 아동에게 중대한 영향을 미치는 것으로는 친

99) 金天秀, "醫療行爲에 대한 同意能力과 同意權者", 民事法學 제13·14호, 1996, 235면 이하 등 참조.

100) 상세한 것은 尹眞秀(註 26) 참조.

101) 민법 제869조, 입양촉진 및 절차에 관한 특례법 제 6 조 참조.

102) 제908조의2 참조.

103) 이 점에 대하여는 윤진수, "민법중개정법률안에 대한 진술요지서", 국회법제사법위원회, 민법중개정법률안에 관한 공청회, 2002. 3. 7, 122면 참조.

권상실제도가 있는데, 여기서도 아동의 의사를 고려하여야 한다는 규정은 없다.[104] 반면 외국에서는 이러한 사법절차상 아동의 聽聞에 관하여 규정을 두고 있는 예가 많다.[105]

그러므로 이러한 상황을 개선하기 위하여는 법에 명문의 규정을 둘 필요가 있다. 그 구체적인 내용에 관하여는 또 다른 검토가 필요하겠지만, 필자는 가사소송법에 다음과 같은 규정을 둘 것을 제안한 바 있다.[106]

(1) 법원은 아동[107]이 당사자가 되는 가사소송 및 아동의 신분관계 기타 권리 의무에 영향을 미치는 가사비송사건[108]에 있어서는 아동을 신문할 수 있다.

(2) 법원은 재판의 성격 및 당해 아동의 특성에 비추어 아동의 신문이 필요하다고 판단되는 경우에는 아동을 신문하여야 한다. 아동이 15세 이상인 경우에도 같다.[109]

(3) 아동이 신문을 요구하는 경우에는 법원은 아동을 신문하여야 한다.

(4) 다만 아동의 의견을 들을 수 없거나 아동의 의견을 듣는 것이 오히려 아동의 복지를 해할 만한 특별한 사정이 있는 때에는 아동을 신문하여서는 안 된다.

6. 협약 제19조와 관련된 문제점

협약 제19조는 아동의 유기, 학대 방지에 관하여 규정하고 있다. 그 규정 내용은 다음과 같다.

제19조

1. 당사국은 아동이 부모・후견인 기타 아동양육자의 양육을 받고 있는 동안 모든 형태의 신체적・정신적 폭력, 상해나 학대, 유기나 유기적 대우, 성적

104) 金由美, 家族法硏究 제10호(註 8), 417-418면 참조.

105) 프랑스민법 제388조의1, 제388조의2; 독일민법 제1671조, 비송사건절차법(Gesetz über die Angelegenheiten der freiwilligen Gerichtsbarkeit, FGG) 제50조b, 제50조 등. 상세한 것은 尹眞秀(註 26), 311면 이하 참조.

106) 尹眞秀(註 26), 334면 이하 참조.

107) 우리 법상의 용어는 미성년자라고 하여야 할 것으로 생각된다.

108) 가사소송규칙 제20조는 "심판이 당사자 이외에 사건 본인의 신분관계 기타 권리, 의무에 관계된 것일 때에는 심판서에 그 사건본인의 성명, 생년월일, 본적 및 주소를 기재하여야 한다"고 규정하고 있으므로 결국 아동이 사건본인인 가사비송사건이 될 것이다.

109) 이 점에 관하여 아동복지 전문가들의 공통된 의견은 현행의 15세는 현실적으로 너무 높게 되어 있다고 한다. 이 연령 문제도 다시 한 번 검토할 필요가 있을 것이다. 尹眞秀(註 26), 336면 註 121) 참조.

학대를 포함한 혹사나 착취로부터 아동을 보호하기 위하여 모든 적절한 입법적·행정적·사회적 및 교육적 조치를 취하여야 한다.

2. 이러한 보호조치는 아동 및 아동양육자에게 필요한 지원을 제공하기 위한 사회계획의 수립은 물론, 제 1 항에 규정된 바와 같은 아동학대 사례를 다른 형태로 방지하거나 확인·보고·조회·조사·처리 및 추적하고 또한 적절한 경우에는 사법적 개입을 가능하게 하는 효과적 절차를 적절히 포함하여야 한다.

이러한 아동의 유기, 학대 방지를 위하여는 민법상의 친권상실 규정 외에도 아동복지법과 가정폭력범죄의 처벌 등에 관한 특례법, 가정폭력방지 및 피해자 보호 등에 관한 법률 등이 적용될 수 있을 것이다. 그러나 이러한 규정들은 아동권리협약과 같은 국제적인 기준에 비하여 그 내용이 불충분하다.[110)]

이 문제에 대하여는 별도의 독립적인 연구가 필요할 것이다.[111)] 여기서는 가정에서의 體罰 문제에 관하여 간단히 언급하고자 한다. 종래 우리나라에서는 친권자에 의한 자녀의 體罰은 어느 정도의 범위 내에서는 그 친권 행사의 범위 내라고 보아 허용된다고 보는 것이 일반적인 견해였다고 생각된다.[112)] 그러나 과연 친권자에 의한 체벌을 친권의 범위 내에 속하는 것으로 볼 수 있을까 하는 것은 한 번쯤 의문을 제기하여 볼 만한 문제이다. 유엔의 아동권리위원회는 한국에 대하여, 가정이나 학교 기타의 모든 다른 기관에서의 체벌(corporal punishment)을 명시적으로 금지하도록 관련 규정을 개정할 것을 권고하였다.[113)] 2000년 개정된 독일민법 제1631조 제 2 항은 "자녀는 폭력으로부터 자유로운 양육을 받을 권리를 가진다. 체벌, 정신적 침해 및 기타의 존엄을 해치는 조치는 허용되지 아니한다"[114)]고 규정하고 있다.

110) 金光錫, "사회복지관계법의 국제기준 및 국제적 보장에 관한 연구: 아동복지법, 노인복지법, 장애인복지법을 중심으로", 公法硏究 제30집 4호, 2002, 13면 이하 참조.

111) 종래의 연구 가운데 특히 亞細亞女性法學硏究 제 5 호(2002)가 "親權과 子女 虐待"를 특집으로 하여 여러 편의 논문을 실었고, 제 6 호(2003)에도 이에 관한 논문들이 실려 있다.

112) 대법원 1986. 7. 8. 선고 84도2922 판결(集 34권 2집 형417면, 公 1986, 1016)은 "학대죄는 자기의 보호 또는 감독을 받는 사람에게 육체적으로 고통을 주거나 정신적으로 차별대우를 하는 행위가 있음과 동시에 범죄가 완성되는 상태범 또는 즉시범이라 할 것이고 비록 수십회에 걸쳐서 계속되는 일련의 폭행행위가 있었다 하더라도 그 중 친권자로서의 징계권의 범위에 속하여 위 위법성이 조각되는 부분이 있다면 그 부분을 따로 떼어 무죄의 판결을 할 수 있다"고 판시하였다.

113) Concluding Observations(註 46), para. 39. 다만 아동권리위원회는 그러한 내용의 국가인권위원회 결의가 있었음을 전제로 하여 이러한 결의를 이행하라고 하였는데, 국가인권위원회는 학교에서의 체벌을 금지하라는 권고는 한 바 있으나(교육부 학교생활규정(안)에 대한 국가인권위원회의 의견, 2002. 9. 9) 가정에서의 체벌을 금지하라는 권고를 한 일은 없는 것 같다.

114) Kinder haben ein Recht auf gewaltfreie Erziehung. Körperliche Bestrafungen, seelische Ver-

그러나 과연 우리 사회가 이를 받아들일 수 있을 것인지는 다소 의심스럽다. 현재 많이 문제되고 있는 것은 학교에서의 체벌인데, 근래의 대법원 판례[115]는 초중등교육법 및 그 시행령, 특히 "학교의 장은 법 제18조 제 1 항 본문의 규정에 의한 지도를 하는 때에는 교육상 불가피한 경우를 제외하고는 학생에게 신체적 고통을 가하지 아니하는 훈육, 훈계 등의 방법으로 행하여야 한다"고 규정하고 있는 시행령 제31조 제 7 항을 원용하여 교사는 학교장의 위임을 받아 교육상 불가피한 경우에는 체벌을 할 수 있다고 판시하였다. 또한 헌법재판소 2000. 1. 27. 선고 99헌마481 결정[116]도 교사의 체벌이 징계권 행사의 범위 내인지에 대한 수사 없이 폭행 혐의를 인정한 검사의 기소유예처분이 교사의 기본권을 침해하였다고 하였다.

근본적으로 우리나라의 국민들의 의식 가운데에는 부모나 교사의 도를 지나치지 않는 체벌은 필요하다고 하는 의식이 뿌리 깊은 것으로 보인다.[117] 그러나 이러한 국민들의 의식에도 불구하고, 아동권리협약의 이념에 비추어 본다면 체벌의 금지가 우리가 나아가야 할 방향이라고 생각한다.[118]

7. 협약 제21조와 관련된 문제점

가. 제21조의 규정

全文은 다음과 같다.

입양제도를 인정하거나 허용하는 당사국은 아동의 최선의 이익이 최우선

---

letzungen und andere entwürdigende Maßnahmen sind unzulässig.

115) 대법원 2004. 6. 10. 선고 2001도5380 판결(公 2004하, 1187). 이 판결에 대한 비판으로는 沈羲基, "체벌이 정당행위로 인정될 수 있는지 여부와 그 요건", 考試硏究 2004. 9, 216면 이하 참조.

116) 헌법재판소판례집 12권 1집 90면 이하.

117) 교육인적자원부는 2002. 11. 19. 학교 내 체벌금지 등에 관한 국가인권위원회의 권고(註 113)에 대하여 교직단체, 관련 시민단체, 시·도 교육청 및 학교 교육현장의 의견을 수렴한 결과 관련법령을 개정하는 문제는 현실적으로 다양한 의견이 존재하므로 좀더 신중한 연구와 검토가 필요하다는 이유로 이를 사실상 수용하지 못한다는 입장을 통보하였다. 국가인권위원회 홈페이지(www.humanrights.go.kr)의 법령개선정책권고 중 학교생활규정안에 대한 권고 참조.

118) 유엔아동권리위원회에서 Karp 위원은 한국에 대하여 공중의 반대에도 불구하고 체벌을 금지한 나라들로부터 교훈을 얻어야 한다고 지적하였다. Summary Record(註 46). para. 58. 영국 귀족원은 2005. 2. 24.의 R. v. Secretary of State for Education and Employment Ex p. Williamson, [2005] 2 W.L.R. 590 판결에서, 학교에서의 체벌을 금지하는 영국 법의 규정이 체벌은 성경의 가르침에 따라 허용될 수 있다는 교사와 학부모의 종교의 자유를 침해한다는 주장을 배척하였다.

적으로 고려되도록 보장하여야 하며, 또한 당사국은

(a) 아동의 입양은, 적용가능한 법률과 절차에 따라서 그리고 적절하고 신빙성 있는 모든 정보에 기초하여, 입양이 부모·친척 및 후견인에 대한 아동의 신분에 비추어 허용될 수 있음을, 그리고 요구되는 경우 관계자들이 필요한 협의에 의하여 입양에 대한 분별 있는 승낙을 하였음을 결정하는 관계당국에 의하여만 허가되도록 보장하여야 한다.

(b) 국제입양은, 아동이 위탁양육자나 입양가족에 두어질 수 없거나 또는 어떠한 적절한 방법으로도 출신국에서 양육되어질 수 없는 경우, 아동 양육의 대체수단으로서 고려될 수 있음을 인정하여야 한다.

(c) 국제입양에 관계되는 아동이 국내입양의 경우와 대등한 보호와 기준을 향유하도록 보장하여야 한다.

(d) 국제입양에 있어서 양육지정이 관계자들에게 부당한 재정적 이익을 주는 결과가 되지 아니하도록 모든 적절한 조치를 취하여야 한다.

(e) 적절한 경우에는 양자 또는 다자약정이나 협정을 체결함으로써 이 조의 목적을 촉진시키며, 이러한 테두리 안에서 아동의 타국 내 양육지정이 관계당국이나 기관에 의하여 실시되는 것을 확보하기 위하여 노력하여야 한다.[119]

---

119) 원문은 다음과 같다.

Article 21

States Parties that recognize and/or permit the system of adoption shall ensure that the best interests of the child shall be the paramount consideration and they shall:

(a) Ensure that the adoption of a child is authorized only by competent authorities who determine, in accordance with applicable law and procedures and on the basis of all pertinent and reliable information, that the adoption is permissible in view of the child's status concerning parents, relatives and legal guardians and that, if required, the persons concerned have given their informed consent to the adoption on the basis of such counselling as may be necessary;

(b) Recognize that inter-country adoption may be considered as an alternative means of child's care, if the child cannot be placed in a foster or an adoptive family or cannot in any suitable manner be cared for in the child's country of origin; (c) Ensure that the child concerned by inter-country adoption enjoys safeguards and standards equivalent to those existing in the case of national adoption;

(d) Take all appropriate measures to ensure that, in inter-country adoption, the placement does not result in improper financial gain for those involved in it;

(e) Promote, where appropriate, the objectives of the present article by concluding bilateral or multilateral arrangements or agreements, and endeavour, within this framework, to ensure that the placement of the child in another country is carried out by competent authorities or organs.

나. 입양 일반에 있어서의 문제점

우리나라가 권한 있는 기관에 의한 입양의 허가 없이도 입양이 가능한 것으로 규정하고 있기 때문에 제21조 제1항을 유보하였다는 것과, 이 유보는 철회되어야 한다는 것은 앞에서 설명하였다. 이처럼 입양에 대한 허가제를 전면적으로 도입하더라도 개선되어야 할 문제점은 여전히 남는다.

첫째, 민법이 채택한 친양자 제도는 재판상 파양을 허용하고 있다.[120] 그러나 양자와 친생부모와의 관계가 완전히 단절되는 친양자(완전양자)의 경우에 파양을 허용하는 것은 자녀의 최선의 이익을 추구하는 완전양자의 이념 내지 협약 제21조의 규정에는 부합하지 않는다. 백보 양보하여 양부모가 양자를 학대한다든지 하는 경우에 양자의 이익을 위하여 파양을 인정하는 것은 몰라도, 양부모가 파양을 청구할 수 있게 한 것은 부당하다.[121] 이처럼 양부모에 의한 파양을 인정하는 것은 친양자 제도가 "부모를 위한 양자"에서 완전히 벗어나지 못하고 있음을 보여준다.

둘째, 친생부모와의 관계가 완전히 단절되지는 않는 보통양자의 경우에도 입양의 성립에 있어서 법원의 허가가 요청되는 것과 마찬가지로, 파양에 있어서도 적어도 양자가 미성년자인 경우에는 아동의 이익을 위하여 법원에 의한 허가를 요건으로 하는 것이 타당하다.[122] 국가인권위원회도 아동의 이익을 위해 파양할 현저한 이유가 있을 때만 제한적으로 재판에 의해 파양이 가능하도록 민법 등을 개정할 것을 권고하였다.[123]

셋째, 입양 절차에서도 아동의 의사가 더욱 존중되는 것이 바람직하다. 이는 협약 제12조와도 관련이 있지만, 가령 현행 민법상은 양자가 될 아동이 15

---

120) 제908조의5(친양자의 파양) ① 양친, 친양자, 친생의 부 또는 모나 검사는 다음 각 호의 1의 사유가 있는 경우에는 가정법원에 친양자의 파양(罷養)을 청구할 수 있다.
1. 양친이 친양자를 학대 또는 유기(遺棄)하거나 그 밖에 친양자의 복리를 현저히 해하는 때
2. 친양자의 양친에 대한 패륜(悖倫)행위로 인하여 친양자관계를 유지시킬 수 없게 된 때
② 제898조 및 제905조의 규정은 친양자의 파양에 관하여 이를 적용하지 아니한다.

121) 權貞姬, "親養子法에 대한 考察", 家族法硏究 제12호, 1998, 445-447면 참조.

122) 한국의 유엔아동권리위원회에 대한 제1차보고의 심의에서 Santos Pais 위원은 입양의 해소(dissolution)에 있어서도 입양과 마찬가지로 법원과 같은 관계기관의 관여 없이 이루어지는 점에 대하여 우려를 표명하였고, 위원회도 보고서에 대한 검토 결과에서 한국의 파양 시스템에 대하여 우려를 표명하였다. Summary Record(註 42), para. 14; Concluding Observations(註 44), para. 15.

123) 국가인권위원회 권고(註 66) 참조.

세 이상인 때에만 그의 동의를 필요로 하는데,[124] 이 15세의 기준은 너무 높다고 생각된다. 국가인권위원회는 아동의 발달정도를 고려하여 입양시 12세 이상 아동의 의사는 반드시 확인하도록 하되, 12세 미만의 아동은 아동심리전문가 등이 그들에게 적합한 방식으로 의견을 묻고 입양여부결정에 있어 고려해야 함을 규정하는 것이 아동권리협약 제12조 및 제21조를 이행하는 것이라고 권고하였다.[125]

다. 해외입양에서의 문제점

우리나라는 여전히 국내입양보다는 해외입양이 더 많이 행해지고 있는 것으로 알려져 있다. 그러나 협약 제21조 (b)는 국내입양 등이 불가능할 경우에 한하여 대체수단으로서 해외입양을 허용하고 있다. 따라서 정부로서는 제1차적으로 국내입양을 권장하고, 그것이 효과가 없을 경우에 한하여 해외입양을 허가하여야 하는데, 과연 정부가 그러한 노력을 기울이고 있는지 매우 의심스럽다.

뿐만 아니라 유엔 아동권리위원회는 한국이 국가간 입양에 관한 아동의 보호와 협조를 위한 1993년 헤이그 협약(Convention on Protection of Children and Cooperation in Respect of Intercountry Adoption)에 가입할 것을 권고하였는데,[126] 한국은 아직 이 협약에 가입하고 있지 않다. 위 협약은 兒童과 양친될 자가 서로 다른 체약국에 日常居所를 가지고 있는 경우에 적용되는데(제2조 제1항), 國家間 入養이 兒童에게 최선의 이익이 되게 그리고 기본적 권리가 존중되도록 보호조치를 정하고(제1조 a), 그러한 보호조치를 위해 체약국간에 협조체제를 정하는 것(제1조 b)을 내용으로 하고 있다. 그리하여 양자가 될 자의 출신국의 권한 있는 당국과 양자가 갈 수령국의 권한 있는 당국이 취하여야 할 여러 가지 조치에 관하여 규정을 두고 있다.[127] 이 협약 자체가 아동권리협약 제21조를 구체적으로 실현하기 위하여 만들어진 것이므로,[128] 우리나라가 아동권리협약에 충실하기 위하여는 위 헤이그 협약에의 가입을 검토할 필요가

124) 민법 제869조는 양자가 될 자가 15세 미만인 때에는 법정대리인이 그에 갈음하여 입양의 승낙을 하도록 규정하고 있으므로, 양자가 될 자의 연령이 15세 미만이어야 하는 친양자의 경우에는 양자가 될 자 본인의 동의는 요구되지 않는다.

125) 국가인권위원회 권고(註 66) 참조.

126) Concluding Observations(註 44), para. 22; Concluding Observations(註 46), para. 43.

127) 상세한 것은 崔興燮, "國際入養에 관한 헤이그協約 특히 1993년 入養協約을 중심으로", 國際私法研究 제3호, 1998, 811면 이하 참조.

128) 崔興燮(註 127), 807면 참조.

있다.[129)]

그리고 우리나라는 일단 아동이 해외에 입양되면 그 때부터는 아동에 대하여 별다른 배려를 하지 않고 있다. 해외 입양된 아동의 국적을 상실시키는 것이 그 단적인 예이다.[130)] 현재 우리나라에는 일단 해외로 입양되었던 아동들이 성년이 된 후 우리나라에 돌아와서 거주하면서 여러 가지 활동을 하는 예가 상당수에 달하는 것으로 알려지고 있는데, 이들은 국가의 배려 부족으로 말미암아 여러 가지 곤란을 겪고 있다.

국가인권위원회는 2005. 4. 11.의 권고(註 66)에서 이러한 해외 입양제도의 개선을 위하여 다음과 같이 권고하였다.

(1) 국내입양이 활성화될 수 있도록 미혼모의 양육지원 강화 및 가정위탁모에 대한 지원 현실화, 입양기관에 대한 지원을 입양아동 숫자에 비례한 지원으로 개선하고 미혼모와 장애인, 입양아동 및 한부모가정에 대한 차별과 편견을 없애기 위한 국민홍보 및 교육확대 등의 정책을 추진해야 한다.

(2) 해외입양에 관하여도 그것이 아동의 최선이익에 부합되도록 이루어지는지에 대한 보다 독립적이고 개관적인 심사가 이루어질 수 있는 제도적 보장책이 마련되어야 하며, 관련된 모든 사람들에 대한 전문적인 교육을 강화해야 한다.

(3) 입양비용에 대한 정확한 실태를 파악하여 항목별 국가부담 비용과 양부모부담 비용을 산출하고, 특히 입양특례법 시행령을 개정해 아동입양기관 운영비용 및 홍보비 등을 입양당사자들에게 부담시키지 말아야 한다.

(4) '1993년 국가간 입양에 관한 아동의 보호와 협력에 관한 헤이그협약'에 가입하고 이 협약이행을 위한 법제를 정비하며, 특히 입양기관간의 협약뿐만 아니라 관련국가와의 협력체제 구축을 통하여 해외입양아동의 보호 방안을 강구하도록 한다.

(5) 아동권리협약 제12조 및 제21조의 규정에 따라 입양에 있어 아동의 의사를 확인하도록 규정하되, 아동의 발달상태를 고려하여 12세 이상 아동은 반드시 본인의 동의를 구하고, 12세 미만의 아동도 아동이 이해하는 방식으로 의사를 확인해 이를 관계기관이 입양허가 여부를 결정함에 있어 반드시 고려해야 하는 사항으로 명시하는 것이 타당하다.

129) 崔興燮(註 127), 830면 이하; 朴賢錫(註 6), 244-245면 참조.
130) 위 4. 참조.

(6) 입양 아동에게 자신의 친생부모를 알 권리를 보장하기 위하여 출생과 입양에 관한 기록을 국가가 보관하고 정보열람권을 명시적으로 규정하되, 입양 관련자들의 인권을 고려하여 입양기록 및 정보열람권에 대한 법령을 정비해야 한다. 또한, 해외입양 아동에 대한 사후관리를 국가의 의무로서 인식하고 이를 위한 실질적 · 지속적인 정책을 추진해야 한다.

(7) 해외입양에 대한 각국의 법제도가 달라 아동이 법률상의 보호를 받지 못하는 일을 막기 위하여 체결된 '1993년 국가간 입양에 관한 아동의 보호와 협력에 대한 헤이그협약'에 가입하여 해외입양아동에 대한 보호를 강화해야 한다.

8. 협약 제27조와 관련된 문제점

협약 제27조 제 4 항은 다음과 같이 규정하고 있다.

"당사국은 국내외에 거주하는 부모 또는 기타 아동에 대하여 재정적으로 책임 있는 자로부터 아동양육비의 회부를 확보하기 위한 모든 적절한 조치를 취하여야 한다. 특히 아동에 대하여 재정적으로 책임있는 자가 아동이 거주하는 국가와 다른 국가에 거주하는 경우, 당사국은 국제협약의 가입이나 그러한 협약의 체결은 물론 다른 적절한 조치의 강구를 촉진하여야 한다."

즉 아동의 양육비(부양료)를 부양의무자로부터 실효적으로 확보할 수 있는 조치를 취할 의무를 협약 가입국에게 부과하고 있는 것이다. 그러나 우리나라는 아동의 양육비 채권을 다른 일반 민사 채권과 동일하게 취급하여 양육비의 실효적 확보를 위한 별다른 조치는 없다고 할 수 있다.[131] 그리하여 특히 이혼 후에 경제력이 없는 배우자 일방이 자녀를 양육하는 경우에 다른 배우자가 양육비를 제대로 지급하지 않는 것이 사회 문제로 대두되고 있다.[132] 외국의 경우에는 양육비 지급 확보를 위하여 국가가 우선 양육비를 지급하고 양육의무자에게 구상권을 행사하는 양육비 선급제도, 아동복지기관에 의한 양육비 청구

131) 가사소송법 제62조 제 1 항은 가사사건의 소의 제기 등이 있는 경우에 가정법원 등은 사전처분으로서 관계인의 감호와 양육을 위한 처분 등을 할 수 있다고 규정하고 있고, 제64조 제 1 항은 가정법원은 판결 등에 의한 이행의무를 이행하지 않는 자에게 이행명령을 할 수 있다고 규정하고 있으며, 제67조는 이러한 사전처분이나 이행명령을 위반한 자를 과태료 또는 감치에 처할 수 있는 것으로 규정하고 있기는 하나, 이것만으로는 별다른 실효성이 있다고 할 수 없다.

132) 양육비 지급의 실태에 대하여는 예컨대 金相瑢, "한부모 가정의 자녀 양육비 확보를 위한 제도 개선방안", 家族法硏究 Ⅰ(註 50), 114면 이하 참조.

의 보좌, 간이한 절차에 의한 양육비 지급명령 등 여러 가지 양육비 지급 확보를 위한 조치를 채택하고 있는 나라가 많다.[133] 우리나라에서는 이러한 방법 외에도 예컨대 법원에 의한 협의이혼 확인 조서에 양육비 지급에 관한 사항을 기재하고 이를 집행이 가능한 집행권원으로서 인정하는 방안[134] 등 여러 가지의 제안이 있다.[135]

현재 국회에는 2005. 9. 1.자로 김재경 의원 등 27인의 국회의원이 발의한 양육비 이행확보에 관한 특별법안이 계류되어 있다.[136] 이 법안의 주요한 내용은 다음과 같다.

첫째, 법무부장관은 양육비심판청구절차, 법률사무 및 이에 필요한 비용을 대통령령이 정하는 범위 안에서 지원할 수 있고, 이를 위하여 관계 행정기관으로 구성되는 기구를 설치하거나 「법률구조법」에 따른 법률구조법인을 지정하여 이를 의뢰할 수 있다(제 5 조).

둘째, 법원은 미성년자녀의 양육비가 합의되지 아니하거나 합의를 할 수 없을 때에는 당사자의 청구에 의하여 대법원규칙이 정하는 범위 안에서 양육에 필요한 수요, 양육비지급의무자의 생활수준 및 양육능력 등을 고려하여 양육비를 정하고, 당사자의 청구가 있으면 양육비에 관한 당사자의 합의나 판결을 변경할 수 있다(제 6 조).

셋째, 법원은 개인의 재산 및 신용에 관한 전산망을 관리하는 공공기관·신용기관·단체 등에 양육비지급의무자의 양육비지급능력을 파악하기 위하여 개인 명의의 소득 및 자산에 관하여 조회할 수 있다(제 7 조).

넷째, 법원은 미성년자녀의 양육비 이행확보를 위하여 사전처분을 할 수 있고, 이 처분은 집행력을 가진다(제 8 조).

다섯째, 양육비 지급은 양육비지급의무자의 급여나 기타 소득에서 정기적으로 공제하는 것을 원칙으로 하며, 법원은 양육비지급의무자 및 그 고용주 등 소득세징수의무자에게 정기적으로 소득에서 양육비를 공제할 것을 명할 수 있다(제 9 조).

133) 김유미, "양육비 이행확보에 관한 연구", 亞細亞女性法學 제 2 호, 1999, 271면 이하; 金相瑢(註 132), 118면 이하; 정현수, "離婚時 子女養育費 確保方案에 관한 硏究", 家族法硏究 제19권 1호, 2005, 264면 등 참조.

134) 金相瑢(註 132), 116면 이하.

135) 위 註 133)의 각 문헌 참조.

136) 국회 홈페이지에서 검색할 수 있다(http://search.assembly.go.kr/bill/doc_10/17/hwp/172547_100.HWP).

여섯째, 법원은 양육비채무를 이행하여야 할 자가 정당한 사유 없이 2기 이상 그 의무를 이행하지 아니할 때에는 양육자등의 청구에 의하여 그 의무를 이행할 것을 명할 수 있다(제10조).

일곱째, 법원은 양육비채무를 이행하여야 할 자가 이행명령에도 불구하고 정당한 사유 없이 그 의무를 이행하지 않는 경우 양육비에 상당하는 담보를 제공하게 할 수 있다(제11조).

여덟째, 양육비지급의무자가 양육비채무를 정당한 사유 없이 2기 이상 이행하지 아니한 경우 양육자등은 법무부장관에게 양육비의 대지급을 신청할 수 있고(제12조), 법무부장관이 양육비를 대지급한 경우에는 그 지급액의 한도 안에서 양육비지급의무자에 대한 구상권을 행사한다(제17조).

아홉째, 이행명령에 불응한 자는 1년 이하의 징역 또는 2년 이하의 자격정지 또는 1천만원 이하의 벌금에 처한다(제22조).

이 법안이 법률로 제정된다면 양육비의 확보를 위하여는 획기적인 조치가 될 것이다. 그러나 양육비 관련 법률구조나 양육비의 대지급과 같은 제도를 시행하기 위하여는 상당한 국가 예산을 필요로 하기 때문에,[137] 과연 입법화될 수 있을지는 확실하지 않다.

V. 結 論

이제까지 아동권리협약과 한국 가족법 사이에 저촉되는 것이 어떤 것인지를 살펴보았다. 이 글은 주로 가족법의 관점에서 본 것이고, 협약과 다른 법과의 관계에 대하여는 살펴보지 않았다. 또 가족법과의 관계에 있어서도 여기서 지적한 것 외에 다른 점도 문제될 수 있을 것이다.

그렇지만 이제까지 살펴본 것만으로도 한국 가족법이 아동권리협약과는 매우 큰 괴리가 있음을 알 수 있다. 이 점은 여성차별철폐협약과 한국 가족법의 관계와는 상당히 대조적이다. 여성차별철폐협약의 경우에는 한국이 1985년에 가입한 이래 2차례에 걸친 민법의 개정, 국제사법의 개정 등에 의하여 한국 가족법이 비록 완벽하다고는 할 수 없어도 여성차별철폐협약이 추구하는 이상

137) 위 법안의 제안이유에서는 2007년의 약 530억원을 포함하여 2011년까지 향후 5년간 총 2,837억원의 국가 예산이 소요될 것으로 예상하고 있다.

적인 모습에 상당히 접근하였다고 할 수 있다.[138] 이러한 차이는 어디에서 유래하는 것일까?

한 가지 원인으로는 여성차별철폐협약의 경우에는 여성의 주장을 대변하는 강력한 시민단체가 존재하여 입법과정에 상당한 영향력을 행사하였던 반면, 아동의 권리를 대변하는 그와 같은 시민단체는 없었다는 점을 들 수 있다. 그러나 보다 근본적으로는 아직 우리나라의 일반인뿐만 아니라 법률가들도 아동을 독립된 권리의 주체로 인식하지 못하고 단순한 권리의 대상으로 생각하는 데 머물러 있는 것이 그 원인이 아닌가 생각된다. 아동의 권리에 관하여 발상의 전환이 시급하다고 여겨진다.

〈國際人權法 제 8 호, 2005. 12〉

〈追記〉

1. 2007. 12. 21. 개정된 민법 제807조는 혼인적령을 남녀 구별 없이 18세로 하였고, 제837조의2는 면접교섭권을 부모뿐만 아니라 자녀의 권리로도 규정하였다.

2. 2007. 12. 31. 신설되고 2009. 5. 8. 개정된 민법 제836조의2는 양육하여야 할 자가 있는 부부가 협의상 이혼을 신청할 때에는 자의 양육과 친권자결정에 관한 협의서 또는 가정법원의 심판정본을 제출하여야 하고, 가정법원은 당사자가 협의한 양육비부담에 관한 내용을 확인하는 양육비부담조서를 작성하여야 하며, 이 양육비부담조서는 가사소송법 제41조가 준용되어 채무명의(집행권원)로서의 효력이 인정된다. 그리고 2009. 5. 8. 개정된 가사소송법은 미성년 자녀의 양육비 청구사건에서 재산명시를 명하거나 당사자 명의의 재산에 관하여 조회할 수 있도록 규정하고(제48조의2, 제48조의3), 가정법원은 양육비채무자에 대하여 정기적 급여채무를 부담하는 소득세원천징수의무자(이하 "소득세원천징수의무자"라 한다)에게 양육비채무자의 급여에서 정기적으로 양육비를 공제하여 양육비채권자에게 직접 지급하도록 명할 수 있는 양육비직접지급명령제도를 창설하였다(제63조의2). 가사소송법은 이외에도 양육비 지급을 확보하기 위하여 양육비채무자에게 상당한 담보의 제공을 명할 수 있다고 규정한다(제63조의3).

---

138) 尹眞秀(註 27) 참조.

兒童의 司法節次上 聽聞*

—兒童의 權利에 관한 協約 제12조 제 2 항의 우리나라에서의 實現—

I. 序　論

兒童의 權利에 관한 協約(Convention on the Rights of the Child. 이하 '협약'이라고만 한다)은 1989. 11. 20. 국제연합 총회에서 채택되었고, 우리나라는 1991. 11. 20. 협약에 가입하여[1] 같은 해 12. 20.부터 협약이 우리나라에 적용되었다. 현재 협약의 가입국은 191개국으로서 이에 가입하지 않은 나라는 美國과, 내전 때문에 사실상 중앙 정부가 존재하지 않고 있는 소말리아의 두 나라 정도이다.[2]

협약은 兒童[3]에 관하여 일반원칙[4]과 여러 가지의 실체적인 권리를 규정하고 있다.[5] 뿐만 아니라 협약 제42조는 협약상의 의무 이행을 달성함에 있어서

* 이 글의 초고를 읽고 조언하여 주신 서울대학교 법과대학 호문혁 교수님, 서울가정법원 황정규 부장판사님, 울산대학교 법학과 김유미 교수님, 연세대학교 사회복지학과 김기환 교수님께 감사의 뜻을 표한다.

1) 다만 협약 제 9 조 제 3 항, 제21조 (a) 및 제40조 제 2 항 (b) (v)의 규정에 관하여는 유보를 하였다.

2) 유니세프의 홈페이지(http://www.unicef.org/crc/crc.htm) 참조. 최종 방문: 2002. 10. 15. 이하 이 글에서 인용하고 있는 각종 인터넷 사이트의 최종 방문일은 모두 같다.

3) 협약 제 1 조는 아동을 원칙적으로 18세 미만의 사람으로 정의하고 있다.

4) 비차별(제 2 조), 아동의 최선의 이익(제 3 조), 생명권, 생존 및 발달의 권리(제 6 조) 및 의견표명권(제12조).

5) 협약에 관한 국내 문헌으로는 韓琫熙, "아동의 권리조약과 가족법", 家族法硏究 제 6 호, 1992, 33면 이하; 同, "兒童의 權利에 관한 U.N. 條約과 韓國 親子法에 미친 影響", 1997, 667면 이하; 金由美, "兒童의 權利實現을 위한 關聯法에 관한 考察", 家族法硏究 제10호, 1996,

당사국이 이룩한 진전 상황을 심사하기 위하여 아동권리위원회를 설립하도록 규정하고, 제43조는 당사국에 대하여 협약 발표 후 2년 내, 그 후 5년마다 진전상황에 관한 보고서를 아동권리위원회에 제출하도록 규정하고 있다. 이에 따라 한국 정부는 1994. 11. 30.과 2000. 5. 1. 두 차례에 걸쳐서 보고서를 제출하였다.[6)]

이 글에서는 협약 제12조 제2항에서 규정하고 있는 兒童의 司法節次上 聽聞請求權을 우리나라에서 어떻게 실현할 것인가 하는 문제를 다루고자 한다. 협약 제12조 제1항은 일반적으로 자신의 견해를 형성할 능력이 있는 아동에게 본인에게 영향을 미치는 모든 문제에 있어서 자신의 견해를 자유스럽게 표시할 권리를 보장할 것을 규정하고 있고,[7)] 동조 제2항은 그 중에서도 사법절차와 행정절차에서 아동에게 직접 또는 대리인이나 기타 적절한 기관을 통하여 聽聞을 받을 기회가 주어져야 한다고 규정하고 있다.[8)]

위와 같이 협약 제12조 제2항이 규정되게 된 것은, 특히 사법절차에 있어서 종래 아동에게 영향을 미치는 재판을 행함에 있어서 아동의 의사가 별로 존중되지 않았다는 반성적인 고려에 기인한 것이라고 볼 수 있다. 아래에서 설명하는 것처럼 여기서 말하는 아동의 의사 표명은 일정한 행위에 관하여 아동의 동의를 요구하는 것과는 구별된다. 따라서 아동의 의사가 표명되었다 하여 반드시 법원이 그에 구속되어야 하는 것은 아니다. 그렇지만 이처럼 아동에게

407면 이하; 김태천, "兒童權利協約", 國際人權法 제1호, 1996, 175면 이하 참조. 또한 金由美, "아동권리에 관한 국제협약과 우리 민사법", 2002. 10. 26. 제3회 한국법률가대회 발표 논문도 참조.

6) 협약에 대한 각국의 보고서, 추가답변서 및 아동인권위원회의 심의 기록 등은 유엔 인권고등판무관실(Office of the High Commissioner for Human Rights)의 홈페이지(http://www.unhchr.ch/tbs/doc.nsf)에서 검색할 수 있다. 이하에서도 이들 문헌은 따로 출처를 밝히지 않는 한 위 홈페이지에서 구한 것이다.

7) 협약 제12조 제1항: 당사국은 자신의 견해를 형성할 능력이 있는 아동에 대하여 본인에게 영향을 미치는 모든 문제에 있어서 자신의 견해를 자유스럽게 표시할 권리를 보장하며, 아동의 견해에 대하여는 아동의 연령과 성숙도에 따라 정당한 비중이 부여되어야 한다(States Parties shall assure to the child who is capable of forming his or her own views the right to express those views freely in all matters affecting the child, the views of the child being given due weight in accordance with the age and maturity of the child).

8) 협약 제12조 제2항: 이 목적을 위하여 아동에게는 특히 자신에게 영향을 미치는 모든 사법 및 행정절차에서 직접 또는 대리인이나 적절한 기구를 통하여 국내법의 절차법적 규칙에 합치하는 방식으로 聽聞을 받을 기회가 주어져야 한다(For this purpose, the child shall in particular be provided the opportunity to be heard in any judicial and administrative proceedings affecting the child, either directly, or through a representative or an appropriate body, in a manner consistent with the procedural rules of national law).

의사를 표명할 권리를 주는 것은 절차적 정의라는 면에서는 매우 중요한 의미를 가지고 있다. 뿐만 아니라 이는 협약 제3조 제1항이 규정하고 있는 아동의 최선의 이익(the best interests of the child)을 실현할 수 있는 중요한 수단이기도 하다.[9)]

그런데 우리나라는 협약에 가입하였음에도 불구하고 실제로 협약이 규정하고 있는 바를 실천하는 데에는 그다지 적극적이라고 할 수 없다. 특히 협약 제12조 제2항이 규정하고 있는 아동의 사법절차상 의견 표명에 관하여는 별다른 조치가 취하여진 바가 없다. 그러므로 이하에서는 이러한 아동의 사법절차상 聽聞을 우리나라에서 실현하기 위하여 어떠한 조치가 필요한가 하는 점을 다루어 보고자 한다.

서술의 순서로서는 제2장에서 이 문제에 관한 한국법의 현재의 상황을 다루고자 한다. 이어서 제3장에서는 이 문제에 관한 다른 협약 가입국들의 예를 보려고 한다. 그런데 협약 가입국이 191개국이나 되므로 이를 전부 검토할 수는 없고, 유럽의 프랑스, 독일 및 영국에 한정하여 살펴본다.[10)]

Ⅱ. 韓國法의 狀況

1. 한국 국가보고서의 언급

한국은 1994. 11. 30.의 제1차 보고서[11)]에서 협약 제12조와 관련하여 다

9) 협약의 제정과정 초기에는 현재의 제12조 제1항에 해당하는 규정만이 논의되었고, 제12조 제2항에 해당하는 규정은 아동의 최선의 이익을 규정하고 있는 제3조의 제2항으로서 논의되다가, 1989년에 핀란드 대표의 제안에 따라 제3조 제2항 대신 제12조 제2항으로 두기로 하였다. The United Nations Convention on the Rights of the Child, A Guide to the “Travaus Préparatoires”, compiled and edited by S. Detrick, Martinus Nijhoff Publishers, Dordrecht/Boston/London, 1992, pp. 131 ff., 224 ff. 참조.

10) 이 문제에 관한 한 일본은 우리나라의 상황과 그다지 다를 것이 없어서 큰 참고가 되지 않는다. 예컨대 1996년 5월에 아동권리위원회에 제출된 일본의 국가보고서에서는 가사소송이나 가사조정에서 15세 미만의 아동도 자신의 의견을 표명할 기회가 있음을 강조하고 있을 뿐(para. 65), 적극적으로 그러한 기회를 부여하여야 한다는 점에 대하여는 침묵을 지키고 있다. 일본에서 제12조 일반과 관련하여 이 점을 지적하는 것으로는 荒木重人, “子どもの權利條約の批准と日本審査報告書”, 法學セミナ No. 532(1999), 50면 참조. 그리하여 1998. 6. 5.의 아동인권위원회 最終 意見(concluding observations)에서도 일본이 이를 위하여 더욱 노력하여야 한다고 지적되었다(para. 35).

11) 우리나라의 제1차 보고서에 대하여는 朴賢錫, “兒童權利協約의 履行”, 石岩裵載湜博士古稀

음과 같이 언급하였다.

첫째, 친권이 남용되는 경우에는 친권이 상실될 수 있고, 이 청구는 친족이나 검사, 시·도지사 등이 할 수 있으며 가사조정절차를 경유하여 가정법원이 판단한다.12)

둘째, 친권자가 자녀의 행위를 목적으로 하는 채무를 부담하는 경우에는 자녀 자신의 동의를 얻어야 하고, 자신의 생각을 표현할 능력이 있는 미성년자는 친권자의 동의를 얻어 스스로 법률행위를 할 수 있다.13)

셋째, 부부가 법적으로 분리되는 경우에 자녀가 15세 이상이면 그의 의견을 청취하여야 하고, 15세 이상의 미성년자를 입양하는 경우에는 그 미성년자의 동의가 없으면 입양하지 못한다.14)

그러나 이러한 진술은 셋째의 점을 제외하고는 협약 제12조와는 관련이 없는 것이다. 첫째의 점은 제12조의 권리를 보장하는 것이라고는 할 수 없고, 오히려 아래에서 보는 바와 같이 친권 상실의 경우에도 아동의 견해를 청취하는 절차가 없는 것이 문제인 것이다.

그리고 둘째의 점에 관하여는 일정한 행위를 함에 있어서 아동의 동의를 요하는가 하는 점은 아동의 견해 표명과는 별개의 문제이다. 즉 아동의 동의 그 자체는 요구되지 않는다고 하여도 아동의 견해를 듣고 이를 존중할 것이 협약 12조가 요청하고 있는 바인 것이다.

셋째의 점 중에서 부부가 법적으로 분리되는 경우에 자녀가 15세 이상이면 그의 의견을 청취하여야 한다는 점은 협약 제12조와 부합하는 것이라고 하겠지만, 자녀가 15세 이하인 경우에 관하여는 침묵을 지키고 있는 것은 문제가 아닐 수 없다. 또 입양의 경우에 15세 미만의 미성년자의 의견을 묻는 절차가 없는 것도 역시 문제이다.

그리하여 한국의 보고서에 대한 아동인권위원회의 1996. 2. 13.자 최종의견에서도 한국은 협약 제12조의 이행을 위하여 충분한 조치를 취하지 않았다고 지적하고, 이를 위하여 법을 개정하도록 권고하였다.15)

紀念 國際人權法의 實踐制度, 1998, 232면 이하 참조.

12) para. 44, 46.

13) para. 45.

14) para. 47.

15) Concluding Observations of the Committee on the Rights of the Child: Republic of Korea. 13/02/96, para. 12, 22(http://www.unhchr.ch/tbs/doc.nsf/(Symbol)/8d6e3b9cb4be7cc74125631c00510a3b?Opendocument).

그럼에도 불구하고 한국 정부의 2000. 5. 1.의 제 2 차 보고서에서는 대체로 제 1 차 보고서의 진술을 되풀이하고 있다.[16)]

2. 한국의 法狀況

그러면 협약 제12조 제 2 항과 관련한 한국에서의 법상황은 어떠한가?

이러한 문제는 우선 아동이 직접 당사자가 되지 않는 경우에 특히 심각하다. 그런데 우리나라에서 이 점에 관한 직접적인 규정은 가사소송규칙 제100조뿐이라고 할 수 있다. 동조는 “제99조 제 1 항에 규정한 청구가 있는 경우에 子가 15세 이상인 때에는, 가정법원은 심판에 앞서 그 子의 의견을 들어야 한다. 다만, 子의 의견을 들을 수 없거나 子의 의견을 듣는 것이 오히려 子의 복지를 해할만한 특별한 사정이 있다고 인정되는 때에는 그러하지 아니하다”고 규정하고 있다. 그리고 가사소송규칙 제99조 제 1 항에 규정한 청구란 子의 양육에 관한 처분과 변경, 면접교섭권의 제한과 배제 및 친권을 행사할 자의 지정과 변경에 관한 심판의 청구를 말한다.

이처럼 이 규정이 15세 이상인 子의 의견을 들어야 한다는 것 자체는 협약 제12조 제 2 항에 부합하는 것이라고 할 수 있다. 그러나 반대로 15세 미만인 자의 의견은 들을 필요가 없으므로 이 점에서는 문제가 있다. 물론 가정법원이 임의로 15세 미만인 子의 의견을 들을 수는 있겠으나, 그것이 의무화되어 있는 것은 아니다. 실제로 실무상 15세 미만인 子의 의견을 듣는 경우가 흔한 것도 아니라고 여겨진다.

이 외에는 아동의 의사표명에 관한 배려를 하고 있는 규정은 찾아보기 어렵다. 가령 현행법상은 입양의 경우에는 양자가 될 자가 15세 이상이면 본인의 승낙이 있어야 하지만, 15세 미만이면 대락권자 내지 부모나 후견인의 동의만 있으면 되고, 따로 본인의 의사는 확인하지 않는다.[17)] 물론 현재로서는 입양은 재판에 의하지 않기 때문에[18)] 이 문제는 협약 제12조 제 2 항의 문제라기보다는 제12조 제 1 항의 문제라고 할 수 있다. 그러나 국회에 계류되어 있는 법무

16) para. 54-56. 그런데 민법 제920조에 의하여 자녀의 재산과 영업상 이익에 관하여 자녀를 대리할 때에는 자녀의 동의를 얻어야 한다고 설명하고 있는 것(para. 55)은 부정확한 것이다.

17) 민법 제869조, 입양촉진 및 절차에 관한 특례법 제 6 조 참조.

18) 협약 제21조 (a)는 아동의 입양은 관계당국에 의하여만 허가되도록 보장하여야 한다고 규정하고 있는데, 한국 정부는 협약에 가입하면서 위 조항을 유보하였다.

부와 국회의원들의 가족법 개정안[19]은 다같이 親養子制度라는 이름으로 完全養子制度를 도입하고 있는데, 여기서는 친양자관계가 성립하기 위하여는 가정법원에 청구를 하도록 규정하고 있다.[20] 그런데 여기서도 아동의 의사는 전혀 고려되고 있지 않다.[21]

그 외에 아동에게 중대한 영향을 미치는 것으로는 친권상실제도가 있는데, 이에 관하여도 아동의 의사를 고려하여야 한다는 규정은 없다.[22] 예컨대 대법원 1993. 3. 4.자 93스3 결정[23]에서는 간통을 하고 그 결과로서 남편을 사망하게 한 母인 피청구인의 친권 상실 여부가 문제되었다. 피청구인은 유치원을 경영하면서 유치원 버스 운전수와 정을 통하였는데, 그 운전수가 피청구인의 남편이 죽으면 피청구인이 자신과 함께 살 수 있으리라는 생각을 하고 피청구인의 남편이 잠자고 있던 방에 불붙은 석유통을 던져 넣어 燒死시켰다. 이에 수사기관에서는 피청구인이 그에 가담한 것이 아닌가 의심을 품고 수사를 하였으나 증거를 발견하지 못하여, 운전수는 무기징역형을 선고받고, 피청구인은 간통죄로 집행유예를 선고받았다. 그러자 피청구인의 시어머니가 피청구인을 상대로 하여 친권상실의 청구를 하였다. 이에 대하여 원심 판결은, 피청구인이 직접 남편을 사망하게 한 범죄행위를 저지르지는 않았더라도 통상의 간통행위보다 훨씬 강한 윤리적 비난을 받아 마땅하고, 피청구인으로 하여금 사건본인들에 대한 친권을 행사하게 하는 것은 그들에게 나쁜 영향을 준다는 이유로 친권상실을 선고하였다.

그러나 대법원은, 친권은 미성년인 자의 양육과 감호 및 재산관리를 적절히 함으로써 그의 복리를 확보하도록 하기 위한 부모의 권리이자 의무의 성격을 갖는 것으로서, 민법 제924조에 의한 친권상실선고사유의 해당여부를 판단함에 있어서도 이와 같이 친권의 목적이 결국 자녀의 복리보호에 있다는 점이 판단의 기초가 되어야 할 것이고, 따라서 설사 친권자에게 간통 등 어떠한 비행이 있어 그것이 자녀들의 정서나 교육 등에 악영향을 줄 여지가 있다 하더

19) 이 개정안들은 국회의 홈페이지에서 검색할 수 있다. 법무부의 개정안은 http://na6500.assembly.go.kr/cgi-bin/detail?BILLNO=160214; 의원입법안은 http://na6500.assembly.go.kr/cgi-bin/sublist?BILLNO=160419.

20) 각 개정안 제908조의2 참조.

21) 이 점에 대하여는 윤진수, "민법중개정법률안에 대한 진술요지서", 국회법제사법위원회, 민법중개정법률안에 관한 공청회, 2002. 3. 7, 122면 참조.

22) 金由美, 家族法研究 제10호(註 5), 417-418면 참조.

23) 公 1993상, 1172.

라도, 친권의 대상인 자녀의 나이나 건강상태를 비롯하여 관계인들이 처해 있는 여러 구체적 사정을 고려하여 비행을 저지른 친권자를 대신하여 다른 사람으로 하여금 친권을 행사하거나 후견을 하게 하는 것이 자녀의 복리를 위하여 보다 낫다고 인정되는 경우가 아니라면 섣불리 친권상실을 인정하여서는 안 될 것이라고 판시하여 원심 판결을 파기환송하였다.

이러한 대법원 판결의 일반론 자체는 수긍할 수 있으나,[24] 문제는 원심법원이나 대법원도 미성년 자녀의 의사를 고려한 흔적을 찾아볼 수 없다는 것이다. 만일 자녀들의 의사를 고려하였더라면 결과가 달라졌을 가능성도 배제할 수는 없다.

또한 민법 제921조는 친권자와 그 친권에 복종하는 자 또는 그 친권에 복종하는 수인의 자 사이에 이해가 상반되는 경우에 한하여 특별대리인을 선임할 수 있도록 하고 있는데, 이러한 특별대리인 선임 과정에서 자녀의 의사를 고려하여야 한다는 규정은 없다.[25]

이상은 주로 비송사건에 관한 것이지만, 소송사건의 경우에도 마찬가지이다. 구체적으로는 아동인도청구의 경우를 예로 들 수 있다. 가령 부모의 일방이 양육하고 있는 자녀를 다른 일방이 친권자임을 내세워서 인도를 청구하는 경우이다. 이에 관하여는 법상 독립된 소송형태로 규정하고 있지는 않으나, 실제에 있어서는 이러한 소송이 인정되고 있으며,[26] 또 외국에서도 이러한 경우에 자녀의 의사가 문제되는 경우가 있다. 그런데 이러한 경우에도 우리나라의 실무상 자녀의 의사가 별로 고려되고 있지는 않은 것으로 보인다.

다른 한편 아동이 당사자가 되는 경우에도 이러한 문제는 생긴다. 그런데 이러한 경우에는 아동의 의사 자체의 확인보다는 아동의 대리인이 얼마나 잘 아동의 이익을 대변할 수 있는가가 문제된다. 협약은 대리인을 통한 아동의 의견 진술에 관하여도 규정하고 있는데, 주로 문제가 되는 것은 아동의 법정대리인이 대리권을 행사할 수 없거나 행사하기에 곤란한 사정이 있는 경우일 것이다. 그런데 현행법상 이러한 경우에 관하여는 민법 제847조 제2항 및 민사소송법 제62조의 특별대리인 선임에 관한 규정밖에 없다.[27] 그러나 이 규정은 법

24) 이 판결에 대하여는 權貞姬, “親權의 喪失宣告”, 家族法硏究 제9호, 1995, 293면 이하 참조.
25) 이러한 문제는 민사소송법 제62조에 의한 특별대리인 선임의 경우에도 마찬가지이다.
26) 徐廷友, “離婚當事者間의 子의 引渡請求에 관한 試論”, 民事判例硏究 IX, 1987, 161면 이하 참조.
27) 민법 제921조의 규정에 의한 특별대리인이 소송행위에 관하여도 대리를 할 수 있는가에 관하여는 논란이 있다.

정대리인이 없거나 법정대리인이 대리권을 행사할 수 없는 경우에 한정되고 있어서, 법정대리인이 대리권을 행사할 수는 있으나 그것이 아동의 이익에 부합하지 않는 경우에도 특별대리인을 선임할 수 있는 근거가 없는 것이다.

이처럼 현행 우리나라의 법제는 협약 제12조 제2항에도 불구하고 아동의 사법절차상 의견진술에는 별로 배려를 하지 않고 있다.

이 이외에도 예컨대 형사절차에서 아동이 피해자가 되었을 때 아동이 증언을 할 기회를 보장하여야 하는 것도 문제로 될 수 있으나, 이는 일반적인 피해자 진술권(헌법 제27조 제5항)의 문제로 다룰 수 있고, 이 글에서는 주로 가사재판에 국한하여 살펴보고자 한다.

Ⅲ. 外國의 立法例

1. 프 랑 스

프랑스는 1993년에 협약을 고려하여 법을 개정하였다. 그러나 그 이전에도 협약 제12조 제2항이 직접적으로 효력을 가지는가에 관하여 논의가 있었다.

가. 협약 제12조 제2항의 직접적 효력 유무

프랑스는 1990. 7. 2. 위 협약을 비준하였다. 그러면서 대두된 문제가 협약 제12조 제2항이 별다른 국내법의 제정 없이도 바로 프랑스에 직접 적용될 수 있는가, 즉 아동은 제12조 제2항을 근거로 하여 바로 사법절차상 청문청구권을 주장할 수 있고, 프랑스의 법원은 위 조항을 근거로 하여 재판을 할 수 있는가 하는 문제였다. 다시 말하여 협약이 自己執行的(self-executing)인가 하는 점이다.[28]

이 점에 관하여 초기의 하급 법원의 재판례들은 이를 긍정하는 편이 많았다.[29] 그러나 프랑스 파기원 민사 제1부의 1993. 3. 10. 판결은 이를 부정하였다.[30] 이 사건에서 피고는 1979년에 혼인 외의 자녀인 아들을 낳았고, 원고는

---

28) 국제인권조약의 자기집행력 유무에 관하여는 曺洪錫, "國際人權法의 國內法的 序列과 直接適用可能性", 저스티스 제32권 3호, 1999, 7면 이하 참조.

29) Massip, Note, Recueil Dalloz Sirey(이하 D.라고만 표시한다), 1993, Jurisprudence(이하 J.라고만 표시한다), p. 362 fn. 2)에서 인용하고 있는 판례들 참조.

30) n° 91-11310, Bull. 1993 Ⅰ, n° 103 p. 69; D. 1993, J. 361. 프랑스의 판례들은 프랑스의

이 아들을 인지하였다. 그 후 원고가 피고를 상대로 위 아들에 대한 방문 및 숙박권(droit de visite et d'hébergement)의 행사를 청구하자, 법원은 면접자에 의한 社會的 調查(enquête sociale)31)와 의사의 의견만을 들은 다음 1989년 8월에 원고의 청구를 기각하였고 이는 1990. 12. 항소심인 Renne 고등법원에서도 그대로 유지되었다. 그러자 원고는 상고를 하면서 상고이유로서 법원이 협약 제1조, 제3조, 제9조 및 12조를 무시하고 아들을 직접 신문하지 않았다는 점을 주장하였다.

그러나 파기원은, 협약의 규정들은 법원에서 원용될 수 없고, 협약은 협약 당사국에 대한 의무(charge) 외에는 의무를 창설하지 않았고, 이는 국내법으로서 직접 적용될 수 없다고 판시하여 원고의 상고를 기각하였다.

이 판결에 대한 Massip의 평석32)에 따르면, 인권에 관한 협약들은 조약 당사국에 대하여 인권을 존중할 의무를 부과하기는 하지만, 법관은 조약이 법률에 우선함을 근거로 하여 법률이 그러한 협약의 원리들에 위배된다는 이유로 법률을 배척할 수는 없다고 한다. 협약에서 사용하고 있는 용어들은 특정인이 그 위반을 주장하기에는 너무 일반적이거나 심지어는 애매하다고 한다. 또 협약 제43조가 아동인권위원회가 조약 당사국들의 조약상의 의무 이행을 조사하도록 규정하고 있으며, 협약 제44조가 그 이행상황을 주기적으로 보고하도록 규정하고 있는 점을 지적하면서, 이러한 규정들은 명백히 직접적용의 가능성을 배제하는 것으로 보인다고 한다. 특히 협약 제12조가 아동에게 기회가 주어져야 한다고 규정하고 있는 것은 명백히 그 적용의 태양을 암시하는 것이라고 한다. 따라서 조약 당사국의 의무는 법원에 의하여 직접 적용될 수 없고, 법관은 단지 협약에만 근거하여 재판을 할 수 없으며, 또 프랑스 법이 조약문과 합치되는가를 따질 수도 없다고 한다. 입법을 협약과 조화되게 하는 것은 국가만의 임무라고 한다.

이 후에도 프랑스 파기원은 같은 태도를 유지하고 있다.33) 그러나 이 문

법률정보에 관한 공식 사이트인 Legifrance(http://www.legifrance.gouv.fr)에서 검색할 수 있다. 이때에는 사건번호로 조회하는 것이 유용하다.

31) 프랑스 민법 제287조의2에 의하면 친권 및 방문권의 행사방법 또는 자녀의 제3자 위탁에 관한 임시적·확정적 결정을 하기 전에 법관은 유자격자로 하여금 가정환경조사를 시행하도록 할 수 있다. 이를 社會的 調查(enquête sociale)라고 한다.

32) 註 29) 참조. 그는 위 판결에 관여한 재판연구관이었던 것으로 보인다,

33) Cass. 1re civ., 15 juillet 1993, n° 91-18735, Bull. 1993 Ⅰ, n° 259 p. 178; 1re civ., 4 janvier 1995, n° 92-20682, Bull. 1995 Ⅰ, n° 2 p. 1 등. 베르사이유 고등법원은 파기원에 위와 같은 판례를 장래에도 유지할 것인가를 질문하였는데, 이에 대하여 파기원 민사 제1부는 그러할 것이라고 답변하였다. Bulletin de l'information de la cour de cassation, n° 429(1996. 6. 1). 이

제에 관하여 논란이 없었던 것은 아니다. 특히 프랑스의 행정 최고법원인 國參事院(Conseil d'Etat)은 협약 제16조 등의 직접 적용을 긍정하는 듯한 태도를 보이고 있어서,[34] 파기원 판례가 변경될 것으로 예측하는 견해도 있다.[35]

나. 1993. 1. 8.의 민법 개정

다른 한편 프랑스 의회는 프랑스 국내법을 협약에 부합하게 하기 위하여 1993. 1. 8.의 법률[36]에 의하여 민법을 일부 개정하였는데,[37] 이 글의 주제와 관련된 것으로는 신설된 민법 제388조의1, 2가 있다. 제388조의1은 소송상 미성년자의 聽聞(audition)에 관한 것이고, 제388조의2는 미성년자를 위한 특별관리인(administrateur ad hoc)의 선임에 관한 것이다. 이하 차례로 본다.

(1) 제388조의1

이 조문은 다음과 같이 규정한다.

"① 미성년자와 관련된 모든 재판에 있어서 변식능력이 있는 미성년자는 법관 또는 법관이 지정한 사람에 의하여 聽聞될 수 있다. 다만 그로 인하여 미성년자의 소송참가 또는 동의에 관한 규정의 적용을 방해하지 않는다.

② 미성년자 자신이 聽聞을 요구한 경우에는 특별한 이유를 붙인 판결에 의하여만 그의 聽聞을 배척할 수 있다. 미성년자는 단독으로 또는 변호사나 자신이 지정한 사람과 함께 의견을 제시할 수 있다. 미성년자의 지정이 그의 이익과 합치하지 않는다고 판단되는 경우에는 법관은 다른 사람을 지정할 수 있다.

③ 미성년자의 聽聞이 그에게 재판당사자의 자격을 부여하는 것은 아니다."[38]

는 파기원 홈페이지에서 검색할 수 있다(http://www.courdecassation.fr/_BICC/bicc.htm). 한편 협약 제37조에 관하여는 Cass. crim., 18 juin 1997, n° 97-82008, Bull. crim. 1997, n° 244 p. 806이 같은 취지이다.

34) Conseil d'Etat, 10 mars 1995, n° 141083, D. 1995 J. p. 617. 협약 제 3 조에 관하여는 Conseil d'Etat, 22 septembre 1997, n° 161364가 같은 취지이다. 그러나 Conseil d'Etat, 23 avr. 1997, n° 163043은 협약 제24조 제 1 항, 제26조 제 1 항, 제27조 제 1 항 등의 직접 적용을 부정하였다.

35) Droit de Famille, sous la direction de Jacqueline Rubellin-Devichi, 1999 Dalloz Action, n° 2082(Bosse-Platière).

36) Loi n° 93-22 du 8 janvier 1993, Loi modifiant le code civil relative à l'état civil, à la famille et aux droits de l'enfant et instituant le juge aux affaires familiales.

37) 이 개정에 대한 간단한 언급으로는 洪春義, "현대 프랑스 親子法과 親權法의 發展과 動向", 家族法研究 제13호, 1999, 327면 이하 참조.

38) 제388조의1의 원문은 다음과 같다.

Dans toute procédure le concernant, le mineur capable de discernement peut, sans préjudice

한편 같은 날 개정된 민법 제290조 제3호는 법관이 이혼시 친권에 관한 결정에 있어서 제388조의1에 의하여 표시된 미성년자의 감정을 고려할 것을 명하고 있다.

우선 위 규정에 따른 聽聞은 법률상 요구되는 미성년자의 同意(consentement)와는 구별된다.39) 그리고 위 규정에 따른 聽聞이 있다고 하여 당해 미성년자가 그 재판의 당사자가 되는 것이 아님은 제3항의 규정에 의하여 명백하다. 과거의 프랑스 하급법원 판례들은 협약 제12조를 근거로 하여 자녀가 부모의 이혼소송 등에 참가(L'intervention)하거나 항소를 할 수 있는 권리를 인정하기도 하였으나,40) 파기원 1995. 1. 4. 판결41)은 위 1993. 3. 10. 판결(註 30)과 마찬가지로 협약 제12조는 직접 적용될 수 없다는 등의 이유로 이를 인정하지 않았다. 그러나 이처럼 미성년자에 대하여 재판의 당사자 자격을 인정하지 않는 점에 대하여는 비판이 있다.42)

이 규정 적용에 따른 聽聞(audition)의 전제조건으로서 우선 辨識能力(discernement)이 있을 것이 요구되는데, 종전의 민법 제290조의3은 이혼시 친권의 행사방법을 결정함에 있어서 13세 이상의 자녀의 청문을 들어야 한다고 규정하고 있었다. 그러나 새 법은 이처럼 연령에 의한 규정 대신 변식능력이라는 좀더 유연한 개념을 도입하였다. 위 개정법률의 시행에 관한 1993. 3. 3.자 법무부장관의 通達43)은 이 점에 관하여, 제기된 매 사건에서 당해 미성년자가 법

---

des dispositions prévoyant son intervention ou son consentement, être entendu par le juge ou la personne désignée par le juge à cet effet.

Lorsque le mineur en fait la demande, son audition ne peut être écartée que par une décision spécialement motivée. Il peut être entendu seul, avec un avocat ou une personne de son choix. Si ce choix n'apparaît pas conforme a l'intérêt du mineur, le juge peut procéder à la désignation d'une autre personne.

L'audition du mineur ne lui confêre pas la qualité de partie à la procedure.

39) Bosse-Platière(註 35), n° 2085.

40) Bosse-Platière(註 35), n° 2086에 소개된 판례들 참조.

41) Cour Cass. civ. 1re, 4 janvier 1995, n° de pourvoi 92-20682, Bull. 1995 Ⅰ, n° 2 p. 1. 이 사건에서는 이혼한 부가 모를 상대로 하여 모에게 친권이 주어진 13세 된 자녀의 주소를 자기의 주소로 정하여 줄 것을 청구하였는데, 이에 대하여 자녀가 참가하겠다고 하였으나 1, 2심 법원은 모두 위 참가가 부적법하다고 하였고, 파기원도 자녀의 상고를 기각하였다.

42) Bosse-Platière(註 35), n° 2086; 洪春義(註 37), 329면 등 참조.

43) Circulaire ministerielle du 03 mars 1993 relative à l'état civil, à la famille et aux droits de l'enfant. 이는 프랑스 官報(Le Journal officiel de la République FranÇaise) 1993. 3. 24.자 p. 4551 이하에 실려 있으며 해당부분은 pp. 4555, 4556에 있다. 이 관보도 Legifrance(http://www.legifrance.gouv.fr)에서 pdf 파일로 검색할 수 있다. 해당 부분은 http://www.legifrance.gouv.fr/imagesJO/1993/045/JO199304555.pdf; http://www.legifrance.gouv.fr/imagesJO/1993/045/JO199304556.pdf.

적인 요구에 답변할 수 있는가를 평가함에 있어서 나이, 성숙도 및 이해의 정도 등과 같은 다양한 요소를 고려하는 것이 법관의 임무라고 설명한다. 뿐만 아니라 재판의 원인과 성질 등의 사정도 고려할 필요가 있는데, 예컨대 미성년자는 거주지의 선택이나 방문권의 행사에 관하여는 변식능력을 가지면서도, 家産(ordre patrimonial)에 관하여는 변식능력을 가지지 않을 수 있다.[44)]

다른 한편 청문이 이루어지기 위하여는 재판이 미성년자와 관련이 있어야 한다. 이 점에 관하여 위 1993. 3. 4.자 법무부장관의 通達(註 43)은, 문제되는 미성년자의 이익이 인격에 관한 것(personnel)이고, 직접적(direct)이며 확실한(certain) 것이면 되고, 그 이익이 현재의 것인가 장래의 것인가, 재산적인 것인가 비재산적인 것인가, 家産에 관한(patrimonial) 것인가 아닌가 등은 문제되지 않는다고 하였다. 문제되는 재판이 부모의 별거나 이혼 등에 수반하여 미성년자의 생활의 방식이나 조건 등에 변화를 가져오는 때가 이에 해당되는 경우가 많을 것이다. 부모가 이혼하는 경우에 어디서 살 것인가, 방문권의 문제, 조부모나 제 3 자와의 관계, 직업 결정이나 종교의 선택에 관한 부모의 불화 등 친권의 행사의 방식과 같은 家産外的인 것에 관한 재판이 문제되는 경우가 많을 것이지만, 예컨대 부부재산제의 변경과 같이 재산에 관한 것도 이에 해당될 수 있다고 한다.[45)]

이러한 청문이 개시될 수 있는 것은 두 가지 경우이다. 그 하나는 법관이 미성년자의 청문이 필요하다고 판단하는 경우이다. 이러한 법관의 판단은 재량적인 것이고, 의무적인 것은 아니다.[46)] 이 점은 종전의 제290조의3의 경우와 다르다.

반면 미성년자 본인이 청문을 요구하는 경우에는[47)] 이 요구는 특별한 이유를 붙인 판결에 의하여만 배척될 수 있다. 즉 이러한 요구는 예외적인 사정이 있는 경우에만 배척될 수 있는 것이다. 이러한 예외적인 사정으로는 미성년자의 의견 진술에 조작이나 압력의 위험이 있는 경우를 들 수 있다.[48)] 청문 여부에 관한 법원의 결정에 대하여는 불복하지 못한다(신민사소송법 제338조의3).

44) Bosse-Platière(註 35), n° 2089; Juris-Classeur Civil, Art. 338-1 et 388-2, 1994, n° 26(C. Watine-Drouin) 등 참조.

45) 위 법무부장관의 通達(註 43).

46) Bosse-Platière(註 35), n° 2096.

47) 프랑스신민사소송법 제338조의2에 따르면 이러한 요구는 특정한 방식을 갖출 필요가 없고, 항소심에서도 가능하다.

48) Bosse-Platière(註 35), n° 2.

청문의 실시에 관하여 위 1993. 3. 4.자 법무부장관의 通達(註 43)은, 미성년자가 청문을 요구한 경우에는 특별한 사정이 없는 한 司法官(magistrat) 자신이 청문을 실시하여야 한다고 하고 있다. 다른 한편 미성년자는 단독으로뿐만 아니라 변호사나 자신이 지정한 사람과 함께 의견을 진술할 수 있다. 청문은 원칙적으로 대립당사자주의의 원칙(le principe de la contradiction)[49]에 따라 당사자 쌍방이 동석한 자리에서 이루어져야 하지만, 미성년자에게 좋지 않은 영향을 끼칠 염려가 있으므로 법관에 따라서는 당사자와 대리인이 없는 자리에서 청문을 실시하기도 한다고 한다.[50]

이러한 청문에서 나타난 미성년자의 견해에 법원이 구속되는 것은 아니지만, 법원이 청문의 결과를 고려하였는지를 명확하게 하지 않으면 파기원에 의한 파기사유가 된다.[51]

(2) 제388조의2

제388조의2: 재판에 있어서 미성년자의 이익이 법정대리인의 이익과 상반되는 것으로 판단되는 때에는 후견법관은 제389조의3에 정한 조건에 따라 미성년자를 대리할 특별관리인을 지정하여야 하며, 후견법관이 없는 때에는 당해 소송의 법관이 지정한다.[52)53]

이 규정이 신설되기 전에도 미성년자의 이익과 법정대리인의 이익이 상반되는 경우에는 소송 외에서의 특별관리인에 관한 종전 민법 제389조의3 제2항에 근거하여 미성년자가 특별관리인의 지명을 신청할 수 있다고 하는 점이 학설과 판례상 인정되어 왔다.[54] 이 규정은 이러한 이론을 입법화한 것이다.

---

49) 신민사소송법 제16조.

50) Bosse-Platière(註 35), n° 2102.

51) Cour Cass. civ. 2re, 20 novembre 1996, n° de pourvoi 93-19937, Bull. 1996 Ⅱ, n° 253 p. 153; D. 1997, J. 192, note Y. BENHAMOU.

52) 제388조의 2의 원문은 다음과 같다.

Lorsque, dans une procédure, les intérêts d'un mineur apparaissent en opposition avec ceux de ses représentants légaux, le juge des tutelles dans les conditions prévues à l'article 389-3 ou, à défaut, le juge saisi de l'instance lui désigne un administrateur ad hoc chargé de le représenter.

53) 제389조의3 제2항은 소송 외에서 법정재산관리인의 이익이 미성년자의 이익과 상반되는 때에는 후견법관은 특별관리인을 선임하여야 하고, 법정재산관리인이 그의 임무를 게을리하는 때에는 법관은 검사, 미성년자 자신의 청구에 따라 또는 직권으로 특별관리인을 선임한다는 규정이다.

54) Juris-Classeur Civil(註 44), n° 82; Cour Cass. civ. 1re, 18 mars 1981, n° de pourvoi 79-16284, Bull. civ. 1 n° 95.

이 조항이 적용되기 위하여는 우선 미성년자의 이익과 법정대리인의 이익이 상반되어야 한다. 이 이전에도 이러한 이익 상반의 개념은 매우 제한적으로 해석되어 왔다.[55] 주로 법정대리인과 미성년자가 공동상속인인 경우의 상속재산 분할, 인지의 취소 등이 그 대표적인 사례였다.[56]

특별대리인 선정은 검사나 미성년자 본인의 신청 또는 직권에 의하여 이루어질 수 있다.[57] 법관은 특별대리인을 선정하면서 그의 임무를 확정하여야 한다.[58]

2. 獨　　逸

독일도 협약의 영향을 많이 받았다. 이 점은 특히 1998년의 친자법 개정(Kindschaftsreform) 당시의 정부의 개정안 이유서도 강조하고 있는 바이다.[59] 다른 한편 독일에서는 이 문제를 헌법상 기본권의 문제로서 다루고 있는 점에 특색이 있다.

독일에서 이 문제와 관련이 있는 법규정으로는 민법 제1671조 및 비송사건절차법(Gesetz über die Angelegenheiten der freiwilligen Gerichtsbarkeit, FGG) 제50조b, 제50조가 있다.

가. 민법 제1671조

이 조문은 별거 또는 이혼 후의 친권의 이전에 관한 것이다. 1998년 개정 독일민법에 의하면 이혼 후에는 부모의 일방만이 친권을 행사할 수 있던 것을 원칙으로 하고 있던 종전과는 달리,[60] 이혼 후에도 부모가 공동으로 친권을 행사할 수 있는 상태에는 변함이 없는 것이 원칙이고, 다만 개정된 제1671조에

---

55) Juris-Classeur Civil(註 44), n° 112.

56) Bosse-Platière(註 35), n° 2112.

57) 제389조의3.

58) 위 법무부장관의 通達(註 43).

59) BT-Drucksache 13/4899 vom 13. 6. 1996 S. 29(독일 연방하원의 홈페이지에서 검색할 수 있다. http://dip.bundestag.de/btd/13/048/1304899.asc). 또한 Mühlens · Kirchmeier · Greßmann · Knittel, Kindschaftsrecht, 2. Aufl., 1998, S. 29 참조.

60) 1998년 개정 전 독일민법 제1671조 제4항은 친권은 부모 중 일방에게만 이전될 수 있다고 하였으나, 연방헌법재판소의 1982. 11. 3. 판결(BVerfGE 61, 358)은 이 조항을 위헌이라고 선고하였다. 그러나 그 후에도 실제적으로는 단독친권이 원칙이었고 공동친권은 예외였다. MünchKomm/Hinz, 3. Aufl., 1992, §1671 Rdn. 64 참조.

의하여 부모 중 일방이 친권의 전부 또는 일부를 자신에게 이전해 줄 것을 청구할 수 있도록 하였다.[61] 이 규정에 따르면 법원이 그 신청을 인용할 수 있는 경우로서 두 가지가 있는데, 그 하나는 다른 부모 일방이 그 신청에 동의할 때이다.[62] 그런데 이 때에도 자녀가 14세 이상이고 친권의 이전 신청에 이의를 제기하면 그러하지 아니하다.[63] 이처럼 14세 이상의 자녀의 의견을 존중하는 것은 자녀가 이 결정에 가장 관련이 있을 뿐만 아니라 기본법적으로 보호되는 자녀의 인격권을 존중하여야 하기 때문이라고 설명된다.[64]

이처럼 자녀의 이의가 있을 때에는 법원은 다시 공동친권의 유지가 자녀의 이익에 부합하는가를 심사하여, 친권 이전 신청을 받아들일 것인가를 심리하여야 한다. 따라서 자녀의 이의에도 불구하고 친권을 이전하는 것이 자녀의 복리에 가장 부합한다고 판단되면 법원은 신청을 인용할 수 있는 것이다.[65]

나. 비송사건절차법 제50b조

이 조문은 협약이 제정되기 전인 1980. 1. 1.부터 시행된 것이기는 하지만, 협약 제12조 제 2 항에 대응하는 것이라고 할 수 있다. 우선 위 법은 제50a조에서 아동의 신분과 재산에 관한 사항의 재판 절차에 있어서는 부모를 신문할 것을 규정하고 있다. 이어서 제50b조에서는 다음과 같이 규정한다.

① 법원은 신분 및 재산사항에 관한 절차에 있어서 아동의 성향, 애착 또는 의지가 재판에서 의미를 가지거나 또는 법원이 아동으로부터 직접적인 인상을 얻는 것이 사실관계의 확정을 위하여 필요하다고 여겨질 때에는 아동을 신문한다.

② 아동이 14세 이상이고 의사능력이 있으면, 법원은 신분사항에 관한 절차에서는 항상 아동을 직접 신문한다. 재산법적인 사건에서는 신문이 사건의

61) 개정 독일민법상 이혼 후의 공동친권제도에 대하여는 全炫柾, "獨逸의 改正民法에서 "離婚 후의 共同親權"에 관한 고찰", 人權과 正義 2000. 8, 58면 이하 참조.

62) 제1671조 제 2 항 제 1 호. 다른 한 가지는 공동친권을 해소하고 친권을 신청인에게 이전하는 것이 자녀의 복리에 가장 적합한 경우이다. 동항 제 2 호. 즉 이때에는 다른 부모 일방이 신청에 반대하더라도 신청을 받아들일 수 있는 것이다.

63) 이처럼 14세 이상 자녀의 의사가 존중되는 것은 이혼 후에 단독친권을 원칙으로 하였던 1998년 이전에도 마찬가지였다. 즉 당시에는 이혼 당시에 부모 중 어느 일방이 친권자가 되는가를 법원이 결정하여야 하는데, 부모가 일치된 제안을 하면 법원이 그에 구속되지만, 14세 이상의 자녀가 그에 반대되는 제안을 할 때에는 법원은 그 구속을 벗어나서 무엇이 자녀의 친권에 가장 부합하는가를 탐구하여야 하였다. 개정 전 제1671조 참조.

64) Staudinger/Coester(2000), 13. Aufl., §1671 Rdn. 88 참조.

65) Staudinger/Coester(2000), §1671 Rdn. 97.

종류에 따라 필요하다고 여겨질 경우에 아동이 직접 신문되어야 한다. 아동을 신문함에 있어서는 아동의 발전과 양육에 불이익이 있을 염려가 없는 한 절차의 대상과 가능한 결과에 대하여 적절한 방법으로 알려 주어야 한다; 아동에게는 진술의 기회를 주어야 한다.

③ 제 1 항과 제 2 항 제 1 문의 경우에는 법원은 중대한 사유가 있을 때에만 신문을 하지 않을 수 있다. 신문이 지연의 위험 때문에 이루어지지 않았으면 지체없이 추완하여야 한다.

④ 제 1 항 내지 제 3 항은 피후견인에 대하여 준용된다.[66]

이 규정의 규범목적은 부모의 책임을 강조하고, 헌법적으로 보호되는 부모의 권리 범위 내에서 성장하는 아동의 증가하고 있는 자기책임의 사고에 더 큰 효력을 부여하려는 데 있다고 한다.[67] 이 점에 관하여 독일 연방헌법재판소는 다음과 같이 설시하고 있다. 즉 아동은 독자적인 인간의 존엄과 인격의 자유로운 발현의 권리를 가진 존재로서 국가의 특별한 보호 아래 있는데, 친권에 관하여 다투는 부모의 자녀는 친권 재판의 당사자는 아니지만, 친권에 관한 결정은 자녀의 앞으로의 생활에 결정적인 영향을 미치고 따라서 직접적인 관련이 있으므로, 자녀의 장래에 관하여 영향을 미치는 부모 사이의 분쟁의 법원에 의한 해결에 있어서는 자녀의 복리를 지향하여야 하고, 자녀를 기본권 보유자로서 고려하여야 하며, 기본법 제 6 조 제 2 항 및 제 2 조 제 1 항에서 나오는 보호의무 때문에 국가는 친권에 관한 재판에 있어서 관련되는 자녀의 기본권

66) 제50b조 원문은 다음과 같다.

(1) Das Gericht hört in einem Verfahren, das die Personen- oder Vermögenssorge betrifft, das Kind persönlich an, wenn die Neigungen, Bindungen oder der Wille des Kindes für die Entscheidung von Bedeutung sind oder wenn es zur Feststellung des Sachverhalts angezeigt erscheint, daß sich das Gericht von dem Kind einen unmittelbaren Eindruck verschafft.

(2) Hat ein Kind das vierzehnte Lebensjahr vollendet und ist es nicht geschäftsunfähig, so hört das Gericht in einem Verfahren, das die Personensorge betrifft, das Kind stets persönlich an. In vermögensrechtlichen Angelegenheiten soll das Kind persönlich angehört werden, wenn dies nach der Art der Angelegenheit angezeigt erscheint. Bei der Anhörung soll das Kind, soweit nicht Nachteile für seine Entwicklung oder Erziehung zu befürchten sind, über den Gegenstand und möglichen Ausgang des Verfahrens in geeigneter Weise unterrichtet werden; ihm ist Gelegenheit zur Äußerung zu geben.

(3) In den Fällen des Absatzes 1 und des Absatzes 2 Satz 1 darf das Gericht von der Anhörung nur aus schwerwiegenden Gründen absehen. Unterbleibt die Anhörung allein wegen Gefahr im Verzug, so ist sie unverzüglich nachzuholen.

(4) Die Absätze 1 bis 3 gelten fur Mündel entsprechend.

67) 정부의 제안이유서(BT-Drucksache, 7/2060, 1974. 5. 2) S. 1-2. Fehmel, in Baumeister u. a. Familiengerichtsbarkeit, 1992, §50 FGG Rdn. 2에서 재인용.

적인 지위를 보장할 수 있는 규범을 실체법적이나 절차법적으로 창설하여야 하고, 비송사건절차법 제50b조는 이러한 요구를 충족시키고 있다고 한다.68)

나아가 그 후의 판례는 위 규정에 의한 신문의 목적은 제1차적으로는 사실 확정에 있지만, 다른 한편으로는 기본법 제103조 제1항에 의하여 보장되는 아동의 法的 聽聞(rechtliches Gehör)69)을 보장하는 데에도 그 목적이 있다고 하였다.70) 그리하여 최근의 연방헌법재판소 판례는, 입양 절차에서 요구되는 생모의 동의를 독일민법 제1748조에 의하여 후견법원이 대신해 달라는 법정대리인인 兒童保護局(Jugendamt)의 신청을 법원이 당시 7세 내지 9세인 입양대상자인 아동을 신문하지 않고 거부한 것이, 아동의 법적 청문청구권을 침해하였다고 판시하였다.71)

그 적용 요건에 관하여 본다면 우선 제1항의 경우에는 규정상 신문을 행하기 위한 두 가지의 요건을 들고 있는데, 두 가지의 요건은 중첩될 수 있다. 그리고 제1항만을 본다면 신문을 행하는가 여부가 법원의 재량에 달려 있는 것처럼 보이기도 하지만, 제3항을 고려하면 제1항의 요건에 해당하는 한 신문은 반드시 행하여야 하는 필수적인 것이다. 오히려 아동에 관한 가사사건에 있어서 아동의 성향, 애착 또는 의지가 재판에서 의미를 가지지 않는 경우나 법원이 아동으로부터 직접적인 인상을 얻을 필요가 없는 경우란 극히 예외적이고, 아동생리학이나 심리학적인 관점에서는 아동의 성향, 애착 또는 의지는 항상 재판을 위하여 의미를 가지므로, 법원이 아동으로부터 사실확정을 위하여 인상을 얻는 것이 항상 적절하다고 할 수 있다.72)

---

68) BVerfGE 55, 171, 179.

69) 독일 기본법 제103조 제1항은 다음과 같이 규정하고 있다. "누구나 법원에 대하여 法的聽聞請求權을 가진다(Vor Gericht hat jederman Anspruch auf rechtliches Gehör)." 이는 재판에 관련된 사람에게 재판의 대상에 대하여 의견을 진술할 기회가 부여되어야 하고, 법원은 당사자가 진술할 수 있었던 사항만을 기초로 하여 재판을 하여야 한다는 것을 의미한다. 예컨대 BVerfGE 1, 418, 419 등. 張晳朝, "民事訴訟法上 法的聽聞請求權", 金亨培敎授 華甲記念 債權法에 있어서 自由와 責任, 1994, 736면은 '법원의 구체적인 절차에서 제기된 모든 사실상·법률상의 문제에 대하여 진술하고 법원으로 하여금 이를 듣게 할 기회를 요구할 수 있는 절차관계인의 기본권'이라고 정의하고 있다. 용어의 문제에 관하여는 위 같은 면 주 32) 참조. 이러한 법적 청문청구권은 재판의 당사자 외에도 재판절차에 의하여 직접적으로 그 권리에 영향을 받게 될 제3자에게도 인정된다. Degenhart in: Sachs, Grundgesetz, 2. Aufl., 1999, Art. 103 Rdn. 7 참조.

70) BGH NJW 1985, 1702, 1705; BVerfGE 75, 201, 216. 또한 BVerfGE 99, 145, 163은 기본법 제6조 제2항은 관계되는 자녀가 친권에 관한 절차에서 신문될 것을 요구한다고 판시하고 있다.

71) BVerfG 3. Kammer des 1. Senats, 2001. 8. 14. 결정, FamRZ 2002, 229.

72) Fehmel(註 67), Rdn. 8.

제 2 항은 14세 이상 아동에 관하여는 법원의 신문 의무를 강화하고 있다. 즉 14세 이상의 아동의 신분사항에 관한 절차에 있어서는 제 3 항의 예외에 해당하지 않는 한 항상 신문을 하여야 하고, 재산에 관한 사항[73]에 관하여는 신문이 적절하다고 여겨지는 경우에는 신문을 하여야 하도록 규정하고 있다.

그리고 제 3 항에서는 중대한 사유가 있을 때에는 신문을 하지 않을 수 있는 것으로 규정하고 있는데, 이에 해당하는 것으로는 아동의 정신적 균형을 깨뜨린다거나 건강을 해치는 등 아동의 복리를 위험하게 하는 경우를 들 수 있다.[74]

신문의 방식에 관하여는 아동의 나이나 발달정도, 그리고 특히 부모 사이의 분쟁으로 인하여 특별히 긴장된 심리구조 등을 고려하여, 아동의 복리를 지향하는 결정을 하기 위하여 최대한 신뢰할 수 있는 근거를 발견할 수 있도록 하여야 하는데, 구체적으로 이를 어떻게 시행할 것인가, 예컨대 아동을 한 차례 신문할 것인가 여러 번에 걸쳐서 신문할 것인가, 형제자매와 함께 신문할 것인가 따로따로 신문할 것인가, 법원에서 할 것인가 아니면 다른 아동에게 익숙한 장소에서 할 것인가, 부모와 소송대리인의 참석하에 할 것인가 아니면 그들을 배제하고 할 것인가, 심리학자를 감정인으로서 참여시킬 것인가 하는 것은 가정법원에 위임되어야 한다고 한다.[75] 이러한 경우에는 신문을 하는 법관이 교육학과 심리학의 기본 지식을 알고 있어야 한다는 것은 당연하지만, 이로 인하여 실무에 상당한 부담을 줄 수 있다고 한다.[76]

신문의 대상인 아동의 연령에 관하여는 일반적으로는 3세 이상이면 신문의 대상이 된다고 보고 있다.[77] 그리고 이 신문에 부모가 참석하여야 하는가에 관하여 논란이 있는데, 통설은 이는 증거조사가 아니므로 부모가 반드시 참석할 권리는 없고,[78] 부모의 헌법상 法的 聽聞請求權(Der Anspruch auf rechtliches

73) 예컨대 자녀를 위하여 비싼 비용이 들어가는 지출에 관한 부모 사이의 다툼. Fehmel(註 67), §50 b FGG Rdn. 45.

74) Fehmel(註 67), §50 b FGG Rdn. 48.

75) BVerfGE 55, 171, 182; Fehmel(註 67), §50 b FGG Rdn. 10. 신문의 구체적인 技術에 관하여는 Fehmel(註 67), §50 b FGG Rdn. 11 ff. 참조.

76) Fehmel(註 67), §50 b FGG Rdn. 10.

77) Fehmel(註 67), §50 b FGG Rdn. 19. 독일연방대법원(Bundesgerichtshof, BGH)은 4년 10개월 된 아동도 신문해서는 안 될 특별한 이유가 없는 한 신문하여야 한다고 하였다. BGH FamRZ 84, 1084, 1086.

78) BVerfGE 55, 171, 182도 같은 취지이다.

Gehör)을 보장하기 위하여는 신문의 결과를 부모에게 알려주고 그에 대하여 의견을 표명할 기회를 주면 된다고 한다.[79)]

독일에서는 이러한 아동의 신문이 아동의 자신감을 위하여 매우 중요하다는 점이 지적되고 있다. 즉 아동은 자신의 생활에 관한 기본적인 필요에 관하여 자신이 진지하게 대우되고 있다는 인상을 받게 되고, 자신이 중요한 문제에 관하여 독자적인 인격으로서 존중되고 신문을 받게 된다는 것을 알게 되며, 자신이 더 이상 타인의 파악할 수 없는 처분권의 객체가 아니라는 것을 느끼게 된다는 것이다.[80)]

다. 비송사건절차법 제50조

이 규정은 재판상 자녀를 위하여 특별대리인을 선임하도록 하는 것이다. 이는 1998. 7. 1.부터 시행되게 된 새로운 조문으로서, 그 내용은 다음과 같다.

① 법원은 미성년인 아동의 이익을 지키기 위하여 필요한 경우에는 그의 신분에 관계되는 절차를 위한 保護人을 임명할 수 있다.

② 임명은 다음과 같은 경우에 원칙적으로 필요하다.

1. 아동의 이익이 그의 법정대리인과 상당한 정도로 상반될 때.

2. 절차의 대상이 아동의 복리에 대한 위험으로 인하여 아동을 그 가족으로부터 분리시키거나 전체의 신분에 관한 친권을 박탈시키는 조치에 관한 것일 때(민법 제1666, 1666a조).

3. 절차의 대상이 保護人으로부터 아동을 데려오는 것(민법 제1632조 제4항)이거나 부부, 생활동반자 또는 면접교섭권자로부터 아동을 데려오는 것(민법 제1682조)일 때.

법원이 이러한 경우에 절차를 위한 보호인을 임명하지 않는 때에는 아동의 신분에 관한 재판에서 그 이유를 밝혀야 한다.

③ 아동의 이익이 변호사나 다른 적절한 절차상 授權을 받은 사람에 의하여 적절하게 대리될 수 있을 때에는 임명을 하여서는 안 되고, 임명이 된 경우에는 이를 취소하여야 한다.

④ 임명은 사전에 취소되지 않는 한 다음 경우에 종료된다.

1. 절차를 종료하는 재판의 기판력이 발생한 때

---

79) Fehmel(註 67), §50 b FGG Rdn. 22.

80) Fehmel(註 67), §50 b FGG Rdn. 16.

2. 기타의 절차 종료.

⑤ 保護人의 비용 상환과 보수에 관하여는 제67조 제 3 항을 준용한다.[81]

이 조항이 신설되기 전에는 독일에서는 주로 재산적인 문제에 관하여 법정대리인과 아동의 이익이 상반되는 경우에 한하여 법정대리인의 대리권을 박탈하고 보조 보호인(Ergänzungspfleger)을 임명하는 것이 가능하였는데, 이 규정으로 인하여 자녀의 신분에 관한 사항에 있어서도 법정대리권의 박탈 없이 보호인(節次上 保護人, Verfahrenspfleger)을 임명할 수 있게 되었다.[82]

이 조항에 의하여 보호인의 임명이 필요적으로 요구되는 것은 제 2 항의 3 가지 경우이다. 그 중 제 1 호는 아동과 법정대리인의 이익 상반의 경우이고, 제 2 호는 친권의 남용 등으로 인하여 아동을 보호하기 위하여 아동을 가족과 분리시키거나 친권을 박탈하는 경우이며, 제 3 호는 친권자가 보호인이나 배우자 또는 기타 면접교섭권자로부터 아동의 인도를 청구하는 경우이다.

법문상으로는 이 이외의 경우에도 법원이 보호인을 임명할 수 있도록 되어 있으나, 법원이 이 이외의 경우에 보호인을 임명하는 경우란 별로 없을 것이라고 한다.[83] 다만 부모의 일방이 신청인이고 다른 일방이 피신청인으로서

---

81) 비송사건절차법 제50조의 원문은 다음과 같다.

(1) Das Gericht kann dem minderjährigen Kind einen Pfleger für ein seine Person betreffendes Verfahren bestellen, soweit dies zur Wahrnehmung seiner Interessen erforderlich ist.

(2) Die Bestellung ist in der Regel erforderlich, wenn

1. das Interesse des Kindes zu dem seiner gesetzlichen Vertreter in erheblichem Gegensatz steht,

2. Gegenstand des Verfahrens Maßnahmen wegen Gefährdung des Kindeswohls sind, mit denen die Trennung des Kindes von seiner Familie oder die Entziehung der gesamten Personensorge verbunden ist (§§1666, 1666a des Bürgerlichen Gesetzbuchs), oder

3. Gegenstand des Verfahrens die Wegnahme des Kindes von der Pflegeperson (§ 1632 Abs. 4 des Bürgerlichen Gesetzbuchs) oder von dem Ehegatten, dem Lebenspartner oder Umgangsberechtigten (§1682 des Bürgerlichen Gesetzbuchs) ist.

Sieht das Gericht in diesen Fällen von der Bestellung eines Pflegers für das Verfahren ab, so ist dies in der Entscheidung zu begründen, die die Person des Kindes betrifft.

(3) Die Bestellung soll unterbleiben oder aufgehoben werden, wenn die Interessen des Kindes von einem Rechtsanwalt oder einem anderen geeigneten Verfahrensbevollmächtigten angemessen vertreten werden.

(4) Die Bestellung endet, sofern sie nicht vorher aufgehoben wird,

1. mit der Rechtskraft der das Verfahren abschließenden Entscheidung oder

2. mit dem sonstigen Abschluß des Verfahrens.

(5) Der Ersatz von Aufwendungen und die Vergütung des Pflegers bestimmen sich entsprechend §67 Abs. 3.

82) 개정법률에 대한 政府案의 설명. BT-Drucksache 13/4899, S. 129 ff.

83) Helmut Büttner, “Änderungen im Familienverfahrensrecht durch das Kindschaftsrechtsreform-

대립하고 있으며, 자녀의 이익과 부모의 이익이 충돌하는지가 명백하지 않을 때에는 보호인의 임명이 필요할 것이라고 한다.84)

법원이 어떤 사람을 보호인으로 임명할 수 있는가에 관하여는 별다른 제약이 없다. 법원은 구체적인 사정에 따라서 예컨대 사회사업가나 사회교육가, 아동심리학자나 아니면 관계있는 비전문가(친족 등)를 임명할 수도 있으며, 법률지식이 문제될 때에는 변호사를 임명할 수도 있을 것이다.85)

이 규정과 관련하여 연방헌법재판소가 1998. 10. 29. 선고한 결정이 참고가 된다.86) 이 사건에서는 헌법소원 청구인인 독일 남자가 1989년에 프랑스 여자와 혼인하여 그 사이에서 아들(1990년생)과 딸(1994년생)을 낳은 뒤 별거에 들어가, 이혼소송이 독일 법원에 계속 중 처가 1997년에 남편인 청구인의 의사에 반하여 두 자녀를 프랑스로 데려갔다. 이에 청구인은 프랑스 법원에 자녀의 인도청구를 제기하였으나 1, 2심에서는 청구가 받아들여지지 않았고, 사건이 상고심인 파기원에 계속 중에 남편이 다른 사람을 시켜 폭력에 의하여 두 자녀를 다시 독일로 데려왔다. 이에 처가 청구인을 상대로 하여 독일 법원에 자녀의 인도를 청구하자, 독일의 Celle 고등법원은 1998. 7. 9.자 결정으로 이 청구를 인용하였으며, 이 인용결정에 대하여 청구인이 연방헌법재판소에 헌법소원을 제기하였고, 두 자녀도 보조보호인을 통하여 같이 헌법소원을 청구하였다.

연방헌법재판소는 헌법소원 청구인들의 청구를 인용하였는데, 특히 자녀들을 위한 절차상 보호인을 선임하지 않은 점에 대하여는 다음과 같이 판시하였다.

즉 미성년자의 이익을 대리권자가 대변하는 것이 이익상반 때문에 확보될 수 없을 때에는 보조보호인에 의하여 대리되어야 하고, 이는 가정법원과 후견법원에서 자녀의 장래를 위하여 중요한 결정이 내려져야 하는데 부모와 자녀 사이의 이익상반으로 인하여 자녀의 이익이 부모에 의하여 충분히 대변될 수 없는 경우에도 마찬가지로 헌법상 요구된다고 하면서, 위 비송사건절차법 제50조는 이 때문에 도입되었다고 한다. 부모 사이의 분쟁에 관한 법원의 재판이 자녀의 장래에 영향을 미칠 때에는 이 재판은 자녀의 복리를 지향하여야 하고, 자녀는 그 개별성에 있어서 기본권의 보유자로서 존중되어야 하며, 기본법 제

gesetz", in: Dieter Schwab(hrsg.), Das neue Familienrecht, 1998, S. 487.

84) Mühlens u. a.(註 59), S. 433 f.

85) Mühlens u. a.(註 59), S. 432 f.

86) BVerfGE 99, 145 ff.

6조 제2항과 제2조 제1항에서 나오는 보호의무는 법원의 절차에 관하여는 단순히 실체법적인 대비책뿐만 아니라 자녀의 기본권상의 지위를 충분히 고려할 수 있는 절차법적인 대비책도 요구하고, 절차상의 보호인 없이는 자녀는 부모의 주장과 법원의 조사에 의존할 수밖에 없는데, 부모는 자신의 이익만을 지키고 대변할 수 있으며, 그러한 절차는 부모가 자신의 이익만을 추구할 때에는 자녀의 복리가 존중되는 것이 충분히 보장될 수 없다고 한다.87)

그리고 기본권의 보호는 절차법의 형성과 적용도 결정하는데, 기본법 제103조 제1항의 재판상 청문청구권과 관련하여 제6조 제2항과 제2조 제1항에 확립된 자녀의 복리로부터 자녀는 가정법원의 절차에서부터 자신의 이익을 대변할 수 있는 보호인의 도움을 받을 수 있어야 하고, 자녀의 송환 결정은 자녀의 복리를 위하여 중요한 의미를 가지므로, 자녀의 기본권보호 및 법적 청문청구권으로부터 자녀의 이익을 독자적으로 보장할 수 있는 절차의 형성이 요구된다고 한다. 이는 원칙적으로는 부모의 임무이지만, 부모가 위법한 자녀의 납치에 의하여 그들이 자신의 이익만을 추구하려는 것을 나타낸다면, 부모의 이익은 자녀의 이익과 상충될 수 있으며, 이러한 경우에는 자녀들이 부모나 경우에 따라서는 법원으로부터 정당하게 인식될 수 없는 자신의 이익을 법적 청문청구권의 요건에 부합하도록 독자적으로 주장할 수 있는 가능성이 부여되어야 한다고 한다. 이는 연령이나 성숙정도에 따라 자신이 절차상의 권리를 행사할 수 없는 자녀에게 있어서는 비송사건절차법 제50조가 규정하는 절차상 보호인에 의하여 이루어지는데, 고등법원의 절차에서는 이러한 절차상 보호인이 임명되지 않았으므로 자녀들의 기본법 제103조 제1항과 연관된 제6조 제2항 및 제2조 제1항의 기본권이 침해되었다고 한다.88)

그런데 위 비송사건절차법 제50조는 신분에 관한 절차에 있어서만 절차상 보호인을 임명하도록 하였고 재산에 관련된 동의절차에 관하여는 규정하고 있지 않다는 점에서 헌법적으로 문제가 있으며, 후자의 경우에는 절차상 보호인의 임명에 관한 권리를 헌법에서 직접 도출해 낼 수 있다는 견해가 있다.89)

87) BVerfGE 99, 145, 157 f.
88) BVerfGE 99, 145, 162 f.
89) Reinhard Bork, “Sind §§50, 67 FGG verfassungskonform?”, FamRZ 2002, 65, 72 f.

3. 英　國

가. 槪　觀

영국에서는 이 문제가 1989년 아동법(Children Act 1989)에서 본격적으로 다루어졌다.[90] 이 법은 協約이 유엔에서 채택되기 직전인 1989. 11. 16. 제정되었으므로 이 법이 직접 협약의 영향을 받았다고 말하기는 어려우나,[91] 이 법은 아동을 위한 법원 선임 후견인(guardian ad litem, GAL) 및 변호인에 관하여 규정하고 있어서 협약 제12조 제2항의 문제와 관련이 있다.[92]

위 1989년 아동법(이하 아동법이라고만 한다)이 제정되기 전에는 전통적으로 아동 자신에게 의견을 진술하거나 다른 사람으로 하여금 아동을 대표하게 하지 않았고, 단지 아동을 위한 福祉報告書(welfare report)를 제출하게 하는 데 그쳤다.[93] 그러나 이러한 태도는 점차 바뀌어 아동법은 아동의 대리를 넓게 인정하기에 이르렀다.

아동법은 기본적으로 아동의 보호에 관한 재판(care proceeding)과 같은 公法上 事件(public law cases)과 부모의 이혼에 수반되는 사건과 같은 私法上 事件(private law cases)을 구별하여, 전자의 경우에는 원칙적으로 법원이 아동에 대하여 후견인을 임명하도록 하는 반면, 후자의 경우에는 그러하지 않다는 특징을 가지고 있다.[94]

다른 한편 2000년에는 새로운 법률에 의하여 아동 및 가정법원 조언 및 지원기구(Children and Family Court Advisory and Support Service, CAFCASS)라는 기구를 만들고 이 기구 소속 직원들이 종래의 법원 선임 후견인, 공익법무관(official solicitor) 및 복지담당관 등의 업무를 수행하게 하였다. 그러나 종래의 공법상 사건과 사법상 사건의 구별은 여전히 유지되고 있다.

---

90) 엄밀하게 말하면 이 법은 잉글랜드와 웨일즈에 대하여 적용되고, 스코틀랜드나 북아일랜드에는 적용되지 않는다.

91) 영국에서도 협약의 직접적인 효력은 인정되지 않는다. Andrew Bainham with Stephen Cretney, Children — The Modern Law, Family Law, Bristol, 1993, p. 607 참조.

92) 실제로 영국 정부는 아동인권위원회에 제출한 보고서에서 그와 같이 설명하고 있다. 영국 정부의 1994. 3. 15.자 보고서(http://www.unhchr.ch/tbs/doc.nsf/(Symbol)/d52538a02a7647a3412561510037ea6d?Opendocument) para. 128 ff. 참조.

93) Bainham(註 91), p. 450.

94) Bainham(註 91), p. 451.

나. 公法上 事件

아동법 제41조 제1항은 특정의 소송(specified proceedings)에 관하여는 법원은 관련 아동의 이익을 보호하기 위하여 필요하지 않다고 인정되지 않는 한 아동을 위한 법원 선임 후견인을 임명한다고 규정하고 있다. 그리고 제3, 4항에서는 법원 선임 후견인이나 변호인(solicitor)이 없고, 아동이 변호인을 지시할 충분한 이해력이 있으며 변호인에 의하여 대리되는 것이 아동의 최선의 이익에 부합한다고 여겨질 때에는 변호인을 임명하도록 규정하고 있다.

이처럼 후견인이나 변호인을 임명하여야 하는 특정의 소송이 어떤 것인가에 관하여는 제6항에서 규정하고 있는데, 이는 기본적으로 가정에 대하여 공법적인 개입을 하는 소송이다.[95] 즉 감호명령(care order)이나 감독명령(supervision order)[96]의 신청이 있거나 그 변경 또는 해제 신청이 있는 경우가 주된 것이다. 이 외에 아동법 제5장이 규율하고 있는 아동보호명령(protection order)도 이에 속한다.

법원에 의한 후견인의 임명은 소송의 어느 단계에서도 가능하지만, 위 법을 시행하기 위하여 Matrimonial and Family Proceedings Act 1984에 근거하여 Lord Chancellor가 제정한 The Family Proceedings Rules 1991[97](FPR 1991) r 4.10(1)과, The Family Proceedings Courts(Children Act 1989) Rules 1991[98](FPC(CA1989)R 1991) r 10(1)은 다같이 절차 개시 후 가능한 한 빨리 법원 선임 후견인을 임명하도록 규정하고 있다.

이러한 법원 선임 후견인은 사회복지이론과 자녀 보호법률에 대하여 완벽한 지식을 가진 사회복지업무 자격을 가진 사람이어야 하는데,[99] 그의 주된 기능은 법원이 아동의 복리에 관련된 사실에 대하여 충분히 알 수 있게 하고, 나아가 아동의 희망과 감정이 명백하게 확정될 수 있게 하는 것이다.[100]

---

95) Bainham(註 91), p. 453.

96) 감호명령과 감독명령은 아동이 그 보호자로부터 위해를 받고 있거나 또는 받을 우려가 있는 경우에 법원이 지방 당국(local authority)이나 기타 권한 있는 사람의 신청에 의하여 지방당국의 보호에 맡기는 명령과 지방당국 또는 보호관찰관의 감독에 맡기도록 하는 명령이다. 아동법 제31조.

97) 이는 High Court와 County Court에 적용된다.

98) 이는 Magistrate Court에 적용된다.

99) Cretney, Family Law, 4th ed., London, Sweet and Maxwell, 2000, 13-056(p. 300f.)에 따르면 10명 중 8명은 사회복지 분야의 경험을 가진 사람이라고 한다.

100) Bainham(註 91), p. 456. 현재 영국에는 약 1,000명의 법원 선임 후견인이 있고, 매년 약

그의 임무는 FPR 1991, r 4.11(4)와 FPC(CA1989)R 1991 r 11(4)에 규정되어 있는데, 이에 따르면 법원 선임 후견인은 재판의 모든 절차에 참석하여 아동이 충분한 이해능력을 가지고 있는지, 아동의 의사는 어떠한지, 아동에게 취할 수 있는 조치가 어떤 것이 있는지, 그러한 조치가 적절한지 등에 관하여 법원에 조언을 하여야 한다. 뿐만 아니라 그는 변호인을 선임하고 그에 대하여 지시를 하며, 아동에게 조언을 하고, 아동의 이익을 위하여 소송 참가가 필요하다고 여겨지는 사람들에게 참가할 권리가 있음을 통지하는 등의 여러 가지 활동을 할 수 있다. 그리고 그는 지방 당국이 보유하고 있는 아동에 관한 모든 기록에 접근할 수 있다.[101)]

그러나 법정에서 아동을 대리하는 것은 법원 선임 후견인의 임무가 아니다. 이를 위하여는 별도의 변호인(solicitor)이 있어야 하는데, 이러한 변호인은 법원 선임 후견인이 임명할 수도 있으나, 법원 선임 후견인이 없고 반면 아동이 변호인에게 지시를 할 충분한 능력이 있는 경우에는 법원이 변호인을 임명한다. 이러한 변호인에 대하여는 民事司法救助(civil legal aid)가 주어질 수 있다.[102)]

다. 私法上 事件

아동법에는 사법상 사건에서 아동의 의사를 대변하거나 확인하여야 한다는 점에 관한 직접적인 규정이 없다. 이 점의 정당성에 관하여 의문이 없는 것은 아니지만, 통상적인 이혼사건에서 아동의 대리인을 임명하는 것은 자원의 문제 때문에 어려움이 있다고 한다.[103)]

그러므로 사법상 사건에서는 법원이 아동을 직접 신문할 수도 있지만, 많은 경우에는 복지담당관(welfare officer)이 작성한 복지보고서(welfare report)를 활용할 수 있다. 복지보고서에 관하여는 아동법 제 7 조가 규정하고 있는데, 이에 따르면 법원은 보호관찰관이나 지방당국의 공무원에게 아동의 복지에 관한 보고서를 제출할 것을 요구할 수 있다. 복지담당관은 아동의 환경에 관하여 철

9,000건의 아동법 사건에서 법원 선임 후견인이 임명되고 있다고 한다. Cretney(註 99), 13-055(p. 300).

101) 아동법 제42조. Manchester City Council v. T. and Another, [1994] Fam. 181에서 抗訴法院(Court of Appeal)은 3세 된 아동의 감호명령 사건을 위하여 임명된 후견인은 그 아동의 입양을 위하여 양부모가 되려는 사람에 관한 자세한 사항이 담긴 기록의 열람을 청구할 수 있다고 판시하였다.

102) Bainham(註 91), p. 455.

103) Bainham(註 91), p. 140.

저한 조사를 하고 서면으로 보고서를 제출하여야 하는데, 이 조사에는 아동 자신뿐만 아니라 아동의 다른 모든 가족에 대한 것도 포함되어야 한다. 이 조사를 위하여는 관련 당사자들의 인터뷰뿐만 아니라 친족과 학교 및 보건당국에 대한 질의도 포함될 수 있다. 그러나 調停(conciliation)은 이에 해당하지 않는다.[104] 그리고 복지담당관은 신문에 출석하여 법원이나 당사자로부터 보고서에 대하여 질문을 받을 수 있다. 그러나 실제로 복지보고서가 이용되는 것은 전체 사건의 일부에 지나지 않는다.[105]

이처럼 사법상 사건에서 아동의 의견이 제대로 반영되지 않는다는 점에 대하여는 비판이 많았고, 그에 따라 1996년 가족법(Family law Act 1996)은 제64조에서 아동이 이혼이나 별거 등 사건에서 독립하여 대리될 수 있도록 하는 규정을 두었다. 그러나 이 규정은 이를 위하여 Lord Chancellor가 시행령(regulation)을 제정하도록 하였는데, 이 시행령은 아직까지 제정되지 않고 있어서 현재에도 아동의 독립된 대리는 인정되지 않고 있다.

라. CAFCASS의 창설

2000. 11. 30. 제정된 刑事司法 및 法院서비스法(Criminal Justice And Court Services Act 2000)은 아동 및 가정법원 조언 및 지원기구(Children and Family Court Advisory and Support Service, CAFCASS)라는 기구를 설립하였다. 이 기구는 종전의 법원 선임 후견인, 복지 담당관 및 공익법무관의 임무를 수행하는 것을 목적으로 하였다.[106] 이 기구의 임무는 가사재판에서 아동의 복지를 위하여 자녀의 복리를 지키고 증진하며, 그러한 재판에서 제기된 어떤 신청에 대하여도 법원에 조언을 하고, 아동의 대리를 위한 규정을 만들며, 아동과 그 가족을 위하여 정보, 조언 및 지원을 하는 것이다.[107] 이 기구를 만들게 된 것은 특히 협약 제12조와 관련하여 아동의 권리를 철저히 보장하기 위한 데 주된 이유가 있었다.[108] 이 기구는 2001년 4월 1일부터 활동을 시작하도록 되어 있었으나, 특히 종전의 법원 선임 후견인과의 계약 체결이 제대로 이루어지지 않

104) Bainham(註 91), p. 461.

105) Bainham(註 91), p. 460.

106) 이에 대하여는 Gill Timmis, "CAFCASS — A Service for Children or a Service for the Court?", Family Law, 2001 April, pp. 280 ff. 참조.

107) 위 법 제12조.

108) Jane Hoyal, "Children's Rights and CAFCASS — The Challenge for a Joined-up Government", Family Law, 2001, pp. 171 f. 참조.

아서 그 기능을 제대로 발휘하지 못하고 있다.[109)]

마. 評 價

영국의 법체계에 대하여는 이처럼 공법과 사법의 구별을 유지하는 것이 정당화될 수 있는가 하는 의문이 제기될 수 있다.[110)] 나아가서 협약과의 관계에 있어서도 영국법상 아동의 대리는 누덕누덕 기운(patchy) 것에 지나지 않는다는 지적이 있다.[111)]

4. 小 結

여기서 이제까지 살펴본 프랑스, 독일 및 영국의 제도를 정리하여 본다.

세 나라를 비교하여 본다면 법원이 아동의 의사를 확인하는 범위가 가장 넓은 것은 독일이라고 할 수 있다. 즉 독일은 연령에 관계없이 일정한 요건에 해당되면 법원이 아동을 신문하는 것을 의무화하고 있다. 반면 프랑스에서는 아동의 요구가 있으면 법원이 신문하여야 하지만, 그렇지 않으면 신문 여부는 법원의 재량에 달려 있다. 그리고 영국에서는 원칙적으로 법원이 아동을 신문하지 않으며, 아동의 의사는 법원 선임 후견인이나 복지보고서 등을 통하여 간접적으로만 확인한다.

그리고 아동의 재판상 대리에 관하여도 세 나라 사이에 상당한 차이가 있다. 프랑스에서는 이해상반의 경우에 한하여 대리인(특별관리인)을 임명하도록 하고 있는 반면, 독일에서는 이해상반의 경우 이외에도 넓은 범위에서 대리인(절차상 보호인)을 임명하도록 규정하고 있다. 그리고 영국에서는 공법상 사건에서는 법원 선임 후견인을 반드시 임명하도록 한 반면, 사법상 사건에서는 아동의 대리가 이루어지지 않고 있다.

이러한 차이는 어디에서 기인하는 것일까? 여러 가지 원인이 있을 수 있겠으나, 한 가지 가능한 설명은 이들 나라의 법관의 수에서 찾을 수 있지 않을까 한다. 즉 아동의 신문의 빈도를 높이면 높일수록 그로 인하여 법관이 받게 되는 부담도 커진다. 그런데 법관의 수는 독일이 제일 많고 그 다음 프랑스,

109) Stephen Gerlis, "CAFCASS-Twisted Knickers", Family Law, 2002, 144 f. 참조.

110) Bainham(註 91), p. 460.

111) Bainham(註 91), p. 613.

영국의 순이며, 법관 1인당 국민의 비율도 독일, 프랑스, 영국의 비율로 높아진다. 따라서 독일에서는 아동의 신문으로 인한 법관의 부담이 상대적으로 크지 않기 때문에 아동의 신문의 폭이 넓은 반면, 프랑스에서는 그보다는 좁고, 영국에서는 거의 신문을 하지 않는 것이 아닐까 추측된다. 이러한 법관의 부담 문제는 우리나라에서 입법을 함에 있어서도 고려 대상이 될 수 있다.

Ⅳ. 改善策의 摸索

이제 우리나라에서는 어떠한 형태로 협약상의 아동의 청문 문제를 실현하여야 할 것인가를 살펴보기로 한다.

1. 법적 규율의 필요성

가. 협약의 직접적용 가능성 여부

그런데 그에 앞서서 몇 가지 따져 볼 문제가 있다. 우선 협약 제12조가 우리나라에서 직접 적용될 수 있는가, 즉 자기집행적인가를 살펴보아야 한다. 만일 이 점이 긍정된다면 우리나라에서 독자적으로 입법할 필요성은 별로 없다는 주장도 제기될 수 있다. 그런데 결론적으로 말하여 이러한 직접적용 가능성은 부정되어야 한다고 여겨진다.

우선 위 협약이 국내법상 가지는 위치가 어떠한 것인지가 문제된다. 일견하여서는 헌법 제6조 제1항이 헌법에 의하여 체결·공포된 조약은 국내법과 같은 효력을 가진다고 규정하고 있으므로, 위 협약도 법률과 같은 지위를 가지는 것처럼 보인다. 그러나 문제는 그다지 단순하지 않다. 헌법 제60조 제1항에 의하면 국회는 입법사항에 관한 조약의 체결·비준에 관한 동의권을 가지는데, 위 협약은 분명히 입법사항에 관한 것이고 따라서 국회의 동의를 받았어야 할 것으로 보인다. 그런데 우리나라에서는 협약을 비준하면서 국회의 동의를 받지 않았다. 정부에서는 협약 가운데 국내의 기존법과 모순된다고 생각되는 3개 조항을 유보하였기 때문에 굳이 동의절차를 밟을 필요가 없었기 때문이라고 설명하고 있다.112)

112) 그 자세한 내용에 관하여는 金由美, 家族法研究 제10호(註 5), 412면 참조.

그러나 이러한 점을 염두에 두지 않는다고 하더라도,[113] 협약이 우리나라에서 직접 적용될 수 있다고 보기는 어렵다. 일반적으로 조약이 국내법에 의한 受容이라는 절차를 거치지 않으면 국내에서 직접 적용될 수 없다고 말할 수는 없을 것이다. 그렇다고 하여 모든 조약이 바로 국내에서 직접 적용될 수 있는 것은 아니다. 다시 말하여 조약의 내용이나 문언, 조약 작성자의 의도에 따라서는 처음부터 직접 적용을 의욕하지 않고, 체약국에 대하여 조약에 합치하게 국내법을 제정할 의무만을 부담시키는 경우가 있을 수 있다. 그런데 아동의 권리에 관한 협약이 바로 그러한 경우라고 판단된다.

이 점에 관하여는 앞에서 살펴본 프랑스에서의 논의가 참고가 된다. 즉 Massip가 지적하고 있는 것처럼, 협약에서 사용하고 있는 용어들은 국내에서의 직접적인 효력을 인정하기에는 너무 애매하다고 여겨진다. 또한 협약 제12조 제 2 항은 "이 목적을 위하여 아동에게는 특히 자신에게 영향을 미치는 모든 사법 및 행정절차에서 직접 또는 대리인이나 적절한 기구를 통하여 국내법의 절차법적 규칙에 합치하는 방식으로 聽聞을 받을 기회가 주어져야 한다"(밑줄 필자)고 규정하고 있어서 기본적으로 협약의 정신을 구현하는 국내법이 있어야 함을 전제로 하고 있다고 보인다. 따라서 협약, 그 중에서도 제12조 제 2 항은 자기집행적이 아니라고 판단된다.[114]

나. 兒童의 聽聞請求權의 基本權性 與否

그런데 이와는 다소 다른 측면에서 이 문제를 접근할 수도 있다. 다시 말하여 우리나라에서도 독일에서와 마찬가지로 法的 聽聞請求權을 헌법상의 기본권으로서 인정하고,[115] 아동의 청문청구권이 이러한 헌법상의 권리에서 나온다면 위 협약의 국내법적 효력과는 별도로 법원이 법률의 규정 없이도 바로 아동의 청문청구권을 인정할 수 있을 것이다.

생각건대 우리 헌법상 독일에서와 같은 법적 청문청구권을 헌법상 권리로

113) 金由美, 家族法硏究 제10호(註 5), 412-413면은 협약이 헌법 제60조 제 1 항에서 규정하고 있는 "일반적으로 승인된 국제법규"에 해당할 가능성에 대하여 논의하고 있다. 그러나 曺洪錫(註 28), 11면 이하는 이 점에 대하여 부정적이다.

114) 그런데 우리나라가 1995. 1. 18. 아동권리위원회에 제출한 추가답변서(http://www.unhchr.ch/tbs/doc.nsf/(Symbol)/2f20ad1a3db1d18ec1256363004a622b?Opendocument)에서는 헌법 제 6 조 제 1 항을 근거로 하여 협약은 특별한 입법조치 없이도 법원에서 바로 원용될 수 있다고 진술하고 있다.

115) 張晳朝(註 69), 732면 이하; 同, "우리 憲法上 節次的 基本權", 憲法論叢 제 9 집, 1998, 509면 이하 참조.

서 인정하는 것은 가능하다고 여겨진다. 가령 헌법재판소 1998. 7. 16. 97헌바22 결정[116]은 헌법 제27조 제1항의 재판청구권으로부터 공개된 법정의 법관의 면전에서 모든 증거자료가 조사·진술되고 이에 대하여 피고인이 공격·방어할 수 있는 기회를 보장받을 권리가, 즉 원칙적으로 당사자주의와 구두변론주의가 보장되어 당사자에게 공소사실에 대한 답변과 입증 및 반증의 기회가 부여되는 등 공격·방어권이 충분히 보장되는 재판을 받을 권리가 파생되어 나온다고 판시하고 있다. 그런데 이러한 법적 청문청구권을 독일에 있어서처럼 재판의 당사자 아닌 제3자에 대하여도 인정할 수 있는가는 반드시 명백하지 않으나,[117] 긍정할 여지가 있다.

그러나 아동의 법적 청문청구권을 기본권으로 인정한다고 하여서 입법의 필요성이 부정되는 것은 아니며, 오히려 입법의 필요성이 더 요구된다고 하겠다. 법적 명확성의 견지에서도 구체적인 입법의 필요성이 있겠지만, 그보다 더 중요한 것은 법적 청문청구권을 제한할 경우에는 법률적인 근거가 있어야 한다는 점이다. 법적 청문청구권이 헌법상의 기본권이라 하여도 국가안전보장, 질서유지 또는 공공복리를 위하여는 제한될 수 있는데, 헌법은 기본권을 제한하기 위하여는 법률상의 근거를 요구하고 있기 때문이다(제36조 제1항). 따라서 아동의 청문이 가능한 범위와 허용되지 않는 범위를 법으로 명확히 할 필요가 있다.

2. 改善策의 提案

가. 현실적인 고려사항

그런데 우리나라에서 입법을 한다고 할 때 현실적으로 고려하지 않으면 안 될 문제가 몇 가지 있다. 그 하나는 아동의 재판상 청문을 넓게 인정하면 법원의 부담을 가중시키게 된다는 점이다. 앞에서 외국의 예를 살펴보았는데, 이들 나라에서도 구체적인 인정 범위는 다소 차이가 있고, 다른 한편으로 우리나라의 법관의 수는 이들 나라에 비하여 적은 편이고(다만 영국과 비교하면 적은 편이라고는 할 수 없다) 법관 1인당 국민의 비율은 많은 편인데, 이를 고려하여야 할 필요가 있다.

다른 하나는 현실적으로 아동을 신문함에 있어서는 단순한 법률 지식만으

116) 헌법재판소판례집 10권 2집 218면 이하, 특히 226면 이하.
117) 張哲朝(註 69), 743-744면; 張哲朝(註 115), 524면 이하는 이를 긍정한다.

로 충분한 것이 아니고, 아동심리학 내지 교육학적인 지식을 필요로 하는데, 현재 법관 가운데에는 이러한 지식을 가진 사람이 별로 많지 않다는 점이다. 이 점은 현실적으로 가장 문제가 된다고 생각된다. 장기적으로는 이 문제는 법관의 전문화에 의하여 해결하여야 할 문제이다. 즉 법관이 아동사건 내지 가사사건을 장기간 담당하면서 해당 분야에 관한 전문적인 지식을 쌓아야 할 것이다. 그러나 이러한 것이 단기간에 이루어지기는 어려우므로, 현재로서는 가정법원 소속 조사관 등에 전문가를 보강하고 이러한 전문가의 도움을 받는 방법을 모색하여야 할 필요가 있다.

또 다른 문제는 아동을 신문하는 것이 아동에게 좋지 않은 영향을 줄 수 있다는 점이다. 경우에 따라서는 신문이 아동의 심리에 부정적인 영향을 미칠 수 있는 가능성을 배제할 수는 없다. 그러나 일반적으로 아동을 신문하는 것이 반드시 아동에게 좋지 않은 영향을 준다고 할 수는 없을 것이다. 이 문제는 신문 기술을 발전시킴에 의하여서도 해결할 수 있고, 또 아동에게 부정적인 영향을 끼칠 우려가 있을 때에는 신문을 하지 않을 수 있는 길을 열어 놓으면 될 것이다.

나. 訊問의 요건

우선 어떤 경우에 신문을 할 것인가 하는 신문의 요건에 관하여 몇 가지를 생각할 수 있다. 그 하나는 신문을 의무사항으로 하여 반드시 아동을 신문하는 것이고, 다른 하나는 신문 여부에 관하여 법원에 재량을 인정하는 것이며, 세 번째는 아동의 권리를 인정하여 아동이 신문을 요구하면 그에 따라야 한다는 것이다.

앞에서 살펴본 외국의 예 가운데 독일에서는 특정한 경우에는 아동의 신문을 의무사항으로 규정한 반면, 프랑스에서는 원칙적으로 신문 여부가 법원의 재량이지만 아동이 신문을 요구하면 특별한 사유가 없는 한 신문을 하여야 하는 것으로 규정하고 있다. 두 입법례는 모두 장단점이 있다. 독일의 경우가 아동의 청문을 보다 넓게 보장하는 것으로 보이지만, 융통성이 없어서 법원의 부담을 가중시킬 우려가 있는 반면, 프랑스의 입법례는 유연성이 있어서 법원이 그때그때의 상황에 보다 잘 대응할 수 있는 장점이 있다.

그러나 실제에 있어서는 신문을 법원의 의무사항으로 하더라도 그 요건의 판단을 법원에 맡긴다면 신문을 법원의 재량으로 하는 것과 큰 차이는 나지 않을 것이다. 결국 문제는 아동의 신문이 얼마나 중요한가 하는 점에 대한 법원의 의식에 달려 있다.

이러한 점들을 고려하면 아동의 신문 여부는 원칙적으로 법원의 재량에 맡기되, 특별히 아동의 신문이 필요하다고 판단되는 사건에 대하여는 신문을 의무화하는 방법이 무난하다고 여겨진다. 또한 현행 가사소송규칙 제100조가 15세 이상 자녀의 신문을 의무화하고 있는 것은 그대로 유지하는 것이 좋을 것이다. 다른 한편으로 아동의 청문 문제는 아동의 권리라는 관점에서도 볼 수 있으므로, 프랑스의 예에서와 같이 아동이 신문을 요구하면 법원은 특별한 사정이 없으면 이를 받아들여야 할 것이다. 다만 이처럼 아동의 신문이 필요한 경우라 하더라도 특별한 사정, 예컨대 아동의 신문이 아동에게 부정적인 영향을 미칠 때에는 예외가 인정되어야 할 것이다.

이 점과 관련하여 이 글의 초고를 읽은 호문혁 교수와 김유미 교수는 원칙적으로 법원이 모든 아동을 신문하고, 현행 가사소송규칙 제100조 단서와 같이 예외적으로 신문할 필요가 없는 경우를 규정하도록 하는 것이 바람직하다고 주장하였다. 아동 복리의 관점에서는 타당성이 있는 주장이지만, 법원의 부담을 고려할 때에는 현실적으로 난점이 있다고 여겨진다. 다만 실제로 입법을 할 때에는 어느 것을 선택할 것인가는 다시 한 번 생각해 볼 필요가 있을 것이다.

반면 황정규 부장판사는 유아의 경우에는 의견으로서의 가치가 거의 없다고 보여지고, 초등학교 연령의 아동들의 의견은 상당부분 그 보호자에 의하여 교육되고 세뇌되어진 것일 가능성이 많으며, 중학교 연령의 아동들도 의견으로서는 다소 불안정하고 부정확한 것일 가능성이 많으므로, 결국 고등학교 연령 정도가 되어야 적어도 들어볼 만한 가치가 있는 의견을 가진다고 생각되고, 가사소송규칙이 15세 이상의 자에 대하여 의견을 들을 것을 규정하고 있는 것은 바로 이러한 점을 감안한 것이라고 보여지며, 다만 오늘날에 있어서는 아동들도 조숙하는 경향이 있으므로 위 연령을 하향조정하는 것을 적극적으로 검토해 볼 필요도 있다고 주장한다. 그러나 초등학교에 다니지 않는 연령의 아동의 의견이라 하여 가치가 거의 없다고 단정할 수는 없다. 3-4세 정도의 아동도 좋고 싫은 것에 관하여 기본적인 판단력은 가지고 있고 그에 대하여 의사 표명을 할 능력은 있다고 보아야 할 것이다. 그리고 아동의 의견이 조작되거나 세뇌될 위험성은 신문 과정에서 발견하여 제거하고 진정한 의사를 탐지하는 것이 법원의 임무일 것이다.

그리고 이러한 아동의 신문에 관한 사항은 가사소송법에 규정하는 것이 적절할 것이다.[118] 현재와 같이 가사소송규칙에 규정하는 것은 아동의 청문청구권이 헌법상의 권리일 수도 있다는 점에서 적절하지 않다.

구체적으로는 다음과 같다.

(1) 법원은 아동[119]이 당사자가 되는 가사소송 및 아동의 신분관계 기타 권리 의무에 영향을 미치는 가사비송사건[120]에 있어서는 아동을 신문할 수 있다.

(2) 법원은 재판의 성격 및 당해 아동의 특성에 비추어 아동의 신문이 필요하다고 판단되는 경우에는 아동을 신문하여야 한다. 아동이 15세 이상인 경우에도 같다.[121]

(3) 아동이 신문을 요구하는 경우에는 법원은 아동을 신문하여야 한다.

(4) 다만 아동의 의견을 들을 수 없거나 아동의 의견을 듣는 것이 오히려 아동의 복지를 해할 만한 특별한 사정이 있는 때에는 아동을 신문하여서는 안 된다.

다. 신문의 방식

신문을 어떻게 할 것인가도 문제된다. 우선 신문을 반드시 법원이 하여야 하는 것인가, 수명법관이나 수탁판사를 활용하면 안 되는가 하는 점이 문제가 되는데, 원칙적으로 수명법관이나 수탁판사를 활용하는 것은 허용될 수 있을 것이다. 문제는 법관 아닌 가정법원 조사관 등이 신문을 하는 것도 괜찮은가 하는 점이다. 협약의 취지에 비추어 보면 원래는 법관 자신이 신문을 하여야 할 것이나, 법관의 인력이 부족한 현실에 비추어 보면 조사관 등의 전문인력을 활용하는 것도 한 방법일 것이다. 특히 조사관이 전문지식을 가졌다면 오히려 그것이 더 나을 수도 있다.[122]

---

118) 가사소송법이 적용되지 않는 경우에도 아동의 신문이 필요한 경우가 있을 수 있을 것인데, 이때에는 가사소송법의 규정이 유추적용될 수 있을 것이다.

119) 아동을 미성년자와 구별하여 18세 이하로 한정하는 것도 고려할 필요가 있다.

120) 가사소송규칙 제20조는 “심판이 당사자 이외에 사건 본인의 신분관계 기타 권리, 의무에 관계된 것일 때에는 심판서에 그 사건본인의 성명, 생년월일, 본적 및 주소를 기재하여야 한다”고 규정하고 있으므로 결국 아동이 사건본인인 가사비송사건이 될 것이다.

121) 이 점에 관하여 김기환 교수는 현행의 15세는 현실적으로 너무 높게 되어 있다는 것이 아동복지 전문가들의 공통된 의견이라고 지적하였다. 이 연령 문제도 다시 한 번 검토할 필요가 있을 것이다.

122) 현재의 실무례도 가사소송규칙 제100조에 의하여 자녀의 의견을 들어야 하는 경우에는 가

신문에 있어서는 재판의 당사자나 그 대리인을 참석하게 할 필요는 없다고 생각된다. 많은 경우에는 당사자나 그 대리인이 참석하게 되면 아동이 자유스럽게 의사를 진술하기에 어려움이 있을 것이다. 다만 신문의 결과는 당사자나 그 대리인에게 알려 줄 필요가 있을 것이다.

다른 한편 실무에서는 아동의 편지도 참고하고 있다고 하는데, 이는 우선 아동의 진정한 의견인지 여부를 알기 어려울 뿐만 아니라 편지에 의한 간접적인 방법과 직접 이야기를 듣는 것 사이에는 차이가 많을 것이므로, 특별한 경우가 아닌 한 편지를 간접적인 자료로 쓰는 것은 몰라도 이로써 아동의 의견을 듣는 것을 대체하여서는 안 될 것이다.

라. 신문 결과의 활용

법원이 아동을 신문하였다고 하더라도 그 결과에 구속되는 것은 아니다. 그러나 그 결과는 법원의 재판에 있어서 중요한 고려사항이 될 것이다. 만일 법원이 아동의 의사와는 다른 재판을 하였다면 이는 다른 사정과 결합하여 상급심에서 원 재판을 번복하는 하나의 자료가 될 수도 있을 것이다.

마. 아동을 위한 특별대리인의 선임

앞에서도 언급한 것처럼 현행법상 아동을 위하여 특별대리인이 선임될 수 있는 것은 법정대리인이 없거나 있더라도 법정대리권을 행사할 수 없는 경우에 한한다. 그러나 법정대리인이 법정대리권을 행사할 수 있는 경우라도 법정대리인이 아동의 이익을 제대로 옹호하지 못하는 경우에는 아동의 이익을 위하여 특별대리인을 선임할 필요가 있다. 이는 아동이 당사자로 되는 소송사건에서 주로 문제되지만, 아동이 당사자가 아닌 경우에도 아동의 청문을 보장하는 것과 같은 맥락에서 문제될 수 있다. 예컨대 아동이 의사를 표명할 수 없거나, 아동의 의사만으로는 충분하지 않은 경우이다. 이러한 경우에는 대개 법정대리인이 재판의 당사자인 경우가 대부분일 것이므로 법정대리인의 의견을 듣는 것은 적절하지 않고, 특별대리인을 선임하여 특별대리인의 의견을 들을 필요가 있다.

그러므로 우선 현행법상 재판상의 법정대리가 인정되는 경우에도 법원은 법정대리인이 아동의 이익을 위하여 적절하게 법정대리권을 행사하지 못하고

사조사관에 의하여 조사하게 하고 있다. 改正增補 法院實務提要 家事, 1994, 769면 참조.

있다고 판단되면 직권 또는 이해관계인의 신청에 의하여 특별대리인을 선임할 수 있다고 하는 규정을 둘 필요가 있다.[123)]

그리고 아동의 의견을 들을 필요가 있는 경우에 아동의 의견을 들을 수 없거나 또는 아동의 대리인의 의견을 필요로 하는 때에는, 법원은 특별대리인을 선임하여 그 의견을 들을 수 있다고 하는 규정을 두어야 할 것이다. 이 경우에 법원의 직권에 의한 선임 이외에도 아동 자신이나 친족 등에게 선임신청권을 인정할 필요가 있을 것이다.

종래 아동을 위한 특별대리인으로는 아동의 친족이 선임되는 경우가 대부분이었다. 그러나 이러한 아동의 친족이 아동의 이익을 대변하기 위하여 충분한 의사와 능력을 가질 것으로 기대하기는 어렵다. 따라서 이러한 경우에는 사회복지사와 같이 전문적인 자격을 가진 사람을 선임하는 것이 바람직하다.[124)]

Ⅴ. 結　論

모든 재판에서 그 결론이 중요함은 말할 것도 없다. 그러나 그 결론만큼 결론에 이르는 과정도 중요하다. 이는 재판에 있어서 節次的 正義의 문제와 직결된다. 그리고 그러한 절차적 정의의 중요한 요소는 재판에 관계되는 사람들의 의사를 법원이 확인하여야 한다는 점일 것이다. 이 점은 독자적인 행위능력이 없다는 이유로 종래 재판절차에서 소외되어 왔던 아동의 경우에 특히 그러하다. 뿐만 아니라 아동은 성인보다도 재판에 의하여 더욱 심각한 영향을 받을 수도 있다는 점에서 재판상 아동의 의견을 반영하는 것은 보다 더 중요한 의미를 가진다고 할 수 있다.

협약 제12조 제2항의 규정은 우리나라에게 이러한 상황을 개선하여야 한다는 법적인 의무를 부과하고 있다. 그럼에도 불구하고 이제까지는 이 문제에

123) 이 점에 관하여 황정규 부장판사는, 법정대리인이 대리권을 행사할 수는 있으나 그것이 아동의 이익에 부합하지 않는 경우라는 것이 이론상 존재할 수는 있어도 실제 사례를 찾기는 어렵고, 이는 대부분 이해상반의 경우에 흡수될 것이라고 주장하였다. 그러나 예컨대 법정대리인이 아동을 위한 소송수행에 열의를 보이지 않는다든지, 또는 소송수행을 위한 의욕은 있으나 그러한 능력이 없다고 판단되는 경우에는 특별대리인 선임의 필요를 부정하기 어려울 것이다.

124) 그런데 김기환 교수는 현재로는 사회복지사나 아동복지 전문가도 아동신문을 위한 교육과 훈련이 부족하여 아동에게 2중의 스트레스를 주는 경우가 많이 생길 수 있으므로, 이들을 위한 제도적 장치가 같이 이루어져야 한다고 지적하였다.

관한 논의를 찾아보기 어려웠다. 따라서 앞으로 이 점에 관하여 법적인 규율을 마련하여야 하는 것은 당연한 일이다. 다만 그 구체적인 방법에 관하여 이 글에서 제시한 것은 시론에 불과하고, 앞으로의 논의를 통하여 좀더 다듬어질 필요가 있다.

그리고 재판에서 아동의 의견 진술이 활성화되기 위하여는 단순히 법규정을 만드는 것만으로 충분하지 않다. 이를 위한 법관 스스로의 노력과 전문 지식의 습득, 전문 인력의 보강 등 해결하여야 할 과제가 적지 않다. 결국 이 문제는 국가의 적극적인 의지에 의하여 뒷받침되어야만 해결이 가능하다고 생각된다.

〈이창희, 장승화 편, 절차적 정의와 법의 지배, 2003〉

親權者와 子女 사이의 利害相反行爲 및 親權者의 代理權 濫用 [*]

— 대법원 1996. 11. 22. 선고 96다10270 판결 [**] —

[事實關係]

이 사건 제 1, 제 2 부동산은 원래 소외 A의 소유였는데, A는 1991. 7. 25. 사망하였고, 처인 B와 자녀인 원고들 X_1, X_2가 이를 A로부터 공동으로 유증받아 같은 해 9. 9. 위 3인 명의로 소유권이전등기가 이루어졌다. 한편 X_1, X_2는 미성년자였으므로 어머니인 B가 그 단독친권자로 되었다.

B는 1991. 3. 25. 소외 C 주식회사의 대표이사로 취임하여, 그 회사의 운영자금을 마련하기 위하여 1993. 7. 30. 제 1 부동산(아파트 및 그 대지권)[1]에 관하여 X_1, X_2의 법정대리인 겸 본인의 자격에서 피고 Y_1 은행과의 사이에 채권최고액 금 180,000,000원, 채무자 C주식회사로 된 근저당권을 설정하기로 하는 근저당권설정계약을 체결하고, 같은 날 근저당권설정등기를 마쳤으며, 1994. 1. 28.에는 같은 방식으로 같은 은행과 제 2 부동산에 관하여 채권최고액 금 200,000,000원, 채무자 C주식회사로 된 근저당권을 설정하기로 하는 근저당권설정계약을 체결하고 같은 날 설정등기를 마쳤다.

그리고 B는 다시 1994. 8. 12.에는 마찬가지로 피고 Y_2 은행과 제 2 부동산

---

* 이 글은 2001. 2. 12. 民事實務硏究會에서 발표하였던 것을 다소 보완한 것이다. 당시 지정 토론자로서 좋은 의견을 제시하여 주었던 이태종 부장판사님과 이균룡 판사님, 그리고 토론에 참여하여 주었던 여러 회원님들께 감사의 뜻을 표한다. 그리고 이 글을 위하여 필요한 자료를 제공하여 주신 민경도 변호사님께도 감사드린다.

** 公 1997상, 22.

1) 원고들이 거주하던 아파트로 보인다.

에 관하여 채권최고액 금 300,000,000원, 채무자 C주식회사로 하는 근저당권설정계약을 체결하고 같은 달 16. 그 설정등기를 마쳤다.

그 후인 1995년경 X들은 특별대리인의 선임결정을 받아 Y 은행들을 상대로 위 각 근저당권 설정등기의 말소를 청구하였다.

X들이 위 각 근저당권 설정등기가 무효라고 주장한 근거는, B가 X들을 대리하여 한 위 근저당권설정행위는 C 회사의 대표이사로서 뿐만 아니라 위 회사 주식의 66%를 소유하는 대주주로서 실질적으로 위 회사와 이해관계가 일치하는 B를 위한 것이고 미성년자인 X들에게는 불이익만을 주는 것으로서 민법 제921조 제1항 소정의 이해상반행위에 해당하므로, X들을 위한 특별대리인의 선임 없이 B가 X들의 법정대리인으로서 한 위 근저당권설정행위는 무효라는 데 있었다.

[제1, 2심 판결]

제1심 판결[2]은, 민법 제921조 제1항에서 말하는 이해상반행위라 함은 친권자와 그 친권에 복종하는 미성년자가 각각 당사자의 일방이 되어 하는 법률행위뿐만 아니라 친권자를 위하여는 이익이 되고, 미성년자에 대하여는 불이익이 되는 경우도 포함하지만, B가 C 회사의 대표이사라는 사정만으로는 위 근저당권설정행위가 이해상반행위에 해당한다고 보기 어렵다고 하여 X들의 청구를 모두 기각하였다.

제2심 판결[3]도, B가 C 회사의 대표이사로서 그 주식의 66% 정도를 소유하는 대주주인 사실은 인정되나, 그러한 사정과 아울러 B의 위 근저당권 설정행위가 C 회사의 채무를 담보하기 위한 것으로서 미성년자인 X들에게는 불이익만을 주는 것이라는 점을 감안하더라도 위 근저당권 설정행위는 그 행위의 객관적 성질상 C 회사의 채무를 담보하기 위한 것으로서 친권자로서 X들의 법정대리인인 B와 그 자인 X들 사이에 이해의 대립이 생길 우려가 있는 이해상반행위라고 볼 수 없다고 하면서, 대법원 1991. 12. 26. 선고 91다32466 판결[4]을 인용하여 X들의 항소를 기각하였다.

2) 서울지방법원 1995. 7. 7. 선고 95가합25379 판결.
3) 서울고등법원 1996. 1. 16. 선고 95나31074 판결.
4) 公 1992, 297.

[상고이유]

1. 제 1 점

민법 제921조 제 1 항은 어느 행위의 객관적 성질을 기준하여서만 적용되는 원칙이 아니며 그 행위의 객관적 성질로부터 파생되는 효과적 또는 반사적 측면까지 포함하여 그 행위로 인한 파급적 영향까지를 고려하여야 할 것이고, 그러한 효과적 또는 반사적 측면에의 파급 정도가 양측(친권자와 자식)의 이해상반 현상을 자아낼 때에는 역시 이 조항에 의하여 금지되어야 할 것입니다. 본건에 관련하여 이러한 파급적 효과까지를 고려에 넣는다면,

(1) 이 행위의 객관적 성질은 소외 회사의 채무담보인 것은 사실이다.

(2) 그러나 자의 소유재산을 공동담보로 제공한 결과의 파급적 효과를 보면 모의 소유재산은 제공된 공동담보만큼 담보 부담 비율이 감소되고, 이와 반대로 자의 소유재산은 담보부담비율이 증가되는 것입니다. 그리고 모(母)측의 감소와 자(子)측의 증가는 같은 비율을 나타낼 것입니다.

(3) 예를 들어, 100원의 채무가 있는데 모의 재산 100원과 자들의 재산 200원이 공동담보로 제공되었다면 각자 3분지 1씩의 손해로 끝날 것인데 반하여 모의 재산만이 담보 제공되었다면 모는 100원의 손해를 보고 자들은 손해를 보지 않을 것입니다. 이 나라의 지방법원과 고등법원의 판사들은 이 간단한 수리, 초등학교 5학년 수준의 수리를 이해하지 못한 것입니다. 원고들이나 그 소송대리인은 실로 통탄을 금하지 못하고 울분을 터뜨리고 있는 중입니다.

2. 제 2 점

원심법인은 판결례(대법원 1991. 11. 26. 선고 91다32466 판결)의 해석을 잘못하여 판결결과에 영향을 미쳤습니다.

위 판결례는

(1) 채무자(친권자의 오빠)와 (2) 담보제공자(미성년자)라는 2인만의 관련사입니다. 여기에는 공동 담보 제공자로서 친권자가 개입되어 있지 아니합니다. 따라서 친권자와 미성년자 사이의 상반되는 이해관계가 없는 것입니다. 그렇거늘 원심은 이 건과 저 건을 혼동하여 초등학교 수준의 수리를 헤아리지 못했습니다.

[대법원의 판결이유 요지]

대법원은 다음과 같은 이유로 X들의 상고를 기각하였다.

1. 민법 제921조의 이해상반행위란 행위의 객관적 성질상 친권자와 그 자 사이 또는 친권에 복종하는 수인의 자 사이에 이해의 대립이 생길 우려가 있는 행위를 가리키는 것으로서, 친권자의 의도나 그 행위의 결과 실제로 이해의 대립이 생겼는지의 여부는 묻지 아니하는 것이라고 할 것이다(당원 1994. 9. 9. 선고 94다6680 판결, 1993. 4. 13. 선고 92다54524 판결 등 참조).

2. 원심이, X들의 친권자이자 소외 C 주식회사의 대표이사인 소외 B가 소외 회사를 운영하던 중 영업자금을 마련하기 위하여 그 판시와 같이 B와 X들의 공유인 이 사건 각 부동산에 미성년자인 X들의 법정대리인 및 본인의 자격으로 채무자를 소외 C 회사로 하여 Y들과 근저당권설정계약을 체결한 후 그 등기를 마친 사실을 인정한 다음, B가 소외 회사의 대표이사로서 그 주식의 66% 정도를 소유하는 대주주인 사정과 아울러 B의 이 사건 각 부동산에 대한 근저당권 설정행위가 소외 회사의 채무를 담보하기 위한 것으로서 미성년자인 X들에게는 불이익만을 주는 것이라는 점을 감안하더라도, 위 근저당권설정행위는 그 행위의 객관적 성질상 소외 회사의 채무를 담보하기 위한 것으로서 친권자로서 X들의 법정대리인인 B와 그 자인 X들 사이에 이해의 대립이 생길 우려가 있는 이해상반행위라고 볼 수 없다고 판단하였음은 옳고, 거기에 소론과 같이 민법 제921조 소정의 이해상반행위에 관한 법리오해의 위법이 있다고 할 수 없다.

[研　　究]

I. 쟁점의 소재

이 사건에서는 제1차적으로는 B가 친권자로서 미성년자인 X들을 대리하여 한 근저당권 설정행위가 민법 제921조 제1항 소정의 이해상반행위에 해당하는가가 문제되었다. 이 점에 관하여 대상판결도 인용하고 있는 종래의 대법원의 판례[5]는, 이해상반행위란 행위의 객관적 성질상 친권자와 그 자 사이 또는 친권에 복종하는 수인의 자 사이에 이해의 대립이 생길 우려가 있는 행위를 가리키는 것으로서, 친권자의 의도나 그 행위의 결과 실제로 이해의 대립이 생겼는지의 여부는 묻

5) 대법원 1993. 4. 13. 선고 92다54524 판결(公 1993, 1392); 1994. 9. 9. 선고 94다6680 판결(公 1994하, 2611).

지 아니한다고 하는 이른바 형식적 판단설을 따르고 있다. 그리고 원심판결이 인용하고 있는 대법원 1991. 11. 26. 선고 91다32466 판결(註 4)은 이 사건과 같이 친권자가 제 3 자(친권자의 오빠)의 채무 담보를 위하여 미성년자를 대리하여 물상보증을 한 경우에 관하여, 이는 이해상반행위가 아니라고 하였다. 그러므로 이러한 점만을 본다면 이 사건 판결은 특별히 새로운 판례가 아니라고도 할 수 있다.

그러나 이 사건에서는 X들이 주장하는 것처럼 채무자가 친권자가 대표이사로서 과반수의 주식을 가지고 있는 주식회사라는 점이 위 1991년의 판결과는 다른 점이다. 보는 시각에 따라서는 이 점이 중요한 의미를 가질 수도 있다. 또 근래에 주장되는 견해에 의하면 이 사건에 있어서처럼 친권자가 미성년자와 같이 물상보증을 한 경우에는 형식적 판단설의 입장에서도 이를 이해상반행위라고 할 수도 있다고 한다.

나아가서 보다 근본적으로는 친권자의 대리행위가 미성년자의 이익에 반하는 경우에, 그 효력을 단순히 이해상반행위에 해당하는가 하는 여부의 관점에서만 따질 것이 아니라, 이것이 이른바 대리권의 남용에 해당하는가 여부를 따져보아야 할 것이다.

이하에서는 이러한 점들을 차례로 살펴보기로 한다.

Ⅱ. 이해상반행위 여부의 판단

1. 이해상반행위의 의의

민법 제921조 제 1 항은 "法定代理人인 親權者와 그 子 사이에 利害相反되는 行爲를 함에는 親權者는 法院에 그 子의 特別代理人의 選任을 請求하여야 한다"고 규정하고 있다. 이해상반에 해당하는 행위를 특별대리인을 선임하지 않고 법정대리인이 한 경우의 효력에 관하여 민법에는 직접적인 규정이 없으나, 일반적으로는 친권자가 대리권이 미치지 않는 범위에 관하여 대리행위를 한 것으로서 무권대리에 해당한다고 보고 있다.[6] 따라서 이는 본인인 자녀가 사후

6) 金疇洙, 親族·相續法, 第 5 全訂版, 1998, 324면; 李均龍, "第三者의 債務를 擔保하기 위한 物上保證行爲와 利害相反行爲 등", 民事判例研究 XVI, 1994, 272-273면; 崔孝燮, "親權行使에서의 利害相反行爲", 司法研究資料 제18집, 1991, 88면; 대법원 1964. 8. 31. 선고 63다547 판결(集 12권 2집 民80) 등.

에 추인하지 않는 한 무효이다.[7] 그러므로 어떤 행위가 이해상반행위에 해당하는가 하는 점은 그 행위의 효력을 좌우하는 중요한 문제라고 할 수 있다.

이러한 이해상반행위의 제한은 민법총칙상의 자기계약이나 쌍방대리의 금지(제124조)와 대체로 유사한 이념을 바탕으로 한 것이지만, 그 적용범위는 이보다는 넓다. 즉 상속재산 분할의 협의(민법 제1013조)와 같이 친권자가 법률행위의 일방 당사자가 되고, 미성년인 그 자녀가 상대방 당사자가 되는 경우에 이해상반행위에 해당함은 물론이지만,[8] 친권자가 자기를 위하여 타인으로부터 금전을 차용함에 있어 이를 담보하기 위하여 미성년자인 자의 소유부동산에 저당권을 설정하는 행위와 같이 친권자를 위해서는 이익이 되고 미성년자를 위해서는 불이익이 되는 경우도 이에 포함된다.[9] 또한 계약뿐만 아니라 공동상속인 중 1인인 친권자가 다른 공동상속인인 미성년자를 대리하여 상속을 포기하는 것과 같은 단독행위도 이해상반행위가 될 수 있다.[10]

그리고 친권자가 미성년자에게 증여를 한 경우와 같이 친권자에게만 불리하고 미성년자에게는 유리하기만 한 경우는 이해상반행위에서 제외된다.[11]

2. 종래의 학설

그러면 어떤 행위가 親權者와 그 자녀 사이에 利害相反되는 行爲에 해당되는가 여부는 어떤 기준에 의하여 판단할 것인가? 이에 관하여는 학설상 形式的 判斷說[12]과 實質的 判斷說[13]이 대립한다.

---

7) 대법원 1993. 4. 13. 선고 92다54524 판결(公 1993, 1392).

8) 대법원 1987. 4. 10. 선고 85므80 판결(公 1987, 645); 1993. 3. 9. 선고 92다18481 판결(公 1993, 1143); 1993. 4. 13. 선고 92다54524 판결(公 1993, 1392); 1994. 9. 9. 선고 94다6680 판결(公 1994하, 2611) 등.

9) 대법원 1971. 7. 27. 선고 71다1113 판결(集 19권 2집 民225).

10) 金疇洙(註 6), 322면 등. 대법원 1989. 9. 12. 선고 88다카28044 판결(公 1989, 1406)은, 공동상속인 중의 1인인 친권자가 자신의 재산상속을 포기함과 동시에 다른 공동상속인인 미성년자를 대리하여 재산상속을 포기한 행위는 이해상반되는 행위라고 할 수 없다고 하였으나, 이는 친권자 자신이 재산상속을 포기하였다는 별개의 사정이 있는 경우이다. 日本 最判 1978(昭 53). 2. 24.(民集 32권 1호 98) 참조.

11) 대법원 1981. 10. 13. 선고 81다649 판결(集 29권 3집 民138)은, 법정대리인인 친권자가 부동산을 매수하여 자에게 증여하는 행위는 미성년자인 자에게 이익만을 주는 행위이므로 유효하다고 하고, 대법원 1998. 4. 10. 선고 97다4005 판결(公 1998상, 1273)은, 법정대리인인 친권자가 부동산을 미성년자인 자에게 명의신탁하는 행위는 친권자와 미성년자 사이에 이해상반되는 행위에 속한다고 볼 수 없다고 한다.

12) 외형적 판단설, 객관적 판단설 내지 추상적 판단설이라고도 한다.

즉 행위의 형식 여하를 불문하고 동기·연유, 결과 등을 고려하여 실질적으로 이해상반행위를 판단하여야 한다는 것이 실질적 판단설이고,[14] 이와는 달리 이해상반행위의 성립 여부는 전적으로 그 행위 자체 또는 행위의 외형만으로 결정하여야 하는 것이고, 해당 행위를 하기에 이른 친권자의 의도 또는 그 행위의 실질적 효과 등은 고려하여야 할 것이 아니라고 하는 것이 형식적 판단설이다.[15]

가령 친권자가 자신의 미성년 자녀를 대리하여 돈을 차용하여 이를 자신의 사적인 용도로 다 소비하여 버렸는데 위 차용 당시에 이미 그러한 소비 의도를 가지고 있었던 경우에, 실질적 판단설에 의하면 위 차용행위는 이해상반행위라고 보게 되는 반면, 형식적 판단설의 입장에서는 이는 이해상반행위가 아니라고 하게 된다.[16]

형식적 판단설은 그 근거로서, 행위의 동기 등은 외형상 나타나지 않는 것이 보통이므로 실질적 판단설에 따르게 되면 이를 알지 못하는 거래의 상대방을 해하게 된다고 하는 점을 들고 있다. 반면 실질적 판단설은, 형식적 판단설과 같이 행위의 외형만에 의하여 판단하면, 친권자가 실질적으로 자녀에게 불리하고 자신에게는 이익이 되는 경우라도 그 외형만을 이해상반하지 않는 것으로 꾸미기만 하면 특별대리인 선임을 피할 수 있으므로 부당하다는 점을 내세워 형식적 판단설을 비판하고 있다.

그 결과에 있어서는 형식적 판단설보다는 실질적 판단설을 따르는 경우에 이해상반행위로 인정될 수 있는 범위가 넓어지게 된다.

3. 종래의 판례

종래의 대법원 판례는 형식적 판단설을 취하고 있다. 즉 "민법 제921조의 '이해상반행위'란 행위의 객관적 성질상 친권자와 자 사이 또는 친권에 복종하

13) 具體的 判斷說이라고도 한다.

14) 崔孝燮(註 6), 93면; 金由美, "民法 第921條의 利害相反行爲에 관한 몇 가지 문제", 朴秉濠 教授 還甲紀念 家族法學論叢, 1991, 517면 이하; 韓琫熙, "친권자와 자간의 이해상반행위", 考試研究 1993. 8, 188면; 同, "利害相反의 法律關係", 考試界 1995. 4, 75면 등.

15) 金疇洙(註 6), 323면; 李均龍(註 6), 267면 이하; 朴秉濠, 親族法 教材, 서울대학교 법과대학, 1996, 207면; 李庚熙, 家族法, 1999, 206면 등.

16) 日本 最判 1962(昭和 37). 2. 27.(最高裁判所裁判集 58호 1023)이 이러한 사안에서 후자와 같은 견해를 취하여 이해상반행위가 아니라고 하였다.

는 수인의 자 사이에 이해의 대립이 생길 우려가 있는 행위를 가리키는 것으로서 친권자의 의도나 그 행위의 결과 실제로 이해의 대립이 생겼는가의 여부는 묻지 아니한다"는 것이다.17) 대상판결도 같은 태도를 취하고 있다.

그러면 이러한 견해의 대립은 어느 정도 중요한 의미를 가지는가? 다시 말하여 종래의 판례가 어느 견해를 따르는가에 따라 결론이 달라진 예가 많이 있는가 하는 점이 문제된다. 이 점에 관하여 판례를 구체적으로 살펴본다.

종래의 판례가 이해상반행위로 인정한 것으로는 다음과 같은 것들이 있다.

첫째, 친권자가 자기를 위하여 타인으로부터 금전을 차입함에 있어 미성년자인 자의 소유부동산에 저당권을 설정하는 행위.18)

둘째, 상속재산 분할의 협의.19)

셋째, 친권자가 미성년의 자를 상대로 소송을 제기하는 행위.20)

이들 사례들은 형식적 판단설에 의하든 실질적 판단설에 의하든 모두 이해상반행위에 해당하는 것들이다.21)

다만 대법원 1964. 8. 31. 선고 63다547 판결22)은, 친권자인 父가 미성년인 그 자녀 소유의 부동산을 자신의 첩 명의로 매매를 가장하여 소유권이전등기를 마친 행위가 이해상반행위라고 판단하였는데, 이 판결은 그 근거를 명확

---

17) 대법원 1993. 4. 13. 선고 92다54524 판결(公 1993, 1392); 1994. 9. 9. 선고 94다6680 판결(公 1994하, 2611) 등.

18) 대법원 1971. 7. 27. 선고 71다1113 판결(集 19권 2집 民225).

19) 대법원 1987. 4. 10. 선고 85므80 판결(公 1987, 645); 1993. 3. 9. 선고 92다18481 판결(公 1993, 1143); 1993. 4. 13. 선고 92다54524 판결(公 1993상, 1392); 1994. 9. 9. 선고 94다6680 판결(公 1994하, 2611). 위 1993. 4. 13. 판결은, 공동상속인인 친권자와 미성년인 수인의 자 사이에 상속재산분할협의를 하게 되는 경우에는 미성년자 각자마다 특별대리인을 선임하여 그 각 특별대리인이 각 미성년자인 자를 대리하여 상속재산분할의 협의를 하여야 한다고 판시하였고, 위 1994. 9. 9. 판결은, 1990년 민법 개정의 친권자인 嫡母와 미성년자인 수인의 자 사이에 상속재산분할협의를 하게 되는 경우에는 미성년자 각자마다 특별대리인을 선임하여 그 각 특별대리인이 각 미성년자를 대리하여 상속재산분할의 협의를 하여야 하고 만약 특별대리인 1인이 수인의 미성년자를 대리하여 상속재산분할협의를 한 것이라면 이는 민법 제921조에 위반된 것으로서 이러한 대리행위에 의하여 성립된 상속재산분할협의는 피대리자의 전원에 의한 추인이 없는 한 무효라고 판시하였다.

20) 대법원 1991. 4. 12. 선고 90다17491 판결(公 1991, 1372): 양모가 미성년인 양자를 상대로 하여 제기한 소유권이전등기청구소송은 민법 제921조 제1항 소정의 이해상반행위에 해당한다고 한다.

21) 그러나 李均龍(註 6), 267면 註 22)는, 위 대법원 1971. 7. 27. 선고 71다1113 판결(集 19권 2집 225)의 事實關係가 親權者의 債務를 擔保하기 위하여 抵當權을 設定한 것인지, 그렇지 않으면 子를 代理하여 子의 이름으로 債務를 負擔하고 抵當權을 設定한 것인지 明確하지 아니하나 그 上告理由의 內容에 비추어 보면 後者의 事實關係인 事情이 엿보이는데, 만약 그러한 事實關係라면 위 判決도 實質的 判斷說을 취한 것으로 볼 수도 있다고 설명하고 있다.

22) 集 12권 2집 民80.

하게 밝히고 있지 않으나 형식적 판단설에 따르면 이를 이해상반행위라고 보기 어려우므로 실질적 판단설에 따른 것으로 볼 여지가 있다.[23)]

다른 한편 종래의 판례가 이해상반행위가 아니라고 한 것으로는 다음과 같은 것들을 들 수 있다.

첫째, 혼인 외의 미성년 자녀에 대한 친권자인 *嫡母*[24)]가 자신의 성년인 자녀의 채무를 담보하기 위하여 혼인 외의 미성년 자녀의 부동산에 근저당권을 설정한 행위.[25)]

둘째, 마찬가지로 혼인 외의 미성년 자녀에 대한 친권자인 *嫡母*[26)]가 위 미성년 자녀와, 성년이 된 혼인 중의 자녀와 함께 자신의 남편을 공동상속한 후 자신의 상속을 포기함과 동시에 혼인 외의 미성년 자녀를 대리하여 상속을 포기함으로써 결국 성년이 된 혼인 중의 자녀가 단독상속을 받게 한 행위.[27)]

셋째, 미성년자의 친권자인 모가 자기 오빠의 제 3 자에 대한 채무의 담보로 미성년자 소유의 부동산에 근저당권을 설정하는 행위.[28)]

이처럼 이해상반행위가 아니라고 한 판례들은 종래의 형식적 판단설에 의하면 당연한 결론이라고 하겠지만,[29)] 실질적 판단설의 입장에서는 과연 어떠한 결론이 나오는지 반드시 명확하지 않다. 이는 실질적 판단설이 이해상반행위 여부의 판단 기준으로 제시하는 행위의 동기·연유, 결과 등의 개념이 반드시 명확하지는 않기 때문이다. 그러나 실질적 판단설에서는 형식적 판단설과는 다른 결론이 나온다고 주장될 여지가 있다.

즉 실질적 판단설을 지지하는 한 논자는, 둘째의 사안[30)]에서는 형식적으로

---

23) 李均龍(註 6), 267면 註 22) 참조.
24) 1990년 민법 개정 전의 사안이다.
25) 대법원 1976. 3. 9. 선고 75다2340 판결(集 24권 1집 民158, 公 1976, 9060). 이 사건에서 원심은 이러한 근저당권 설정행위가 민법 제921조 제 2 항 소정의, 법정대리인인 친권자가 그 친권에 복종하는 수인의 자 사이에 이해상반되는 행위에 해당한다고 본 반면, 대법원은 채무자인 혼인 중의 자가 미성년자가 아니므로 제921조 제 2 항에 해당하지 않는다고 하였다. 그러나 이러한 대법원의 판시에는 이는 제921조 제 1 항에도 해당하지 않는다는 판단이 포함되어 있다고 볼 수 있다.
26) 1990년 민법 개정 전의 사안이다.
27) 대법원 1989. 9. 12. 선고 88다카28044 판결(公 1989, 1406).
28) 대법원 1991. 11. 26. 선고 91다32466 판결(公 1992, 297).
29) 그러나 위 둘째의 사안에 관하여, 일본에서는 형식적 판단설에서도 상속의 포기는 행위의 객관적 성질상 항상 이해상반행위에 해당되고, 친권자가 스스로 상속을 포기하였다는 구체적 사정을 들어 이해상반행위가 아니라고 할 수는 없다는 주장도 있다. 鍛冶良堅, "後見人による相續放棄と利益相反行爲", ジュリスト No. 693 昭和 53 年度重要判例解說, 93-94면 참조.
30) 위 대법원 1989. 9. 12. 선고 88다카28044 판결(註 27).

는 *嫡母* 자신도 상속을 포기하였으므로 미성년자인 혼인 외의 자녀를 대리하여 상속을 포기하더라도 *嫡母*에게 이익이 돌아가지 않는다고 할지 몰라도, 그로 인한 이익은 1차적으로는 다른 상속인인 친권자의 혼인 중의 자녀에게 돌아가고, 이는 다시 부양 등의 형태로 친권자에게 귀속될 가능성이 있으므로 실질적 판단설에 의하면 이 경우에 이해상반행위가 성립된다고 주장한다.31) 이 점은 위 첫째의 사안에서도 마찬가지이다.

위 셋째의 사안은 어떠한가? 이 경우에도 친권자의 오빠에게 이익이 돌아가는 것은 친권자 자신에게 이익이 돌아가는 것과 같이 보아 이해상반행위가 성립한다고 볼 여지도 있으나, 반드시 명확하지는 않다.32)

4. 실질관계를 고려한 형식적 판단설

그런데 근래에는 새로운 내용의 형식적 판단설이 주장되고 있다. 이 설의 특징은, 종래의 형식적 판단설과는 달리 실질관계도 어느 정도 고려한다는 점에 있다.33)

가령 친권자가 스스로 연대보증이나 물상보증행위를 하지 않고 단순히 子의 대리인으로서 자의 재산에 저당권을 설정하는 경우에는 형식적 판단설에 따라서 이해상반행위가 되지 않지만, 이 사건과 같이 친권자와 子가 동시에 물상보증인이 되는 경우에는 이해상반행위가 될 수 있다고 한다. 즉 제3자인 채권자가 먼저 자의 공유지분에 관한 저당권을 실행하는 때에는, 자의 공유지분에 해당하는 경매대금이 변제에 충당되는 한도에서 친권자의 책임이 경감되므로 소극적인 의미에서는 친권자가 미성년인 자의 부담으로 이익을 얻는 것으로 해석할 수도 있고, 친권자의 공유지분에 관한 저당권이 실행되는 경우에 친권자와 미성년인 자녀 사이의 구상관계가 생기므로 친권자와 자 사이에 이해가 대립된다고 할 수 있으며, 이러한 결과가 저당권설정계약 당시에도 행위 그

31) 金由美(註 14), 518면 註 21) 참조.

32) 그러나 米倉 明, 法學協會雜誌 111권 3호, 1994, 410면은, 친권자인 母가 자기 및 미성년 자녀를 보살펴 주던 죽은 남편의 동생이 경영하던 회사의 채무의 담보로서 자녀의 부동산을 담보로 제공하는 행위는 형식적 판단설은 물론 실질적 판단설에 따르더라도 이해상반행위가 되지 않는다고 한다. 같은 취지, 磯村 保, "子を代理して子の所有不動産を第三者のための物上保證とする行爲と代理權濫用", 金融法務事情 No. 1364, 1993, 49면.

33) 尹容燮, "親權과 後見", 民事判例硏究 XVIII, 1996, 576면은 이를 가리켜 '實質關係 客觀的 考慮說'이라고 부른다.

자체로부터 예측되고 계약당사자인 제 3 자와 자 사이의 이해관계를 쉽게 알 수 있는 이상, 위와 같은 물상보증행위와 법적 관련성이 있는 사항도 행위자체 내지는 행위외형으로 파악할 수 있다고 생각되므로 형식적 판단설의 입장에서도 이러한 경우에는 이해상반행위로 된다고 해석할 수 있다고 한다.[34]

또 다른 견해는 형식적 판단설을 유지하면서도, 주식회사 대표이사인 친권자가 회사의 채무를 담보하기 위하여 자녀의 재산에 저당권을 설정하는 것은 친권자와 자녀간의 직접적인 관계가 아니라는 관점에서 이해상반행위가 되지 않는다는 견해가 있으나, 이 경우에는 실질상 이해상반행위의 가능성이 농후하므로 거래안전의 관점에서 역시 이해상반행위에 해당한다고 한다.[35]

이러한 견해는, 형식적 판단설과 실질적 판단설의 논의 그 자체가 그러하듯이,[36] 일본에서의 논의, 그 중에서도 일본의 판례로부터 영향을 받은 것이다.

일본의 최고재판소 판례는 기본적으로 형식적 판단설을 유지하고 있다.[37] 그러나 개별적인 사례에서는 반드시 종래의 형식적 판단설과는 일치하지 않는 결론을 이끌어내고 있다.

우선 最判 1968(昭和 43). 10. 8.[38]은, 친권자인 모가 제 3 자의 채무에 관하여 스스로 연대보증을 함과 동시에 미성년자인 자녀의 대리인으로서 동일한 채무에 관하여 연대보증을 하고, 또한 친권자와 자녀가 공유하는 부동산에 관하여 저당권을 설정한 사례에 관하여, 이는 일본민법 제826조가 규정하는 이익상반행위(이해상반행위)라고 판시하였다. 즉 채권자가 저당권의 실행을 선택할 때에는 이 사건 부동산에 있어서 자녀들의 지분의 경매대금이 변제에 충당되는 한도에서는 친권자의 책임이 경감되고, 이 의미에서는 친권자가 자녀의 불이익에 의하여 이익을 받으며, 또한 채권자가 친권자에 대한 보증책임의 추급을 선택하여 친권자로부터 변제를 받는 때에는, 친권자와 자녀들 사이의 구상관계 및 자녀의 지분 위의 저당권에 관하여 친권자에 의한 대위의 문제가 생기는 등의 사정이 위 연대보증 및 저당권 설정행위 자체의 외형으로부터도 당

34) 李均龍(註 6), 278-279면. 같은 취지, 尹容燮(註 33), 576-577면.

35) 朴秉濠(註 15), 208면.

36) 일본에서의 이해상반행위(일본에서는 利益相反行爲) 논의에 관한 최근의 문헌으로는 沖野眞已, "民法八二六條", 廣中俊雄・星野英一 編, 民法典の百年, 1998, 103면 이하 참조.

37) 위 日本 最判 1962(昭和 37). 2. 27.(註 16) 참조.

38) 民集 22권 10호 2171.

연히 예상되는 것으로서, 이러한 연대보증 채무 부담행위 및 저당권설정행위는 이익상반행위에 해당한다는 것이다.[39)]

그리고 最判 1970(昭和 45). 5. 22.[40)]는, 후견인이 미성년자의 대리인으로서 후견인의 내연의 남편에 대하여 미성년자 소유의 부동산을 무상양도한 행위에 관하여 이를 이익상반행위라고 보았다. 즉 내연의 남편과 후견인은 내연의 부부로서, 상호의 이해관계는 특단의 사정이 없는 한 공통된다고 해석하여야 하므로, 피후견인인 미성년자에게 불이익하게 토지를 무상양도한 것은 내연의 남편과 후견인에게 공통되는 이익을 가져온다고 하여야 하고, 따라서 이는 후견인과 피후견인의 이익상반행위에 해당한다는 것이다.

일본의 학설도, 이러한 판례가 종래의 형식적 판단설과는 반드시 일치하지 않는다는 점을 지적하면서도, 대체로 이러한 판례의 결론은 지지하고 있다.[41)]

그리고 이 사건에 있어서와 같이 친권자가 자신이 대표이사로 있는 주식회사의 채무를 담보하기 위하여 미성년자의 재산에 담보를 설정한 사례에 관하여는, 최고재판소의 판례는 보이지 않으나, 일본의 학설상으로는 이러한 경우에는 그 행위가 친권자 자신의 이익이 되는 것으로 구성하여 이익상반행위가 되는 것으로 볼 수 있다고 하는 설명이 있다.[42)]

5. 小　　結

(1) 각 설에 따른 결론

대상판결은 종래의 엄격한 형식적 판단설에 따라, 이 사건에 있어서의 근

---

39) 이 후에도, 최고재판소는, 친권자가 제 3 자의 금전채무에 관하여 스스로 연대보증인으로 됨과 함께 자녀의 대리인으로서 그 채무를 담보하기 위하여 자녀 소유의 부동산에 저당권 등을 설정하는 행위는 이익상반행위에 해당한다고 보았다. 最判 1970(昭和 45). 12. 18.(金融法務 603호 16면); 1975(昭和 50). 4. 18.(金融法務 755호 30면); 1977(昭和 52). 3. 31.(金融商事判例 535호 44면) 등.

40) 民集 24권 5호 402.

41) 奈良次郎, 法曹時報 21권 1호, 1969, 185면 이하{위 最判 1968(昭和 43). 10. 8.(註 38)에 대한 最高裁判所 調査官의 해설임}; 岩城謙二, “親權者と子の利益が相反するときの子の利益保護”, 法學敎室 No. 128, 1991, 47면 이하; 有地 亨, ‘親子の利益相反行爲の成否の判斷基準“, (講座) 現代家族法 제 4 권, 1992, 51면 이하 등.

42) 阿部 徹, “親子間の利益相反行爲”(1), 民商法雜誌 제57권 1호, 1967, 69면; 道垣內 弘人, 判例評釋, 民商法雜誌 제108권 6호, 1993, 918면 註 2) 등. 그러나 일본의 실무(法務省의 先例)는 이 경우에도 특별대리인을 선임하지 않는 것으로 되어 있다고 한다. 吉田邦彦, 判例時報 1464(判例評論 416), 1993, 203면 참조.

저당권 설정행위는 그 행위의 객관적 성질상 소외 회사의 채무를 담보하기 위한 것으로서 친권자로서 X들의 법정대리인인 B와 그 자인 X들 사이에 이해의 대립이 생길 우려가 있는 이해상반행위라고 볼 수 없다고 하였다.

그러나 실질적 판단설이나, 실질관계를 고려한 형식적 판단설에 따르면, 법정대리인인 B가 C 주식회사의 대표이사로서 그 주식의 66% 정도를 소유하는 대주주라는 점 및 B가 X들과 함께 공동으로 담보를 제공하였다는 점에서 이해상반행위로 될 것이다.

(2) 형식적 판단설과 실질적 판단설의 優劣

그러면 과연 어느 설이 타당할 것인가?

형식적 판단설과 실질적 판단설의 대립은 기본적으로 미성년자의 이익을 보호할 것인가, 아니면 대리행위의 상대방을 보호함으로써 거래의 안전을 보호할 것인가 하는 문제에서 비롯된다. 실질적 판단설을 따를 때에는 미성년자의 이익은 어느 정도 보호할 수 있지만, 반대로 거래의 안전을 해치게 되고, 형식적 판단설을 따를 때에는 그 반대가 된다.

원론적으로 말한다면 거래의 안전 보호보다는 무능력자를 보호하여야 한다는 것이 민법의 기본적인 가치평가라고 할 수 있다. 가령 우리 민법상으로는 무능력자와 거래한 상대방이 무능력자가 능력자라고 믿었다고 하더라도 그는 보호를 받지 못하고, 또 행위무능력을 이유로 하는 법률행위의 취소(민법 제5조 제2항, 제10조, 제13조)는 착오·사기·강박 등을 이유로 하는 취소(민법 제109조 제2항, 제110조 제3항)와는 달리 선의의 제3자에 대하여도 대항할 수 있는 것이다. 다만 이에 대한 예외가 무능력자가 詐術을 사용한 경우(민법 제17조)이나, 이는 무능력자 자신에게 책임을 돌릴 수 있는 사유가 존재하는 경우이므로 위와 같은 원칙에 어긋나는 것은 아니다.[43)]

이러한 관점에서 본다면 형식적 판단설보다는 실질적 판단설이 설득력이 있는 것처럼 여겨질 수 있다. 그러나 이 문제는 반드시 그처럼 단순하게 결론을 내릴 수 있는 것은 아니다. 우선 개별적인 사건에서 거래의 안전보다 무능력자의 보호를 우선한다는 것이, 항상 무능력자에게 유리한 것만은 아니다. 가령 이해상반행위의 판단에 있어서 실질적 판단설을 관철하게 된다면, 일단 이

43) 자세한 것은 尹眞秀, "親族會의 同意를 얻지 않은 後見人의 法律行爲에 대한 表見代理의 成立 여부", 亞細亞女性法學 제3호, 2000, 80면 이하 참조.

해상반행위라고 판단된 이상은 무능력자의 법정대리인과 거래한 상대방은 그 행위가 이해상반행위임을 알지 못하였고 또 알지 못한 데 과실이 없는 경우에도 보호를 받지 못하게 되며, 따라서 그러한 경우에는 그 상대방은 무능력자와의 거래를 꺼리게 되어 결과에 있어서는 오히려 무능력자에게 불리하게 된다.[44]

이 경우에 일본의 실질적 판단설에서는 표현대리의 성립을 인정함으로써 그 상대방을 구제하면 된다고 설명한다.[45] 그러나 일단 특별대리인을 선임하여야 할 경우에 특별대리인을 선임하지 않고 친권자가 한 행위는 무권대리행위가 된다면, 그에 대하여 표현대리를 인정하는 것은 무능력자의 보호라는 측면에서는 받아들일 수 없다.[46]

또 다른 예를 든다면, 아래에서 설명할 법정대리인의 대리권 남용의 예에서, 법정대리인이 대리권을 남용한 경우에도 그 상대방이 이를 알았거나 또는 알 수 있었던 경우가 아닌 한, 그 대리행위는 유효하다고 보아야 한다. 만일 이와 같이 보지 않는다면 거래의 안전은 크게 위협받게 되는 것이다.

그러므로 문제의 초점은 무능력자인 미성년자 자신의 보호와 거래의 안전을 어느 선에서 조화시킬 것인가 하는 점으로 모아진다. 무능력자를 위한 법정대리의 경우에는 임의대리보다도 무능력자 자신의 보호가 강조되어야 하는 것은 틀림없지만, 그렇다고 하여 거래의 안전이 전혀 무시될 수는 없는 것이다.

이해상반행위의 해당 여부는 친권자의 대리권이 미치는 범위를 정하는 것이라고 할 수 있다. 그리고 친권자의 대리권의 범위를 정함에 있어서는 거래의 안전을 고려하여, 상대방이 알 수 있는 사정을 기준으로 하여 정할 수밖에 없는 것이다.[47] 따라서 이해상반행위에 해당하는지 여부를 상대방이 알기 어려운

---

44) 尹眞秀(註 43), 83면 이하 참조.

45) 예컨대 磯村 保, "連帶保證と利益相反行爲", 別冊 ジュリスト 66, 家族法判例百選, 제 3 판, 1980, 135면; 有地 亨(註 41), 58면 등. 국내의 문헌으로 이에 관하여 소개하고 있는 것으로는 李均龍(註 6), 269면 註 27)이 있다.

46) 가령 무능력자 자신과 직접 거래한 상대방은 무능력자에게 행위능력이 있다고 믿은 데 과실이 없다고 하여도 보호받지 못하는데, 무능력자의 법정대리인과 거래한 상대방이 그 법정대리인에게 대리권이 있었다고 믿은 데 과실이 없다고 하여 보호받을 수는 없는 것이다. 대법원 1997. 6. 27. 선고 97다3828 판결(公 1997하, 2334)은 후견인이 친족회의 동의를 얻어야 할 수 있는 피후견인을 위한 대리행위를 친족회의 동의 없이 한 경우에 표현대리의 성립을 인정하였으나 이는 부당하다. 이 판결의 문제점에 대하여 상세한 것은 尹眞秀(註 43), 61면 이하 참조.

47) 다만 일단 친권자의 대리권의 범위가 정하여지면, 그 범위를 벗어나는 행위는 무권대리가 되고, 이는 본인의 추인이 없는 한 무효이며, 이에 대하여 표현대리 등의 법리를 적용하는

행위의 동기라든지 연유, 결과 등을 기준으로 하여 판단하기는 어려운 것이다.[48)]

또한 약간 관점을 달리하여 본다면, 이해상반행위에 해당하는지 여부는 제1차적으로는 事前的으로 그 행위를 함에 있어서 특별대리인을 선임하여야 할 것인가 하는 선임의 요건에 관한 것으로서, 특별대리인을 선임하지 않고 한 이해상반행위의 효력이 어떻게 될 것인가 하는 점은 그로 인하여 생기는 2차적인 문제에 불과한 것이다. 따라서 특별대리인을 선임하여야 하는 법원의 입장에서 볼 때에도, 이해상반행위에 해당하는가 하는 점은 객관적인 명확한 기준에 의하여 판단하여야 할 것이고, 법원으로서도 알기 어려운 실질적인 요소가 그 기준이 되어서는 안 될 것이다.[49)]

(3) 실질관계를 고려한 형식적 판단설에 대하여

그러면 실질관계를 고려한 형식적 판단설은 어떠한가?

이 설은 그 결과만을 놓고 본다면 타당성이 있는 것처럼 보인다. 즉 이 설에 따를 때에는 미성년자 본인의 보호 범위가 종래의 형식적 판단설보다 넓어지는 반면, 그 판단 기준이 되는 요소가 어느 정도 객관적이고 정형적이어서 거래의 상대방이나 특별대리인을 선임하여야 하는 법원의 관점에서도 이해상반행위 여부의 판단이 용이하고, 거래의 안전도 크게 해치지 않을 것이기 때문이다. 그러나 이론적으로는 이 설에도 문제점이 많다.

우선 이 설은, 제3자의 채무에 대하여 친권자가 미성년자와 같이 물상보증인이 된 경우에는 이해상반행위에 해당한다고 한다. 그러나 이에 대하여는, 미성년자가 단독으로 물상보증인이 된 경우보다도 친권자와 공동으로 물상보증인이 된 경우가 미성년자에게는 부담이 더 작아서 유리한데도, 전자의 경우는 이해상반행위로 되지 않아서 특별대리인을 선임하지 않아도 무방한 반면 후자의 경우에는 특별대리인을 선임하지 않으면 무권대리로서 무효가 되게 되어 균형이 맞지 않는다는 비판이 가능하다.[50)] 또한 가령 친권자가 처음에는 미성년자의 법정대리인으로서만 물상보증 또는 연대보증을 한 다음, 시차를 두고 스스로 물상보증인 또는 연대보증인이 된 경우에는 어떻게 판단할 것인가? 이

것은 본인 보호의 관점에서 허용될 수 없는 것이다.

48) 李均龍(註 6), 267-268면; 吉田邦彦(註 42), 202면.

49) 위 註 48)의 각 문헌 참조.

50) 李均龍(註 6), 279면 註 53) 참조.

경우에는 이 설의 입장에서도 앞의 대리행위가 이해상반행위에 해당한다고 하기는 어려울 것이나, 이것이 균형에 맞지 않음은 명백하다.

이에 대하여 이 설을 지지하는 논자는 다음과 같이 주장한다. 즉 친권자가 스스로 연대보증이나 물상보증행위를 하지 않고 단지 子의 대리인으로서 子의 재산에 저당권을 설정하는 행위가 이해상반행위가 되지 않는다는 것은 미성년인 子와 第三者의 행위이고, 더욱이 이 경우에 친권자가 단지 미성년인 子의 대리인으로서 법률행위에 관여하고 있는 것에 지나지 아니하여, 친권자 스스로 법률행위의 직접 당사자가 되어 있지 않기 때문이라고 말할 수 있고, 이렇게 보면 친권자가 스스로 연대보증이나 물상보증행위를 하지 않고 단지 子의 대리인으로서 子의 재산에 저당권을 설정하는 경우 이해상반행위를 부정하는 것은 외형적 판단설을 따르는 이상 친권자와 미성년인 子의 관계가 외형적으로 희박하여 부득이한 경우로 처리될 수밖에 없다고 한다. 그렇지만, 친권자가 스스로 연대보증이나 물상보증행위를 하였는지 여부만으로 결과적으로 이러한 차이가 생기는 것은 극히 균형을 잃은 것이므로 형식적 판단설의 구조를 벗어나지 않는 한도에서 친권(대리권)의 남용이라는 다른 이론구성 등의 방법으로 불균형을 시정하여야 할 것이고, 균형을 맞추기 위하여 친권자와 子가 동시에 공유재산에 물상보증을 하는 경우도 이해상반행위가 아니라고 해석하는 것은 미성년인 子를 보호하는 해석론으로는 主客이 顚倒된 것은 아닌가 하는 의문이 남으며, 시각을 달리하면, 친권자가 자신의 持分에만 物上保證을 하는 경우보다는 子와 동시에 공유재산에 物上保證을 하는 것이 친권자에게 이익인 반면에 이로 인하여 子에게 불이익한 것도 일응 명백한 것으로 생각된다고 한다.[51)]

그러나 이론상으로 이와 같은 불균형이 생기는 것은 결코 합리적이라고는 할 수 없으며, 이러한 불균형은 두 가지 경우를 똑같이 설명할 수 있는 통일적인 이론을 세움으로써 해소하는 것이 바람직한 것이다. 이처럼 법정대리인이 미성년자를 대리하여 제 3 자를 위하여 물상보증 내지 연대보증 등을 하는 것은 그 자체로서 미성년자를 위하여서는 불리하기만 한 행위라는 것이 문제의 핵심인 것이고, 이 때 친권자가 같이 물상보증인 또는 연대보증인이 되었는가 아닌가는 별로 중요한 문제가 아니다. 그럼에도 이 설에서는 이처럼 중요하지 않은 요소에 초점을 맞추고 있기 때문에 이러한 어려움이 생겨나는 것이다. 특

---

51) 李均龍(註 6), 279면 註 53). 일본에서의 논의에 관하여는 中川 淳, 別冊 ジュリスト No. 30, 不動産登記先例百選, 1970, 16-17면; 同, 民商法雜誌 61권 2호, 1969, 333-334면 참조.

히 이 설이 지적하고 있는, 저당권자가 친권자의 지분이나 미성년자의 지분에 대하여만 먼저 저당권을 실행함으로써 생겨나는 문제점이라는 것도 다소 억지라는 생각이 든다. 우선 저당권자가 과연 이처럼 저당권을 일부만 행사할 것인지가 의심스러울 뿐만 아니라, 이러한 결과가 있을 수 있다고 하더라도 이는 저당권설정행위 등으로부터 직접 발생하는 결과가 아니라 저당권자가 사후에 저당권을 어떻게 행사하는가에 따라 생기는 것이기 때문이다.[52] 뿐만 아니라 설사 그러한 결과가 생긴다고 하더라도 그것만으로 이해상반이라고 하기에는 불충분하다고 볼 수도 있다. 가령 저당권자가 미성년자의 지분에 대하여 먼저 저당권을 행사한다면, 미성년자는 민법 제368조 제2항의 규정에 의하여 친권자의 지분에 대하여 저당권을 대위행사할 수 있으므로 그 이익이 보호될 수 있다. 반면 저당권자가 친권자의 지분에 대하여 저당권을 먼저 행사하여 친권자가 미성년자에게 구상하려고 한다면 이는 이해상반행위 제도의 정신에 비추어 허용될 수 없다고 볼 수도 있는 것이다. 그러므로 이러한 점만으로 이해상반이라고 하는 것은 논거가 박약하다.

또한 물상보증의 경우 친권자가 대표이사로 있는 회사가 채무자인 경우에는 이해상반행위라고 하는 것과 같이 채무자와 친권자 사이의 특수한 관계를 고려하는 것 역시 문제이다. 가령 이 사건에서는 친권자가 채무자 회사의 대표이사이자 채무자 회사 주식의 66%를 소유하는 대주주라는 것이므로 구체적 타당성 면에서는 이 경우에 이해상반행위를 긍정하여도 될 것처럼 보인다. 그러나 친권자가 대표이사이기만 할 뿐 대주주는 아니라든가, 반대로 대주주이기는 하지만 대표이사는 아닌 경우에는 어떠할까? 친권자의 이익에 초점을 맞춘다면, 친권자가 대주주이기만 한 경우가 단순히 대표이사이기만 한 경우보다는 오히려 이해상반성이 크다고 하여야 할 것이다. 그러나 대주주이기만 하면 된다고 하면, 어느 정도의 주식을 가지고 있어야 이해상반행위가 될 것인가? 이러한 불명확성은 원래 형식적 판단설이 지향하고자 하는 기준의 객관성과는 맞지 않는다.[53]

---

52) 민사실무연구회에서의 이태종 부장판사의 지적이었다.

53) 그러나 민사실무연구회의 발표 당시에 이충상 부장판사와 이태종 부장판사는, 판례가 상법 제398조가 규정하고 있는 이사와 회사간의 거래 제한에 관하여, 별개 두 회사의 대표이사를 겸하고 있는 자가 어느 일방 회사의 채무에 관하여 나머지 회사를 대표하여 연대보증을 한 경우에도 역시 상법 제398조의 규정이 적용되는 것으로 보아야 한다고 하는 점(대법원 1984. 12. 11. 선고 84다카1591 판결, 公 1985, 165) 등을 들어, 친권자의 이해상반행위 규정의 해석으로서도 친권자가 자신이 대표이사로 있는 회사의 채무를 담보하기 위하여 미성년자의 재산에 관하여 저당권을 설정하는 행위는 형식적 기준설에서도 이해상반행위로 보아야 할

한 걸음 양보하여 이처럼 거래의 상대방과 친권자 사이에 특수한 관계에 있을 때에는 이해상반행위에 해당한다는 주장이 이론상 가능하다고 하더라도, 그것이 뒤에서 설명하는 것처럼 이러한 경우에 이해상반행위가 아니라고 보면서도 친권자의 대리권 남용이라고 보아 해결하는 것보다 이론상 더 우수하다고 보이지는 않는다. 다시 말하여 그러한 경우에 특별대리인을 선임하면 그 특별대리인이 한 행위에 대하여 다시 대리권 남용 여부의 판단이 있어야 한다고 한다면,[54] 이러한 2단계의 판단보다는 대리권 남용이라는 하나의 기준에 의한 해결이 이론상으로 더 나은 것으로 여겨진다.

이러한 실질관계를 고려한 형식적 판단설 내지 실질적 판단설에 공통으로 가해질 수 있는 비판은, 미성년자의 이익을 보호하려고 하는 것은 수긍할 수 있으나, 그 방법으로서 민법 제921조의 특별대리인제도를 지나치게 과대평가하는 것은 아닌가 하는 점이다.[55] 우선 이러한 방법으로 미성년자의 이익을 보호할 수 있는 것은 미성년자 보호의 필요성이 있는 경우 중 일부분에 지나지 않는다. 뿐만 아니라 이들 학설이 이해상반행위의 범위를 확대하려고 하는 배경에는, 미성년자의 이익이 위협받는 경우에 친권자의 대리행위를 이해상반행위로 보지 않으면 미성년자를 보호할 방법이 없다고 하는 인식이 깔려 있는 것으로 생각된다. 그러나 반드시 그러한 것은 아니며, 뒤에서 살펴보는 것처럼 이해상반행위로 보지 않더라도 대리권 남용의 이론에 의하여 미성년자를 보호할 수 있는 다른 방법이 있는 것이다. 그렇다면 미성년자의 이익 보호를 위하여 반드시 이해상반행위의 범위를 확대하여야 할 필연성은 없다.

Ⅲ. 代理權 濫用論에 의한 形式的 判斷說의 補完

1. 문제의 소재

앞에서 살펴본 것처럼 이해상반행위에 해당하는가 여부는 일단은 형식적

것이라고 주장하였다.

54) 아래 Ⅲ. 6. 가. 참조.

55) 吉田邦彦(註 42), 203면은 실질적 판단설에 대하여 이와 같은 비판을 하고 있으나, 이는 실질관계를 고려한 형식적 판단설에도 적용될 수 있다고 생각된다.

판단설에 의하여 결정할 수밖에 없다. 그러나 형식적 판단설만으로는 미성년자의 이익 보호를 위하여 충분하지 않기 때문에 이해상반행위에 해당하지 않는다고 판단되는 경우에도 미성년자를 보호할 수 있는 방법을 모색할 필요가 있다. 이를 위하여 고려될 수 있는 것이 대리권 남용론이다. 즉 일반적으로는 이해상반행위에 해당되지 않아서 특별대리인을 선임할 필요가 없이 친권자가 미성년자를 대리할 수 있는 경우라고 하여도, 그 대리행위가 미성년자 자신의 이익을 위한 것이 아니라 친권자나 다른 제 3 자의 이익을 위한 것으로서 미성년자 본인에게는 손해를 가져오는 경우에는, 일정한 요건의 제한하에 그 대리행위의 효력을 부정할 수 있어야 하는 것이다.[56)]

2. 임의대리에서의 代理權 濫用論

임의대리에서 대리인이 대리권을 남용한 경우에 어떠한 효력을 인정할 것인가, 즉 어떠한 경우에 대리행위로서의 효력을 부인할 것인가에 관하여는 여러 가지 학설이 주장되고 있으나 그 중 주요한 것으로는 다음의 3가지를 들 수 있다.[57)]

그 하나는 心裡留保說 내지 민법 제107조 제 1 항 단서 類推適用說이다. 이 설에 따르면 대리인이 본인의 이익을 위하여 법률행위를 하는 것이 아니라는 사실을 상대방이 알았거나 알 수 있었을 때에는 민법 제107조 단서의 적용 내지 유추적용에 의하여 그 법률행위가 무효로 된다고 한다.

다른 학설은 權利濫用說이다. 이에 따르면 상대방이 대리권의 남용 사실을 알고서 취득한 권리를 행사하는 것은 신의칙 위반 내지 권리남용으로서 허용되지 않는다고 한다.

제 3 설은 代理權制限說이다. 이에 의하면 모든 대리권에는 "본인의 이익을 위하여 행사되어야 한다"는 내재적 제한이 있는 것으로 보고, 대리권 남용 행위를 대리권한 유월의 경우로 보아 表見代理에 관한 민법 제126조의 규정을 적용 내지 유추적용한다는 것이다.[58)]

---

56) 李均龍(註 6), 273면 참조.

57) 상세한 것은 民法注解 Ⅲ, 1992, 41면 이하(孫智烈); 金學東, "代理權의 濫用", 李好珽敎授 華甲記念 法律行爲論의 史的 展開와 課題, 1998, 309면 이하; 河京孝, "代理權 남용시의 대리효과 부인의 근거와 요건", 茂巖 李英俊博士 華甲紀念 民法理論의 發展, 1999, 131면 이하 등 참조.

58) 이외에 대리제도의 기능과 본질에서 근거를 찾을 수 있다는 견해(河京孝, 위 註 57, 143면

우리 판례의 주류는 민법 제107조 제1항 단서 유추적용설이다.[59][60] 예컨대 대법원 1987. 7. 7. 선고 86다카1004 판결[61]은 다음과 같이 판시하고 있다.

「민법 제107조 제1항은 진의 아닌 의사표시에 관하여 "의사표시는 표의자가 진의 아님을 알고 한 것이라도 효력이 있다. 그러나 상대방이 표의자의 진의 아님을 알거나 이를 알 수 있었을 경우에는 무효로 한다"고 규정하고 있는데 이 규정의 뜻은 표의자의 내심의 의사와 표시된 의사가 일치하지 아니한 경우에는 표의자의 진의가 어떠한 것이든 표시된 대로의 효력을 생기게 하여 거짓의 표의자를 보호하지 아니하는 반면에 만약 그 표의자의 상대방의 표의자의 진의 아님에 대하여 악의 또는 과실이 있는 경우라면 이 때에는 그 상대방을 보호할 필요가 없이 표의자의 진의를 존중하여 그 진의 아닌 의사표시를 무효로 돌려버리려는 데 있는 것이고, 나아가 진의 아닌 의사표시가 대리인에 의하여 이루어지고 그 대리인의 진의가 본인의 이익이나 의사에 반하여 자기 또는 제3자의 이익을 위한 배임적인 것임을 그 상대방이 알거나 알 수 있었을 경우에는 위 법 제107조 제1항 단서의 유추해석상 그 대리인의 행위는 본인의 대리행위로 성립할 수 없다 하겠으므로 본인은 대리인의 행위에 대하여 아무런 책임이 없다.」[62]

어떤 학설에 따르는가에 따라 그 요건 및 효과에서 차이가 있다. 요건 면에서는 제2설은 상대방이 남용 사실을 안 경우에만 대리행위의 효력을 부인할 수 있다고 보는 반면 제1설 및 제3설은 상대방이 알 수 있었던 경우에도 그 효력이 부정된다고 본다.[63] 나아가 효과 면에서도 여러 가지의 차이가 있을

이하)도 있다,

59) 대법원 1975. 3. 25. 선고 74다1452 판결(集 23권 1집 民124); 1987. 11. 10. 선고 86다카371 판결(公 1988, 78) 등. 최근의 것으로는 대법원 1999. 3. 9. 선고 97다7721, 7738 판결(公 1999상, 618) 참조.

60) 다만 권리남용설을 취한 판례도 일부 보인다. 대법원 1987. 9. 8. 선고 86다카1349 판결(公 1987, 1699); 1990. 3. 13. 선고 89다카24360 판결(公 1990, 880). 이들 판례는 모두 주식회사 대표이사의 대표권 남용에 관한 것으로서, 전자의 판결은 상대방이 대표권 남용을 알았을 경우에 그 행위의 효과를 부인할 수 있다고 한 반면, 후자의 판결은 상대방이 대표이사의 진의를 알았거나 알 수 있었을 때에는 그로 인하여 취득한 권리를 회사에 대하여 주장하는 것은 신의칙에 반하는 것이므로 회사는 상대방의 악의를 입증하여 그 행위의 효력을 부인할 수 있다고 하였다.

61) 公 1987, 1292.

62) 일본의 판례도 마찬가지이다. 日 最判 1967(昭和 42). 4. 20.(民集 21권 3호 697) 등.

63) 학설 가운데에는 상대방에게 輕過失만이 있는 경우에는 상대방은 대리의 효과를 인정할 수 있다고 하는 견해(金學東, 위 註 57, 314면 이하), 대리권의 남용이 객관적으로 명백하여야 한다는 견해(河京孝, 위 註 57, 145면 이하) 등도 있다.

수 있다.[64)]

그러나 여기서는 주류적인 판례에 따라 민법 제107조 제1항 단서 유추적용설에 의하여 설명하기로 한다.

3. 친권자의 法定代理權 濫用

이러한 임의대리에서의 대리권 남용의 이론은 친권자의 대리권과 같은 법정대리에도 마찬가지로 적용되는가? 이 점에 대하여는 학설상 그다지 논의가 많지 않다.[65)]

그러나 판례는 친권자의 법정대리권 행사에 관하여 대리권 남용의 이론에 의하여 그 대리행위의 효과를 부정하고 있다.

우선 대법원 1981. 10. 13. 선고 81다649 판결[66)]은, 친권자가 미성년자인 그 차남(원고) 소유의 부동산을 성년자인 그 장남(피고)에게 증여한 사안에서, 원고는 이미 19년 5월 남짓하여 수개월이 지나면 성년이 될 나이에 있었고, 그가 위 증여를 강력히 반대하였으며, 위 증여도 원고를 위한 것이 아니라 장남인 피고만을 위한 것으로서 위 증여로 원고는 아무런 대가도 지급받지 못한 사정이 있으면 위와 같은 증여는 친권의 남용에 의한 것으로서 위 행위의 효과는 원고에게 미치지 않는다고 하였다.

그리고 대법원 1997. 1. 24. 선고 96다43928 판결[67)]은, 친권자인 母가 미성년자인 원고의 삼촌인 피고에게 원고의 유일한 재산을 증여한 사안에 관하여, 위 대법원 1981. 10. 13. 판결을 인용하여, 이는 친권자의 법정대리권의 남용으로서 그 법률행위의 효과가 미성년인 자에게 미치지 아니한다고 판시하였다.

일본 최고재판소 판례도 같은 태도이다. 즉 最判 1992(平成 4). 12. 10.[68)]은, 친권자인 母가 자기 및 미성년 자녀를 보살펴 주던 죽은 남편의 동생이 경영하던 회사의 채무의 담보로서 자녀의 부동산에 관하여 저당권을 설정한 행위가 대리권의 남용으로서 무효인가가 문제된 사안에서, "친권자는 원칙으로 자의 재산

---

64) 상세한 것은 孫智烈, "代表權의 濫用", 民事判例硏究 XI, 1989, 11면 이하 참조.

65) 다만 河京孝(註 57), 148면은 임의대리에서의 대리권 남용의 이론이 법정대리에도 타당할 수밖에 없다고 한다.

66) 集 29권 3집 民138, 公 1981, 1448.

67) 公 1997상, 650.

68) 民集 46권 9호 2727.

상의 지위에 변동을 가져오는 일체의 법률행위에 관하여 자를 대리하는 권한을 가지는바(민법 제824조), 친권자가 위 권한을 남용하여 법률행위를 한 경우에 있어서, 그 행위의 상대방이 위 남용의 사실을 알았거나 또는 알 수 있었을 때에는, 민법 93조 단서의 규정을 유추적용하여 그 행위의 효과는 자에게는 미치지 않는다고 해석함이 상당하다"고 하면서, 임의대리에서 대리권 남용의 경우에 일본민법 제93조 단서[69]를 유추적용한 日 最判 1967(昭和 42). 4. 20.[70]을 인용하여, 임의대리에서의 대리권 남용의 법리가 친권자의 법정대리권 남용의 경우에도 적용됨을 밝히고 있다.

생각건대 대리인의 남용으로부터 본인을 보호하여야 할 필요성은 법정대리에 있어서도 임의대리와 다를 것이 없으므로 법정대리인인 친권자가 미성년자 본인의 이익을 위하여서가 아니라 자기 또는 제 3 자의 이익을 위하여 대리권을 행사한 때에는 아래에서 보는 바와 같은 요건이 갖추어진 한 그러한 대리권 행사의 효력이 본인에게 미치지 않는다고 하여야 할 것이다.

4. 친권자의 법정대리권 남용의 요건

문제는 어떠한 경우에 이처럼 친권자의 법정대리권 행사의 효력을 부정할 것인가 하는 점이다. 앞에서 살펴본 우리나라의 판례는 친권자가 법정대리권을 남용한 경우에 그것이 무효로 될 수 있음을 인정하고 있으나, 그 구체적인 요건에 관하여는 명확한 언급이 없다. 이 점은 친권(법정대리권) 남용에 해당하지 않는다고 한 대법원 1991. 11. 26. 판결(註 4)의 경우에도 마찬가지이다. 위 판결에서는 이 사건과 유사하게 친권자인 母가 제 3 자(친권자의 오빠)의 채무 담보를 위하여 미성년자를 대리하여 물상보증을 한 사안에 관하여, "원고의 친권자인 모가 소론과 같이 원고에게는 오로지 불이익만을 주는데도 자기 오빠의 사업을 위하여 원고 소유의 부동산을 피고에게 담보로 제공하였고, 피고도 그와 같은 사정을 잘 알고 있었다고 하더라도, 그와 같은 사실만으로 원고의 모의 근저당권 설정행위가 바로 친권을 남용한 경우에 해당한다고는 볼 수 없"다고 하였을 뿐이다.

이 사건의 경우에는 대법원은 대리권의 남용에 관하여는 직접 판단하고 있지 않으나, 위 대법원 1991. 11. 26. 판결(註 4)에 비추어 볼 때 이 사건에서

69) 우리 민법 제107조 제 1 항 단서에 해당한다.

70) 民集 21권 3호 697.

그와 같은 쟁점이 제기되었다 하더라도 대법원은 대리권 남용이 아니라고 하였을 것으로 여겨진다.

그러므로 친권자의 법정대리권 행사가 남용으로서 본인에 대하여 효력이 인정되지 않기 위하여는 어떠한 요건이 갖추어져야 하는가를 따져 볼 필요가 있다. 특히 임의대리의 경우와 아무런 차이를 인정하지 않을 것인가, 아니면 임의대리의 경우와는 달리 취급하여야 할 것인가 하는 점이 문제된다.

이하에서는 친권자의 법정대리권 남용의 요건을 상대방에 관한 요건과, 대리인인 친권자에 관한 요건으로 나누어 살펴보기로 한다.

가. 相對方에 관한 要件

임의대리에 관하여 민법 제107조 제1항 단서의 유추적용설을 따르고 있는 대법원의 판례는, 대리인의 진의가 본인의 이익이나 의사에 반하여 자기 또는 제3자의 이익을 위한 배임적인 것임을 그 상대방이 알거나 알 수 있었을 경우에는 위 법 제107조 제1항 단서의 유추해석상 그 대리인의 행위는 본인의 대리행위로 성립할 수 없으므로 본인은 대리인의 행위에 대하여 아무런 책임이 없다고 하고 있다. 그리고 위 일본 最判 1992(平成 4). 12. 10.(註 68)은 이러한 임의대리에서의 이론이 친권자의 법정대리권 남용에 대하여도 그대로 적용된다고 하고 있다.

그러나 앞에서 언급한 것처럼, 미성년자와 같은 무능력자를 위한 법정대리에서는 임의대리보다도 무능력자 자신의 보호가 강조되어야 한다고 본다면, 이 경우에는 상대방에 관한 요건도 임의대리의 경우보다 더 완화되어야 하는 것이 아닌가 하는 의문이 제기될 수 있다. 임의대리의 경우에는 대리인 자신을 선임하는 것도 본인이고, 그 대리인에 대한 감독의 책무도 본인에게 있는데 반하여, 무능력자의 법정대리에 있어서는 그 대리인의 선임 여부, 누구를 선임할 것인지 여부 등은 무능력자 본인이 결정할 수 없을 뿐만 아니라, 그 법정대리인에 대한 본인의 감독도 불가능하기 때문이다.

이러한 점에서 친권자가 대리권을 남용하였을 때에는 상대방이 선의·무과실이라 하더라도 미성년자 본인에게는 대리행위의 효과가 미치지 않는다고 생각할 여지가 없는 것은 아니다.[71] 그러나 대리권 남용이 문제되는 경우에,

---

71) 독일의 학설 가운데 Frotz, Verkehrschutz im Vertretungsmacht, 1972, S. 602, 611 ff.는, 법정대리인이 대리권을 남용한 경우에는 원칙적으로 그 대리행위는 무효이고, 다만 상대방이

상대방의 주관적 요건을 문제삼음이 없이 항상 미성년자 본인을 보호한다면, 개별적인 사례에서는 미성년자에게 유리할지는 몰라도 전체적으로 보면 오히려 미성년자에게 불이익이 될 수 있다. 그와 같은 법리가 확립된다면, 미성년자의 법정대리인과 거래하는 상대방은 법정대리인이 대리권을 남용하는 것인지 아닌지를 알 수 없는데도 나중에 그 거래의 효력을 부정당할 위험에 노출되게 되므로 그러한 거래를 꺼리게 되고, 따라서 이는 결과적으로 미성년자에게 더 큰 손실을 가져올 수가 있다. 따라서 친권자의 대리권 남용의 경우에도 그 대리행위가 미성년자 본인에 대한 관계에서 효력이 부정되기 위하여는 최소한 그 상대방이 그러한 대리권 남용 사실을 알거나 알 수 있었어야 할 것이다.[72)]

그러나 대상판결이나 위 대법원 1991. 11. 26. 판결(註 4)의 사안에서는 친권자에 의한 저당권 설정행위의 상대방인 저당권자로서는 그 저당권의 대상이 미성년자 소유의 부동산이고, 친권자가 미성년자를 대리한다는 사실을 알고 있으므로, 그러한 행위가 본인에게는 손해가 되는 반면 채무자에게는 이익이 된다는 사실을 인식하였다고 보아야 할 것이다. 따라서 어떠한 견해를 따르든 대상판결 등과 같은 사안에서는 상대방에 관한 요건이라는 면에서는 법정대리권의 남용을 부정할 수 없다.

나. 親權者에 관한 要件

(1) 종래의 논의

그러면 위 대법원 1991. 11. 26. 판결(註 4)이 친권자의 법정대리권 남용을 부정한 것은 어떤 점을 근거로 하였을 것인가? 이 점에 관하여 참고가 될 수 있는 것이, 위 판결보다 후에 선고된 위 일본 最判 1992. 12. 10.(註 68)이다. 여기서는 앞에서 살펴본 것처럼, 친권자의 법정대리의 경우에도 친권자가 대리권을 남용한다는 사실을 상대방이 알았거나 알 수 있었을 경우에는 그 행위의

대리인 또는 본인에 대하여 손해배상을 청구할 수 있다고 주장하였다고 한다. MünchKomm/Schramm, §164 Rdnr. 97 참조. 일본의 학설로서 같은 취지로는 新井 誠, 法學敎室 增刊 民法の基本判例, 1999, 44면.

72) 尹眞秀(註 43), 84면 참조. 독일의 일반적인 학설도 대리권 남용의 요건에 관하여 법정대리를 임의대리와 같이 취급하고 있다. MünchKomm/Schramm, §164 Rdnr. 97; Staudinger/Schilken, §167 Rdnr. 99 참조. 다만 일본의 학설 가운데에는 임의대리와 법정대리를 구별하여, 임의대리의 경우에는 악의 또는 중과실 있는 상대방에 대하여, 법정대리의 경우에는 악의 또는 과실 있는 상대방에 대하여 본인이 무효를 주장할 수 있다는 견해도 있다. 四宮和夫, 民法總則, 第四版補正版, 1996, 241항. 그러나 四宮和夫·能見善久, 民法總則, 第五版, 1999, 275면은 반드시 이 견해를 따르는지 명확하지 않다.

효과는 자녀에게 미치지 않는다고 하면서도, 결과적으로는 법정대리권의 남용이라고 인정한 원심 판결을 파기, 환송하였다. 이 판결은 그 이유를 다음과 같이 설시하고 있다.

"친권자가 子를 대리하는 법률행위는, 친권자와 子 사이의 이익상반행위에 해당하지 않는 한, 그것을 할 것인가 아닌가는 子를 위하여 친권을 행사하는 친권자가 子를 둘러싼 제반 사정을 고려하여 하는 광범한 재량에 맡겨져 있는 것으로 보아야 한다. 그리고 친권자가 子를 대리하여 子가 소유하는 부동산을 제 3 자의 채무의 담보에 제공하는 행위는 이익상반행위에 해당하지 않으므로, 그것이 子의 이익을 무시하고 자기 또는 제 3 자의 이익을 도모하는 것만을 목적으로 하여 이루어졌다는 등, 친권자에게 子를 대리할 권한을 수여한 법의 취지에 현저히 반한다고 인정되는 특단의 사정이 존재하지 않는 한, 친권자에 의한 대리권의 남용에 해당한다고 해석할 수는 없다고 하여야 할 것이다. 따라서 친권자가 子를 대리하여 子가 소유하는 부동산을 제 3 자의 채무의 담보로 제공한 행위에 관하여, 그것이 子 자신에게 경제적 이익을 가져오지 않는다는 것으로부터 바로 제 3 자의 이익만을 도모한 것으로서 친권자의 대리권의 남용에 해당한다고 해석하는 것은 상당하지 않다."

과연 이처럼 친권자의 법정대리권 남용의 효과가 본인에게 미치지 않기 위하여는 그 대리행위가 본인에게 불리하고 대리인 또는 제 3 자의 이익을 위하여 행하여졌다는 객관적인 사정 이외에, 친권자에게 子女의 이익을 무시하고 자기 또는 제 3 자의 이익을 도모하는 것만을 목적으로 한다는 주관적인 요건을 요구할 필요가 있는 것인가?

위 최고재판소 판결에 대한 최고재판소 조사관의 해설에 의하면, 친권자의 대리권 남용의 판단의 틀에 관하여는 다음의 2가지 입장을 생각할 수 있다고 한다.

A설: 물상보증에 제공하는 행위의 법적 성질에 비추어, 원칙적으로 이를 대리권의 남용에 해당한다고 보고, 당해 물상보증이 유효로 되는 것에 의하여 이익을 받게 되는 측이 남용에 해당하지 않는다는 특단의 사정을 주장입증하지 않으면 안된다고 하는 입장.

B설: 친권자의 대리권은 이익상반행위 등의 일정한 예외를 제외하고는 원칙적으로 일체의 행위에 미치기 때문에, 물상보증에 제공하는 행위는 원칙적으로 대리권의 남용에 해당한다고 할 수는 없고, 당해 물상보증의 효과가 子에

미치지 않는 것에 의하여 이익을 받게 되는 측에서 「子를 위한 親權」의 취지에 현저하게 반한다는 특단의 사정을 입증하지 않으면 안 된다고 하는 입장.

그런데 위 최고재판소 판결은 B설을 채택하였음이 명백하고, 이는 이익상반행위 등 법이 예외로 하는 것을 제외하고는 어느 행위를 할 것인가 아닌가는 친권자의 재량에 맡겨져 있는데, 어느 행위가 위의 예외에 해당하지 않는데도 원칙적으로 친권자의 대리권의 남용으로 인정하는 A설의 입장은, 법이 예정하고 있는 바와 모순된다고 하는 사고방식을 보여주는 것이라고 생각된다고 한다. 이를 법률행위 당사자의 입장으로부터 본다면, 이익상반행위에 해당하지 않기 때문에 특별대리인을 선임한다고 하는 방법에 의하는 것이 불가능한 행위가 다른 한편에 있어서 원칙으로 대리권의 남용에 해당하고, 또 상대방이 당해 행위의 성질을 알고 있기 때문에 원칙적으로 무효로 되는 결과로 되어서 부당하다고 한다.[73)]

그리고 그 특단의 사정의 의미에 관하여는, 채무자의 차용금의 전부 또는 일부가 자녀의 생활비 등에 사용되었다고 하는 실질적 관계가 없고, 채무자로부터 물상보증료를 받지 못하였으며, 물상보증에 제공함으로써 자녀가 당해 부동산의 소유권을 상실할 구체적 위험이 있을 뿐만 아니라, 물상보증에 제공하는 행위가 과거 또는 장래의 자녀의 이익과 아무런 합리적 관련을 가지고 있지 않는 경우(자녀의 감호교육 등에 관하여 채무자로부터 과거 보살핌이 없었고 장래 보살핌이 있을 것도 예상되지 않으며, 상실하는 위험이 있는 당해 부동산의 가치와 과거 또는 장래의 자녀의 이익이 현저히 균형을 잃는 것과 같은 경우)에 남용으로 된다고 함으로써 남용으로 되는 특단의 사정의 범위를 매우 한정적으로 생각하는 입장이 위 판결과 가깝다고 한다.[74)]

그리고 위 판결을 지지하는 견해에서는, 부모는 자식의 행복을 생각하는 것이 常態로서, 자녀의 부동산을 물상보증에 제공하는 데에는 상당한 사정이 존재할 터이고, 자녀가 그 소유 부동산을 잃어버린다고 하여도 여전히 그 자녀를 위한 것으로서 무엇인가의 사정이 있다고 보는 것이 世間의 상식이고, 제3자(미성년자의 숙부)와 친권자인 모 및 미성년자는 하나의 운명공동체를 형성하고 있으며, 이익상반이라고 할 것까지도 없고, 친권(대리권)의 남용을 말하는 것은 어처구니없는 일이라고 한다.[75)]

---

73) 田中 豊, 法曹時報 45권 12호, 1993, 185-186면.

74) 田中 豊(註 73), 186-188면.

75) 石田喜久夫, 法律時報 66권 3호, 1994, 117면. 기타 이 판결을 지지하는 것으로는 田尾桃二,

반면 이 판결을 비판하는 견해에서는, 친자관계의 경우에는 「子를 위한 親子法」이라고 하는 것이 보여 주는 것처럼, 부모와 자녀의 지위의 不對等에 기하여, 자녀의 이익옹호의 측면이 우선되어야 하므로, 친권자 및 제3자의 이익을 위하여 행하여지는 반면 당해 자녀의 이익으로는 되지 않는 경우(兩者가 혼합된 때에도, 자녀의 이익이 우위를 점하지 않는 경우도 포함한다)에는 대리행위에 관하여 원칙적으로 남용을 긍정하여야 한다고 하면서, 남용의 요건으로서 위 판결과 같이 「特段의 사정」으로서 매우 한정하는 것은 오늘날의 親族法의 이념에 비추어 문제가 남는다고 한다.[76)]

그리고 이익상반행위에 해당하지 않는 한 친권의 행사는 친권자의 광범위한 재량에 맡겨져 있다고 하는 점에 대하여는, 임의대리에 있어서도 법인의 이사나 주식회사의 대표이사와 같이 포괄적인 대리권한을 가지는 것과 다르지 않고, 이러한 경우에도 대표권의 남용이 일반적으로 문제된다고 하여, 대리권한의 포괄성만을 이유로 하여 친권의 남용에 관하여 다른 경우보다도 남용이 인정되는 범위를 좁게 해석한다고 하는 결론을 이끌어낼 수는 없다고 하는 비판도 있다.[77)][78)]

우리나라에서의 논의로서는 위 대법원 1991. 11. 26. 판결(註 4)에 관하여, 이를 대체로 위 일본 最判 1992. 12. 10.(註 68)에 대한 최고재판소 조사관의 설명[79)]과 같은 취지로 이해하면서, 친권자와 子 사이의 관계에서 人格別個라는 法觀念이 희박하고, 儒敎的 傳統이 아직도 강한 우리의 현실에서는 子에게 명백하게 불이익이 아닌 이상은 子를 포함한 가족 전체의 이익으로 되는 법정대리권의 행사로서 허용되어야 할 것이므로 특별한 사정은 상당히 제한적으로 인정될 것으로 보인다고 하는 논평이 있는 정도이다.[80)]

(2) 私　見

위 대법원 1991. 11. 26. 판결(註 4)은, 친권자의 법정대리권 남용이 무효로 되는 범위를 명확히 밝히고 있지는 않으나, 이를 임의대리보다 제한적으로 인

NBL No. 525, 1993, 54-55면; 道垣內 弘人(註 42), 924-925면 등이 있다.

76) 吉田邦彦(註 42), 205면.

77) 磯村 保(註 32), 50-51면. 같은 취지, 福永札治, ジュリスト No. 1048, 1994, 93면.

78) 기타 이 판결에 대하여 비판하는 것으로는 米倉 明(註 32), 413면 이하; 右近健男, ジュリスト 1024호(平成四年度重要判例解說), 1993, 94면; 辻 正美, 私法判例 リマクス No. 8, 1994, 17면; 熊谷士郎, 東北大 法學 61권 1호, 1997, 166면 이하 등이 있다.

79) 위 註 73) 참조.

80) 李均龍(註 6), 281-283면.

정한다면 대체로 위 일본 最判 1992. 12. 10.(註 68)과 같이 친권자에게 子女의 이익을 무시하고 자기 또는 제3자의 이익을 도모하는 것만을 목적으로 한다는 특별한 사정이 존재할 때에만 대리권 남용이 무효로 된다고 보는 것으로 추측된다. 그러나 과연 이처럼 친권자의 법정대리권 남용을 제한적으로만 인정할 근거 내지 필요성은 있는 것일까?

위 일본 最判 1992. 12. 10.(註 68)은, 그 근거로서 친권자에게 포괄적인 대리권이 부여되어 있음을 들고 있다. 그러나 이 점에 대하여는 일본의 학설이 지적하고 있는 것처럼, 이러한 포괄적인 대리권이 부여되어 있는 것은 법인의 대표와 같은 임의대리에서도 찾아볼 수 있는데, 임의대리에서 이 점을 이유로 하여 대리권 남용의 효과를 제한하려는 논의는 찾기 어렵다. 그러므로 이 점은 충분한 근거가 되기 어렵다고 생각된다. 보다 근본적으로 이처럼 친권자에게 포괄적인 대리권을 수여한 것 자체가 미성년자의 이익 보호를 위하여 적절한 것인가 자체가 문제될 수 있는데, 이 점은 따져 보지 않은 채 친권자의 대리권의 범위가 포괄적이라는 이유만으로 친권자의 대리권 남용을 제한적으로만 인정하려는 것은 형식적이라는 비판을 면하기 어렵다.

대법원의 판례나 일본의 판례가 이러한 태도를 보이고 있는 실질적인 이유는, 친권자인 부모와 그 미성년 자녀 사이의 관계는, 임의대리에 있어서의 본인과 대리인 사이의 관계와는 다른 특수한 것이어서, 단순히 경제적인 이해관계만으로 대리권 남용 여부를 판단할 수 없다는 생각에 기인한 것으로 여겨진다. 이는 여러 가지로 표현할 수 있는데, 가령 친권자의 대리행위가 경제적으로는 미성년자에게 손실만을 가져온다고 하더라도, 다른 측면에서는 미성년자에게 이익이 될 수도 있으므로 경제적인 손실만으로는 대리권 남용이라고 할 수 없다고 생각할 수도 있다.

또 다른 측면에서 본다면, 미성년자가 친권자와는 별도로 재산을 소유하게 되는 것은, 많은 경우에 친권자로부터 증여받거나 또는 상속에 의하여 취득하는 등의 사유에 기인하는 것으로서 이를 미성년자 개인의 재산이라고 보기보다는 친권자와 미성년자를 포함한 가족 공동체의 재산이라고 할 수 있고, 따라서 미성년자 개인에게는 손해가 되더라도 가족 전체에게는 이익이 될 수도 있는데, 이를 가리켜 친권자의 대리권 남용이라고 하는 것은 타당하지 않다고 주장할 수도 있다.

그러나 이와 같은 생각은 어느 것이나 정당하다고 할 수 없다. 우선 미성년자와 친권자 사이의 관계를 단순히 경제적 이해관계의 관점에서만 파악할 수 없다는 것은 그 자체로는 수긍할 수 있다. 그렇지만 양자 사이의 관계에서도 경제적 이해관계가 중요한 의미를 가지는 것 또한 부정할 수 없는 것이다. 그러므로 대리권 남용 여부를 판단함에 있어서는 그것이 미성년자에게 경제적 손실을 가져오는 것인지를 제1차적으로 고려하지 않으면 안 된다. 즉 친권자의 대리행위가 객관적으로 볼 때 미성년자 본인에게는 경제적인 손실만을 초래하는 반면, 친권자나 제3자에게는 경제적인 이익을 가져올 때에는 이러한 대리행위는 일단 대리권 남용에 해당하는 것으로 추정하고, 그것이 대리권 남용이 아니라고 주장하는 측에서 그럼에도 불구하고 다른 사유로 인하여 대리권 남용이 아니라고 볼 만한 특별한 사정이 있음을 입증하여야 할 것이다.

또 미성년자의 재산은 가족 전체의 재산이라거나, 미성년자 자신의 손해만을 따질 것이 아니라 가족 전체의 이익을 따져야 한다고 하는 것은 근대의 민법이 기초로 하고 있는 생각과는 어긋나서 받아들이기 어렵다. 현행법은 가족공동체의 재산 소유라는 관념을 인정하지 않고 있으며, 재산 소유의 주체는 어디까지나 각 개인임을 전제로 하고 있다. 민법은 미성년자 자신의 재산 취득능력을 인정하고, 다만 친권자와 같은 법정대리인이 그 재산권 행사에 관하여 미성년자를 대리하도록 하고 있을 뿐인 것이다. 위와 같이 가족 공동체의 이익을 미성년자 개인의 이익보다 우위에 놓는 것은, 친권자와 미성년자의 이해상반제도 그 자체와도 모순되는 것이다. 이 점에 관하여 반대의 견해에서는 친권자와 子 사이의 관계에서 人格 別個라는 法觀念이 희박하고, 儒敎的 傳統이 아직도 강한 우리의 현실을 원용하기도 한다.[81] 그러나 과연 우리의 법관념이 과연 그러한가 하는 점 자체가 검증되어야 할 필요가 있을 뿐만 아니라, 설사 그러한 법관념이 존재한다고 하더라도, 그것이 대리권 남용에 해당하는가 하는 규범적 판단에 있어서 무조건 법원이 받아들여야 할 기준은 되지 못한다. 여기서 중요한 것은 어떠한 결론이 우리 법체계에 맞는 것인가, 법원이 과연 어떠한 방향으로 결론을 내는 것이 우리의 현실을 바람직한 방향으로 이끌어 가는 것인가 하는 점이지, 일반적인 법의식을 법원이 무비판적으로 맹종할 이유는 없는 것이다.

이 문제를 친권제도의 존재이유라는 관점에서 보아도 마찬가지이다. 親權

---

81) 위 註 80)의 본문 참조.

이라는 용어만을 보면 부모의 자녀에 대한 권리만을 의미하는 것처럼 보이지만, 실제로는 부모 자신의 이익을 위한 것이 아니라 자녀의 이익을 위한 것이기 때문에 권리보다는 의무로서의 성격이 강하다는 점은 일반적으로 인정되고 있다.[82] 그러므로 친권자가 미성년 자녀를 대리함에 있어서도 미성년자의 이익을 제 1 차적으로 고려하여야 할 것이고, 자신이나 가족 공동체의 이익은 부차적인 의미밖에 가지지 못하는 것이다.

다만 친권자의 대리행위가 객관적으로는 미성년자에게 경제적인 손해만을 가져오는 것처럼 보이지만, 상황을 종합적으로 고찰할 때에는 그것이 반드시 미성년자에게 손해라고 말할 수 없는 특별한 사정이 있는 경우가 없는 것은 아니며, 이와 같은 경우에는 대리권 남용이라고 인정되어서는 안 될 것이다. 어떤 경우에 그러한 특별한 사정이 있다고 일률적으로 말하기는 어려울 것이나, 추상적인 기준을 말한다면, 미성년자가 성년이라고 가정하였을 경우에 친권자가 하는 대리행위에 동의하였을 정도의 객관적인 사정이 존재한다면 이 때에는 대리권 남용이라고 인정하여서는 아니 될 것이다.

문제는 구체적으로 어떠한 경우에 이러한 특별한 사정을 인정할 것인가 하는 점이다. 이러한 특별한 사정을 폭넓게 인정한다면 대리권 남용에 관한 입증책임을 어느 당사자에게 부담시킬 것인가 하는 문제의 중요성은 상대적으로 작아지게 된다. 이는 견해에 따라 결론이 달라질 수 있는 문제이다. 생각하기에 따라서는 이를 비교적 넓은 범위에서 인정할 수도 있다고 할 수도 있을 것이다. 가령 이 사건에서 미성년자의 재산이 그 아버지로부터 상속받은 것이고, 또 C 회사가 그 아버지가 원래 경영하던 것으로서 아버지가 사망하지 않았다면 이 재산도 C 회사의 담보로 제공되었을 것으로 보여진다는 사정이 있었다면, 미성년자가 상속받은 재산을 C 회사의 담보로 제공하는 것이 친권자가 대표이사로 있는 주식회사의 경영에 도움이 되는 경우에는 대리권 남용이 되지 않는 특별한 사정이 있다고 볼 여지가 있다.[83]

그렇지만 사견으로서는 이러한 특별한 사정을 안이하게 인정하는 것은 친권제도의 취지에 반하므로 이는 예외적으로만 인정되어야 할 것이다. 예컨대 대상판결의 경우에 친권자가 대표이사로 있는 주식회사의 경영이 어려워서 친

---

82) 金疇洙(註 6), 304면; 대법원 1993. 3. 4.자 93스3 결정(公 1993상, 1172). 법무부가 2000. 10. 16. 국회에 제출한 가족법 개정안 제912조의2는, 친권을 행사함에 있어서는 자의 복리를 우선적으로 고려하여야 한다고 규정하고 있다.

83) 민사실무연구회의 발표 당시에 박일환 부장판사가 이처럼 주장하였다.

권자 소유의 재산뿐만 아니라 미성년자 소유의 재산까지도 담보로 제공하여서 돈을 차용하지 않으면 그 회사가 도산할 정도의 급박한 상황이 있는 경우에는, 그 회사의 도산을 막는 것이 미성년자 자신에게도 이익이 될 수 있고, 따라서 이러한 경우에는 미성년자가 성년이라고 하였을 때에는 그러한 담보 제공에 동의하였을 것이라고 추론할 수 있으며, 따라서 이때에는 친권자가 미성년자의 재산을 위 회사 채무의 담보로 제공하였다고 하더라도 대리권 남용이라고 하여서는 곤란할 것이다.

나아가 백보 양보하여 이러한 특별한 사정의 범위를 넓게 인정한다고 하더라도, 일본에서 논의되는 것처럼, 위 대법원 1991. 11. 26. 판결(註 4)의 사안에서, 담보 제공을 받는 채무자인 친권자의 오빠가, 평소에 친권자 내지 미성년자를 위하여 여러 가지로 보살펴 주었다고 하는 사정이 있다고 하더라도, 그러한 사정만으로 미성년자가 받는 이익이 담보제공으로 인한 불이익을 초과한다고 볼 수는 없으므로 그러한 담보제공행위는 대리권 남용으로 보아야 할 것이다.

그런데 민사실무연구회의 발표 당시에는, 이해상반행위 여부에 관하여는 형식적 판단설에 따라서 이해상반행위를 제한적으로 인정하고, 그에 따라 친권자의 대리행위가 허용되는 범위를 넓게 파악하면서도, 대리권 남용 여부의 판단에 있어서는 원칙적으로 미성년자 본인에게 경제적 손실만을 가져오면 대리권 남용이 되고 예외적으로만 대리권 남용이 아니라고 보는 것은 한 손으로 준 것을 다른 손으로 빼앗는 것과 마찬가지로서 불합리하고, 이해상반행위를 제한적으로만 인정하는 이상 대리권 남용도 제한적으로만 인정하는 것이 맞으며, 미성년자의 이익을 보호하려면 처음부터 이해상반행위의 범위를 넓히는 것이 방법론적으로 타당하다는 주장이 있었다.[84)]

그러나 이해상반행위 여부의 판단에 있어서 형식적 판단설을 따르는 것은 미성년자의 이익 보호와 거래의 안전 보호라는 상충되는 두 가지 법익 가운데 불가피하게 거래의 안전을 우선시키고 미성년자의 이익을 희생하는 것인데, 여기에 대리권 남용의 법리를 접합시키는 것은 일정한 범위 내에서는 희생되었던 미성년자의 이익을 거래의 안전을 해치지 않는 범위 내에서 다시 고려하려는 것이다. 이해상반행위의 범위에 관하여 형식적 판단설을 따른다고 하여 대리권 남용의 범위도 제한적으로만 해석하여야 할 이론적인 필연성은 존재하지 않는다.

다른 한편 이처럼 대리권 남용이 되지 않는 특별한 사정을 대리행위의 유

---

84) 양창수 교수.

효를 주장하는 대리행위의 상대방이 입증하여야 한다면, 그 상대방으로서는 대리인인 친권자와 미성년자 사이의 관계를 잘 알기 어려우므로 입증이 어렵고 따라서 불공평하다는 주장이 있을 수 있다.[85] 그러나 이는 타당하지 않다. 이처럼 그 상대방에게 입증책임이 있다면, 그 상대방으로서는 미성년자 본인에게는 경제적으로 손해만을 입히는 거래를 법정대리인과 할 때에는 그것이 대리권 남용에 해당하는지 아닌지를 사전에 잘 알아보고 객관적으로 대리권 남용이 아니라고 보여지는 객관적인 사정이 있을 때에만 거래를 하여야 할 것이고, 이처럼 그러한 객관적인 사정을 사전에 확인하였다면 대리행위가 있은 후 나중에 그러한 특별한 사정을 입증할 필요는 없는 것이다.

5. 이 사건에의 적용

이제까지 논의한 바를 이 사건에 적용해 본다면, B가 자신이 대표이사로 있는 주식회사의 채무 담보를 위하여 X들 소유의 부동산에 근저당권을 설정한 것은, 다른 특별한 사정이 없는 한 그 친권자로서의 대리권을 남용한 것이고, 이러한 사정은 그 상대방인 Y_1, Y_2 은행에게도 명백한 사실이므로, 위 근저당권 설정등기는 무효라고 보아야 할 것이다. 다만 이 경우에 B가 위와 같이 근저당권을 설정한 것이 X들에게도 이익이 된다는 다른 특별한 사정이 입증된 경우에 한하여 대리권 남용이 아니라고 할 수 있을 것이다.

그러므로 대법원으로서는 원심판결을 파기, 환송하여 환송받은 법원으로 하여금 이 사건에서의 B의 근저당권 설정행위가 대리권 남용에 해당하는지 여부를 심리하게 하였어야 할 것이다.

그런데 이 사건에서는 대법원에 이르기까지 B의 행위가 이해상반행위인지 여부만이 쟁점으로 되었을 뿐 대리권 남용에 관하여는 전혀 다투어지지 않았으며, 상고이유로서도 이 점은 주장되지 않았는데, 그럼에도 불구하고 대법원이 이에 관하여 판단할 수 있는가가 문제된다. 그러나 변론주의의 원칙은 사실문제에 관하여만 적용되는 것일 뿐, 법률상의 주장에 관하여는 적용되지 않으므로,[86] 당사자에 의하여 대리권 남용의 요건사실이 주장된 이상 법원으로서는

85) 민사실무연구회에서 발표 당시 목영준 부장판사, 이균룡 판사의 주장.

86) 이 점에 대하여는 金滉植, "有權代理의 主張 가운데 表見代理의 主張이 포함되는지 與否", 民事判例硏究 Ⅶ, 1985, 11면 이하 참조.

그것이 대리권 남용으로서 무효인지 여부에 관하여는 당사자의 법률상 주장이 없더라도 판단할 수 있는 것이다.[87] 다만 이러한 경우에 법원으로서는 민사소송법 제126조 제4항에 의하여 당사자에게 의견 진술의 기회를 주어야 할 필요가 있을 뿐이다.

그리고 민사소송법 제401조는 "상고법원은 상고이유에 의하여 불복신청의 한도에서 조사한다"고 규정하고 있으나, 이 규정에 의하여 법원이 구속을 받는 것은 절차법 위반에 한정되고, 실체법 위반에 관하여는 법원이 직권으로 판단할 수 있는 것이다.[88]

6. 餘　論

가. 특별대리인이 선임된 경우의 대리권 남용

그런데 이처럼 B의 행위가 이해상반행위는 아니지만 대리권 남용으로서 무효라고 하는데 대하여는 다음과 같은 반론이 있을 수 있다. 즉 이해상반행위에 해당하는 경우에는 특별대리인을 선임하고 그 특별대리인이 당해 행위를 하는 길이 열려 있는데 반하여, 이해상반행위는 아니지만 대리권 남용으로서 무효라고 하는 경우에는 그러한 행위를 하는 길이 완전히 봉쇄되어 있으므로 형평에 맞지 않는다는 것이다.

예컨대 이 사건에서 친권자인 B 자신의 채무를 담보하기 위하여 X들 소유의 부동산에 관하여 저당권을 설정하려면 특별대리인을 선임하여 그 특별대리인이 X들을 대리하여 저당권을 설정할 수 있는데, B 자신이 아니라 B가 대표이사로 있는 회사의 채무를 담보하기 위하여 X들 소유의 부동산에 관하여 저당권을 설정하는 것은 이해상반행위에 해당하지 아니므로 특별대리인을 선임할 수 없고, 따라서 결국 저당권 설정은 허용되지 않는다고 하게 되어 불합리하다는 것이다.

얼핏 보기에는 그러한 불합리가 있을 것처럼 생각되지만, 실제로는 그러한 불합리는 존재하지 않는다. 왜냐 하면 특별대리인의 대리행위도 대리권의 남용

87) 뿐만 아니라 대법원 1989. 9. 29. 선고 88다카17181 판결(公 1989, 1576); 1995. 12. 22. 선고 94다42129 판결(公 1996상, 473) 등은 신의성실의 원칙에 반하는 것 또는 권리남용은 강행규정에 위배되는 것이므로 당사자의 주장이 없더라도 법원은 직권으로 판단할 수 있다고 한다.

88) 朴禹東·姜溶鉉, 註釋 民事訴訟法 V, 1997, 464면 이하 참조.

에 해당되게 되면 무효로 보아야 할 것이기 때문이다. 국내에서는 이 점에 관하여 논의하고 있는 문헌을 찾지 못하였으나, 일본에서는 근래 이와 같은 주장이 유력하여지고 있다.[89)]

그런데 이 점에 관련하여 대법원의 판례 가운데 타당성이 의문인 판례가 있다. 대법원 1996. 4. 9. 선고 96다1139 판결[90)]에서는 친권자의 채무를 담보하기 위하여 미성년 자녀의 재산에 근저당권을 설정할 목적으로 특별대리인이 선임되었고, 그 특별대리인에 의하여 근저당권이 설정되었는데 그 근저당권의 효력이 문제로 되었다. 이 사건에서 원고들은 그 근저당권이 무효라고 주장하였으나, 특별대리인의 대리권 남용을 지적하지는 않았던 것으로 보이고, 대법원은 원고들의 주장을 배척하였다. 그러나 앞에서 설명한 바에 따르면 이러한 경우에는 그 특별대리인에 의한 근저당권 설정은 다른 특별한 사정이 없는 한 대리권 남용으로서 무효라고 보아야 할 것이어서, 대법원이 원고들의 주장을 배척하고 만 것은 다소 아쉬움이 남는다.

나. 相續의 拋棄와 代理權 濫用

이제까지 설명한 것은 상속의 포기에 관하여도 적용될 수 있다. 즉 미성년 자녀와 함께 공동상속을 받은 친권자가 자신의 상속을 포기함과 동시에 미성년 자녀를 대리하여 상속을 포기함으로써 결국 다른 자녀만이 단독상속을 받게 한 사례에 대하여 위 대법원 1989. 9. 12. 판결(註 27)은 이해상반행위가 아니라고 하여 그 상속 포기의 효력을 유효한 것으로 보았으나, 이 경우에도 대리권 남용의 법리를 적용하여 그 상속 포기는 무효라고 보아야 할 것이다.[91)]

다만 이 경우에 문제가 되는 것은, 상속의 포기는 가정법원에 대하여 하는 것인데, 이때 상속의 포기가 대리권 남용을 이유로 무효가 되려면 가정법원이 이를 알았거나 알 수 있었어야 하는 것인가 하는 점이다. 종래 대리권 남용에 관하여는 별다른 논의가 없었으나, 상속의 포기나 한정승인 등에 관하여 非眞意表示나 通謀虛僞表示의 법리가 적용될 수 있는가 하는 문제에 관하여는 어느 정도의 논의를 찾아 볼 수 있다. 독일에서는 법원이 알았는가 여부는 문제

---

89) 辻 正美(註 78), 16-17면; 吉田邦彦(註 42), 200면 등.

90) 公 1996상, 1396.

91) 辻 正美, “相續放棄と後見人の利益相反行爲”, 別冊ジュリスト 66, 家族法判例百選, 第三版, 1980, 145면도 같은 취지이다.

로 되지 않고, 승인과 포기는 모든 당사자에게 명확성을 가져와야 한다는 이유로, 비진의의사표시는 항상 유효이고 법원이나 다른 이해관계인이 이를 알았다고 하여 무효로 되는 것이 아니며, 통모허위표시에 관한 규정은 적용될 여지가 없다고 하는 것이 통설이다.[92] 우리나라에서도 상속의 포기 또는 한정승인과 같이 관청의 수령을 요하는 의사표시에 대하여는 민법 제108조가 적용되지 않고, 이는 언제나 유효라고 하는 견해가 있다.[93]

그러나 독일의 반대설은, 독일민법 제116조 제 2 항이 비진의 의사표시의 상대방이 이를 알았을 때에는 그 의사표시를 무효로 하는 것은 그를 보호할 이익이 없기 때문인데, 상속의 승인이나 포기에 있어서의 상대방(Addressat)은 실체법상 그를 위하여 의사표시가 행해진 사람(für den die Erklärung materiell-rechtlich bestimmt ist)을 말하고 누구에 대하여 행하여졌는가는 중요하지 않으므로, 비진의표시에 있어서는 표시의 상대방인 법원이 이를 알았는가는 문제되지 않고, 다른 상속의 이해관계인이 이를 알았을 때에는 무효가 된다고 한다. 그리고 통모허위표시에 있어서도, 비진의표시와 마찬가지로 실체법상 그를 위하여 의사표시가 행해진 사람인 상속에 관한 이해관계인과 통모하여 행하여졌을 때에는 무효라고 한다.[94]

일본의 판례 가운데에는 공동상속인들이 세무서의 권고로, 나중에 각자의 상속분에 따라 분할하기로 하고 우선 상속분에 따라 등기를 한 다음 공동상속인 중 한 사람을 제외한 나머지 사람들은 지분권을 포기한 사례에서, 공유지분권의 포기는 상대방을 필요로 하지 않는 단독행위이지만, 그 포기에 대하여 직접 이익을 받는 다른 공유자에 대한 의사표시에 의하여서도 할 수 있고, 그 경우 포기에 대하여 상대방인 공유자와 통모하여 허위의 의사표시가 이루어졌을 때에는 通謀虛僞表示에 관한 일본민법 제94조를 유추적용하여야 한다고 판시한 것이 있다.[95]

그러므로 법정대리인에 의한 상속의 포기에 있어서도 그 포기로 인하여 상속분이 증가되어 실질적으로 이익을 얻게 되는 다른 공동상속인이 그 대리

---

92) Lange/Kuchinke, Erbrecht, 4. Aufl., 1995, §8 Ⅷ 1 c); MünchKomm/Leipold, §1943 Rdnr. 11; Staudinger/Otte · Marotzke, §1954 Rz. 1 등.

93) 宋德洙, 民法注解 Ⅱ, 1992, 382면.

94) Pohl, AcP 177, 61 ff. 또한 Flume, Allgemeiner Teil des Bürgerlichen Rechts, 2. Band, Das Rechtsgeschäft, 3. Aufl., 1979, §20 2 a) 참조.

95) 最判 1967(昭和 42). 6. 22.(民集 21권 6호 1479).

권 남용의 사실을 알았거나 알 수 있었을 경우에는 그 상속의 포기는 무효라고 볼 여지가 있다.

Ⅳ. 結　論

종래 친권자의 대리행위에 의하여 미성년자인 자녀의 이익이 위협을 받게 되는 경우에 자녀의 이익 보호를 위하여는 주로 친권자와 자녀 사이의 이해상반행위에 관한 민법 제921조에 의하여 특별대리인을 선임할 것인가가 주로 문제되었다. 그러나 앞에서 살펴본 것처럼 민법 제921조는 그 적용 범위가 제한되어 있어서 이를 가지고 미성년자의 이익을 보호하기에는 부족하다. 그러므로 친권자의 법정대리권 남용의 이론에 의하여 이를 보완할 필요가 있는 것이다.

그렇지만 이러한 법정대리권 남용의 이론에도 문제가 없는 것은 아니다. 가장 큰 문제점은, 어느 경우가 법정대리권 남용에 해당하는지가 명확하지 못하여, 거래의 안전에 위협이 될 수 있다는 점이다.

그러므로 현행 제도에 대하여 입법적인 개선이 필요하다. 예컨대 독일민법 제1641조는 친권자가 미성년자를 대리하여 증여하는 것을 금지하고 있고,[96] 제1643조에 따르면 친권자가 미성년자를 대리하여 중요한 처분행위 등을 함에 있어서는 후견인과 마찬가지로 가정법원의 동의를 받도록 하고 있다. 우리나라에서는 후견인의 중요한 행위에 대하여도 단지 친족회의 동의만을 받도록 하고 있어서 피후견인의 보호를 위하여 충분하지 못한데, 후견인뿐만 아니라 친권자의 중요한 법률행위에 대하여 가정법원이 적극적으로 개입할 필요가 있다.

〈追記〉

근래의 대판 2002. 1. 11. 선고 2001다 판결65960(公 2002상, 473)은 친권자인 모가 제 3 자(성년인 자)를 위하여 연대보증인이 됨과 동시에 미성년자인 원고의 재산에 위 제 3 자를 위한 근저당권을 설정한 것이 이해상반행위가 되는가에 관하여, 위 채권의 만족을 얻기 위하여 피고(채권자)가 이 사건 토지 중 원고의 공유지분에 관한 저당권의 실행을 선택한 때에는, 그 경매대금이 변제

96) 여기서 금지되는 증여에는 담보의 설정이 포함될 수 있다. MünchKomm/Hinz, §1641 Rdnr. 8.

에 충당되는 한도에 있어서 친권자의 책임이 경감되고, 또한 피고가 친권자에 대한 연대보증책임의 추구를 선택하여 변제를 받은 때에는, 친권자는 피고를 대위하여 이 사건 토지 중 원고의 공유지분에 대한 저당권을 실행할 수 있는 것으로 되는바, 위와 같이 친권자와 자인 원고 사이에 이해의 충돌이 발생할 수 있는 것이, 친권자가 한 행위 자체의 외형상 객관적으로 당연히 예상되는 것이어서, 친권자가 원고를 대리하여 이 사건 토지 중 원고의 공유지분에 관하여 위 근저당권설정계약을 체결한 행위는 이해상반행위로서 무효라고 판시하였다. 이는 실질관계를 고려한 형식적 판단설의 논리를 따른 것으로 보인다(위 註 39의 일본 판례 참조).

〈逸軒崔炳煜敎授 停年紀念 現代民事法硏究, 法文社, 2002 =
民事裁判의 諸問題 第11卷, 2002〉

〈追記〉

대법원 2009. 1. 30. 선고 2008다73731 판결(公 2009상, 251)은, “친권자가 자(子)를 대리하는 법률행위는 친권자와 자(子) 사이의 이해상반행위에 해당하지 않는 한, 그것을 할 것인가 아닌가는 자(子)를 위하여 친권을 행사하는 친권자가 자(子)를 둘러싼 여러 사정을 고려하여 행할 수 있는 재량에 맡겨진 것으로 보아야 할 것이므로, 이와 같이 친권자가 자(子)를 대리하여 행한 자(子) 소유의 재산에 대한 처분행위에 대해서는 그것이 사실상 자(子)의 이익을 무시하고 친권자 본인 혹은 제 3 자의 이익을 도모하는 것만을 목적으로 하여 이루어졌다고 하는 등 친권자에게 자(子)를 대리할 권한을 수여한 법의 취지에 현저히 반한다고 인정되는 사정이 존재하지 않는 한 친권자에 의한 대리권의 남용에 해당한다고 쉽게 단정지을 수 없다”고 하였다. 이 판결이 일본 最判 1992. 12. 10.(註 68)의 영향을 받은 것임은 명백하다. 그러나 이 사건에서 대리권의 남용을 부정한 것이 결과에 있어 타당한 것인지와는 별개로, 앞에서 살펴본 것처럼 이러한 일반론에 동의하기는 어렵다.

英國 抗訴法院의 샴 쌍둥이 분리수술 사건 판결

Ⅰ. 序　　論

지난 2000년 9월 22일 영국의 抗訴法院(Court of Appeal)에서는 세계적으로 주목을 끈 판결[1])이 선고되었다. 이 판결에서는 그 해 8월에 몸이 붙은 채로 태어난 샴 쌍둥이[2])에 대하여 분리수술을 할 것인가가 문제되었다. 아래에서 자세히 살펴보겠지만, 이 두 쌍둥이 중 하나는 심장과 폐의 기능이 불완전하여 다른 쌍둥이의 심장과 폐의 도움을 받아 생명을 유지하고 있었으나, 의사들의 판단에 따르면 이러한 상태는 오래 가지 못하고, 길어야 몇 달이 지나면 두 쌍둥이 모두 사망에 이르게 될 것으로 여겨졌다. 반면 이 두 쌍둥이를 분리하는 수술을 하면 심장과 폐의 기능이 불완전한 쌍둥이는 곧 사망하지만, 다른 쌍둥이는 정상적인 수명을 누릴 것으로 예측되었다. 그리하여 의사들은 수술을 하고자 하였으나, 독실한 가톨릭 신자들인 그 부모들이 반대를 하여 사건이 법원에 넘어오게 된 것이다. 결국 법원은 분리수술을 허용하였고, 그에 따라 분리수술이 이루어졌다.

이 사건에는 많은 법률적 쟁점이 포함되어 있다. 가족법, 의료법 및 형법적인 문제들이 서로 얽혀 있을 뿐만 아니라, 근본적으로는 윤리적 내지 철학적으로 어떤 입장에 설 것인가가 문제된다. 그리하여 이 판결은 그 선고 과정에

---

1) In Re A(Children)(Conjoined Twins: Surgical Separation), [2001] Fam 147. 이하에서는 “이 사건 판결”이라고만 부른다.

2) 샴 쌍둥이(Siamese Twins)란 보통 관용적으로 쓰이는 말이고, 의학적으로는 Conjoined Twins라는 용어가 사용된다. 우리 말로는 융합 쌍생아라고 하는데, 이하에서는 관용적인 용법에 따라 샴 쌍둥이라고 부른다.

서도 많은 주목을 받았고, 선고된 후에도 많은 학문적인 관심의 대상이 되어 많은 논평이 발표되었다.

이하에서는 이 사건 판결의 사실관계와 법원의 판단 및 이에 대하여 발표된 학자들의 견해를 소개하고, 필자의 소견을 간단히 덧붙여 보고자 한다.

Ⅱ. 事實關係

이 사건 쌍둥이들의 부모는 영국 사람이 아니라 지중해의 말타에 있는 고조(Gozo)라는 섬에서 왔다.[3] 이들의 이름은 미켈란젤로(Michaelangelo)와 리나 아타드(Rina Attard)로서, 당시 남편인 미켈란젤로는 44세였고, 아내인 리나는 34세였다. 리나가 임신 4개월쯤 되었을 무렵에 말타에서 초음파 진단을 받은 결과 태아가 샴 쌍둥이[4]임을 알고, 더 나은 치료를 받기 위하여 영국 맨체스터에 있는 세인트 메어리 병원으로 오게 되었다.[5] 그리하여 리나는 2000년 8월 8일에 샴 쌍둥이를 낳게 되었다. 이들은 골반 부분이 붙어 있고, 각각 두 다리를 가졌기 때문에 의학적으로 사지좌골 결합 쌍생아(ischiopagus tetrapus conjoined twins)라고 불린다.[6]

이들 중 한 쌍둥이는 정상적인 기관을 가졌으나, 다른 쌍둥이는 뇌가 정상적으로 발달하지 않았을 뿐만 아니라 심장도 불완전하여 제대로 작동하지 않

---

3) 이 사건 당시 제1심을 담당한 고등법원(High Court)의 존슨(Johnson) 판사는 당사자들의 프라이버시를 보호하기 위하여 출신국을 포함하여 이들의 신원을 밝힐 수 있는 모든 사항에 대하여 보도를 금지하는 명령을 하였다. 항소심 판결에는 억측을 피하기 위하여 이들이 코소보 난민이 아님을 밝히는 부분도 있다. 그 후 이들의 신원은 언론 보도에 의하여 밝혀졌다. 예컨대 S. Sheldon & S. Wilkinson, "'On the Sharpest Horns of a Dilemma': Re A(Conjoined Twins)", [2001] 9 Medical Law Review, p. 201 f.; G. Annas, "The Limits of Law at the Limits of Life: Lessons From Cannibalism, Euthanasia, Abortion, and the Court-ordered Killing of One Conjoined twin to save the Other", 33 Connecticut law Review, p. 1282(2001) 등 참조.

4) 샴 쌍둥이라는 이름은 1811년에 태국(당시에는 샴이라고 불렸다)에서 태어나 63세까지 살았던 창(Chang)과 앵 벙커(Eng Bunker) 때문에 생긴 이름이다. 이들은 따로 결혼을 하여 약 20명의 자녀를 낳았다.

5) 샴 쌍둥이가 태어나는 비율은 통계에 따라 차이가 있으나 5만 건 또는 10만 건의 출산 가운데 한 번 있을 정도로 드문 일이고, 이들 중 40%에서 60%는 死産하며, 나머지 35%는 출산 후 하루 내에 죽는다고 한다. 이 사건 판결 이유 중 브룩(Brooke) 판사의 설명, [2001] Fam p. 206 참조.

6) 이 말은 그리이스어에서 나온 것으로 ischiopagus란 골반 부분이 붙었다는 뜻이고 tetrapus란 4개의 다리를 가졌다는 뜻이라고 한다.

고, 폐의 조직이 사실상 없는 것과 마찬가지였다. 제1심 판결에서부터 앞의 쌍둥이를 조디(Jodie)라고 부르고, 뒤의 쌍둥이를 메어리(Mary)라고 불렀다. 그런데 이들의 대동맥은 연결되어 있었기 때문에 메어리의 생명은 조디의 심장과 폐에 의하여 유지될 수 있었다.

그러나 병원 의사들의 판단에 의하면 이러한 상태가 오래 계속될 수는 없고, 두 쌍둥이들이 자라면 조디의 심장에 무리가 가기 때문에 길어야 6개월이 지나면 두 쌍둥이가 모두 사망하게 된다고 한다.7) 따라서 이러한 상황에 대응하기 위하여 3가지의 선택 가능성이 있었다. 그 한 가지는 그대로 놔두는 것으로서 이렇게 되면 결국 두 쌍둥이가 모두 죽게 된다. 다른 한 가지는 두 쌍둥이를 분리하는 것으로서 그렇게 되면 메어리는 바로 사망하게 되지만 조디는 정상적으로 자랄 수 있게 되며, 그 수술로 인하여 조디가 사망하게 될 위험은 6% 정도이다. 세 번째 가능성은 메어리가 조디보다 먼저 죽으면 분리수술을 하는 것이지만, 이 경우에는 조디가 사망할 확률이 60%에 이른다.

그리하여 세인트 메어리 병원의 의사들은 쌍둥이의 부모에게 분리수술을 권하였으나, 이들은 독실한 가톨릭 신자로서 한 아이를 살리기 위하여 다른 아이를 죽여야 한다는 것을 받아들일 수 없으며, 이는 神의 뜻이 아니라고 하여 수술을 거부하였다.

그러자 세인트 메어리 병원은 8월 18일 법원에 부모의 동의가 없음에도 불구하고 분리수술을 하는 것이 적법함을 확인하여 줄 것을 구하는 신청을 제기하였다.

Ⅲ. 判決理由 및 판결 후의 경과

1. 이 사건 판결을 이해하기 위한 몇 가지 前提

이 사건 판결을 정확하게 이해하기 위하여는 다음 몇 가지 英國法에 관한 지식이 필요하다.

우선 우리나라의 법률가들에게는 이 사건과 같이 병원이 부모의 반대에도

7) 그러나 재판에서 증언한 의사는 이들이 6개월 이상 생존할 확률도 10-20%는 된다고 하였다.

불구하고 분리수술을 하겠다고 법원에 신청을 할 수 있다는 것이 이상하게 여겨질 것이다. 그러나 이는 영국에서는 당연한 것으로 받아들여지고 있고, 이 사건 판결에서도 이 점은 그다지 문제되지 않았다. 이 점에 관하여 이 사건 판결에 관여한 워드(Ward) 판사는, 언론기관에서 왜 법원이 관여하는가에 대하여 의문이 제기되었다고 하면서, 아주 오래 전에 아동을 보호하기 위한 主權者의 大權은 대법원(Lord Chancellor)에게 이전되었고, 그를 통하여 법관에게 다시 이전되었으며, 이는 고등법원(High Court)의 내재적인 재판권의 일부를 이루었다고 설명한다.[8)]

다음으로 이 사건의 주된 쟁점의 하나는 분리수술이 메어리의 생명을 단축시킨다는 점에서 이것이 殺人(murder)에 해당하지 않는가 하는 점이었다. 그런데 이에 관하여 제 1 심에서는 이 분리수술이 不作爲(omission)에 해당하므로 위법하지 않다고 한 반면 항소심에서는 분리수술이 부작위가 아니라고 하였다. 이는 貴族院(House of Lords)이 1993. 2. 4. 선고한 블랜드 판결[9)]을 전제로 한 것이다. 위 판결에서 貴族院은 식물인간인 상태에 있는 사람에 대한 생명 연장을 위한 치료를 중단하는 것은 부작위에 해당하여 위법하지 않지만, 약물 등을 주사하는 방법으로 환자의 생명을 적극적으로 단축시키는 作爲(act)는 그러하지 않다고 판시하였다.

다른 한편으로 이것이 不作爲가 아니라면 왜 그 위법성이 부정되는가 하는 점이 문제인데, 우리나라 법상으로는 뒤에서 보는 것처럼 이 문제가 緊急避難의 관점에서 다루어질 가능성이 많다. 그런데 영국의 先例는 살인죄에 관하여는 緊急避難(necessity)의 법리를 인정하지 않는다는 것이었기 때문에,[10)] 이

---

8) [2001] Fam 179. 이어서 그는 1989년 아동법(Child Act 1989)은 아동의 양육에 관한 분쟁을 해결하는 법률적인 기획을 포함하고 있는데, 인정될 수 있는 이익을 가지는 사람이 분쟁을 법원에 가지고 오면 법원은 이를 결정하여야 한다고 한다. 그러나 1989년 아동법에 이 점에 관한 명시적인 규정이 있는 것은 아니다. 다만 역시 이 사건 판결에 관여한 워커(Walker) 판사는 이 점에 관하여, 이 사건 소송은 쌍둥이의 양육(upbringing)에 관한 것인데, 이 양육은 1989년 아동법 제105조에서 보살핌(care)을 포함하도록 정의되어 있다고 설명한다. [2001] Fam. 242. 이 문제에 관하여는 또한 G. Douglas, An Introduction to Family Law, Oxford University Press, Oxford, 2001, p. 83 참조. 영국법상의 아동보호 및 아동법에 관한 소개로서는 曺美卿, "英國法上의 兒童保護(Gillick 判決)", 家族法硏究 제 9 호, 1995, 457면 이하 참조.

9) Airedale N.H.S. Trust v. Bland, [1993] A.C. 789.

10) R. v Dudley and Stephens 14 QBD 273(1884). 이 사건에서는 배가 난파되어 보트에 타고 있던 2사람의 선원이 자기들의 생명을 유지하기 위하여 같은 보트에 타고 있던 17세 난 소년을 죽이고 그 피와 고기로 생명을 유지하였던 사건인데, 법원은 이 사건에서 살인죄에 대하여는 긴급피난의 항변이 인정될 수 없다고 판시하였다. 유사한 취지의 미국의 선례로는

사건 판결에서도 이 문제에 관하여 고심하였다.

2. 제 1 심 판결[11]

이 사건 제 1 심을 담당한 것은 고등법원 家事部(Family Division)의 존슨 판사였는데, 그는 병원측의 신청을 받아들였다. 존슨 판사는 영국법상 아동의 最善의 利益(The best interest of the child)은 고려하여야 할 사항 중의 한 가지가 아니라 最優先(paramount)이라고 하면서,[12] 자신은 이 사건에서 메어리의 이익에만 초점을 맞춘다고 하였다. 또한 헌신적이고 책임있는 부모의 결정은 존중되어야 하지만, 법원의 역할은 독립적이고 객관적인 판단을 하는 것인데, 법원의 판단이 부모의 판단과 다르다면 법원의 판단을 시행하여야 한다고 하는 종전의 선례를 인용하였다.

이어서 존슨 판사는 결론에 있어서 이 수술이 메어리의 이익에 합치한다고 하였다. 즉 메어리의 가련한 상태는 개선될 수 없고, 그녀가 해를 입거나 고통을 당하는지를 테스트할 수 있는 신뢰할 만한 방법이 없으며, 조디가 메어리를 끌면서 움직이려고 하는 것은 메어리를 해치고 고통을 주지만, 이처럼 끌려다니면서 그에 대하여 어떻게 할 수 없다는 것은 끔찍한 광경이라고 하면서, 메어리가 분리되지 않고 살게 될 몇 달은 그녀에게 가치가 없을 뿐만 아니라 해롭고, 그녀의 생명을 연장하는 것은 매우 그녀에게 불이익한 것이라고 하였다.

그렇지만 이처럼 분리 및 그 결과가 메어리의 최선의 이익에 합치한다고 하여도, 분리수술이 作爲(positive act)라면 이는 적법할 수 없다고 한다. 그렇지만 수술 및 그로 인한 메어리의 사망은 그녀가 조디로부터 받고 있는 혈액의 공급을 중단하는 것이고, 이는 작위가 아니며 따라서 적법하다고 하여 병원측

United States v. Holmes, 26 F. Cas. 360(C.C.E.D. Pa. 1842). 미국에서도 켄터키 주와 미주리 주 등에서는 살인죄에 대한 긴급피난의 항변을 인정하지 않으며, 다른 주에서도 이를 인정하는지가 확실하지 않다. G. C. Christie, "The Defense of Necessity Considered from the Legal and Moral Points Of View", 48 Duke Law Journal, p. 1026(1999) 참조.

11) 제 1 심 판결은 공간되지 않았으나, 인터넷 상에서 유료로 법률 데이터 베이스를 제공하는 LEXIS(http: www.lexis.com)에서 찾아볼 수 있다. Source: All Sources>Legal(excluding U.S.) > United Kingdom > Case Law > UK Cases, Combined Courts, Terms: Conjoined Twins. 또한 이 사건 판결에도 제 1 심 판결의 중요한 부분이 인용되어 있다.

12) 1989년 아동법 제 1 조 제 1 항은, 법원이 아동의 양육이나 아동의 재산의 관리 또는 그로부터 발생하는 수입의 사용에 관한 모든 문제를 결정함에 있어서 아동의 복리를 법원이 최우선적으로 고려하여야 한다고 규정하고 있다.

의 신청을 받아들였다.

3. 이 사건 판결

위 제 1 심 판결에 대하여 쌍둥이의 부모들이 항소를 하였다. 항소심 절차에서는 병원측과 쌍둥이의 부모들이 참여하였을 뿐만 아니라, 웨스트민스터의 大主教와 Pro-Life Alliance라는 단체도 서면으로 의견을 진술하였다. 抗訴法院(Court of Appeal)은 결국 이 분리수술이 적법하다고 보아 항소를 기각하였는데, 그 결과에 대하여는 관여 법관들의 의견이 일치되었으나, 그 이유에 있어서는 상당한 차이가 있었다.

항소법원의 판결은 원문으로 130여 페이지에 달하는 긴 것인데, 간단히 요약한다면, 존슨 판사가 위 분리수술을 부작위로 본 것은 잘못이라는 점에 대하여는 견해가 일치하였으나, 이 수술이 메어리의 이익에도 부합한다고 한 점에 대하여는 워드 판사와 브룩 판사는 부정한 반면 워커 판사는 긍정하였다. 그리고 이 분리수술이 적법한 이유에 관하여 워드 판사는 이는 類似正當防衛(quasi-self-defence)라고 한 반면, 브룩 판사는 그 근거를 緊急避難(necessity)에서 찾았다. 다른 한편 워커 판사의 의견은 다소 불분명한데, 二重效果(double effect)의 이론[13] 또는 犯意(mens rea)가 없었다는 점에서 위법하지 않다는 근거를 찾고 있다.

가. 워드 판사의 意見

워드 판사는 제일 먼저 의견을 개진하였을 뿐만 아니라 모든 문제점에 관하여 가장 포괄적으로 서술하고 있다.

그는 먼저 序論에서, 이 판결에 대하여 어떤 사람들은 지지하겠지만 많은 사람들은 이 판결로 인하여 기분을 상할 것이라고 하면서도, 이 법원은 법을 다루는 법원(court of law)이지 도덕을 다루는 법원이 아니며, 우리의 임무는 우리 앞의 상황에 관계있는 법의 원칙을 발견하는 것이고, 우리의 의무는 이를

13) 이는 예컨대 의사가 환자의 고통을 덜어 주기 위하여, 진통제로 모르핀을 사용하는 것이 결과적으로 환자의 생명을 단축하더라도 허용되는 것과 같이, 나쁜 결과를 초래하는 어떤 행위가, 그 행위 자체는 선하고 그 의도가 전적으로 선한 결과를 가져오기 위한 것이며, 그 선한 결과가 나쁜 결과에 의하여 초래되지 않을 뿐만 아니라 나쁜 결과를 막을 수 있는 충분한 이유가 있을 때에는 도덕적으로 허용될 수 있다는 이론이다.

적용하는 것임을 강조한다고 한다.[14)]

이어서 그는 사실관계를 의학적인 자료를 포함하여 매우 상세하게 서술한 다음, 이 사건 소송의 성격에 관하여 병원이 이 문제를 법원에 제기할 의무가 있고 권한이 있다고 설명한다.[15)] 다음으로 그는 의료법상의 문제에 대하여 언급한다. 즉 어떤 사람에 대하여 그의 동의가 없이 의학적 수술을 하는 것은 형사상이나 민사상으로 다같이 위법하고, 아동에 대하여는 부모가 혼인 중이면 부모가, 부모가 혼인 중이 아니면 어머니가 동의권을 가진다고 한다. 이러한 부모의 의사는 원칙적으로 존중되어야 하지만, 부모의 권리와 권한은 그들의 의무 및 자녀에 대한 책임의 이행을 위하여 존재하고, 이는 자녀의 최선의 이익을 위하여 행사되어야 하기 때문에, 보통법(common law)은 그러한 권리를 결코 至高한 것이나 심사와 통제의 밖에 있는 것으로는 다루지 않았고, 그에 대한 통제의 권한은 법원에 주어져 있다고 한다.[16)]

이어서 가족법상의 문제로 넘어가서, 법원이 후견적인 재판권을 행사함에 있어서 최초의 그리고 최우선적인 고려사항은 관련된 사람의 福利이고, 1989년 아동법 제1조 제1항도 그와 같이 규정하고 있다고 하면서, 그렇지만 무엇이 자녀의 최선의 이익인가 하는 문제는 그것이 위법한가 하는 것과는 별개의 문제라고 한다. 그리하여 이 사건에서의 핵심적인 문제는 다음과 같다고 한다: (1) 조디가 메어리로부터 분리되는 것이 그녀의 최선의 이익에 부합하는가? (2) 메어리가 조디로부터 분리되는 것이 그녀의 최선의 이익에 부합하는가? (3) 이들의 이익이 서로 충돌하는 경우에는 법원은 한 사람의 이익을 다른 사람의 이익과 저울질하여 한 사람의 이익을 다른 사람의 이익에 우선시켜야 하는가, 우선시킨다면 어떻게 할 것인가? (4) 만일 우선하는 이익이 수술을 시행하는 쪽이라면, 이는 적법하게 시행될 수 있는가?[17)]

여기서 그는 이 쌍둥이들이 별개의 두 사람인가 하는 문제에 관하여 언급

14) [2001] Fam. 155. 이하 이 사건 판결의 이유는 面數만으로 인용한다.

15) 156-174. 그런데 이와 관련하여 워드 판사는 병원측이 부모의 의사를 따랐더라도 이는 완전히 받아들일 수 있는 반응이며, 병원이 그렇게 하였더라도 그들은 비난받지 않겠지만, 병원이 부모의 의사를 따르지 않는다고 하여도 비난받아서는 안 된다고 서술하는데(p. 173), 이는 다소 그 의미가 불분명하고, 다른 부분의 설명과도 모순되며(아래 註 28 참조), 또 여러 사람들에 의하여 비판의 대상이 되었다. 예컨대 A. Bainham, “Resolving the Unresolvable: the Case of the Conjoined Twins”, [2001] The Cambridge Law Journal, p. 52 참조.

16) 176 ff.

17) 180 f.

하면서, 이에 대하여 의문을 제기하는 견해가 있기는 하지만, 메어리가 살아 있지 않다거나, 별개의 두 사람이 아니라고 보는 것은 상식과 모든 사람의 감수성에 어긋나고, 옛날에 이러한 샴 쌍둥이가 "괴물(monsters)"이라고 불렸던 데서 나타난 관념은 전혀 받아들일 수 없으며, 이 아이들의 존엄에 반하는 일이라고 하는 점을 강조하여 둔다고 한다.[18]

다음 그는 이 수술이 조디의 이익에는 합치한다는 점을 확인하고,[19] 이어서 좀더 어려운 문제, 즉 이 수술이 메어리의 이익에도 합치하는가를 자세히 논의한다. 여기서 그는 존슨 판사가 수술이 메어리의 이익에 합치한다고 본 근거를 상세하게 비판하면서, 이 수술이 메어리에게 줄 수 있는 유일한 이익은 신체적 완전성과 존엄일 뿐이지만, 이는 전혀 환상적인 목표인데, 왜냐하면 그녀가 독립성을 누리기 전에 그녀는 죽을 것이기 때문이며, 그녀의 최선의 건강상의 이익은 전혀 없다고 한다. 그리고 분리되지 않은 메어리의 생명이 그녀에게 아무런 가치가 없는가에 대하여는, 모든 생명이 동등한 내재적인 가치를 가진다는 것을 부정하는 것은 허용되지 않으며, 아무리 사람의 능력이 손상되었다 하여도 생명이란 그 자체로서 가치 있는 것이라고 한다.[20] 그리고 메어리의 생명을 연장하는 것이 매우 그녀에게 불이익을 가져다 줄 것이라는 주장에 대하여는 분리수술은 부작위가 아니라 작위이므로 분리수술을 존슨 판사와 같이 메어리의 생명을 연장시키지 않으려는 것으로 파악할 수 없다고 한다.[21] 그러므로 분리수술은 메어리의 최선의 이익에 부합하지 않으며 오히려 최선의 이익에 반한다고 한다.[22]

그러므로 이처럼 조디의 이익과 메어리의 이익이 충돌하는 경우에 법원이 어떻게 할 것인가에 관하여 법원은 가장 난처한 딜레마(on the sharpest horns of dilemma)에 빠져 있다고 하면서, 이 문제에 관한 종전의 명확한 권위적 선례는 없다고 한다. 그러나 법원의 임무가 조디의 이익을 최우선에 놓는 결정을 내리

18) 181 f.

19) 182 f.

20) 이 점과 관련하여 그는, 존슨 판사는 소극적 안락사를 허용한 블랜드 판결(註 9)을 염두에 두었을 것이나, 위 판결에서는 생명의 가치를 문제삼은 것이 아니라 치료의 가치를 문제삼은 것이라고 설명한다.

21) 즉 존슨 판사처럼 분리수술을 부작위로 판단하게 되면 이는 메어리의 생명을 연장시키는 것을 중지하는 것이 되고 따라서 블랜드 판결(註 9)에 따라 이는 허용될 것이나, 이는 부작위가 아니며 따라서 생명 연장의 중단으로는 볼 수 없다는 의미이다.

22) 183-190.

는 것이고, 그 결정이 메어리의 최우선적인 이익에는 반한다면, 법원으로서는 이 문제에 관하여 결정하지 않음으로써 이 두 가지 의무를 수행하는 것의 불가능을 해결할 수는 없고, 이는 자신들에게 부과된 의무를 완전히 放棄하는 것이며, 의무가 충돌하는 경우에는 자신으로서는 두 가지 惡 중 더 작은 것(lesser of the two evils)을 선택함으로써 가장 손해가 작은 代案(the least detrimental alternative)을 발견하는 것 외에 다른 방법을 찾을 수 없다고 한다.[23)]

다음으로 워드 판사는 부모의 의사에 대하여 언급한다. 여기서 그는, 헌신적이고 책임 있는 부모의 결정은 존중되어야 하지만, 법원의 역할은 독립적이고 객관적인 판단을 하는 것으로서, 법원의 판단이 부모의 판단과 일치하면 좋지만 그렇지 않으면 부모의 견해에 대하여 그에 상응하는 고려를 한 후에 법원이 자신의 판단을 실행하여야 한다고 하는 종전의 선례를 인용하면서, 이것이 법이라고 한다. 그리고 법원이 부모의 결정이 자녀의 복리에 합치하는가를 심사함에 있어서는 행정처분의 심사와 같이 부모의 판단이 합리적인가를 심사하는 데 그치는 것이 아니고, 부모의 태도를 고려하면서도 법원이 독자적으로 평가하여야 하며, 부모와 법관 사이에 진정한 견해의 차이가 존재하는 어려운 사건에서도 법원이 자신의 의견을 자녀의 최우선의 이익을 위하여 관철될 수 있도록 하는 것이 법관의 의무라고 하는 종전의 선례[24)]를 인용하면서 이것이 타당하다고 한다. 그리고 조디의 부모들은 조디가 수술을 받더라도 장애인으로 되거나 부모의 많은 보살핌을 받아야 한다는 점을 우려하고 있으나, 이것은 독립이라는 인간의 존엄성에 대한 그녀의 청구를 능가하는 것이 될 수 없고, 메어리를 죽여야 한다는 점에 대하여 거부반응을 나타내면서 조디를 구해야 한다는 의무를 인식하지 못하고 있을 뿐만 아니라 쌍둥이를 분리하지 못함으로써 조디가 사망한다는 결과를 직면하지 못하고 있다고 한다. 이러한 끔찍한 딜레마에 직면한 부모들은 그들의 불가피한 손실 중 더 작은 것을 선택할 수밖에 없으며, 강제수용소의 입구에서 한 가족이 그들의 자녀 중 한 사람만을 해방시켜 줄 수 있다고 하는 말을 듣는다면 그들은 더 튼튼한 쪽을 선택할 것이라고 한다.[25)]

23) 190-192.
24) In Re T.(Wardship: Medical Treatment), [1997] 1 W.L.R. 242에서의 웨이트(Waite) 판사의 의견 등.
25) 192-196.

여기서 그 균형을 어떻게 잡을 것인가가 문제되는데, 한편으로는 모든 生命權(right to life)은 동등하게 취급되어야 하고, 다른 한편으로는 치료를 하거나 하지 않는 것이 두 쌍둥이에게 어떤 가치가 있는가 하는 점이 문제되는데, 수술은 조디에게 비교적 정상적인 생활을 누릴 수 있는 전망을 주는 반면, 메어리의 생명을 단축시키기는 하지만, 메어리는 어차피 죽을 운명이고, 그녀는 "죽기로 지정되어 있으므로(designated for death)" 균형은 조디 쪽으로 매우 기운다고 한다. 메어리도 생명권을 가지고 있지만, 계속 살아 있을 권리는 별로 가지지 못했으며, 그녀는 조디의 피를 흡수함으로써 살아 있는 것이고, 메어리의 寄生的인 삶(parasitic living)이 조디의 사망 원인이 될 것이라고 한다. 만일 조디가 말을 할 수 있다면 그녀는 "메어리, 그만둬, 너는 나를 죽이고 있어"라고 항의할 것이며, 그에 대하여 메어리는 대답할 말이 없을 것이라고 한다. 그러므로 조디의 이익과 메어리의 이익을 서로 대비하면 가장 손해가 적은 선택은 수술이 시행되도록 허가하는 것이라고 한다. 이 수술이 허용되기 위하여서는 이것이 적법하여야 하는데, 이는 형법적인 고려를 필요로 한다고 한다.[26)]

이어서 그는 형법적인 측면을 다루는데, 여기서 그는 자세한 설명은 브룩 판사에게 맡기고 자신은 자신의 의견의 요지만을 서술한다고 하면서, 분리수술이 살인죄의 요건에 해당하는지를 살핀다. 우선 故意(mens rea)는 귀족원의 울린 판결[27)]에 따라 인정될 수 있고, 二重效果(double effect)의 이론도 이 사건에는 적용될 수 없으며, 因果關係(causation)도 긍정되고, 이 수술은 메어리의 신체에 대한 적극적 침해이므로 살인에 해당한다고 한다.[28)29)]

나아가 살인죄의 요건 가운데 "위법하게(unlawfully)"의 문제에 관하여는 비교적 상세하게 설명하고 있다. 이 점과 관련하여서는 긴급피난 또는 强要(duress)가 문제될 수 있다고 하면서,[30)] 법의 정책(the policy of the law)은 자신

---

26) 196 f.

27) R v. Woollin, [1999] 1 AC 82 ff. 이 사건에서 귀족원은 公訴가 살인죄에 관한 것이고, 배심원에 대한 단순한 지시만으로 충분하지 않은 예외적인 경우에는, 배심원들은 사망이나 중대한 신체적 상해가 피고인의 행위의 결과로서 실질적으로 확실하고(virtual certainty), 피고인이 그러한 사실을 알았을 때가 아니면 필요한 고의를 인정해서는 안 된다고 지시를 받아야 한다고 판시하였다.

28) 그런데 이 점과 관련하여 워드 판사는 부모들이 수술을 시행하지 않으면 이는 또한 조디에 대한 살인이 될 가능성이 있으며, 따라서 부모들과 의사들은 조디에 대하여 법적 의무를 부담한다고 언급하고 있다. p. 199 f.

29) 197-200.

30) 귀족원의 하우 판결(R v. Howe, [1987] A.C. 417)은 살인죄에 대하여는 强要로 인한 면책

이 자신의 생명 또는 자신이 사랑하는 사람의 생명이 다른 사람의 생명보다 더 가치 있는가 하는 자신의 일에 대하여 법관이 되고 이를 스스로 집행하는 것을 막는 데 있다고 한다. 그러나 이 사건을 해결하기 위해서는 법이 무고한 한 사람이 다른 사람 대신 살해되는 것을 선택할 수 있는 권리를 극단적인 상황에서는 허용하여야 할 것인가 하는 것이 중요하다고 한다. 여기서는 우선 의사들이 선택하여야 할 의무가 있으면 그들의 선택하여야 할 권리를 부정할 수 없는데, 의사들은 한편으로는 메어리에 대하여 수술하지 말아야 할 의무를 부담하는 반면, 조디에 대하여는 수술하여야 할 의무를 부담하고 있어서 의무의 충돌(a conflict of duty)이 존재하고, 이 경우에 생명의 神聖性(sanctity of life)에 호소하는 것은 메어리와 조디의 두 사람이 동일한 보호를 받게 하지 못하며, 이 경우에는 법은 두 개의 惡 중에서 더 작은 것을 선택하게 하는 도피구를 허용하여야 한다고 한다. 그러므로 수술에 대한 동의가 주어져야 하는 것과 마찬가지로, 수술을 시행하는 것이 더 작은 惡이고 위법한 행위가 아니라고 한다. 또한 의사들에게 선택권이 주어져야 할 또 다른 이유는, 수술이 생명의 신성성을 해치는 것이 아니라는 점에 있다고 한다. 이 생명의 신성성이라는 원리는 의도적인 인간 생명의 박탈은 자기방어나 정당한 타인의 방어를 제외하고는 금지된다는 것을 의미한다고 말할 수 있고, 또는 다른 무고한(innocent) 사람을 죽게 할 것을 의도해서는 안 된다고도 말할 수 있는데, 이 사건에서의 진실은 메어리가 조디를 죽이고(killing) 있다는 것이라고 한다. 조디가 그러한 상태를 용인하도록 요구될 수는 없으며, 메어리를 “부당한 공격자(unjust agressor)” 라고 부를 수는 없고, 이러한 상황이 위법하다고 말할 수도 없지만, 반드시 위법할 필요도 없다고 한다. 학교 운동장에서 무차별적으로 모든 사람에게 총을 난사하는 6살 난 소년은 그가 너무 어려서 위법하게 행동한다고는 말할 수 없지만, 그가 무고하다고 말할 수는 없다고 한다. 법적으로는 다른 사람들을 지키기 위하여 이 6살 난 소년을 죽이는 것은 위법하지 않다고 할 수 있고, 이러한 경우의 정당한 정당방위(self-defence)와, 조디를 지키기 위하여 메어리에 의하여 야기되는 치명적인 위험을 제거하려는 의사들의 행동 사이에는 본질적으로 아무런 차이가 없다고 한다. 이러한 유사정당방위(quasi-self-defence)의 항변은 의사들의 개입을 적법하게 만든다고 한다. 결론적으로 분리수술은 법적으로

도 허용되지 않는다고 판시하였다.

허용될 수 있다고 한다.[31]

워드 판사는 마지막으로 이 판결 선고일로부터 10일 후인 2000. 10. 2.부터 시행될 예정인 1998년 人權法(Human Rights Act 1998)[32]과의 관계에 대하여 언급하고 있다. 이 법은 유럽인권협약 제2조 제1항이 규정하고 있는 生命權(right to life)을 영국의 국내법으로 받아들이고 있고, 실제 분리수술은 이 이후에 행하여질 것이므로 이 생명권과의 저촉 여부가 문제될 수 있었다. 위 협약 조항은 살인에 대하여 상당성이 있는 법이 있을 것을 요구하는데, 병원이 법원에 호소한 것은 메어리와 조디에 대한 상당성 있고 적절한 안전장치가 된다고 한다. 만일 이와 달리 생명권을 문자 그대로 해석하여 보호가 두 아이에게 모두 주어져야 한다면 이는 불가능한 것이 되며, 스트라스부르의 법원[33]도 다른 결론을 내릴 것이라고는 믿어지지 않는다고 한다. 그러므로 1998년 인권법의 시행이 이제까지 설명한 것과는 다른 답변을 요구하지는 않는다고 한다.

워드 판사는 결론에서 예컨대 의사가 환자가 더 이상 생존할 수 없다고 판단하면 그를 죽여도 된다는 식으로 넓게 해석되지 않기 위하여 이 사건이 적용될 수 있는 독특한 상황을 강조할 필요가 있다고 하면서, 이 사건이 적용될 수 있는 것은 Y의 사망을 초래하지 않고는 X의 생명을 유지할 수 없고, Y는 그의 존재 자체에 의하여 짧은 기간 내에 X의 사망을 필연적으로 초래하며, X는 독립된 생명을 누릴 수 있는 반면, Y는 모든 형태의 의료적인 개입이 있더라도 어떤 상황에서도 독립적인 생존을 누릴 수 없는 경우로 한정된다고 하였다.[34]

나. 브룩 판사의 의견

브룩 판사는 가족법상의 문제, 즉 조디의 이익이 부모의 의사나 메어리의 이익에 우선하여 보호되어야 한다는 점에 대하여는 전적으로 워드 판사의 견해에 동조한다고 하면서, 주로 형법상의 문제에 관하여 언급하고 있다.[35]

---

31) 200-204.

32) 이에 대하여는 尹眞秀, "英國의 1998년 人權法(Human Rights Act 1998)이 私法關系에 미치는 영향", 서울대학교 法學 제43권 1호, 2002, 125면 이하 참조.

33) 유럽인권재판소를 말한다.

34) 204-205.

35) 205-206.

먼저 샴 쌍둥이(conjoined twins)에 대한 의학적인 자료를 상세하게 언급한 다음,[36] 분리수술이 살인죄에 해당하는가 하는 문제를 다룬다. 우선 살인죄의 요건을 설명하고 있는데, 메어리가 살인죄의 객체인 "합리적인 존재(reasonable creature)"인가 하는 점에 관하여, 비록 메어리가 쓸모없는 뇌와 심장 및 폐를 가지고 있지만, 워드 판사의 의견과 마찬가지로 메어리는 살아 있고, 따라서 메어리의 생명을 끊는다면 이는 살인이라고 한다.[37] 또한 분리수술은 부작위 아닌 작위로서 살인행위에 해당한다고 한다.[38] 그리고 殺人의 故意(intent to kill)도 울린 판결[39]에 따라 인정될 수 있다고 한다.[40] 나아가 二重效果(double effect)의 문제에 대하여 언급하면서, 결론적으로 이 사건에서 위 이론은 적용될 여지가 없는데, 왜냐하면 아무리 상상력을 발휘하더라도 의사가 조디에게는 이익이 되지만 메어리는 죽게 할 수술을 준비하는 것이 메어리의 최선의 이익을 위한 것이라고 믿고 행동했다고 말할 수는 없기 때문이라고 하였다.[41]

브룩 판사는 이어서 살인죄에 있어서 긴급피난의 항변이 허용되는가에 관하여 먼저 현재에 이르기까지의 논의와, 캐나다의 판례에 이르기까지를 상세하게 살핀다.[42] 그리고 결론적으로 이 분리수술은 긴급피난에 해당하여 허용될 수 있다고 판시한다. 위 더들리 판결[43]에서 살인죄에 관하여 긴급피난을 허용하지 않은 주된 근거는 첫째, 누가 이러한 종류의 긴급피난에 있어서 법관이 될 것이며, 생명의 비교적 가치를 어떻게 평가하는가, 둘째, 그러한 항변을 인정하면 이는 법을 절대적으로 도덕과 절연시키는 것이라고 하는 점인데, 이러한 근거는 모두 이 사건에 적용되지 않는다고 한다. 메어리는 매우 빨리 죽을 것으로 스스로 지정되어 있고(self-designated), 아무도 매우 짧은 기간 이상으로 그의 생명을 연장할 수는 없으며, 또 이 사건에서 수술을 시행하는 것이 비도덕적이라고 믿을 사람도 있는 반면, 조디를 살리지 않는 것이 비도덕적이라고 믿을 사람도 있으며, 법원으로서는 이러한 경합하는 철학 중 어느 하나를 선택

36) 206-210.
37) 210-214.
38) 214-215.
39) 위 註 27) 참조.
40) 215-216. 그러나 브룩 판사는 뒤에서는 울린 판결에서의 "故意"의 의미를 이 사건에 확장하는 것이 적절하지 않은데, 왜냐하면 의사의 목적은 사람을 살리는 것이기 때문이라고 서술하고 있다. p. 238.
41) 216-219.
42) 219-239.
43) 註 10) 참조.

할 능력이 없고, 따라서 분리수술을 명하는 것이 도덕과 법을 절대적으로 절연시키는 것이라고 할 수는 없다고 한다. 그리고 이러한 상황에서 분리수술이 허용되어야 한다고 하더라도 사람들이 이러한 예외를 너무 쉽게 이용할 것이라는 우려는 근거가 없는데, 이 사건은 예외적으로 드문 경우이고, 의사들은 실질적으로 거의 모든 경우에 법원에 의한 허가를 받으려고 노력할 것이기 때문이라고 한다. 그러면서 긴급피난의 요건으로서 첫째, 그 행위가 필연적이고 회복할 수 없는 해악을 회피하기 위한 것이고, 둘째, 달성하려고 하는 목적을 위하여 합리적으로 필요한 것 이상은 행하여지지 않으며, 셋째, 가해지는 해악이 회피하려는 해악과 비교하여 균형을 잃지 않을 것의 세 가지를 들고, 이 사건에서는 이러한 요건이 모두 충족되었다고 한다.[44][45]

다. 워커 판사의 의견

워커 판사는 우선 기본적인 문제로서 샴 쌍둥이가 두 사람인가 아니면 한 사람인가, 두 사람이라면 메어리는 살아있는 것인가 하는 점에 관하여 언급하면서, 이들은 두 사람이고, 메어리는 살아 있는 것이라고 결론지었다.[46]

그리고 이 사건에 얽힌 법률문제에 관하여 다른 두 판사와 마찬가지로 상세한 고찰을 하고 있는데, 스스로 이를 다음과 같이 요약하고 있다.[47]

(i) 쌍둥이의 부모의 의사는 매우 존중되어야 하지만, 사건이 법원에 제기되면 법원은 무엇이 쌍둥이의 최선의 이익인가에 관하여 최선의 판단을 내릴 책임을 회피할 수 없다.

(ii) 제 1 심 법원의 판사는 제안된 분리수술을 의학적 치료의 중지와 동일시하는 오류를 범하였다.

(iii) 메어리는 영국의 보통법과 유럽인권협약에 따른 생명권을 가지고 있으므로, 그녀를 의도적으로 살해하는 것은 위법하다.

(iv) 그러나 조디도 생명권을 가진다.

(v) 모든 인간의 생명권에는 신체적 완전성(bodily integrity)과 자율성의 권

44) 239-241.

45) 또한 브룩 판사는 유럽인권협약에 관하여 언급하고 있는데, 생명 보호의 권리는 영국법에 깊이 스며들어 있기 때문에 유럽인권협약에서 영국법과 다른 해결책을 찾을 수는 없을 것이라고 하면서 이 점에 관한 워커 판사의 견해에 동조한다고 한다. p. 238.

46) 241-242.

47) 258-259.

리가 포함된다.

(vi) 메어리와 조디는 이러한 신체적 완전성과 자율성을 박탈당하였는데, 이들을 분리하는 것은 그들 모두의 이익에 합치하리라는 강력한 추정이 존재한다.

(vii) 수술의 목적은 쌍둥이를 분리함으로써 조디에게 길고 합리적으로 정상적인 생명을 누릴 수 있는 좋은 가능성을 부여하려는 것이고, 메어리의 사망은 불가피한 결과이기는 하지만 수술의 목적은 아니며, 이 수술은 그녀에게 인간으로서의 신체적 완전성을 부여하는 것이다. 그녀는 고의에 의하여 살해되는 것이 아니라 그녀의 신체가 그녀의 생명을 유지할 수 없기 때문에 죽게 되는 것이다.

(viii) 메어리의 생명을 지속시키는 것은 길든 짧든 간에 가능한 고통과 불쾌함 외에는 이익이 될 것이 없다.

(ix) 그러므로 제안된 수술은 두 쌍둥이 각자의 최선의 이익에 합치하는 것이며, 이러한 결정은 법원으로 하여금 한 생명이 다른 생명보다 더 가치있는 것이라고 판단할 것을 요구하지 않는다.

(x) 제안된 수술은 위법하지 않다. 이는 침습적인 수술이라는 작위를 포함하며, 메어리의 사망은 조디의 생명을 살리기 위한 의도적이고 필요한 수술의 불가피한 결과로서 예견될 수 있는 것이다. 그러나 메어리의 사망은 수술의 목적이나 의도는 아니며, 그녀의 신체 자신이 생존할 수 없기 때문이다.

4. 판결 후의 경과

항소법원은 2000. 9. 22. 이 사건 판결을 선고하면서 상고허가신청이 있을 경우에 이를 허가하겠다고 밝혔고, 또 워드 판사는 귀족원의 빙엄 대법관(Lord Bingham of Cornhill)과 연락을 하여 상고가 있으면 귀족원이 긴급사건으로서 변론을 들을 준비가 되어 있다고 알려 주었다. 그런데 쌍둥이의 부모나 쌍둥이를 위한 公益辯護士(official solicitor)는 결국 상고를 제기하지 않았다. 그러자 2000. 10. 30. Prolife Alliance라는 단체의 대표인 퀸터발(Quintavalle)이라는 변호사가 공익변호사를 메어리를 위한 법원 선임의 후견인(guardian ad litem)에서 해임하고 자신을 후견인으로 선임해 줄 것을 법원에 신청하였다. 그러나 고등법원 가사부(Family Division)의 버틀러-슬로스(Butler-Sloss) 원장은 11. 3. 이를

기각하였고, 항소법원[48]도 같은 날 위 결정에 대한 항고를 기각하였다.[49]

이어서 메어리와 조디의 분리수술이 11월 6일에 이루어졌다. 이 수술은 20시간이 걸렸으며, 22명의 인원이 참여하였다. 분리가 완료되자 메어리는 바로 사망하였고, 반면 조디는 정상적으로 회복하여 2001년 6월에 부모와 함께 말타로 귀국하였다.[50]

Ⅳ. 이 사건 판결에 대한 論議

1. 論議의 상황

이 사건과 같이 법원에 심각한 딜레마를 가져다 주는 사건은 매우 드물 것이다. 그러나 이러한 상황이 전혀 예상될 수 없는 것은 아니었다. 샴 쌍둥이의 출생은 계속 일어나고 있고, 그 중에서도 비극적이지만 이 사건과 같은 경우가 없지는 않은 것이다. 그러나 종래 이러한 경우가 법원에까지 오는 경우는 거의 없었다. 이제까지 알려진 사례로서는 1977년에 미국 필라델피아 법원에서 이러한 사건을 다루었는데, 이 사건을 맡은 3인 재판부는 단 3분의 휴정 후에 분리수술을 허용했다고 한다.[51]

그리고 이 사건 판결 이전에 이 문제를 비교적 상세하게 다룬 논문이 하나 있었다. 영국 킬(Keele) 대학의 법학 교수인 셸던과 같은 대학의 철학과 교수인 윌킨슨은 1997년에 발표한 논문[52]에서 이러한 샴 쌍둥이의 분리수술에 관하여 생각될 수 있는 여러 가지 문제에 관하여 상세하게 살피고, 이러한 분

48) 재판부의 구성은 이 사건 판결과 같다.

49) Re A(Conjoined twins: Medical Treatment)(No. 2), [2001] Fam Law 100, [2001] 1 FLR 267. 이에 대하여는 Gillian Douglas, "Re A(Conjoined Twins: Medical Treatment)(No. 2)", Case Reports, [2001] Fam Law pp. 100 f. 참조.

50) C. L. Lugosi, "Playing God: Mary must die so Jodie may live longer", Issues in Law and Medicine, p. 136(2001); J. N. Sawday, "Separating Conjoined Twins: Legal Reverberations of Jodie and Mary's Predicament", 24 Loyola of Los Angeles International and Comparative Law Review, p. 71 f.(2002) 등 참조.

51) 이 사건 판결에서도 이에 관하여 언급하고 있다. [2001] Fam 219. 또한 G. Annas(註 3), 1281 f. 등 참조.

52) S. Sheldon and S. Wilkinson, "Conjoined Twins: the Lgeality and Ethics of Sacrifice", [1997] 5 Medical Law Review, 149 ff.

리수술이 과연 허용될 수 있는지에 관하여 의문을 제기하였다.

이 사건 판결이 선고된 후에는 이에 대하여 영국뿐만 아니라 미국에서도 많은 논평이 발표되었다. 특히 2001년 2월 14일에는 영국의 킬 대학교에서 이 판결을 주제로 하여 심포지엄이 개최되었고, 이때 발표되었던 논문들은 Medical Law Review라는 잡지에 게재되었다.[53] 그리고 이스라엘의 예루살렘에 있는 한 법과대학에서도 2001년 초에 이 판결을 대상으로 하는 심포지움이 열렸다고 한다.[54]

이하에서는 이 판결에 대하여 발표된 논평 중 입수할 수 있었던 것에서 나타난 견해들을 쟁점별로 소개하고자 한다.

2. 메어리는 독립된 인간인가?

이 사건 판결에서 판사들은 메어리가 독립된 인간인가 하는 문제에 대하여 언급하면서도 이는 당연한 것이고, 메어리의 인격을 부정하는 것은 받아들일 수 없다고 하여 이를 긍정하였다.[55] 그런데 이 점에 관하여 다른 견해를 표명하는 사람이 있다.

맨체스터 대학교의 생명윤리학 교수인 해리스는 "인간(human)"과 "인격체(person)"는 다르고, 모든 인간(human being)이 동일한 도덕적 지위를 가지는 것은 아니라고 한다. 즉 존재의 가치를 인정할 수 있는 능력(capacity to value existence)을 가진 것으로 평가될 수 있는 사람만이 살해당함으로써 해를 입거나 죽는 것이 허용될 수 있는데, 왜냐하면 그래야만 그들이 가치가 있다고 인정하는 것을 잃는 것이 되기 때문이라고 한다. 반면 그러한 능력을 가지지 않는 非人間(non-person)은 사망에 의하여 그들이 가치가 있다고 인정하는 것을 상실할 수 없다고 한다. 예컨대 胚芽(embryo)나 태아는 인간이기는 하지만 완

53) S. Sheldon and S. Wilkinson(註 3); S. Uniacke, "Was Mary's Death Murder?", [2001] 9 Medical Law Review, pp. 208 ff.; J. Harris, "Human Beings, Persons and Conjoined Twins: an Ethical Analysis of the Judgment in Re A", ibid. pp. 221 ff.; H. Watt, "Conjoined Twins: Separation as Mutilation", ibid. pp. 237 ff.; J. McEwan, "Murder by Design: The 'Feel-Good Factor' and the Criminal Law", ibid. pp. 246 ff.; M. Freeman, "Whose Life is it anyway?", ibid. pp. 259 ff.; B. Hewson, "Killing off Mary: Was the Court of Appeal Right?", ibid. pp. 281 ff.

54) Sawday(註 50), p. 84.

55) 그럼에도 불구하고 판사들은 이러한 "괴물적 요소(monster factor)"에 영향을 받았고, 두 쌍둥이의 신체적 차이가 판사들이 결정을 내리는 것을 용이하게 하였다는 분석도 있다. Hewson(註 53), pp. 291 ff. 참조.

전한 인격체가 아니고, 법이 그들의 도덕적 지위가 정상적인 성인과는 같지 않다는 것을 인정하지 않는다면 낙태를 허용하는 것은 일관성이 없다고 한다. 근래에는 이는 식물상태(PVS, Persistent Vegetative State)의 인간에까지 확장되었다고 한다. 법원이나 대부분의 사람들이 식물인간 상태에 빠진 블랜드[56]나 메어리와 같은 경우에 관하여 다르게 느끼는 것은 그들이 그러한 사람들을 자신들과는 다른 도덕적 범주에 위치시키기 때문이라고 한다. 이 사건에서도 법관들이 메어리와 조디는 인격체라기보다는 태아나 식물인간에 더 가깝다고 느낀 것처럼 보인다고 한다. 그러므로 메어리가 죽을 줄 알면서 수술하는 것도 비윤리적이 아니지만, 거꾸로 부모의 의사를 따라서 메어리와 조디가 모두 죽게 방치하더라도 이는 어떤 인격체를 일찍 죽게 하는 것은 아니므로, 법원으로서는 분리수술이 적법하지만 의무적인 것은 아니고(lawful but not mandatory), 부모의 의사를 존중하는 것도 마찬가지로 적법하다고 선언하는 것이 더 나았을 것이라고 한다. 이처럼 두 가지 방법이 윤리적으로 다 방어될 수 있다면, 법원이 부모가 비양심적이라고 판단하는 행동을 명하는 것은 확실히 부적절하다고 한다.[57]

그러나 거의 대부분의 논자들은 메어리나 조디가 독립된 인간이라는 점에 대하여는 의문을 제기하지 않고 이를 당연한 전제로 하여 논의를 전개하고 있다. 이 점에 대하여 명시적으로 긍정하고 있는 논자로서는 셸던과 윌킨슨 및 와트를 들 수 있다. 셸던과 윌킨슨은 종래 법과 윤리가 물리적으로 구별되는 개개의 인간을 모델로 하여 왔기 때문에 샴 쌍둥이의 문제가 다루기 어려운 것처럼 보인다고 하면서도, 腦死(brain death)가 사망의 적절한 표준으로 받아들여진다면, 腦生(brain life)이 살아 있는 법적 인간인가를 판단하는 결정적인 기준이 되어야 한다고 한다.[58] 그리고 와트는 조디와 메어리의 신체적 속성에 비추어 이들이 다소 중복되기는 했지만 두 개의 분리된 자율적 유기체(self-organisation)임이 명백하다고 한다.[59]

---

56) 註 9) 참조.

57) Harris(註 53), pp. 232 ff. 해리스의 견해에 대하여 상세한 것은 J. Harris, The Value of Life, Routledge & Kegan Paul, London and New York, 1985 참조. 이에 대한 비판으로는 A. Maclean, The Elimination of Morality, Routledge, London and New York, 1993, ch. 2. 참조.

58) Sheldon and Wilkinson(註 52), pp. 151 ff.

59) Watt(註 53), pp. 237 f. 여기서 와트는 셸던과 윌킨슨처럼 두 개의 뇌의 활동이 중요한 것이 아니고, 두 개의 분리된 원천에서 나오는 자율적 유기체라는 것이 중요하다고 한다.

3. 메어리의 이익과 조디의 이익

이 사건 제1심 판결을 맡은 존슨 판사와 항소심의 워커 판사는 분리수술이 메어리의 이익에도 합치한다고 보았고, 학설 가운데에도 이를 지지하는 견해가 있다.

프리먼은 워커 판사의 견해가 더 현실적이고 설득력이 있다고 하면서, 메어리는 생명권도 가지고 있지만, 존엄을 가지고 사망할 권리(right to die with dignity)도 가지고 있고, 때로는 블랜드 사건에서처럼 후자의 권리가 전자의 권리보다 우월할 수도 있다는 것을 받아들여야 한다고 한다. 그녀가 단독으로 태어났다면 그녀를 치료하는 것은 보람없는 일이었을 것이고, 치료는 그녀를 짧은 기간 동안 살아 있는 것을 연장하는 것 외에 아무 것도 성취하지 못한다고 한다.[60)]

그리고 먼로는 종래와는 다른 새로운 접근방법에 입각하여, 종래의 권리 중심적 분석(rights analysis)은 추상화하고 개별화하는 문제 있는 경향을 보이고, 결합과 협력 대신 분리와 분쟁의 議題(agenda)를 우선시하고 있으며, 이 사건 판결도 그러한 태도를 보이고 있다고 비판하면서, 그 대신 법적인 권리들이 묻혀 있는 맥락과 관계를 인식할 수 있는 關係的 接近(relational approach)을 제창한다. 이에 따르면 쌍둥이들 사이의 감정적 및 신체적 결합의 중요성을 인식할 수 있게 되고, 그들 사이의 분쟁이 존재한다고 상정하는 것의 정당성은 해소된다고 한다. 이에 따르면 가령 메어리는 자신의 조디와의 밀접한 관계 및 자신의 사망이 불가피한 점에 비추어 자매인 조디의 생명을 계속시키는 데 이익을 가질 수 있고, 따라서 수술을 허용한다는 결론이 나올 수 있다고 한다.[61)]

그러나 대부분의 논자는 조디의 이익과 메어리의 이익이 대립되는 것으로

---

60) Freeman(註 53), pp. 276 ff. 다만 그는 분리수술 자체가 적법한가에 대하여는 의문을 표시하면서도 이 경우에는 故意(mens rea)가 없다고 하든가, 또는 법 이상의 고차적인 가치가 있기 때문에 이 판결이 법적으로는 잘못이지만 정당하며, 법원도 때로는 법을 지키지 않을 재량이 있다고 할 수 있을 것이라고 한다. 그리고 분리수술 자체가 바람직한가에 관하여는 자신은 법원은 올바른 결론에 도달하였다고 생각한다고 한다. pp. 278 ff. 참조.

61) V. E. Munro, "Square Pegs in Round Holes: the Dilemma of Conjoined Twins and Individual Rights", [2001] 10 Social & Legal Studies, pp. 459 ff., 478 f. 그러나 그녀 자신도 이러한 분석에 따라 어떤 확정적인 결론을 내리지는 않고 있다. 예컨대 이 분석에 따르면 아동이 자라게 될 사회의 종교적 신조체계의 중요성을 인식할 수 있게 될 수도 있고, 메어리를 이기적인 寄生體(selfish parasite)로 보는 것을 다시 평가할 수도 있다고 한다. pp. 478 f.

보고 있다. 예컨대 베인햄은 가족법적인 관점에서 이 사건이 제기하고 있는 첫 번째 문제는 둘 또는 그 이상의 아동들의 이익이 대립하는 경우에 어떻게 균형을 맞출 것인가 하는 점이라고 하면서, 이 사건 판결이 채택한 방법, 즉 두 가지 惡 중 더 작은 것(lesser of the two evils) 또는 가장 손해가 작은 代案(the least detrimental alternative)이라는 방법이 종래의 판례가 이 문제를 회피하였던 것[62]보다 더 나은 방법이라고 한다.[63]

또 法廷辯護士인 바바라 휴슨[64]은 이 사건에서는 메어리가 조디에 대하여 어떠한 의무를 부담하는가를 좀더 상세하게 분석하였어야 한다고 주장하면서, 이 사건에서 조디가 메어리를 쫓아낼(evict) 수 있는가 하는 물음을 제기하고, 이러한 결합 상태가 그 자체로서 어떠한 법적 의무를 야기하지는 않으며, 다만 도덕적 의무를 발생시킬 수 있다고 논증하는 것은 가능할 것이라고 한다. 그렇지만 법관들이 분리수술을 위한 근거로서 조디와 메어리를 대립적인 관계에 놓기보다는 黙示的 同意(implied consent)에 근거하였더라면 문제가 적었을 것인데, 그렇게 했더라면 기본적인 원리들에 합치하는 방식으로 결정을 내리는 것이 불가능하다는 것을 시인하지 않을 수 없었을 것이고, 그러한 어려운 상황에서의 더 나은 방법은 이 사건은 실질적으로 상이한 윤리적 관점 사이에서의 토론에 지나지 않으며 따라서 이를 심리하는 것을 거부하는 것이었다고 한다.[65]

이 외에 다른 논평자들도 대체로 두 쌍둥이 사이의 이익 충돌을 부정하지는 않는 것으로 여겨진다.[66]

4. 故意의 문제

워커 판사는 二重效果(double effect)의 이론을 원용하여 분리수술에 있어서 의사들에게 살인의 고의가 없다고 하였다. 논평 가운데에는 이를 어느 정도 시

62) 예컨대 귀족원의 Birmingham City Council v. H.(A Minor), [1994] 2 A.C. 212은 14세의 여아가 아이를 출산한 사례에서, 이 두 미성년자 사이의 이익이 대립하는 경우에는 어머니 아닌 자녀의 이익이 우선하여야 한다고 판시하였다.

63) Bainham(註 15), pp. 51 f.

64) 그녀는 위 Re A(Conjoined twins: Medical Treatment)(No 2)(註 49) 사건에서 신청인을 위한 대리인이었다.

65) Hewson(註 53), pp. 297 f.

66) 예컨대 McEwan(註 53), p. 254는 워커 판사의 주장에 명시적으로 반대하고 있으며, Annas(註 3), p. 1290 f.는, 워커 판사는 샴 쌍둥이가 단일한 실체인 동시에 두 사람임을 보여주려고 노력하였으나 실패하였다고 지적한다.

인하는 것이 있다. 와트는, 우리가 확실하다고 예견한 모든 것을 의도하는 것은 아니고, 이중효과의 원리에 따르면 우리가 나쁜 결과를 의도하였는가 아니면 이를 단지 예견한 것에 불과한가에 따라 도덕적으로 차이를 인정할 수 있다고 하면서, 메어리의 죽음이 조디를 살리려는 계획의 일환으로 의도된 것은 아닐 수 있고, 분리수술 후에도 메어리를 소생시키려는 노력이 있었으며, 이러한 노력이 성공했다고 하여 조디가 이익을 얻지 못하는 것은 아니었다고 한다.[67)][68)]

그러나 많은 논평자들은 이를 부정한다. 예컨대 이 사건 판결 이전인 1997년에 이미 이 문제를 검토한 셸던과 윌킨슨은, 이러한 이중효과의 이론을 이 사건에 적용하는 것은 너무 많은 것을 정당화하게 된다고 하면서, 이 이론이 이 사건에 적용된다면 가령 샴 쌍둥이가 아닌 분리된 쌍둥이의 경우에, 의학적 개입이 없다면 두 쌍둥이 모두 몇 주 내에 사망하게 되지만, 심장과 같은 한 쌍둥이의 기관을 다른 쌍둥이에게 이식하면 이식받은 쌍둥이는 오래 살게 되는 반면 기관을 제공한 쌍둥이는 바로 사망하는 경우에도 이 이론에 의하여 이식수술이 정당화될 수 있다고 한다.[69)] 또한 우니악은 이 이론이 적용될 수 있도록 메어리의 사망이 진정으로 우발적(incidental)인 것이라고 하기 위하여는 두 쌍둥이의 공유된 대동맥을 절단하는 것과 메어리를 죽이는 것을 구별할 수 있어야 하는데, 이러한 구별은 불가능하다고 한다.[70)]

5. 正當防衛의 문제

워드 판사는 분리수술이 유사정당방위(quasi-self-defence)에 해당한다고 하

67) Watt(註 53), pp. 242 f. 그러나 와트는 그렇다고 하여 이 수술이 위법한 의도를 전혀 내포하고 있지 않다는 것은 아니며, 이는 메어리의 신체의 절단(mutilation)에 해당하므로 그녀의 신체의 완전성이 침해되고, 환자의 신체를 침해함으로써 그에게 아무런 이익도 가져다주지 않을 뿐만 아니라 중대하고 영속적인 해악을 가져오는 것은 받아들일 수 없다고 한다. pp. 243 ff.

68) 다른 한편 매키완은 울린 판결(註 27)에 따르면 피고가 사망이나 실제로 중대한 해악을 예견하였다는 증거는 배심원단이 고의를 추론할 수 있는 증거일 뿐이지 추론하여야 하는 증거는 아니라고 하면서, 이 사건에서 배심원단이 의사들의 고의를 인정할 것인지는 추측에 맡겨질 수밖에 없는 문제이고, 이 사건에서의 항소법원은 배심원들이 어떻게 판단할 것인지를 예측할 권한이 없다고 비판한다. McEwan(註 53), pp. 256 ff. 참조.

69) S. Sheldon and S. Wilkinson(註 3), pp. 158 ff.

70) Uniacke(註 53), pp. 217 ff. 또한 D. Tausz and J.C. Smith, "Surgical Separation — Whether Surgical Separation of Conjoined Twins that would lead to Death of non-viable Twin Lawful", [2001] Criminal Law Review, pp. 402 ff. 참조.

였다. 논평 가운데에는 이와 유사하게 정당방위의 이론에 의하여 이 판결을 뒷받침하려는 견해도 보인다. 즉 로저스는 정당방위가 성립하기 위하여는 그 상대방이 공격적으로 행동하거나 그에게 해를 가할 의도가 있을 필요는 없다고 하면서, 이 사건에서 정당방위를 인정함에 있어서의 난점은 메어리가 그의 전 생애에 있어서 거의 움직인 바 없다는 점이지만, 정당방위의 문제와 메어리가 인간으로서 인정된다는 점은 서로 연계되어 있고, 메어리는 그녀의 독특한 생존의 형태 때문에 "加害者(aggressor)"가 될 수 있으며, 유럽인권협약 제2조 제2항이 생명권의 보호에 대한 예외로서 "違法한 暴力(unlawful violence)"으로부터 사람을 보호하기 위하여는 생명의 박탈이 허용된다고 규정하고 있는 것과 관련하여, 위 규정이 상대방이 폭력적으로 행동할 것을 요구하고 있지는 않고, 그 상대방이 폭력으로 인한 고통의 원인이기만 하면 충분하므로 조디의 관점에서는 자신이 폭력의 희생자라고 할 수 있으며, "위법한"이라는 것도 공격자의 행동에 관한 것일 필요가 없고, 조디의 관점에서 겪는 고통을 가리킬 수 있으며, 법이 조디가 자신의 신체에 부착되어 있는 것으로 고통을 받을 것을 요구하지 않는 이상 메어리가 부착되어 있는 것은 위법하다고 한다.[71)]

그러나 이를 지지하는 견해는 많지 않다. 예컨대 우니악은 이를 두 가지 관점에서 고찰한다. 첫째, 분리수술이 방어적인 행동인가 하는 점에 관하여, 방어행위의 상대방은 威脅(threat)을 구성하는 어떤 행위를 하여야 하는데, 메어리는 그러한 위협적인 행위를 하지 않았다고 한다. 물론 수동적인 형태의 위협도 가능하지만, 이는 간섭(interference)을 필요로 하는데, 샴 쌍둥이의 결합상태 그 자체로는 메어리가 조디를 간섭한 것이 아니라고 한다. 위협의 개념 자체도 규범적인데, 예컨대 한 사람만이 탈 수 있는 뗏목에 두 사람이 있을 때에는 어느 한 사람이 먼저 탄 경우와는 달리 누가 누구를 위협한다고 특정할 수 없다고 한다. 둘째, 메어리가 조디에 대하여 부당한 위협이 되는가 하는 점에 관하여, 부당한 위협이 반드시 책임있는(culpable) 것일 필요는 없지만(따라서 총을 난사하는 6세 난 아동에 대하여는 정당방위가 허용될 수 있다), 메어리가 조디에 대하여 부당한 위협이 된다고 하려면 메어리가 조디의 이익을 침해할 뿐만 아니라 그의 권리도 침해하여야 하는데, 분리되어 있던 두 사람 중 한 사람의 심장이 불완전하자 이를 심장이 완전한 다른 사람과 일부러 결합시켰다면 그 다른 사람

71) J. Rogers, "Necessity, Private Defence and the Killing of Mary", [2001] Criminal Law Review, pp. 524 ff.

은 이를 거부하는 것이 정당화될 수 있겠지만, 처음부터 결합되어 태어난 경우에는 그렇지 않다고 한다.[72)]

또한 와트는 부당한 공격에 대하여는 치명적인 힘도 사용될 수 있지만, 다른 사람의 생명을 위협하는 사람이 그러한 의도를 가지고 있지 않을 때에도 그러한가는 명백하지 않다고 하면서, 총을 난사하는 6세의 아동은 그러한 의도를 가지고 있지만, 메어리는 조디에게 해를 가하려고 하지 않았으며, 이 두 쌍둥이는 그와 같이 태어남으로써 해를 입게 된 것이고, 아무도 이를 선택하지 않았다고 한다.[73)]

해리스도 정당방위가 받아들여지려면 메어리가 독립된 인간이 아니거나, 메어리가 그러한 결과를 초래했어야만 한다고 지적한다.[74)]

블랙-브랜치는 로저스의 주장과는 정반대로, 유럽인권협약 제2조 제2항은 위법한 폭력(unlawful violence)으로부터 사람을 보호하기 위한 경우에는 생명의 박탈을 생명권의 침해로 보지 않고 있으나, 메어리의 상황은 위법한 폭력에는 해당하지 않으며, 위 조항은 정당방위를 의도한 것으로서 이 사건과 같은 경우와는 관련이 없다고 한다.[75)]

6. 緊急避難의 문제

이 사건 판결에서 가장 논란의 대상이 되는 부분은 긴급피난의 문제라고 할 수 있다. 브룩 판사는 명시적으로 분리수술이 긴급피난에 해당하므로 적법하다고 하였고, 워드 판사도 유사정당방위라는 표현을 사용하기는 하였으나, 두 가지 惡 중 더 작은 것(lesser of the two evils)을 선택하는 것이 허용되어야 한다고 하는 점에서 기본적으로는 긴급피난의 이론을 채택한 것과 별로 다르지 않다.[76)]

---

72) Uniacke(註 53), pp. 210 ff. 우니악은 추가적으로, 제3자가 타인의 이익을 방위하기 위하여 개입하기 위하여는 그 제3자에게 개입할 의무가 있어야 하는데, 병원으로서는 개입이 의무적인 것은 아니었고, 병원으로서는 개입하지 않는 것도 허용되었을 것이라고 한다. p. 215.

73) Watt(註 53), pp. 241 f.

74) Harris(註 53), p. 229. 타우츠와 스미스도 총을 난사하는 6세의 아동과, 메어리의 병적인 활동불능 상태 사이에는 큰 차이가 있다고 지적한다. D. Tausz and J.C. Smith(註 70), p. 404.

75) J. L. Black-Branch, “Being over Nothingness: The Right to Life under the Human Rights Act”, [2001] European Law Review, HR34.

76) 타우츠와 스미스는 브룩 판사의 의견이 워드 판사의 의견과 실제로 다른 것인지는 분명하지 않고, 양자의 차이는 分類(ciassification)의 문제일 뿐이라고 하면서, 이 판결의 主論(ratio

이 점에 대하여 많은 논평자들이 의견을 제시하였으나 이를 적극적으로 찬성하는 견해는 거의 보이지 않는다. 예컨대 일찍이 이 문제를 다룬 셸던과 윌킨슨은 과거의 선례가 살인에 대하여는 정당방위를 인정하지 않는다는 것이었다는 점[77] 외에도, 이를 인정한다면 또 다른 가상적인 사례, 즉 분리된 쌍둥이들이 의학적 개입이 없다면 모두 몇 주 내에 사망하게 되지만, 심장과 같은 한 쌍둥이의 기관을 다른 쌍둥이에게 이식하면 이식받은 쌍둥이는 오래 살게 되는 반면 기관을 제공한 쌍둥이는 바로 사망하는 경우에도 마찬가지로 긴급피난에 의하여 정당화될 수 있고, 이는 순수한 功利主義(pure utilitarianism)의 문제점을 가지고 있다고 한다.[78] 우니악은 마찬가지로 종래의 선례와 조화되지 않는다는 문제점 외에, 워드 판사가 들고 있는 긴급피난이 허용되기 위한 세 가지 조건만으로는 긴급피난이 인정되기 위하여 충분하지 않다고 한다.[79] 해리스는 문제의 쌍둥이가 충분히 판단능력을 가진 성인이라고 할 때, 자신의 생명을 유지하기 위하여 필수적인 기관을 다른 쌍둥이에게 증여하는 것이 비록 그의 동의가 있더라도 위법하다면, 판단능력을 가지지 않은 쌍둥이에 대하여 분리수술을 시행하는 것은 마찬가지로 위법하다고 한다.[80]

로저스는 종래 인정되었던 긴급피난은 공리주의적이 아니라 권리에 기반을 둔(right-based) 것이어서, 당해 행동에 의하여 입게 되는 불이익이 가해자의 최선의 이익에 합치하거나 또는 그의 동의를 얻을 수 있는 경우라면 그의 동의에 의하여 적법하게 되는 것이었는데, 이 사건 판결은 새로운 공리주의적 긴급피난을 추가한 것이 된다고 지적하면서, 긴급피난이 정당화되기 위한 요건으로서 브룩 판사가 제시한 비례성(proportionality)을 심사함에 있어서는 쌍둥이의 부모들에 미칠 영향도 고려하였어야 하고, 부모가 동의하였다면 긴급피난의 항

---

decidendi)은 워드 판사와 브룩 판사의 의견에서 찾아야 하는데, 이를 정당방위로 보든 긴급피난으로 보든 결과는 마찬가지이며, 이는 다음과 같이 요약될 수 있다고 한다: A가 가까운 장래에 죽을 운명인데, 그의 삶의 짧은 지속도 필연적으로 B까지 죽이게 될 경우에는 A에게 아무런 잘못이 없다고 하여도 A를 죽이는 것이 적법하다는 것이다. Tausz and Smith(註 70), p. 404 f.

77) 여기서는 R. v. Dudley and Stephens(註 10) 외에도 항소법원의 R. v. Fitzroy Derek Pommell, [1995] 2 Cr. App. R. 607을 인용하고 있다. 그러나 이 판결에서 살인에 대하여 긴급피난이 인정되지 않는다는 부분은 방론에 불과하다.

78) Sheldon and Wilkinson(註 52), pp. 167 ff.

79) Uniacke(註 53), pp. 215 ff.

80) Harris(註 53), p. 227 f. 그러나 해리스는 일반적으로 살인에 대한 긴급피난의 적용 가능성을 부정하지는 않고 있다.

변은 쉽게 인정되었을 것이라고 하며, 나아가 형법에서 공리주의적 정당화의 위험성은 "민주주의의 문제(democracy problem)"로 지칭될 수 있는데, 법원이 다른 사람의 이익을 위하여 무고한 사람의 이익을 희생할 수 있다고 결정하는 것은 입법부의 기능을 침해하는 것이고, 그러한 경우에는 자신의 권한의 한계를 준수하는 법원으로서는 그러한 항변을 창설하거나 다른 대체규정을 만드는 것은 의회의 일이라고 선언하여야 한다고 한다.[81]

이 문제에 관하여 가장 신랄한 비판을 하고 있는 것은 캐나다의 웨스턴 온타리오 대학교 교수인 루고시이다. 그는 이 사건에서 법원이 神의 역할을 하고 있다고 비난하면서, 이 사건에서는 목적이 수단을 정당화한다는 공리주의적 접근이 채택되었고, 법원은 자신의 철학을 메어리와 조디의 부모 및 그 쌍둥이들에게 강요하였으나, 법관은 완벽한 신이 아니므로 실수를 할 수 있는데, 生死의 문제에 있어서는 무고한 사람이 죽게 되면 아무 것도 희생자를 살려 낼 수는 없다고 한다. 이 사건에서 법원은 공리주의에 따라서 하나의 산 아이가 두 죽은 아이보다 낫다고 판단하였으나, 메어리의 죽음이 가져올 정신적인 결과는 고려되지 않았으며, 조디의 행복과 메어리의 죽음의 가치를 비교할 수는 없다고 한다. 법원의 이러한 공리주의적 철학은 부모의 종교적 신념과도 충돌되며, 이러한 공리주의의 문제는 그것이 정의와 공평의 기본적인 관념과도 충돌될 수 있다는 것이다. 나아가 칸트가 공리주의를 비판하고 있는 것에 대하여 언급하고, 자연법에도 어긋난다고 한다. 뿐만 아니라 피실험자의 동의 없는 생체실험을 금지하는 뉘른베르크 헌장(Nuremburg Code)[82]에도 어긋나고, 영국의 1998년 인권법에 의하여 계수된 유럽인권협약 제2조의 생명권 규정도 긴급피난을 허용하지 않는다고 한다.[83] 구체적으로 이 사건 판결이 긴급피난의 법리를 채용한 것에 대하여는, 이 사건에서 조디는 당장 생명이 위태로운 것은 아니었으므로 의사들은 긴급한 해악에 직면하지도 않았고, 부모가 치료에 동의하지 않는다고 하여 그들을 형사상 기소한다는 것은 생각할 수 없는 일이며, 의사들은 부모의 의사를 받아들여 조디와 메어리를 계속 돌볼 수 있었으므로 다른 합리적인 대안이 없었던 것도 아니었고, 메어리를 죽이고 조디에게 장애가

---

81) Rogers(註 71), pp. 517 ff.

82) 이에 대하여는 金天秀, "人體實驗에 관한 法的 考察", 然藍 裵慶淑敎授華甲紀念論文集 韓國民事法學의 現代的 展開, 1991, 705면 이하 참조.

83) Lugosi(註 50), pp. 137 ff.

있는 더 긴 수명을 주는 것은 비례성을 갖추지 못하였으므로 긴급피난의 요건에 해당하지 않는다고 한다. 그리고 두 가지 惡 중 하나를 선택하여야 할 때에는 아무 것도 선택하지 않는 방법이 언제나 있다고 한다. 그러므로 메어리를 죽게 하는 것은 살인이고, 법원에 대하여 살인죄로 공소가 제기될 수 있는가도 따져 보아야 한다고 한다.[84]

다른 한편 살인죄에 대하여 긴급피난의 이론을 적용하여 면책시키는 것은 1998년 인권법(Human Rights Act 1998)에 의하여 영국의 국내법상의 권리로 보장된 유럽인권협약 제 2 조의 생명권(right to life)을 침해하는 것이 되는데, 이에 관하여도 많은 문헌들이 언급하고 있다. 특히 이 문제를 상세히 다루고 있는 것으로는 블랙-브랜치의 글이 있다. 여기서 그는 워드 판사가 스트라스부르의 유럽인권법원도 자신이 내린 것과 다른 결론을 내리지 않을 것이라고 한 데 대하여 동의할 수 없다고 하면서, 생명권의 문자적 의미(literal meaning)가 적용되어야 하고, 유럽인권협약 제 2 조 제 2 항은 위법한 폭력(unlawful violence)으로부터 사람을 보호하기 위한 경우에는 생명의 박탈을 생명권의 침해로 보지 않고 있으나, 메어리의 상황은 위법한 폭력에는 해당하지 않는다고 한다.[85] 또한 생명권에 묵시적인 제한(implied limitation)이 인정되는가 하는 점에 관하여, 종전의 유럽인권법원의 판례 가운데에는 이를 시사하는 것이 있었으나,[86] 그 뒤의 판례는 유럽인권협약 제 2 조의 규정은 엄격하게 해석되어야 한다고 하여,[87] 이와는 다른 태도를 보이고 있다고 한다. 그리고 분리수술을 실시하여 메어리는 죽이고 조디는 살린다면 조디에게 "더 높은 생명의 가치(higher value of life)"를 인정하는 것이 되는데, 이는 유럽인권협약 제 2 조의 엄격한 해석상 허용되지 않으며, 이 사건의 경우에는 계속적인 결합만이 유일하게 가능한 결론이라고 한다. 이러한 "생명의 동등함(equality of life)"의 원리에 비추어 보면 이 사건에서는 존재하는 두 아이의 생명을 가능한 최대한 유지하는 것이고, 두 생명이 경합하는 경우에는 교착상태(stalemate)에 빠지게 되는데, 이러한 경우에는 어느 당사자도 상대방에 대하여 우위를 주장할 수 없고, 이 경우에 어느 생명이 다른 생명보다 더 우위에 있다고 판정하는 것은 법원의 임무가 아니라고

84) Lugosi(註 50), pp. 158 ff.
85) Black-Branch(註 75), HR34.
86) Paton v. United Kingdom(1980) E.H.R.R. 408.
87) McCann and Others v. United Kingdom, (1996) 21 E.H.R.R. 97.

한다. 이 경우에 법원은 막다른 길(deadlock)에 빠졌음을 시인하고 무승부를 선언하여야 한다고 한다.[88] 또한 성숙한 성인들인 부모의 의사를 존중하는 것은 법원의 의무를 포기하는 것이 아니며, 부모는 자신의 딸들이 자신의 믿음과 관습에 따라 치료될 것을 주장할 수 있는 권리를 가지고 있다고 한다. 법원의 태도는 두 쌍둥이 중 강한 자가 자신의 자매의 희생하에서 살아남아서 연장된 삶의 기회를 부여받아야 한다는 것으로서 이는 "適者生存(survival of the fittest)"을 주장하는 다윈적 어프로치이지만, 권리장전의 목적은 사회의 가장 약한 구성원을 보호하기 위한 것이고, 인권법률의 목적은 적자생존의 논리에 의문을 제기하는 것이라고 한다.[89]

7. 父母의 決定權 有無

이 사건은 부모가 분리수술을 반대하였기 때문에 법원에까지 오게 되었고, 법원은 부모의 의사를 존중하기는 하지만 자녀의 복리가 부모의 의사보다 우선한다고 하였다. 그러므로 이 사건에서 수술에 관하여 누가 결정권한을 가지는가, 아니면 아무에게도 결정권한이 없는가도 하나의 중요한 쟁점이 된다.

부모의 권한에 관하여는 특히 프리먼이 가족법적인 관점에서 상세하게 검토하고 있다. 그에 따르면 과거의 영국법은 親權(parental rights)을 강조하였으나, 1989년 아동법에 의하여 비로소 부모의 책임(parental responsibility)이라는 개념이 영국법에 정착되었다고 한다. 이 개념은 자녀가 부모의 소유물이 아니라, 부모의 양육에 의한 受益者(beneficiary)라는 점을 강조한다는 것이다. 이 부모의 책임의 한 예는 자녀가 의학적 치료를 받는 데 유효한 동의를 하는 권한인데, 이 권한은 부모의 자녀에 대한 의무로부터 도출되며, 부모가 이를 위반하면 이는 경우에 따라 형사범죄도 될 수 있다는 것이다. 이 권한은 복리원칙(welfare principle)에 부합하게 행사되어야 하며, 그렇지 않으면 다투어지거나 부정될 수 있다고 한다.[90] 결론적으로 그는 법원이 결정권을 행사한 것을 지지하지만, 이는 어디까지나 수술이 두 쌍둥이의 최선의 이익에 합치한다는 점을 전제로 하고 있다.

---

88) Black-Branch(註 75), HR36 ff.
89) Black-Branch(註 75), HR39 ff.
90) Freeman(註 53), pp. 259 ff.

그리고 베인햄은 이 사건에서 워드 판사가 병원이 부모의 의사를 따랐더라도 이는 충분히 받아들일 수 있는 반응이라고 한 것[91]을 비판하면서, 병원이 부모의 의사에 동의하여 조디가 죽게 내버려 둔다면 이는 조디의 人權에 합치하지 않는 것이고, 이러한 경우에는 오히려 의료 당국으로 하여금 사건을 법원에 제기하도록 하는 강제적인 사법절차를 도입할 것을 검토하여야 한다고 주장한다.[92]

반면 이 사건에서 부모의 의사가 존중되어야 한다고 주장하는 견해도 있다. 보스턴 대학교의 공중보건대학원과 의과대학 및 법과대학 교수인 아나스는 이 사건에서 의사들은 법원의 개입을 요구하지 않았어야 하고, 법원으로서는 의사들에게 부모의 동의를 받으라고 해야 하며, 법원이 자녀의 치료 여부에 대한 결정권한을 부모로부터 빼앗아서는 안 된다고 한다.[93]

블랙-브랜치는 이 사건에서 법원이 부모의 의사를 존중하는 것이 법원의 의무를 포기하는 것은 아니며, 부모는 종교의 자유와 프라이버시 및 사생활의 권리에 기초하여 자신의 자녀들이 자신의 신조와 관습에 따라 치료받을 것을 주장할 권리가 있다고 한다.[94]

팩은 치료에 대한 동의를 유보하는 부모의 결정이 그들 자신의 결정 능력에 대한 의문을 제기할 때에만 법원이 개입하여야 한다고 하는 것이 종래 판례의 흐름이었다고 하면서, 이 사건에서 부모의 의사가 명백히 비합리적이라고 말할 수는 없었고, 특히 1998년 인권법에 의하여 영국법에로 받아들여진 유럽인권협약 제 8 조의 사생활의 권리 및 가족생활의 권리나 제 9 조의 종교의 자유 등은 부모의 의사는 절대적으로 필요한 경우가 아니면 무시되어서는 안 된다는 원리를 강화한다고 한다.[95]

---

91) 위 註 15) 참조.
92) Bainham(註 15), pp. 52 f.
93) Annas(註 3), p. 1292.
94) Black-Branch(註 75), HR39 ff.
95) A. Pack, “A Hostage to Kindness — the Fallout from Jodie and Mary”, [2000] Fam Law pp. 783 f.

Ⅴ. 약간의 所感

이 글의 제1차적인 목적은 이 사건 판결과 그에 대한 논평을 소개하는 것이다. 그러나 이러한 사건이 우리나라에서도 일어날 수 있으며, 또 이처럼 심각한 경우는 아니라 하여도 자녀의 치료받을 권리와 부모의 의사가 대립하는 경우는 종종 문제되기 때문에, 결론에 갈음하여 이 사건이 우리나라에 시사하는 점에 관하여 몇 가지 생각을 적어 보고자 한다.

첫째, 이 사건에서 부모가 아동의 치료에 동의하지 않는 경우에 병원이 법원에 재판을 청구하는 것 자체는 아주 당연한 것으로 받아들여지고 있다. 그러나 우리나라에서는 이것이 가능한지가 명확하지 않다.

이 문제에 관하여 우리나라의 법은 반드시 명백하지 않다. 이 경우에 친권자인 부모가 아동에게 치료를 받게 할 의무가 있는 것은 명백하다. 민법상 친권자의 보호의무(제913조)의 규정을 들지 않더라도, 아동복지법 제29조 제4호는, 자신의 보호·감독을 받는 아동의 치료를 소홀히 하는 방임행위를 하여서는 안 된다고 규정하고 있고, 제40조는 이를 위반한 자를 5년 이하의 징역 또는 1,500만원 이하의 벌금에 처하도록 규정하고 있다. 나아가 판례는 여호와의 증인인 여자 신도가 자녀가 수혈을 받는 것을 교리상의 이유로 거부하여 결국 자녀가 사망한 데 대하여 이 신도를 유기치사죄로 처벌한 예도 있다.[96] 그러나 사전에 의사가 어떠한 방법에 의하여 부모로 하여금 자녀가 치료를 받는데 동의하게 할 수 있는지에 관하여는 직접적인 법규정도 없고, 이렇다 할 선례도 없다.[97] 사견으로는 이때에는 병원이 임시의 지위를 정하는 가처분[98]으로서 법원에 치료에 대한 부모의 동의를 명하는 가처분을 신청하여 그 가처분 결정을 받는 방법이 좋을 것으로 생각하나, 과연 이러한 것이 실무상 받아들여질 것인지는 명백하지 않다.

둘째, 과연 이러한 분리수술이 허용될 수 있는가? 이는 우리 형법상 긴급피난의 문제로서 다루어질 수 있다고 여겨진다. 필자의 잠정적인 결론은 이는

96) 대법원 1980. 9. 24. 선고 79도1387 판결(公 1980, 13244).

97) 이 점에 대한 논의로는 金天秀, "患者의 親權者·後見人의 同意權", 厚巖郭潤直先生古稀紀念 民法學論叢·第二, 서울, 博英社, 1995, 464-466면 참조.

98) 민사소송법 제714조 제2항; 2002년 7월 1일부터 시행될 신 민사집행법 제300조 제2항.

허용될 수 있을 뿐만 아니라 친권자나 의사는 분리수술을 하여야 할 의무가 있다고 생각한다. 이 사건에서 선택하여야 할 것은 두 쌍둥이 모두 사망하게 할 것인가, 아니면 한 쌍둥이라도 살릴 것인가 하는 점이다. 그런데 어려운 점은 한 쌍둥이를 살리기 위하여는 다른 쌍둥이의 생명을 약간 단축시켜야 한다는 것이다. 인간의 생명권을 침해될 수 없는 절대적인 것으로 본다면 후자의 선택은 허용되기 어렵다고 볼 수도 있다. 그러나 이는 결국 메어리의 6개월의 생명 단축을 피하기 위하여 조디가 60년 이상을 더 살 수 있는 기회를 포기한다는 것이고, 이는 책임을 지지 않으려는 비겁한 태도로밖에 생각되지 않는다.

이러한 결론은 緊急避難의 이론에 의하여 도달할 수 있을 것이다. 영국 법에서는 살인죄의 경우에는 긴급피난에 의한 면책이 허용되지 않는다는 종래의 판례 때문에 논란이 많았으나, 우리나라에는 이러한 문제가 없으므로 긴급피난의 법리를 적용하는데 장애가 없다.[99] 이 경우의 긴급피난은 생명과 생명이 충돌하는 경우이므로 이를 위법성조각사유로서 이해할 것인지, 아니면 위법성조각사유와는 별개의 책임조각사유로 이해할 것인지에 관하여는 형법학자들 사이에 논란이 있으나,[100] 결과적으로 범죄 성립을 인정할 수 없다는 점에서는 같다. 특히 이 사건과 같이 조디의 생명을 구할 의무와 메어리의 생명을 구할 의무가 서로 충돌된다는 점에서 이는 이른바 "義務의 衝突"의 한 예라고도 할 수 있다.[101]

철학적으로는 이 판결에 대한 비판은 주로 이 판결이 공리주의의 철학에 의거했다는 점에 근거하고 있다. 공리주의에 대한 논쟁은 필자의 능력을 넘어서는 것이지만, 한 가지만 지적한다면 이 사건 판결이 공리주의를 따랐다면 이는 최대다수의 최대행복을 추구한다는 전통적인 공리주의라기보다는, 고통의 감소 내지 最小의 惡을 선택한다는 이른바 消極的 또는 否定的 功利主義(negative utilitarianism)라고 하겠다.[102] 종래의 전통적인 공리주의를 받아들이기 어려운 사

---

99) 예컨대 신동운, 형법총론, 2001, 424면은 책임조각사유인 긴급피난의 예로서 다음과 같은 예를 들고 있다: 한국의 A프로축구 선수단이 비행기를 타고 전지훈련을 가다가 비행기 고장으로 안데스 산맥에 불시착하였고, 조난자들을 구출하는데 3주일이 걸렸는데 그 사이에 일행 중 두 사람이 살해되었다. 살해당한 사람들의 인육으로 다른 사람들은 목숨을 연명하였다.

100) 신동운(註 99), 276면 이하, 424면 이하 참조.

101) 의무의 충돌을 긴급피난의 한 예로 이해하는 것이 다수설로 보이지만, 朴相基, 刑法總論, 全訂版, 1999, 183면 이하는 이를 긴급피난과는 별개의 위법성조각사유 내지 구성요건 차원에서의 작위의무의 제한으로 이해한다.

102) 이에 대하여는 K. R. Popper, The Open Society and its Enemies, Vol. 1, 2. ed., Routledge & Kegan Paul, London, 1950, Notes to Chapter 9, Fn. 2(pp. 284 f.) 참조. 여기서 Popper는 윤

람이라 하더라도 소극적 공리주의는 받아들일 수 있는 여지가 있을 것이다.

그러나 이러한 공리주의적 접근만으로 반드시 모든 문제가 명쾌하게 해결되지는 않는다. 가령 해리스가 들고 있는 다음과 같은 경우를 생각해 보자. 즉 이 사건과 같은 샴 쌍둥이인데 이들은 나이가 20대로서 판단능력을 가지고 있다. 그런데 그들의 건강 상태가 갑자기 달라져서 한 쌍둥이 길버트의 심장과 폐가 제대로 기능하지 못하여 다른 쌍둥이 조지의 심장과 폐에 의하여 두 쌍둥이의 생명이 유지되게 되었으나 이러한 상태는 오래 지속되지 못하고, 그대로 있으면 길어야 6월 내에 두 쌍둥이 모두 사망하게 된다. 이 경우에 길버트의 의사에 관계없이 분리수술을 감행하여야 할 것인가?[103)]

세 번째로 이러한 사건에서 부모의 의사는 어느 정도로 존중되어야 할 것인가? 이 점도 각자가 법원의 역할과 부모의 역할에 대하여 가지는 생각에 따라 달리 볼 수 있을 것이다. 그러나 자녀의 최선의 이익(the best interest of the child)이라는 관점에서는 부모의 의사가 절대적인 것은 될 수 없고, 특히 이 사건과 같이 자녀의 생명에 관계되는 문제에 있어서는 부모가 자녀의 생명을 좌우할 권한을 가질 수는 없으며, 법원으로서는 자녀의 이익에 가장 도움이 된다고 믿는 바를 부모의 의사에 관계없이 실행하는 것이 옳다고 생각한다.

어쨌든 이 사건은 인간의 생명과 관련하여 법의 역할과 한계, 법원의 역할과 부모의 역할 등에 관하여 다시 한 번 생각하게 하는 계기가 될 수 있을 것이다.

〈아세아여성법학연구 5, 2002〉

리적 관점에서는 고통과 행복 내지 고통과 쾌락 사이에는 대칭이 존재하지 않는다고 하면서, 도덕적 관점에서는 쾌락에 의하여 고통이 압도될 수 없고, 특히 한 사람의 쾌락이 다른 사람의 고통을 압도할 수 없으며, 최대 다수의 최대 행복 대신에 모든 사람에 대하여 피할 수 있는 고통의 최소한(the least amount of avoidable suffering for all)을 요구하는 것이 좀더 적당하다고 한다.

103) Harris(註 53), p. 224 참조.

美國法上 父母의 子女에 대한 治療 拒否에 따르는 法的 問題*

— Parents' Refusal of Medical Treatment for the Children as a Legal Problem in the U.S.A. —

Ⅰ. 序　　論

의사가 치료행위를 하기 위하여는 그 치료 상대방의 동의를 얻어야 한다. 상대방이 미성년자인 경우처럼 동의할 능력을 가지지 못하고 있다면, 부모와 같은 법정대리인의 동의가 있어야 한다. 만일 그 상대방이 의사능력과 행위능력을 갖추고 있다면, 설령 그 치료가 상대방의 생명을 구하기 위하여 반드시 필요한 것이라 하여도, 그 상대방은 동의를 거부할 수 있다. 그런데 상대방이 미성년자인 경우에는 어떠한가? 그 치료가 미성년자에게 꼭 필요한 경우에도 부모가 치료에 대한 동의를 거부할 수 있는가? 이러한 경우에는 국가 내지 법원이 개입하여 부모의 의사에 불구하고 치료를 강제하여야 하지 않는가 하는 물음이 제기된다.[1] 이 문제가 이 글에서 다루려고 하는 주제이다.

우리나라에서는 이 문제에 관하여 법규정도 명백하지 않을 뿐만 아니라

* 이 글을 작성함에 있어서 버지니아 대학교 School of Law가 제공한 연구실과 그 도서관 장서의 도움을 많이 받았다. 그러한 연구 환경을 제공하여 준 버지니아 대학교 School of Law와, 연구의 계기를 제공하여 준 엘리자베드 스콧(Elizabeth Scott) 교수에게 감사의 뜻을 표한다. 또한 필자의 원고를 검토하여 준 버지니아 대학교 School of Medicine의 최철준 교수와 서울대학교 법과대학 박사과정의 박주현 법학석사(이비인후과 전문의)에게도 감사의 뜻을 표한다.

1) 윤진수, "부모의 치료거부에 대한 의사의 조치", 의협신보 2002. 4. 22.(제3607호), 26면 참조.

학문적으로도 그다지 논의되지 않고 있다.[2] 따라서 외국에서의 논의를 살펴볼 필요가 있다.[3] 그 중에서도 미국에서의 논의는 사례도 많을 뿐만 아니라 매우 다양한 주장이 펼쳐지고 있어서 우리나라에서도 많은 참고가 될 수 있을 것으로 여겨진다. 그리하여 이 글에서는 이 문제에 관한 미국에서의 논의를 소개하고자 한다.

이 글의 순서는 다음과 같다. 우선 Ⅱ.에서는 미국법에서의 논의를 이해하기 위하여 필요한 기본적인 지식으로서 부모와 자녀 및 州의 관계에 관한 일반적인 논의를 살펴본다. 구체적으로는 parens patriae 이론과 부모의 자녀에 대한 권리에 관한 연방대법원 판례가 다루어진다. 이어서 Ⅲ.에서는 미국에서의 실제의 사례를 판례를 중심으로 하여 살펴본다. 그리고 Ⅳ.에서는 이 문제에 대한 학자들의 견해를 소개한다. 마지막으로 Ⅴ.에서는 이러한 논의가 우리나라에서 어떠한 의미를 가질 수 있는지를 살펴보고 이 글을 마치고자 한다.[4]

Ⅱ. 미국법상 부모, 자녀 및 州의 관계

1. parens patriae 이론과 治療의 强制

英美의 普通法(common law)상으로는 부모가 자녀에 대하여 절대적인 권한을 가지고 있었다. 즉 자녀는 부모(특히 아버지)의 재산으로 간주되어, 부모는 정부의 간섭을 받지 않고 임의로 자녀를 양육할 수 있었다.[5] 그런데 19세기 초부터 이러한 절대적인 부모의 권리가 제한을 받게 되었는데, 그 이론적인 근거가 된 것이 parens patriae의 이론이다. parens patriae란 문자 그대로는 "국가의 어버이(parent of the nation)"라는 뜻의 라틴어로서, 자신을 보호할 수 없는

---

2) 이 문제에 관한 아동복지법의 규정과 대법원 1980. 9. 24. 선고 79도1387 판결(公 1980, 13244) 및 기타 학설상의 논의에 대하여는 尹眞秀, "英國 抗訴法院의 샴 쌍둥이 분리수술 사건 판결", 亞細亞女性法學硏究 5, 2002, 168면 이하 참조.

3) 영국, 프랑스 및 독일에서의 논의에 관한 간단한 소개로는 尹眞秀(註 1) 참조.

4) 이 외에도 임신 중인 태아를 보호하기 위하여 母에게 제왕절개 수술과 같은 것을 명할 수 있는가 하는 문제나, 일정한 연령에 달한 미성년자의 경우에는 그의 의견을 고려하여야 하지 않는가 하는 문제도 있으나 이들은 이 글에서 다루지 않는다.

5) Robert M. Horwitz, "Children's Rights: A Look Backward and a Glance Ahead", in: Robert M. Horwitz and Howard A. Davidson ed., Legal Rights of Children, 1984, 2 f.

사람을 위하여 국가가 보호를 제공한다는 의미이다.[6] 이 이론은 국가 내지 주가 법적인 능력을 가지지 못한 사람을 위하여 후견적인 권한을 행사할 수 있는 근거가 되었다.[7]

이 이론은 원래 영국의 중세에 莊園主가 소작인의 자녀를 위하여 보호를 제공하던 데에서 연유하였는데, 후에는 법원이 이러한 권한을 행사하게 되었다. 이 이론은 미국에 도입되어, 19세기 초부터는 주가 보호를 필요로 하는 아동을 위하여 수용시설을 세우기 시작하였고, 19세기 말부터 20세기에 들어서서는 거의 모든 주가 아동법원(juvenile court)을 설치하여 보호를 필요로 하는 아동에게 보호를 제공하였다.[8] 그리하여 자녀가 학대를 당하였다고 판단되면 주가 개입하여 부모의 친권을 상실시키고 다른 후견인을 선임한다.

부모가 자녀의 치료에 대한 동의를 거부하는 경우에 부모의 의사에 반하여 법원이 치료를 명하는 것도 이러한 parens patriae 이론에 근거한 것이다. 구체적으로는 이러한 경우에 醫師나 주의 아동보호 기구가 법원에 치료를 명하는 재판을 청구한다. 대부분의 경우에는 각 주는 부모의 아동 학대(abuse)나 방치(neglect)를 규율하는 규정을 가지고 있어서 이러한 재판은 그에 따라서 이루어지지만, 그 법률들이 이러한 경우에 관하여 명백하게 규정하고 있지는 않기 때문에 다툼이 생기는 것이다.

2. 부모의 자녀 양육에 관한 헌법적 권리

미국 헌법에는 부모의 자녀에 관한 권리나 가족에 관한 규정이 없고, 이 문제는 원칙적으로 각 주에 맡겨져 있다.[9] 그럼에도 불구하고 연방대법원은 이른바 實體的 適法節次(substantive due process)의 이론에 의하여 부모의 자녀 양육에 관한 권리를 헌법적인 권리로서 보장하고 있다. 미국 헌법 수정(Amendment) 제 5 조는 연방에 관하여 어떤 사람도 적법절차 없이는 생명, 자유

6) Black's Law Dictionary, 2nd Pocket ed., 2001.

7) Christine Steib Stickler, "In Re S.G.: Parens Patriae and Wardship Proceedings — Exactly Who in the State should determine the Best Interest of the Child?", 7 Widener Journal of Public Law, 377, 389(1998).

8) Horwitz(註 5), 3 f.

9) 따라서 미국의 親族法(family law)은 원칙적으로 주의 법에 의하여 규율되고, 주에 따라 그 내용이 다르며, 聯邦法은 예외적으로만 적용된다.

또는 재산을 박탈당하지 않는다고 규정하고 있고, 수정 제14조 제1항은 어느 주도 적법절차 없이는 어느 사람의 생명, 자유나 재산을 박탈할 수 없다고 규정하고 있다.

여기서 適法節次(due procedure)란 원래는 그 말 자체가 나타내는 것처럼 연방이나 주가 사람의 생명, 자유나 재산을 박탈하기 위하여 일정한 절차를 밟아야 하는 것을 말한다. 예컨대 告知(notice) 및 聽聞(hearing)과 같은 것이 대표적이다. 그런데 미국 연방대법원의 판례는 이러한 節次的 適法節次(procedural due process) 외에도 實體的 適法節次(substantive due procedure)라는 이론에 의하여 미국 헌법에 규정되어 있지 않은 권리를 이 적법절차 조항이 기본권으로서 보장한다고 판시하고 있다.[10] 이러한 실체적 적법절차 이론이 적용되었던 대표적인 예는 계약의 자유 내지 경제적 자유에 관한 것으로서, 한때 연방대법원은 근로자의 최장근로시간을 제한하는 주 법률이나, 근로자의 최저임금을 규정하는 주 법률이 이러한 실체적 적법절차 위반으로서 위헌이라고 판시한 바 있다.[11] 그러나 이러한 판례는 많은 비판을 받았고, 결국 뉴딜 정책이 시행되던 중인 1937년의 웨스트 코스트 호텔 판결[12]은 최저임금 규정의 위헌성이 다투어진 사건에서, 계약의 자유는 헌법이 규정하지 않고 있고, 적법절차 조항은 이러한 권리를 보장하지 않는다고 하여 종전의 판례를 변경하고 이를 합헌이라고 하였다. 이 판결에 의하여 한때는 실체적 적법절차의 이론은 숨이 끊어진 것처럼 보였다. 그러나 1965년의 그리스월드 판결[13]에서는 프라이버시의 권리가 헌법적으로 보장되는 권리라고 하였고,[14] 1973년의 로우 판결[15]에서는 여성이 임신 중절을 할 권리가 프라이버시의 권리에 포함되며 이 권리는 적법절차에서 나온다고 하였으며, 1992년의 케이시 판결[16]은 이러한 임신 중절의 권

10) 예컨대 Erwin Chemerinsky, Constitutional Law, Principles and Policies, 2nd ed., 2002, 523 ff. 참조.

11) 전자의 예로서는 로크너 판결(Lochner v. New York, 198 U.S. 45 1905)을 후자의 예로서는 애드킨스 판결(Adkins v. Children's Hospital, 243 U.S. 426 1917)을 들 수 있다.

12) West Coast Hotel v. Parrish, 300 U.S. 587.

13) Griswold v. Conneticut, 381 U.S. 479.

14) 이 판결에서는 피임약의 사용과 판매를 금지한 코네티컷 주법이 위헌이라고 하였다. 다만 이 판결의 복수의견(plurality opinion)은 프라이버시의 권리의 근거를 실체적 적법절차에서 찾지 않았으나, 할란(Harlan) 대법관의 동조의견은 프라이버시의 권리의 근거를 실체적 적법절차에서 찾았다.

15) Roe v. Wade, 410 U.S. 113.

16) Planned Parenthood, v. Casey 505 U.S. 833.

리를 다시 한번 재확인하였다.[17] 연방대법원은 가족관계에 관하여는 아래에서 살펴볼 부모의 자녀 양육에 관한 권리 외에도 婚姻의 權利도 실체적 적법절차에 의하여 보장된다고 하고 있다.[18] 이러한 실체적 적법절차의 이론이 과연 정당화될 수 있는가 하는 점은 미국에서 매우 논란이 되고 있는 문제이나,[19] 가까운 장래에 이러한 판례가 변경될 것으로는 보이지 않는다.

미국 연방대법원이 부모의 자녀 양육에 관한 권리가 헌법적으로 보장된다고 한 최초의 판결은 1923년의 마이어 판결[20]이다. 이 사건에서는 8학년을 마치지 않은 학생에게 영어 외의 다른 외국어를 가르치지 못하게 한 네브라스카 주 법이 위헌인가가 문제되었는데, 연방대법원은 위 법이 위헌이라고 하면서, 적법절차 조항에 포함된 自由(liberty)에는 가정을 이루고 자녀를 양육할 권리가 포함되고, 구체적으로는 교사로 하여금 자녀를 가르치게 할 부모의 권리도 포함된다고 하였다.[21]

또한 1925년의 피어스 판결[22]은 모든 아동을 공립학교에 다니도록 강제하는 오레건 주의 법률이 위헌이라고 선언하였다. 연방대법원은 위 마이어 판결을 인용하면서, 위 법률은 아동의 양육과 교육에 관한 부모와 후견인의 권리를 비합리적으로 침해하는 것이라고 하였다.

위의 두 판결에서는 부모의 권리를 제한하는 법률이 위헌이라고 선언된 반면, 1944년의 프린스 판결[23]에서는 부모의 권리를 제한하는 법률이 위헌이 아니라고 하였다.

이 사건에서는 18세 미만의 소녀가 공공 장소에서 서적 등을 파는 것을 금지하고, 그 위반의 경우에 부모나 후견인에게 형벌을 부과하도록 규정한 매

17) 가장 최근에 실체적 적법절차 이론을 적용한 판결로는 2003년 6월에 선고된 로렌스 판결(Lawrence v. Texas, 123 S.Ct. 2472)을 들 수 있다. 이 판결에서 연방대법원은 남성간의 鷄姦(sodomy)을 처벌하는 텍사스 주 법이 프라이버시를 침해한다는 이유로 위헌이라고 선고하면서, 같은 내용의 조지아 주 법이 위헌이 아니라고 한 1986년의 바우어스 판결(Bowers v. Hardwick, 478 U.S. 186)을 변경하였다.

18) Loving v. Virginia, 388 U.S. 1(1967); Zablocki v. Redhail, 434 U.S. 374(1978) 등. 이에 대하여는 尹眞秀, “婚姻의 自由”, 韓國 法學 50年 — 過去 · 現在 · 未來, 제 1 회 韓國法學者大會 論文集(Ⅱ), 한국법학교수회, 1998, 62면 참조.

19) Chemerinsky(註 10), 525 f.

20) Meyer v. Nebraska, 262 U.S. 390.

21) 그러나 이 사건에서 재판을 받은 피고인은 부모가 아니라 학교에서 독일어를 가르친 교사였고, 이 판결은 이 법률이 교사의 직업의 자유도 침해한다고 하였다.

22) Pierce v. Society of Sisters, 268 U.S. 510.

23) Prince v. Massachusetts, 321 U.S. 158.

사추세츠 주 법률의 위헌 여부가 문제되었다. 이 사건의 피고인은 여호와의 증인 신도로서, 자기의 후견하에 있는 9세 된 조카딸에게 공공 장소에서 여호와의 증인 발행의 간행물들을 배포하게 하였다는 이유로 기소되었다. 이에 대하여 피고인은 위 법률이 자신과 조카딸의 종교의 자유 및 적법절차에 의하여 보장되는 부모의 권리를 침해한다는 이유로 위헌이라고 주장하였다. 연방대법원은 위 피어스 판결과 마이어 판결을 인용하면서, 자녀의 감호, 보호 및 양육은 제1차적으로 부모에게 속하지만, 종교의 권리나 부모의 권리가 제한을 받지 않는 것은 아니고, 주는 아동의 복리에 관한 일반적인 이익을 보장하기 위하여 parens patriae로서 부모의 권리를 제한할 수 있다고 하였다.

이 판결은 특히 부모의 아동 치료 거부 사례에서 부모의 반대를 물리치는 근거로서 자주 언급된다. 특히 연방대법원이 부모는 스스로 순교자가 될 자유를 가지지만, 그렇다고 하여 그들이 동일한 상황에서 성년에 이르지 아니한 자신의 자녀를 순교자가 되게 할 자유를 가진다는 결론이 나오는 것은 아니라고 판시한 것[24]은 자주 인용된다.

다음으로 중요한 판결은 1972년 요더 판결[25]이다. 이 사건의 피고인들은 아미쉬(Amish) 교파[26]의 신자인데, 16살까지의 아동에 대한 의무교육을 명하는 위스콘신 주법에 위배하여 자신의 자녀들이 8학년을 마친 후에는 더 이상 학교를 다니지 않게 하였다는 이유로 기소되었다. 연방대법원은 주가 의무교육에 관하여 가지는 이익이 중요하다고 하면서도, 이를 부모가 자녀들의 종교적 교육을 시킬 권리와 비교 형량하여야 하고, 8학년 이상의 의무교육은 아미쉬 교파의 교리상 요구되는 세상과 단절된 생활 양식을 위협한다고 하여, 위 의무교육법은 아동의 양육과 교육을 지도할 부모와 후견인의 자유를 불합리하게 침해한다고 하였다.

또한 1979년의 파램 판결[27]에서는 부모가 자신의 자녀를 정신병원과 같은 시설에 수용하는 경우에 그 자녀에게 절차적 적법절차가 보장되어야 하는가가 문제되었는데, 연방대법원은 이를 부정하였다. 연방대법원은 부모가 자녀에 대

24) 268 U.S. 438, 444.

25) Wisconsin v. Yoder, 406 U.S. 205.

26) 이는 기독교의 일파로서 근대 문명과는 단절된 초기 기독교의 단순한 생활로 돌아갈 것을 신봉하는 교단이다. 406 U.S. 205, 210. 좀 더 자세한 것은 Zachary Rothenberg, “The Symbiotic Circle of Community: A Comparative Investigation of Deviant Control in Intentional Communities”, 49 Cleveland State Law Review 271, 284 ff.(2001) 참조.

27) Parham v. J. R., 442 U.S. 584.

하여 가지는 권리를 강조하면서, 일부의 부모들이 그들의 자녀의 이익에 반하여 행동하기도 한다는 사실은 주의를 요하는 일이지만, 그렇다고 하여 부모들은 일반적으로 자녀의 최선의 이익을 위하여 행동한다는 인류 역사의 경험을 일괄하여 폐기할 이유는 되지 못한다고 하였다.[28] 따라서 부모는 자녀를 정신병원에 입원시키는 결정을 함에 있어서 중요한 역할을 하여야 하고, 부모 판단의 오류를 방지하기 위하여 적법절차가 필요한 것은 아니며, 의사와 같은 중립적인 사실 판단자만 있으면 된다고 하였다.

그리고 1982년의 산토스키 판결[29]에서는 부모의 친권을 상실시키기 위하여는 부모가 자녀를 학대하였다는 점에 관하여 어느 정도의 증거가 요구되는가가 문제되었다. 연방대법원은 이 법원이 가족 생활에 대하여 가지는 개인적 선택의 자유는 수정 제14조에 의하여 보장되는 기본적인 자유의 이익이라고 인정하였다고 하면서, 친부모가 자녀의 보호, 감호 등에 관하여 가지는 기본적인 이익은 그들이 이상적인 부모가 아니었다거나 일시적으로 양육권을 주에 빼앗겼다는 점에 의하여 없어지는 것은 아니고, 주가 부모의 자녀에 대한 권리를 완전히 그리고 돌이킬 수 없게 단절시키기 위하여는 주가 그의 주장을 적어도 명백하고 확신할 수 있는 증거에 의하여 입증할 것이 적법절차상 요구된다고 하였다.

마지막으로 최근인 2000년의 트록셀 판결[30]을 살펴본다. 이 사건에서는 법원이 자녀의 최선의 이익을 위하여 필요하다고 판단하면 누구에게라도 부모의 의사에 반하여서도 자녀와의 면접교섭(visitation)을 명할 수 있다고 규정한 워싱턴 주의 법이 부모의 권리를 침해하여 위헌인가가 문제되었다.[31] 이 사건에서는 확실한 다수의견은 형성되지 않았으나, 오코너(O'Connor) 대법관이 집필한 法定意見(opinion of the court)은 부모의 자녀 보호, 양육과 통제의 권리가 수정 제14조에 의하여 보호된다는 것을 다시 한 번 확인하면서, 워싱턴 주의 법은 지나치게 광범위하여 제 3 자와의 면접교섭에 관한 부모의 견해는 존중되지 않고, 이 문제는 법원이 결정할 수 있게 되는데, 이는 부모의 권리를 침해

28) 442 U.S. 584, 602 f.

29) Santosky v. Kramer, 455 U.S. 745. 이 판결에 관하여는 최진섭, "판례를 통해 본 미국의 친권상실제도—Santosky v. Kramer[455 U.S. 745(1982)]", 統一問題와 國際關係(仁川大) 제 7 호, 1996, 335면 이하; 同, "친권상실에 관한 비교법적 연구", 가족법연구 제10호, 1996, 402면 이하 참조.

30) Troxel v. Granville, 147 L.Ed.2d 49.

31) 이 사건에서 면접교섭을 요구한 사람은 祖父母였다.

하여 위헌이라고 하였다.32)

이제까지 살펴본 바에 따르면 대체로 연방대법원은 부모의 권리를 매우 강력하게 보호하고 있고, 그에 대한 제한은 예외적으로만 인정하고 있다고 할 수 있다. 이러한 판례에 대하여는 그것이 부모의 권리만을 인정하고 자녀의 이익은 고려하지 않고 있다고 하는 비판33)이 있고, 또 이러한 판례들은 부모의 자녀 치료 거부 사례에 대하여는 적용될 수 없다는 주장34)도 없는 것은 아니다. 뒤에서 보는 것처럼 이러한 주장에는 상당한 타당성이 있다고 여겨진다.

그러나 현재 미국에서는 일반적으로는 위와 같은 연방대법원 판례를 전제로 하여, 주가 자녀의 치료를 거부하는 부모의 의사를 뒤집고 치료를 강제하기 위하여는 그것이 자녀의 이익을 위하여 꼭 필요하다는 것을 증명하지 않으면 안 된다고 이해되고 있다.35) 그리하여 이 문제에 관하여는 세 가지의 이익이 고려되고 있다. 그 하나는 치료를 받아야 하는 아동 자신의 이익이고, 다른 하나는 아동에 관하여 결정할 수 있어야 하는 부모의 이익이며, 세 번째는 이에 관하여 개입하는 주의 이익36)이다.37)

---

32) 그러나 스티븐스(Stevens) 대법관의 반대의견은 부모와 가족뿐만 아니라 자녀의 이익도 고려되어야 한다고 주장하였고, 케네디(Kennedy) 대법관의 반대의견은 이 사건의 원심법원인 워싱턴 주 대법원처럼 면접교섭을 허용하지 않으면 자녀에게 害(harm)가 있을 것인가를 따지기보다는 자녀의 최선의 이익(best interest of the child)이라는 기준만으로는 과연 부모의 권리가 충분하게 보호되지 않는지를 따져야 할 것이라고 하였다.

33) 예컨대 Barbara Bennett Woodhouse, "Who Owns the Child?: Meyer and Pierce and Child as Property", 33 William and Mary Law Review 995 ff.(1992); Barbara Bennett Woodhouse, "Child Abuse, the Constitution, and the Legacy of Pierce v. Society of Sisters", 78 University of Detroit Mercy Law Review 479 ff.(2001); James Dwyer, "Parents' Religion and Children's Welfare: Debunking the Doctrine of Parents' Rights", 82 California Law Review 1371 ff.(1994) 등 참조.

34) Elisabeth J. Sher, "Choosing for Children: Adjudicating Medical Care Disputes Between Parents and the State", 58 New York University Law Review 157, 170 ff.(1983). Jennifer L. Rosato, "Using Bioethics Discourse to Determine When Parents Should make Health Care Decisions for Their Children: Is Deference Justified?", 73 Temple Law Review 1, 36 ff.(2000)도 가족이 다른 사람을 위하여 결정할 수 있는 고유의 권리(inherent right)는 없다고 한다.

35) In re Philip B., 92 Cal. App. 3d 796, 801 f.(Court of Appeal, California, 1979); Newmark v. Williams, 588 A.2d 1108, 1110(Supreme Court of Delaware, 1991); Jeffrey A. Parness and Roger Stevenson, "Let Live and Let Die: Disabled Newborns and Contemporary Law", 37 University of Miami Law Review 43, 61, 62(1982) 등.

36) 주의 이익으로서는 생명의 유지, 제3자의 보호, 자살의 방지 및 의료인의 윤리적 순수성의 유지 등을 들 수 있다. In Re E. G., 549 N.E.2d 322(Supreme Court of Illinois, 1989); Parness and Stevenson(註 35), 65 f.; Stacey R. Walters, "Life-Sustaining Medical Decisions involving Children: Father knows Best", 15 Thomas M. Cooley Law Review 115, 127(1998); Barry R. Furrow et al., Health Law, 2nd ed., 2000, 831 ff. 등 참조.

37) In the Matter of McCauley, 565 N.E.2d 411, 413(Supreme Judicial Court of Massachusetts,

Ⅲ. 具體的 事例

1. 사례의 분류

부모의 자녀 치료 거부가 문제되는 사례도 여러 가지 유형이 있고, 그에 따라서 치료의 강제가 허용될 수 있는가 하는 점에 대한 결론도 달라질 수 있다. 이하에서는 문제되는 사례를 (1) 치료가 자녀의 생명을 유지하기 위하여 필요한 경우 (2) 치료가 자녀의 생명 이외의 이익을 위하여 필요한 경우 (3) 생명이 위독한 新生兒의 경우로 나누어 살펴본다. 특별히 이 세 번째의 경우에 관하여는 논란이 많다.

2. 治療가 자녀의 생명을 위하여 필요한 경우

치료가 자녀의 생명을 위하여 필요한 경우도 몇 가지로 나누어 볼 수 있다. 그 하나는 치료의 효과가 확실하고 그에 따른 부작용이나 위험성이 별로 없는 경우이다. 다른 하나는 치료의 효과가 확실하지 않고 치료의 부작용이나 위험성이 높은 경우이다.[38)]

가. 治療의 효과가 확실하고 부작용이 크지 않은 경우

이 때에는 판례나 학자들이 거의 일치하여 부모의 의사에 반하여서라도 치료를 강제하여야 한다고 보고 있다. 전형적인 사례는 부모가 종교적인 이유로 자녀의 치료를 위한 輸血을 거부하는 경우이다. 이 때에는 법원은 거의 예외 없이 수혈을 명한다.

이에 관한 최초의 판례로 보이는 것이 1952년의 라브렌즈 판결[39)]이다. 이

1991); Sher(註 34), 166 ff. 논자에 따라서는 醫師의 이익을 별도로 들기도 한다. Parness and Stevenson(註 35), 64; Walters(註 36), 126 등.

38) 논자에 따라서는 치료가 자녀의 생명을 위하여 필요한 경우를 다시 생명을 구하기 위한 치료(Life-Saving Treatment)와 생명을 연장하기 위한 치료(Life-prolonging treatment)로 구분하기도 한다. Shireen Arani, “State Intervention in Cases of Obesity-Related Medical Neglect”, 82 Boston University Law Review 875, 882 ff.(2002). 또한 Sher(註 34), 194 f.도 참조. 그러나 양자의 구별 기준은 반드시 명백하지 않다.

39) People ex rel. Wallace v. Labrenz, 104 N.E.2d 769(Supreme Court of Illinois).

사건에서는 신생아가 胎兒赤芽球症(erythoblastosis fetalis)[40]을 나타냈기 때문에 의사들은 수혈을 하지 않으면 신생아가 죽을 것으로 보았다. 그러나 부모들은 여호와의 증인 신도로서 그 교리에 따라 수혈을 거부하였다. 이에 법원이 위 부모 대신 후견인을 임명해 달라는 신청이 제기되었다. 원심법원은 후견인을 임명하였고, 일리노이 주 대법원도 위 원심법원의 결정을 유지하였다.[41] 일리노이 주 대법원은 parens patriae의 이론에 의하여 법원은 부모로부터 양육을 박탈하여 후견인을 임명할 권한을 가진다고 하면서, 부모가 수혈에 대한 동의를 거부한 것만으로는 일리노이 주 법이 규정하고 있는 아동을 방치한 것이 아니라고 하는 부모의 주장에 대하여, 부모가 다른 면에서는 아동에 대한 의무를 게을리하지 않았다고 하여도 부모가 수혈에 대한 동의를 거부함으로써 아동의 생명을 빼앗으려고 하는 경우에는 법이 규정하고 있는 방치된 아동에 해당하므로 법원은 재판권을 가진다고 하였다. 이어서 수혈을 강제하는 것이 부모의 종교의 자유나 적법절차 조항에 의한 부모의 권리를 박탈하는 것이라는 주장에 대하여는 위 프린스 판결[42] 등을 인용하면서, 이 사건은 그보다 훨씬 더 주의 개입을 정당화하는 근거가 있다고 하여 이를 배척하였다.

또한 1967년의 킹 카운티 병원 판결[43]도 살펴볼 필요가 있다. 이 사건에서는 여호와의 증인 신도들과 그 교단이 여호와의 증인 신도들에 대한 수혈을 금지할 것을 명하는 集團訴訟(class action)을 제기하였는데, 주로 여호와의 증인 신도들의 미성년 자녀에 대하여 그 부모의 의사에 반하여 강제로 수혈을 명하는 것이 헌법 위반인가가 다투어졌다. 워싱턴주의 연방지방법원은 프린스 판결[44]은 이 사건에도 적용되므로, 워싱턴 주의 법을 미성년자에게 강제로 수혈

---

40) 어머니와 신생아의 Rh 혈액형이 맞지 않아서 신생아의 적혈구가 항체에 의하여 溶血되는 질환.

41) 이 사건에서는 사건이 일리노이 주 대법원에 이르기 전에 이미 수혈이 완료되었으므로 판단이익 상실(mootness)의 이론에 따라 신청을 각하하여야 하지 않는가 하는 점이 문제되었으나, 일리노이 주 대법원은 쟁점이 중요한 공공의 이익에 관한 것이라는 이유로 본안 판단을 하였다. 이는 미국 법원의 일반적인 태도라고 할 수 있다. New Jersey v. Perricone, 181 A. 2d 751, 755(Supreme Court of New Jersey, 1962); Walter Wadlington, "Medical Decision Making for and by Children: Tensions between Parent, State and Child", 1994 University of Illinois Law Review, 311, 316. 등 참조. 美國法上 판단이익 상실 이론과 그 예외에 대하여는 尹眞秀, "接見不許處分에 대한 憲法訴願審判請求 後 接見이 이루어진 경우 審判請求의 適法與否", 判例月報 1992. 1.(통권 제256호), 15면 이하 참조.

42) 위 註 23).

43) Jehovah's Witnesses v. King County Hospital Unit No. 1., 278 F. Supp. 488(U.S. District Court W. D. Washington, Northern Division).

44) 위 註 23)의 본문 참조.

을 명할 수 있다고 해석하여도 위헌이 아니라고 하였다.[45)]

나아가 이처럼 자녀가 치료를 받지 않으면 생명이 위험한 경우에도 부모가 치료를 거부하여 자녀가 사망하면 부모는 형사 처벌을 받을 수도 있다. 이에 관한 대표적인 판례가 워커 판결[46)]이다. 이 사건의 피고인은 4살된 소녀의 어머니였는데, 딸이 뇌막염을 앓아 위독해졌는데도 크리스챤 사이언스 교회의 신도로서 그 교리에 따라 의학적 치료를 받게 하지 않고, 다만 자신의 교파에 속한 사람으로 하여금 기도만 하게 하였다. 딸이 사망하자 피고인은 과실치사(involuntary manslaughter) 등의 혐의로 기소되었다. 이 사건에서 주로 문제가 되었던 것은, 캘리포니아 주 법이 부모가 자녀로 하여금 의학적 치료나 다른 치료를 받게 하지 않는 것은 輕罪(misdemeanor)에 해당한다고 하면서도 다른 한편으로는 기도에 의한 정신적 방법의 치료(treatment by spiritual means through prayer)는 다른 치료(remedial care)에 해당한다고 규정하고 있기 때문에,[47)] 피고인이 면책될 수 있는가, 피고인을 처벌하는 것은 피고인의 종교의 자유를 침해하는 것인가 하는 점이었다. 캘리포니아 주 대법원은 이를 모두 부정하고 피고인이 처벌될 수 있다고 하였다.[48)]

나. 치료의 부작용이 큰 경우

반면 치료의 부작용이 크거나 위험성을 수반하는 경우에는 각 주 법원의 태도가 일치되어 있지 않다. 주로 문제되었던 것은 암에 대한 化學療法(chemo-

45) 이 외에 미성년 자녀에게 수혈을 명한 판례로서는 위 페리콘 판결(註 41) 외에도 근래의 In Re E. G.(註 36); In the Matter of Elisha McCauley(註 37) 등이 있다.

46) Walker v. the Superior Court of Sacramento County, 763 P.2d 852(Supreme Court of California, 1989).

47) Penal Code Section §270.

48) 미국의 많은 주에서는 종교적 치료에 의한 면제(exemption)를 인정하고 있으나, 그 법 규정은 주마다 다를 뿐만 아니라 이를 형사적으로 어떻게 취급하여야 하는가에 대한 법원의 태도도 일치되어 있지 않다. 플로리다 주 대법원은 Hermanson v. Florida, 604 So. 775(1992)에서 위 워커 판결을 명시적으로 배척하고, 입법자가 이러한 피고인들을 처벌하기 위하여는 이를 명시적으로 밝혀야 한다고 판시하였다. 반면 매사추세츠 주 대법원은 Massachusetts v. Twitchell, 617 N.E.2d 609(1993)에서 이러한 법규정은 피고인들의 형사책임을 면하게 하는 것은 아니지만, 주의 법무부장관(Attorney General)이 피고인과 같은 사람들의 형사책임이 면제될 수도 있는 것으로 해석될 수도 있는 의견을 밝혔고 피고인들은 이를 신뢰한 바 있기 때문에 피고인들은 처벌될 수 없다고 하였다. 이러한 종교적 치료에 의한 면제를 인정하는 것이 자녀들에 대한 평등 보호(equal protection)위반으로서 위헌이라는 비판으로는 James G. Dwyer, “The Children We Abandon: Religious Exemptions to Child Welfare and Educational Laws as Denials of Equal Protection to Children to Children of Religious Objectors”, 74 North Carolina Law Review 1321 ff.(1996) 참조.

therapy)의 치료이다.

우선 치료를 거부하는 부모의 의사를 존중한 판례로는 1990년의 뉴막 판결[49]을 들 수 있다. 이 사건의 아동은 버킷 림프종(Burkitt's Lymphoma)이라고 하는 암의 일종을 앓고 있었는데, 델라웨어 주의 아동보호국은 크리스챤 사이언스 교회의 신도인 그 부모가 종교상의 이유로 치료를 거부한다고 하여 아동의 양육권을 잠정적으로 박탈하고 병원의 치료를 받게 할 것을 구하는 소송을 제기하였다. 치료를 담당하였던 의사의 의견은 화학요법을 받을 경우의 치료 확률은 40% 정도이지만, 치료를 받지 않으면 6 내지 8개월 만에 사망할 것이라는 것이었다.

제 1 심 법원은 위 청구를 인용하였으나, 델라웨어 주 대법원은 위 청구가 이유없다고 하였다. 델라웨어 주 대법원은 제 1 심 법원이 미성년 자녀에 관한 결정을 할 수 있는 부모 권한의 자율성을 포함한 가족관계의 특별한 중요성을 고려하지 못하였다고 하면서, 주는 아동의 건강과 안전이 위험에 빠졌을 때에는 parens patriae 이론에 의하여 부모와 자녀 관계에 개입할 수 있지만, 법원은 무엇이 자녀의 최선의 이익에 부합하는가를 판단하여야 하는데, 그 기준으로서는 치료의 효과, 즉 치료를 받았을 때와 받지 않았을 때의 자녀의 생존 확률과, 그 치료의 성격 및 자녀에 대한 영향의 두 가지를 고려하여야 하며, 치료의 위험성이 커지고 그로 인한 이익이 감소할 때에는 미성년자에게 치료를 강제할 수 있는 주의 이익이 줄어든다고 하였다. 그런데 이 사건에서는 제안된 치료방법이 고도로 侵襲的(invasive)일 뿐만 아니라, 고통스럽고 일시적 또는 항구적인 부작용을 수반하는 반면 그 치료의 성공 가능성은 낮고, 치료 자체가 사망의 높은 위험성이 있으므로 주의 청구는 배척되어야 한다고 판시하였다. 다른 말로 한다면 법원은 치료가 없을 경우의 예후와 치료가 행해진 경우의 예후 및 치료가 가지는 侵襲의 정도와 그에 수반되는 고통을 고려하였다고 할 수 있다.[50]

그러나 다른 법원은 화학요법을 강제하기도 한다. 예컨대 1983년의 해밀턴 판결[51]에서 테네시 주 항소법원은 종교적인 이유로 화학요법의 치료를 거

49) 위 註 35) 참조.

50) Furrow(註 36), 862. 그러나 Wadlington(註 41), 334는 40%의 확률은 그렇게 나쁜 것이 아니라고 하여 이 판결에 비판적이다.

51) In the Matter of Hamilton, 657 S.W.2d 425(Court of Appeals of Tennesse, 1983).

부하는 부모의 반대[52]를 물리치고 어윙 육종에 걸린 12세 된 소녀에게 화학요법의 치료를 명하였다. 이 사건에서 의사의 증언에 따르면 위 소녀가 치료를 받지 않으면 6 내지 9개월 안에 사망하는 반면, 치료를 받으면 육종이 전이가 되지 않았다면 치료될 확률이 25-50%이고 전이되었다면 25% 미만이라는 것이었다. 테네시 주 항소법원은 이 사건에서 인도적인 고려와 생명을 구하려는 노력이 종교적인 신앙의 관행을 압도한다고 하였다.[53]

다음의 두 판결은 화학요법을 실시할 것인가 아니면 다른 대체요법을 실시할 것인가에 관하여 부모와 의사의 견해가 대립하는 경우에 상반된 태도를 보여주고 있다. 우선 뉴욕 주 대법원의 호프바워 판결[54]에서는 부모의 의사를 존중하였다. 이 사건에서 당사자는 호지킨 병을 앓고 있는 8세된 소년(Joey Hofbauer)이었는데, 이 병은 치료를 받지 않으면 거의 사망에 이르게 한다고 한다. 주치의는 방사선 치료와 화학요법을 받을 수 있도록 종양 전문의나 혈액 전문의의 진료를 받을 것을 권유하였으나, 그 부모는 이를 거부하고 라에트릴(laetrile)[55]을 포함하는 民間療法을 선택하였다. 그러자 郡의 사회보장국이 부모가 위 아동을 학대하였다고 주장하면서 소송을 제기하였고, 제 1 심 법원은 처음에는 부모로부터 양육권을 잠정적으로 박탈하였으나, 나중에 이를 취소하고 부모의 양육권을 회복시켰다. 항소심 법원도 항소를 기각하였고, 뉴욕 주 대법원도 상고를 기각하였다. 뉴욕 주 대법원은 뉴욕 주법상 부모는 자녀에게 “적절한 의료적 치료(adequate medical care)”를 해 주어야 할 의무가 있지만, 무엇이 충분한 의료적 치료인지는 각 사건마다 구체적인 사실관계에 따라 결정되어야 하고, 부모는 자녀를 양육할 기본권이 있으므로 부모의 의사는 존중되어야 하며, 법원은 부모가 받아들여질 수 있는(acceptable) 의학적 치료를 제공하였는가, 그 치료방법이 의사에 의하여 권유되었고 모든 책임 있는 의료 관계자에 의하여 전적으로 거부되지는 않는 치료방법을 제공하였는가를 따지는 데 그쳐야 한다고 하였다. 그리하여 이 사건에서는 라에트릴을 포함하는 민간요법을 시술하는, 뉴욕 주에서 적법하게 면허를 받은 의사가 많은 다른 의사에게 상담을 하여 주었고, 부모는

52) 부모들은 Church of God of the Union Assembly, Incorporated라는 교파의 신도였는데 이 교파는 의학적인 치료를 거부하는 것이 그 교리로 되어 있다. 657 S.W.2d 425, 427.

53) 위 뉴막 판결은 해밀턴 판결이 화학요법의 정도에 관하여는 언급하지 않았다고 하여 이 판결과 구별하였다. 588 A.2d 1108, 1119.

54) In the matter of Hofbauer, 393 N.E.2d 1009(1979).

55) 복숭아나 살구씨에서 얻는 물질. 대체의학에서 이를 암 치료를 위하여 사용한다.

방사선 요법과 화학요법의 부작용에 관하여 우려를 가지고 있는 반면 민간요법은 이러한 요법처럼 毒性이 없다는 점 등을 들어 부모가 받아들일 수 있는 의학적 치료를 하기 위하여 합리적인 노력을 기울이지 않았다고는 할 수 없다고 하였다.

반면 매사추세츠 주 대법원은 1979년의 미성년자의 후견(Custody of a Minor) 판결[56]에서 유사한 사실관계에 대하여 반대의 결론을 내렸다. 이 사건의 아동(Chad Green)은 림프구성 백혈병(lymphocytic leukemia) 발병 당시 20개월이었는데, 부모가 처음에는 의사의 지시에 따라 화학요법을 받다가 이를 중단하였다. 그러자 의사 등이 법원에 청구하여 일단 치료를 받도록 하는 명령을 받아 냈다.[57] 그런데 부모는 다시 라에트릴을 포함하는 新陳代謝療法(metabolic therapy)에 의하여 위 화학요법을 보충할 수 있도록 해 달라는 신청을 내었으나, 1심 법원이나 매사추세츠 주 대법원은 모두 위 신청을 받아들이지 않았다.[58] 즉 증거상으로는 신진대사요법이 급성 림프구성 백혈병에 효과가 있다는 증거가 없을 뿐만 아니라 오히려 건강에 위험을 가져올 수 있다는 것이었다.[59][60]

3. 치료가 자녀의 생명을 위하여 필요한 것은 아닌 경우

부모의 치료 거부가 문제되는 사례 중 많은 예는 그 치료를 받지 않는다고 하여 자녀의 생명이 위급한 것은 아니지만, 자녀의 삶의 질(quality of life)을 높이기 위하여는 치료가 필요한 경우이다. 이 경우에 관하여 미국 각 주의 법원은 상반된 태도를 보이고 있다.

많은 판례는 이 경우에는 부모의 의사에 반하여 치료를 강제할 수는 없다

56) 393 N.E.2d 836(Supreme Judicial Court of Massachusetts).

57) Custody of a Minor, 379 N.E.2d 1053(Supreme Judicial Court of Massachusetts, 1978) 참조.

58) 1심 판결이 있은 후에 부모는 법원의 명령에 위반하여 자녀를 주 밖으로 데리고 나가서 멕시코에서 신진대사 요법의 치료를 받게 하였다. 393 N.E.2d 838 Fn. 1; Samuel M. Davis and Mortimer D. Schwartz, Children's Rights and the Law, 1987, p. 86.

59) 이 판결은 위 Hofbauer 판결에 대하여 위 판결에서는 영양요법을 지지하는 증거도 있었다고 하여 이 사건과 구별하였다. 393 N.E.2d 846.

60) Chad Green은 1979년 10월에 사망하였고, Joey Hofbauer는 1980년에 사망하였다. Green의 부모가 멕시코에서 매사추세츠 주로 돌아온 뒤에 그들에 대하여 법정모욕의 재판이 진행되었는데, 법원은 그들이 법정모욕 죄를 범하기는 하였으나, 충분히 고통을 받았다는 이유로 처벌은 면제하였다. Samuel M. Davis et al., Children in the Legal System, 2nd ed., 1997, pp. 596 ff. 참조.

는 결론을 내고 있다. 예컨대 1972년의 그린 판결[61]에서 펜실베니아 주 대법원은 회색질 척수염(poliomyelitis)을 앓아 마비성 척추측만증(paralytic scoliosis)으로 인하여 서거나 걷지도 못하는 17세의 아동에 대하여 척추수술을 하는 것을 허용하여 달라는 의사의 신청을 거부하였다. 이 사건에서 이 아동이 수술을 받지 않으면 장래에는 앉지도 못하고 침대에만 누워 있어야 하는데, 친권자인 어머니는 여호와의 증인 신도로서 수혈이 행해진다면 수술에 동의할 수 없다고 하였다. 대법원은 프린스 판결(註 23)과 요더 판결(註 25)을 인용하면서, 이 사건에서의 문제는 주가 자녀의 육체적인 복리를 향상시키기 위하여 자녀의 생명이 위험하지 않은 경우에도 부모의 결정에 개입할 수 있는가 하는 점인데, 생명이 위험하지 않은 경우에도 치료를 강제한다면 이는 부모의 종교적 신앙과 충돌할 뿐만 아니라 위 수술 자체도 위험성이 있다고 하여, 자녀의 생명이 그의 신체적 조건에 의하여 급박하게 위협을 받지 않는 한 주는 부모의 종교적 신앙을 압도할 만큼 충분한 이익을 가지지 않는다고 하였다.

또한 1942년의 허드슨 판결[62]에서 워싱턴 주 대법원은 12세된 소녀의 왼팔이 날 때부터 오른팔보다 기형적으로 커서 건강에 여러 부담을 주기 때문에 이 왼팔을 절단하여야 한다는 소녀의 성인인 언니의 신청을 배척하였다. 소녀의 어머니는 수술이 위험하다는 이유로 수술에 반대하였는데, 대법원은 법원이 자녀가 수술을 받을 필요가 있다고 믿는다고 하여 부모로부터 자녀의 복리에 관하여 결정할 책임과 권리를 빼앗을 수는 없다고 하였다.

뉴욕 주 대법원이 1955년에 선고한 자이퍼트 판결[63]에서는 口蓋裂 및 兎脣(cleft palate and harelip)인 14세 소년의 수술에 아버지와 소년 자신이 자연적으로 놓아 두어도 치료될 수 있다고 반대한 사건에서, 이 수술은 긴급하지 않고, 소년 자신이 반대하고 있으므로 수술 후에 요구되는 언어치료에 소년의 협조를 얻을 수가 없다는 이유를 들어 소년 자신이 수술을 받겠다고 결정할 수 있을 때까지 기다리는 것이 더 낫다고 하였다.[64]

반면 자녀의 생명이 위험하지 않은 경우에도 치료를 강제할 수 있다는 판례로서 자주 인용되는 것은 뉴욕 주 얼스터 카운티(Ulster County)의 가정법원

61) In re Green, 292 A.2d 387.

62) In re Hudson, 126 P.2d 765(Supreme Court of Washington).

63) In the Matter of Seiferth, 127 N.E.2d 820(Court of Appeals of New York, 1955).

64) In re C_ F_ B_, 497 S.W. 2d 831(Missouri Court of Appeals, 1973)은 활동과잉(hyperactive)인 5세 소녀의 정신과적 치료에 반대하고 다른 치료 방법을 찾겠다는 어머니의 의사를 존중하였다.

이 1970년에 선고한 샘슨 판결[65]이다. 이 사건의 당사자는 15세의 소년인데 태어날 때부터 폰 레클링하우젠(Von Recklinghausen) 병[66]을 앓고 있어서 오른쪽 얼굴의 피부 조직이 지나치게 커져서 축 늘어져 있는 흉한 외모를 가지고 있었다. 그리하여 이 소년은 학교에도 다니지 못하여 글을 읽을 줄 몰랐고, 다른 사람과의 정상적인 관계를 맺는 데에도 장애가 되었다. 이러한 증상이 소년의 생명을 위협하는 것은 아니었지만 수술을 통하여 완전히는 아닐지라도 상당한 정도로 개선될 수는 있는데, 그에는 상당한 위험이 수반되었다. 그런데 소년의 친권자인 어머니가 여호와의 증인 신도여서 수혈에 반대하였기 때문에 郡의 담당국에서 법원에 수술을 할 수 있도록 신청하였다.

가정법원은 이 사건에서의 문제는 법원이 고통의 원인인 얼굴의 기형을 완전히 고치지는 못하지만 부분적으로 개선할 수는 있는 위험한 수술을 그 어머니의 종교적인 반대에도 불구하고 강제할 수 있는가 하는 것이라고 구체화하였다. 그리고 우선 어머니의 종교적인 이유에 기한 반대에 대하여는, 위 프린스 판결(註 23)과 여호와의 증인 신도의 자녀에 대하여 수혈을 명한 다른 판례 등을 인용하면서, 이러한 종교적인 반대는 자녀가 생존하고 기형 없이 성장할 수 있도록 하는 권리를 확보하여야 할 주의 의무에 양보하여야 한다고 하였다. 그리고 법원이 개입하기 위하여 자녀의 생명이 위험에 처할 것이 요구되는 것은 아니며, 수술에 따른 위험을 줄이기 위하여 소년이 좀더 성장할 때까지 또는 소년이 스스로 결정을 내릴 수 있을 때까지 기다리는 것도 고려의 여지가 있으나, 수술을 미룬다면 그 동안에 소년이 입을 손해를 회복하기에는 너무 늦을 것이라고 하였다. 그리하여 소년이 정상적이고 행복한 생활을 누릴 기회가 있다면 어느 정도의 위험은 감수하여야 한다고 판시하였다.[67]

또한 이 판결 이전에 뉴욕 시 가정법원이 1941년에 선고한 로트코비츠 판결[68]에서는 왼쪽 다리의 기형을 교정하기 위한 수술을 아버지의 반대에도 불구하고 명하면서, 입법자의 의도는 자녀의 생명을 구할 수 있을 때뿐만 아니라

---

65) In the Matter of Sampson, 317 N.Y.S.2d 641.

66) 코끼리 사람 병(elephant man's disease)이라고도 불린다고 한다. Wadlington(註 41), 319 참조.

67) 이 판결은 뉴욕 주 대법원이 선고한 자이퍼트 판결(註 63)에 대하여는 이는 그 후에 법원에 넓은 재량과 책임을 부여한 가정법원법(Family Court Act)의 시행에 비추어 구속력 있는 선례인지 의심스럽다고 하였다. 이 판결은 항소심(323 N.Y.S.2d 253)과 상고심(328 N.Y.S.2d 686)에서 그대로 받아들여졌는데, 항소심 판결과 상고심 판결은 모두 이 판결이 자이퍼트판결과 저촉되는 것은 아니라고 하였다.

68) In re Rotkowitz, 25 N.Y.S.2d 624(Domestic Court of the City of New York, Children's Court Division, Kings County).

아동의 건강이나 四肢, 인격이나 장래가 걸려 있을 때에도 법원에 수술을 명할 권한을 부여한 것이라고 하였다.[69]

필립(Phillip B.) 사건의 경우는 매우 흥미 있는 사건의 전개를 보여주고 있다.[70] 여기서는 동일한 당사자에 대하여 두 차례에 걸친 재판이 있었는데, 결과에 있어서는 서로 다른 태도를 보여주고 있다. 이 사건의 당사자인 필립은 이른바 다운 증후군(Down's Syndrome)[71]을 나타내고 있는 소년으로서 처음 재판이 시작될 당시에는 12세였다. 필립은 태어난 직후부터 그 부모[72]에 의하여 특수수용시설에 맡겨져서 거기서 자랐다. 그런데 필립은 날 때부터 左心室과 右心室 사이에 구멍이 나 있는 心室中隔缺損(ventricular septal defect)을 나타내고 있었다. 그리하여 의사의 의견에 의하면 수술을 받지 않으면 20년 정도밖에 더 살 수 없다고 하였다. 그러나 그 부모는 수술에 동의하지 않아서[73] 1978년에 검사가 법원에 수술을 받게 할 수 있도록 하는 신청을 하였다(제 1 사건). 그러나 1심 법원은 위 신청을 기각하였고, 캘리포니아 항소법원도 항소를 기각하였다.[74] 항소법원은 부모의 자율은 헌법적으로 보호되고, 다만 인간 생명의

69) 이외에도 텍사스 항소법원(Court of Appeals of Texas)은 1990년의 O.G. et al. v. Baum, 790 S.W.2d 839 판결에서 교통사고로 다친 16세된 소년의 오른팔을 보존하기 위하여는 수혈이 따르는 수술이 필요한 경우에, 여호와의 증인 신도인 소년 본인과 그 부모의 반대에도 불구하고 수혈을 할 수 있도록 후견인을 명하였다. 이 판결에서는 미성년자 본인이 수술을 받지 않으면 생명이 위험하다는 사정은 나타나 있지 않다. 그리고 오클라호마 민사항소법원(Court of Civil Appeals of Oklahoma)은 2001년의 In the Matter of D.R., 20 P. 3d 166 판결에서, 주는 종교적인 이유로 인한 부모의 반대에도 불구하고 치료가 일시적으로나 영구적으로 자녀의 중요한 의학적 문제를 해결할 수 있으면 그것이 생명을 위협하는 상황이 아니라도 치료를 명할 수 있다는 것은 이미 확립되어 있다고 판시하였다. 그러나 이 판결이 그 근거로서 인용하고 있는 프린스 판결(註 23)이나 요더 판결(註 25) 등에서의 판시는 방론일 뿐만 아니라, 이 사건 자체도 자녀의 간질을 치료하지 않으면 사망에 이를 수도 있는 경우였다.

70) 위 사건의 전개과정과 그 후의 과정에 관하여 상세한 것은 Robert H. Mnookin, "The Guardianship of Phillip B.: Jay Spears' Achievement", 40 Stanford Law Review, 841 ff.(1988) 참조.

71) 다운 증후군은 세포의 21번 염색체가 정상적인 경우처럼 두 개가 아니라 3개여서 총 염색체 수가 46개 아닌 47개이다. 이러한 증후군을 가진 아동은 그 외모가 특징적일 뿐만 아니라 대체로 지능이 뒤떨어지고, 많은 경우에 심장 이상이나 식도 또는 십이지장 폐색 증상을 수반한다. Robert F. Weir, Selective Nontreatment of Handicapped Newborns, 1984, 44 f. Phillip의 지능지수는 57 정도로 평가되었다. Guardianship of Phillip B., 139 Cal.App. 3d 407, 419(Court of Appeal, First District, Division 1, California, 1983).

72) 그 아버지는 변호사로서 나중에 재판에 관련된 거의 모든 사람들에 대하여 소송을 제기하였다. Mnookin(註 70), 848 참조.

73) 위 부모가 수술에 동의하지 않은 이유는 소년의 지능이 낮은 데 있었다고 여겨진다. 즉 소년의 아버지는 다른 정상적인 두 아들이 같은 문제를 보인다면 수술의 동의에 주저하지 않았을 것이라고 하였다. 139 Cal.App. 3d 407, 418 Fn. 9.

74) In Re Phillip B., 156 Cal.Rptr. 48(Court of Appeal, First District, California, 1979).

神聖性(the sanctity of human life)을 지키기 위하여는 주의 개입이 허용될 수 있는데, 이를 위하여는 자녀가 입고 있거나 입게 될 상당한 가능성이 있는 해악의 중대성, 의학 종사자들에 의한 치료의 평가, 치료에 수반되는 위험 및 자녀의 표현된 選好 등을 고려하여야 하고, 이 점에 비추어 보면 제1심 법원이 신청을 허용할 만한 명백하고 확신할 수 있는 증거가 없다고 한 것은 받아들일 수 있다고 하였다. 이 판결은 그대로 확정되었다.

그런데 1981년에 이르러 1972년부터 필립이 수용되어 있는 시설의 자원봉사자로서 필립의 발달을 도와주던 제2사건 신청인 부부[75]가 자신들을 필립의 후견인으로 임명하여 줄 것을 법원에 신청하였다. 제1심 법원은 이를 받아들였고,[76] 항소법원도 이를 유지하였다.[77] 항소법원은 캘리포니아 법상 친부모의 의사에도 불구하고 후견인을 임명하려면 친부모에게 양육을 맡기는 것이 자녀에게 해가 되고 후견인을 임명하는 것이 자녀의 최선의 이익에 부합하여야 하는데, 위 신청인 부부는 필립의 사실상 부모(de facto parents)[78]일 뿐만 아니라 소년을 친부모에게 맡겨 두는 것이 정서적으로도 해가 되고 교육이나 발달에 있어서도 장애가 되며, 또 친부모가 소년의 신체적 조건을 방치하고 심장수술에 동의하지 않은 것도 고려하면, 제1심 법원이 소년을 친부모에게 맡겨 두는 것이 소년에게 해가 된다고 볼 명백하고 확신 있는 증거가 있다고 한 것은 타당하다고 하였다. 그러나 이 판결은 친부모가 자녀를 정서적으로 방치한 상황에서 예외적으로 심리적 부모가 있다는 조건이 심리적 부모를 후견인으로 임명하여야 한다는 법원의 결정에 중요한 요소로 작용한 것이고, 친부모의 치료 거부는 부차적인 요인이었던 것으로 생각된다.[79]

이 사건은 단순한 삶의 질의 문제가 아니라 치료가 자녀의 생명을 위하여

---

75) 친부모는 필립을 1년에 몇 차례만 방문하였던 반면 필립은 신청인 부부의 집을 자주 방문하여 자고 오기도 하였다. 그러나 1978년에 필립이 신청인 집 부부의 집을 방문하여 자고 온다는 것을 알게 된 친부모의 요구로 이것이 금지되자, 필립은 심한 퇴행 현상을 보였다.

76) 제1심 판결은 공간되지 않았으나, Martha Minow ed., Family Matters: Readings on Family Lives and the Law, 1993, 288 ff.에 실려 있다.

77) Guardianship of Phillip B.(註 71).

78) 사실상 부모 내지 심리학적 부모(psychological parent)라는 개념은 Joseph Goldstein, Anna Freund, Albert J. Solnit, Beyond the Best Interest of the Child, 1973, 17 ff.에서 주창된 개념으로서, 1심 판결과 2심 판결도 이를 인용하고 있다.

79) 제2재판 당시에는 제1재판 때보다 시간이 경과하여 필립이 성공적으로 수술을 받을 가능성이 낮게 평가되었다. 그러나 재판 후에 필립은 성공적으로 수술을 받았고, 제2재판의 신청인 부부는 필립을 입양하였다. Mnookin(註 70) 참조.

필요한 경우로 볼 수도 있다.[80] 나아가 이 사건은 아래에서 살펴볼 장애 신생아의 문제와 같이 고찰하여야 할 것으로 여겨진다.[81]

4. 障碍 新生兒의 경우

가. 문제의 배경과 초기의 사례

선천적인 障碍兒나 극도의 未熟兒[82] 또는 극도의 低體重兒[83]가 태어나는 것은 어제오늘의 일이 아니다. 또한 난산으로 인하여 分娩 窒息(Birth Asphyxia) 상태에 빠지기도 한다. 과거에는 대체로 이러한 아이들을 죽도록 방치할 수밖에 없었다. 그러나 의학기술의 발달로 인하여 이러한 아이들을 살릴 수 있는 비율이 크게 늘어났고, 그로 인하여 신생아 사망률이 크게 줄어들었다.[84] 그러나 문제는 이처럼 의학기술의 발달로 살아나게 된 아이들의 상당수가 심각한 장애를 가지게 되고, 그로 인하여 가족이나 사회에 중대한 부담을 끼치게 될 뿐만 아니라 경우에 따라서는 본인도 심각한 고통을 겪게 되기도 한다는 데 있다.[85] 이러한 문제는 반드시 신생아에 국한되는 것은 아니다. 일부 선천적인 장애는 태어날 당시에는 알 수 없으나 태어난 후 몇 달이 지나면 점차 이상이 나타나기도 한다.[86]

---

80) Sher(註 34), 164 참조.

81) 예컨대 Carl E. Schneider, "Rights Discourse and Neonatal Euthanasia", 76 California Law Review 151, 176(1988); Martha Minow, Making All the Differences: Inclusion, Exclusion, and American Law, 1990, 341 ff. 참조.

82) 정상적인 분만의 경우에는 수태 후 40주 만에 출생하는데, 37주 이전에 출생하면 미숙아라고 한다. Jennifer Stokley, "Withdrawing or Withholding Medical Care from Premature Infants: Who Should Decide, and How?", 70 North Dakota Law Review 129 Fn. 2(1994) 참조.

83) 일반적으로 출생 당시의 체중이 2,500그램 미만이면 저체중아로 분류되고, 1,000그램 미만이면 극도의 저체중아(extremely-low birth-weight infant)로 분류된다고 한다. Stokley(註 82), 129 Fn. 5 참조.

84) 미국에서 출생 후 1년 내에 사망하는 아이의 비율은 1960년에는 1,000명당 18.7명이었으나 1980년에는 8.4명으로 줄었다고 한다. W. Noel Keyes, Life, Death and the Law, Vol. Ⅱ, 1995, 477 Fn. 4 참조. 또 출생 당시 체중이 1,000그램에서 1,500그램인 신생아의 사망률은 1961년 이래 1980년대 초까지 50%에서 20%로 떨어졌고, 체중이 1000그램 미만인 신생아의 생존률은 1960년대의 10%에서 1980년대에는 50%로 늘어났다고 한다. President's Commission for the Study of Ethical Problems in Medicine and Biomedical and Behavioral Research, Deciding to Forgo Life-Sustaining Treatment, 1983, 197.

85) 예컨대 1990년대에는 태어날 때의 체중이 500그램에서 750그램 사이의 신생아가 생존할 확률은 50%이고, 또 30%의 아동은 생존하더라도 뇌성마비와 같은 심각한 장애를 보인다고 한다. Keyes(註 84), 485.

86) Tay-Sachs Disease; Lesch-Nyhan Syndrome 등. Nancy K. Rhoden, "Treatment Dilemmas for

미국에서는 1960년대 이래로 의사와 부모가 이러한 신생아의 치료를 포기하거나 치료를 중단하는 경우가 많았으나, 일반에 이러한 사실이 알려지지는 않았다.[87] 그러다가 이러한 사실이 일반에 어느 정도 알려지게 된 것은 1971년의 존스 홉킨스 병원 케이스와 1973년의 더프와 캠벨 논문[88]에 의해서였다. 1971년의 존스 홉킨스 병원 케이스는 1971년에 볼티모어의 존스 홉킨스 병원에서 태어난 3명의 다운 증후군 아이에 관한 것인데, 그 중 두 아이는 사망하도록 방치되었다. 첫 번째 아이는 십이지장 폐색이 있었으나, 그 부모가 치료에 대한 동의를 거부하여 사망하였다. 이 아이에 대한 이야기가 영화화되어 많은 학생들에게 상영되었다.[89]

그리고 더프와 캠벨은 코네티컷 주 뉴 헤이븐의 예일-뉴 헤이븐 병원에 근무하던 소아과 의사들인데, 1970. 1. 1.부터 1972. 6. 30.까지 위 병원에서 사망한 신생아 299명 중 14%인 43명은 심한 장애가 있어서 치료를 중단함으로 인하여 사망하였다고 보고하였다.[90] 이러한 보고들에 대하여 전문가 사이에서는 상당한 논란이 있었으나, 일반인들의 많은 관심을 끌지는 않았다.

이후에 아래에서 이야기할 1982년의 베이비 도우(Baby Doe) 사건에 이르기까지 이러한 사례들이 법원에까지 가서 다투어진 예가 없지는 않으나,[91] 판결 이유가 공간된 것은 뉴욕의 법원이 1979년에 선고한 치세로 판결[92]과 매사추세츠 법원이 1981년에 선고한 미성년자의 후견 판결[93] 정도이다.

먼저 위 뉴욕 사건에서는 1979. 8. 20.에 태어난 신생 여아가 이분척추(spina bifida)[94]를 나타내고 있었다. 이러한 아이는 치료하지 않으면 대부분 6개

Imperiled Newborns: Why Quality of Life Counts", 58 Southern California Law Review 1283, 1292 f.(1985).

87) Parness and Stevenson(註 35), 46.

88) Raymond S. Duff and A. G. M. Campbell, "Moral and Ethical Dilemmas in the Special-Care Nursery", The New England Journal of Medicine, Vo. 289, No. 17(1973). 이 논문은 Thomas A. Shannon ed., Bioethics, 1976, 75 이하에도 게재되어 있다. 이하에서는 위 책에 게재된 논문을 인용한다.

89) Gregory E. Pence, Classical Cases in medical Ethics, 3rd ed., 2000, 197 f.

90) Duff and Campbell(註 88), 77.

91) 이러한 사례들에 대한 서술은 Weir(註 71), 93 ff. 참조. 이들에서는 모두 법원이 부모 의 반대에도 불구하고 치료를 명하였다.

92) Application of Cicero, 421 N.Y.S.2d 965(Supreme Court, Bronx County, New York, 1979).

93) Custody of a Minor, 434 N.E.2d 601(Supreme Judicial Court of massachusetts). 이 사건의 결정 자체는 1981. 12. 15.에 내려졌으나 그 결정문이 작성된 것은 1982. 4. 9.이다.

94) 이분척추(spina bifida)는 다시 잠재이분척추(spina bifida occulta)와 낭성이분척추(spina bifida cystica)로 나누어지는데, 전자는 별다른 증상을 나타내지 않으므로 크게 문제되지 않고,

월 내에 죽게 된다. 그러나 부모가 치료를 거부하여 같은 달 28일에 담당 의사가 치료만을 목적으로 하여 법원 선임 후견인(Guardian Ad Litem)을 선임하여 줄 것을 신청하였다. 이분척추의 경우에는 그 열린 병변의 위치가 높으면 높을수록 마비의 부위가 크고, 열린 병변의 위치가 낮으면 그 치료의 효과가 큰데, 이 사건의 경우에는 그 열린 병변의 위치가 낮은 편이었다. 이 사건에서 뉴욕주 브롱스 군 지방법원은 자녀는 부모의 재량에 맡겨져 있는 재산이 아니라고 하면서, 샘슨 판결(註 65)을 인용하여 자녀의 복리가 법원의 개입을 요구하는 경우에는 법원은 개입할 권한이 있고, 이 사건에서는 자녀는 유용하고 충족된 삶을 살 합리적인 기회가 있으므로 법원으로서는 그러한 기회를 부정하는 부모의 부작위를 허용하지 않을 것이라고 하였다. 그리하여 법원은 수술에 동의할 권한을 가지는 후견인을 임명하였다.

다음 매사추세츠 주 사건에서는 1981. 5.에 태어난 아이가 여러 가지의 심장 이상을 나타내고 있었는데, 이에 대하여는 별다른 치료 방법이 없어서 이러한 아이는 출생 후 1년 내에 사망하게 된다. 이 아이에 대하여 증상을 완화할 목적의 수술이 행해졌으나 이 수술도 실패로 돌아갔다. 더군다나 이 아이의 부모는 태어나자 바로 어머니로부터 유기되어 법원이 사회보호국(Department of Social Services)에게 양육을 맡기고 후견인과 대리인을 임명하였다. 이 아이가 9월에 박테리아 감염 때문에 병원에 입원하자 병원에서는 사회보호국과 후견인에게 "人工蘇生術 禁止(no code)" 지시[95]에 동의하여 줄 것을 요청하였으나 이들이 모두 거절하자, 병원이 법원에 인공소생술 금지지시를 내리는 것을 허용하여 달라는 신청을 하였다. 제 1 심 아동법원은 이를 허용하였고, 이에 사회보호국과 후견인이 항소를 하였다.

매사추세츠 주 대법원은 제 1 심 아동법원은 이러한 사건에 대하여 재판권을 가지고 있고, 병원은 이러한 신청을 할 당사자적격이 있으며, 이러한 사건에서는 代行判斷(substituted judgment)의 이론[96]에 따라야 하는데, 증거에 따르

주로 문제되는 것은 후자이다. 이 경우에는 신경관(neural tube)이 완전히 막히지 않아서 등에 열린 병변(open lesion)이 생겨서 膜과 신경 세포조직이 노출된다. 그 증상의 정도는 열린 병변의 위치와 크기에 따라 다르지만 치료를 하더라도 내장과 다리 등의 마비가 따르는 경우가 많으며, 여러 차례의 수술이 필요하기도 하고 정신박약이 따르는 경우도 많다. Weir(註 71), 42 f.; Rhoden(註 86), 1283, 1290 f. 참조.

95) 이는 환자의 심장이나 호흡이 정지하더라도 소생시키기 위한 조치를 할 필요가 없다는 지시를 말한다.

96) 미국의 많은 주에서는 1976년 뉴저지 주 대법원의 In re Quinlan, 355 A.2d 647 이래로 입

면 이 아동은 생후 1년을 지나서까지 살 수 없을 뿐만 아니라 심폐소생술 허용(full code) 지시는 상당한 정도의 신체에 대한 침습과 고통을 수반하고, 아동의 고통을 연장하는 것 외에 도움이 되지 않으므로 인공소생술 금지지시가 타당하다고 본 1심 법원의 결정이 옳다고 하였다.

나. 베이비 도우 사건과 연방의 규제

이 문제가 언론과 일반인의 관심을 끌게 된 것은 1982년의 베이비 도우 사건[97]을 계기로 하여서이다.[98] 이 사건의 당사자인 소녀는 1982. 4. 9.에 인디애나 주 블루밍턴에서 태어났는데, 다운 증후군을 가졌을 뿐만 아니라 식도가 제대로 형성되어 있지 않아서 입으로 음식을 먹이면 음식이 폐로 들어가서 질식할 위험이 있었다. 이러한 경우에 수술을 해 주면 이 문제는 해결될 수 있다. 그런데 출산에 관여하였던 산부인과 의사는 수술을 하지 말고 그대로 놓아두자는 의견이었던 반면,[99] 소아과 의사는 수술을 할 수 있는 큰 병원으로 옮겨야 한다고 하였다. 그 아버지는 교사로서 다운 증후군을 가진 아동들을 다루어 본 경험이 있는데, 그 경험에 비추어 보아 이 부모는 이 소녀를 치료받지 않고 놓아두는 것이 낫다고 결정을 내렸다. 그러나 이에 대하여 병원 당국이 개입하여 관할 郡 법원의 판사에게 알렸다. 그리하여 판사는 출생 당일 오후 10 : 30에 심문을 열었다. 심문 후 판사는 부모가 의학적으로 추천된 치료방법을 선택할 권리가 있다고 하여 부모의 의사를 존중하도록 하는 결정을 내렸다.

그런데 관할 郡의 검찰청에서 이 사건에 개입하여 다른 판사에게 정맥 영

법 또는 판례에 의하여 환자가 생명유지장치에 의하여 생명을 유지하고 있으나, 회복될 가망이 없고, 또 판단능력이 없는 경우에 친족과 같은 다른 사람이 그 생명유지장치를 제거할 것인가 여부에 관하여 결정을 내릴 수 있다고 인정하고 있다. 그런데 그 결정의 판단기준에 관하여는 대행판단 이론과 최선의 이익(best interest) 이론이 대립한다. 전자는 당사자를 대신하여 결정을 내리는 사람이 그 당사자가 결정을 한다면 어떤 결정을 할 것인가 하는 관점에서 결정을 하는 것을 말한다. 이에 반하여 후자는 당사자가 어떠한 결정을 내릴 것인가에 관계없이 당사자에게 최선의 이익이 된다고 여겨지는 결정을 내려야 한다는 것이다. Furrow et al.(註 36), 841 참조. 이에 관한 국내에서의 소개로는 李德煥, "美國法上 意思無能力患者의 生命維持治療에 대한 意思決定", 比較私法 제10권 1호, 157면 이하(2003)가 있다.

97) 프라이버시를 보호하기 위하여 소송기록상 이름이 밝혀지지 않았다. 일명 블루밍턴 베이비(Bloomington Baby)라고도 한다.

98) 이 사건에 대하여는 많은 문헌들이 설명하고 있으나, 여기서는 비교적 상세하게 설명하고 있는 Helga Kuhse and Peter Singer, Should the Baby Live?, 1985, 11 이하를 참조하였다. 이 사건의 재판기록 자체는 봉쇄되어서 일반에 공개되지 않았다.

99) 그렇게 되면 아이는 영양부족으로 죽게 된다.

양 보급(intravenous feeding)[100]을 하여 줄 것을 신청하였으나, 이 판사는 이를 거부하였다. 그러자 검찰청은 4월 13일에 인디애나 주 대법원에 개입을 요구하였으나, 인디애나 주 대법원은 2시간의 변론 끝에 3:1의 의견으로 1심의 결정을 유지하였다. 이 결정이 알려지자 많은 사람들이 이 아이를 입양하겠다고 병원에 연락을 하였는데, 다음날인 4월 14일 군 검사가 연방대법원에 상고를 하였으나, 그 날 이 아이는 결국 영양 및 수분 부족으로 죽고 말았다.

이 사건에 대하여 여론이 들끓었고, 많은 사람들은 부모의 위 결정이나 재판을 비판하였다. 그러자 4월 30일 당시의 레이건 대통령이 연방 보건복지부장관(Secretary of Health and Human Services)에게 이러한 사태가 일어나지 않도록 조치를 취할 것을 지시하였다.

그리하여 연방 보건복지부 장관은 일련의 조치를 취하였다.[101] 우선 그는 연방정부 보조금을 받는 시설에서의 장애인 차별을 금지하는 1973년 재활법(Rehabilitation Act of 1973) 제504조에 근거하여, 위 법의 적용을 받는 모든 산부인과 병원에 장애 아동이 음식이나 통상적인 의학적 치료를 거부당했음을 알게 된 모든 사람이 핫라인 전화를 이용할 수 있음을 알리는 표지판을 설치할 것을 명하는 훈령을 발하였다. 그러나 이 훈령은 연방지방법원에서 절차 위반이라는 이유로 무효라는 판결을 받았다.[102] 그러자 보건복지부장관은 다시 이러한 절차를 보완하는 새로운 훈령을 내렸으나, 연방대법원은 1986년 이 훈령이 1973년 재활법에 의하여 授權되지 않았다는 이유로 무효라고 판시하였다.[103]

그러는 동안 연방의회에서는 1984년에 1974년 아동 학대 방지 및 치료법률(Child Abuse Prevention and Treatment Act of 1974)을 개정하여 이러한 사례를 방지하고자 하였다. 이에 따르면 아동보호를 위하여 연방정부의 보조금을 받고자 하는 주는 생명이 위험한 상황에 있는 장애아동에 대하여 의학적으로 요구되는 치료를 보류하는 것을 의료적 방치(medical neglect)로 간주하고 그에 대한

100) 정맥 혈관을 통하여 영양을 보급하는 것.

101) 이에 대하여도 많은 문헌이 언급하고 있으나 여기서는 Janna C. Merrick, "Conflict, Compromise, and Symbolism", in: Arthur L. Caplan et al.(ed.), Compelled Compassion, 1992, 35 ff.; Dionne Koller Fine, "Government as God: an Update on Federal Intervention in the Treatment of Critically Ill Newborns", 34 New England Law Review 343, 345 ff.(2000)를 참조하였다.

102) American Academy of Pediatrics v. Heckler, 561 F.Supp. 395(Federal District Court of Disrict of Columbia, 1983).

103) Bowen v. American Hospital Association, 476 U.S. 610(1986).

조치를 취하여야 하였다.[104] 다만 이 법은 다음과 같은 세 가지의 예외를 인정하고 있다. 첫째, 아동이 만성적이고 회복할 수 없는 무의식 상태에 있을 경우. 둘째, 그러한 치료가 단지 사망을 연장하거나, 아동의 생명이 위험한 상황의 전부를 개선하거나 교정하는데 효과적이지 못하거나 또는 아동의 생명을 연장하는데 무익한 경우. 셋째, 그러한 치료가 환자의 생명을 연장하는데 거의 무익하고 그 치료 자체가 그러한 상황에서는 비인도적인 경우.[105] 따라서 이러한 예외에 해당하지 않으면 장애 아동에 대한 치료를 거부하는 것은 의료적 학대에 해당하게 된다.

그러나 이러한 법률의 규정은 어떠한 경우가 예외에 해당하는지 애매하여 혼란을 초래하고, 그 예외가 지나치게 제한되어 있으며, 복잡한 도덕적 및 윤리적 문제가 얽혀 있는 상황을 지나치게 단순하게 해결하려고 하고 있을 뿐만 아니라 부모의 권한을 제약하고, 아동 자신에게 주는 부담을 간과하고 있다는 등 많은 비판을 받고 있다.[106]

다. 그 이후의 사례

(1) 베이비 제인 도우 사례

이 사건의 당사자인 제인 도우[107]라는 소녀는 1983. 10. 11. 뉴욕 주 롱아일랜드에서 출생하였는데, 출생 당시에 이분척추, 水頭症(hydrocephalus),[108] 小頭症(microcephaly) 등의 여러 가지 장애를 나타냈다.[109] 병원의 의사는 척추의 이상을 교정하고 뇌의 척추액을 빼내는 수술을 하여야 한다고 하였으나, 그 부모는 이를 거절하였다. 그런데 이 이야기가 신문에 보도되자 어떤 변호사가 제인 도우를 위한 후견인 선임 및 부모의 수술에 대한 동의를 요구하는 신청을 뉴욕 주 법원에 냈고, 제 1 심 법원은 같은 달 20. 수술에 동의할 수 있는 후견인을 선임하였다. 그러나 항소심 법원은 같은 달 21. 이 사건에서 소녀가 수술

104) 42 U.S.C.A. §5106a (b) (2) (B) (iii).

105) 42 U.S.C.A. §5106 (g) (6).

106) 예컨대 Stokley(註 82), 129, 139 ff.(1993); Dionne Koller Fine(註 101), 357 ff.; Arthur L. Caplan, "Hard Cases Make Bad Law", in: Caplan et al.(ed.)(註 101), 105 ff. 등 참조.

107) 재판과정에서는 당사자의 프라이버시를 보호하기 위하여 익명이 사용되었다. 그 실명은 Kerri-Lynn이라고 한다. Pence(註 89), 203 참조.

108) 뇌척수액이 증가하여 뇌가 커지는 증상. Weir(註 71), 42.

109) 사실관계의 설명은 U.S.A. v. University Hospital of the SUNY, 575 F.Supp. 607(U.S. Dist. Court for the Eastern Dist. of New York, Long Island Div., 1983) 및 Pence(註 89), 203 ff. 참조.

을 받지 않는다고 하여 바로 사망하는 것도 아니고, 수술에 따르는 부작용도 무시할 수 없으며, 의사들의 증언에 의하면 수술을 하지 않고 항생제를 처방하는 등 통상적인 치료를 하는 것도 의학적으로 받아들여질 수 있는 것이라는 이유로 부모의 의사를 존중하고 후견인 선임을 취소하였다.110) 뉴욕 주 대법원도 같은 달 28. 위 항소심 결정을 유지하기는 하였으나, 다소 다른 이유에서였다. 즉 뉴욕 주의 가정법원법(Family Court Act)에 의하면 이러한 소송은 아동보호국(child protective agency)이나 법원의 지시를 받은 사람에 의하여 개시될 수 있는데, 이 사건 소송을 개시한 사람은 그에 해당되지 않는다는 것이었다.111)112)

(2) 시 에이 판결113)

이 사건의 당사자는 1990. 10. 21. 출생한 소녀이다. 소녀의 어머니는 당시 19세로서 법원의 후견을 받고 있었고, 소년범죄와 마약 사용의 기록이 있을 뿐만 아니라 일정한 주거도 없었다. 소녀의 아버지도 19세로서 어머니와 혼인관계에 있지 않았을 뿐만 아니라 역시 마약 사용의 기록이 있었다. 소녀는 몇 주 정도 조산이었을 뿐만 아니라, 출생 당시 코카인 사용 중지로 인한 금단 증상을 보였고, 또 사람면역결핍 바이러스(HIV, Human Immunodeficiency Virus)114)에 감염되어 있었다. 그리하여 소녀는 출생 당시에 腦室 出血(interventricular hemorrhaging)을 나타내어 몇 주 동안 심장관찰기(cardiac monitor)와 인공호흡기(mechanical ventilation)를 달고 있어야 하였다. 그리하여 법원은 1991. 3.에 소녀를 법원의 피후견인으로 정하여 후견인을 선임하였다.

1991. 6.에 일리노이 주 아동보호국은 소녀를 치료하고 있던 병원의 요청에 따라 법원에 인공소생술 금지지시(DNR order)115)를 내리는 것을 허가하

110) In re C.A., Weber v. Stony Brook Hospita, 95 A.D.2d 587(Supreme Court, Appellate Division, Second Department).

111) 위 재판이 진행되는 도중에 연방 보건복지부가 개입하여 병원측에 대하여 Jane Doe의 치료기록을 제출할 것을 요구하였고, 병원이 이를 거부하자 연방법원에 그 제출을 명하여 줄 것을 청구하였으나, 이 청구는 받아들여지지 않았다. U.S.A. v. University Hospital of the SUNY, 575 F.Supp. 607(제 1 심 판결); 729 F.2d 144(제 2 심 판결).

112) 흥미 있는 사실은, Jane Doe(Kerri-Lynn)의 부모는 그 후 마음을 바꾸어 수술을 받게 하였고, 그 결과 1994년 현재 Kerri-Lynn은 말도 할 수 있고, 부모와 애정을 교환할 수도 있으며, 걸을 수 없어서 휠체어에 의존하기는 하지만 장애아를 위한 학교에 다니고 있다고 한다. Pence(註 89), 206.

113) In re C.A., 603 N.E.2d 1171(Appellate Court of Illinois, 1992).

114) 후천성 면역결핍증(AIDS)을 일으키는 바이러스.

115) 이는 'Do Not Resuscitate' order의 약어로서, 환자의 심장이나 호흡이 정지하더라도 소생시키기 위한 조치를 할 필요가 없다는 지시를 말한다.

여 줄 것을 신청하였다.[116] 소녀의 친부모는 이에 동의하였으나, 후견인은 그에 반대하였다. 1심은 위 허가를 내렸고, 일리노이 주 대법원도 이를 유지하였다. 대법원은 우선 아동법원이 이러한 허가를 내릴 재판권을 가지고 있다고 하고, 이어서 아동법원이 이 허가를 적정하게 내렸는가에 관하여, 이 사건에서는 최선의 이익(best interest) 기준에 따라야 하는데, 증거에 의하면 소녀는 HIV에 감염되어 있고, 신경조직이 많이 손상되어 있으며, 腸의 조직이 괴사하여 두 차례나 수술을 받았고, 정맥으로 영양을 공급받고 있으며, 심장에 導管(catheter)을 달고 있어서 매우 고통스러워 하고 있다고 하였다. 나아가 이처럼 HIV에 감염된 신생아의 80%는 4세를 넘기지 못하고 죽는데, 이러한 경우에는 심폐소생술을 실시하지 않는 것이 소녀의 최선의 이익에 부합한다고 하였다.

(3) 베이비 케이 판결[117]

이 사건의 당사자인 소녀(Baby K)는 1992. 10. 13. 버지니아에서 혼인 외의 자녀로 태어났다. 그런데 출생 당시 위 소녀는 無腦症(anencephalia)으로서 腦幹(brain stem)은 있지만 大腦 皮質(cerebral cortex)은 없거나 흔적만 있어서, 호흡이나 식사 또는 소리에 대한 반사작용은 할 수 있지만 의식도 없고 소리를 듣거나 볼 수도 없었다. 위 소녀는 출생 당시에 호흡 곤란을 일으켜 인공호흡기에 의존하여야 했고, 그 후 특수시설을 갖춘 요양원(nursing home)으로 퇴원한 뒤에도 두 차례나 호흡곤란 때문에 병원에 입원하여 인공호흡기를 달아야 하였다. 병원에서는 출생 당시부터 친권자인 母에게 무뇌증에 대하여는 치료방법이나 증상을 완화하는 치료가 없기 때문에 심폐소생술 금지지시를 내리는 것을 허용하여 줄 것을 요청하였으나, 母는 독실한 기독교 신앙을 가지고 있어서 이를 거부하였다.[118] 병원의 윤리위원회(Ethics Committee)에서도 母에게 인공호흡기에 의한 치료 중단을 권유하였으나 母는 이를 거부하였다. 그러자 병원측은 연방법원에 소녀가 호흡곤란으로 다시 입원하더라도 병원으로서는 위 소녀에 대하여 온도와 영양 및 수분을 공급하는 것 외의 다른 치료를 할 의무가 없음의 확인을 구하는 판결을 청구하였다. 그러나 연방지방법원은 위 청구를 기각하였고, 항소심인 연방 제4항소법원도 항소를 기각하였다.[119]

---

116) 소녀는 이전에도 2차례나 심장 박동과 호흡이 중지되어 심폐소생술을 받아 되살아났다.

117) In the Matter of Baby K 제1심 판결: 832 F. Supp. 1022(U.S. District Court, E.D. Virginia, 1993). 제2심 판결: 16 F. 3d 590(U.S. Court of Appeals, 4th Circuit, 1994).

118) 소녀의 母는 임신 중에 이미 태아가 무뇌증이라는 진단을 받았으나 임신 중절을 거부하였다.

119) 연방대법원도 이 판결에 대한 상고허가신청(certiorari)을 기각하였다, 513 U.S. 825(1994).

제 1 심법원에서는 세 개의 연방법률, 즉 응급의학치료 및 적극적 출산법(Emergency Medical Treatment and Active Labor Act, EMTALA),[120] 재활법(Rehabilitation Act) 및 美國 障碍人法(Americans with Disabilities Act)에 의하여 병원이 위 소녀가 호흡곤란으로 입원하는 경우에 인공호흡기에 의한 치료를 거부하는 것은 허용되지 않는다고 판시하였다.[121] 그러나 항소심 법원은 EMTALA의 적용 여부만을 다루었다. 이 법은 원래 응급환자가 자력이 없음을 이유로 하여 병원이 치료를 거부하거나 제대로 치료하지 않는 것을 막기 위하여 제정된 것인데, 구체적으로는 응급환자가 오면 병원은 환자를 적정하게 진찰하여야 하고, 만일 응급상황이 존재한다고 판단되면 그 상태를 안정시킬 수 있는 조치를 취하거나 다른 병원시설로 轉院시켜야 한다고 규정하고 있다.

법원은, 위 법의 명문 규정에 비추어 볼 때 위 소녀의 호흡곤란은 위 법에서 말하는 응급상황에 해당하므로 병원은 위 소녀에 대하여 인공호흡기에 의한 치료를 하여야 한다고 하면서, 위 법에도 불구하고 병원으로서는 통상적인 수준의 의료적인 치료만을 하면 된다고 하는 병원의 주장을 배척하였다.[122][123]

---

120) 42 U.S.C. §1395dd.

121) 이 외에도 아동 학대 방지 및 치료법과 버지니아 주법인 醫療過誤法(Medical Malpractice Act)의 적용 여부가 문제되었으나, 제 1 심 법원은 전자는 버지니아 아동보호국(Virginia Child Protective Services)이 당사자로 참가하지 않은 이상 이 법의 적용 여부는 법원의 심사 대상이 아니라고 하였고, 후자에 관하여는 주의 이익을 고려하여 이 문제를 다루지 않겠다고 하였다. 832 F.Supp. 1022, 1029 f.

122) 그러나 이 판결에 대하여는 이 사건과 같이 미묘한 가족과 병원 사이의 민감한 의사결정과정을 감독하려는 것이 위 법률 입법자의 의도라고는 믿지 않으며, 이 사건에는 위 법이 적용되어서는 안 된다고 하는 Sprouse 판사의 반대의견이 있다. 이 판결에 대한 논평 가운데에도 위 법률이 위와 같이 치료가 무익(futile)한 경우에까지 적용되어서는 안 되고, 이러한 경우에는 인공호흡기에 의한 치료를 하여서는 안 된다고 하는 비판적인 견해가 많다. 예컨대 Robert D. Cantwell, “An Anencephalic Child kept Alive Through the Fourth Circuit’s Interpretation of the Emergency Medical Treatment and Active Labor Act”, 14 Saint Louis University Public Law Review 323 ff.(1994); David Zell Myerberg, “The Fourth Circuit's Baby K Decision: Plain Language Does not make Good Law”, 98 West Virginia Law Review 397 ff.(1995); E. Haavi Morreim, “Futilitarianism, Exoticare, and Coerced Altruism: the ADA meets Limits”, 25 Seton Hall Law Review 883 ff.(1995); Janna C. Merrick, “Critically Ill Newborns and the Law”, 16 Journal of Legal Medicine 205 ff.(1995) 등 참조. 반대로 이 판결을 지지하는 것으로는 James Bopp, Jr. and Richard Coleson, “Child Abuse by Whom? — Parental Rights and Judicial Competency Determinations: the Baby K and Baby Terry Cases”, 20 Ohio Northern University Law Review 821 ff.(1994)가 있다.

123) Baby K는 출생 후 2년 반이 지난 1995. 4. 5.에 심장마비로 인하여 사망하였다. 이는 그때까지 알려진 어떤 무뇌아보다 오래 생존한 것이라고 한다. Mary Crossley, “Infants with Anencephaly, the ADA, and the Child Abuse Amendments”, 11 Issues in Law and Medicine 379, 397 Fn. 65(1996) 및 그 본문 참조.

(4) 케이 아이 판결[124)]

이 사건의 당사자인 케이 아이는 1997. 6. 15.에 출생하였는데, 수태 후 26주 만에 태어난 미숙아였고, 그 결과 기관지 폐 형성 장애(Broncho-pulmonary dysplasia)를 나타냈으며, 빈혈 증세도 나타냈다. 케이 아이는 1997년 11월에 신생아 집중치료실(neonatal intensive care unit)에서 퇴원하여 미혼인 母와 생활하였으나, 심장 및 호흡 관찰장치를 달고 폐에 대한 약을 복용하며, 산소를 계속 사용하여야 했는데, 母가 과음하면서 이러한 배려를 게을리하여 1997. 12. 31.에 母를 상대로 하는 방치소송(neglect petition)이 제기되어 1998. 8. 26.에 이를 인정하는 판결이 선고되었다. 그런데 위 소송 계속 중에 병원에 입원하고 있던 케이 아이가 1998. 7.에 심장마비를 일으켜 25분간 심장 박동이 정지되었고, 심폐소생술의 결과 소생하기는 하였으나 그 부작용으로 다음날 8시간에 걸친 발작을 일으켜 이를 위하여 약물이 투여된 결과 의식을 잃게 되었다. 케이 아이는 고통에 대한 반응을 보이기는 하지만 그 외에는 전혀 반응을 보이지 않고 있었다. 그러자 의료 문제에 관한 법원 선임 후견인이 1998. 8. 18. 인공소생술 금지지시를 내리는 것을 허가하여 줄 것을 법원에 신청하였으나, 그 母는 이에 반대하였다. 제 1 심 법원은, 법원이 인공소생술 금지지시 허가에 관한 재판권을 가지고 있고, 이 문제에 관하여는 대행판단 기준이 아니라 최선의 이익 기준에 따라야 하며, 부모가 자녀를 방치하였을 뿐만 아니라 부모의 태도가 자녀의 최선의 이익에 어긋나는 경우에는 법원은 부모의 반대에도 불구하고 위 허가를 내릴 수 있다고 하였다. 그리고 이러한 사건에서는 증거 판단의 기준은 명백하고 확신할 수 있는 증거에 의하여야 하는데, 그러한 증거에 의하면 케이 아이는 주위의 사물을 느낄 수도 없고, 사랑이나 감정을 주고받을 수도 없으며 이러한 상황이 개선될 여지도 없을 뿐만 아니라, 심장마비나 호흡정지 등을 일으키는 경우에 실시되는 치료방법은 전기충격이나 가슴 압박 등과 같은 매우 侵襲的인 방법이어서, 이러한 대가는 그가 소생할 삶에 비하여 지나치게 높은 것이고, 그러한 치료가 생명을 연장하는데 성공할 가능성도 높지 않을 뿐만 아니라, 현재보다 더 심한 신경적인 손상을 입을 것이라고 하여 인공소생술 금지지시를 내리는 것이 케이 아이의 최선의 이익에 부합한다고 판결하였다. 항소

124) In re K. I., 735 A.2d 448(Superior Court of the District of Columbia, 제 1 심, 1998; District of Columbia Court of Appeals, 제 2 심, 1999).

심도 이러한 제 1 심 판결에 잘못이 없다고 하여 이를 유지하였다.[125)]

(5) 밀러 판결[126)]

이 사건에서는 장애아에 대하여 생명 연장을 위한 치료를 중단하라는 부모의 요구를 거절한 병원이 그로 인하여 손해배상책임을 지는가가 문제되었다. 1990. 8. 17. 임신 중이던 원고는 진통을 느끼고 피고의 병원에 입원하였는데, 초음파 진단 결과 태아는 수태 후 23주 정도 되었고 체중이 629그램 정도 될 것으로 추정되었으며, 의사들은 태아가 살아서 출생하더라도 심한 장애를 나타낼 것으로 진단하였다. 그러자 원고와 그의 남편(공동원고)은 태아가 살아서 출생하더라도 특별한 치료를 하지 말 것을 요구하였다. 그러나 병원측에서는 회의를 거친 후, 500그램이 넘는 신생아가 살아서 출생하면 부모의 의사에 관계없이 생명을 유지하는 치료를 하여야 하는 것이 법률상의 의무이고 병원의 정책이라고 하였다. 원고는 그날 저녁 늦게 아들 시드니(Sidney)를 출산하였는데, 병원측에서는 심폐소생술을 실시하였다. 그러나 시드니는 출생 후 얼마 되지 않아서 뇌출혈 증상을 나타냈고, 그로 인하여 심한 장애를 보였다.[127)] 그리하여 원고 부부와 시드니는 병원을 상대로 손해배상청구소송을 제기하였다. 제 1 심에서는 배심원들이 피고의 손해배상책임을 인정하고, 29,400,000달러의 과거 및 장래의 치료비와, 13,500,000달러의 징벌적 손해배상 및 17,503,066달러의 지연손해금(prejudgment interest)의 지급을 명하였다. 그러나 항소심은 이 판결을 파기하고 원고들의 청구를 기각하였으며, 상고심도 상고를 기각하였다.

항소심은 텍사스 주 법상 부모는 자녀에 대한 치료에 동의할 권리가 있고, 따라서 자녀의 생명이 위급한 긴급상황의 예외가 아니면 의사가 부모의 동의를 받지 않고 자녀를 치료하는 것은 손해배상의무를 발생시키지만, 부모가 자녀에게 긴급하게 요구되는 생명을 유지하는 치료를 거부함으로써 자녀를 죽게

---

125) 이 판결에 대한 비판으로는 Angie L. Guevara, "In re K. I.: an Urgent Need for a Uniform System in the Treatment of the Critically Ill Infant ― Recognizing the Sanctity of Life of the Child", 36 University of San Francisco Law Review 237, 252 ff.(2001) 참조.

126) 제 2 심 판결: HCA v. Miller, 36 S. W.3d 187(Court of Appeals of Texas, Houston, 2000); 제 3 심 판결: Miller v. HCA, 118 S. W.3d 758(Supreme Court of Texas, 2003).

127) 시드니는 재판이 개시된 1997년 당시에 7살이 되었지만, 걷거나 이야기하거나 혼자서 밥을 먹거나 앉을 수도 없고, 거의 시력이 없으며, 심한 정신적 지체가 있고, 뇌성마비, 발작 및 경련성의 사지마비(quadriparesis) 증상을 보였으며, 뇌 수액이 축적되는 것을 막기 위하여 吻合(shunt)을 머리에 달고 있어서 24시간 내내 개호를 필요로 하였다. 이러한 상태는 개선될 가능성이 없었다.

하는 권리는 없다고 한다. 텍사스의 先行指示法(Advance Directive Act)[128]도 의사가 서면에 의하여 자녀의 상황이 末期(terminal), 즉 치료될 수 없고 회복될 수도 없으며, 생명을 유지하는 치료도 일시적으로만 사망을 연기할 때에만 부모가 치료의 보류 또는 중지에 동의하는 것을 허용하고 있으므로, 자녀가 말기가 아닌 장애가 있을 때에는 그 장애의 정도에 관계없이 부모에게 그러한 권리가 인정되지는 않는다고 한다. 또 普通法(common law)상으로도 그러한 권리가 인정된다는 근거를 찾아볼 수 없다고 한다. 나아가 법이 사람의 생명을 유지하는 데 두고 있는 높은 가치에 비추어 보면, 텍사스 법상 위 법이 적용되지 않는 경우에 부모에게 긴급하게 요구되는 자녀를 위한 생명유지 치료를 거부할 권리가 있다는 아무런 근거를 찾아볼 수 없다고 한다. 그러므로 이처럼 부모의 치료를 거부할 권리가 인정되지 않는 경우에는 치료를 담당하는 자로서는 그러한 부모의 지시를 따를 의무도 없다고 한다. 다만 그러한 치료가 긴급하지 않은 경우에는 부모의 거부를 뒤엎기 위하여 법원의 명령이 요구되지만, 긴급한 상황에서는 법원의 명령이 필요하지 않다고 한다. 그런데 이 사건에서는 시드니가 그와 같이 치명적임이 확증되지 않았으므로, 부모는 시드니의 생명을 유지하기 위한 치료를 거부할 권리가 없고 법원의 명령도 필요하지 않으며, 병원으로서는 부모에 대하여 시드니를 소생시키지 않을 것과 같은 의무를 부담하지 않는다고 한다.[129]

텍사스 주 대법원은 항소심 판결을 유지하였으나, 그 이유는 다소 차이가 있었다. 즉 긴급한 상황에서 미성년 아동에게 생명을 유지하는 치료를 한 의사는 미리 그 부모의 동의를 얻지 않았다는 이유로 책임을 지지는 않는데, 이 사건에서 밀러 부부는 출산 전에 치료를 거부하는 의사를 표명하기는 하였지만, 시드니는 출생한 후에야 정당하게 평가될 수 있었고, 따라서 그 이전에 치료를 거부하는 부모의 결정은 출산 후에 긴급상황이 존재하였는가를 좌우할 수 없으며, 시드니가 출산한 후에는 의사는 시드니의 생명을 위태롭게 하지 않고는 부모의 동의를 얻을 수 없는 긴급한 상황이었다고 하였다. 그리고 항소심 판결

128) 시드니의 출생 당시에는 自然死亡法(Natural Death Act)이었다.

129) 그러나 이 사건에는 반대의견이 있는데, 반대의견은 이 사건은 의사들이 회의를 가질 수 있을 정도였으므로 긴급상황이 아니었고 따라서 병원측으로서는 부모의 거부를 물리치기 위하여 법원의 명령을 받았어야 하며, 텍사스 주의 선행지시법은 밀러 부부의 치료를 거부할 권리 및 책임을 부정하는 것이 아니라고 한다.

이 판시한 것처럼 自然死亡法[130]이 정한 경우에만 부모가 긴급하게 요구되는 자녀의 생명을 유지하는 치료를 거부할 수 있는가에 관하여는 이 사건에서 판단할 필요가 없다고 하였다.

Ⅳ. 학자들의 견해

1. 견해의 개관

미국에서는 학자들의 견해는 판례만큼 중요시되지는 않는다. 일반적인 문헌에서도 우리나라처럼 학설을 다수설, 소수설과 같이 분류하지는 않는다. 다른 한편 이 문제에 관하여는 법률가뿐만 아니라 의사, 윤리학자 등 많은 사람들이 다양한 의견을 밝히고 있기 때문에 이 문제에 관하여 표명된 견해를 전반적으로 파악한다는 것도 쉽지 않은 일이다. 그러나 그러한 만큼 판례뿐만 아니라 이러한 다양한 견해를 살펴보는 것도 시사점을 줄 수 있다고 생각한다.

이하에서는 주로 장애 신생아의 경우에 초점을 맞추어 이에 관하여 표명된 여러 사람들의 견해를 조사된 범위 내에서 소개하고자 한다. 그 이유는 다른 경우에 관하여는 상대적으로 그만큼 활발하게 논의가 이루어지고 있지 않을 뿐만 아니라,[131] 장애 신생아에 관한 여러 논변은 대체로 그 외의 경우에 관하여도 다소 차이는 있지만 원용될 수 있다고 여겨지기 때문이다.

---

130) 註 128) 참조.

131) 장애신생아의 경우가 아닌 일반적인 경우에 관하여 분석한 것으로는 Sher(註 34) 184 ff. 참조. 여기서는 법원은 (1) 아동의 상태의 성격과 그것이 주의 이익에 대하여 가지는 관계, (2) 부모의 치료 반대의 성격, (3) 州가 추천하는 방법에 대한 부모의 대안, (4) 기타의 관련된 사실 등을 고려하여야 한다고 한다. 그러나 이 논문이 쓰여진 시기가 신생 장애아의 치료 문제가 관심의 대상이 되기 전이어서인지 신생 장애아의 경우에 관하여는 특별히 언급하고 있지 않다. 또한 철학자인 홀게이트는 최적의 공동체의 이익(The Principle of Optimum Communal Benefit)이라는 관점에서 자녀에게 중대한 피해(Serious Harm)가 있을 때에는 법원이 개입할 수 있다고 하여 위 샘슨 판결(註 65)을 옹호한다. Lawrence D. Houlgate, Family and State, 1988, 135 ff. 그리고 가족법에 관한 대표적인 Hornbook인 Homer H. Clark, The Law of Domestic Relations in the United States, 2nd ed., 1988, p. 338은 자녀의 생명을 위태롭게 하지 않는 질병이나 신체 조건의 경우에도 그 치료가 생명이나 건강에 위험을 가져오지 않는다면 법원은 치료를 명할 태세가 되어 있는 것으로 보인다고 하면서, 판단능력 있는 의사가 아동의 상태가 해약의 위험이나 고통 없이도 교정될 수 있다고 하는 경우에도 단지 부모가 의료적 또는 수술에 의한 치료에 대하여 종교적인 근거에서 주저한다는 이유만으로 아동이 그러한 상태를 감수하라고 요구할 수는 없다고 한다.

장애 신생아의 치료 문제에 관한 견해는 편의상 크게 네 가지로 나누어 볼 수 있다.[132)]

첫째, 장애에 관계없이 모든 장애 신생아를 치료하여야 한다는 견해.

둘째, 장애 신생아는 아직 인격체(person)로 볼 수 없으므로 그들에 대한 치료의 중단이나 보류는 문제가 되지 않는다는 견해.

셋째, 장애 신생아의 치료에 관한 결정은 부모에게 맡겨야 한다는 견해.

넷째, 장애 신생아의 치료 여부에 관한 결정은 그 장애아의 객관적인 상태와 같은 객관적인 기준에 따라서 행하여져야 한다는 견해.

이 중 첫째와 둘째의 견해는 양 극단의 견해로서, 지지하는 사람이 별로 많지 않으므로 2.에서 간단히 살펴보고, 나머지 견해에 관하여는 3.과 4.에서 좀더 상세히 살펴본다.

2. 두 가지 극단적인 견해

원칙적으로 모든 장애 신생아에 대하여 그 장애 정도에 관계없이 치료를 하여야 한다고 주장하는 법률가들로서는 로버트슨,[133)] 슈나이더,[134)] 필드[135)] 등을 들 수 있다.

법률가로서는 최초로 이 문제를 다룬 로버트슨[136)]은 장애 신생아의 치료 보류나 중단이 형사상 살인죄나 유기죄 등에 해당하는가를 검토한 끝에, 부모나 의사의 장애 신생아 치료 보류나 중단은 형사상 범죄를 구성한다고 결론지었다. 그리고 그에 대한 반대의 논거, 예컨대 장애 신생아는 인격체(person)가 아니라거나, 생명을 유지하는 비용이 그로 인한 이익을 크게 초과하므로 치료할 의무가 없다는 주장 내지 장애아의 삶의 질(quality of life)에 근거한 주장들은 모두 받아들일 수 없다고 한다.[137)] 또한 슈나이더는 이 문제에 관한 종래의

---

132) 이 문제에 관한 여러 윤리학자들의 다양한 견해를 소개, 분류하고 비판한 것으로는 Weir (註 71), 143 ff. 참조.

133) John A. Robertson, "Involuntary Euthanasia of Defective Newborns: A Legal Analysis", 27 Stanford Law Review 213 ff.(1975).

134) Schneider(註 81), 151 ff.

135) Martha A. Field, "Killing the Handicapped — Before and After Birth", 16 Harvard Women's Law Journal 79 ff.(1993).

136) 그는 당시 위스컨신 대학교의 조교수였다.

137) Robertson(註 133). 또한 John A. Robertson, "Legal Issues in Nontreatment of Defective Newborns", in: Chester A. Swinyard(ed.), Decision Making and the Defective Newborns, 1978,

권리론적 논변(Rights Discourse), 즉 이 문제를 부모의 권리라는 관점에서 보는 것이나 자녀의 권리라는 관점에서 보는 것이 모두 불충분하다고 주장하면서, 잠정적으로는 신생 장애아의 안락사를 처벌하는 책 속의 법(law in the books)이 이를 실제로 처벌하지 않는 현실의 법(law in the action)과는 괴리가 있지만 이를 유지하는 쪽을 택하겠다고 하고, 그 근거를 인간의 생명은 궁극적인 가치를 가지며, 무력하고 장애 있는 사람도 동정의 대상이지 계산의 대상이 아니라는 점 등에서 찾고 있다.[138)]

그리고 필드는 장애 신생아에게 죽을 권리(right to die)가 있고 부모가 이를 대신 행사한다는 주장에 대하여는, 부모는 이해관계가 없는 제 3 자가 아니고, 삶의 질 논변에 대하여는 이는 장애인에 대한 무지나 편견에 기인한 것이며, 과연 어떠한 장애아에게 죽을 권리 내지 선택할 권리를 인정할 것인지가 불분명하다는 것 등 현실적인 어려움도 적지 않을 뿐만 아니라, 장애아에 대한 치료의 보류나 중단은 장애아에 대한 차별로서 헌법이나 연방법에도 어긋난다고 한다.[139)]

반대로 장애 신생아를 치료할 필요가 없다고 하는 견해는 법률가 가운데에서는 찾아보기 어렵고, 윤리학자들 가운데에서는 이러한 주장을 펴는 사람들이 있다.[140)] 그 중 특히 잘 알려진 것은 오스트레일리아의 윤리학자인 쿠제와 싱어의 주장이다.[141)] 이들은 生命의 神聖性(Sanctity of Life Doctrine)의 주장을 받아들이지 않고, 이는 인류에게 보편적인 것이 아니라 유대-기독교적인 전통(Judeo-Christian tradition)에 근거한 것이라고 하면서,[142)] 플래쳐와 툴리[143)]의 주장을 원용하여 자기의식(self-awareness), 자기통제(self-control), 과거와 미래에 대한 감각, 다른 사람에게 전달할 수 있는 능력 등이 있어야 인격성(personhood)이 인정되고, 그렇지 않으면 단순히 인간의 종(specie)에 속한다고 하여 인격성이 인정되지는 않는데, 신

---

359 ff. 참조.

138) Schneider(註 134), 174 ff. 그러나 슈나이더는 안락사가 적절한 경우도 극히 드물지만 있을 수는 있다고 하면서도, 안락사를 그와 같은 경우로 제한할 수 있는 기준을 확정하기가 어렵다고 한다.

139) Field(註 135), 83 ff.

140) 자세한 것은 Weir(註 71), 152 ff. 참조.

141) Helga Kuhse and Peter Singer(註 98), 1985.

142) Kuhse and Singer(註 98), 111 ff. 등.

143) Joseph Fletcher, "Indicators of Humanhood: A Tentative Profile of Man", The Hastings Center Report, Vol. 2, No. 5(1972); Michael Tooley, Abortion and Infanticide, 1983. Kuhse and Singer(註 98), p. 120에서 재인용. 위 두 사람의 주장에 대하여는 Weir(註 71), 152 ff., 167 ff. 등 참조.

생아는 이러한 특징을 갖추지 못하고 있으므로 인격성이 없고, 단순히 신생아가 이러한 특징을 갖추게 될 잠재성이 있다는 것은 중시할 필요가 없으며, 따라서 신생아는 생명에 대한 권리(a right to life)를 가지지 않고, 장애 신생아를 치료하지 않아서 죽게 한다고 하더라도 문제될 것이 없다는 주장을 편다.[144)]

3. 부모의 결정에 맡겨야 한다는 견해

이 견해는 많은 사람에 의하여 지지되고 있다. 가장 먼저 이러한 견해를 주장한 사람은 예일 대학교의 교수인 골드스틴이다.[145)] 그는 미국의 법체계상 부모의 자율과 가족의 프라이버시를 지지하고 강제적인 주의 개입에 반대하는 강한 추정이 있다고 하면서, 이러한 부모의 권리는 각 자녀가 위협받지 않고 단절되지 않는 부모에 의한 감호를 생물학적 및 심리학적으로 필요로 한다는 것과 부합한다고 한다. 뿐만 아니라 법은 부모와 자녀 사이의 미묘하게 복잡한 인간적 유대를 감시할 능력을 가지지 못하고 있으므로 최소한의 주의 개입만이 정당화될 수 있다고 한다.[146)] 그리하여 건강을 위한 치료에 관한 부모의 자율의 추정을 주가 극복할 수 있는 것은 다음과 같은 사항을 증명할 수 있는 경우에 국한된다고 한다. (1) 의료인들이 실험적이 아닌 의학적 치료가 자녀를 위하여 올바르다는 것에 대하여 의견이 일치하고 있고; (2) 그 치료의 예상되는 결과가 사회가 어떤 자녀를 위하여도 올바르다고 동의하는 것이며, 성년으로의 정상적이고 건강한 성장의 기회나 살 가치가 있는 삶의 기회를 의미하는 것이고; (3) 치료 거부의 예상되는 결과가 자녀의 죽음을 의미하는 것이다.[147)] 그리하여 예컨대 태어날 때부터 신경적인 장애가 확인되고 정신적인 지체의 높은 가능성을 예측할 수 있는 기형인 신생아에 대하여 사망을 막을 수는 있지만, 사회적인 합의에 비추어 보면 살 가치가 있는 삶의 기회나 비교적 정상

144) Kuhse and Singer(註 141), 118 ff.

145) Joseph Goldstein, "Medical Care for the Child at Risk: On State Supervention of Parental Autonomy", 86 Yale Law Journal 645 ff.(1977). 그가 Anna Freud, Albert J. Solnit와 함께 쓴 Beyond the Best Interests of the Child(1973); Before the Best Interests of the Child(1979) 및 Sonja Goldstein이 추가로 가담하여 쓴 In the Best Interests of the Child(1985)는 가족 분쟁에 있어서 아동의 이익을 어떻게 보호할 것인가라는 문제에 관하여 자주 인용되는, 고전적인 문헌이라고 할 수 있다. 이 책들은 그 후 한 권의 책으로 묶여져서 The Best Interest of The Child(1995)라는 제목으로 출간되었다.

146) Goldstein(註 145), 648 ff.

147) Goldstein(註 145), 651 ff.

적이고 건강한 성장의 기회를 제공하지 못하는 그러한 치료를 할 것인지의 여부는 부모가 결정하도록 유보되어야 한다고 한다.[148)]

윤리학자인 셸프도 골드스틴 등의 글을 인용하여 자녀에 대한 부모의 권한을 강조하면서 법이 부모와 자녀의 관계에 개입하는 것은 제한되어야 한다고 하고,[149)] 자신의 목표는 도덕적 다원주의(moral pluralism) 가운데서 부모의 권위를 확립하려는 것이라고 한다.[150)] 그리하여 다양한 견해가 도덕적 논증에 의하여 뒷받침되는 한에는 이러한 견해는 존중을 받아야 한다고 하면서, 심한 질병이나 장애가 있는 아동의 부모는 다음과 같은 조건이 갖추어졌을 때에는 생명을 연장하는 개입을 합리적으로 선택하지 않을 수 있다고 한다. 그 조건이란 (1) 연장된 삶이 아동에게 순 이익을 가져오지 않는다고 합리적으로 판단되고, (2) 아동의 상태가 최소한의 독립적인 삶이나 인격성을 위한 능력을 얻을 수 없는 정도이거나, (3) 다른 사람들, 특히 부모나 가족에 대한 부담이 특정한 아동에 대한 통상적인 善行(beneficence)의 의무를 깨뜨리기에 충분할 때라는 것이다.[151)]

가족법 학자인 클라크 교수는 이 문제를 원하지 않는 출산(wrongful birth)의 문제[152)]와 비교하여 설명하면서, wrongful birth의 경우에 대부분의 법원이 그 손해배상청구를 인정하지 않는 것은 법원이 출생하지 않는 것(nonexistence)이 짧고 고통스러운 삶보다 더 나은 것인가를 결정할 수 있는 기준이 없기 때문인데, 치료가 분명히 보류되어서는 안 될 경우를 생각할 수는 있지만, 대부분의 경우에는 부모의 결정은 진지하고 고통스럽게 가능한 행동과 그 결과를 형량한 다음에 나온 것이고, 이러한 상황에서는 어떤 삶도 죽음보다 낫다고 하

148) Goldstein(註 145), 655 f. 또한 Goldstein, Freud, Solnit, Before the Best Interest of the Child(註 145), 91 ff. = Goldstein, Solnit, Goldstein, Freud, The Best Interest of the Child(註 145), 128 ff.도 거의 같은 내용이다.

149) Earl E. Shelp, Born to Die?, 1986, 41 ff.

150) Shelp(註 149), 140 ff. 그는 자신의 논증이 주로 합리적인 치료에 관한 결정을 내릴 수 있는 부모의 책임을 지지하고, 모든 생각할 수 있는 상황에서 무엇이 유효한 판단인지를 구체화하지 않은 채 도덕적으로 유효한 결정에 대하여 더 큰 상호간의 존중을 낳게 하고자 하는 것을 목적으로 한다고도 서술하고 있다.

151) Shelp(註 149), 202 ff.

152) 여기서 그는 wrongful birth라는 용어를 의사가 예방할 수 있었던 장애를 가진 아동의 출산이 있는 경우에 그 아동 자신이 의사에게 손해배상을 청구할 수 있는가 하는 의미로 사용하고 있다. 그러나 일반적으로는 이러한 경우에 사용되는 용어는 wrongful life이고, wrongful birth라는 용어는 그러한 아동의 부모가 의사에게 손해배상을 청구할 수 있는가 하는 의미로 사용된다. Furrow et al.(註 36), 910 ff.; 尹眞秀, "Wrongful Life로 인한 障碍兒 자신의 醫師에 대한 損害賠償請求", 의료법학 제 2 권 1호, 2001, 91면 등 참조.

는 일반적인 규칙을 만드는 것은 불가능하다고 한다. 그리하여 누가 결정하는가 하는 문제가 중요한데, 부모가 모든 관련된 사실들을 가장 잘 알고, 그 결과에 관하여 가장 큰 심리적인 이해관계를 가지기 때문에, 부모가 대부분의 경우를 결정하여야 하고, 치료가 아동을 위하여 더 낫고 긴 삶을 약속할 수 있는 경우가 아닌 한 부모의 결정은 존중되어야 한다고 한다.153)

또 문제를 생명윤리(bioethics)의 관점에서 접근하는 로자토 교수는 부모에게 이 문제에 관하여 결정할 고유의 권리(inherent right)는 없다고 하면서도,154) 가족 구성원155)에게 그러한 권한을 주고 그들의 결정을 존중하는 것이 생명윤리론에 있어서 일반적으로 받아들여지고 있는 善行(beneficence)156)을 증진시킨다고 한다. 즉 가족은 환자가 그들에게 전달한 것에 근거하여 특별한 지식을 가지고 있고, 또 환자의 경험과 가치 및 고통에 대한 참을성에 관하여 일반적으로 알고 있기 때문에 무엇이 환자에게 최선인가를 알고 있으며, 가족들은 환자의 복리에 관하여 가장 관심을 가지고 있기 때문에 환자의 최선의 이익에 부합하게 행동한다고 한다.157) 다만 그는 가족과 환자 사이에 이해관계가 상반될 때에는 가족 구성원이 결정을 내릴 도덕적 권위가 상실된다고 한다. 이처럼 이해관계가 상반되는 경우로서는 실제로 상반되는 경우(situational conflict) 외에 이해관계가 상반되는 것으로 간주되어야 하는 경우, 즉 範疇的 相反(categorical conflict)이 있고, 이러한 경우에는 법원과 같은 제 3 자가 결정을 내려야 한다고 한다. 이러한 범주적 상반의 예로서는 가족구성원의 결정이 합리성의 범위 밖

153) Clark(註 131), 340 f.

154) Rosato(註 34), 36 ff.

155) 이는 미성년자의 경우에는 대체로 부모가 된다. Rosato(註 34), 49 ff. 등 참조.

156) 생명윤리에 있어서 원리론적 접근을 추구하고 있는 보챔프와 차일드리스 교수는 생명의료윤리(Biomedical Ehtics)에 있어서 4가지의 기본 원리를 주장한다. 그 첫째는 자율성의 존중(respect for autonomy) 원리인데, 이는 자립적 인간의 결정을 내리는 능력을 존중하여야 한다는 규범을 말한다. 둘째는 害惡 禁止(nonmaleficence)의 원리인데, 이는 해악을 일으키는 것을 피하여야 한다는 규범을 말한다. 셋째는 善行(beneficence)의 원리인데 이는 이익을 제공하고 이익을 위험과 비용에 비추어 형량하는 일련의 규범들을 말한다. 넷째는 정의(justice)의 원리인데, 이는 이익, 위험과 비용을 공정하게 배분하여야 한다는 일련의 규범들을 말한다. Tom L. Beauchamp and James F. Childress, Principles of Biomedical Ethics, 5th ed., 2001, 12 ff. 등 참조. 그런데 로자토 교수는 해악금지와 선행의 원리가 치료의 이익이 치료의 부담을 능가할 것을 요구하기 때문에 양자를 넓은 의미에서 善行의 원리에 포함시킨다고 한다. Rosato(註 34), 32 참조.

157) Rosato(註 34), 38 ff. 그러나 가족에 대한 부담이 있다는 것은 선행을 지향하는 것이 아니기 때문에 가족들의 결정을 존중할 정당화될 수 있는 도덕적인 이유가 아니라고 한다. 나아가 가족들이 반드시 좋은 결정자가 아니라고 하여도 이는 다른 대안(예컨대 의사나 법원이 결정을 내리는 것)보다는 낫다고 한다. 같은 글, 40, 41 f. 등.

에 있을 때,[158] 특별한 치료가 문제될 때[159] 및 상반되는 헌법적 권리가 존재할 때[160] 등이 있다.[161]

이외에도 부모의 재량권을 주장하는 견해는 여럿 찾아볼 수 있다.[162]

4. 객관적인 기준에 따라야 한다는 견해

치료 여부의 결정을 부모와 같은 제 3 자의 주관적인 선택에 맡길 것이 아니라 자녀의 상태와 같은 객관적인 기준에 의하여야 한다는 견해도 다시 그 기준을 어디에다 두느냐에 따라 크게 두 가지로 나누어 볼 수 있다.

그 하나는 아동의 최선의 이익(the best interest of the child)을 기준으로 하는 것이고, 다른 하나는 아동의 삶의 질(quality of life)을 기준으로 하는 것이다.

먼저 최선의 이익을 기준으로 하여야 한다는 것으로서 우선 꼽을 수 있는 것은 "醫療 및 生命醫療와 行動 硏究에 관한 倫理的 問題의 硏究를 위한 大統領 委員會(President's Commission for the Study of Ethical Problems in Medicine and Biomedical and Behavioral Research)"가 주장한 것을 들 수 있다. 이 위원회는 1983년에 펴낸 보고서에서 이 문제를 다루면서, 신생아의 최선의 이익이라는 기준에 따라 세 가지 경우를 구분하였다.[163] 첫째, 치료가 명백히 자녀에게 이익이 되는 경우. 이때에는 부모는 유사한 유리한 효과를 가지는 몇 개의 치료방법 중에서 선택할 수는 있지만, 치료를 거부할 수는 없어야 한다. 치료를 하더라도 장애가 남거나, 치료 자체가 장애를 가져오는 경우도 있으나, 그러한

---

158) 이는 결국 사회적 합의에 근거한 것이고 따라서 정확하게 규정하기는 어렵지만, 예컨대 예견될 수 있는 장래에 병이나 증상을 치료할 수 있거나 또는 병이나 증상의 모든 주요한 증상을 완화시키는 생명을 유지하는 치료를 거부하는 것은 이에 해당한다고 한다. Rosato(註 34), 54 f. 참조.

159) 예컨대 한 자녀가 아플 때 부모가 다른 자녀의 장기를 이식하게 하는 경우에는 이해상반이라고 한다. Rosato(註 34), 57.

160) 예컨대 斷種手術(Sterilization)이나 임신중절 또는 아동의 정신병원 수용과 같은 경우에는 부모의 결정이 자녀의 헌법적 권리와 충돌한다. Rosato(註 34), 60 ff.

161) Rosato(註 34), 42 ff., 53 ff.

162) Houlgate(註 131), 100 ff.; Patricia M. Phillips, "Treatment Decisions for Seriously Ill Newborns: Who Should Decide?", 21 Capital University Law Review 919, 945 ff.(1992); Kathleen Knepper, "Withholding Medical Treatment From Infants: When is it Child Neglect?", 33 University of Louisville Journal of Family Law 1, 52(1995); Stacey R. Walters(註 36), 150 ff. 등.

163) President's Commission(註 84), 217 ff. 이는 기본적으로 의사와 같은 치료자의 관점에서 본 것이다. 218의 Table 1. 참조.

장애는 그것이 너무 심각하여 계속 생존이 아동에게 순수한 이익이 아니라고 할 수 있는 경우에만 치료를 포기하는 결정을 정당화할 수 있다고 한다.[164)]

둘째, 無腦兒나 특정한 심각한 심장의 이상과 같이 아동에게 이익을 가져오는 치료방법이 없는 경우에는 무익한 노력을 하지 않는 결정은 윤리적으로나 법적으로 정당화될 수 있다고 한다. 그러나 이 경우에도 부모가 생명을 연장하기 위하여 치료를 하기를 원할 때에는 그 치료가 아동에게 상당한 고통을 가져오는 것이 아닌 한 치료 종사자는 그 결정을 받아들여야 한다고 한다. 그렇지만 생명을 연장할 수는 없는 경우에도 영양의 제공이나 통증을 위한 약물 투여와 같은 것은 할 의무가 있다고 한다.

셋째, 치료가 이익을 가져올 것인지가 불확실한 경우. 이때에는 부모의 의사에 따라야 한다고 한다.

윤리학자인 와이어도 최선의 이익 기준을 지지한다. 그는 최선의 이익 기준을 부모나 다른 사람의 이익을 강조하기보다는 당해 신생아의 최선의 이익에 집중하며, 비정상적인 신생아를 정상적인 신생아와 비교하기보다는 그들의 상태가 심각하여 사망이 계속 사는 것보다 더 나을 때에만 치료를 받지 않아야 하는 것으로 이해한다. 다시 말하여 삶의 질이 결여될 것이라는 전망보다는 계속적인 생존의 부담이 포인트라는 것이다.[165)] 이러한 이론의 강점은 장애가 있는 신생아 자체에 초점을 맞추고, 비정상적인 아동과 정상적인 아동을 비교하기보다는 장애가 있는 삶과 죽음을 비교 판단한다는 데 있다고 한다.[166)] 그리하여 害惡 禁止(Nonmaleficence)의 원리에 입각할 때에는 효과가 없는 치료가 죽음보다 더 나쁠 수도 있다고 한다.[167)] 그러므로 치료가 (1) 신생아에게 이익이 없거나(nonbenefitial), (2) 신생아에게 해롭거나(harmful) 아니면 (3) 드물지만 치료가 기능하는 단위로서의 가족에게 해로운 경우에는 치료가 의무적(obligatory)이 아니고 선택적(optional)이라고 한다.[168)]

---

164) 그러므로 다운 증후군과 같은 것은 그 자체로는 치료를 하지 않는 것을 정당화할 사유가 되지 못한다고 한다. President's Commission(註 84), 219.

165) Weir(註 71), 171. 와이어는 이러한 주장을 펴는 윤리학자들로서 Tristam Engelhardt, David H. Smith, Philippa Foot, Robert Coburn 등이 있다고 소개하고 있다. 같은 책, 171 ff. 와이어는 또한 삶의 질 기준에 대하여는 비판적이다. 같은 책, 182 f.

166) Weir(註 71), 183 f.

167) Weir(註 71), 199 ff.

168) Weir(註 71), 214 f. 다만 여기서 3번째의 경우는 최선의 이익이라는 기준에 대한 예외이지만, 선천적인 이상이 너무 심각하여 극도의 비용 지출과 부모의 감정적인 개입을 요구함으로써 가족 단위의 계속적인 생존이 심각하게 위협받을 때에는 치료가 의무적이 아니라고 한다.

구체적으로는 신생아의 증상을 다음과 같은 세 가지로 분류하고, 앞의 두 경우에는 치료를 할 필요가 없는 반면 세 번째 경우에는 치료가 요구된다고 한다.[169)]

첫째, 신생아를 살리려는 노력이 무익한 경우: 예컨대 무뇌증, 다른 치료할 수 없는 신경증상,[170)] 치료할 수 없는 심장 질환, 계속적인 소생치료를 요하는 복합적 중증의 이상.

둘째, 생명을 연장하려는 노력이 자녀의 최선의 이익에 부합하지 않는다는 합의에 기한 판단이 있는 경우: 그 예로서는 무뇌수두증(hydranencephaly), 18번 三體性(trisomy 18),[171)] 13번 三體性(trisomy 13),[172)] Lesch-Nihan 증후군,[173)] Tay-Sachs 病,[174)] lissencephaly,[175)] 猫聲 증후군(Cri-Du-Chat Syndrome)[176)] 등이다. 이러한 증상의 경우에는 치료를 하지 않는 것이 아동의 이익에 부합한다고 한다.[177)]

셋째, 수두증, 대부분의 조산아, 선천성 식도폐쇄 및 식도기관루(esophageal atresia with tracheoesophegeal fistula), 십이지장 폐쇄(duedenal atresia), 대부분의 선

---

169) Weir(註 71), 235.

170) 그 예로서는 craniorachischisis totalis, myeloschisis, massive subarachnoid hemorrhage, Chiari Ⅱ malformation 등을 들고 있다.

171) 이는 에드워드 증상이라고도 불리는데, 18번 염색체가 3개 있는 증상으로서 심한 심장 이상과 소화기 장애, 水腎症(hydronephrosis) 또는 脊椎髓膜瘤(myelomenigocele)를 수반하며, 거의 모든 기관의 이상이 발견된다고 한다. 30%의 아동은 생후 1개월 내에 사망하며, 90%가 1년 내에 사망한다고 한다. 살아남는 아동도 심한 정신지체를 보이는데, 걷거나 말할 수 있는 사례가 보고된 일이 없다고 한다. Rhoden(註 86), 1288 f.

172) 이는 13번 염색체가 3개 있는 증상으로서 Patau 증상이라고도 불린다. 뇌 기능에 심각하게 장애를 가져오며, 대개 小頭症(microcephaly)과 눈 또는 귀의 이상(눈이 없는 경우도 있다)을 수반한다. 일시적인 호흡 정지, 심장, 신장, 소화기 이상 때문에 절반이 생후 1개월 내에 사망하며 65%는 3개월 내에, 95%는 3년 내에 사망한다. 성인 환자는 알려진 바 없고, 심한 정신지체가 없는 경우도 알려진 바 없다. Rhoden(註 86), 1288.

173) 이는 남성에게만 나타나는 유전적인 병으로서, 경련성의 뇌성마비 및 손톱과 손가락을 물어뜯는 것 같은 자해행동(self-mutilative behavior)을 보인다. 대부분의 경우에는 지능이 낮으나 정상지능을 가지는 경우도 있다. 10대와 20대까지 사는 경우도 있으나, 특별한 약물치료를 하지 않으면 5세까지는 대개 사망한다. Rhoden(註 86), 1292 f.

174) 이는 동유럽 출신의 유태인에게 주로 나타나는 유전적 증상으로서, 생후 6개월 정도가 지나면 근육이 퇴화하고 2-3살이 되면 거의 움직일 수가 없으며, 4-5세 경에는 사망한다. Rhoden(註 86), 1293.

175) 이는 대뇌 표면의 주름이 제대로 형성되지 않는 증상을 말한다. Weir(註 71), 279.

176) 이는 제 5 번 염색체의 이상에서 비롯되는 증상으로서 이러한 증상이 있는 아동은 고양이와 같은 울음을 울고, 심한 정신 지체, 소두증 및 심장 이상을 나타낸다. Weir(註 71), 280; Rhoden(註 86), 1289 등.

177) 또한 Weir(註 71), 244에서 열거하고 있는 증상들 참조. 이들은 그 증상이 심하지 않으면 치료를 하여야 하지만, 증상이 심하면 치료를 하지 않는 것이 아동의 이익에 부합한다고 한다.

천적 심장 이상, 뇌실 출혈(intraventricular hemorrhage), 다운 증후군, 琉璃質膜病(hyaline membrane disease),[178] 대부분의 낭성 이분척추(spina bifida cystica), Apert 증후군(Apert's syndrome),[179] 횡격막 탈장(diaphragmatic hernia), 대부분의 경우의 선천적 신장 이상 등은 치료를 함으로써 생명을 연장하여야 한다고 한다.

반면 삶의 질을 기준으로 하여야 한다는 주장도 유력하다. 이를 지지하는 학자로서는 로덴 교수를 들 수 있다. 로덴 교수는 개정 아동 학대 방지 및 치료 법률이 치료를 할 필요가 없는 것으로 들고 있는 예외[180]도 삶의 질(quality of life)에 대한 관심과 타협한 것이라고 설명하면서, 삶의 질이 기준이 되어야 한다고 주장한다.[181] 그는 삶의 질의 판단 기준으로서, "관계를 맺을 수 있는 능력(relational capacity)"을 든다.[182] 그리하여 구체적으로는 다음과 같은 기준을 제시한다. 즉 신생아가 (1) 죽어가는 과정에 있거나, (2) 결코 의식을 회복할 수 없거나, (3) 덜 수 없는 고통에 시달리거나, (4) 인공호흡과 같이 잠정적일 뿐만 아니라 중대하고 고도로 구속적인 기술에 의지하여서만 살 수 있거나, (5) 영아기를 벗어나서는 살 수 없거나, (6) 심한 지체로 인하여 인간관계의 잠재력이 결여되어 있는 경우에는 과감한 치료가 의무적이 아니라고 한다.[183]

여기서 한 가지 주목할 것은 로덴 교수도 사회적 환경이나 가족 상황에 대한 고려 또는 아동의 증상이 다른 사람에게 주는 부담 등은 삶의 질을 따짐에 있어서 고려될 필요가 없고, 아동의 삶 자체만에 초점을 맞추어야 한다고 주장하고 있는 점이다.[184] 그리하여 삶의 질을 치료 여부의 판단 기준으로 하여야 한다는 로덴 교수의 주장은 최선의 이익을 판단 기준으로 하여야 한다는 와이어 교수의 주장과 결과에 있어서 별다른 차이가 나타나지 않는다.[185]

---

178) 폐가 제대로 발달하지 않아서 호흡하기에 어려움이 있는 증상이다. Weir(註 71), 281.

179) 이는 두개봉합(cranial suture)의 너무 빠른 융합과 정신적 지체를 나타내고 손가락과 발가락이 붙어 있는 증상이다. Weir(註 71), 279.

180) 위 註 105)의 본문 참조.

181) Rhoden(註 86), 1312 ff. 로덴 교수도 치료 보류의 정당화 근거로서 해악 금지(nonmaleficence)의 원리를 들고 있다. Ibid., 1314.

182) Rhoden(註 86), 1318 ff. 이는 인간 상호간의 관계에서 즐거움을 느끼는 능력을 의미하는 것으로 이해된다. 여기서 그는 McCormick, "To Save or Let Die", 229 Journal of American Medical Association 175-176(1974)을 인용하고 있다.

183) Rhoden(註 86), 1322 f. 구체적인 증상으로서는 무뇌아나 수두무뇌아 기타 의식이 없는 경우뿐만 아니라 18번 三體性, 13번 三體性, Tay-Sachs 병, 猫性 症候群, 심한 소두증, 심한 뇌실 출혈, 최악의 分娩 窒息, 심한 이분척추 등을 들고 있다. Ibid., 1316 f., 1319 등.

184) Rhoden(註 86), 1322.

185) 로덴 교수도 이 점을 지적하고 있다. Rhoden(註 86), 1321 Fn. 210.

보챔프와 차일드레스 교수는 이러한 장애 신생아의 치료 여부에 관한 결정을 함에 있어서 최선의 이익 기준과 삶의 질 기준을 거의 같은 의미로 사용하고 있다. 즉 치료가 의무적인가 아닌가에 관한 기본 판단 원리는 해악 금지(nonmaleficence)로서, 치료가 무익하거나 목적이 없는 경우(futile or pointless treatment) 또는 치료의 부담이 그 이익을 능가할 때(burdens of treatment outweigh benefit)에는 치료의 의무가 없고,[186] 치료 중단 여부는 무엇이 최선의 이익인가에 달려 있는데, 최선의 이익을 판단함에 있어서는 삶의 질(quality-of-life)이 중심이 되어야 한다고 한다.[187] 여기서 삶의 질이란 개인의 사회적 가치에 관한 것이 아니라 그 사람이 살아야 하는 삶의 가치를 말하며, 최선의 이익 판단이란 이 점에 관하여 주의를 집중하는 한 가지 방법이고, 사람의 삶이 다른 사람에게 가지는 가치를 말하는 것이 아니라고 한다.[188] 따라서 정신적 지체만으로는 치료 여부를 결정하는 데 관련성이 없고,[189] 삶의 질이 너무 낮아서 적극적인 치료나 집중적인 치료가 이익보다는 해를 가져올 때에는 출산이 임박한 태아나 신생아 또는 유아의 치료를 보류하거나 중단하는 것이 낫다고 한다.[190][191]

Ⅴ. 우리 法에의 示唆

1. 기본적인 前提

위와 같은 미국에서의 논의는 우리로 하여금 여러 가지를 생각하게 한다. 우선 우리나라에서는 간헐적으로 이러한 문제가 논의되고는 있으나,[192] 학문적

---

186) Beauchamp and Childress(註 156), 133 ff.

187) Beauchamp and Childress(註 156), 136.

188) Beauchamp and Childress(註 156), 102 f.

189) Beauchamp and Childress(註 156), 137.

190) Beauchamp and Childress(註 156), 138. 구체적으로는 분만질식으로 인한 심한 두뇌 손상, Tay-Sachs 병, Lesch-Nihan 증후군 등의 예를 들고 있다.

191) 영국의 가족법 학자인 프리먼도 이러한 사례에서 최선의 이익 기준과 삶의 질 기준을 거의 같은 의미로 이해하고 있는 것으로 보인다. Michael Freeman, “Can We leave The Best Interest of Very Sick Children to Their Parent?”, in: Michael Freeman and Andrew D. E. Lewis ed., Law and Medicine, 2000, 267, 258 f., 266 ff. 참조.

192) 예컨대 대법원 1980. 9. 24. 선고 79도1387 판결(公 1980, 13244)은 여호와의 증인인 여자 신도가 자녀가 수혈을 받는 것을 교리상의 이유로 거부하여 결국 자녀가 사망한 데 대하여 이 신도를 유기치사죄로 처벌한 사례가 있고, 또 근래에도 특수한 병에 대하여 부모가 종교

으로 체계 있게 논의되고 있지는 않다. 또 필자가 개인적으로 몇몇 의사들에게 문의한 바에 따르면 우리나라에서는 미성년 자녀의 치료 여부에 관한 결정은 전적으로 부모 내지 법정대리인의 몫이고, 의사들은 부모의 결정에 따를 수밖에 없다고 한다.[193] 그 이유로서는 몇 가지를 생각할 수 있다. 첫째, 우리나라에는 이러한 문제에 관하여 국가가 개입할 수 있는 성문법 규정이 명백하지 않다는 것이다.[194] 그렇다고 하여 우리나라에 미국과 같이 parens patriae와 같은 이론 내지 전통이 확립되어 있어서 성문법규 없이도 당연히 법원이 이러한 경우에 개입할 수 있는 것도 아니다. 오히려 현재의 일반인이나 법률가들의 법의식상으로는 부모의 자녀에 대한 권리를 절대시하여, 이 문제에 관한 제3자의 개입을 꺼리고 있는 것이 아닌가 여겨진다.

다른 한편으로는 자력이 없는 환자의 경우에 그 치료비를 누가 부담할 것인가 하는 점도 현실적으로 적극적으로 치료를 강제하는 것을 주저하게 만드는 요인인 것으로 여겨진다. 즉 부모의 반대에도 불구하고 국가가 치료를 강제한다면 그 부모가 자력이 없는 경우에는 그 치료비는 일차적으로 의료기관이 부담할 수밖에 없는데, 의료기관으로서는 이를 국가나 다른 공공단체가 떠맡겠다고 나서지 않는 한 치료에 소극적일 수밖에 없다. 그러나 우리나라에서는 이러한 경우에 국가 등에 의한 치료비 지원은 명목적인 것에 그치고 있다.[195]

보다 근본적으로는 이러한 문제는 우리나라의 문화에서 생명 존중의 사상이 뿌리박지 못하고 있는 것에서 연유하는 것으로 보인다. 예컨대 우리나라에서는 임신 중절이 법적으로도 폭넓게 허용되고 있을 뿐만 아니라, 법적으로 허

적인 이유로 치료를 받기를 거부하는 사례가 언론매체에 보도되어 물의를 빚기도 하였다(조선일보 1999. 8. 31.자 30면; SBS 텔레비전이 1999. 8. 21. "그것이 알고 싶다"라는 프로그램에서 "자식의 생명, 부모의 것인가?"라는 제목으로 보도한 사례 등).

193) 이는 미성년 자녀뿐만 아니라 의사능력이 없거나 미약한 다른 많은 환자들의 경우에도 마찬가지이다. 이들의 치료 여부에 대한 결정은 거의 전적으로 그들의 보호자에 의하여 내려진다. 지난 1997년의 서울대 보라매병원 사건에 대한 법원의 유죄판결이 이러한 상황을 얼마나 변화시켰는지는 좀더 조사해야 할 문제이다.

194) 아동복지법 제27조는 아동학대신고를 접수한 아동보호전문기관 직원이나 사법경찰관리는 지체없이 아동학대의 현장에 출동하여야 하고, 치료가 필요한 때에는 치료기관의 인도에 필요한 조치를 하여야 한다고 규정하고 있다. 아동에 대한 치료의 거부는 일단 이러한 아동학대에는 해당된다고 볼 수 있다. 그러나 위 규정만으로는 인도를 받은 치료기관이 어떠한 조치를 취할 수 있는지, 부모의 반대에도 불구하고 치료를 할 수 있는지 하는 문제가 해결되지 않는다.

195) 미국의 경우에는 Medicaid나 Medicare 등의 프로그램에 의하여 주나 연방정부가 의료비의 상당 부분을 부담하고 있다. 1997년에는 정부가 부담하는 의료 비용이 전체의 44%에 달하였다고 한다. Furrow et al.(註 36), 537 참조.

용되지 않는 임신 중절도 공공연히 행하여지고 있으며, 이에 대하여 어떤 제재가 따르는 일은 드물다. 그러므로 미성년 자녀의 치료 여부에 관한 결정에 있어서도 그 치료에 상당한 비용이 드는 경우에는 그러한 비용을 들여서라도 자녀를 살려야 한다는 데 대한 사회적인 합의가 존재하지 않으며, 이러한 문제는 부모에게 달려 있다고 하는 생각이 지배적이라고 여겨진다.

그러나 이러한 상황은 달라져야 한다. 그리고 그 변화는 일차적으로 법률을 정비하는 데서부터 출발하여야 한다. 즉 미성년 자녀에 대한 치료가 그 자녀의 복리를 위하여 필요하다고 판단되는 경우에 부모가 그 치료를 거부하면 이해관계인이나 의료기관 또는 검사 등의 청구에 의하여 법원이 그 치료를 명할 수 있는 법규정이 제정되어야 한다.

그러나 그러한 법규정의 제정만으로 모든 문제가 해결되는 것은 아니다. 앞에서 언급한 치료비의 부담 문제는 별론으로 하더라도, 구체적으로 문제되는 다양한 사례에서 어떠한 경우에 치료를 강제할 것인가 하는 기준을 미리 법으로 정하기는 어려운 것이다. 따라서 이 문제에 관하여는 계속적인 논의가 이루어져야 한다. 이하에서는 필자의 잠정적인 견해를 서술하기로 한다.

사견으로서는 이 문제에 관한 기본적인 판단 기준은 "兒童의 最善의 利益(the best interest of the child)"이 되어야 한다고 생각한다. 아동의 최선의 이익 기준은 아동에 관한 문제를 해결함에 있어서 미국[196]뿐만 아니라 다른 나라나 국제 협약에서도 보편적으로 사용되고 있는 기준이다.[197] 물론 아동의 최선의 이익이라는 기준에 대하여는 그것이 불확정하다거나, 아동의 이익만을 고려하고 부모의 이익은 고려하지 않는다는 등의 비판이 끊이지 않고 있다.[198] 그러나 아동의 최선의 이익이라는 기준은 적어도 한 가지는 명확하게 제시하고 있

196) "best interest of the child"라는 표현은 미국의 판례상 뉴욕 주 대법원이 1925년에 선고한 Finlay v. Finlay, 240 N.Y. 429에서 카르도조(Cardozo) 대법관이 처음 사용하였다고 알려져 있다. 정확히는 "He acts as parents patriae to do what is best for the interest of the child"라고 하였다. 이에 관한 고전적인 저술로서는 Goldstein et al.(註 78)이 있다. 다만 위 책에서는 "best interest of the child"라는 표현이 오해의 소지가 있고 부정확하다고 하여 "최소 해악의 대안(least detrimental alternative)"을 제창하고 있다. 위 책, 53 ff. 참조.

197) 영국의 1989년 아동법(Children Act 1989) 제 1 조 제 1 항; 兒童의 權利에 관한 協約(Convention on the Rights of the Child) 제 3 조 제 1 항 등. 이에 관한 비교법적 연구의 한 예로서는 Claire Breen, The Standard of Best Interest of the Child, 2002 참조.

198) 비판의 예로서 많이 인용되는 것은 Robert H. Mnookin, "Child-Custody Adjudication: Judicial Functions in the Face of Indeterminacy", 39 Law and Contemporary Problems, No. 3, 226 ff.(1975); Jon Elster, "Solomonic Judgments: Against the Best Interest of the Child", 54 Chicago Law Review 1 ff.(1987) 등이다.

다. 즉 아동의 법적 처우에 관하여는 아동 자신의 이익이 최우선적인 고려 대상이 되어야 하고, 그 이외의 요소, 예컨대 부모와 같은 제 3 자의 이익이 아동의 이익에 우선하여서는 안 된다는 것이다. 여기서 다루고 있는 미성년 자녀의 치료 문제에 있어서는 이 점이 특히 명확하다. 여기서 문제되고 있는 것은 미성년 자녀의 생명이나 건강과 같은 기본적인 법익이기 때문이다.[199] 이하에서는 이러한 기준에 따라 문제되는 각 경우를 구체적으로 살펴본다.

2. 장애신생아의 경우

우선 가장 논란이 심한 장애신생아의 경우를 살펴본다. 이 경우에는 치료를 계속하는 것이 그 아동의 최선의 이익에 부합하는가 여부를 판단함에 있어서 당해 아동의 삶의 질(quality of life)이 참고로 될 수 있다. 그리하여 자녀가 치료를 받아서 삶을 유지하는 상태가 치료를 받지 않아서 죽게 되는 상태보다 삶의 질 면에서 더 나쁘다고 판단될 때에는 자녀에 대한 치료 보류나 중단이 정당화될 수 있는 것이다.[200] 물론 이러한 주장에 대하여는 삶은 어떤 경우에도 죽음보다 낫고, 어떤 근거에 의하여 장애가 있더라도 살아 있는 상태가 치료를 받지 않아서 죽게 되는 상태보다 더 나쁘다고 할 수 있는가 하는 반론이 있을 수 있다. 이 문제에 대하여 누구도 받아들일 수 있는 답변을 하는 것은 불가능하겠지만, 적어도 대다수의 사람들은 극단적인 경우에는 장애를 가지고 살아가는 것이 죽는 것보다 더 나쁠 수 있다는 것에 동의를 할 것이라고 생각한다. 예컨대 심각한 장애가 있지만 의식이 있는 사람들 가운데에는 치료를 거부하고 죽음을 선택하는 사람들이 있고, 이는 미국에서 법적으로 승인되고 있다.[201]

문제는 과연 어떠한 경우가 이에 해당하는가 하는 것이다. 이 문제에 관하여 개별적인 모든 경우에 명확하게 답변을 제시하는 것은 불가능하다고 여겨지며, 사람마다 생각이 다를 수 있을 것이다. 그렇지만 추상적인 기준을 제시한다면, 생명을 유지하기 위한 치료가 무익하거나, 그러한 치료가 아동에게 참

199) 영국법상 아동의 치료 문제에 관하여 아동의 최선의 이익 기준이 구체적으로 적용되고 있는 한 사례에 관하여는 尹眞秀(註 2) 참조.

200) 앞에서도 언급되었지만 여기서 말하는 삶의 질이란 장애 신생아와 그렇지 않은 신생아의 비교가 아니라 장애 신생아의 치료를 받은 상태와 그렇지 않은 상태만을 비교하는 것임을 강조할 필요가 있다.

201) Furrow et al.(註 36), 838 ff. 참조.

을 수 없는 고통을 주는 경우 및 치료의 결과로 생명을 유지하는 것이 본인에게 의미가 없다고 판단되는 경우에는 치료의 보류 내지 중단이 정당화될 수 있을 것이다. 몇 가지 예를 들어 살펴본다.

우선 다운 증후군의 경우, 미국에서도 과거에는 식도나 심장 장애를 가지고 태어난 다운 증후군의 아동에 대하여는 그러한 증상에 대하여 치료를 하지 않고 사망하게 놓아두는 사례가 많았던 것으로 보인다. 그러나 이는 정당화될 수 없다. 그러한 증상을 치료한다면, 비록 다운 증후군으로 인한 정신지체 자체는 치료될 수 없어도 이러한 아동은 충분히 삶을 즐기면서 살아갈 수 있는 것이다. 따라서 이들에 대한 치료는 의무적(mandatory)이라고 할 수 있다. 현재 미국에서도 다운 증후군의 경우에는 식도 폐쇄와 같은 증상을 치료하지 않는 것은 대부분의 소아과 의사들에게는 받아들여질 수 없는 것일 것이라고 한다.[202)]

그러면 無腦兒의 경우에는 어떠한가? 이 경우에도 치료를 명한 미국 연방항소법원의 판결이 있기는 하지만,[203)] 이러한 경우에는 인공호흡기 등에 의하여 생명을 유지하는 것이 본인에게 아무런 의미가 없다고 생각되고, 따라서 생명유지를 위한 노력은 불필요한 것이라고 생각된다.[204)] 이 두 경우는 비교적 명백한 경우라고 생각된다. 그 외의 많은 다양한 사례들의 경우에도 의학적인 지식에 비추어 그 삶의 질을 판단하여야 할 것이다.

그런데 문제는 치료를 하는 것이 아동의 최선의 이익에 부합하는지 여부가 불분명한 경우이다. 이 때에는 어떻게 해야 하는가? 우선 생각할 수 있는 방법은 대통령 위원회의 제안처럼 부모의 의사를 존중하는 것이다.[205)] 그러나 사견으로서는 이러한 견해에 반대한다. 치료를 하는 것이 아동의 최선의 이익에 부합하는지가 불분명할 때에는 생명 존중의 원리에 비추어 치료를 계속하여야 하고, 치료를 계속하는 것이 아동의 최선의 이익에 반하는 것이 명백한 경우에 한하여 치료를 보류하거나 중단하여야 한다고 생각된다.

한 가지 첨언할 것은 치료의 중단 여부에 관한 결정을 누가 내리는가 하는 점이다. 쉽게 생각할 수 있는 것은 부모이다. 그러나 장애신생아의 부모가

---

202) Anthony Shaw, “Baby Doe and Me”, in: Caplan et al.(ed.), Compelled Compassion(註 101), 200 참조.

203) 위 註 117) 및 그 본문 참조.

204) 그 근거로서는 로델 교수가 말하고 있는 것처럼 “관계를 맺을 수 있는 능력(Relational Capacity)”의 결여를 들 수 있다. 註 182)의 본문 참조.

205) 위 註 182) 이하의 본문 참조.

모든 경우에 과연 신생아의 최선의 이익에 부합하는 결정을 내릴 수 있는 능력이 있는가 하는 점은 의심스럽다. 특히 장애신생아가 출생하면 그 부모는 그로 인한 충격 때문에 객관적인 판단을 할 능력이 없을 수도 있을 뿐만 아니라, 판단을 내리기 위하여 필요한 의학적 지식도 결여되어 있고, 또 신생아의 경우에는 부모가 다른 사람보다 더 신생아를 잘 안다고 하기도 어렵다. 나아가 부모가 결정을 함에 있어서 장애신생아를 양육하는 데 따르는 자신의 부담을 더 중요하게 생각할 수도 있는 것이다.[206] 그렇다고 하여 부모가 아닌 의사에게 그러한 결정을 내릴 권한을 부여할 수도 없다. 의사는 필요한 의학적 지식은 가지고 있다고 할 수 있으나, 충분한 윤리적 또는 법적 지식을 갖추었다고 할 수는 없을 뿐만 아니라, 의사들도 치료 여부에 관하여 편견을 가지고 있을 수 있기 때문이다.[207]

사견으로는 이 문제에 관한 결정은 제 1 차적으로는 부모가 의사와 충분히 상의하여 결정하되, 부모와 의사의 의견이 다르거나, 또는 그들의 결론이 치료 중단으로 내려지는 경우에는 병원 내에 설치되는 윤리위원회(Ethics Committee)에 의하여 재검토되는 것이 필요하다고 생각한다. 미국에서는 많은 종합병원이 이러한 위원회를 설치하여 윤리적인 문제가 내포된 치료 여부에 관한 결정을 맡기고 있다.[208] 이러한 위원회에는 의사뿐만 아니라 간호사, 법률가, 성직자, 의료윤리학자, 병원 행정 담당자 및 지역사회의 구성원들이 위원으로 참여하는 것이 일반적이다.[209] 우리나라에도 이러한 윤리위원회를 설치하고 있는 병원이 있는 것으로 알려져 있다. 이러한 윤리위원회에 의한 결정은 부모나 의사만에 의한 결정에 비하여 객관성, 충분한 지식, 개인에 의한 독단의 방지 등 여러 가지 장점을 가지고 있다.[210] 물론 이러한 윤리위원회의 결정이 당사자들에게 구속력을 가질 수는 없다. 당사자, 특히 부모가 윤리위원회의 결정을 받아들인다면 그로써 윤리위원회의 기능은 충분히 발휘되는 것이다. 만일 부모가 윤리위원

206) Weir(註 71), 258 ff.; Stockley(註 82), 150 f.

207) Weir(註 71), 260 ff.; Phillips(註 162), 927 ff.; Stokley(註 82), 151 ff. 미국의 경우에는 신생아 치료를 담당하는 의사들이 부모보다 훨씬 더 적극적 치료 내지 실험적 치료를 권장하는 경향이 있다고 보고되고 있다. Phillips(註 162), 928 ff.

208) 미국 연방 보건복지부는 1985년에 병원 내에 신생아 치료 검토 위원회(Infant Care Review Committee)를 설치할 것을 권장하였다. 50 Fed. Reg. 14, 893(1985). 이에 대하여는 Robyn S. Shapiro and Richard Barthel, "Infant Care Review Committees: An Effective Approach to the Baby Doe Dilemma?", 37 Hastings Law Journal 827 ff.(1986) 참조.

209) Stokley(註 82), 153.

210) Weir(註 71), 264 f.; Stockley(註 82), 153 f.

회의 결정에 불복한다면 최종적인 판단은 법원이 내릴 수밖에 없을 것이다.[211]

3. 그 외의 경우

그 외의 경우 가운데 우선 치료가 자녀의 생명 유지를 위하여 필요하고, 치료로 인한 부작용이나 위험은 상대적으로 낮은 경우에는 치료를 하는 것이 자녀의 최선의 이익에 부합한다는 것은 쉽게 수긍할 수 있을 것이다.

반면 치료가 자녀의 생명 유지를 위하여 필요하지만 그 치료의 부작용이 크거나 치료의 위험이 높은 경우에 관하여는 견해가 갈라질 수 있다. 물론 이 경우에 결정을 함에 있어서는 치료의 성공 확률과, 치료의 부작용 내지 위험성이 고려되어야 한다. 그러나 대부분의 경우에는 설사 치료의 성공 확률이 그다지 높지 않더라도, 그것이 자녀의 생명을 유지하기 위하여 유일하게 가능한 방법이라면, 그 치료로 인하여 예상되는 부작용이 너무 심하여 정말 살아 있는 것이 죽는 것보다 못하다고 하는 것이 아니라면 치료가 행하여져야 한다고 생각된다.

위 뉴막 판결[212]은 암에 걸린 자녀에게 화학요법의 치료를 명할 것인가에 관하여, 치료의 위험성이 커지고 그로 인한 이익이 감소할 때에는 미성년자에게 치료를 강제할 수 있는 주의 이익이 줄어든다고 하였으나, 그 사례에서 화학요법을 받는 것이 생명을 구할 수 있는 기회를 포기할 정도로 자녀에게 불리한 것이었는지는 의심스럽다.

마지막으로 치료가 자녀의 생명을 위하여 꼭 필요한 것이 아닌 경우에는 어떠한가? 앞에서도 살펴본 것처럼 미국 판례의 상당수는 이러한 경우에는 부모의 의사를 존중하고 있다. 그러나 이 경우에도 판단의 기준은 자녀의 최선의 이익이 되어야 한다. 다시 말하여 생명이 위협받는 상황이 아니더라도, 치료가 자녀의 이익 내지 삶의 질을 향상시키기 위하여 필요하다고 판단되는 경우에는 부모의 반대 의사에도 불구하고 법원은 치료를 명할 수 있어야 한다. 물론 항상 부모의 의사가 무시되어야 하는 것은 아니다. 이 경우에는 자녀의 생명이 위협받는 것은 아닌 만큼 치료의 부작용과 위험성을 그 치료로 인하여 자녀가

---

211) 로덴 교수나 대통령위원회도 이러한 윤리위원회에 의한 결정을 지지한다. Rhoden(註 86), 1342 f.; President's Commission(註 84), 227 f. Shapiro and Barthel(註 208), 859 ff.는 이러한 내용의 윤리위원회를 법제화하자고 제안하고 있다.

212) 위 註 49) 참조.

얻을 수 있는 삶의 질의 향상과 비교하여 신중하게 판단하여야 할 것이다. 그리고 그 판단이 어려울 때에는 부모의 의사를 존중하는 것이 현명하다고 생각된다. 그러나 치료를 거부하는 부모의 의사를 존중한 미국 판례 가운데 상당수는 그 결론에 있어서 타당하지 않았다고 생각된다.

예컨대 그린 판결[213]은 마비성 척추측만증으로 인하여 장래에는 앉지도 못하고 침대에만 누워 있어야 하는 17세의 아동에 대하여 종교적인 이유로 수술을 거부하는 부모의 의사를 존중하였으나, 부모의 종교적인 신념이 수술 거부를 정당화할 사유는 될 수 없다. 물론 이 사건에서 수술에 따르는 위험성이 없는 것은 아니지만, 어떤 종류의 수술이라도 그 정도에 차이는 있어도 위험은 따른다. 따라서 그 위험이 크지 않은 한 수술을 명하였어야 할 것이다.

이 점에서 샘슨 판결[214]이, 소년이 정상적이고 행복한 생활을 누릴 기회가 있다면 어느 정도의 위험은 감수하여야 한다고 판시한 것은 수긍할 수 있다고 하겠다.

Ⅵ. 結　　論

이제까지 미국에서의 부모의 자녀 치료 거부에 따르는 법적 문제점을 살펴보고, 이것이 우리나라에 어떠한 시사를 주는지를 생각하여 보았다. 물론 미국의 상황과 우리나라의 상황은 여러 가지로 차이가 있으므로 미국에서의 논의를 그대로 우리나라에 옮겨오는 것은 반드시 적절하지 않다. 그러나 우리나라의 현재 상황은 이 문제에 대하여 거의 관심을 기울이지 않는 단계라고 여겨진다. 따라서 위와 같은 미국에서의 논의를 소개하는 것이 우리나라에서 이 문제에 대한 관심을 높이는 하나의 계기가 되기를 바란다.

〈家族法 硏究 제18권 제 1 호, 2004〉

213) 위 註 61).
214) 위 註 65).

著者略歷

제18회 사법시험 합격(1976)
서울대학교 법과대학 졸업(1977)
사법연수원 제 9 기 수료(1979)
육군 법무관(1979)
서울민사지방법원 판사(1982)
서울대학교 법학석사(1984)
독일 함부르크 대학교 연수(1987-1988)
헌법재판소 헌법연구관(1990)
대법원 재판연구관(1992)
서울대학교 법학박사(1993)
수원지방법원 부장판사(1995)
서울대학교 법과대학 조교수(1997)
서울대학교 법과대학 부교수(2001)
미국 버지니아 대학교 객원연구원(2003-2004)
서울대학교 법과대학 교수(2006)
전 한국법경제학회 회장, 한국비교사법학회 회장
현 한국가족법학회 회장, 민사판례연구회 회장, 서울대학교 법학연구소장

親族法
民法論攷 IV

2009年 10月 30日 初版印刷
2009年 11月 10日 初版發行

著 者 尹 眞 秀
發行人 安 鍾 萬
發行處 (株) 博 英 社
서울 特別市 鍾路區 平洞 13-31番地
電話 (733)6771 FAX (736)4818
登錄 1959. 3. 11. 제300-1959-1호(倫)

www.pakyoungsa.co.kr e-mail: pys@pakyoungsa.co.kr

定 價 35,000원 ISBN 978-89-7189-167-4